V&R

Bibliothek jüdischer Geschichte und Kultur

Library of Jewish History and Culture

Band/Volume 3

Im Auftrag
der Sächsischen Akademie
der Wissenschaften zu Leipzig

On behalf of the
Saxonian Academy of
Sciences and Humanities at Leipzig

herausgegeben/edited
von/by Dan Diner

Vandenhoeck & Ruprecht

Lazar Gulkowitsch

Schriften zur begriffsgeschichtlichen Methode 1934–1940/41

Herausgegeben von
Ernst Müller in Zusammenarbeit mit Annett Martini

Die »Bibliothek jüdischer Geschichte und Kultur« ist Teil des Forschungsvorhabens »Europäische Traditionen – Enzyklopädie jüdischer Kulturen« der Sächsischen Akademie der Wissenschaften zu Leipzig und wird im Rahmen des Akademienprogramms von der Bundesrepublik Deutschland und dem Freistaat Sachsen gefördert.

Das Akademienprogramm wird koordiniert von der Union der deutschen Akademien der Wissenschaften.

UNION DER DEUTSCHEN AKADEMIEN DER WISSENSCHAFTEN

Diese Publikation wird mitfinanziert durch Steuermittel auf der Grundlage des vom Sächsischen Landtag beschlossenen Haushalts.

SACHSEN

Bibliografische Information der Deutschen Nationalbibliothek:
Die Deutsche Nationalbibliothek verzeichnet diese Publikation in der Deutschen Nationalbibliografie; detaillierte bibliografische Daten sind im Internet über https://dnb.de abrufbar.

Satz: textformart, Daniela Weiland, Göttingen
Druck und Bindung: Hubert & Co BuchPartner, Göttingen
Printed in the EU

Vandenhoeck & Ruprecht Verlage | www.vandenhoeck-ruprecht-verlage.com

ISSN: 2198-1132
ISBN: 978-3-525-31149-3

Lazar Gulkowitsch, Leipzig, nach 1925 (NLI, Schwad 02 03 58)

Inhalt

Schriften

Vorwort

Lazar Gulkowitschs Schrift *Zur Grundlegung einer begriffsgeschichtlichen Methode in der Sprachwissenschaft* (1937) verweist in die Richtung eines letztendlich unerfüllt gebliebenen Forschungsprogramms. Unerfüllt blieb es, weil die Katastrophe des Holocaust das wissenschaftliche Wirken Gulkowitschs durch seine Ermordung hat abbrechen lassen. Im Anschluss an seine Grundlegungsschrift wäre eine groß angelegte jüdische Begriffsgeschichte zu erwarten gewesen, genauer: eine Begriffsgeschichte, die von den jüdischen Sprachkulturen und ihren Semantiken ausgeht. Im Kern hätte es sich um eine umfassende wie tiefgehende jüdische Kulturgeschichte gehandelt.

Der mit der Grundlegungsschrift aufgespannte Erwartungshorizont ließe sich dem parallelisieren, was das achtbändige Lexikon der *Geschichtlichen Grundbegriffe* (1972–1997) später für die deutschsprachige Begriffsgeschichte leistete – indes mit dem Unterschied, dass es sich bei dem Werk Gulkowitschs um eine andere, um nicht zu sagen: zu den *Grundbegriffen* gegenläufige Begriffsmorphologie gehandelt hätte. Otto Brunner, einer der Herausgeber der *Geschichtlichen Grundbegriffe*, setzte bereits im Titel seiner Schrift *Land und Herrschaft* (1939) frühe Zeichen für die in der bundesrepublikanischen Zeit als solche bestimmten Grundbegriffe. »Land« und »Herrschaft« waren hierfür durchaus richtungsweisend. Offenbar entstammt der damit zur Geltung gebrachte begriffsgeschichtliche Humus einem Milieu sozialer Bindung, das eng mit dem Boden und den von ihm ausgehenden Begriffswelten der gesellschaftlichen wie politischen Ordnung verknüpft ist. Die *Grundbegriffe* nehmen demzufolge einen doppelten Sinn insofern an, als sie von einer am Boden (Grund) haftenden Phänomenologie ebenso ausgehen, wie sie deren begrifflich-semantischer Grundlegung dienen.

Dies führt am diasporischen jüdischen Erfahrungskontext vorbei, denn dieser wurzelt historisch gerade in Text und Gebet bzw. in der vornehmlich rabbinischen Literatur. In der Praxis galt dies speziell für die Responsen, die die Lebenswelten der Juden regulierten. Jüdische Lebenswelten waren von den Kategorien und Semantiken ihrer Literaturen, der sakralen, aber auch der sich profanierenden, geprägt. An der Verwandlung ihrer Literaturen bildete sich die Verwandlung der Juden ab. So unterscheiden sich die jüdischen Lebenswelten von den sie umgebenden nichtjüdischen wie Text von Boden.

Indem die »weichen«, insbesondere aus dem religiösen Kanon hervorgegangenen jüdischen Begriffswelten jenen »harten«, den nichtjüdischen Umgebungskulturen zugehörigen gegenübergestellt werden, zeigt sich die kategoriale Differenz der jeweiligen Semantiken. Oder, um diesen Zusammenhang einer Formulierung anzunähern, die das gedachte Zentrum der *Enzyklopädie jüdischer Geschichte und Kultur* (2011–2017) beschreibt: Die jüdischen Lebenswelten verhalten sich zu ihren nichtjüdischen Umwelten so wie der »ungeschützte Punkt zur machtgestützten Fläche«.

Diese als kategorial behauptete Unterscheidung zwischen den jüdischen und den sie umgebenden nichtjüdischen Lebenswelten und ihren Begriffen und Semantiken erlaubt es, das seinerseits als grundlegend charakterisierte Werk von Lazar Gulkowitsch wissenschaftsgeschichtlich einzuordnen: nämlich als eminentes, indes nicht zu Ende geführtes forscherisches Unternehmen, die als »weich« und in der Sprache, zumal im Hebräischen, gelebte jüdische Kultur zu erfassen, ihren Wandel zu erkennen und dabei dem Anspruch zu genügen, zu einer universalgeschichtlich ausgerichteten Metatheorie der Sprache beizutragen. Dass dabei das in der Sprache eingewurzelte Sakrale, das sich den sozialen Verwandlungen widersetzt, Gulkowitschs Interesse an erster Stelle weckte, dürfte einsichtig sein. Aber auch den weniger stark entwickelten Abstraktbildungen im Hebräischen, verbunden mit der Bildung von Neologismen, war er auf der Spur.

Insgesamt ist das Werk Gulkowitschs einer sprachgeschichtlichen, genauer: einer begriffs- und wortgeschichtlichen Forschungstendenz zuzuordnen, die in einer Zeit erheblicher sozialer Beschleunigung eintrat. Dass hier das jüdisch-hebräische Moment zwischen Sakral- und Profanbedeutungen ins Zentrum rückt, ist für die jüdischen Lebenswelten signifikant. Bei aller Traditionserforschung handelt es sich um einen sprachtheoretisch wie sprachgeschichtlich seismografischen Zugriff auf den Wandel dieser Lebenswelten, wie er sich in der Erfahrungszeit Gulkowitschs abbildet.

Dem Herausgeber Ernst Müller und der Mitherausgeberin Annett Martini gebührt Dank für ihre wissensgeschichtliche Initiative und deren sorgsame Umsetzung. Mit den hier präsentierten Schriften Lazar Gulkowitschs haben sie dem Gebäude jüdischer Gelehrsamkeit einen bedeutenden Baustein hinzugefügt. Für die editorische und redaktionelle Betreuung des Bandes dankt der Herausgeber der Reihe insbesondere Marcel Müller und Frauke von Rohden für die umsichtige Gesamtbetreuung des Manuskripts sowie Franziska Jockenhöfer, Martin Jost, Markus Kirchhoff und Momme Schwarz.

Dan Diner Jerusalem/Leipzig, Herbst 2022
Herausgeber der Reihe

Abkürzungen

A. D.	Anno Domini
a. a. O.	am angegebenen Ort
Adv.	Adverb
Abs.	Abschnitt
Abt.	Abteilung
Bl.	Blatt
BT	Babylonischer Talmud
d. i.	das ist
HRUT	Handschriften- und Raritätenabteilung der Universitätsbibliothek Tartu, Estland
i. Pr.	in Preußen
JDC	American Jewish Joint Distribution Committee
LXX	Septuaginta
N. T.	Neues Testament
NLI	Israelische Nationalbibliothek, Jerusalem
NS	Nationalsozialismus
PLK	Prager linguistischer Kreis (Pražský lingvistický kroužek)
R.	Rabbi
s.	siehe
s. v.	sub verbo/voce (unter dem Wort/Ausdruck)
Sign.	Signatur
Subs.	Substantiv
Suppl.	Supplement
u. d. T.	unter dem Titel
U. O. B. B.	Unabhängiger Orden B'nai B'rith
u. ö.	und öfter
V.	Vers
Var.	Variante
z. St.	zitierte Stelle

Einleitung

Ernst Müller und Annett Martini

1. Annäherungen

1.1 Eine Grundlagenschrift der Begriffsgeschichte

Von Lazar Gulkowitsch stammt die erste Monografie, die sich ausdrücklich und titelgebend mit der »begriffsgeschichtlichen Methode« befasst. 1937 und damit vier Jahre vor seiner Ermordung durch die Nationalsozialisten veröffentlichte er *Zur Grundlegung einer begriffsgeschichtlichen Methode in der Sprachwissenschaft* in einer deutschsprachigen, der Wissenschaft des Judentums gewidmeten Reihe (Acta Seminarii Litterarum Judaearum Universitatis Tartuensis), die am Ort seines estnischen Exils, an der Universität Tartu (Dorpat), erschien. Dieser Band unternimmt es, besagte Schrift neu zu edieren[1] und sie im Kontext weiterer Arbeiten Gulkowitschs zu präsentieren.

Obwohl sich verschiedene Publikationen in den letzten Jahren Gulkowitsch und seinem Werk widmeten,[2] ist seine Schrift zur Begriffsgeschichte selbst dem Fachpublikum dieser geisteswissenschaftlichen Methode ebenso unbekannt geblieben wie die zahlreichen Untersuchungen, in denen er die Begriffsgeschichte auf den Begriff Chassid (Frommer) sowie den Chassidismus[3] anwandte. Sie bilden deshalb den zweiten Schwer-

---

1 Lazar Gulkowitsch, Zur Grundlegung einer begriffsgeschichtlichen Methode in der Sprachwissenschaft, Tartu 1937 (Text 1 in diesem Band).

2 Vgl. v.a. den auf umfassenden Quellenmaterialien basierenden Gesamtüberblick bei Anu Põldsam, Lazar Gulkowitsch. Eine vergessene Stimme der Wissenschaft des Judentums, Dissertation, Universität Tartu 2011; dies., Von Leipzig nach Dorpat. Lazar Gulkowitsch und die deutschsprachige Wissenschaft des Judentums, in: Arndt Engelhardt/Susanne Zepp (Hg.), Sprache, Erkenntnis und Bedeutung. Deutsch in der jüdischen Wissenstradition, Leipzig 2015, 87–102.

3 Glenn Dynner, Chassidismus, in: Enzyklopädie jüdischer Geschichte und Kultur. Im Auftrag der Sächsischen Akademie der Wissenschaften zu Leipzig hg. von Dan Diner [im Folgenden: Diner (Hg.), EJGK], 7 Bde., Weimar/Stuttgart 2011–2017, hier Bd. 1, 489–498.

punkt der vorliegenden Edition. Gulkowitsch entwickelte dort an Konzepten der jüdischen Geistesgeschichte eine speziell auf die Geschichte des Judentums bezogene Theorie der Begriffsgeschichte, die aber zugleich mit dem Anspruch einer universalistischen Metatheorie der Geistesgeschichte für verschiedene Kulturen antrat.

Die Begriffsgeschichte bildete für Gulkowitsch das methodische Zentrum für die jüdische Geistesgeschichte und für die Beantwortung einer ganzen Reihe jüdisch-theologischer Fragen. Gleich im Vorwort seiner *Grundlegung einer begriffsgeschichtlichen Methode* bezeichnet er den historischen Ort seines Unterfangens. Gulkowitsch sah zeitgenössisch »den Anbruch einer neuen Epoche in der Geschichte der Sprachen«, der sich dadurch auszeichne, »daß die Sprachentwicklung bewußt in den Dienst aktiver Geschichtsgestaltung gestellt« werde.[4] Deutlich erkennbar hatte er die »gegenwärtigen Bestrebungen zur Ausgestaltung des modernen Hebräisch« im Blick[5] und suchte in der Begriffsgeschichte auch nach Antworten, um die Zukunft eines geistigen Judentums zwischen Assimilation und Zionismus zu bestimmen.

Lange Zeit erschien die »German Begriffsgeschichte«, die in große begriffsgeschichtliche Wörterbücher wie die *Geschichtlichen Grundbegriffe* oder das *Historische Wörterbuch der Philosophie* mündete, in ihrem theoretischen Rückgriff auf Carl Schmitt, Otto Brunner oder Werner Conze als eine Tradition nicht nur eher konservativer, sondern auch deutschnationaler Intellektueller, die anderen Kulturen und anderen Sprachen kaum verständlich war.[6] Neben dieser Tradition gab es allerdings eine andere Linie oftmals ins Exil getriebener, in der Diskussion erst schrittweise ins Gedächtnis zurückgerufener oder eher vermittelt wirkender jüdischer oder aus dem Judentum stammender Intellektueller, die sich direkt oder von der Sache her mit der Historizität von Begriffen beschäftigte: Sie lässt sich zurückführen bis auf Moritz Lazarus, sie reicht über Fritz Mauthner, Ernst Cassirer und Karl Mannheim bis zu den explizit begriffsgeschichtlich arbeitenden Romanisten Leo Spitzer und Erich Auerbach, dem polnischen Bakteriologen und Wissenschaftshistoriker Ludwik Fleck sowie dem Mediävisten und Begründer der Geschichtswissenschaft an der Hebräischen Universität Jerusalem Richard Koebner. Unter Einbezug dieser Gelehrten, die unabhängig und meist in wechselseitiger Unkenntnis voneinander ihre

---

4 Text 1, 97.

5 Ebd., 98.

6 Vgl. den Gesamtüberblick Ernst Müller/Falko Schmieder, Begriffsgeschichte und historische Semantik. Ein kritisches Kompendium, Berlin 2016.

Arbeiten zur Begriffsgeschichte um die Mitte der 1930er Jahre (Lazarus und Mauthner ausgenommen) nahezu gleichzeitig veröffentlichten, erscheint diese kurze Spanne – um Reinhart Kosellecks Begriff umzumünzen – geradezu als Sattelzeit der Begriffsgeschichte.

Warum aber interessierten sich jüdische Intellektuelle für die Begriffsgeschichte? Warum entwickelten sich die Begriffs- und auch die Ideengeschichte zu Favoriten ihrer Narration? Gulkowitsch spezifizierte seine begriffsgeschichtliche Methode an Besonderheiten der jüdischen und hebräischen Sprachgeschichte (*ein* Urtext, eine allein durch Sprache zusammengehaltene Diasporaexistenz etc.): »Die Sprache ist immer die letzte Zuflucht einer von außen her bedrängten eigenständigen Kultur.« Die »letzte Zerstörung des Tempels in Jerusalem«[7] erscheint bei Gulkowitsch wie ein Gleichnis auf seine unmittelbare Gegenwart und die erneute Vertreibung und Verfolgung der Juden. Die *Grundlegung einer begriffsgeschichtlichen Methode* lässt sich damit auch als Gulkowitschs unmittelbare Antwort auf die jüdische Gegenwartssituation verstehen. Begriffsgeschichte erweist sich als Fortsetzung der jüdischen Geschichte mit anderen Mitteln:

> »Einem künstlichen Ersatz des Tempelkultes wäre es niemals gelungen, Wirkungen in der Geschichte hervorzubringen. Nur dadurch, daß der Eingriff von außen her die Explikation der Begriffe nicht radikal abschneiden konnte, sondern ihr bloß eine andere, aber dem Wesen dieser Kultur durchaus adäquate Richtung gab, wurde der Fortbestand der jüdischen Kultur als solcher garantiert, fand ihre Geschichte nicht etwa ein Ende, wie dies von der Geschichtsforschung des Öftern behauptet worden ist. Es ist für das Wesen eines solchen Eingriffes von außen her ohne Belang, ob ein sichtbares Symbol, wie ein Tempel, zerstört wird. Jeder Eingriff gegen geistige Werte ist eine solche Tempelzerstörung. In solchen Fällen ist es von entscheidender Bedeutung, ob das in Frage gestellte geistige Prinzip stark genug ist, um in neuen Formen anstelle der zerstörten einen adäquaten Ausdruck zu finden.«[8]

Die Diasporasituation legt es nahe, Geschichte vor allem als Geschichte von Sprache und Auslegung zu fassen. Die Zeitlosigkeit des göttlichen Gesetzes, die im Zentrum alles Jüdischen steht und um die herum sich konzentrisch profanere Gebiete gruppieren, betrifft auch die Voraussetzungen, unter denen Gulkowitsch dachte: »Die das Judentum tragenden, sakral

7 Text 1, 217 und 127.

8 Ebd., 128.

durchdrungenen Begriffswelten gelten zu allen Zeiten und über alle Räume jüdischer Existenzerfahrung hinweg. Dabei sind sie religionsgesetzlich begründeten Anpassungen unterworfen.«[9] Diese Perspektive macht deutlich, warum in Gulkowitschs Schriften mitunter eine merkwürdige Raum- und Ortlosigkeit herrscht, in der er das »Kontinuum der Entwicklung von der Entstehung des Judentums an bis zum heutigen Tage« ansiedelt.[10]

Sein ambitionierter Versuch, in den 1930er Jahren auf einem noch weitgehend unbestellten Feld eine Begriffsgeschichte von der oder für die jüdische Geschichte zu entwerfen, ist in Kenntnis wichtiger sprachwissenschaftlicher und sprachphilosophischer Strömungen der Zeit verfasst. Dabei verwendete er eine Reihe methodischer Begriffe, die für das Jahr 1937 erstaunlich modern klingen: Latenz, Spur, Emergenz, Sprechakt, Begriff des Unbegrifflichen. Er kam aber auch zu Ergebnissen, die dem gängigen Verständnis von Begriffsgeschichte mitunter zu widersprechen scheinen.

1.2 Von Minsk über Leipzig nach Tartu

Von dem Religionshistoriker Hans Heinrich Schaeder, einer der Gutachter für den Lehrstuhl in Tartu, auf den Gulkowitsch 1934 berufen wurde, stammt folgende – freilich von außen formulierte – Einschätzung: »Dr. Gulkowitsch gehört zu den Wenigen, denen es durch intellektuelle und moralische Energie gelungen ist, den Weg von ostjüdischer Erziehung zu europäischer Wissenschaft ohne inneren Bruch zu vollziehen.«[11]

Lazar Gulkowitsch wurde am 20. Dezember 1898 in Žirin im heutigen Belarus geboren und besuchte zwischen dem zwölften und siebzehnten Lebensjahr die renommierte orthodoxe Jeschiwa im südwestlich von Minsk gelegenen Mir.[12] In den Wirren des Ersten Weltkriegs fand seine

---

9 Dan Diner, Einführung, in: ders. (Hg.), EJGK, Bd. 1, VII–XVIII, hier X.

10 Lazar Gulkowitsch, Die Bildung des Begriffes Ḥāsīd I. Der Begriff Ḥāsīd in der Gattung der Maʿaśijjōt. 1. Ḥāsīd und Wunder, Tartu 1935. Siehe Text 3 in diesem Band, 455.

11 Zit. nach Urmas Nõmmik, Lazar Gulkowitsch und das Seminar für jüdische Wissenschaft (Teil II), in: Judaica. Beiträge zum Verstehen des Judentums 62 (2006), H. 1, 1–42, hier 18.

12 Zur Biografie vgl. v.a. Põldsam, Lazar Gulkowitsch. Eine vergessene Stimme; dies., Von Leipzig nach Dorpat; Siegfried Hoyer, Lazar Gulkowitsch an den Universitäten in Leipzig und Dorpat (Tartu), in: Ephraim-Carlebach-Stiftung (Hg.), Judaica Lipsiensia. Zur Geschichte der Juden in Leipzig, Leipzig 1994, 123–131.

Familie zunächst Zuflucht in Nikolajew (heute Mykolajiw, Ukraine), wo Gulkowitsch an einem russischsprachigen Gymnasium das Abitur erwarb. Von 1918 an wirkte er im litauischen Virbalis für zwei Jahre als Leiter einer hebräischen Volksschule und gehörte dort, wie später auch in Leipzig, dem örtlichen Rabbinat an (wenngleich er kein ordinierter Rabbiner war). Mit dem Wunsch, Arzt zu werden, begann er 1919/20 ein Studium der Medizin in Königsberg i. Pr. (heute Kaliningrad, Russland). Parallel dazu studierte er Altes Testament (unter anderem bei dem evangelischen Theologen Max Löhr)[13] und Philosophie.

Unverkennbar wurde Gulkowitsch von der als Hochburg des Rationalismus geltenden Königsberger Universität geprägt. 1922 promovierte er mit einer Arbeit zu *Wesen und Entstehung der Kabbala* zum Dr. phil., setzte danach aber sein Medizinstudium fort.[14] Im März 1924 reichte er eine augenärztliche Dissertation ein, doch nahezu zeitgleich bestimmte ihn die Leipziger Universität zum Nachfolger von Israel Issar Kahan an der Theologischen Fakultät, wo er künftig als Lektor für späthebräische, jüdisch-aramäische und talmudische Wissenschaft lehrte.

Die Leipziger Stelle hatte das Ministerium für Volksbildung des Freistaats Sachsen nicht zuletzt deshalb eingerichtet, um durch wissenschaftliche Untersuchungen über die jüdische Religion zur Vermittlung zwischen liberalen Juden und aus dem östlichen Europa zugewanderten, zum Teil dem Chassidismus anhängenden Juden beizutragen.[15] Mit seiner Anstellung erwarb Gulkowitsch 1924 die deutsche Staatsbürgerschaft. 1927 habilitierte er sich im zweiten Anlauf an der Philosophischen Fakultät der Universität Leipzig für »Wissenschaft des späten Judentums« – als erster Wissenschaftler an einer deutschen Universität mit einem Thema aus der Wissenschaft des Judentums. Seine Arbeit widmete sich einem zeitgenössisch (etwa von Simon Dubnow, Martin Buber und Gershom

---

Teile der Einleitung knüpfen an eine Vorarbeit des Herausgebers an. Ernst Müller, Latenz und Explikation. Lazar Gulkowitsch und seine Begriffsgeschichte des jüdischen Geistes, in: Jahrbuch des Simon-Dubnow-Instituts/Simon Dubnow Institute Yearbook 17 (2018), 517–536.

13 Fritz Volmar, Löhr, Max, in: Neue Deutsche Biographie 15 (1987), 46 f., <https://www.deutsche-biographie.de/pnd117200476.html#ndbcontent> (7. Juni 2022).

14 Es ist anzunehmen, dass folgender, mit abweichender Schreibweise erschienene Aufsatz eine Fassung der Dissertation ist: Lazar Gulkowitsch, Wesen und Entstehung der Qabbala, in: Archiv für Geschichte der Philosophie und Soziologie 38 (1928), H. 1–4, 66–91.

15 Hoyer, Lazar Gulkowitsch, 125.

Scholem) stark diskutierten Thema: *Die Religionsphilosophie des Chassidismus innerhalb der vergleichenden Religionsgeschichte.*[16] Seine Probevorlesung von 1927 behandelte dann ein weiteres seiner wissenschaftlichen Hauptthemen: rationale und mystische Elemente in der jüdischen Religion.[17] In derselben Zeit arbeitete Gulkowitsch auch zur Geschichte der Kabbala und veröffentlichte in der religionswissenschaftlichen Zeitschrift *ΑΓΓΕΛΟΣ* (*ángelos*: Engel) Übersetzungen und Kommentare verschiedener Talmudtraktate.[18]

Von 1927 bis 1932 wirkte Gulkowitsch als Privatdozent, anschließend bis 1933 als außerordentlicher Professor für die Wissenschaft vom späten Judentum an der Historisch-Philologischen Abteilung der Philosophischen Fakultät der Universität Leipzig. Wenngleich seine Universitätskarriere in einer christlich dominierten, als Zentrum der deutschen Altorientalistik geltenden Institution nicht frei von strukturellen Zwängen war, so verfolgte das dem Philosophischen Institut angegliederte Religionswissenschaftliche Seminar doch explizit keine theologischen Zielsetzungen und hatte daher dem jüdischen Wissenschaftler offen gestanden.

In der Tradition der Altorientalistik und der sprachwissenschaftlich orientierten und innerhalb der Philosophie angesiedelten Religionswissenschaften und insbesondere unter dem Einfluss Benno Landsbergers[19] legte Gulkowitsch den Schwerpunkt seiner Arbeit auf die philologisch fundierte Erforschung der jüdischen Religionsgeschichte. Als Spezialist für rabbinische Literatur hatte er zugleich einen Lehrauftrag an der Theologischen Fakultät. Für Gulkowitsch bildete die hebräische Sprache die Grundlage jeder jüdischen Wissenschaft. So überrascht es nicht, dass bereits in Leipzig Schriften entstanden, die als Vorarbeiten für die Grundlegungsschrift gelten können. 1931 erschien als Beitrag zur Formgeschichte der Sprache seine Arbeit über *Die Bildung von Abstraktbegriffen in der hebräischen Sprachgeschichte.*[20]

---

16 Veröffentlicht als: Lazar Gulkowitsch, Der Ḥasidismus religionswissenschaftlich untersucht, Leipzig 1927.

17 Ders., Rationale und mystische Elemente in der jüdischen Lehre, Tartu 1935.

18 Eine Übersicht von Gulkowitschs Publikationen findet sich im ersten Teil der Bibliografie in diesem Band.

19 Joachim Oelsner, Der Altorientalist Benno Landsberger (1880–1968). Wissenstransfer Leipzig–Chicago via Ankara, in: Stephan Wendehorst (Hg.), Bausteine einer jüdischen Geschichte der Universität Leipzig, Leipzig 2006, 269–285.

20 Lazar Gulkowitsch, Die Bildung von Abstraktbegriffen in der hebräischen Sprachgeschichte, Leipzig 1931.

Die Nationalsozialisten entzogen Gulkowitsch im Oktober 1933 die Lehrerlaubnis und widerriefen seine Einbürgerung. Ein einstimmig beschlossenes Ersuchen der mehrheitlich von einer nationalkonservativen Professorenschaft geprägten Theologischen wie Philosophischen Fakultät an das Ministerium für Volksbildung, Gulkowitsch im Amt zu behalten, blieb ohne Erfolg. Martin Buber setzte sich bei der im Spätsommer 1933 gegründeten Reichsvertretung der deutschen Juden dafür ein, dass Gulkowitsch neben ihm selbst an einer prospektiven »Schule für Judentumskunde« in Mannheim dozieren konnte.[21] Dieser Versuch scheiterte zwar, aber Gulkowitsch gelang es, auf Vermittlung des Leipziger liberalen Rabbiners Felix Goldmann im Januar 1934 an der Universität im estnischen Tartu (Dorpat) einen damals in Europa einzigartigen Lehrstuhl für Jüdische Studien zu übernehmen, dessen seit 1929 geplante Gründung eine Reihe angesehener jüdischer Gelehrter wie Simon Dubnow, Leo Motzkin, Leo Baeck, Martin Buber, Albert Einstein und Julius Guttmann unterstützte.[22] Nachdem eine 1930 etablierte Gesellschaft zur Förderung der jüdischen Wissenschaft an der Universität Tartu im Oktober 1933 die finanziellen Mittel für den Lehrstuhl bereitstellte (die Universität selbst sah sich zur materiellen Unterstützung außerstande), konnte die Professur vergeben werden. 1936 erfolgte schließlich die Eröffnung eines dem Lehrstuhl angegliederten Seminars für jüdische Wissenschaft.

Im August 1937 wurde Gulkowitsch estnischer Staatsbürger. Zu seinem kleinen Hörerkreis, der erstaunlich viele Frauen umfasste, gehörten sowohl Mitglieder der einheimischen jüdischen Gemeinde als auch emigrierte deutsche Juden; 21 Studierende nahmen zwischen 1934 und 1940 ein Studium am Lehrstuhl auf. Für Gulkowitsch begannen sechs produktive Jahre, in denen er die meisten seiner Schriften veröffentlichte, fast alle in deutscher Sprache und viele davon – auch die *Grundlegung einer begriffsgeschichtlichen Methode* – in einer Schriftenreihe der Universität Tartu. Dazu zählt neben mehreren religions- und kulturgeschichtlichen

---

21 Yfaat Weiss, Schicksalsgemeinschaft im Wandel. Jüdische Erziehung im nationalsozialistischen Deutschland 1933–1938, Hamburg 1991, 75–77; Põldsam, Lazar Gulkowitsch. Eine vergessene Stimme, 50–54.

22 Zur Tätigkeit von Gulkowitsch in Tartu vgl. Urmas Nõmmik, Lazar Gulkowitsch und das Seminar für jüdische Wissenschaft an der Universität Tartu (Dorpat) (Teil I), in: Judaica. Beiträge zum Verstehen des Judentums 61 (2005), H. 4, 351–372; ders., Lazar Gulkowitsch und das Seminar für jüdische Wissenschaft (Teil II), 16.

Arbeiten zum hebräischen Begriff Chassid (Frommer) und den als Trilogie konzipierten Schriften zum Chassidismus (vgl. die Auszüge in den Texten 5 und 6 in diesem Band)[23] eine Abhandlung über die Philosophie des Maimonides (1135/1138–1204), den Gulkowitsch als Vermittler zwischen rationalem und mystischem Judentum würdigte.[24]

Gulkowitsch bemühte sich in seiner Tartuer Zeit um internationale Verbindungen. Erhalten sind Briefwechsel mit dem deutsch-amerikanischen Ethnologen Franz Boas[25] und mit Martin Buber.[26] Er hielt Gastvorträge außerhalb Estlands, 1938 und 1939 an der Universität Uppsala sowie auf Einladung des in New York lehrenden Boas an der Columbia University, 1939 im englischen Cambridge.[27]

1938 besuchte Gulkowitsch den Historiker Simon Dubnow in Riga, auch in der Hoffnung, über ihn neue jüdische Studierende zu gewinnen. Mit dem deutsch-tschechischen und der Prager strukturalistischen Schule angehörenden Slawisten Leopold Silberstein entwickelte sich eine enge Zusammenarbeit.[28] Seit 1939 bemühte sich Gulkowitsch sowohl in Großbritannien als auch in den Vereinigten Staaten um ein Visum für sich und seine Familie. Ende 1939, Anfang 1940 bat er den mittlerweile an der Hebräischen Universität Jerusalem lehrenden Buber vergeblich, ihm ein Zertifikat oder eine Einladung ins britische Mandatsgebiet Palästina zu beschaffen.[29]

Gemäß dem Geheimabkommen zum sogenannten Hitler-Stalin-Pakt vom August 1939 fiel Estland unter sowjetische Herrschaft. Der Einmarsch der Roten Armee im August 1940 beendete die estnische Unabhängigkeit. Wie die meisten Fremdphilologien wurde das Seminar für Jüdische Studien zeitgleich mit der gesamten Fakultät für Religionswis-

---

23 Lazar Gulkowitsch, Die Grundgedanken des Chassidismus als Quelle seines Schicksals. Ein Beitrag zum Problem Idee und Leben, Tartu 1938; ders., Das kulturhistorische Bild des Chassidismus, Tartu 1938 (Text 5 in diesem Band); ders., Der Chassidismus als kulturphilosophisches Problem, Tartu 1940 (Text 6 in diesem Band).

24 Ders., Das Wesen der maimonideischen Lehre, Tartu 1935.

25 Siehe Text 7 in diesem Band.

26 Vgl. dazu Anu Põldsam, Lazar Gulkowitschs Streben nach dem Ideal der Wissenschaft des Judentums (geschichtlich betrachtet im Lichte seines Briefwechsels mit Franz Boas und Martin Buber), in: Judaica. Beiträge zum Verstehen des Judentums 66 (2010), H. 4, 348–365.

27 Siehe Text 9 in diesem Band.

28 Siehe unten, Abs. 3.4.

29 Põldsam, Lazar Gulkowitsch. Eine vergessene Stimme, 90.

senschaften geschlossen. Wiederum ein Jahr später rückte im Zuge des deutschen Überfalls auf die Sowjetunion die Wehrmacht in Tartu ein. Der nur 42 Jahre alte Gulkowitsch und seine Familie (wohl auch seine ein Jahr jüngere Frau Frieda, geb. Rabinowitz, sowie seine beiden Töchter, die vierzehnjährige Lea Riwka und die fünfjährige Sulamith) wurden zusammen mit etwa 800 anderen Juden im Juli 1941 ermordet.

Gulkowitschs intellektueller und akademischer Werdegang hatte ihn in nur neun Jahren vom Talmudschüler zum mit höchsten akademischen Weihen ausgestatteten Gelehrten an einer deutschen Hochschule geführt; ausgestoßen aus der Leipziger Universität war er anschließend auf den damals einzigen europäischen Lehrstuhl für jüdische Studien berufen worden. Ob er auf diesem Lebensweg tatsächlich keinerlei Bruch empfand, wie es sein Gutachter Schaeder formulierte, muss offen bleiben. Fest steht jedoch, dass er seine Tätigkeit auf der Tartuer Professur nur sechs Jahre ausüben konnte, bevor er der NS-Vernichtungspolitik zum Opfer fiel.

1.3 Zu Auswahlkriterien und Gliederung der Edition

Im Mittelpunkt und am Anfang des Quellenteils der vorliegenden Edition steht Lazar Gulkowitschs theoretische Hauptschrift von 1937 *Zur Grundlegung einer begriffsgeschichtlichen Methode in der Sprachwissenschaft* (Text 1); sie wird einschließlich des umfangreichen Registers vollständig wiedergegeben. Die erneute Herausgabe dieser Monografie ergänzen zum einen Schriften beziehungsweise Auszüge aus Schriften, in denen Gulkowitsch anhand der Begriffe Chassid und Chassidismus seine begriffsgeschichtliche Methode praktisch anwendete oder die ihm als Material für die Herausarbeitung der Begriffsgeschichte als Methode dienten (Texte 2–6). Zum anderen werden weitere, teilweise bislang ungedruckte Manuskripte ediert, in denen er seine begriffsgeschichtliche Methode erklärte beziehungsweise weiterentwickelte (Texte 7–10).

Auf den Haupttext folgend sind die weiteren Schriften chronologisch angeordnet, im Falle ihrer Drucklegung nach dem angegebenen Erscheinungsjahr, im Falle der Manuskripte nach der vermuteten Entstehungszeit. Die Auswahl konzentriert sich auf Gulkowitschs Wirken während seiner Jahre in Tartu. Der Fokus der Edition liegt auf den ab 1934 und größtenteils in der eher abgelegenen estnischen Reihe publizierten Schriften, in der er insgesamt zehn längere Abhandlungen und Monografien veröffentlichte. All diese Arbeiten sind bislang kaum rezipiert worden – auch dies ist ein Grund für die vorliegende Edition. Ausgewählt wurden mehrere

Teilschriften eines nicht gänzlich realisierten Komplexes, den Gulkowitsch dem Begriff des Chassid widmete. Dazu zählen: *Die Entwicklung des Begriffes Ḥāsīd im Alten Testament* (1934; Text 2), *Die Bildung des Begriffes Ḥāsīd in der Gattung der Ma'aśijjōt I. 1. Ḥāsīd und Wunder* (1935; Text 3), *Die Bildung des Begriffes Ḥāsīd in der Gattung der Ma'aśijjōt I. [2.] Ḥāsīd und Gebet* (1940; Text 4). Text 2 wird hier vollständig publiziert, von den anderen beiden nur jene Auszüge, die insbesondere Gulkowitschs Arbeitsmethode erkennen lassen.

Der zweite Themenkomplex, ebenfalls eine materiale Durchführung der begriffsgeschichtlichen Methode, ist die als abgeschlossen anzusehende Trilogie zum Chassidismus, wobei aus Platzgründen jeweils nur thematisch einschlägige Auszüge zweier Titel wiedergegeben werden: Das betrifft *Das kulturhistorische Bild des Chassidismus* (1938; Text 5) und *Der Chassidismus als kulturphilosophisches Problem* (1940; Text 6). Die zugehörige erste Schrift *Die Grundgedanken des Chassidismus als Quelle seines Schicksals. Ein Beitrag zum Problem Idee und Leben* (1938) konnte nicht berücksichtigt werden.

Ein von Gulkowitsch entworfenes *Forschungsprogramm* (Text 7), das sich bislang nur in Anu Põldsams Promotionsschrift als Abbildung nachgedruckt findet, wird hier erstmals ediert. Dieses deutschsprachige Forschungsprogramm, das in etwa aus der Zeit der Veröffentlichung der Grundlegungsschrift stammt und wiederum deren Konzeption konzise zusammenfasst, liegt in zwei variierenden Fassungen vor. Die eine bildet den Anhang zu einem Brief an Franz Boas vom 22. September 1937 und wird in den Franz Boas Papers in der American Philosophical Society Library, Philadelphia, aufbewahrt. Von der zweiten Fassung, die sich in Gulkowitschs Nachlass im Archiv der Universitätsbibliothek Tartu befindet, lässt sich nicht sagen, an welchen Adressaten sie sich richtete; auch ist unbekannt, wann Gulkowitsch sie verfasste und ob er sie jemandem vorgelegt hat. Hier wird die erste Fassung ediert, Abweichungen der zweiten Fassung werden angemerkt.

Ein weiteres programmatisches Manuskript mit dem Titel *Die Anwendung der Begriffsgeschichte auf die Sprachwissenschaft* ist hier erstmals ediert (Text 8). Auch dieser Text, dessen Entstehungskontext und -zeit nicht mehr rekonstruierbar sind, befindet sich in Gulkowitschs Nachlass im Archiv der Universitätsbibliothek Tartu.

Den Band beschließen zwei nicht deutschsprachige Schriften des polyglotten Gulkowitsch, die sich ebenfalls der begriffsgeschichtlichen Methode zuwenden. Es handelt sich zum einen um den als Broschüre gedruckten Vortrag *History as the History of Ideas with Special Reference to*

O. T. [Old Testament] and Jewish History (1939; Text 9), den Gulkowitsch 1939 in Cambridge hielt. Zum anderen wird erstmals der maschinenschriftlich erhaltene Aufsatz *K sistematizatsii grammatiki na osnove metoda »istorii razvitiia ponjatij«* (Über die Systematisierung der Grammatik auf Grundlage der begriffsgeschichtlichen Methode; Text 10) ediert. Diesen undatierten, aber sicher sehr spät (1940/41) auf Russisch verfassten Text, der auf zwei Vorträge zurückgeht, hat Gulkowitsch höchstwahrscheinlich nach der Besetzung Tartus durch russische Truppen und der Schließung seines Lehrstuhls und Instituts geschrieben, um Anschluss an eine sowjetisch-russische Institution zu finden. Er wird in dieser Edition erstmals in deutscher Übersetzung sowie im russischsprachigen Original gedruckt.

Die Auswahl beschränkt sich also auf solche Schriften, die sich methodisch oder exemplarisch auf die Begriffsgeschichte beziehen; angesichts des insgesamt begrenzten Umfangs des vorliegenden Bandes musste auf den Nachdruck einiger weiterer, für das Verständnis von Gulkowitschs Denken wichtiger Schriften verzichtet werden, die das begriffsgeschichtliche Thema nicht unmittelbar behandeln.

Bereits vor seinem Buch über die begriffsgeschichtliche Methode hatte Gulkowitsch, sowohl in Leipzig als auch in Tartu, zu anderen Themen publiziert. Es handelt sich fast durchweg um Abhandlungen zur Geistesgeschichte des Judentums, die aber nur partiell oder kaum mit seinem speziellen begriffsgeschichtlichen Ansatz zu tun haben. Das betrifft vor allem Arbeiten über mystische und rationale Elemente im Judentum sowie eine anlässlich der Feierlichkeiten zum 800. Geburtstag von Maimonides entstandene Schrift, den Gulkowitsch dort als Gewährsmann seiner eigenen Position vorstellte. Diese Texte sind als Kontext für die *Grundlegung einer begriffsgeschichtlichen Methode* dennoch interessant und werden deswegen ausführlicher in der Einleitung behandelt.

Auf den Nachdruck der 1931 noch in Leipzig erschienenen wichtigen Monografie *Die Bildung von Abstraktbegriffen in der hebräischen Sprachgeschichte*, die aufgrund ihrer enormen Bedeutung für die Genese der begriffsgeschichtlichen Methode thematisch einschlägig ist, wurde aus editorischen Gründen verzichtet. Der in einer Reihe des Forschungsinstituts für Orientalistik an der Assyriologischen Abteilung der Leipziger Universität erschienene Band fand im Unterschied zu den späteren Exilschriften noch die ihm zukommende fachliche Resonanz. Deswegen werden die Grundgedanken dieser Schrift in der vorliegenden Einleitung genauer dargestellt und zur Problematik der Grundlegungsschrift ins Verhältnis gesetzt.[30]

---

30 Siehe unten, Abs. 2.1.

2. Vom Zentrum zur Peripherie: Lazar Gulkowitschs methodologische Ansätze zur Begriffsgeschichte

Im August 1920 hatte Franz Rosenzweig in Frankfurt am Main das Freie Jüdische Lehrhaus eröffnet. Es sollte zur »jüdischen Renaissance« beitragen, zu der Martin Buber erstmals in einem Essay aus dem Jahre 1901 als einem »Kampf gegen die armselige Episode ›Assimilation‹« aufgerufen hatte.[31] Dabei stellte sich Buber keine Rückkehr in die vormoderne Vergangenheit oder eine bloße Wiederbelebung der in Vergessenheit geratenen jüdischen Tradition vor. So wie in der Zeit des Quattrocento die italienische Kultur in der Verbindung mit antiker Tradition neue Blüten trieb, sollte in einer jüdischen Renaissance das europäische Judentum im Geist der erwachenden Moderne dem jüdischen Erbe neuen Ausdruck verschaffen. Dem jüdischen Volk stehe eine kulturelle »Auferstehung von halbem Leben zu ganzem bevor«.[32]

Diese Sehnsucht nach einem modernen, kollektiven jüdischen Selbstverständnis teilten Anfang des 20. Jahrhunderts viele deutschsprachige Jüdinnen und Juden, die insbesondere durch den wachsenden Antisemitismus erst von außen auf ihr Jüdischsein gestoßen wurden. Von der klassischen jüdischen Tradition, dem rituell-religiösen Leben und der hebräischen Sprache entfremdet, stellte sich vielen von ihnen die Frage, was dieses Jüdischsein tatsächlich bedeute.[33] Rosenzweigs Vision bei der Gründung des Freien Jüdischen Lehrhauses war die Schaffung einer selbstständigen »›jüdischen Sphäre‹ […] für die hier in Frage kommenden Teile der deutschen Judenheit, die den bewußt jüdischen Charakter des Hauses allermeist schon in einer der letzten drei Generationen preisgegeben haben«.[34] Das Lernen in jüdischen Schulen sollte in »umgekehrter

31 Martin Buber, Jüdische Renaissance, in: Ost und West 1 (1901), H. 1, 7–10, hier 7; vgl. auch Asher D. Biemann, Renaissance, in: Diner (Hg.), EJGK, Bd. 5, 174–178.

32 Buber, Jüdische Renaissance, 7.

33 Michael Brenner, Jüdische Kultur in der Weimarer Republik, übers. von Holger Fliessbach, München 2000 (zuerst New Haven, Conn./London 1996).

34 Franz Rosenzweig, Zeit ists … [1917], in: ders., Der Mensch und sein Werk. Gesammelte Schriften, Bd. 3: Zweistromland. Kleinere Schriften zu Glauben und Denken, hg. von Reinhold Mayer/Annemarie Mayer, Dordrecht/Boston, Mass./Lancaster 1984, 461–481, hier 461 f.

Richtung«[35] über das lebendige Hebräisch des liturgischen Ritus ohne langes Verweilen bei der Grammatik direkt in die Gebetsbücher hinein und erst dann zur exegetischen und rabbinischen Traditionsliteratur führen. Mit kritischem Blick auf die lebensfremde Professionalität rabbinischer Gelehrter oder Vertreter der Wissenschaft des Judentums empfahl Rosenzweig als Lehrer für die Erwachsenenbildung Männer und Frauen, die über keinerlei Kenntnisse des Judentums verfügten.[36] Dazu gehörten der Biochemiker Eduard Strauss, der ohne Hebräischkenntnisse Bibel unterrichtete, der Psychologe Erich Fromm mit einem Kurs über die Karäer oder die Frauenrechtlerin Bertha Pappenheim mit Vorträgen zu Glückel von Hameln.[37] Rosenzweig beschreibt das ungewöhnliche Konzept:

> »Ein Lernen in umgekehrter Richtung. Ein Lernen nicht mehr aus der Tora ins Leben hinein, sondern umgekehrt, aus dem Leben, aus einer Welt, die vom [Religions-]Gesetz nichts weiß oder sich nichts wissen macht, zurück in die Tora. Das ist die Signatur der Zeit. Die Signatur der Zeit, weil es die Signatur der Menschen der Zeit ist. Es ist heut keiner, der nicht entfremdet ist, oder der nicht wenigstens ein Stück Entfremdung in sich hat, – und wenn es ›Goethe‹ ist. Wir alle, soweit uns das Judentum, das Judesein wieder die zentrale Tatsache unseres Lebens geworden ist – und ich weiß, daß ich hier nicht für mich alleine spreche –, wir alle wissen, daß wir unserm Judesein zwar alles opfern müssen, aber nichts opfern dürfen. Nichts preisgeben, nichts verleugnen, aber alles zum Jüdischen zurückführen. Von der Peripherie ins Zentrum zurück, vom Außen ins Innen.«[38]

Ein vergleichender Blick auf den Bildungsweg Lazar Gulkowitschs verdeutlicht den Kontrast zwischen den jüdischen Welten, in denen sich der Gelehrte auf seinen Stationen von Minsk und Mir über Leipzig bis nach Tartu bewegte. Gulkowitsch wuchs in einem geistigen Milieu auf, in dem jüdische Knaben noch ganz selbstverständlich den umgekehrten

---

35 Franz Rosenzweig, Neues Lernen [1920], in: ders., ebd., 505–510, hier 507.

36 »Ein neues Lernen ist das. Ein Lernen, zu dem am befähigsten [sic] heute der ist, der – am meisten Fremdes mitbringt. Also gerade *nicht* der jüdische Fachmann. Jedenfalls der jüdische Fachmann nicht *als* Fachmann, sondern auch er nur soweit er Entfremdeter ist, soweit er Heimsuchender, Heimkehrender ist.« Ebd., 508 (Hervorhebung im Original).

37 Brenner, Jüdische Kultur in der Weimarer Republik, 91–103, bes. 99.

38 Rosenzweig, Neues Lernen, 507 f.

Bildungsweg gingen, nämlich vom Zentrum zur Peripherie, vom Innen ins Außen. Im heutigen Belarus, dem im 19. Jahrhundert am dichtesten von Jüdinnen und Juden besiedelten Gebiet weltweit,[39] durchlief er eine klassische jüdische Ausbildung. Dazu gehörten das frühe Erlernen der hebräischen Sprache, Bibelstudien und erste Analysen traditioneller Kommentarliteratur. Gulkowitsch erwies sich als talentiert genug, um in die renommierte, im Jahr 1815 gegründete orthodoxe Talmudschule in Mir zum erweiterten Studium aufgenommen und mit 13 (statt wie üblich etwa 15) Jahren bereits einer höheren Qualifikationsstufe zugeführt werden zu können.[40] In Mir und weiteren Talmudschulen vertiefte er seine aramäischen und hebräischen Sprachkenntnisse bei der Lektüre der vielfältigen halachischen (religionsgesetzlichen) Kommentar-, Responsen- sowie ethisch gefärbten Musar-Literatur, die in den Jeschiwot des östlichen Europas ab dem 19. Jahrhundert an Bedeutung gewonnen hatten.

Wie sehr ihn diese Zeit prägte, zeigen die bevorzugten Themen in Gulkowitschs Lehrveranstaltungen an den Universitäten Leipzig und Tartu. Die literarischen Herzstücke der jüdischen Tradition – Traktate aus der Mischna, dem Talmud, der Tosefta oder den Midraschim – bildeten neben Seminaren zur Grammatik der akkadischen, hebräischen und aramäischen Sprachen das Zentrum seines Curriculums. Erst dann führte er die Studierenden auch in die Welt der jüdischen Mystik, Poesie und Philosophie ein.[41]

Diese Orientierung vom Zentrum zur Peripherie kennzeichneten auch seine wissenschaftlichen Arbeiten, in denen Gulkowitsch nicht nur auf einen reichen Schatz an Quellenmaterial zurückgreifen konnte, sondern sich in dem anregenden Umfeld der Leipziger Universität auch für theologische, religionswissenschaftliche oder sprachwissenschaftliche Methoden öffnete und die konservative jüdische Hermeneutik weit hinter sich ließ. Dabei legte er großen Wert auf strenge Wissenschaftlichkeit; später in Tartu beklagte er seine Isolation inmitten »von pseudowissenschaftlichen und nicht wissenschaftlichen Kreisen«.[42]

---

39 Põldsam, Lazar Gulkowitsch. Eine vergessene Stimme, 23 f.

40 Ebd., 23.

41 Vgl. das Verzeichnis von Gulkowitschs Lehrveranstaltungen ebd., 253–257.

42 Handschriften- und Raritätenabteilung der Universitätsbibliothek Tartu, Bestand 47, Verzeichnis I, Akte 3, [im Folgenden: HRUT 47/I/3 (1 Bl.)], Brief Lazar Gulkowitsch an (vermutlich) Isaak Heinemann, 13. September 1936. Anu Põldsam vermutet, dass Isaak Heinemann, seinerzeit Dozent für Religionsphilosophie

Während einige deutsch-jüdische Intellektuelle wie Martin Buber, Franz Rosenzweig oder Gershom Scholem bereits von einer Transformation der »Wissenschaft des Judentums« in eine »Jüdische Wissenschaft« als einen Ort religiöser und kultureller Selbstverständigung träumten,[43] verschrieb sich Gulkowitsch ganz den Idealen einer rein wissenschaftlichen Erfassung des Judentums als einem religionshistorischen Phänomen. Gerade in einer so jungen Disziplin wie den Jüdischen Studien – so Gulkowitsch in dem bereits zitierten Brief an Isaak Heinemann – sei eine Absage an das Irrationale beziehungsweise Unwissenschaftliche unerlässlich. Vielmehr müsse es Ziel des neuen Universitätsfaches sein, »rein und ohne jede Nebenabsicht, also eben in wissenschaftlicher Weise, das Wesen des Judentums und seiner Geschichte darzustellen«.[44]

Er schlug dazu eine Arbeitsweise ausgehend von spezifischen Einzeluntersuchungen hin zur allgemeineren Abhandlung vor und nannte die in der vorliegenden Edition im Zentrum stehende Schrift ein gelungenes Ergebnis des Versuches, von »der Spezialuntersuchung [...] zum grosse[n] Ganze[n]« zu gelangen.[45] Tatsächlich ist *Zur Grundlegung einer begriffs-*

am Jüdisch-theologischen Seminar Fraenckel'sche Stiftung in Breslau der Empfänger des Briefes war. Põldsam, Lazar Gulkowitsch. Eine vergessene Stimme, 83; Text 7, 542 f.

43 Buber schrieb in einem Artikel für *Die Welt* (25. Oktober 1901) über die Hauptabsichten einer solchen Jüdischen Wissenschaft: »Zunächst die, das zu erkennen, was man liebt. Dann aber auch, aus dem Gegebenen zu erforschen, was unserem Volk nottut und was es zu erwarten hat.« Rosenzweig beklagte »die Scheuklappen des Apologetischen [...]. Statt Freude am Eigenen zu spüren und zu lehren, haben sie beide [d. h., der jüdische Unterricht und die Wissenschaft des Judentums] das Eigene stets nur entschuldigen wollen.« Franz Rosenzweig, Bildung und kein Ende [1920], in: ders., Gesammelte Schriften, Bd. 3, 491–503, hier 497. Scholem rechnete aus zionistischer Perspektive 1944 mit der begräbnishaften Seite der Wissenschaft des Judentums und ihren »Totengräbern« Leopold Zunz, Moritz Steinschneider und Abraham Geiger ab. Gershom Scholem, Überlegungen zur Wissenschaft vom Judentum, in: ders., Judaica 6: Die Wissenschaft vom Judentum, hg. und übers. von Peter Schäfer, Frankfurt a. M. 1997, 7–52, hier bes. 26.

44 HRUT 47/I/3 (1 Bl.), Brief Gulkowitsch an Heinemann.

45 Ebd. Weiter heißt es: »Es gibt dazu [zur wissenschaftlichen Methode, A. M.] technisch betrachtet keinen anderen Weg als den der Spezialuntersuchung. [...] Meine Arbeit ›Zur Grundlegung einer begriffsgeschichtlichen Methode in der Sprachwissenschaft‹, die bald ausgedruckt sein wird, versuch[t] diese Ansicht ganz allgemein wissenschaftlich zu begründen.«

geschichtlichen Methode in der Sprachwissenschaft das Ergebnis eines langjährigen Prozesses, der im Zentrum, nämlich bei einem spezifischen Phänomen der hebräischen Grammatik, beginnt und sich methodologisch variierend über einige Einzeluntersuchungen zur kulturgeschichtlichen Entwicklung des Begriffes Chassid nach außen hin zu der von ihm als »allgemein wissenschaftlich« verstandenen Grundlegungsschrift weitet. Dieser prozesshafte Perspektivwechsel auf Sprache als eine mit der Geistesgeschichte eng verwobene Erscheinung soll im Folgenden auf der Grundlage von Gulkowitschs »kleinen Schriften« zur Begriffsgeschichte skizziert werden.

2.1 Grammatik als Strukturbild der Sprache

Den Ausgangspunkt und Kern von Gulkowitschs Sprachstudien bildete – nicht nur chronologisch betrachtet – die grammatikalische Untersuchung *Die Bildung von Abstraktbegriffen in der hebräischen Sprachgeschichte* aus dem Jahr 1931. Seine Sicht auf das Wesen der Sprache war von der Überzeugung bestimmt, dass die Grammatik die Struktur der Sprache widerspiegelt, »die wiederum mit der Lebenswirklichkeit der Sprache übereinstimmt«.[46] Dementsprechend lehnte er eine rein formale Betrachtung der Grammatik unter Gesichtspunkten der Morphologie oder der Syntax als zu kurz gegriffen ab und plädierte für einen semantischen Ansatz, der die Bedeutung sowie die Sinnklasse eines Wortes in den Fokus rückt. In der Schrift über die Abstraktbegriffe unternahm Gulkowitsch erstmals den Versuch, diese – Humboldt'sche – Idee einer geistigen Struktur der Grammatik am Beispiel der hebräischen Sprache mit einer Untersuchung der Abstraktbildungen und ihrer wesentlichen Veränderungen im Lauf der Sprachgeschichte parallel zur jüdischen Geistesgeschichte zu prüfen.

Im Vorwort zur Studie dankte er dem Assyriologen Benno Landsberger, der bis zu seiner Entlassung aufgrund des »Gesetzes zur Wiederherstellung des Berufsbeamtentums« 1935 ebenfalls an der Universität Leipzig lehrte, als seiner größten Inspirationsquelle. Landsberger hinterließ mit seiner Antrittsvorlesung im Jahr 1926 zum Thema »Die Eigen-

46 HRUT 47/II/15 (29 Bl.), Lazar Gulkowitsch, K sistematizatsii grammatiki na osnove metoda »istorii razvitiia ponjatij« [Über die Systematisierung der Grammatik auf Grundlage der begriffsgeschichtlichen Methode] (1940/41). Text 10, 575.

begrifflichkeit der babylonischen Welt« nicht nur bei Gulkowitsch einen tiefen Eindruck;[47] er sorgte vor dem Hintergrund des zwei Jahrzehnte zuvor von Friedrich Delitzsch ausgelösten Babel-Bibel-Streits damit auch in seinem Fach für Furore. Die öffentlichen, akademischen und theologischen Debatten über die Abhängigkeit der biblischen Tradition von der mesopotamisch-babylonischen Kultur hatten nicht nur in der Theologie Fragen nach der heilsgeschichtlichen Bedeutung des Alten Testaments aufgeworfen. Die von Delitzsch zunehmend völkisch und antisemitisch geführte Kontroverse stellte auch die Eigenständigkeit und Authentizität zentraler religiös-theologischer Elemente der jüdischen Tradition infrage.[48] Landsberger kritisierte – sehr wahrscheinlich mit einem polemischen Seitenblick auf Delitzsch und dessen Schule – die methodologische Schwäche der Assyriologie, zu leichtfertig die Verwandtschaft der semitischen Sprachen als Argument für das Aufstellen kultureller Parallelen beziehungsweise die vorschnelle Rekonstruktion geistesgeschichtlicher Entwicklungen vorzubringen. Letztere entsprangen laut Landsberger »dem eigenen Geiste« der Sprachforscher, die versuchten, »die toten Dinge dadurch lebendig zu machen, daß sie geknüpft werden an Ideen, die noch bei uns oder in uns nahestehenden Kulturen bedeutsam sind«.[49] Einem solchermaßen ideologisierten Entwicklungsbegriff setzte Landsberger »die Eigenbegrifflichkeit einer Kultur« entgegen und schlug eine heuristische Methode vor, die nicht von einem »stabilen System der Bezugsbegriffe« ausging, sondern die »zu enträtselnde Geisteswelt« aus dem Wesen des vorliegenden Sprachmaterials selbst zu gewinnen suchte, wobei das Auffinden von »vollentfalteten Lebensbegriffen« und »Bedeutungsklassen« von größter Wichtigkeit sei.

> »Die so gewonnenen Eigenbegriffe müssen nun verbunden werden zu Systemen, so zunächst das System der grammatischen Eigenbegriffe, das uns unmittelbar zu dem Begriff der sogenannten inneren Sprachform führt. Sodann etwa das der auf die Raumanschauung bezüglichen

---

47 Benno Landsberger, Die Eigenbegrifflichkeit der babylonischen Welt, in: Islamica 2 (1926), H. 3, 355–372, hier 356 f. Zu Landsberger vgl. Oelsner, Der Altorientalist Benno Landsberger.

48 Yaacov Shavit, Babel-Bibel, in: Diner (Hg.), EJGK, Bd. 1, 224–226; Eva Cancik-Kirschbaum/Thomas L. Gertzen, Der Babel-Bibel-Streit und die Wissenschaft des Judentums. Beiträge einer internationalen Konferenz vom 4. bis 6. November 2019 in Berlin, Münster 2021.

49 Landsberger, Die Eigenbegrifflichkeit der babylonischen Welt, 356 f.

> Begriffe und immer weiter fortschreitend zum Spezielleren, bis man zu den geschlossenen Systemen bestimmter Spezialfächer oder Berufe wie etwa des Rechts oder des Handels gelangt. Nur durch Konstruktion vom Begriffssystem aus können wir zur Kultur gelangen. Ohne diese höhere Mathematik der Eigenbegriffe [...] kann nur ein unverbundenes Nebeneinander, keine geistige Einheit erwachsen.«[50]

Damit sind wesentliche methodologische Ansätze Gulkowitschs zur Entwicklung einer Begriffsgeschichte benannt, in der die grammatikalischen Eigenheiten einer bestimmten Epoche als Kennzeichen der jüdischen Kulturgeschichte gelesen werden können.

Für eine Einschätzung seiner Studie zu Abstraktbegriffen in der hebräischen *Sprachgeschichte* erscheint allerdings noch eine weitere Inspirationsquelle von Bedeutung, die er ebenfalls selbst benennt, und zwar der von Jakob Klatzkin zusammen mit Moritz Zobel herausgegebene vierbändige *Thesaurus philosophicus linguae Hebraicae et veteris et recentioris.* Dabei handelt es sich um ein hebräisches Wörterbuch der philosophischen Terminologie vom 12. bis zum 18. Jahrhundert. Klatzkin arbeitete von 1928 bis 1933 an diesem Kompendium, das Gulkowitsch reiches Quellenmaterial für die Beurteilung des wachsenden Aufkommens von Abstraktbegriffen im mittelalterlichen philosophischen Umfeld bot.

In der jüdischen Welt entwickelte sich schon sehr früh ein gewisses Bewusstsein für die Historizität von Sprache, was sicherlich der Tatsache geschuldet ist, dass das Hebräische und Aramäische in den Diasporagemeinden ab der Spätantike reine Schriftsprachen waren, die analysiert, lexikografiert und gegebenenfalls der gesprochenen Sprache angepasst wurden. So fügte – um beim Beispiel der Philosophie zu bleiben – bereits im 12./13. Jahrhundert Samuel ibn Tibbon (ca. 1160–1230) seiner Übersetzung von Moses Maimonides' in arabischer Sprache verfasstem philosophischen Hauptwerk, dem *Führer der Unschlüssigen*, ein reich kommentiertes Glossar mit philosophischen Begriffen an, die aus der arabischen Wissenschaftssprache entnommen und im Hebräischen nachgebildet waren.[51] Solche speziellen Glossarien und Wörterbücher sind auch

---

50 Ebd., 358 f.

51 Der Dichter und Wissenschaftler Israel Efros veröffentlichte 1924 in *Philosophical Terms in the Moreh Nebukim* (New York 1924) eine englische Fassung der Begriffssammlung Ibn Tibbons.

für biblische, rabbinische oder mystische Schriften bereits in der frühen Neuzeit nachweisbar.[52]

Schließlich sei an erste »Spezialwörterbücher« aus christlichen Kreisen erinnert, die sich mit der Terminologie und den Sprachstufen der Bibel auseinandersetzten. Ebenso riefen die multilingualen Bibeleditionen der Renaissance die Bedeutung der aramäischen Targumim (exegetische Übersetzungen) für das Studium des biblischen Textes und seiner Geschichte ins theologische Bewusstsein. Manche dieser polyglotten Bibeln beinhalteten bereits ein hebräisch-aramäisches Wörterbuch, wie beispielsweise jene des Kardinals Jiménez de Cisneros (1436–1517). Andere Lexika widmeten sich terminologischen Besonderheiten ausgesuchter literarischer Gattungen, wie etwa das 1639 erschienene *Lexicon Chaldaicum, Talmudicum et Rabbinicum* von Johann Buxtorf dem Älteren (1564–1629) und Johann Buxtorf dem Jüngeren (1599–1664), das neben den Targumim weitere nachbiblische aramäische Sprachzeugnisse in beeindruckender Breite aufnahm.

Gulkowitsch war mit den philologischen Hilfsmitteln und Methoden der Theologie – darauf wird noch zurückzukommen sein – sehr gut vertraut. Wenn er allerdings im 1934 publizierten Band *Die Entwicklung des Begriffes Ḥāsīd im Alten Testament* (Text 2) konstatiert, dass die Wörterbücher zwar fünf bis sechs Bedeutungen anführten, auf den Bedeutungswandel, auf die Verschiedenheit der Bedeutung im Lauf der Geschichte jedoch nicht achteten, scheint sein Konzept noch über den Status quo dieser Hilfsmittel hinauszugehen.[53]

Auch die Grammatik der hebräischen Sprache weist den von Gulkowitsch allen Aspekten der Sprache zuerkannten flüssigen Aggregatzustand auf.[54] Die starke Präsenz der gesprochenen Sprachen des Diasporajudentums trug dazu bei, dass sich geistig-kulturelle Entwicklungen auch in der grammatikalischen Struktur der hebräischen Schriftsprache widerspiegelten. Gulkowitsch stellte den Zusammenhang von gedanklichem und sprachlichem Fortschritt durch die Beobachtung der Entwicklung von Abstraktbildungen in der hebräischen Sprachgeschichte heraus. Unter einem Abstraktum sei eine »substantivische Bildung« zu verstehen, »die zu ihrem ursprünglichen Gegenstands-, Eigenschafts-, Vorgangs-, Zustands-

52 Shimeon Brisman, History and Guide to Judaic Dictionaries and Concordances, Hoboken, NJ, 2000.

53 Lazar Gulkowitsch, Die Entwicklung des Begriffes Ḥāsīd im Alten Testament, Tartu 1934. Siehe Text 2 in diesem Band, 417.

54 Gulkowitsch, Die Bildung von Abstraktbegriffen, 12.

begriff derart geschaffen wird, daß die betreffende Kategorie (Wortklasse) verloren geht und dafür die Idee der betreffenden Sprachwurzel an sich sprachlichen Ausdruck findet«.[55] Eine solche grammatikalische Form zeige eine Tendenz zu Theoriebildung und wissenschaftlichem Arbeiten, das heißt besonders produktive kulturelle Höhepunkte an.

Gulkowitsch entwickelte seine These in drei Abschnitten zu Abstraktbildungen von Substantiven, Adjektiven und Verben, wobei er die untersuchten Wörter nach ihrem Sinngehalt in Gruppen unterteilte und einem bestimmten geistigen Milieu zuordnete. Den ersten Gebrauch von *ut*-Substantivendungen als grammatikalische Form des Abstraktums vermutete er auf Grundlage von Landsbergers Arbeiten im Akkadischen, wo sich das Sprachelement *-utu* innerhalb der gehobenen Amtssprache finde. Auch im Hebräischen sei der Gebrauch dieser Abstraktform »im großen und ganzen während der ganzen hebräischen Sprachgeschichte« auf Gebiete beschränkt, »mit denen sich eine gelehrte Zunft oder eine gelehrte Literatur befaßte, wie Recht oder Sittenlehre, wo die Sprache einen Grundstock von Begriffen neu schaffen mußte«.[56]

In der althebräischen Literatur wurden mit Abstraktbildungen in erster Linie Kollektivbegriffe geprägt, die die Gesamtheit einer bestimmten Alters- oder Sozialklasse anzeigten und laut Gulkowitsch noch starke Bezüge zum Konkreten, Anschaulichen aufwiesen. Die Anwendung eines Abstraktums erweiterte sich in der biblischen Weisheitsliteratur auf verallgemeinerte Ausdrücke für religiöse Werte und »gute« Eigenschaften. In der rabbinischen Literatur der Antike entdeckte Gulkowitsch Abstrakta vornehmlich in der höheren Sprache der Halacha (jüdisches Religionsgesetz) und Ethik. Im profanen Bereich seien allerdings sowohl in der hebräischen als auch in der aramäischen Literatur relativ wenige *ut*-Endungen zu finden, woraus er eine schwache Verwurzelung dieser Form in der gesprochenen Sprache folgerte. Der Gebrauch von Abstrakta habe sich vielmehr auf die »gelehrte Sprache der Rabbiner«[57] beschränkt. In der frühen rabbinischen Literatur bemerkte er dementsprechend eine fortschreitende Tendenz zur Abstrahierung, wenn es um Berufsklassen, Ämter, juristisches Vokabular oder theologische Spezialterminologie ging. Doch erst in der nachtalmudischen Zeit, als die jüdische Kultur, wie er hervorhob, im islamischen Kulturraum von Wissenschaft und Philosophie ge-

---

55 Ebd.

56 Ebd., 131.

57 Ebd., 104.

prägt wurde, erreichten die Abstraktbildungen in der hebräischen Grammatik allein schon durch die hohe Zahl an Neologismen einen vorläufigen Höhepunkt.

Die von Gulkowitsch gut belegte Darstellung einer Entwicklung von »blassen Abstraktbegriffen«[58] in der althebräischen Literatur über die ethisch konnotierten Begriffswelten der Weisheitsschriften und die Anwendung von Abstraktbegriffen im »professionellen« Vokabular der Rabbinen bis hin zur explodierenden abstrakten Begriffswelt der rationalen Philosophie des Mittelalters entbehrt allerdings nicht eines stark idealisierenden Moments. Die Geschichte der hebräischen Grammatik erscheint hier als eine Geschichte des geistigen Fortschritts und der Emanzipation, in der die rationale Philosophie – ganz im Sinne der Vertreter der Wissenschaft des Judentums – eine Schlüsselrolle zugewiesen bekommt. Unter dem starken Einfluss der arabischen Kultur sei es eine herausfordernde Zeit der »religiösen Kämpfe mit den Gegnern der Umwelt und der eigenen Welt«[59] gewesen. Doch jüdische Philosophen wie Saadja Gaon oder Bachja ibn Pakuda konnten die erst »noch keimhaft vorhandene Ethik ausbauen zu einer in sich geschlossenen Pflichtenlehre und damit den Grundstein zu der *spezifisch jüdischen Ethik* legen, die den Kern noch des heutigen Rabbinismus bildet«.

> »Die Schriftsteller dieser Zeit haben daher nicht nur die *-ut*-Bildungen, die die Religion des Judentums aus der talmudischen Zeit charakterisieren, mit neuen Ideen gefüllt, sondern vor allem neue Worte geprägt für die im *Kampfe um das Judentum* entstandenen Ideen.«[60]

Die Tatsache, dass die Ideen und dementsprechend die Terminologie der jüdischen Philosophie die frühe Kabbala sehr stark prägten, ließ Gulkowitsch in diesem Zusammenhang unerwähnt. Das ist insofern bemerkenswert, als er am Beginn seiner akademischen Laufbahn die jüdische Mystik durchaus als eine »wissenschaftlich begründete Disziplin, ein rationales System« beschrieb.[61] In seinen späteren Arbeiten tritt die jüdische Mystik in einem quasimythischen Prozess des Verhüllens und Offenbarens nunmehr als passiver Gegenpol zur rationalen Philosophie in Erscheinung.

---

58 Ebd., 26.

59 Ebd., 106.

60 Ebd. (Hervorhebung im Original).

61 Lazar Gulkowitsch, Die Qabbala als rationales System, in: Der Morgen 2 (1926), H. 3, 272–280, hier 280. Bemerkenswert ist, dass der Aufsatz in der zwar überparteilichen, aber vom Central-Verein deutscher Staatsbürger jüdischen Glaubens

2.2 Das dialektische Verhältnis von Kabbala und Philosophie

Unter dem Einfluss des französischen Philosophen Adolph Frank und dessen 1843 veröffentlichter Schrift *La kabbale ou la philosophie religieuse des Hébreux*, die Adolf Jellinek bereits ein Jahr später ins Deutsche übertrug,[62] entwarf Gulkowitsch in seiner insgesamt noch etwas unausgereiften Dissertation *Wesen und Entstehung der Kabbala*[63] das Bild einer »qabbalistischen Metaphysik«, die »trotz allen mystischen Beiwerks und aller phantastischen Einkleidungen«[64] eine grundsätzlich wissenschaftliche Denkweise an den Tag lege. In späteren Arbeiten differenzierte er zunehmend zwischen mystischen und rationalen Strömungen der jüdischen Geistesgeschichte, wobei er dem Philosophen ein dynamisches Fortschreiten der Denkbewegung und dem Mystiker ein stetes Beharren auf dem Absoluten zusprach:

> »Steigt der Philosoph, in dem er die Geschichte der göttlichen Willensakte schreibt, auf von dem Nichts bis zum Welt- und Lebensprinzip, bis zu den Fragen des Lebens nach dem Tode, der Willensfreiheit oder Willensbestimmtheit, so gibt es eine solche Kette logischen Fortschrittes bei den mystischen Metaphysikern nicht. Für ihn [sic] gibt es kein Nacheinander der göttlichen Akte, sondern nur das unwandelbare göttliche Prinzip […].«[65]

Gulkowitsch stellte »ein gewisses Schema geistiger Bewegung« fest,[66] das sich in der zweitausendjährigen Geschichte des jüdischen Volkes in der jeweils vorherrschenden Erkenntnisweise als logische Deduktion oder intuitive Schau manifestiert habe. Das nach innen gerichtete Denken der Mystiker sei ohne Anteil an »den allgemeinen Strömungen der Geistesgeschichte« geblieben. Es habe dementsprechend nur langsam gewirkt, dafür aber um so nachhaltiger in die Gesellschaft hinein. Philosophen wie Maimonides hätten dagegen ein »adäquates Begriffssystem« entwickelt und

---

(C.-V.) – der eher dem religiös liberalen jüdischen Bürgertum nahestand – geförderten Zweimonatsschrift erschien und nicht etwa in Martins Bubers Zeitschrift *Der Jude*, wo die Kabbala immer wieder in Artikeln aufgegriffen wurde.

62 Adolph Frank, Die Kabbala oder die Religionsphilosophie der Hebräer, übers. von Adolf Jellinek, Leipzig 1844 (zuerst Paris 1843).

63 Veröffentlicht als: Gulkowitsch, Wesen und Entstehung der Qabbala.

64 Ebd., 77.

65 Gulkowitsch, Rationale und mystische Elemente, 21.

66 Ebd., 23.

auf diese Weise das jüdische Denken direkter beeinflusst.[67] So konnten etwa neue wissenschaftliche Erkenntnisse mit der jüdischen Tradition in Einklang gebracht werden. Gulkowitsch erkannte dem Mystiker durchaus rationale und dem Philosophen mystische Elemente zu – beide Denker fragten nach der »kosmischen Bedeutung der Tora« und seien durch »die unbedingte Wahrung des ethischen Grundprinzips«[68] der jüdischen Religion miteinander verbunden. Doch es sei der Philosoph, der durch das »Explizieren«[69] der jüdischen Grundgedanken für eine größere Wirkung ins Außen sorge.

Auf die Entwicklung der hebräischen Sprache und die Dynamik der Begriffe bezogen ging Gulkowitsch von der Existenz einer Anzahl genuin jüdischer Zentralbegriffe aus. Im Laufe der Geschichte hätten sich für die meisten dieser Zentralbegriffe Nuancen entwickelt; andere Begriffe bestünden dagegen nur ideell, ohne sprachlichen Ausdruck. Die jüdische Geistesgeschichte drücke sich in der Zahl und im Grad der Nuancierung dieser Zentralbegriffe aus:

> »So pflegen sich rationalistisch gerichtete Zeitalter und Bestrebungen sowohl in einer starken Zunahme an Zentralbegriffen als auch in einer stärkeren Differenzierung innerhalb eines einzelnen Zentralbegriffes auszuwirken, während mystisch gestimmte Zeiten und Richtungen mit einer relativ geringen Zahl wenig differenzierter Zentralbegriffe auskommen.«[70]

Gulkowitsch brachte für den Vorgang der Entfaltung eines solchen Zentralbegriffs in der jeweiligen Kultur bereits 1935 den Begriff der Explikation ins Spiel; nicht nur in der erwähnten Abhandlung zur maimonideischen Philosophie, sondern auch im ersten Teil seiner Schrift *Die Bildung des Begriffes Ḥāsīd.*[71] Doch erst in der *Grundlegung einer begriffsgeschichtlichen Methode* assoziierte er seine Vorstellung von mystisch beziehungsweise rational geprägten Wellen der Geistes- und Sprachgeschichte mit dem Begriffspaar Latenz und Explikation – und weckte damit Assoziationen zu einem wirkungsvollen Grundmotiv der mystischen Tradition im Ju-

---

67 Gulkowitsch, Das Wesen der maimonideischen Lehre, 65 f. Die Schrift geht auf einen Vortrag zurück, den Gulkowitsch anlässlich der Feier des 800. Geburtstages von Maimonides am 30. März 1935 in der Aula der Universität Tartu hielt.

68 Ebd., 44 und 43.

69 Ebd., 43.

70 Text 2, Fn. 3.

71 Text 3, 459.

dentum. Wenn Gulkowitsch dort von einem »punktuellen Begriffszustand« der Mystik sprach, die unabhängig von der »Explikation und damit von der Geschichte« eine »vollkommene Abstrahierung vom Begriff der Zeit«[72] darstelle, ist es kein großer Gedankenschritt zum kabbalistischen System der sogenannten *sefirot*, den zehn Potenzen, durch die Gott seinem Wesen Ausdruck verliehen und die Schöpfung bewerkstelligt habe.

Über den zehn *sefirot* steht noch eine elfte *sefirah*, *ein sof* – wörtlich »ohne Ende« –, die das absolute Wesen des rein Göttlichen umschreibt und aus der alle weiteren *sefirot* emanieren. Der in der chassidischen Welt überaus einflussreiche Isaak Luria[73] (1534–1572) entwickelte auf dieser Vorstellung aufbauend die Idee von einem periodischen *ẓimẓum*, einem Rückzug Gottes in sich selbst in den göttlichen Urraum des *ein sof*. Erst wenn sich das Göttliche auf einen Punkt in sich selbst zurückgezogen habe, sei der nötige Raum für eine *creatio ex nihilo* freigegeben.[74] Die lurianische Kabbala denkt den Schöpfungsprozess dementsprechend als einen dialektischen Akt der Konzentration und der Entfaltung Gottes oder vielmehr der Sprache Gottes, die anfangs durch die Kombination der 22 hebräischen Buchstaben erste Gestalt annimmt. In Gott selbst oder in *ein sof* gibt es noch keine Sprache, wie der Mensch sie kennt, sondern ausschließlich reine Formen, göttliche Urbegriffe, die mit dem Intellekt nicht erfasst werden können. *Res* und *verba* sind noch in einer ursprünglichen Weise miteinander verbunden.

Gulkowitsch scheint an die Denkfigur der Sprach- und Geschichtslosigkeit in *ein sof* anzuknüpfen, wenn er von den Zentralbegriffen der Mystiker, insbesondere von einem Gottesbegriff spricht, der sich seinem Wesen nach der Explikation entziehe, »da in diesem Falle jede Überbetonung einer Begriffsnuance das konstituierende Element in diesem Begriff, die absolute Einheit, zerstört«.[75] Im Gegensatz zu den Vertretern der rationalen Philosophie, die einen solchen Urbegriff aktiv in seine entferntesten Bedeutungsnuancen entfalten und damit wesentlich den kulturellen Charakter einer Epoche mitgestalten würden, ziehe es die Mystiker zurück

---

72 Text 1, 136.

73 Elke Morlok, Mystik, in: Diner (Hg.), EJGK, Bd. 4, 292–302.

74 Vgl. u. a. Gershom Scholem, Die jüdische Mystik in ihren Hauptströmungen, Frankfurt a. M. 1980 (zuerst Frankfurt a. M./Zürich 1957), 267–314. Zur vielfältigen Rezeptionsgeschichte des *ẓimẓum* vgl. Christoph Schulte, Zimzum. Gott und Weltursprung, Berlin 2014.

75 Text 1, 136.

in das noch ungeformte und dementsprechend ungeteilte Potenzial eines göttlichen Ur- beziehungsweise eines Zentralbegriffs.

> »Der negative Weg wird von der kabbalistischen Wortbetrachtung und Wortverwendung am konsequentesten gegangen. Hier wird das Wort gerade auf seine Auflösbarkeit hin betrachtet. Die kabbalistische Methode will wissen, was an einem Worte abgesehen von seiner ja nur fiktiven statischen Bedeutung [wesentlich] ist. Sie versucht, den inneren Möglichkeiten eines Wortes nahezukommen. Die für eine solche Betrachtungsweise stets vorauszusetzende Identität von Wort und Begriff ermöglicht es, mit Hilfe einer solchen Erkenntnis des eigentlichen Wortwesens zugleich die Erkenntnis dessen zu gewinnen, was auch das Wesen des Begriffes und damit des geistigen Seins ist. Eine solche Methode sieht das Wesen eines Wortes nicht in der einen zufällig explizierten Beziehung, in der das Wort im jeweils vorliegenden Satze steht, sondern sie sucht die wirklich wesensbestimmenden, nicht zufälligen, sondern notwendigen Beziehungen des Wortes zur Ganzheit des geistigen Seins zu ergründen. Eine solche Auffassung der Sprache bedeutet die extremste Abwertung des formal grammatikalischen Elements in der Sprache.«[76]

Das Sprachkonzept der jüdischen Mystiker sowie die lurianische Denkfigur des *ẓimẓum* mit ihren Dualismen Verhüllung und Offenbarung, Potenzialität und Aktualität könnten neben der Vielzahl an zeitgenössischer Literatur zu Sprache und Kultur ein Grundmuster in Gulkowitschs Konzeption der sprachlichen Latenz und Explikation gebildet haben.

Gulkowitsch beschreibt in seiner *Grundlegung einer begriffsgeschichtlichen Methode* allerdings auch ein – um mit Freud zu sprechen – »Unbehagen in der Kultur«. In Latenzzeiten »versuchen sich [...] politische Bewegungen mit religiösen Namen zu decken. Asoziale und antisoziale Tendenzen treten als soziale Programme auf. Ausgesprochen destruktive Erscheinungen werden dadurch getarnt, daß man gerade die Vollendung des Menschentums als ihr Ziel bezeichnet«. Solche Scheinkulturen benutzen zwar die Begrifflichkeiten des Geistes und der Religion, doch »das Geistige ist nicht mehr richtungsgebend, die ethische Norm wird nicht mehr anerkannt, denn die autonome Materie steht außerhalb der ethischen Gesetze«.[77]

---

[76] Ebd., 300 f.

[77] Ebd., 131.

Er warnte vor Zeiten, in denen negative Kräfte die Auflösung humanistischer Werte bewirken. Diese Kritik einer geistentleerten »Scheinsprache« ohne kulturbildende Kraft bezog sich sicherlich nicht nur allgemein auf Zeiten der kulturellen Regression. Die Ambivalenz des Fortschritts trat bei Abfassung der Grundlegungsschrift im Jahr 1937 – drei Jahre vor der Ermordung von Gulkowitsch, seiner Frau und den beiden Töchtern – im destruktiven, menschenverachtenden Charakter der Nationalsozialisten bereits offen zutage. Zweifelsohne ist die konkrete Erfahrung der aggressiven Propaganda und antisemitischen Gewalt Deutschlands in Gulkowitschs Sprachkonzept eingeflossen.

Es sei hier nur am Rande bemerkt, dass auch der lurianische Mythos von der Selbstverschränkung Gottes in der chassidischen Welt des östlichen Europas eine extrem »kulturpessimistische« Wendung nahm. Der berühmte Rabbi Nachman von Bratzlaw (1772–1810), Urenkel des Begründers der chassidischen Bewegung, Israel ben Eli'eser (Ba'al Schem Tov, Akronym: Bescht, ca. 1700–1760), interpretierte den Rückzug Gottes aus sich selbst in sich selbst hinein – den *ẓimẓum* – als Ursache für die vorherrschende Gottlosigkeit in der Welt, wo nur noch Funken der göttlichen Wirkungsmacht existierten. Letztere seien die Reste des göttlichen Lichts, das bei seiner Emanation in die Gefäße der Schöpfung – Luria sprach von den »Schalen des Bösen« – zum Bruch derselben geführt habe, sodass die Funken zum Ursprung zurückgeflossen oder mit den Scherben nach unten gestürzt seien. Diese präexistenzielle Katastrophe bewirke einen inneren Mangel, einen bruchstückhaften Charakter in allem Geschaffenen, dem nur eine Restitution des ursprünglichen Ganzen, ein *tiqqun* (wörtl. Wiederherstellung), in der messianischen Zeit entgegenwirken könne. Diesen in der Schöpfung selbst liegenden ontologischen Atheismus ergänzt laut Rabbi Nachman ein ideologischer Atheismus der nichtjüdischen Philosophie, der Wissenschaft und der Aufklärung: »Diese sind Weisheiten der verderbten Vernunft. Denn sie sind Folge des Bruchs der Gefäße und mit den *Klippot*, den Scherben des Bösen, verbunden.«[78] Glaube steht hier gegen Rationalismus.

Gulkowitsch sah diesen Gegensatz durch das verbindende Element der Ethik aufgehoben. Die jüdische Sprach- und Kulturgeschichte zeichne eine spezifische Ethik aus, die auch Rationalisten wie Maimonides vor der Scheinwelt des Atheismus bewahrt hätten. Die Weiterentwicklung der jüdischen Geistesgeschichte durch den großen Philosophen und Ha-

78 Schulte, Zimzum, 276–288, hier 284.

lachisten sei »nicht eben doch nur eine scheinbare, das Ergebnis einer raffinierten Dialektik«, sondern das Resultat einer »wirklichen und lebendigen« Synthese gewesen:

»Die Synthese beruht letzten Endes darauf, daß alles, was Maimonides mit seiner Philosophie erfaßt, auch das scheinbar Äußerlichste und Materiellste, von dem Zentralbegriff, dem Gottesbegriff her betrachtet und somit in das System organisch eingegliedert wird.«[79]

Solange diese Verbindung von spezifisch jüdischen Zentralbegriffen des Glaubens mit modernen Konzepten bestehe, könnten auch äußere Gewalt, Vertreibung oder die Zerstörung jüdischer Zentren – Gulkowitsch führt die Zerstörung des zweiten Jerusalemer Tempels an – den Fluss der jüdischen Kultur- und Sprachgeschichte nicht unterbrechen.

Die hebräische Sprache markiere dementsprechend jenseits von Nationalstaatlichkeit die geistigen Grenzen des Judentums, die nicht von außen zerschlagen, sondern nur von innen durch Assimilation aufgeweicht werden könnten. Gulkowitsch beobachtet in *Die Bildung von Abstraktbegriffen* einen Auflösungsprozess der Sprache, der mit dem Verschwinden eines traditionellen jüdischen Selbstverständnisses gleichzusetzen sei:

»Maimonides […] trägt das philosophische Prinzip in *jede einzelne jüdische Lehre* hinein, um den Beweis zu erbringen, daß das Judentum trotz aller neuen Ideen nicht ins Wanken kommen kann. Denn Maimonides hat niemals auch nur eine einzige jüdische Lehre an die Philosophie preisgegeben. [Moses] Mendelssohn hingegen reformiert die jüdische Theologie nach der [Christian] Wolf'schen [sic] Schulphilosophie, er schafft dadurch die Ethik des Judentums neu, wie sie noch heute in reformierten Kreisen herrschend ist, mit dem Unterschied jedoch, daß er in eklektischer Weise die *Lehren* der jüdischen Religion bevorzugt hat, die sich in einfacher Weise mit moderner Weltanschauung harmonisieren lassen. Daher sind auch die [Begriffs-]Bildungen aus dieser Zeit stark von den europäischen Sprachen beeinflußt, wobei auch die Neubildungen auf *-ūt* fast für jedes Abstraktum, ohne sich an die überlieferten Richtlinien zu halten, für möglich gehalten wurden.«[80]

---

79 Gulkowitsch, Das Wesen der maimonideischen Lehre, 66.

80 Gulkowitsch, Die Bildung von Abstraktbegriffen, 107 (Hervorhebung im Original).

Nur durch die Verknüpfung mit den ethischen Grundprinzipien des Judentums könne echt Jüdisches von scheinbar Jüdischem unterschieden und die Suche »nach der kulturellen Zweckbestimmtheit des Judentums«[81] – hier gibt es durchaus Anklänge an den zeitgenössischen Kulturzionismus[82] – zum Erfolg geführt werden. Dem Idealtypus eines solchen ethischen Judentums entsprach laut Gulkowitsch am authentischsten der Chassid: der Fromme, der in unterschiedlichen Erscheinungsformen die jüdische Literaturgeschichte von der Antike bis in die Neuzeit hinein mitprägte. Gulkowitsch spürte zwischen den Jahren 1927 und 1940 in verschiedenen Schriften der Entwicklung des Begriffs Chassid nach, um mittels seiner begriffsgeschichtlichen Methode zu überprüfen, welchen Veränderungen er in der jüdischen Religionsgeschichte unterlag und welche Schlüsse über die jeweilige kulturelle Epoche daraus gezogen werden könnten.

2.3 Die Energeia des Begriffs Chassid

In seinem *Forschungsprogramm* aus dem Jahr 1937 konstatiert Gulkowitsch, dass für die inhaltliche Darstellung der dynamischen Natur der Sprache der Begriff Chassid in besonderem Maße geeignet sei, da er alle Aspekte des jüdischen Lebens umfasse und dabei »die unzertrennliche Einheit von Volk, Kultur und Sprache« abbilde.[83] Das Aufblühen des osteuropäischen Chassidismus galt nicht nur ihm als »Renaissance echt jüdischen Wesens«.[84] Anfang des 20. Jahrhunderts entdeckten zahlreiche assimilierte deutsche Juden auf ihrer Suche nach einem religiös-kulturellen Selbstverständnis die »Ostjuden« als Projektionsfläche für ein scheinbar authentisches Judentum, das der vollständigen Akkulturation der »Westjuden« entgegenwirken könne.[85] Wesentlichen Anteil an dieser Entwicklung hatte sicherlich Martin Buber, der nicht als Wissenschaftler, sondern als ein Erbe oder vielmehr als ein Berufener die chassidische Kul-

81 Ders., Rationale und mystische Elemente in der jüdischen Lehre, 23.

82 Reimund Leicht, Ethik, in: Diner (Hg.), EJGK, Bd. 2, 271–275, hier 275; Paul Mendes-Flohr, Kulturzionismus, in: ebd., Bd. 3, 454–458 hier 457.

83 Text 7, 547.

84 Text 6, 531.

85 Brenner, Jüdische Kultur in der Weimarer Republik, 158–164; Anne-Christin Saß, Ostjuden, in: Diner (Hg.), EJGK, Bd. 4, 459–464.

tur rezipierte. Buber, zwanzig Jahre älter als Gulkowitsch, sah die deutsche Judenheit in Auflösung begriffen, denn »der blinkendste Reichtum an Intellektualität, die üppigste Scheinproduktivität [...] vermögen den Aufgelösten nicht für die heiligen Insignien des Menschentums, Wurzelhaftigkeit, Verbundenheit, Ganzheit zu entschädigen«.[86] In einer »Erweckungsgeschichte« beschreibt er die (Wieder-)Entdeckung seines jüdischen Ichs in den chassidischen Geschichten:

> »Urjüdisches ging mir auf, im Dunkel des Exils zu neubewußter Äußerung aufgeblüht: die Gottes-Ebenbildlichkeit des Menschen als Tat, als Werden, als Aufgabe gefaßt. Und dieses Urjüdische war ein Urmenschliches, der Gehalt menschlichster Religiosität. Das Judentum als Religiosität, als ›Frömmigkeit‹, als Chassidut ging mir da auf. Das Bild aus meiner Kindheit, die Erinnerung an den Zaddik [d.i. ein Gerechter] und seine Gemeinde stieg empor und leuchtete mir: ich erkannte die Idee des vollkommenen Menschen. Zugleich wurde ich des Berufs inne, sie der Welt zu verkünden.«[87]

Unter dem programmatischen Titel »Der Chassidismus und der abendländische Mensch« empfahl Buber die »Krisis des abendländischen Menschen« in einer chassidischen Gemeinschaft zu überwinden, in der das Heilige nicht vom Profanen getrennt, sondern wieder in das gelebte Leben einbezogen wird.[88] Buber widmete sich ganz bewusst beinahe ausschließlich den erzählerischen Elementen der chassidischen Überlieferung. Seine freien Übersetzungen ausgewählter Narrative aus dem literarischen Schatz der Chassidim prägen bis heute das Bild von der chassidischen Kultur des östlichen Europas.

In seiner 1927 in Leipzig publizierten Habilitationsschrift[89] bezeichnete Gulkowitsch Buber als wichtige Inspirationsquelle für sein Verständnis der chassidischen Kultur, sah aber, dass dieser »Dichter ist, der auch selbst zur Mystik neigt« und dem Chassidismus »eine allzu geheimnisvolle Färbung«[90] verleiht. In dieser frühen Arbeit zum Chassidismus emanzi-

---

86 Martin Buber, Mein Weg zum Chassidismus [1918], in: Martin Buber Werkausgabe, Bd. 17: Chassidismus II: Theoretische Schriften, hg. von Susanne Talabardon, Gütersloh 2016, 41–52, hier 46.

87 Ebd., 47.

88 Ders., Der Chassidismus und der abendländische Mensch [1956], in: ders., ebd., 304–314, hier 307 und 312.

89 Gulkowitsch, Der Ḥasidismus religionswissenschaftlich untersucht.

90 Ebd., 66.

pierte sich Gulkowitsch nicht nur von Bubers konsequenter literarischer Einseitigkeit. Er besprach auch die Arbeiten von Isaak M. Jost, Elieser Zweifel, Heinrich Graetz, Solomon Schechter, Simon Dubnow, Samuel A. Horodezky, Moses Hess und Paul P. Levertoff mehr oder weniger kritisch und versuchte, einen eigenen Ansatz zu finden. Gershom Scholem kritisierte nicht ganz zu Unrecht diesen ersten Forschungsversuch Gulkowitschs zum Chassidismus mit vielen handschriftlichen Bemerkungen in seinem Leseexemplar.[91]

Tatsächlich fand Gulkowitsch erst in seiner 1934 in Tartu erschienenen Studie *Die Entwicklung des Begriffes Ḥāsīd im Alten Testament* zu einer neuen Perspektive auf den Forschungsgegenstand, indem er den begriffsgeschichtlichen Ansatz seiner sprachwissenschaftlichen Untersuchung der Abstraktbegriffe in der hebräischen Sprachgeschichte auf eine historisch breite Untersuchung der chassidischen Bewegungen in der jüdischen Geschichte anwendete. Es folgte 1935 eine weitere Studie zur *Bildung des Begriffes Ḥāsīd* mit einem Schwerpunkt auf dem Wunder, die er 1940 um einen zweiten Teil und mit Blick auf die Rolle des Gebets in der chassidischen Kultur ergänzte. In das Umfeld der begriffsgeschichtlichen Grundlegungsschrift gehören auch die Spezialuntersuchungen *Die Grundgedanken des Chassidismus als Quelle seines Schicksals* (1938), *Das kulturhistorische Bild des Chassidismus* (1938) und *Der Chassidismus als kulturphilosophisches Problem* (1940), in denen Gulkowitsch seine historisch-philologische Arbeitsweise durch eine kulturwissenschaftliche Methodik ersetzte.

2.4 Theologischer Ansatz

Die hier vollständig abgedruckte Abhandlung *Die Entwicklung des Begriffes Ḥāsīd im Alten Testament* (Text 2) bezeugt den enormen Einfluss theologischer Konzepte auf das begriffsgeschichtliche Denken Gulkowitschs. Er knüpfte methodologisch an die kritisch-historische Exegese bedeutender evangelischer Alttestamentler des 19. und 20. Jahrhunderts wie Bernhard Duhm, Herrmann Gunkel, Rudolf Kittel oder Sigmund Mowinckel an. Die Grundlage seiner Erkenntnisse über den Zusammenhang von bestimmten Phasen der Begriffsentwicklung und der israelitisch-

91 Vgl. das entsprechende Exemplar in: Israelische Nationalbibliothek, Jerusalem, Gershom-Scholem-Sammlung, Sign. 6762.

jüdischen Geschichte bilde kein »philosophisches Postulat [...], sondern ein Ergebnis meiner philologischen Arbeit«,[92] betonte Gulkowitsch in der Einleitung. Die philologische Arbeit umfasst in dieser Schrift die Untersuchung des Begriffs Chassid im hebräischen Text der Bibel und – vergleichend – innerhalb der entsprechenden aramäischen Targumim. Die hohe Frequenz des beziehungsweise der »Frommen« in den Psalmen führte ihn direkt in das Forschungsfeld der historisch-kritischen Exegese, die sich mit besonderem Eifer der Textgenese, der Redaktion und der Überlieferungsgeschichte der Psalmen widmete.

Um die chronologischen Schichten des biblischen Textes freizulegen, untersuchten Forscher – wie beispielsweise die von Gulkowitsch oft zitierten Gunkel und Mowinckel – formkritisch wiederkehrende Sprachmuster sowie Gattungen und fragten nach dem dazugehörigen »Sitz im Leben«.[93] Welcher Gelegenheit (etwa im Gottesdienst) entsprachen bestimmte Textpassagen; handelte es sich um ein Bittgebet, ein Sprichwort oder eine prophetische Redeform; welche Funktion wurde diesen Texten von welcher Bevölkerungsgruppe zugewiesen; waren ideengeschichtliche, politische oder soziale Hinweise in den Sprachmustern zu entdecken? Gulkowitsch nutzte diese Werkzeuge der Theologie, zeigte aber auch die Grenzen der reinen Formkritik auf, die sich nur auf ein bestimmtes Genre bezog. So unterstützte er mit dem Theologen Joachim Begrich eine literaturgeschichtliche Methode, um die Psalmen mit den entsprechenden Gattungen in der prophetischen Literatur in Beziehung zu setzen und »durch sprach-, religions- und ideengeschichtliche Untersuchungen«[94] zeitlich besser einordnen zu können. Da der Begriff Chassid vor allem in den nur schwer zu datierenden Psalmen vorkommt, wollte Gulkowitsch allerdings den umgekehrten Weg gehen, »d. h., der Begriff muss zunächst nach systematischen Gesichtspunkten untersucht werden; dann erst können wir die sich eventuell ergebenden Verschiedenheiten der Bedeutung nach den allgemeinen Entwicklungsprinzipien der Sprachgeschichte zu einer Entwicklungsreihe verbinden«.[95]

Das Ergebnis der Sprachstudie, die viele Textzeugnisse sammelte und kommentierte, geht dann aber nicht über die Feststellung hinaus, dass die Anwendung des Begriffs Chassid in der vorbiblischen Zeit wahrscheinlich

92 Text 2, 416.

93 Ebd., Fn. 8.

94 Ebd., 428.

95 Ebd.

noch an Profanes geknüpft war, während er in einer zweiten, biblischen Epoche sakralen Charakter angenommen habe und schließlich in einer »Übergangszeit«,[96] nämlich von der biblischen zur rabbinischen Periode, stark ethisiert wurde. Gulkowitsch steht hier methodologisch noch ganz im Schatten der historisch-kritischen Exegese einer theologischen Bibelwissenschaft, die »durch die Erhellung des religionsgeschichtlichen Materials, durch die formgeschichtliche Betrachtung und nicht zuletzt durch die Begriffsgeschichte die historisch bedingte Form der Bibel«[97] aufzeigte.

2.5 Literaturwissenschaftlicher Ansatz

In der nur ein Jahr später erschienenen Abhandlung zur Begriffsentwicklung des Wortes Chassid in Erzählungen (Text 3) wandte sich Gulkowitsch mit anderen Quellen neuen Methoden zu, die aus der Literaturwissenschaft, genauer aus der Märchenforschung stammten. Im Zentrum der Analyse standen *ma'asiyyot*, narrative Texte, deren Helden als Chassidim (Fromme) in Erscheinung treten und in einer bestimmten Weise handeln. Er untersuchte die fromme Persönlichkeit in der Literatur systematisch auf ihren historischen und ideellen Kern hin. Dabei erschienen ihm künstlich historisierte Protagonisten von besonderem Interesse, da diesem Vorgang die »Auffassung zugrunde liegt, daß sich die Begriffe im Verlaufe ihrer Geschichte explizieren, bis sie in einer Persönlichkeit ihren vollendeten Ausdruck gefunden haben«.[98] Hier ist mit »explizieren« die Entwicklung beziehungsweise die Entfaltung einer literarischen Erzählfigur zu ihrer Idealgestalt gemeint.

Dieser literaturwissenschaftliche Ansatz wird nach Gulkowitsch dem Begriff Chassid in besonderer Weise gerecht, da es sich bei diesem Wort nicht nur um die Bezeichnung eines frommen Menschen, sondern um einen Idealtypus der jüdischen Tradition handelt, sodass »die Geschichte des Wortes Ḥāsīd mit der Geschichte des Idealtypus fast identisch ist, daß also beide praktisch gleichgesetzt werden können«.[99] Das literarische Material sollte – angelehnt an die auf den Philosophen Antti Aarne zurück-

---

96 Ebd., 438.

97 Erich Dinkler, Bibelautorität und Bibelkritik, in: Zeitschrift für Theologie und Kirche 47 (1950), H. 1, 70–93, hier 91.

98 Text 3, 459 f.

99 Ebd., 457.

gehende »finnische Schule« innerhalb der Märchenforschung[100] – in eine Urform, eine Normalform und in einzelne Redaktionen unterschieden werden. Erst dann folgte die Untersuchung der Entwicklungslinien einzelner Begriffe, die im Wirkungsfeld des Zentralbegriffs, ganz ähnlich dem Verhältnis Gottes zu seinen Attributen, ausschnitthaft »nur eine Seite der geistigen Wirklichkeit«[101] repräsentieren. Erst die Summe aller Einzelbegriffe führe letztlich zum inneren Wesen des Zentralbegriffs, in diesem Fall zum Wesen des Chassid.

Ein solcher Einzelbegriff, der den literarischen Typus des Frommen »als Akzidens seines Seins«[102] umkreist, ist der des Wunders. Der methodologisch orientierten Einleitung folgt ein langer Abschnitt mit beispielhaften Wundergeschichten aus dem aggadischen (narrativen) Schatz des Talmud sowie der antiken und mittelalterlichen Midraschim. Gulkowitsch schöpfte auch aus der Legendensammlung des Nissim ben Jakob (ca. 990–1062), die dem Publikum Geschichten von außerordentlich frommen Juden der Traditionsliteratur vorbildhaft vor Augen führte. Die von Gulkowitsch angeführten Beispiele beweisen seine enorme Quellenkenntnis, auch wenn er die Auswahl der Narrative mit den unterschiedlichen Sprachstufen nicht näher begründet. In der Zusammenfassung bleibt es beim Versuch, die anfänglich dargelegten Methoden für die Quellenanalyse fruchtbar zu machen. Der literarische Typus des Chassid wird ohne genauere Kontextualisierung in die kulturellen Besonderheiten seiner Entstehungszeit sehr allgemein als ein Vertreter des einfachen Volkes dargestellt. Die ihm widerfahrenden Wunder unterstreichen das blinde Gottvertrauen und geben der Alltagsfrömmigkeit des Chassid einen Rahmen. Die Spannung zwischen bescheidener Frömmigkeit und charismatischer Außergewöhnlichkeit,[103] wie sie im literarischen Entwurf des Chassid oft begegnet, kann Gulkowitsch in seiner Interpretation nicht überzeugend auflösen.

---

100 Ebd., 470f. Gulkowitsch rezipierte verschiedene Beiträge aus dem von Lutz Mackensen herausgegebenen *Handwörterbuch des deutschen Märchens* (Berlin/Leipzig 1930/1933).

101 Text 3, 474.

102 Ebd., 479.

103 Scholem kritisierte an der »sonst sehr instruktiven Monographie« gerade Gulkowitschs »Bestreitung des Charismas beim *Chassid*«. Gershom Scholem, Von der mystischen Gestalt der Gottheit. Studien zu Grundbegriffen der Kabbala, Frankfurt a. M. [4]1995 (zuerst Zürich 1962), 281.

Die Untersuchungen zum Begriff Chassid waren sehr viel breiter angelegt, als die in Auszügen in die Edition aufgenommenen beiden Texte erahnen lassen. So enthält ein Konvolut in Gulkowitschs Nachlass rund 300 unbetitelte Blätter mit diversen, teils paginierten hand- wie auch maschinenschriftlichen Exzerpten aus der jüdischen Traditionsliteratur, Aufsatzentwürfen und Notizen in deutscher sowie hebräischer Sprache, u. a. zum Thema Chassidismus. Zudem finden sich darin betitelte Skizzen zu offenbar begriffsgeschichtlichen Einzelstudien wie »Hasid und Frau« (4 Bl.), »Hasid und Elia« (40 Bl.), »Hāsīd und Ṣedāḳā« (51 Bl.), »Ḥāsīd und Gesetz« (18 Bl.), »Hasid und Sünde« (34 Bl.), »Hasid als Prophet« (29 Bl.) sowie »Hasid und übernatürliche Welt« (9 Bl.).[104] Es ist davon auszugehen, dass diese Einzelstudien sowie viele der übrigen Entwürfe und Notizen in ein umfassendes Werk zu Chassidismus und Chassid-Begriff eingehen sollten, das Gulkowitsch zu veröffentlichen plante. So heißt es in seinem in das Jahr 1937 datierenden Forschungsprogramm: »In Vorbereitung habe ich eine grössere Untersuchung des Chassidismus als des Phänomens, in dem sich die Geschichte dieses Begriffes vollendete.«[105]

Die als zweiter Teil deklarierte Materialsammlung *Die Bildung des Begriffes Ḥāsīd I. Ḥāsīd und Gebet* aus dem Jahr 1940 (Text 4), in der Gulkowitsch auf Grundlage ganz ähnlich gearteter Quellen wie in *Ḥāsīd und Wunder* die Rolle des Gebets in der Welt des Chassid diskutierte, folgte der hier nur kurz zusammengefassten Methode der ersten Teilschrift. Es ist bemerkenswert, dass er in beiden Darstellungen auf die Rezeption sprach- und kulturphilosophischer Konzepte verzichtete.

2.6 Kulturwissenschaftlicher Ansatz

In den beiden 1938 (Text 5) und 1940 (Text 6) erschienenen Studien zum kulturhistorischen und kulturphilosophischen Bild des Chassidismus entwarf Gulkowitsch, weitgehend losgelöst von philologischen Exkursen, eine gänzlich neue Sicht auf die Rolle der chassidischen Gemeinschaft als Motor einer genuin jüdischen Geschichte. Die sprachtheoretische Basis

104 HRUT 47/II/14 (487 Bl.), Bl. 303–487. Zu Gulkowitschs Nachlass vgl. Urmas Nõmmik, Die Bibliographie von Lazar Gulkowitsch, in: Randar Tasmuth (Hg.), Töid algkristliku mõtlemise kujunemise alalt/Studies in the Formation of the Early Christian Way of Thinking, Tallinn 2009, 141–151, hier 141 und 148 f.

105 Text 7, 546.

stimmt weitestgehend mit seiner *Grundlegung einer begriffsgeschichtlichen Methode* überein. Im Folgenden sollen einige zentrale Ideen Gulkowitschs entwickelt werden, die in ihrer Verbindung mit dem Chassidismus zusätzliches Licht auf sein Denken werfen, das in diesen Schriften zunehmend kulturzionistische Züge erkennen lässt.

Wie in früheren Arbeiten stellte Gulkowitsch zunächst fest, ein »genuin jüdischer Komplex von Werten und Begriffen« gelange »innerhalb einer kontinuierlichen Entwicklung zur Explikation«,[106] bleibe in Zeiten des kulturellen Rückgangs dagegen auf Zentralbegriffe beschränkt. Neu in den späteren Konzeptionen war die Aussage, dass im Chassidismus als einer besonders konzentrierten Erscheinungsform des genuin jüdischen Denkens diese Werte und Begriffe in gleichsam kondensierter Form vorlägen. Der Chassidismus repräsentiere wie keine andere Bewegung in der jüdischen Tradition ein metaphysisches Moment im Verlauf der Geschichte, in dem sich das Diasporajudentum über nationale Grenzen hinweg miteinander verbinden könne. Die »gelebte Frömmigkeit« sei »das unsichtbare Fluidum, in dem sich die Geschichte der jüdischen Religion abspielt«.[107] Er verwies auf seine philologischen Untersuchungen einer breiten textlichen Überlieferung der chassidischen Strömung und betonte die besondere Reinheit der Begriffe, die, seit der Antike bis in die Gegenwart von den Umweltkulturen nahezu unberührt, zur Abstraktion tendieren würden. Als Ursache für die besonders »reine Darstellung der Begriffe« innerhalb der chassidischen, aber auch generell hebräischen Texttradition nannte er die Staatenlosigkeit der Juden:

> »Die Loslösung aus dem Staatswesen, die eine freiere Stellung zur Geschichte bedingte, führte zu einer Auflockerung und Objektivierung der Begriffe im Judentum. Die Ideen konnten freier und reiner ausgestaltet werden, weil sie keine Bindung an konkrete historische Situationen relativierte. Die Begriffe treten im Judentum in Formen auf, die sich schärfer abgrenzen lassen als anderswo.«[108]

Die stark ausgeprägte Objektivität der hebräischen Zentralbegriffe sei dementsprechend das Ergebnis einer relativen Unabhängigkeit von »einmaligen historischen Bindungen«.[109] Gulkowitsch stellte diese besondere

106 Text 5, 500.

107 Gulkowitsch, Das kulturhistorische Bild des Chassidismus, 82.

108 Text 5, 501.

109 Ebd.

Qualität der hebräischen Sprache als ein zentrales Kennzeichen der jüdischen Kultur dar, deren identitätsstiftender Kern – genau wie die genuin jüdischen Zentralbegriffe – unantastbar sei. Die kreative Auseinandersetzung mit den »explizierten Begriffen«[110] der jeweiligen Umgebungskultur würde von größter intellektueller Unabhängigkeit zeugen und führe, zumindest wenn sie von einem chassidischen Geist geleitet sei, keineswegs zu einer Verblassung der jüdischen Begriffswelt.

Das unhistorische, rein geistige Wesen des Judentums, das im Chassidismus seine authentischste Erscheinungsform in der Welt und in der Sprache erreicht habe, münde auch in eine »echt idealistische«[111] Geschichtsauffassung. Diese sei allerdings nicht vom Gedanken des Fortschritts geleitet, womit sich Gulkowitsch ausdrücklich von einem hegelianischen Fortschrittsoptimismus abgrenzte:

> »Das Ziel der [chassidischen] Welt ist eine Welt, die ganz in Gott aufgeht. Diese idealistische Geschichtsauffassung ist also kein idealistisch aufgemachter utilitaristischer Materialismus. Der Gedanke des Fortschritts ist ausgeschaltet. Es kommt nicht darauf an, materielle und geistige Kulturgüter zu größtmöglicher Höhe zu entwickeln, damit sie dem Wohle der Menschheit dienen. Es kommt vielmehr darauf an, die Welt Gott näher zu führen. […] Nicht die Kultur und ihre möglichst hohe Entwicklung ist der Zweck der Welt, sondern die gottgegebene Idee der Welt ist das Ziel der Geschichte.«[112]

Der Chassidismus repräsentiere mit seinem grundsätzlich optimistischen, der Welt und den Menschen zugewandtem Sinn eine positive, religiöse Form des Sozialismus. Beide Bewegungen würden auf »wahre Freiheit, also Freiheit des Geistes« zielen, die es dem Menschen erlaube, »unverfälscht und seinem eigenen Wesen entsprechend« seine Persönlichkeit zu entfalten und ein menschenwürdiges Dasein zu führen. Beim Chassidismus handle es sich um »diejenige Form des Judentums, die diesem Sozialismus ungewöhnlich nahegekommen ist«.[113] Hier findet sich eine auffällige Übereinstimmung mit den Ansichten Martin Bubers, dessen Deutung des Chassidismus Gulkowitsch sonst an mehreren Punkten kritisierte. Buber hatte bereits 1928 betont, die »Konkretheit des persön-

---

110 Ebd., 504.

111 Ebd.

112 Ebd., 505.

113 Gulkowitsch, Das kulturhistorische Bild des Chassidismus, 81.

lichen Lebens« sei der Ort, »wo Religion und Sozialismus einander in der Wahrheit zu begegnen vermögen«.[114]

In der 1940 erschienenen Schrift *Der Chassidismus als kulturphilosophisches Problem* (Text 6) beanstandete Gulkowitsch eine Geschichtsphilosophie, die sich allein an der Gesellschaft orientiere und dem Individuum kaum mehr Bedeutung beimesse. Es gebe einen Unterschied zwischen einer für bestimmte Zwecke bewusst gegründeten Gesellschaft und einer organisch gewachsenen Gemeinschaft wie jener der Chassidim, deren Mitglieder durch echte ethische und kulturelle Werte miteinander verbunden seien und die dementsprechend im oben dargestellten Sinn wahrhaft frei in der Welt agieren könnten.[115]

Gulkowitschs Überlegungen zum Wesen der Geschichte kulminieren in der Auffassung einer »Vergeistigung des Messiasbegriffes«[116] im osteuropäischen Chassidismus, der sich durch die negative Erfahrung mit der pseudomessianischen Bewegung des Sabbatai Zwi (1626–1676)[117] von der jüdischen Vorstellung eines historischen Messias gelöst habe. Einer Zwangsläufigkeit des historischen Geschehens setzte Gulkowitsch die bereits der lurianischen Konzeption des *tiqqun* inhärente Idee einer Erlösung der Welt durch die Welt entgegen, in der nicht der Messias, sondern die Menschheit die Historie und das Ende der Zeit bestimme:

> »Der Messias ist nicht nur Person, sondern auch Prinzip. Der Messias ist der künftige Befreier, aber das messianische Moment kann nun überall da sein, wo sich bereits ein Befreiungsprozeß in der Zeit vollzieht. Der Messias steht am Ende der historischen Entwicklung, und zwar außerhalb dieser Entwicklung; so steht er außerhalb der Zeit, außerhalb des Gegensatzes von Gegenwart und Zukunft. So ist die Tatsache des einen Messias kein Widerspruch gegen die Tatsache, daß ein jeder etwas vom Messias sein kann und soll, ebenso wie kein Widerspruch darin ausgedrückt ist, daß der Messias einmal als Befreier kommen wird und daß demnach die Befreiung schon jetzt in jedem Augenblick erfolgt.«[118]

---

114 Martin Buber, Drei Sätze eines religiösen Sozialismus, in: Neue Wege 22 (1928), H. 7/8, 327–329, hier 329.

115 Gulkowitsch, Der Chassidismus als kulturphilosophisches Problem, 21 f.

116 Ebd., 47.

117 Jacob Barnai, Smyrna, in: Diner (Hg.), EJGK, Bd. 5, 513–518.

118 Gulkowitsch, Der Chassidismus als kulturphilosophisches Problem, 49.

Überlegungen zum kulturellen Wert der Staatenlosigkeit des Diasporajudentums, zum genuin jüdischen Geist des Hebräischen oder zum messianischen Moment einer spezifisch jüdischen Geschichte sind in Gulkowitschs späten Schriften – und dazu gehört auch seine *Grundlegung einer begriffsgeschichtlichen Methode* – ins Zentrum gerückt. Sie bezeugen eine sehr bewusste Wahrnehmung der nationalsozialistischen Bedrohung des europäischen Judentums und dokumentieren gleichzeitig eine Hinwendung zu einem Kulturzionismus, der das geistige Wesen der hebräischen Sprache, der jüdischen Kultur und Geschichte in den Fokus nahm.

Gulkowitsch scheint in den späten 1930er Jahren zu einer intensiveren Auseinandersetzung mit zeitgenössischen Diskussionen dieser Aspekte gefunden zu haben. Zwar sind auch in seinen früheren Schriften explizite Bezüge etwa zu Martin Bubers Sicht auf die chassidische Erzählkultur zu finden. Doch waren seine ersten begriffsgeschichtlichen Studien viel stärker von theologischen und literaturwissenschaftlichen Fragestellungen geprägt. In den beiden 1938 und 1940 erschienenen Studien zum kulturhistorischen beziehungsweise kulturphilosophischen Bild des Chassidismus setzte sich Gulkowitsch insbesondere mit Bubers Werk tiefgehend auseinander. Er rezipierte zudem Herrmann Cohens *Religion der Vernunft aus den Quellen des Judentums* und wahrscheinlich auch Franz Rosenzweig. Letztgenannter stellte bereits in seinem 1918/19 entstandenen Buch *Der Stern der Erlösung* der Zeitlichkeit von Staaten und Nationen die messianische Zeitlichkeit des Judentums entgegen. Wie Gulkowitsch lehnte Rosenzweig den spezifisch modernen Begriff des Fortschritts in der Geschichte ab und ersetzte ihn durch die jüdische Idee, dass jeder Augenblick bereit sein müsse, die »Fülle der Ewigkeit aufzunehmen«.[119] In der Auseinandersetzung mit diesen Autoren fand Gulkowitsch schließlich zu einem ganz eigenen Standpunkt zur jüdischen Kultur, der vom Zentrum zur Peripherie, von der Talmudschule in Mir bis zur Sprachphilosophie eines Ernst Cassirer reichte.

119 Franz Rosenzweig, Der Stern der Erlösung, Frankfurt a. M. 1921, 290.

3. Die Grundlegung einer begriffsgeschichtlichen Methode im Kontext

Gulkowitsch entwickelte *Zur Grundlegung einer begriffsgeschichtlichen Methode in der Sprachwissenschaft* in einem internationalen Kontext, der die Einsicht in die Historizität der Begriffe zu einem vielfach diskutierten Thema machte. Die Geschichte der Begriffsgeschichte weist mehrere »heiße Phasen« auf. Für den deutschen Raum erscheint die Zeit um 1960 entscheidend, in der Hans-Georg Gadamer *Wahrheit und Methode* publizierte und etwa zeitgleich die großen Lexikakonzepte der Begriffsgeschichte entworfen wurden, die dann vor allem in das von Joachim Ritter initiierte *Historische Wörterbuch der Philosophie* und in die *Geschichtlichen Grundbegriffe*, herausgegeben von Otto Brunner, Werner Conze und Reinhart Koselleck, mündeten. Innerhalb der Philosophie entstand die Begriffsgeschichte schon in der nachhegelschen Periode, bei Friedrich Adolf Trendelenburg und seinen Schülern, Rudolf Eucken sowie Gustav Teichmüller, auf die sich auch Gulkowitsch berief.[120] Diese ersten Arbeiten waren nicht selten moderne- und kulturkritisch und benutzten die Begriffsgeschichte, um den Verfall von Begriffen darzustellen. Doch eine über die Philosophie hinausweisende, allgemeine Bedeutung erlangte die begriffsgeschichtliche Methode international vornehmlich in den 1930er Jahren. In dieser Zeit wurden die radikaleren Konsequenzen des historistischen Denkens auf die tragenden sozialen, rechtlichen und wissenschaftlichen Grundbegriffe bezogen und auch historiografisch und sprachwissenschaftlich reflektiert.

Die profane historiografische und philosophische Untersuchung der Begriffsgeschichte von Brunner über Ritter bis Koselleck hatte ihr Forschungsinteresse und ihre Epistemologie gerade aus semantischen Brüchen an einer Epochenschwelle gezogen. Otto Brunners *Land und Herrschaft* (1939),[121] »eine Art Urquelle der deutschsprachigen Begriffsgeschichte«,[122] ging es insbesondere darum, die rückprojizierende Anwendung neuzeitlicher Begriffe (wie Staat, Gesellschaft, Nation) auf das Mittelalter zu kritisieren. Einen parallelen, durch sein erzwungenes Exil

---

120 Text 1, Fn. [2]; Text 5, 497.

121 Otto Brunner, Land und Herrschaft. Grundfragen der territorialen Verfassungsgeschichte Südostdeutschlands im Mittelalter, Brünn/München/Wien ²1942.

122 Kari Palonen, Die Entzauberung der Begriffe. Das Umschreiben der politischen Begriffe bei Quentin Skinner und Reinhart Koselleck, Münster/Hamburg/London 2004, 55.

weniger beachteten Ansatz einer »historischen Semantik« entwickelte seit den 1930er Jahren der deutsch-jüdische Historiker Richard Koebner.[123] Brunners Herangehensweise aber hatte durchaus einen normativ-antiliberalen Hintergrund. Und auch der für die Entstehung der Begriffsgeschichte wichtige Staatsrechtler Carl Schmitt betonte, die historische Situationsbedingtheit und Agonalität von Begriffen resultiere vornehmlich aus einer Beschleunigung des semantischen Wandels im massendemokratischen Zeitalter. Seinerzeit waren es aber nicht zuletzt einige Intellektuelle jüdischer Herkunft, die die soziale, politische oder wissenschaftshistorische Situationsbedingtheit von Begriffen und Semantiken hervorhoben. Das Spektrum reichte von Fritz Mauthner über die wirkungsvolle Wissenssoziologie Karl Mannheims bis zur erst spät rezipierten Wissenschaftstheorie des polnischen Bakteriologen Ludwik Fleck.[124]

Gulkowitschs Interesse an Begriffen richtete sich dagegen eher auf die Kontinuität langer Zeitläufte. Während die mit diesem Terminus meist assoziierten französischen Sozialhistoriker der Annales-Schule etwa gleichzeitig die *longue durée* an konstante Räume und Praktiken banden, diente Gulkowitsch die Begriffsgeschichte der Herstellung einer Kontinuität, die sich für das Diasporajudentum gerade nicht über Räume, sondern über die Sprache realisierte. Sein heute in Teilen fremd erscheinender Zugang, der einen von der nachfolgenden Tradition abweichenden Fokus setzte, könnte also auch in der Eigenart der jüdischen Geschichte gründen. Gleichwohl lassen sich Analogien seiner Theorie etwa zum neukantianischen Ansatz der Problemgeschichte Nicolai Hartmanns erkennen, laut dem sich hinter den Wirren der Systemwelten die Probleme zu immer größerer Klarheit herausarbeiten.[125] Und auch die Auffassung des Logikers

---

123 Richard Koebner, Geschichte, Geschichtsbewußtsein und Zeitwende. Vorträge und Schriften aus dem Nachlaß, hg. vom Institut für deutsche Geschichte der Universität Tel Aviv in Zusammenarbeit mit dem Richard-Koebner-Lehrstuhl für deutsche Geschichte an der Hebräischen Universität Jerusalem und Helmut Dan Schmidt, Gerlingen 1990. Vgl. zur Genese der Begriffsgeschichte Müller/Schmieder, Begriffsgeschichte und historische Semantik.

124 Vgl. u.a. Fritz Mauthner, Wörterbuch der Philosophie. Neue Beiträge zu einer Kritik der Sprache, 2 Bde., Leipzig 1910; Karl Mannheim, Ideologie und Utopie, Bonn ^{2}1930; Ludwik Fleck, Entstehung und Entwicklung einer wissenschaftlichen Tatsache. Einführung in die Lehre vom Denkstil und Denkkollektiv, hg. von Lothar Schäfer/Thomas Schnelle, Frankfurt a.M. 1980 (zuerst Basel 1935).

125 Nicolai Hartmann, Zur Methode der Philosophiegeschichte, in: Kant-Studien 15 (1910), H. 4, 459–485.

Gottlob Frege, die in Teilen der analytischen Philosophie noch heute Geltung hat, weist Analogien zu Gulkowitsch auf: »Wenn in dem beständigen Flusse aller Dinge nichts Festes, Ewiges beharrte, würde die Erkennbarkeit der Welt aufhören und Alles in Verwirrung stürzen. [...] [D]iese Auffassung zieht Alles ins Subjective und hebt, bis ans Ende verfolgt, die Wahrheit auf. Was man Geschichte der Begriffe nennt, ist wohl entweder eine Geschichte unserer Erkenntnis der Begriffe oder der Bedeutungen der Wörter. Durch grosse geistige Arbeit, die Jahrhunderte hindurch andauern kann, gelingt es oft erst, einen Begriff in seiner Reinheit zu erkennen, ihn aus den fremden Umhüllungen herauszuschälen, die ihn dem geistigen Auge verbargen.«[126] Während Frege und Hartmann sich jedoch auf die philosophische Fachgeschichte bezogen, intendierte Gulkowitsch eine umfassende Geistes-, Kultur- und Gesellschaftsgeschichte.

Den Höhepunkt erreichte die historiografische Begriffsgeschichte bislang sicher in den heute namentlich mit Reinhart Koselleck verbundenen *Geschichtlichen Grundbegriffen*. Ausgehend von einer modernekritischen Retrospektive auf die Epoche zwischen 1750 und 1850, die Koselleck wirkungsvoll als Sattelzeit bezeichnete, und in der er einen semantischen Bruch der gesamten Grundbegrifflichkeit der politisch-sozialen Sprache nachzuweisen versuchte, ist das achtbändige Lexikon zu einem Standardwerk der historischen Moderneforschung geworden. Es verhandelt die Begriffsgeschichte nicht als eine Partikulargeschichte, sondern – und hier finden sich Analogien zu Gulkowitsch – durchaus als eine Zugriffsform, die über das Selbstverständnis einer Zeit diese zugleich in ihrer Gesamtheit zu begreifen versucht.

Auch wenn es Gulkowitsch nicht vergönnt war, seinen Ansatz methodisch und material zu entfalten, so wäre doch ein Vergleich seiner Thesen zur Begriffsgeschichte der jüdischen Geistesgeschichte mit den *Geschichtlichen Grundbegriffen* reizvoll. So etwa, wenn man den Chassidismus und seine semantischen Veränderungen in Beziehung zu den begrifflichen Veränderungen hin zur Moderne setzen würde, die Koselleck untersuchte. Oder wenn man die von Gulkowitsch beschriebene Genese von Abstraktbegriffen, die den Hintergrund der Relevanz der begriffsgeschichtlichen Methode zur Erforschung der jüdischen Geistesgeschichte bildet, mit dem Konzept der »Kollektivsingulare« vergleicht, die sich laut Koselleck ebenfalls durch Abstraktheit, aber auch durch Ideologisierbarkeit aus-

126 Gottlob Frege, Die Grundlagen der Arithmetik. Eine logisch mathematische Untersuchung über den Begriff der Zahl, Breslau 1884, VII.

zeichnen.[127] Allerdings ist eine thematische Verschiebung unverkennbar: Während für Koselleck die politisch-soziale Sprache im Zentrum steht, ist es für Gulkowitsch – der damit die staatenlose Diasporasituation des Judentums reflektiert – der geistig-kulturelle und soziale Raum. Und während Koselleck (viel kritisiert) an einer Spannung zwischen Sozial- und Begriffsgeschichte festhalten will, koinzidieren beide bei Gulkowitsch. Schließlich: Während Koselleck in der Moderne, nicht zuletzt aufgrund des zunehmenden Auseinandertretens von Erfahrung und Erwartung, als Grundtendenz eine Offenheit und enorme Beschleunigung gesellschaftlicher Prozesse annimmt, bewegt sich Gulkowitschs vom Ursprung geprägtes Modell letztlich in einer Kreislauffigur.

Auch wenn Gulkowitschs Position, es gebe eine kontinuierliche Morphologie in den grundlegenden Texten als Fundament der Sprache, durch neuere Arbeiten zur hebräischen Sprachgeschichte (etwa jene Benjamin Harshavs) gestützt wird,[128] ist seiner Begriffstheorie ein Hegelianismus ohne Fortschritt inhärent. Geschichte ist für ihn ein Kreislauf zwischen Explikation und Rückkehr in den Ursprung. Hier besteht eine Verwandtschaft zwischen Gulkowitschs Geschichte als Explikation der Begriffe und Hegels Verständnis der Geschichte als »Zusichselbstkommen« des Geistes.[129]

Der kontraintuitiv aufscheinende Ahistorismus seiner Begriffsgeschichtstheorie, der man doch einen konsequenten Historismus unterstellen würde, ist jedoch auch für andere Ansätze nicht ungewöhnlich. Aus der Historizität der Begriffe werden nur selten radikale Konsequenzen gezogen, weswegen für die 1930er Jahre mitunter eine »halbierte Begriffsgeschichte« diagnostiziert wird.[130] Dieser Befund gilt allerdings für ganz unterschiedliche geistige Richtungen. Der Philosophie von Trendelenburg oder Teichmüller (bis 1888 Ordinarius an der Universität Dorpat) etwa ging es zunächst darum, die in der Moderne verschütteten Begriffe der Antike durch Abtragung von Begriffsschichten wieder freizulegen.

---

127 Reinhart Koselleck, Die Geschichte der Begriffe und Begriffe der Geschichte, in: Carsten Dutt (Hg.), Herausforderungen der Begriffsgeschichte, Heidelberg 2003, 3–16.

128 Benjamin Harshav, Hebräisch. Sprache in Zeiten der Revolution, übers. von Christian Wiese, Frankfurt a. M. 1995 (zuerst Los Angeles, Calif./Berkeley, Calif., 1993).

129 Põldsam, Lazar Gulkowitsch. Eine vergessene Stimme, 180 f.

130 Otto Gerhard Oexle, Begriffsgeschichte. Eine noch nicht begriffene Geschichte, in: Philosophisches Jahrbuch 116 (2009), H. 2, 381–400, hier 396.

Und selbst Walter Benjamins erkenntnistheoretische Vorrede zum Buch *Ursprung des deutschen Trauerspiels* (1928) zielte auf zeitlose Ideen der Philosophie.[131] Dem Historiker Otto Brunner diente in den 1930er Jahren die Begriffsgeschichte dazu, hinter der liberalen staatsrechtlichen Begrifflichkeit des 19. Jahrhunderts auf mittelalterliche und eigentlich zeitlose Grundbegriffe zu stoßen, die er dann mit völkischen identifizierte.

Unter Berufung auf den Leipziger Historiker Karl Lamprecht sah Gulkowitsch die jüdische Geschichte nicht primär als eine National- und Staatengeschichte: »Die Identifizierung der Geschichte mit der Staatengeschichte ist eine durchaus unjüdische Auffassung«, denn gerade die Geschichte des jüdischen Volkes habe unter Beweis gestellt, wie sich eine Kultur ohne Staatswesen entwickeln könne.[132] Im zeitgenössischen Streit zwischen dem an Theodor Herzl orientierten politischen Zionismus und dem eher ethische und geistige Motive hervorhebenden Kulturzionismus ließe sich Gulkowitschs Position daher in der Nähe des letzteren verorten, erinnert sein Begriff der »jüdischen Geistesgeschichte« doch an den von dem russisch-jüdischen Essayisten Achad Ha'am geprägten Ausdruck *ẓiyyonut ruḥanit* (geistiger Zionismus). Für Gulkowitsch stand fest: »Die innere Geschichte der Begriffsexplikationen ist die wirkliche Geschichte des Judentums. Ihre Phasen sind epochebildend.«[133]

Die Begriffsgeschichte zehrt generell auch von der christlich-hermeneutischen Tradition. Gulkowitsch aber interpretierte die Geschichte der jüdischen Auslegungspraxis geradezu als Begriffsgeschichte. Das weit ausgreifende Konzept der Explikation[134] erscheint mitunter so, als würde die Auslegungstätigkeit des Talmudschülers mit dessen Hilfe geradezu zur entsubjektivierten geschichtlichen Logik des jüdischen Volkes überhaupt stilisiert. Leopold Silberstein formulierte in einem für die Prager *Jüdische Revue* verfassten Artikel über Gulkowitschs »judaistische Aufbauarbeit«, dieser habe mit modernen Methoden ein altjüdisches Ideal verfolgt: »Erst die begriffsgeschichtliche Methode ermöglicht ein adäquates Verständnis der jüdischen Tradition und auf dieser Grundlage ihre wahrhaft lebendige Bewahrung und Weiterentwicklung.«[135]

---

131 Müller/Schmieder, Begriffsgeschichte und historische Semantik, 661.

132 Text 1, 152.

133 Ebd., 153.

134 Siehe unten, Abs. 3.3.

135 Leopold Silberstein, Lazar Gulkowitsch's judaistische Aufbauarbeit, Jüdische Revue 1 (1936), H. 3, 36–38, hier 37.

3.1 Zentrale Thesen und Begriffe der Grundlegungsschrift

Gulkowitsch hat der Begriffsgeschichte eine kaum zu unterschätzende Funktion bei der Erforschung von Kulturen zugeschrieben. »Wir behaupten […], daß es eine Geschichte außerhalb der Geschichte von Begriffen gar nicht gibt, daß alles historische Geschehen notwendige Konsequenz aus der jeweiligen Situation der Begriffsgeschichte ist.«[136] Sprach-, Geistes-, Kultur- und Begriffsgeschichte sind für ihn geradezu identisch oder nur jeweils verschiedene Seiten ein und desselben Prozesses. Dasselbe gilt für Denkstruktur und Seinsstruktur. Und auch Wort und Begriff bilden eine Einheit, ihr Verhältnis ist keinesfalls arbiträr. Umgekehrt sind Begriffe und Sprache seinem Verständnis nach nur in der Geschichte, in der Zeit gegeben. Damit schrieb er der Sprache und den Begriffen eine so zentrale Position zu, wie es, für die profane Geschichte, vielleicht erst wieder zwanzig Jahre später Hans-Georg Gadamer in *Wahrheit und Methode* (1960) tat.[137]

In der *Grundlegung einer begriffsgeschichtlichen Methode* entwickelte Gulkowitsch seinen Gedankengang in fünf Kapiteln: Zunächst versuchte er nachzuweisen, dass es die Entwicklung von Begriffen ist, die das Strukturprinzip der Geistesgeschichte ausmacht. Das zweite Kapitel konzentrierte sich auf die Darlegung der Geschichtsproblematik, das dritte setzte die Begriffsgeschichte zur Sprachgeschichte in Relation. Im vierten Kapitel erweiterte er seine Perspektive soziologisch. Im letzten, fünften Kapitel schließlich resümierte er seine These unter dem Titel »Sprachwissenschaft als Begriffsgeschichte«. Das Buch endet mit der Darlegung einzelner Probleme der Sprachwissenschaft unter begriffsgeschichtlichem Gesichtspunkt. Ihm ist ein auffallend ausführliches Namen- und Sachregister angefügt, das den gesamten Inhalt noch einmal genau verschlagwortet. Ein ähnlich ausführliches Register hatte Gulkowitsch seinen drei Abhandlungen über den Chassidismus im abschließenden Band beigegeben.[138]

---

136 Text 1, 120.

137 Hans-Georg Gadamer, Gesammelte Werke, Bd. 1: Hermeneutik I. Wahrheit und Methode. Grundzüge einer philosophischen Hermeneutik, Tübingen [6]1990 (zuerst 1960).

138 Die Grundlegungsschrift umfasst über 60 Seiten Register (Text 1, 335–412), das gemeinsame Register im dritten der drei Bücher über den Chassidismus 50 Seiten (vgl. Gulkowitsch, Der Chassidismus als kulturphilosophisches Problem, 68–118).

Die diachron zu untersuchenden Gegenstände von Gulkowitschs Begriffsgeschichten sind wechselseitig voneinander abgeschlossene, sich organisch entwickelnde Einzelkulturen beziehungsweise Einzelsprachen oder Nationalkulturen. Den zeitgenössischen Begriffsgegensatz aufgreifend, sah er im Judentum eine Entwicklung zur Kultur, nicht zur Zivilisation. Er kannte Beeinflussungen unterschiedlicher Kulturen, ging aber von sich organisch und intrinsisch entwickelnden Sprachtypen aus, die durch den Einfluss anderer Kulturentwicklungen nicht zerstört werden könnten. Diese Begriffseinheiten und ihre Struktur wollte Gulkowitsch zugleich soziologisch untersuchen, also in Bezug auf bestimmte soziale Gruppen oder Generationen.[139]

3.2 Sprachwissenschaftliche, philosophische und soziologische Quellen

Gehen, wie gezeigt wurde, Anstöße zum begriffsgeschichtlichen Denken Gulkowitschs auf seine jüdische Sozialisation zurück, so realisierte er sie doch in universalistischer Sprache und Begrifflichkeit. Zudem nahm er Anregungen aus der deutschen Wissenschaft auf. Es ist erstaunlich, wie viele akademische Disziplinen und geistige Strömungen Gulkowitsch für die Entwicklung seiner Begriffsgeschichtstheorie sichtete und prüfte, modern gesprochen: wie interdisziplinär er agierte. Er verstand die begriffsgeschichtliche Arbeit weniger als eine positivistische Aneinanderreihung bedeutungsgeschichtlicher Befunde und einzelner Wortverwendungen.

Explizit und kritisch knüpfte er an die in der Fachphilosophie (Gustav Teichmüller) gewonnene begriffsgeschichtliche Methode sowie, selektiv, an die geistesgeschichtliche Tradition an und übertrug sie auf die Geschichte des Judentums.[140] Dabei ging es ihm, wie der philosophischen Be-

139 Die *Grundlegung einer begriffsgeschichtlichen Methode* wird explizit in zwei estnischen Aufsätzen behandelt: Urmas Nõmmik, Lazar Gulkowitschi mõisteloolíne meetod [Lazar Gulkowitschs begriffsgeschichtliche Methode], in: Usuteaduslik Ajakiri [Theologische Zeitschrift] 58 (2009), H. 1, 111–120; ders., Mõiste saddiq/arengust. Katse rakendada Lazar Gulkowitschi mõisteloolist meetodit algkristluse uurimisel [Das Konzept Zaddik/Entwicklung. Ein Versuch, die begriffsgeschichtliche Methode von Lazar Gulkowitsch auf die Erforschung des frühen Christentums anzuwenden], in: ebd., 121–137.

140 Vgl. z. B. Gustav Teichmüller, Studien zur Geschichte der Begriffe, Hildesheim 1966 (zuerst Berlin 1874).

griffsgeschichte, etwa bei Rudolf Eucken,[141] um die Logik übergreifender Veränderungen. Neben den mit dem Alten Testament und der Geschichte des Judentums befassten Disziplinen zog er vor allem Sprachwissenschaft, Philosophie, Geschichtswissenschaft, Psychologie und Psychoanalyse, Religionswissenschaft sowie Soziologie heran.

Sehr oft fanden Autoren jüdischer Herkunft seine Aufmerksamkeit. Das Spektrum reichte von Edmund Husserl und Ernst Cassirer über Georg Simmel und Franz Rosenzweig bis zu Simon Dubnow und Martin Buber. Zugleich referierte er nichtjüdische Forscher wie den Kulturhistoriker Karl Lamprecht, Sprachwissenschaftler wie Anton Marty, Hermann Güntert, Karl Vossler, Hans Sperber oder Ferdinand de Saussure, Psychoanalytiker wie Sigmund Freud und Carl Gustav Jung, aber auch den Biologen Hans Driesch, den Emergenztheoretiker Conwy Lloyd Morgan oder den Erforscher finnischer Märchen Walter Anderson. Unter den Soziologen orientierte er sich zunächst und auch noch in der Grundlegungsschrift eher an rechtskonservativen Denkern wie Hans Freyer und Othmar Spann. Manche Ausflüge in entfernte Fachgebiete weisen einen autodidaktischen oder eklektischen Charakter auf und überschreiten mitunter nicht die Common-Sense-Ebene. Das lag womöglich auch daran, dass Gulkowitsch in Tartu, an der europäischen Peripherie, nicht über die notwendigen wissenschaftlichen Apparate verfügte; seine Seminarbibliothek bestand hauptsächlich aus den eigenen, aus Leipzig überführten Büchern. Die von ihm mehrfach beklagte Provinzialität führte wohl auch dazu, dass er zeitgenössische Differenzen in den Wissenschaften – etwa den Bruch zwischen strukturaler und psychologischer Sprachwissenschaft – weniger scharf als üblich akzentuierte.

Seinen Ausgangspunkt bildete die Philologie, und er griff die religionswissenschaftlichen Methoden seiner Zeit auf, insbesondere jene der Leipziger religionswissenschaftlichen Schule.[142] Die Sprache war sein Untersuchungsgegenstand. In einem sein Konzept zusammenfassenden Brief an Franz Boas vom 7. März 1936 erklärt er seine Absicht, »das Phänomen des Judentums […] speziell vom Standpunkte der Sprache

141 Rudolf Eucken, Geschichte der philosophischen Terminologie. Im Umriß dargestellt, Hildesheim 1964 (zuerst Leipzig 1879).

142 Christian Espig, Religionswissenschaft, in: Ulrich von Hehl (Hg.), Geschichte der Universität Leipzig 1409–2009, Bd. 4: Fakultäten, Institute, Zentrale Einrichtungen, 1. Halbbd., Leipzig 2009, 458–480; Kurt Rudolph, Leipzig und die Religionswissenschaft, in: Numen 9 (1962), H. 1, 53–68, hier 59–64. Dort findet sich auch ein kurzer Hinweis auf Gulkowitsch. Ebd., 62.

aus zu erfassen, indem diese als Spiegel und Grundlage der Entwicklung jüdischer Geistesgeschichte erforscht und in ihrer Entwicklung sowohl nach ihrer formal-grammatikalischen als auch nach ihrer inhaltlich-begrifflichen Seite hin dargestellt wird«.[143] Der Anspruch der philologischen Methode sei es, »nicht bloss Mittel der Interpretation zu sein, sondern die Zwecke der Interpretation in sich selbst zu tragen«.[144]

Ist die zentrale methodische Disziplin die – auch titelgebende – Sprachwissenschaft, so unterschied Gulkowitsch von anderen fachbezogenen, philologischen Ansätzen sein Versuch, die Sprache selbst gleichzeitig sprachphilosophisch und geschichtsphilosophisch zu untersuchen. Seine Schrift thematisierte damit eine Spannung, die eigentlich bis heute existiert: Die Sprachwissenschaft kann oft wenig mit Begriffen und ihrer Geschichte anfangen, die Historiker aber tun sich schwer, die sprachwissenschaftlichen Grundlagen ihres Tuns zu reflektieren.

Zwischen Wort und Begriff, Sprache und Denken, Kultur und Sprache wollte Gulkowitsch keinen Gegensatz aufkommen lassen. Dieser synthetische Ansatz, der in der zeitgenössischen Sprachwissenschaft seit Ende der 1920er Jahre wirksam wurde, etwa im Bild von den zwei Seiten einer Münze, erscheint in seiner Lesart mitunter irritierend. Denn er verwendete – etwa in der Formulierung, die Geschichte der Begriffe sei mit der Geschichte der Sprache identisch – die Kopula »ist« beziehungsweise »ist identisch mit«, wobei die Leserschaft sich mitunter fragt, was denn zunächst die semantische Differenz des dann identisch Gesetzten ist.

Gulkowitschs Analyse ging auf einen antipsychologischen Sprachbegriff, insbesondere auf den Strukturbegriff de Saussures, zurück; er rezipierte ihn aber vor allem in der für Deutschland seit der zweiten Hälfte der 1920er Jahre üblichen geistesgeschichtlich-synthetischen und holistischen Form.[145] Auch der für ihn wichtige Benno Landsberger arbeitete methodisch bereits »auf der Linie der strukturalen Neuansätze in der Sprachwissenschaft, die immanent aus dem Material Strukturen extrapolier[t]en,

143 Zit. nach Põldsam, Von Leipzig nach Dorpat, 87.

144 Text 2, 414.

145 Clemens Knobloch, Begriffspolitik und Wissenschaftsrhetorik bei Leo Weisgerber, in: Klaus D. Dutz (Hg.), Interpretation und Re-Interpretation. Aus Anlaß des 100. Geburtstages von Johann Leo Weisgerber (1899–1985). Mit einem historiographischen Anhang und dem Schriftenverzeichnis Weisgerbers, Münster 2000, 145–174; Klaas-Hinrich Ehlers, Strukturalismus in der deutschen Sprachwissenschaft. Die Rezeption der Prager Schule zwischen 1926 und 1945, Berlin/New York 2005.

statt in der älteren philologischen Tradition nur Belege für sprachextern entwickelte Gesichtspunkte zu suchen«.[146] Von besonderer Bedeutung für Gulkowitschs Sprachtheorie waren in der Philosophie Ernst Cassirer und die antipsychologische und phänomenologische Tradition von Franz Brentano bis Edmund Husserl, in der Sprachwissenschaft Anton Marty, der weniger bekannte Hermann Ammann sowie Karl Vossler, der als Romanist zugleich die geisteswissenschaftliche Wende der Sprachwissenschaft förderte.

Indem er Sprache nicht als Instrument oder Ergon, sondern mit Wilhelm von Humboldt als Energeia verstand, rekurrierte Gulkowitsch auf die zeitgenössische deutsche Sprachtheorie: ausdrücklich an Karl Vossler und Walter Porzig,[147] wohl auch an Leo Weisgerber und Jost Trier (die er allerdings, vielleicht aus politischen Gründen, nicht namentlich nannte), insbesondere aber an Ernst Cassirer, den er kompetent analysierte und kritisierte.[148] Damit bezog sich Gulkowitsch auch auf diejenigen Neuerer in der Sprachwissenschaft, von denen es in einem jüngeren begriffsgeschichtlichen Abriss der Begriffsgeschichte retrospektiv heißt, sie hätten sich auch für die deutsche Begriffsgeschichte der Nachkriegszeit als maßgeblich erwiesen. Eine zukünftige Theorie der Begriffsgeschichte habe deshalb die Aufgabe, »den Einfluß sichtbar zu machen, der gerade von der Entwicklung der modernen Sprachwissenschaft auf die B[egriffsgeschichte] ausgegangen ist. Sie wird aufzeigen, daß dabei die Wendung von der linearen historischen Erfassung einzelner sprachlicher Phänomene zur strukturell orientierten Sprachforschung, wie sie im Anschluß an Saussure vollzogen wurde, die entscheidenden Anstöße geliefert hat.«[149]

Gulkowitsch schloss sich zugleich der Hinwendung der lange Zeit sehr formal arbeitenden Sprachwissenschaft zur Sprachinhaltsforschung an.[150] Mit dem Strukturalismus und der Wortfeldtheorie hatte er das »System von Begriffen«, »die gegliederte Struktur des Begriffssystems« im Blick.

146 Utz Maas, Landsberger, Benno, in: ders., Verfolgung und Auswanderung deutschsprachiger Sprachforscher, Bd. 1: Dokumentation, Tübingen 2010, 423–428, hier 425.

147 Gulkowitsch, Die Bildung von Abstraktbegriffen, 12.

148 Etwa wenn er konstatiert, Cassirer gestehe der Sprache in der Begriffsbildung nur eine vorbereitende Rolle zu. Text 1, 206.

149 Helmut Günter Meier, Begriffsgeschichte, in: Historisches Wörterbuch der Philosophie, hg. von Joachim Ritter/Karlfried Gründer [im Folgenden: Ritter/Gründer (Hg.), HWPh], 13 Bde., Basel 1971–2007, hier Bd. 1, 788–808, hier 789.

150 Text 2, 99 f.

Jeder Begriff galt ihm als unlösbar mit seinen Gegen- und Nebenbegriffen verbunden.[151] Dem Wissenschaftler bleibe nur der Weg, einzelne der »organisch ineinander verwebten Begriffe«,[152] die Gulkowitsch »Kraftzentren« nannte, aus dem Gesamtkomplex loszulösen und Art und Gesetz ihrer Entwicklung darzustellen. »Der Charakter jeder Epoche wird bestimmt durch den Charakter des jeweilig zentralen Begriffes.«[153] Wenn die gesamte Lebenslage eines Volkes sich ändere (zum Beispiel beim Übergang vom Nomadentum zur Sesshaftigkeit), ändere sich auch das Begriffssystem. Innerhalb einer Gemeinschaft entscheide die Explikation der Begriffe darüber, welche Gruppe (wie etwa die Propheten im jüdischen Volk) die jeweils führende sei. Begriffe waren für Gulkowitsch »aktiv geschichtsbildend« und wirklichkeitskonstituierend.[154] »Das gemeinsame Gut an Begriffen ist die stärkste gemeinschaftsbildende Macht, die die Geschichte kennt.«[155]

Hinsichtlich der philosophischen Theorien nahm die Auseinandersetzung mit jener Ernst Cassirers, der eine der avanciertesten zeitgenössischen Positionen vertrat, den größten Raum in Gulkowitschs Hauptschrift ein. Er rekurrierte dabei auf die dreibändige *Philosophie der symbolischen Formen* (1923–1929) des Marburger Neukantianers, in der dieser nach der Untersuchung der naturwissenschaftlichen Begriffs- und Urteilsbildung in *Substanzbegriff und Funktionsbegriff* (1910) ein analoges Vorhaben für die historisch-geistigen und kulturellen Ausdrucksformen realisiert hatte. Gulkowitsch zog für seine Argumentation vornehmlich die ersten beiden Bände heran, die sich der Sprache und dem mythischen Denken widmeten. Laut Cassirer ist dem Menschen die Welt nur in symbolischen Formen, nicht aber als natürliche oder als reines Sein unmittelbar gegeben. Gulkowitsch übernahm diesen Ansatz in seine Sprachphilosophie: Das Denken sei nicht anders als in Form der Sprache, Sprache und Kultur wiederum nicht anders als in Form von Begriffen gegeben. Doch während Cassirer die Bildung von Begriffen aus der Sprache als einen Prozess der Abstraktion von bestimmten Merkmalen fasste, behauptete Gulkowitsch ein gleichsam ganzheitliches »Evidenzerlebnis der Begriffsbildung«,[156] das sich im weiteren Prozess (etwa in den strukturellen Beziehungen des

151 Text 1, 143.

152 Ebd.

153 Ebd., 142.

154 Ebd., 103.

155 Ebd., 154.

156 Ebd., 124.

Begriffs in einem umfassenden Begriffssystem) expliziere. Und während Cassirer klar unterschiedene Stufen im Vorgang der Symbolbildung voneinander abhob, die sich nicht aufeinander reduzieren lassen würden (Sprachmimik, Analogie, Begriffe), versuchte Gulkowitsch, dieses Geschehen kontinuierlicher zu denken.

> »Wenn der Sprachcharakter im Symbol erfaßt werden kann, so muß der Symbolcharakter der Sprache in allen ihren Entwicklungsphasen zukommen. Die scheinbar primitiven Stufen repräsentieren nur eine unexplizierte Form dieses Charakters. Die Mittel des sprachlichen Ausdrucks können nur verfeinert, nicht aber durch andere ersetzt werden.«[157]

Vom Standpunkt der Sprachtheorie aus zeigte Gulkowitsch tatsächlich eine unaufgelöste Spannung in Cassirers Denken auf. Denn auch wenn dieser erklärtermaßen zwischen Symbol und Symbolisiertem real keine Trennung vornehmen wollte, reproduzierte er sie doch, indem er das, was eine Form zum Ausdruck bringt, von der Form selbst unterschied. Damit unterlief er die übergreifende These, alle Grenzsetzungen seien rein sprachliche Angelegenheiten. Gulkowitsch dagegen zog eine Konsequenz, die wiederum mit strukturalistischen Ansätzen korrespondiert: Die Sprache als geistiges Substrat müsse vor den Sprachen sein, strukturalistisch ausgedrückt: die *langue* muss vor der *parole* sein.

> »Abgesehen von dieser methodischen Differenz unterscheidet sich unsere Auffassung der Sprache von derjenigen Cassirers vor allem dadurch, daß er der Sprache zwar eine aktive Rolle bei der Bildung der Begriffe zuerkennt, daß er aber der Sprache im Grunde nur heuristische Funktionen zuschreibt. Nach Cassirer erfolgt zwar in und an der Sprache die Bildung und die Differenzierung der Begriffe, aber die Begriffe sind dennoch selbständige Größen, die sich, je reiner sie sich ausgestalten, um so mehr vom sprachlichen Ausdruck lösen, denn die Sprache ist für immer an Inhalte und Anschauungen gebunden, kann also den reinen, den absoluten Begriff nicht gestalten.«[158]

Während bei Cassirer die Figur der Vermittlung des Unterschiedenen dominierte, tendierte Gulkowitsch dazu, Differenzen vornehmlich als fließende Identitäten zu denken. »Wort und Begriff sind in der Tat *zwei*

157 Ebd., 181 f.

158 Ebd., 205.

Seiten derselben Sache, aber doch *derselben* Sache.«[159] Eine zutreffendere Vermittlung von Denken und Sprache meinte er bei Karl Vossler ausmachen zu können, der sein zweiter starker Gewährsmann war: »Daß er vom sprachlichen Denken sprechen kann, bedeutet einen Schritt über die Cassirersche Auffassung von der Sprache als Weg zur Erkenntnis hinaus.«[160]

Im Ergebnis nahm Gulkowitsch eine Umdeutung der Philosophie Cassirers vor, die mit seiner Auffassung der jüdischen Geschichte übereinstimmte. Letztlich ermöglichte erst seine Kritik an Cassirers Sprachphilosophie, namentlich die Ablehnung von dessen Differenzierung zwischen vorbegrifflicher Sprache und wissenschaftlicher Begriffssprache, eine kontinuierliche Geschichte jüdischer Sprache und Begrifflichkeit zu postulieren. Der engen Verbindung zwischen Wort und Begriff korrespondierten Thesen zur Geschichte, die sicher auch eine jüdisch-theologische Bedeutung haben: etwa, dass ursprüngliche Wortdeutungen nicht verloren gehen könnten.

3.3 Latenz und Explikation

Zwei beziehungsreiche methodische Begriffe in der *Grundlegung einer begriffsgeschichtlichen Methode*, die Gulkowitsch als Gegensatzpaar wie auch einzeln verwendete, sind Latenz und Explikation. Ihre Verwendung zur Beschreibung der Geschichtlichkeit und Prozesshaftigkeit von Begriffen macht deutlich, wie komplex sein theoretischer Entwurf war. Viele philologische oder begriffsgeschichtliche Denkfiguren entwarf er einerseits universalistisch, andererseits stellte er ihre Besonderheit für die jüdische Theologie und Geschichte heraus. Latenz und Explikation äußern sich in der nichtjüdischen und in der jüdischen Geschichte unterschiedlich.

Latenz und Explikation bezeichnen Modi im Umgang mit Sprache und Begriffen, vornehmlich aber nutzte Gulkowitsch sie, um geschichtliche Phasen und Zäsuren zu beschreiben. Der »Begriff« war für ihn wesentlich durch den Prozess seiner Explikation, der Auslegung in Sätzen, bestimmt; darin bestehe seine Historizität. Das dem Begriff Entgegengesetzte, sein punktueller Zustand, das Vorbegriffliche, sei nur nachträglich und als Abstraktion fassbar. Wir könnten nur »das, was als Fertiges vor uns steht, auf die Spuren seines Ursprungs hin betrachten – während wir niemals in

159 Ebd., Fn. 45.

160 Ebd., 225.

der Lage sind, das Entstehen selbst zu beobachten«.[161] Für Gulkowitsch war – und damit hob er sich von der zeitgenössischen Religionsgeschichte des Alten Testaments ab, die von einer Höherentwicklung ausging – »Entwicklung nur Entfaltung eines von vornherein implizite Gegebenen«:[162]

> »[E]ine solche Entwicklung kann nur Explikation eines Gegebenen sein, d. h., alle ihre einzelnen Phasen bedeuten nichts prinzipiell Neues, das von außen her in die Entwicklung hineingetragen wird, sondern nur immer neue Daseinsformen eines immer identischen Soseins.«[163]

Woher nahm Gulkowitsch den Begriff der Explikation, den er bereits 1934 verwendete und der dann in der Grundlegungsschrift zur zentralen Kategorie wurde? Abschließend lässt sich dies nicht klären, denn die Kenntnis der Quellen, die »Explikation« zeitgenössisch gebrauchten, kann bei ihm nicht nachgewiesen werden. Allerdings benutzte bereits Immanuel Kant, über dessen Werk Gulkowitsch durch sein Studium bei dem Philosophiehistoriker Albert Goedeckemeyer in Königsberg i. Pr. gewiss im Bilde war, den Begriff in der *Kritik der reinen Vernunft*. Im Methodenkapitel bestritt er die Möglichkeit von Definitionen sowohl empirischer wie a priori gegebener Begriffe: »[E]in empirischer Begriff [kann] gar nicht definiert, sondern nur expliziert werden […].«[164] Für die Erläuterung apriorischer Begriffe bevorzugte Kant den Ausdruck Exposition.

In den 1930er Jahren war Explikation gleichsam selbst ein latenter Begriff. Edmund Husserl verwendete ihn zunächst 1931 in den *Cartesianischen Meditationen*.[165] Zentral und wiederkehrend findet er sich aber in verschiedenen Kapiteln von *Erfahrung und Urteil* (II. Kapitel: Schlichte

161 Ebd., 109.

162 Ebd., 147.

163 Ebd., 102.

164 Immanuel Kant, Kritik der reinen Vernunft. Nach der ersten und zweiten Originalausgabe hg. von Jens Timmermann, Hamburg 1998 (zuerst Riga 1781/1787), 775 (B 755). Vgl. dazu und zur Geschichte des Begriffs auch Gottfried Gabriel, Explikation, in: Ritter/Gründer (Hg.), HWPh, Bd. 2, 876. Gabriel verweist auf die Verwendung des Begriffs durch Rudolf Carnap nach 1945. – Den Begriff der Explikation verwendete 1896 auch der von Gulkowitsch mit anderen Schriften mehrfach herangezogene Theologe Karl Marti in seiner *Kurzgefassten Grammatik*. Für diesen Hinweis danken wir Frauke von Rohden.

165 Edmund Husserl, Gesammelte Schriften, Bd. 8: Cartesianische Meditationen. Eine Einleitung in die Phänomenologie, hg. von Elisabeth Ströker, Hamburg 1992 (zuerst Paris 1931; in den §§ 54 und 59 kommt der Begriff in Überschriften vor).

Erfassung und Explikation, §§ 22 ff.).[166] Die zweite dieser beiden Schriften konnte Gulkowitsch wahrscheinlich nicht mehr rezipieren. Möglich wäre aber die Vermittlung Husserls durch Leopold Silberstein.[167] In *Erfahrung und Urteil* ging Husserl von (bildlichen) Wahrnehmungen und Interessen aus, die das erkennende Ich anschließend expliziere: »[D]as Ich, auf Kenntnisnahme gerichtet, tendiert in den Gegenstand einzudringen, ihn nicht nur allseitig, sondern auch in all seinen Einzelheiten, also *explizierend* zu betrachten. Der Weg solcher Explikation kann verlegt, die Auswirkung des Strebens gehemmt sein.«[168] Explikation setze laut Husserl nicht erst im kognitiven Bereich ein, sondern beziehe sich vor allem auf Anschauungen und Wahrnehmungen selbst. Es gehe um eine Genealogie (prä)logischer Formen. Die Überschrift von § 26 lautet entsprechend: »Die Explikation als Verdeutlichung des horizontmäßig Antizipierten und ihr Unterschied gegenüber der analytischen Verdeutlichung.«[169]

Auch der logische Empirist Rudolf Carnap nutzte, möglicherweise im Rekurs auf Husserl, den Begriff der Explikation.[170] Die Aufgabe der Explikation bestand für ihn darin, die nur impliziten Unterscheidungen bewusst (explizit) zu machen und dabei gegebenenfalls zu korrigieren.[171] Während es bei Husserl um die Explikation vorprädikativer Erfahrungen und bei Carnap um die Analyse von Begriffen ging, stand Explikation bei Gulkowitsch zugleich für deren entwicklungsgeschichtliche und evolutionäre Selbstentfaltung.

Der Gegensatz zu explizit wäre eigentlich implizit. In zeitlicher Hinsicht verwendete Gulkowitsch für Letzteres den Begriff der Latenz. Auch dessen Herkunft ist schwer zu klären. Zwar nutzte Husserl auch diesen 1924 in Vorlesungen, es ist aber unwahrscheinlich, dass Gulkowitsch von ihnen Kenntnis erlangte. Möglich ist, dass Gulkowitschs Verwendung

---

166 Edmund Husserl, Erfahrung und Urteil. Untersuchungen zur Genealogie der Logik, redigiert und hg. von Ludwig Landgrebe, Hamburg 1948, 112–170. Das über einen längeren Zeitraum entstandene und von Landgrebe auf der Basis verschiedener Manuskripte edierte Werk war gleich nach Husserls Tod im Jahr 1938 im Academia-Verlag in Prag veröffentlicht worden. Nach der deutschen Annexion der »Rest-Tschechei« wurde der Verlag aufgelöst, das Buch kam mit Ausnahme von 200 Exemplaren, die 1939 nach London gelangten, nicht mehr in den Handel.

167 Siehe unten, Abs. 3.4.

168 Husserl, Erfahrung und Urteil, 130 (Hervorhebung im Original).

169 Ebd., 139.

170 Vgl. daran anknüpfend und den Begriff der Explikation aufnehmend auch Gottfried Gabriel, Erkenntnis, Berlin/Boston, Mass., 2015.

171 Gabriel, Explikation, 876.

des Begriffs auf sein Studium der Medizin zurückging, wo Latenzzeit die Spanne von einer Infektion bis zum Ausbruch der Krankheit beschreibt. Diesen aus der Medizin stammenden Gebrauch von Latenz beziehungsweise Latenzzeit hätte Gulkowitsch, der sich in Tartu mit Sigmund Freud beschäftigte,[172] auch dessen Abhandlung *Der Untergang des Ödipuskomplexes* (1924) entnehmen können. Zwei Jahre nach Erscheinen der *Grundlegung einer begriffsgeschichtlichen Methode* hat Freud in *Der Mann Moses* den Begriff der Latenz auch für psychoanalytische Überlegungen zur Geschichte des Judentums herangezogen.[173]

Möglicherweise also übertrug Gulkowitsch (der mitunter medizinische Metaphern heranzog) den physiologischen Begriff der Latenz als Verzögerung beziehungsweise Inkubation auf die Geistesgeschichte. Zwar verstand er Latenz strukturell, doch hat der Begriff auch bei ihm mit einem überindividuellen Bewussten und dem Unbewussten zu tun. Beide Kategorien, Latenz und Explikation (mitunter verwendete er als Antonym zu Latenz »Manifestation«),[174] galten ihm als entfernteste Punkte im Kreislaufmodell der Begriffsgeschichte. Insbesondere dienten sie dazu, Unterdrückungen, Verzögerungen, Rückzüge des Geistes zu markieren, zugleich aber auch zur Beschreibung etwa des Zustandes religiöser Unmittelbarkeit und Erneuerung:

---

172 Isidor Levin, Jüdische Wissenschaft in Estland. Vortrag in Tel Aviv am 10. April 2014 auf Einladung der dortigen Botschaft der Republik Estland, <https://muuseum.jewish.ee/history/Gulk.pdf> (7. Juni 2022). Auf Freud bezieht sich Gulkowitsch in der *Grundlegung einer begriffsgeschichtlichen Methode*. Text 1, 178 und 235 f.

173 Sigmund Freund, Der Mann Moses und die monotheistische Religion. Drei Abhandlungen, Amsterdam 1939. – »Freud führt den Begriff [Latenz] in seiner Schrift *Der Mann Moses und die monotheistische Religion* ein, in der er den Versuch unternimmt, die historische Leerstelle zwischen der hypothetischen Ermordung Moses' durch die Juden und der Ritualisierung von Schuldgefühlen im Judentum und Christentum zu füllen. Auf der Suche nach vergleichbaren Phänomenen wendet er sich der Verzögerung zwischen einem traumatischen Unfall und dem Auftreten psychischer und motorischer Symptome zu: ›Man heißt die Zeit, die zwischen dem Unfall und dem ersten Auftreten der Symptome verflossen ist, die ›Inkubationszeit‹ in durchsichtiger Anspielung an die Pathologie der Infektionskrankheiten.‹« Joan Ramon Resina, Aufgeschobene Nachkriegszeit. Die Latenz der Vergangenheit in der spanischen Demokratie, in: Hans Ulrich Gumbrecht/Florian Klinger (Hg.), Latenz. Blinde Passagiere in den Geisteswissenschaften, Göttingen 2011, 173–190, hier 173 f. (Hervorhebung im Original).

174 Text 1, 105 f.

»Wenn wir die Geschichte als den Verlauf der Explikation von Begriffen erfassen und die einzelne Kultur als Manifestation eines eigenständigen Begriffssystems ansehen, so erweisen sich die großen Zäsuren der Geschichte, der Untergang ganzer Kulturen, als Latenzzeiten der begrifflichen Explikation.«[175]

Laut Gulkowitsch sind Latenzzeiten in profaner und wohl ebenso in politischer Hinsicht Stillstands-, Verfalls- und Niedergangszeiten – und, wie bereits oben angesprochen, ist es unverkennbar, dass er seine eigene Gegenwart als Latenzzeit in düsteren kulturkritischen Farben zeichnete:

»So versuchen sich in Latenzzeiten politische Bewegungen mit religiösen Namen zu decken. Asoziale und antisoziale Tendenzen treten als soziale Programme auf. Ausgesprochen destruktive Erscheinungen werden dadurch getarnt, daß man gerade die Vollendung des Menschentums als ihr Ziel bezeichnet. Neben der Identifikation von Begriffen mit Tatsachen, die ihnen gar nicht entsprechen, ist für Systeme aus Scheinbegriffen die bewußt oder unbewußt falsche Kombination heterogener oder konträrer Begriffe typisch, die nach dem Prinzip ›dieser runde Tisch ist dreieckig‹ erfolgt.«[176]

Latenzzeiten zeichne der »überraschend schnelle Ablauf der Ereignisse« aus, und sie stünden »in striktem Gegensatz zu dem unmerklich langsamen Ablauf der Explikation positiver Ideen«.[177]

In weltlicher und kultureller Hinsicht galten Gulkowitsch Latenzzeiten zwar als solche des Verfalls, in religiöser Hinsicht erkannte er in ihnen aber auch Blütezeiten. Dabei setzte er das Paradigma des begriffshistorischen Modells von Latenz und Explikation offenbar zugleich zur Erklärung des Verhältnisses zweier wesentlicher Strömungen innerhalb und außerhalb des Judentums ein: der mystischen Richtung (im Judentum: Kabbala und Chassidismus) und der Aufklärung (im Judentum: Haskala). Beide rückte er in ein dialektisches Verhältnis.[178]

Die Unterscheidung lässt sich aber auch zeitgenössisch auf den Gegensatz zwischen der am Irrationalen und Mystischen orientierten Marburger Religionsphilosophie (Rudolf Otto) und rational-ethischen Interpretationen der Religion (wie sie die Leipziger Religionsgeschichte vertrat)

---

175 Ebd., 140 f.

176 Ebd., 129.

177 Ebd., 128.

178 Siehe oben, Abs. 2.2.

beziehen. Die mystische Betrachtung der Welt, die über nur wenige Zentralbegriffe verfüge, schalte den Zeitbegriff aus, indem sie allen Nachdruck auf das ursprünglich Gegebene setze und in der Explikation nur eine Zufälligkeit sehe. Das Verhältnis der Begriffsgeschichte zu den beiden Polen Mystik und Rationalismus sei nicht symmetrisch, denn die Mystik verfüge nicht nur über wenige und nicht explizierte Begriffe, diese seien zudem unhistorischer, die rationalistischen dagegen dynamischer.

Gulkowitsch kennzeichnete das von ihm favorisierte mosaische Judentum zwar als rational und ethisch, sah aber die Gefahr, dass diese Rationalität zum Dogma erstarre, wenn nicht mystische Strömungen ihr immer wieder entgegenwirken würden. Vor allem aber habe die Mystik, die in Latenzzeiten an Stärke gewinne, dem Rationalismus gegenüber in Bezug auf *einen* Begriff Priorität: den Gottesbegriff als Zentralbegriff des Judentums, der sich seinem Wesen nach jeder Explikation entziehe. Paradox erscheint, dass Gulkowitsch zwar seine begriffsgeschichtliche Methode an der Geistesgeschichte des Judentums entwickeln wollte, doch gerade dem Kernbegriff seiner Religion, »Gott«, den Status der Begrifflichkeit und Historizität absprach. »Nur auf dem Gebiete der Religion ist eine unbegriffliche Geistigkeit möglich, da ihr Zentralbegriff, der Gottesbegriff, letzten Endes seinem Wesen nach ein Unbegriff ist.«[179] »Das konstituierende Element am Gottesbegriff ist *der Begriff der Unbegrifflichkeit*, des Absoluten, des Losgelöstseins aus dem Begriffssystem und damit aus dem geistigen Entwicklungs*prozeß*.«[180] Ohne es ausdrücklich zu sagen, lenkte er damit die aufschließende Kraft der Begriffsgeschichte weniger auf den Kern der jüdischen Religion als hauptsächlich auf die aus ihr entspringende, mit ihr verbundene Kultur.

Die Konsequenz für die Sprache der zerstreuten Judenheiten ist eindeutig: »Für das Diasporajudentum muß das Hebräische notwendig Sprache der geistigen Kultur bleiben, eine Verwendung des Hebräischen in Politik, Wirtschaft etc. verbietet sich hier von selbst.«[181] Gulkowitsch verband Elemente des jüdischen Denkens mit der modernen Begriffsgeschichte. Denn wenn die Geschichte der Begriffe mit ihren Phasen der Latenz und Explikation wie ein »Zurückziehen« und »Auseinanderfalten« (lat. *explicare*) gedacht wird, sind Analogien zu mystischen Denkfiguren erkennbar;[182] zur Mystik gehört auch die Idee der Identität von Wort und

---

179 Text 1, 136.

180 Ebd., 141 (Hervorhebungen im Original).

181 Ebd., 251.

182 Siehe oben, Abs. 2.2.

Begriff. Insgesamt diente die Begriffsgeschichte Gulkowitsch dazu, das Judentum in die Universalgeschichte einzubinden, die zeitgenössischen Pole seiner Interpretation, namentlich den Gegensatz zwischen dessen mystisch-kabbalistischer und rational-ethischer Herangehensweise sowie die jüdische Tradition und Moderne, prozesshaft miteinander zu vermitteln und damit gleichzeitig die gefährdete Einheit des geistigen Judentums zu bewahren.

3.4 Strukturaler Ansatz

Gulkowitsch arbeitete in Tartu weithin isoliert, mit nur wenigen, ihn verehrenden Studierenden. Umso interessanter sind seine Verbindungen zu dem eineinhalb Jahre jüngeren Leopold Silberstein, einem aufgrund seiner jüdischen Herkunft aus Berlin vertriebenen und in die Tschechoslowakei exilierten Slawisten. Silberstein forschte dort nicht nur linguistisch, soziologisch und politisch über die russisch-sowjetische und tschechische Geschichte und Gegenwart, sondern war auch Mitglied im Prager linguistischen Kreis (Pražský lingvistický kroužek, PLK), gehörte also der Prager Schule des Strukturalismus an.[183] Der Ansatz von Gulkowitsch weist so starke Analogien zu den dortigen Diskussionen auf, dass ein Einfluss auf ihn wahrscheinlich erscheint. Im PLK, wesentlich orientiert an dem von Husserl inspirierten, in Moskau gebürtigen Linguisten Roman Jakobson, wurden sprachphilosophische Themen im Zusammenhang mit Zeichen- und Bedeutungstheorien debattiert. Silberstein und seine Frau Jenny nahmen zwischen Oktober 1935 und April 1938 an 28 Sitzungen teil und berichteten darüber vielfach in der *Prager Presse*.

1936 lud Gulkowitsch Silberstein zu Vorträgen nach Tartu ein. Im Anschluss an diese Reise, auf der sich offenbar ein freundschaftliches Verhältnis zwischen beiden entwickelte, bewarb Silberstein sich erfolgreich an der Universität Tartu auf die Stelle eines Lektors für tschechoslowakische Sprache und Literatur. Zwischen dem liberalen Silberstein und dem in orthodoxer Tradition sozialisierten Gulkowitsch erwuchs bis zu beider Ermordung durch die Nationalsozialisten ein enger Kontakt. Verschiedene

183 Konrad Herrmann, Leopold Silberstein. Slawist und Philosoph, Berlin 2015. – Die Beziehung von Silberstein und Gulkowitsch ist hier ausführlicher dargestellt, weil sie erst seit den Arbeiten von Konrad Herrmann genauer bekannt ist, sodass dieser Aspekt in der ansonsten biografisch zuverlässigen Monografie von Anu Põldsam kaum thematisiert wird.

nationalistische Parteien beobachten diese Zusammenarbeit misstrauisch und versuchten, sie zu hintertreiben: »Dr. S. ist aus estnischer Sicht ein deutscher Jude, der gekommen ist, um die unbeliebte Gruppe um Prof. L. Gulkowitsch zu vergrößern – und das dank der Tschechoslowakei.«[184]

Silberstein hatte bereits 1934 auf dem Warschauer Slawistenkongress einen tschechischsprachigen Vortrag über »Wissenssoziologie und die Analyse der Ideologie« gehalten und an Konzepten wie »Slawophilie«, »Romantik« oder »Sozialismus« gezeigt, wie ein und dasselbe Begriffswort bei Russen, Polen und Tschechen aufgrund unterschiedlicher historischer, kultureller und sozialer Verhältnisse verschiedene Bedeutungen annehmen konnte.[185] Damit vertrat er einen wichtigen anderen Strang in der Diskussion um die Begriffsgeschichte, der auch für die Herausbildung einer universalen Ideen- und Begriffsgeschichte wesentlich war.[186] Zudem war 1935 in der *Prager Presse* ein Bericht Silbersteins über einen Vortrag Edmund Husserls zum Thema Linguistik und Phänomenologie im PLK erschienen. Wenn es darin hieß, Husserl habe »in fesselnder Weise auf die Geschichte seines Gedankenaustausches mit [Wilhelm] Dilthey« zurückgegriffen und »von dort her den Einbau der Linguistik in eine allgemeine Geisteswissenschaft« skizziert,[187] dann war dies ein ähnlicher Synthetisierungsversuch wie der, den Gulkowitsch wenig später in der Grundlegungsschrift unternahm.

1936 veröffentlichte Silberstein in der ebenfalls in Prag erscheinenden *Jüdischen Revue* einen Artikel unter dem Titel »Lazar Gulkowitsch's judaistische Aufbauarbeit«, in dem er dessen noch nicht erschienenen Band ankündigte und in einen engen Zusammenhang mit der »geistigen Selbsterneuerung des Judentums« stellte.[188] Der Text zeigt, dass Silberstein die *Grundlegung einer begriffsgeschichtlichen Methode* schon vor der Veröffentlichung kannte. Er interpretierte Gulkowitschs These, »dass die steten Neu- und Umbildungen der Begriffe nach ihrer materiellen Seite

---

184 Zit. nach Herrmann, Leopold Silberstein, 264. Bericht der Gesandtschaft der Tschechoslowakischen Republik in Tallinn an das Ministerium für Auswärtige Angelegenheiten in Prag vom 30. März 1938.

185 Herrmann, Leopold Silberstein, 95.

186 Müller/Schmieder, Begriffsgeschichte und historische Semantik, 200–209.

187 Leopold Silberstein, Linguistik und Phänomenologie, in: Prager Presse, 22. November 1935, 8. Klaas-Hinrich Ehlers lagen Konrad Herrmanns Recherchen noch nicht vor, weshalb sich in seinem Standardwerk teilweise fehlerhafte Angaben finden. Ehlers, Strukturalismus in der deutschen Sprachwissenschaft, 207.

188 Silberstein, Lazar Gulkowitsch's judaistische Aufbauarbeit, 36.

hin immer neue Anforderungen an die formale Sprachbildung stellen«, als Fragestellung, »deren Berechtigung und Tragweite von der heutigen Wissenssoziologie, namentlich in den grundlegenden Arbeiten Karl Mannheims, theoretisch nachgewiesen worden sind«.[189]

> »Ohne die wissensoziologische [sic] bezw. begriffsgeschichtliche Analyse ist man versucht, entweder die Vergangenheit nach den Vorstellungen der Gegenwart zu modeln oder umgekehrt eine modifizierte Vergangenheit mit all ihren erstarrten, lebensunfähig gewordenen Begriffsinhalten künstlich in der Gegenwart konservieren zu wollen, was natürlich misslingen muss. Erst die begriffsgeschichtliche Methode ermöglicht ein adäquates Verständnis der jüdischen Tradition und auf dieser Grundlage ihre wahrhaft lebendige Bewahrung und Weiterentwicklung. Die konkrete Anwendung dieser Grundgedanken finden wir in den Monographien, die Gulkowitsch, von seinem Leipziger Katheder entfernt, an seiner estländischen Wirkungsstätte zu veröffentlichen Gelegenheit hatte.«[190]

Theoriegeschichtlich interessant ist vor allem, dass sich durch die Zusammenarbeit zwischen Gulkowitsch und Silberstein früh ein außergewöhnliches Zusammentreffen von Sprachstrukturalismus und Begriffsgeschichte ergab, die ja bis in die 1960er Jahre weithin voneinander isoliert blieben. Im Anschluss an seine Reise nach Tartu stellte Silberstein im PLK in einem nicht erhaltenen, aber für die damalige Rezeption Gulkowitschs wichtigen Vortrag »Begriffsgeschichte, Wissenssoziologie und Semantik« dessen Grundlegungsschrift vor. Die *Prager Presse* berichtete am 21. Januar 1937:

> »Ueber ›Begriffsgeschichte‹, Wissenssoziologie und Semantik sprach Dr. Leopold Silberstein im Pražský lingvistický kroužek. Das Kernstück des Vortrages bildete ein kritischer Bericht über das soeben erscheinende Buch des hervorragenden Judaisten Lazar Gulkowitsch (Tartu-Dorpat) ›Zur Grundlegung einer begriffsgeschichtlichen Methode in der Sprachwissenschaft‹, dessen strukturell-funktionelle Grundhaltung der Prager Schule vielfach nahesteht, ohne daß eine direkte Beeinflussung vorläge. Redner untersuchte eingehend die philosophischen Voraussetzungen von Gulkowitschs Auffassung der Begriffe als zu Systemen zusammengeschlossener, dynamisch sich nach vorgegebener Eigengesetzlichkeit in ständigem aktiv-passivem Wechselspiel ent-

189 Ebd.

190 Ebd., 37.

wickelnder (›explizierender‹) Kraftzentren und wies auf das eigenartige Ineinander platonischer, aristotelischer, hegelischer und nicht zuletzt auch mystisch-theologisch gefärbter Elemente hin, aus dem diese Theorie herauswächst. Mystisch beeinflußt und dem wissenschaftlichen Beweis entzogen scheint dem Redner weniger die Hypostasierung der Begriffe als allein geschichtsbildender Kraft als die anschließende Identifikation von Begriff und Wort, als deren Grundlage der Vortragende eine Identifikation der verschiedenen Attribute einer unerkennbaren Substanz, die er Gedankenidee[191] nannte, aufwies. Von hier aus ergibt sich die Proklamierung der Sprachwissenschaft zum konstitutiven Prinzip der Geistesgeschichte überhaupt und der Sprache als alleinigen Bestimmungskriteriums [sic] einer nationalen Kultur. – Die Wissenssoziologie glaubt zwar gleich der ›Begriffsgeschichte‹ an die ständige dynamische Entwicklung der Begriffe, stellt aber nicht das Axiom der Eigengesetzlichkeit auf, sondern betont gerade die Bedingtheit der Begriffe, sie ist gegenüber der spekulativ-strukturellen ›Begriffsgeschichte‹ mehr empirisch-funktionell. Beide Methoden können zusammenwirken, eine empirisch-wissenssoziologisch begonnene Analyse in eine begriffsgeschichtlich-synthetische Zusammenfassung eines Explikationsprozesses ausmünden – zum größten Nutzen der speziell-linguistischen Bedeutungslehre, der Semantik (jhs).«[192]

Die Affinitäten der Begriffsgeschichte Gulkowitschs und des Strukturalismus gerade in seiner Prager Ausprägung betrafen zum Beispiel die These der Einheit von Wort und Begriff, die Silberstein als Moment jüdischer Mystik interpretierte, und die der vom PLK vertretenen Ablehnung der These de Saussures korrespondierte, Zeichen seien rein arbiträren Charakters. Auch der PLK ging – anders als de Saussure – von einem Struktur-

191 Dieser Begriff findet sich in der *Grundlegung einer begriffsgeschichtlichen Methode* nicht.

192 Jenny Herrmann-Silberstein, Ueber »Begriffsgeschichte«, Wissenssoziologie und Semantik, in: Prager Presse, 21. Januar 1937, 8. Der Artikel stammte von Silbersteins Ehefrau, vgl. das Kürzel »jhs« am Ende des Artikels, die ebenfalls an den Sitzungen des PLK teilnahm. – Für Gulkowitsch war dieser Bericht über sein Buch angesichts der ansonsten ausgebliebenen Rezeption offenbar eine wichtige Referenz: Am 22. September 1937 erwähnte er in einem Brief an Franz Boas, seine begriffsgeschichtliche Schrift sei im PLK und der Historischen Gesellschaft Prag in Referaten behandelt worden. Er knüpfte daran die Hoffnung, zu einer Vortragsreise nach Amerika eingeladen zu werden. Text 7, 544.

begriff aus, bei dem Synchronie und Diachronie eine dynamische Einheit bilden sollten.

Silberstein überbrückte in seinem Vortrag noch einen anderen theoretischen Hiatus der Zeit, indem er Gulkowitschs stark geistesgeschichtlich und an der konservativen Soziologie orientierte Begriffsgeschichte und Karl Mannheims Wissenssoziologie zueinander ins Verhältnis setzte. Er konfrontierte Gulkowitschs begriffliche Gegensatzpaare – Kultur vs. Zivilisation, Gemeinschaft vs. Gesellschaft, organisches Wachstum vs. tote Mechanik, Kreislauf vs. Fortschritt –, die eher dem konservativen Denken entsprangen, mit der historisch-sozialen Funktion von Begriffen und einer liberalen Soziologie. Vielleicht war die in den 1938 und 1940 erschienenen Studien zum kulturhistorischen und kulturphilosophischen Bild des Chassidismus erkennbare Loslösung Gulkowitschs von philologischen Exkursen und seine neue Sicht auf die Rolle der chassidischen Gemeinschaft als Motor einer genuin jüdischen Geschichte auch durch die geistige Begegnung mit Silberstein mitbedingt.

3.5 Gulkowitschs Adressaten

Bereits die *Grundlegung einer begriffsgeschichtlichen Methode* lässt Gulkowitschs Versuch erkennen, seinen ursprünglich auf die orientalistische Philologie und die Wissenschaft des Judentums bezogenen Ansatz einer jüdischen Geistesgeschichte in möglichst viele Richtungen zu erweitern und anschlussfähig zu machen. Er zitierte viele Quellen aus dem säkularisierten Judentum, aber auch nichtjüdische Autoren. Dennoch blieb er an der estnischen Universität weitgehend isoliert. Das lag sicher an seinem besonderen theoretischen Zugriff, aber auch an äußeren Umständen wie der geografischen Abgelegenheit Tartus, an den beschränkten finanziellen Möglichkeiten seines Lehrstuhls sowie daran, dass sich das jüdische Geistesleben vom einst großen, nicht zuletzt von ihm vertretenen Projekt der Wissenschaft des Judentums wegbewegte.

Insbesondere nach 1937 unternahm er verschiedene Versuche, diese Isolation zu überwinden, neue Netzwerke zu knüpfen und im Ausland Anerkennung zu finden. Einige im vorliegenden Band publizierte Schriften sind Resultate dieser Anstrengungen und nur zu verstehen, wenn man ihre jeweiligen Adressaten rekonstruiert.

Es gelang Gulkowitsch in dieser Zeit, als Gastlektor in Schweden, in den Vereinigten Staaten und in Großbritannien aufzutreten sowie Kontakte zu angesehenen jüdischen Gelehrten wie Immanuel Löw, Franz Boas oder Martin Buber aufzubauen. Der norwegisch-schwedische Professor für Exegetik, Anton Fridrichsen, lud ihn vom 24. bis zum 31. Oktober 1938 zu drei Seminarübungen und zwei Vorlesungen an die Universität Uppsala ein. Ergebnisse dieser Veranstaltungen wurden unter dem Titel *Das Charisma des Gebetes um Regen nach der Talmudischen Tradition. Ein Beitrag zur Erfassung des religiösen Volkslebens in der Zeit Jesu* im Jahr darauf in Tartu veröffentlicht, gewidmet dem Erzbischof Erling Eidem.

Bereits im Sommer 1938 bereiste Gulkowitsch Warschau sowie Wilna (heute Vilnius, Litauen) und arbeitete in Kopenhagen an Manuskripten von David Simonsen, der dort bis zu seinem Tod im Jahr 1932 als Professor und Oberrabbiner gewirkt hatte. Im gleichen Jahr besuchte er gemeinsam mit seinen Schülern Isidor Levin und Kalmann Hirschmann Riga. Sie trafen dort Simon Dubnow und Gulkowitsch hoffte, neue Studierende für sein Seminar zu gewinnen.[193] 1939 folgten Aufenthalte in Uppsala, Cambridge und London, aus denen der Aufsatz »Zaddik-typen inom chassidismen« in der schwedischen *Judisk Tidskrift* (Jüdische Zeitschrift) und der Band *History as the History of Ideas with Special Reference to O. T. and Jewish History* (Text 9) resultierten.

Mehrere Briefe bezeugen Gulkowitschs intensives Bemühen, Kontakt zu dem Ethnologen Franz Boas aufzunehmen.[194] Ein in diesem Zusammenhang entstandener Forschungsplan ist Teil dieser Edition (Text 7). Gulkowitsch widmete das im Jahre 1938 verfasste Buch *Das kulturhistorische Bild des Chassidismus* Boas. Vom 1. Dezember 1938 bis zum 15. Februar 1939 weilte er schließlich auf Boas' Einladung hin an der Columbia University in New York, um dort Vorlesungen zu halten. Das Boas vorgelegte Forschungsprogramm arbeitete Gulkowitsch später um. Ein Vergleich beider Fassungen macht deutlich, dass er seine Terminologie offenbar sehr genau auf die jeweiligen Adressaten abstimmte. Die zweite Fassung weist einige signifikante Abweichungen zu jener von 1937 auf. So erweiterte Gulkowitsch die bibliografischen Angaben eigener Schriften, was eine Entstehung des undatierten Typoskripts zwischen Ende 1940 und Juli 1941 belegt. Zudem nahm er terminologische Veränderungen vor (etwa »Gesellschaftslehre« statt »Soziologie«)[195] und bezog sich nun auf den sowjetischen Sprachwissenschaftler Nikolai Marr. Es ist zu vermuten, dass er die Überarbeitung des Forschungsprogramms zwecks Bewerbung

---

193 Põldsam, Lazar Gulkowitsch. Eine vergessene Stimme, 88 f.

194 Dies., Lazar Gulkowitschs Streben nach dem Ideal der Wissenschaft des Judentums.

195 Text 7, Fn. [28], [50] und [51].

an einer sowjetischen Universität oder Forschungseinrichtung vornahm. Unklar ist allerdings, warum Gulkowitsch sie auf Deutsch verfasste, denn er sprach und schrieb fließend Russisch.

Als Ende der 1930er Jahre die estnische Unabhängigkeit in Gefahr geriet, prüfte Gulkowitsch berufliche Optionen in den Vereinigten Staaten und im britischen Mandatsgebiet Palästina. So bat er etwa Martin Buber, der seit 1938 eine Professur an der Hebräischen Universität in Jerusalem innehatte, ihm einen Aufenthalt in Palästina zu ermöglichen. Auch lag ihm eine Einladung der 1920 in New York gegründeten American Academy for Jewish Research vor. Doch schließlich besuchte Gulkowitsch Leningrad, um dort akademische Perspektiven zu sondieren.[196]

Wohl im Zusammenhang mit diesem Versuch, in der Sowjetunion eine Wirkungsmöglichkeit zu finden, oder aber noch später, als er im Herbst 1940 im Zuge des Einmarsches sowjetische Truppen in Tartu seinen Lehrstuhl verlor, hatte Gulkowitsch versucht, sein Konzept mit jenem von Nikolai Marr in Verbindung zu bringen. Marr, der erst nach seinem Tod Anfang der 1950er Jahre bei Stalin in Ungnade fiel, war zu dieser Zeit der anerkannteste Sprachwissenschaftler der Sowjetunion.

> »Wenn Nikolai Marr das Wesen der Sprache aus gesellschaftlichen Formen herleitet und die Sprache für dermaßen eng verwoben mit der Gesellschaft hält, dass unter Sprache im engeren Sinn erst die Sprache einer bereits klassenmäßig ausdifferenzierten Gesellschaft zu verstehen sei, dann fügt unser Standpunkt in diese Deduktion von Marr ein Zwischenglied zwischen Gesellschaft und die sie konstituierenden Kräfte einerseits, und die Sprache andererseits ein: Dieses Zwischenglied ist die Begriffswelt.«[197]

Es ist wohl nicht gänzlich zu klären, ob Gulkowitschs Bemühungen, zwischen seiner eigenen und der Sprachtheorie von Marr zu vermitteln, die Sprachentwicklung also als kulturellen Überbau und als Ausdruck von Klassen zu verstehen, seinen wissenschaftlichen Überzeugungen entsprachen; immerhin hatte auch er seine Sprach- und Begriffstheorie eng an soziologische Fragen gekoppelt. Vielleicht waren sie auch nur der Versuch, sich angesichts einer zunehmend gefährdeten Lebenssituation aufgrund der doppelten Bedrohung aus West und Ost, von nationalsozialistischer und sowjetischer Seite, am mutmaßlich kleineren Übel zu orientieren.

---

196 Põldsam, Lazar Gulkowitsch. Eine vergessene Stimme, 91.

197 Text 10, 583.

3.6 Ausgebliebene Rezeption

Gulkowitsch, der immer wieder seine akademische Sprache wechseln musste und erst mit dem Königsberger Studium in den deutschen Sprachraum eintrat, hat im Kontext der deutschsprachig geprägten Wissenschaftskulturen nicht die Würdigung erfahren, die anderen zeitgenössischen jüdischen Intellektuellen entgegengebracht wurde. Der eigentliche Reiz seiner Arbeiten liegt im synthetischen Charakter seines Denkens und insbesondere im Konzept der Begriffsgeschichte. Vielleicht führte ebendieser Ansatz dazu, dass er zwischen die geistigen Frontlinien geriet.

Die – teils noch unreifen – Schriften der Leipziger Zeit wurden innerhalb der Fachdisziplin noch stark wahrgenommen und rezensiert.[198] Und auch die Arbeit über die Abstraktbegriffe fand eine wohlwollende Besprechung des Historikers Moses Schorr, Professor für semitische Sprachen an der Universität Lemberg (heute Lviv, Ukraine), später Warschau, in der *Orientalischen Literaturzeitung*. Die Monografie sei ein »erster Versuch, die gesamte hebräische Sprachgeschichte für ein bestimmtes grammatisches Problem ins Auge zu fassen«, und könne ähnlichen Versuchen als Vorbild dienen.[199] Im Rahmen der Besetzung des Lehrstuhls in Tartu

---

198 Darunter sechs – überwiegend positive – Rezensionen zu *Der Ḥasidismus religionswissenschaftlich untersucht*, u. a.: Georg Beer, Gulkowitsch, Dr. phil. Lazar, Der Ḥasidismus religionswissenschaftlich untersucht, in: Theologische Literaturzeitung, 3. März 1928, 100f.; Paul Heinisch, Gulkowitsch, Lazar, Der Hassidismus, in: Theologische Revue 27 (1928), H. 12, 445f.; Willy Staerk, Gulkowitsch, Dr. Lazar, Der Hasidismus religionswissenschaftlich untersucht, in: Orientalistische Literaturzeitung 31 (1928), H. 5, 387. – Auch verschiedene jüdische Blätter besprachen den Band: Anonym, Bücherschau, in: Monatsschrift der Berliner Logen U. O. B. B. 7 (1927), H. 9, 178–180, hier 178f.; S., Dr. Lazar Gulkowitsch, »Der Hasidismus« religionswissenschaftlich untersucht, in: Israelitisches Familienblatt. Ausgabe für Frankfurt a. M. und Umgebung, 12. Oktober 1927, 12; G. C., Dr. Lazar Gulkowitsch, Der Hassidismus religionswissenschaftlich untersucht, in: Gemeindeblatt der Israelitischen Religionsgemeinde Leipzig, 23. Dezember 1927, 7; Alfred Gordon, Dr. Lazar Gulkowitsch, Der Hassidismus, in: Jüdisch-liberale Zeitung, 10. Februar 1928, 4; Dr. G., L. Gulkowitsch, Der Chassidismus, in: Die Wahrheit. Jüdische Wochenschrift, 4. Mai 1928, 12; Max Dienemann, Von allerlei Büchern, in: Der Morgen 5 (1929), H. 3, 294–305, hier 301.

199 Moses Schorr, Gulkowitsch, Lazar, Die Bildung der Abstraktbegriffe in der hebräischen Sprachgeschichte [Rezension], in: Orientalistische Literaturzeitung 36 (1933), H. 5, 309–311, hier 311.

erhielt Gulkowitsch zwar glänzende Beurteilungen von Fachkollegen, doch die dort veröffentlichten Schriften blieben nahezu unbeachtet.[200]

In Leipzig wie in Tartu lehrte Gulkowitsch ein breites Themenspektrum,[201] konnte allerdings in Tartu nur eine kleine, aber offenbar sehr treue Schülerschaft um sich sammeln. Margarete Lampe hatte 1936 in ihrer Promotionsschrift die begriffsgeschichtliche Methode auf die Formgeschichte des Alten Testaments angewendet.[202] Doch fast alle seine Schüler und Schülerinnen mussten ihre akademische Tätigkeit abbrechen; viele von ihnen wurden von den Nazis ermordet, darunter Gulkowitschs aus Lettland stammende Lieblingsschülerin Dina Michelsohn.[203] Von seinen Tartuer Schülern überlebte unter anderem Isidor Levin, der nach dem Zweiten Weltkrieg in der Sowjetunion als Volkskundler und Theologe lehrte.[204] Einer der Leipziger Schüler, der Theologe und Alttestamentler Rudolf Meyer, unterrichtete in der DDR an der Universität Jena Generationen von Theologen. Zudem gab er eine vierbändige hebräische Grammatik heraus, die Gulkowitschs Forderung nach Spiegelung des hebräischen Verbozentrismus auch in hebräischen Grammatiken nachkam.[205]

---

200 Eine Ausnahme bilden: Bernhard Heller, Lazar Gulkowitsch, Die Entwicklung des Begriffes Ḥāsīd im Alten Testament [Rezension], in: Monatsschrift für Geschichte und Wissenschaft des Judentums 78 (1934), H. 5, 532 f.; ders., Neue Schriften zum Maasse-Buch [Sammelrezension], in: ebd. 80 (1936), H. 2, 128–141 (dort besprach Heller Gulkowitschs Untersuchung zu *Ḥāsīd und Wunder* von 1935).

201 Vgl. die Übersicht der Lehrveranstaltungen an den Universitäten Leipzig (ab 1924) und Tartu (von 1934 bis 1940) in: Põldsam, Lazar Gulkowitsch. Eine vergessene Stimme, 253–257.

202 Margarete Lampe, Zur Anwendung einer begriffsgeschichtlichen Methode auf die Formgeschichte des Alten Testaments, in: Orientalistische Literaturzeitung 39 (1936), H. 6, 345–349. Zu Lampe siehe auch Text 1, Fn. [256]. Für die von Gulkowitsch mit zum Teil begriffsgeschichtlichen Arbeiten magistrierten Studierenden vgl. Põldsam, Lazar Gulkowitsch. Eine vergessene Stimme, 76 f.; Tatyana Schor, Magistranty professora Lazarya Gul'kovicha v Tartuskom universitete [Die Magistranden Professor Lazar Gulkowitschs an der Universität Tartu], ohne Jahr, <https://muuseum.jewish.ee/Culture/Magistranden3.pdf> (7. Juni 2022).

203 Michelsohn untersuchte 1940 in ihrer sprachgeschichtlichen Magisterarbeit die Wendung שלח יד (*shalaḥ yad*: Hand ausstrecken) im Alten Testament. Schor, Magistranty professora Lazarya Gul'kovicha, bes. 9–12.

204 Vgl. dessen Zeitzeugenbericht als wichtige Quelle für Gulkowitschs Wirken an der Universität Tartu: Levin, Jüdische Wissenschaft in Estland.

205 Rudolf Meyer, Hebräische Grammatik, 4 Bde., 2., völlig neu bearb. Aufl., Berlin 1952–1955 (1. Aufl. von Georg Beer, Berlin/Leipzig 1915).

Gulkowitschs Schriften wurden vom Fachpublikum außerhalb Estlands kaum zur Kenntnis genommen. Die *Grundlegung einer begriffsgeschichtlichen Methode* fand, abgesehen von Silbersteins Notiz in der *Prager Presse*, keine Beachtung.[206] Ebenso gingen seine Arbeiten zum Chassidismus nicht in die innerjüdische Debatten ein, obwohl Gelehrte von Dubnow über Buber bis Scholem das Thema kontrovers diskutierten. Selbst in jüngeren Gesamtdarstellungen des Chassidismus fehlt sein Name.[207]

Auch nach dem Zweiten Weltkrieg blieb Gulkowitsch weithin vergessen. Eine Ausnahme bildete die anerkennende Erwähnung der *Grundlegung einer begriffsgeschichtlichen Methode* im *Bibliographischen Handbuch zur Sprachinhaltsforschung*.[208] Die in den 1950er Jahren in der Bundesrepublik beginnende Begriffsgeschichtsforschung folgte einer eigenen, sehr deutschen Tradition. Sie war zum Teil auch eine Verdrängungsgeschichte der jüngeren Vergangenheit, in der weder die Geistesgeschichte des Judentums noch die tragische Biografie Gulkowitschs Raum hatten.[209] Die ausgebliebene Rezeption auch innerhalb der jüdischen Studien fällt insbesondere im Vergleich mit Gershom Scholem auf, der zu ähnlichen Themen wie Gulkowitsch arbeitete, aber eine weit größere Wirkung entfalten konnte. Er hatte Deutschland schon in den 1920er Jahren Richtung Jerusalem verlassen, seine wichtigsten Untersuchungen aber erst in der Zeit nach Gulkowitschs gewaltsamem Tod veröffentlicht, etwa *Major Trends in Jewish Mysticism* im Jahr 1941.

---

206 Allerdings erschien im *Jüdischen Gemeindeblatt Bayern* im Rahmen eines Artikels über den Tartuer Lehrstuhl ein erstaunlich präziser Bericht über die Grundlegungsschrift. Möglicherweise stammt der nur mit »W.« gezeichnete Beitrag von Gulkowitschs Schülerin Margarete Lampe-Wilhelmson. W., Der Lehrstuhl für jüdische Wissenschaft an der Universität Tartu (Dorpat), in: Jüdisches Gemeindeblatt für den Verband der Kultusgemeinden in Bayern und die Kultusgemeinden München, Augsburg, Bamberg, Würzburg, 15. September 1938, 272 f.

207 David Biale u. a., Hasidism. A New History, Princeton, NJ/Oxford 2018.

208 Helmut Gipper/Hans Schwarz (Hg.), Bibliographisches Handbuch zur Sprachinhaltsforschung, Teil 1: Schrifttum zur Sprachinhaltsforschung in alphabetischer Folge nach Verfassern mit Besprechungen und Inhaltshinweisen, 4 Bde., Opladen/Köln 1966–1985, hier Bd. 1, Köln 1966, 768 f. Gipper war in den 1950er Jahren Schüler von Leo Weisgerber, dem Begründer der inhaltsbezogenen Grammatik, und hatte bis 1985 in Münster den Lehrstuhl für Allgemeine Sprachwissenschaft inne.

209 Müller/Schmieder, Begriffsgeschichte und historische Semantik, Kap. Politische und unpolitische Kontexte der philosophischen Begriffsgeschichte, 132–138.

Auch wenn Gulkowitsch ab der zweiten Hälfte der 1990er Jahre im Zuge neuer judaistischer Forschungen, der Neubesichtigung der Geschichte der Leipziger Universität[210] und eines nach Öffnung von Archiven intensiveren Blicks auch auf die Staaten im östlichen Europa in den Blick geriet und vor allem biografisch wieder wahrgenommen wurde, traf seine Wiederentdeckung auf einen Zeitgeist, der mit den geistesgeschichtlichen Synthesen seiner Schriften nur wenig anzufangen wusste. Die Chance, Gulkowitsch historisch zu würdigen, wurde noch in jüngerer Zeit verpasst. Zwar hatte der Historiker Siegfried Hoyer 1994 erstmals wieder an Gulkowitschs Leipziger Zeit erinnert,[211] doch ein Urteil des Philosophen und Historikers Henry Wassermann, 2006 in dem Band *Bausteine einer jüdischen Geschichte der Universität Leipzig* publiziert, war ebenso vernichtend wie dessen Einschätzung der Jüdischen Studien in Leipzig insgesamt. Dabei verriet seine Untersuchung ein »ausgeprägtes Interesse für akademischen ›Fachklatsch‹«[212] und kaprizierte sich auf die ablehnenden Bemerkungen in Scholems Exemplar von Gulkowitschs frühem Chassidismus-Buch.[213] Womöglich hat gerade dieser Befund, Gulkowitschs Leistungen als Wissenschaftler seien zu vernachlässigen, Person und Werk im deutschsprachigen Raum nachhaltig in Misskredit gebracht. Wassermann, der nur die beiden Qualifikationsschriften aus Königsberg und Leipzig im Blick hatte, nahm Scholems Studien über jüdische Mystik und Chassidismus als Maßstab. Wie schmal seine Text- und Kontextkenntnis war, haben die seit den 2000er Jahren entstandenen überzeugenden Forschungen estnischer Wissenschaftler gezeigt.[214] Einen späten Versuch, an Gulkowitschs

210 Ulrich von Hehl, In den Umbrüchen der ersten Hälfte des 20. Jahrhunderts. Die Universität Leipzig vom Vorabend des Ersten bis zum Ende des Zweiten Weltkrieges 1909 bis 1945, in: ders./Günther Heydemann/Klaus Fitschen/Fritz König (Hg.), Geschichte der Universität Leipzig 1409–2009, Bd. 3: Das zwanzigste Jahrhundert 1909–2009, Leipzig 2010, 17–329, hier 126 f. und 198.

211 Hoyer, Lazar Gulkowitsch.

212 So eine Einschätzung zu Wassermanns Monografie *False Start*, auf die der erwähnte Aufsatz zurückgeht. Heidemarie Petersen, H. Wassermann. False Start. Jewish Studies at German Universities during the Weimar Republic. Amherst, NY, 2003 [Rezension], in: H-Soz-Kult, 27. Februar 2004, <http://www.hsozkult.de/publicationreview/id/rezbuecher-2887> (7. Juni 2022).

213 Henry Wassermann, Fehlstart. Die »Wissenschaft vom späteren Judentum« an der Universität Leipzig (1912–1941), in: Wendehorst (Hg.), Bausteine einer jüdischen Geschichte der Universität Leipzig, 321–343, bes. 340.

214 Neben den genannten Arbeiten von Urmas Nõmmik und Anu Põldsam vgl. Tatyana Schor, Lazar Gulkowitsch, in: Karl Siilivask (Hg.), Eesti teaduse biograafiline

begriffsgeschichtliche Methode anzuknüpfen, unternahm 2009 etwa der Theologe Urmas Nõmmik. Ausgehend von der These, die Methode könne nur im Kontext der hebräischen Sprache und des Judentums angewendet werden, verfolgte er im Anschluss an Gulkowitsch die Entwicklung des Begriffs *ẓaddiq* (Gerechter) in der Hebräischen Bibel, im Neuen Testament sowie in den Qumranschriften.[215]

In einem Brief vom 15. April 1934 an den renommierten, 1735 gegründeten Verlag Vandenhoeck & Ruprecht in Göttingen bot Gulkowitsch eine überarbeitete Fassung seiner Abhandlung *Die Entwicklung des Begriffes Ḥāsīd im Alten Testament* zur Veröffentlichung an.[216] Der Versuch blieb erfolglos. Umso erfreulicher ist der Umstand, dass der vorliegende Band mit ausgewählten Schriften bei Vandenhoeck & Ruprecht erscheinen kann und hoffentlich zu einer Neubeschäftigung mit Gulkowitsch und seinem Werk anregt.

4. Editorische Prinzipien

Die Editionen der Reihe *Bibliothek jüdischer Geschichte und Kultur* präsentieren die wiedergegebenen Quellen in authentischer Textüberlieferung und berücksichtigen zugleich Aspekte der Lesefreundlichkeit. Die Texte und Typoskripte werden in Form einer diplomatischen Edition wiedergegeben.

Dies beinhaltet, dass unterschiedliche Hervorhebungen vereinheitlicht und die Interpunktionen behutsam den heute üblichen angepasst werden. Im Original gesperrt gesetzte Passagen sind kursiv wiedergegeben. Ursprüngliche Seitenumbrüche sind nicht beibehalten, jedoch gekennzeichnet.

Typografische und grammatikalische Fehler in den Typoskripten werden wie im Original wiedergegeben und mit [sic] für lateinschriftliche

---

leksikon [Biografisches Lexikon der estnischen Wissenschaft], Bd. 1, Tallinn 2000, 317 f. Für den deutschen Sprachraum vgl. auch Horst Junginger, Die Verwissenschaftlichung der »Judenfrage« im Nationalsozialismus, Darmstadt 2011, 90–96.

215 Nõmmik, Lazar Gulkowitschi mõistelooline; Põldsam, Lazar Gulkowitsch. Eine vergessene Stimme, 205 f.

216 Staatsbibliothek zu Berlin, Handschriftenabteilung, Archiv des Verlages Vandenhoeck & Ruprecht, Sign.: 494/G 1888–1936/G 1926/149, Bl. 254–256.

sowie [!] für hebräische und kyrillische Wörter gekennzeichnet. In publizierten Schriften sind eindeutige Druckfehler sowie solche der Groß- und Kleinschreibung stillschweigend korrigiert.

Sämtliche Eingriffe des Herausgebers und der Mitherausgeberin, Ergänzungen, Einfügungen und Korrekturen, sind durch editorische Zeichen kenntlich gemacht. Eine Übersicht über die verwendeten Zeichen ist dem Teil *Schriften* vorangestellt.

Von Gulkowitsch in den verschiedenen Texten nicht einheitlich transkribierte hebräische Wörter und Namen wurden wie im Original belassen; fehlende oder unvollständige Punktierungen wurden stillschweigend behutsam ergänzt. Die Transkription hebräischer und aramäischer Wörter in den Annotationen folgt dagegen den leicht erweiterten Regeln der deutschsprachigen *Enzyklopädie jüdischer Geschichte und Kultur*. Die Transkription von russischen Wörtern folgt leicht modifizierten Regeln der *Library of Congress*.

Der Fußnotenapparat in Gulkowitschs Schriften beginnt auf jeder Seite mit »1«. Abweichend davon werden diese Fußnoten hier fortlaufend nummeriert wiedergegeben. Die Kommentierung der Texte durch den Herausgeber und die Mitherausgeberin erfolgt in einem separaten Apparat, dessen Fußnoten in eckigen Klammern [ ] stehen. Eine Übersicht häufig verwendeter Abkürzungen ist dem Band vorangestellt. Weitere Abkürzungen und Akronyme wurden bei ihrer Erstnennung in einer Fußnote aufgelöst.

Jedem der hier publizierten Texte und Typoskripte wurden bibliografische wie auch archivalische Angaben und, soweit rekonstruierbar, Informationen zu Entstehungsort und -zweck sowie – für die umfangreicheren und nur in Auszügen abgedruckten Texte – eine Inhaltsübersicht vorangestellt.

5. Danksagung

Die vorliegende Ausgabe wäre nicht zustande gekommen ohne die Hilfe einer Reihe von Institutionen und Personen. Das Leibniz-Zentrum für Literatur- und Kulturwissenschaft (ZfL) und seine Direktorin Eva Geulen haben die Edition nicht zuletzt durch Bereitstellung der Infrastruktur unterstützt. Dank gilt den studentischen Hilfskräften Jakob Claus und Constantin Sinn, die großen Anteil an der Transkription der Texte und der Erstellung der Bibliografie hatten. Anja Keith hat freundlicherweise die Einleitung Korrektur gelesen. Wie immer haben uns die freundlichen Kolleginnen der ZfL-Bibliothek Halina Hackert, Ruth Hübner und Jana Lubasch unterstützt. Zu danken ist ferner Igor Polianski und Alexandra Ivanova für die Übersetzung des russischsprachigen Textes. Die Abteilung für Informationssysteme der Bibliothek der Universität Tartu gewährte uns Einblick in die Archivmaterialien und erstellte die gewünschten Kopien; den dortigen Mitarbeitenden gilt unser Dank. Wir danken des Weiteren Zaal Andronikashvili, Gottfried Gabriel, Clemens Knobloch, Christian Möckel und Agnieszka Zagańczyk-Neufeld, die zu einzelnen wissenschaftshistorischen Fragen ihre Expertise beisteuerten. Nicolas Berg machte freundlicherweise auf die Arbeiten von Konrad Herrmann zu Leopold Silberstein aufmerksam, mit dem der Herausgeber daraufhin sehr informative Gespräche führen konnte. Ein besonderer Dank gilt Anu Põldsam, ohne deren Monografie diese Edition nicht möglich gewesen wäre und die uns während unseres Aufenthaltes in Tartu geduldig alle unsere Fragen beantwortete. Cordula Meyer danken wir für die Überlassung von Fotografien aus dem Nachlass ihres Vaters Rudolf Meyer.

Es war Dan Diner, der Herausgeber der Reihe »Bibliothek jüdischer Geschichte und Kultur« und Leiter des Projekts »Europäische Traditionen – Enzyklopädie jüdischer Kulturen« bei der Sächsischen Akademie der Wissenschaften zu Leipzig, der dieses Buchprojekt initiierte. Ihm gilt unser Dank ebenso wie dem Leiter der Arbeitsstelle Markus Kirchhoff, speziell für seine Durchsicht der Einleitung, sowie insbesondere Marcel Müller und Frauke von Rohden, die die editorische Arbeit an diesem Band sehr aufwendig und im Falle von Schwierigkeiten mit sehr viel Geduld begleiteten. Das gesamte Leipziger Team hat uns nicht nur sehr geholfen, die Gestaltung des Bandes in den Griff zu bekommen, sondern durch stetige Nachfragen, Diskussionen und Vorschläge unsere Kommentare bereichert. Dennoch verantworten der Herausgeber und die Mitherausgeberin mögliche Fehler natürlich selbst.

6. Abbildungsverzeichnis

7. Abbildungen

Abb. 1: Lazar Gulkowitsch, vermutlich Königsberg i. Pr., 1920 (HRUT, Ajaloolised fotod, 3014)

Abb. 2: Lazar Gulkowitsch mit Schülerinnen und Schülern (obere Reihe: Rudolf Meyer (2. v. rechts); untere Reihe von links nach rechts: vermutlich Margarete Lampe-Wilhelmson, Lazar Gulkowitsch, Ursula Hornauer (spätere Ehefrau von Rudolf Meyer)), Theologisches Seminar der Universität Leipzig, 1932 (© Cordula Meyer)

Abb. 3: Lazar Gulkowitsch mit Schülerinnen und Schülern bei der gemeinsamen Lektüre (erhöht sitzend: Lazar Gulkowitsch (1. v. links); sitzend: vermutlich Margarete Lampe-Wilhelmson (3. v. links), Ursula Hornauer (2. v. rechts, spätere Ehefrau von Rudolf Meyer), Rudolf Meyer (1. v. rechts); auf der Tafel steht auf Hebräisch: »Acht, die bei einem Gebet zusammen sind.«), Theologisches Seminar der Universität Leipzig, 1932 (© Cordula Meyer)

Abb. 4: Lazar Gulkowitsch (links) und Rudolf Meyer, Tartu, 12. September 1934 (© Cordula Meyer)

Schriften

Editorische Zeichen

Lesbarkeit:

#	Unleserlicher Buchstabe
###	Unleserliches Wort
x̊	Zweifelhafte Lesung
◊◊◊	Dekoratives Element

Paginierung:

|x|	Paginierung des Originals
[|x|]	Von Herausgeber und Mitherausgeberin hinzugefügte Paginierung bei unpaginiertem Original

Korrekturen und Einfügungen:

‹ ›	Lakune
‹der›	Lakune mit von dem Herausgeber und der Mitherausgeberin rekonstruiertem Text
~~Streichung~~	Handschriftliche Streichung
~~Streichung~~	Maschinenschriftliche Streichung
~~###~~	Streichung eines unleserlichen Worts
{Einfügung}	Handschriftliche Einfügung
¦Einfügung¦	Maschinenschriftliche Einfügung
[Einfügung]	Einfügung des Herausgebers und der Mitherausgeberin

Eckige Klammern im Original werden mit spitzen Klammern < > wiedergegeben.

1. Zur Grundlegung einer begriffsgeschichtlichen Methode in der Sprachwissenschaft

Der erstmals 1937 publizierte, 298 Seiten umfassende Band erschien in der Schriftenreihe der Universität Tartu »Acta et Commentationes Universitatis Tartuensis (Dorpatensis)«, Nr. B XLI.4, und bildet zugleich den fünften Band der Reihe »Acta Seminarii Litterarum Judaearum Universitatis Tartuensis«. Während die Titelseite das Publikationsjahr 1937 trägt, ist auf dem Umschlag der »Acta et Commentationes« 1938 vermerkt. Die Herstellung übernahm die Buchdruckerei K. Mattiesen, Tartu.

Der Band enthält ein umfangreiches Namen- und Sachregister, das einen wichtigen Einblick in Gulkowitschs Perspektive auf die Sprachwissenschaft zulässt und das deshalb hier ebenfalls wiedergegeben wird. Zudem bieten die Seiten 229–234 ein ausführliches Inhaltsverzeichnis, von dem hier nur die erste Überschriftenebene mit der Originalpaginierung angeführt wird:

Vorwort

Wenn ich in der vorliegenden Arbeit ein Thema behandle, das zu den Aufgaben der Philosophie, speziell der Geschichtsphilosophie, gehört, so darf ich als Sprachwissenschaftler die Berechtigung zu einer solchen Problemstellung nur aus dem Aufgabenkreis ableiten, der das Gebiet der Sprachwissenschaft ausmacht, d. h. aus der Tatsache, daß die Behandlung geschichtsphilosophischer Probleme für die Sprachwissenschaft insofern von Bedeutung ist, als die Sprache einen Faktor innerhalb der Kultur und ihrer Entwicklung darstellt und als von der Rolle, die dieser Faktor innerhalb der Geschichte spielt, das Wesen der Sprache und damit auch die Methoden, mit denen das Phänomen der Sprache erfaßt werden kann, weitgehend abhängen. Eine Betrachtung der Geistesgeschichte auf ihre Prinzipien hin ist also für den Sprachwissenschaftler identisch mit dem Versuch, durch eine Darlegung der Strukturprinzipien des historischen Geschehens überhaupt die Grundlegung für eine Erfassung des historischen Teilgeschehens der Sprache und ihrer Entwicklung zu gewinnen. (Der für diese Darlegung gewählte methodische Weg ist der umgekehrte, den Hermann Ammann[1] in: Die menschliche Rede. I. Teil. Die Idee der Sprache und das Wesen der Wortbedeutung, Lahr 1925. II. Teil. Der Satz. Lebensformen und Lebensfunktionen der Rede. Das Wesen der Satzform. Satz und Urteil, Lahr 1928, für die Erreichung desselben Zieles gewählt hat: Wir gehen zunächst nicht wie Ammann von der Sprache aus, sondern von der Darstellung der allgemeineren Erscheinungen und Beziehungen, innerhalb deren die Sprache einen organischen Teil bedeutet.) Eine solche Grundlegung hat die Aufgabe, die Prämissen aufzuzeigen, von denen die Sprachwissenschaft ausgehen muß, wenn sie methodisch korrekt sein, d. h., wenn sie ihre Methoden aus der Struktur ihres Gegenstandes herleiten will. Die Aufgabe ist also zunächst eine prinzipielle, keine hi- |4| storische. Es kommt darum zunächst auch nicht darauf an, eine Geschichte der Sprachphilosophie zu schreiben. Das eine Zeitlang fast überall angewandte Verfahren, von der Geschichte einer Disziplin auszugehen, wenn ihre prinzipiellen Grundlagen aufgezeigt werden sollten, war nur eine Konzession an die Phase in der Geschichte der Wissenschaften, die allen rein systematischen Wissenschaften skeptisch gegenüberstand und in der ein Appell an die Geschichte der Disziplin eine Art Rechtfertigung, einen Beweis der Wissenschaftlichkeit bildete, weil das vergleichende Verfahren eo ipso für objektiver galt als das deduktive. Ein solches vergleichendes

[1] Der deutsche Sprachwissenschaftler und Germanist Hermann Ammann (1885–1956) studierte u. a. in Freiburg und Heidelberg, 1920 habilitierte er bei Ludwig Sütterlin (siehe unten, Fn. [237]). Seit 1928 lehrte Ammann als Professor am Institut für Sprachwissenschaft an der Universität Innsbruck, dessen Leiter er später wurde. Gulkowitsch setzte sich intensiv mit den sprachwissenschaftlichen Arbeiten Ammanns und insbesondere dessen Hauptwerk auseinander. Hermann Ammann, Die menschliche Rede. Sprachphilosophische Untersuchungen, 2 Bde., Lahr i. B. 1925/1928. Ammann beruft sich darin sowohl auf Edmund Husserls Phänomenologie als auch auf Oswald Spengler.

Verfahren setzt jedoch die Vergleichbarkeit der Gegenstände voraus. Da aber jede selbständige, d.h. auf eigenen Prämissen aufbauende Anschauung in Bezug auf ihre Einzelergebnisse inkommensurabel gegenüber den Ergebnissen anderer wissenschaftlicher Forschungen und Deduktionen ist, so ist in einer prinzipiellen Untersuchung ein vergleichendes Verfahren von vornherein zur Unfruchtbarkeit verurteilt, da ein Vergleichen des Unvergleichbaren nur auf Kosten der begrifflichen Exaktheit geschehen könnte. Auf die Methode der vorliegenden Untersuchung angewandt, bedeutet dieser Grundsatz, daß eine Auseinandersetzung mit anderen geschichts- und sprachphilosophischen Untersuchungen nur zum Zwecke der Abgrenzung erfolgen soll, vor allem also in den Fällen, in denen eine Gleichheit der benutzten Termini die Gefahr der Identifikation von nur terminologisch, aber nicht sachlich gleichen Größen mit sich bringt.

Wenn unsere Betrachtung einer begriffsgeschichtlichen Methode in der Sprachwissenschaft die prinzipielle Grundlegung liefern soll, so ist es unsere Aufgabe, zunächst die Möglichkeit und die Art einer Geschichte der Begriffe aus den Grundprinzipien unseres Denkens[1] abzuleiten, um dann sowohl die theo- |5| retisch-erkenntnismäßigen als auch die sprach-

1 Wenn wir die Geschichte der Begriffe auf jeden Fall in irgendeine Beziehung zur Geschichte der Sprache setzen, so behaupten wir damit, daß die Geschichte der Begriffe sich immer und überall dort vollzieht, wo überhaupt Sprache vorhanden ist. Wir scheiden uns damit prinzipiell von der Auffassung Gustav Teichmüllers (Studien zur Geschichte der Begriffe, Berlin 1874 und Neue Studien zur Geschichte der Begriffe, Gotha 1876–79; vgl. besonders Neue Studien ..., 1. Heft, S. VIII), so sehr sein Versuch, durch Gewinnung eines neuen Aspektes und damit neuer Problemstellungen eine konventionell gewordene wissenschaftliche Betrachtungsweise aufzulockern, nach Tendenz und Methode unserer Zielsetzung verwandt ist. |5| Denn Teichmüller ist der Auffassung, daß Philosophie nur in Begriffen besteht und daß nur Philosophie in Begriffen bestehen kann, sodaß die Geschichte der Begriffe mit der Geschichte der Philosophie identisch ist. Teichmüller muß die Begriffe und ihre Geschichte auf das Gebiet der Philosophie beschränken, weil er die Begriffe als die allgemeinen Prinzipien ansieht, die aus der Summe der Erfahrungen abgeleitet werden, um die Gegenstände der Erfahrungen systematisch zu ordnen und so in ihrem Sinn begreifen zu können.[2]

---

[2] Gustav Teichmüller (1832–1888) war einer der Begründer der philosophischen Begriffsgeschichte und Schüler von Friedrich Adolf Trendelenburg (1802–1872). Nach einer Professur für Philosophie an der Universität Basel bekleidete er 1871–1888 einen philosophischen Lehrstuhl an der Universität in Dorpat, wo ab 1934 auch Gulkowitsch lehrte. Teichmüller beschäftigte sich vor allem mit

lich-methodischen Konsequenzen für eine wissenschaftliche Erfassung des Phänomens Sprache als solcher und der einzelnen Sprachen aus den eventuell nachgewiesenen Beziehungen von Sprache und Begriffsgeschichte zu ziehen.

Wenn auch diese Problemstellung nicht radikal darüber entscheidet, was Sprache ist, so enthält sie doch die Voraussetzung, daß Sprache nur das sein kann, was in irgendeiner Beziehung zum Denken (im Sinne der Gesamtheit aller geistigen Funktionen) steht. Unter diesem Gesichtspunkte fallen rein motorische Affektäußerungen als untersprachlich aus dem Bereiche unserer Untersuchung fort. Auch solche Erscheinungen wie die Traumsprache, bei denen die Zensur des Denkens ganz oder teilweise fehlt, stehen zunächst nicht zur Diskussion, so lange wenigstens, als noch Grundfragen geklärt werden müssen, da die Untersuchung der Traumsprache nur ein Grenzgebiet des Forschungsgegenstandes der Sprachwissenschaft darstellt.[3] Die Sprache des Ekstatikers und Mystikers, die gewisse äußere Übereinstimmungen mit der Sprache des Traums aufweist und deshalb gelegentlich mit dieser unter gleichen Gesichtspunkten behandelt wird (vgl. z. B. А. Погодинъ, Языкъ какъ творчество, Харковъ 1913),[4] nimmt

---

Aristoteles. Wie schon Trendelenburg oder dem befreundeten Rudolf Eucken (1846–1926) ging es Teichmüller darum, gegenüber der neuzeitlichen Philosophie die Normativität der antiken Philosophie herauszustellen.

[3] »Traumsprache« könnte eine Anspielung auf den österreichisch-jüdischen Arzt und Psychoanalytiker Sigmund Freud (1856–1939) sein, auf den Gulkowitsch sich verschiedentlich bezieht (siehe unten, 235 f.; Text 3, 486). Freud war an der Universität Tartu präsent: »An der Theologischen Fakultät, vielleicht ausnahmsweise, wurden 1938 von [Uku] Masing der ›Psychoanalyse‹ Seminare gewidmet, sie hatten Erfolg. Diese Problematik, wie aus Zitaten hervorgeht, lag Gulk[owitsch] vorsichtig am Herzen.« Levin, Jüdische Wissenschaft in Estland, 9.

[4] Aleksander Pogodin (1872–1947) war ein russischer Historiker und Slawist. Als Professor lehrte er an den Universitäten Warschau (1902–1908) und Charkow (1910–1919), verließ jedoch Russland mit Ausbruch des Bürgerkriegs (1919). Seit Ende 1919 war Pogodin an der Universität von Belgrad tätig, von 1939 bis 1941 als Professor. Als Vertreter der Warschauer Schule kritisierte er die Ansichten der Slawophilen und verteidigte die Rechte der polnischen historiografischen Schule. Alexander Pogodin, Yazyk kak tvorchestvo. Psikhologichestkie i sotsial'nyye osnovy tvorchestva rechi. Proiskhozhdenie yazyka [Sprache als Kreativität. Psychologische und soziale Grundlagen der Sprachkreativität. Der Ursprung der Sprache], Charkow 1913. – In der zweiten Hälfte des 19. Jh. existierten auf ehemals polnischen Gebieten zwei historiografische Schulen: die Warschauer und die Krakauer. Sie unterschieden sich vor allem in der Interpretation der Ursachen

eine andere Stellung im Raume unserer Problemstellung ein. Sie bedeutet zwar entweder eine Auflösung oder ein Verabsolutieren der Sprache, aber nur in dem Sinne, als höchste Vollendung eines Prinzips zugleich dessen Aufgehen im Absoluten, im jenseits der Geschichte Liegenden bedeutet. Die Sprache des Ekstatikers und Mystikers ist also in gewissem Sinne Quintessenz dessen, was Sprache überhaupt ist. Sie vermag also das Phänomen der Sprache insofern zu erklären, als eine extreme Überspitzung eines Prinzips zwar nicht alle seine Seiten, aber doch das Wesentliche an ihm sichtbar zu machen vermag.

Unter diesem Gesichtspunkte schalten wir das Sprechen |6| in seinen phonetischen Bedingtheiten[2] ebenfalls aus unserer Untersuchung aus. Die Ansprüche der Phonetik auf die Erklärung des Phänomens Sprache sollen also nur dort in Betracht gezogen werden, wo ihr Prioritätsanspruch in Konkurrenz tritt zu unserem Versuch, die Erscheinungen der Sprache von ihrer geistigen Komponente her zu erklären. In diesen Zusammen-

2 Die Probleme z. B., die Richard Paget (Human Speech, London 1930)[5] behandelt, setzen einen anderen Begriff von „speech" voraus, als H. Ammann unter dem Terminus „menschliche Rede" erfassen will. Ammann untersucht Probleme des sprachlichen Ausdrucks unter dem Gesichtspunkt der Sprache, Paget dagegen untersucht die Ausdrucksmöglichkeiten des Sprechens.

---

für den Untergang der polnisch-litauischen Adelsrepublik Ende des 18. Jh. und ihrer Haltung zu den Teilungsmächten. Die Krakauer Schule war weltanschaulich und politisch mit den Konservativen aus Galizien verbunden. Sie stand unter dem Einfluss der zeitgenössischen deutschen Geschichtsschreibung und affirmierte die zentrale Rolle starker Regierungen. Das Ende Polen-Litauens interpretierte sie nicht als Folge der Aggression der Teilungsmächte, sondern als ein Versagen der Polen, einen starken Staat am Leben zu erhalten. Da Galizien zu der Zeit relativ autonom verwaltet wurde, stand die Krakauer Schule den Teilungsmächten nicht grundsätzlich feindlich gegenüber. Die Warschauer Schule entstand im Anschluss an den vom Russischen Reich niedergeschlagenen Januaraufstand von 1863 und bildete eine Reaktion verschiedener Historiker auf die Krakauer Schule. Sie favorisierte das Volk/die Nation als den Hauptakteur der Geschichte und unterstellte den »Krakauern« einen Mangel an Patriotismus. – Für die Hinweise danken Herausgeber und Mitherausgeberin Agnieszka Zagańczyk-Neufeld.

[5] Richard Paget (1869–1955) war ein britischer Amateurwissenschaftler, der sich für die physikalische Seite der Phonetik interessierte und u. a. die These vertrat, dass Handzeichen und Gesten ursprüngliche Formen der menschlichen Kommunikation seien. Er entwickelte eine manuell codierte Gebärdensprache.

hang gehört auch das Problem, inwieweit das rhythmische Moment im allgemeinen, also nicht nur im sprachlichen Sinne, an der Entstehung und Ausgestaltung der Sprache beteiligt ist. Wir behandeln also z. B. nicht solche Probleme, wie die Beziehungen zwischen Tanz und Sprache oder zwischen Arbeitsrhythmus und Sprache.[3]

Wir gehen bei unserer Betrachtungsweise von der Voraussetzung aus, daß auf jeden Fall Beziehungen zwischen Sprache und Denken (im umfassendsten Sinne) vorhanden sind. Als Problem ergibt sich dann, ob diese Beziehungen wesensnotwendig für einen der beiden oder für beide Faktoren sind, d. h., ob eine Auflösung der Verbindung von Sprache und Denken möglich ist und welche Folgen eine etwaige Auflösung haben muß. Es ist keine Streitfrage, daß eine essentielle Bedeutung der Sprache für die „primitiven" Denkstufen charakteristisch ist.[6] Problematisch ist aber, ob hier eine Wesensnotwendigkeit in lapidarer Ausschließlichkeit auftritt, die niemals aufgegeben werden darf und kann, oder ob hier wirklich eine „primitive" Vorstufe vorliegt. Die moderne Sprachphilosophie, besonders bei Ernst Cassirer, hält die Beziehung von Denken und Sprache zwar für auflösbar, aber nur in der letzten Vollendung des Denkens, sodaß die Bedeutung der Sprache für das Denken weit über den Bereich der „primitiven" Vorstufe hinausreicht.[7] Dem stehen aber auch in der modernen Philosophie noch Anschauungen gegenüber, die gerade in der Loslösung des Denkens aus der sprachlichen Gebundenheit die geniale Tat der griechischen Philosophie, die Überwindung der Vorstufe sehen, so z. B. Ernst

3 Vgl. z. B. A. Pogodin, a. a. O., Kap. XVII und Karl Bücher, Arbeit und Rhythmus, Leipzig ^{5}1919, Kap. VI, besonders S. 392 f.

[6] Theorien des »primitiven Denkens« gehen auf den einflussreichen amerikanischen Anthropologen Edward B. Tylor (1832–1917) und seine Schrift *Primitive Culture* (London 1871) zurück. Seine evolutionistische Kulturtheorie unterscheidet Animismus, Polytheismus und Monotheismus. Gulkowitsch geht im Folgenden möglicherweise auf Tylors Gedanken zurück, dass *survivals* der primitiven Denkform sich auch in den fortgeschrittenen Kulturen wiederfinden. Den Begriff des primitiven Denkens (als Ausdruck des einfachsten Zustandes einer Gesellschaft) nahm auch der französische Soziologe und Ethnologe Émile Durkheim (1858–1917) in seiner Schrift *Les formes élémentaires de la vie religieuse* (Paris 1912) auf. Als primitive Form der Religion stellte er den Animismus heraus.

[7] Ernst Cassirer (1874–1945) war ein deutsch-jüdischer Kulturphilosoph und Philosophiehistoriker. Siehe auch die Einleitung zu diesem Band, Abs. 3.2.

|7| Hoffmann (Die Sprache und die archaische Logik, Tübingen 1925 = Heidelberger Abhandlungen zur Philosophie und ihrer Geschichte 3).[8]

Die gegenwärtige wissenschaftliche Situation drängt von selbst auf die Behandlung sprachphilosophischer Probleme. Dies stellt einerseits eine Reaktion gegen die reine Begriffsphilosophie dar, die im Neukantianismus ihre höchste Blüte erreicht hat. Andererseits wird sie auch von der gegenwärtigen Situation der Sprachwissenschaft gefordert, die einer neuen systematischen Synthese bedarf. Da aber jede Wissenschaft in engster Verbindung mit ihrem Gegenstande steht, so müßten wir auch ohne historischen Beweis annehmen, daß diesen Notwendigkeiten realiter Vorgänge innerhalb der Geschichte der Sprache und der Sprachen entsprechen. In der Tat stehen wir in der Geschichte der Sprache vor einer Konstellation, die deutlich den Anbruch einer neuen Epoche in der Geschichte der Sprachen darstellt. Diese Konstellation wird entscheidend dadurch bestimmt, daß die Sprachentwicklung bewußt in den Dienst aktiver Geschichtsgestaltung gestellt worden ist. So treten z. B. die immer vorhandenen puristischen Bestrebungen heute mit neuen Machtansprüchen auf, die ihnen in der Tat einen Erfolg zu verschaffen scheinen, der für die Geschichte der betreffenden Sprachen von größter Bedeutung sein muß.[9] Noch wichtiger für die Geschichte der Sprache sind aber die Bestrebungen, die die nationalen Literatursprachen den internationalen gegenüber konkurrenzfähig machen wollen. Hier liegt eine Umgestaltung der Sprachen vor, bei denen die Kompensierung von Überspitzungen und Mechanisierungen viel problematischer erscheint als bei den genannten puristischen Bestrebungen. Die Tatsache, daß wir bisher einige wenige internationale Literatursprachen hatten, war keine isolierte Erscheinung,

---

[8] Ernst Hoffmann (1880–1952) war Philosophiehistoriker und hatte seit 1923 eine Professur in Heidelberg inne. Von den Nationalsozialisten wurde er aufgrund der Nürnberger Gesetze 1935 entlassen. Hoffmann war zunächst Schüler, dann Freund von Ernst Cassirer. Er arbeitete zur antiken Philosophie (Platon, Aristoteles), Cassirer hebt seinen Anteil an der *Philosophie der symbolischen Formen* (Berlin 1923–1929) hervor.

[9] Offenbar eine Anspielung auf zeitgenössische Anstrengungen, eine übernationale Plansprache zu etablieren. Die Idee der erfolgreichsten Kunstsprache Esperanto geht auf den polnisch-jüdischen Augenarzt Ludwik Lejzer Zamenhof (1859–1917) zurück. Der Esperanto-Weltbund wurde 1908 gegründet. Als jüdische Weltverschwörung verunglimpft, waren Esparanto-Vereine im nationalsozialistischen Deutschland verboten, ebenso wie später in der Sowjetunion unter Stalin. Vgl. auch Ziko van Dijk, Esperanto, in: Diner (Hg.), EJGK, Bd. 2, 262–265. Zu Esperanto siehe zudem unten, 247 f.

sondern Ausdruck einer historischen Gegebenheit, nämlich des internationalen Charakters der Kultur. Dieser internationale Charakter der Kultur ist auch durchaus noch nicht verloren gegangen. Deshalb sind die stärker national gebundenen Sprachen darauf angewiesen, den Bereich ihrer Ausdrucksmöglichkeiten zu erweitern. Dies gehört an sich zu den naturgegebenen Erscheinungen der Sprachen und ihrer Geschichte: Jede Sprache enthält eine Tendenz auf Expansion. Da aber heute diese Expansionstendenz bewußt in den Dienst nichtsprachlicher Zielsetzungen gestellt wird, so |8| birgt sie das Gefahrenmoment entweder einer Überfremdung oder einer Mechanisierung der betreffenden Sprache in sich. Die gegenwärtigen Bestrebungen zur Ausgestaltung des modernen Hebräisch sind für diese Situation sehr charakteristisch.[10] Deshalb wird gerade in Bezug auf diese Problemstellung im Folgenden das moderne Hebräisch als Beispiel herangezogen werden. Solange eine einzelne Sprache lebendig ist, schafft sie aus sich selbst heraus Korrektive gegen jede mechanistische Umgestaltung; solange die Sprache als solche lebendig ist, schafft sie ebenfalls Korrektive gegen alle Gefahrenmomente, gleichviel in welcher Situation. Deshalb ist die allgemeine Tendenz unserer Sprachwissenschaft auf Synthese nicht nur ein Hilfsmittel, das uns der Zufall zur Verfügung stellt, um die gegenwärtige Entwicklung der Sprache vor einer Erstarrung zu schützen. Die allgemeine Tendenz auf Synthese ist vielmehr gerade ein Ergebnis der gegenwärtigen Situation in der Geschichte der Sprache.

Unter diesem Gesichtspunkte wird unsere Aufgabe sein, *erstens* die Berechtigung und die Möglichkeit einer synthetischen Sprachbetrachtung darzulegen und *zweitens* die Anwendbarkeit der Ergebnisse einer solchen Auffassung auf die gegenwärtige Situation in der Sprachwissenschaft und auf die gegenwärtige Phase in der Geschichte der Sprache selbst zu prüfen. |9|

---

[10] Gulkowitsch befasste sich intensiv mit der Entwicklung des modernen Hebräisch, das sich seit der zweiten Hälfte des 19. Jh. auf der Grundlage von Schriftzeugnissen der jüdischen Tradition, aber vor allem aus dem Alltagshebräisch von Responsen, Predigten oder Gemeindedokumenten sowie dem Jiddischen herausbildete. Andrea Schatz, Hebräisch, in: Diner (Hg.), EJGK, Bd. 3, 5–14, bes. 12–14. Die damit verbundenen grammatikalischen und lexikalischen Modifikationen bzw. Neuordnungen diskutierte Gulkowitsch nicht nur im Rahmen seiner Lehrveranstaltungen, sondern widmete dieser Thematik auch eine eigene Studie mit dem Titel »Die Entwicklung der neuhebräischen Sprache«. Dieser Artikel ist in seinem 1925 eingereichten Antrag zur Habilitation als eine seiner Veröffentlichungen aufgelistet, allerdings nicht überliefert. Põldsam, Lazar Gulkowitsch. Eine vergessene Stimme, 99.

Einleitung

Der Gegenstand unserer Untersuchung bedingt, daß wir hier synthetisch arbeiten, d. h., daß wir alle Untersuchungen im Hinblick auf die Ganzheit des zur Diskussion stehenden Phänomens vornehmen müssen. Es kann uns nicht darauf ankommen, einzelne Erscheinungen der Sprache durch alle Nuancierungen im Verlaufe ihrer Geschichte hindurch zu verfolgen und darzustellen oder alle Möglichkeiten zu erörtern, die der Sprache zum Ausdruck dieses oder jenes einzelnen Momentes zur Verfügung stehen. Die Aufgabe ist also eine andere als diejenige, die ich mir in meiner Abhandlung „Die Bildung von Abstraktbegriffen in der hebräischen Sprachgeschichte", Leipzig 1931, gestellt habe.[11] Wenn ich heute im Gegensatz zu dieser Abhandlung an die Bearbeitung prinzipieller Fragen herantrete, so bedeutet dies keinen Wechsel der Methode, sondern im Gegenteil die Fortsetzung des Weges meiner Forschungsarbeit, den ich mit der Abhandlung über die Abstraktbegriffe zu beschreiten versucht habe: Was in der genannten Arbeit als methodische Grundlage implizite stets vorausgesetzt wurde, soll hier in explizierter Form dargelegt werden. Die Spezialforschung, deren gegebene Berichtsform die Monographie ist, bedarf als ständiges Korrektiv der prinzipiellen Grundlegung, der synthetischen Betrachtungsweise. Analytische und synthetische Forschungsmethoden dürfen niemals so in Gegensatz gestellt werden, daß den einen oder den anderen allein der Wert der Wissenschaftlichkeit zuerkannt wird. Sowohl in der Arbeit des einzelnen Forschers als in der Geschichte der Wissenschaften kann nur ein sachliches Ineinander beider Methoden zu fruchtbaren Ergebnissen führen, wenn auch im zeitlichen Nacheinander der jeweils explizierten Forschungsarbeit stets ein Auf und Ab zwischen *mehr* analytisch und *mehr* synthetisch gerichteten Perioden beobachtet werden wird. Die bis zur Grenze ihrer Möglichkeiten durchgeführte Analyse verlangt von |10| selbst einen neuen Ansatzpunkt im Prinzipiellen, wie auch eine bis zum Extrem durchgeführte Synthese von sich aus zu neuer Bestätigung durch analytische Untersuchung zwingt.

Die moderne Sprachwissenschaft neigt zweifellos dazu, die Methode ihrer Forschung zugunsten einer organisch-synthetischen Arbeitsweise umzugestalten und alle statistischen Tendenzen möglichst auszuschalten.[12]

---

[11] Zu dieser Arbeit Gulkowitschs siehe die Einleitung zu diesem Band, Abs. 2.1.

[12] Gulkowitsch hat hier wohl geisteswissenschaftliche, strukturalistische und von der Gestaltpsychologie beeinflusste Sprachtheorien im Blick, die die eher atomistischen Sprachtheorien ablösten. Siehe die Einleitung zu diesem Band, Abs. 3.4.

Daß unsere grammatischen Begriffe der Mannigfaltigkeit des Stoffes, den uns die unendliche Anzahl der Einzelsprachen bietet, nicht mehr gewachsen sind, ist längst erkannt worden. Man hat sich bemüht, die Begriffe der Grammatik nicht nur mannigfaltiger, sondern auch freier und biegsamer zu gestalten. Ferner ist versucht worden, der Sprachwissenschaft eine bessere psychologische Grundlegung zu geben. Dann ist man auch in der Anordnung des Stoffes bemüht gewesen, weniger analytisch als bisher zu verfahren, indem man nämlich nicht von den unteren sprachlichen Einheiten, dem Worte oder dem Laute, ausging, sondern die höhere Einheit des Satzes oder des Gespräches oder der literarischen Formen zum Ausgangspunkte sprachlicher Untersuchungen machte. Diese Bestrebungen beweisen alle eine Tendenz auf Synthese, beschränken sich aber doch auf das Phänomen der Sprache als einer isolierten Größe. Die Sprache ist zweifellos ein Phänomen von unverkennbarer Eigenart: Niemand wird daran zweifeln, was Sprache ist und was nicht, aber trotz dieser ihrer evidenten Individualität ist die Sprache ein typisches Zwischenglied. Sie bedeutet ja gerade die einzige Möglichkeit einer Überschreitung der Grenzen des Individuums. Die Sprache ist ihrem Wesen nach überhaupt synthetisch, eine beständige Aufhebung von Grenzen. In dieser ihrer Eigenart als Individualität von evidenter Gültigkeit einerseits und als verbindendes Moment andererseits muß die Sprache erfaßt werden, wenn wir sowohl die Grundprinzipien ihrer Existenz und ihrer Geschichte erkennen als auch eine Möglichkeit gewinnen wollen, die Einheit innerhalb der unendlichen Mannigfaltigkeit der Einzelsprachen zu sehen. Nur wenn wir einen gewissen Einblick in das Wesen der Sprache gewonnen haben, werden wir in der Lage sein, eine Gruppierung der einzelnen Sprachen zu schaffen, die mehr ist als eine willkürlich gewählte Arbeitshypothese und die nicht beständig Gefahr läuft, durch Entdeckung irgendeiner noch gesprochenen oder einmal gesprochenen Sprache umgestoßen zu werden. Ein- |11| blick in das Wesen der Sprache kann aber nur dadurch gewonnen werden, daß sie nicht nur als isoliertes Phänomen betrachtet wird, sondern daß ihre Bezogenheit auf das Phänomen des Geistes überhaupt untersucht wird.

Im Phänomen der Sprache liegt eine Bezogenheit auf nichtsprachliche Phänomene vor, die über das hinausgeht, was die Ganzheit aller Erscheinungen überhaupt ausmacht: Es handelt sich hier nicht um die einfachen Objektsbezogenheiten der Kausalität, des Teleologischen usw., sondern in der Sprache ist das Bezogensein geradezu das konstituierende Moment des Phänomens überhaupt. Die Sprache ist Ausdruck des Geistigen, und zwar Ausdruck nicht irgendeiner seiner Seiten, sondern seiner Ganzheit. Auch in der einfachsten sprachlichen Aussage schwingen alle geistigen

Momente mit. Die Sprache unterscheidet sich durch diesen ihren unlösbaren Zusammenhang mit geistigen Momenten von allen anderen Möglichkeiten der Verständigung. Sie ist aber nicht nur Ausdruck des individuellen Geistes in seiner Ganzheit, sondern durch den ihr ebenfalls wesenseigenen Charakter Trägerin des Verstehens zu sein, zugleich der entscheidende und alleinige Ausdruck der Tatsache, daß sich das Moment des Geistigen in der Welt nicht in der Tatsache des individuellen Geistes erschöpft. Wenn durch ihre Beziehung zum Geistigen, dem Geistigen sowohl im Sinne der Existenz einer Psyche als auch im Sinne des metaphysischen geistigen Seins, das Wesen der Sprache bestimmt oder doch mitbestimmt wird, so muß auch die Sprachwissenschaft auf diese Wesensart der Sprache Rücksicht nehmen. Die sprachlichen Einheiten haben ihre allgemeine Gesetzlichkeit. Nichts in der Sprache wird von der Sprachwissenschaft als willkürliche Bildung angesehen, es sei denn, daß sich eine sprachliche Erscheinung jeder Erklärung und Klassifikation entzieht. Daß überhaupt eine vergleichende Sprachwissenschaft getrieben wird, setzt ja die Annahme einer innersprachlichen Gesetzlichkeit voraus. Die innersprachliche Gesetzlichkeit, die zunächst nur eine Gesetzlichkeit des Phänomens Sprache ist, wurde von der Sprachwissenschaft mit einer historischen Abhängigkeit gleichgesetzt und führte so zur Annahme eines gemeinsamen Sprachursprungs und zur Konstruktion einer Ursprache. Die Sprachwissenschaft ging also von denselben Prämissen wie die Geschichtswissenschaft aus, die ebenfalls |12| kulturelle Verwandtschaft mit historischer Abhängigkeit identifizierte, indem sie ein Urvolk voraussetzte. Die Konstruktionen einer Ursprache und eines Urvolkes sind das Ergebnis einer Denkweise, die prinzipiell ohne eine reale Metaphysik auskommen will und für die darum alle Allgemeinbegriffe nur Angelegenheit des Weltbildes sind, denen keine Realitäten entsprechen. Die „exakte“, d. h. metaphysikfreie Wissenschaft kann darum die Tatsache einer Gesetzlichkeit, die allem gemeinsam ist, was Sprache heißt, nur aus dem historischen Phänomen der gemeinsamen Abstammung erklären, nicht aber aus dem Gesetz der Sprache selbst. Doch unterliegt es auch für die vergleichende Sprachwissenschaft keinem Zweifel, daß dieses gemeinsame Gesetz besteht. Aber es erscheint fraglich, ob die innersprachliche Gesetzlichkeit eine absolut unabhängige oder nicht vielmehr eine allgemein geistige ist. Es muß die Frage aufgeworfen werden, ob sich in den Gesetzen der Sprache nicht allgemeine Gesetze des Geistigen spiegeln oder ob darüber hinaus nicht etwa überhaupt eine Identität zwischen den sprachlichen und geistigen Gesetzen besteht. In letzterem Falle könnten die sprachlichen Erscheinungen überhaupt nur als Ausdruck allgemein geistiger Erscheinungen verstanden werden. Es ist daher Aufgabe unserer Untersuchung darzulegen, in welchen Beziehungen das Geistige zur Sprache steht, ob die Sprache ein notwendiges Moment im Sein des Geistigen darstellt und wieweit sie dies ihrem Wesen nach sein kann. Wie sich auch das Ergebnis unserer Untersuchung gestalten möge, so wird doch dieses Ergebnis für die Erforschung des Phänomens Sprache und damit für die Erforschung der einzelnen Sprachen methodische Konsequenzen haben. Die Auswirkung dieser Konsequenzen auf die sprachwissenschaftlichen Methoden darzulegen, ist eine weitere Aufgabe, die unter unsere Problemstellung fällt. Da wir aber das Phänomen des Geistes nicht in seinem metaphysischen Sinne, sondern zunächst nur in seiner historischen Gestalt und Abwandlung kennen, so wird unsere Aufgabe darin bestehen müssen, zunächst das Phänomen der *Geistesgeschichte* mit dem Phänomen der Sprachgeschichte in Beziehung zu setzen.

Wenn wir von Sprach*geschichte* und Geistes*geschichte* sprechen, so behaupten wir damit eine Entwicklung des Geistes und der Sprache. Da wir in dieser Entwicklung ein In-Erschei- |13| nung-Treten eines metaphysisch Gegebenen sehen, so ist damit der Charakter dieser Entwicklung entscheidend gekennzeichnet: Eine solche Entwicklung kann nur Explikation eines Gegebenen sein, d. h., alle ihre einzelnen Phasen bedeuten nichts prinzipiell Neues, das von außen her in die Entwicklung hineingetragen wird, sondern nur immer neue Daseinsformen eines immer identischen Soseins.[13] Die Geschichte der Philosophie weist in Bezug auf den Begriff der Entwicklung die verschiedensten Auffassungen und Definitionen auf.[14]

[13] Wie den zentralen Begriff der Explikation (siehe die Einleitung zu diesem Band, Abs. 3.3) entlehnt Gulkowitsch offenbar auch die Unterscheidung zwischen Dasein und Sosein der phänomenologischen Schule. Alexius Meinong (1853–1920), Schüler Franz Brentanos (1838–1917), differenzierte in seiner Theorie der Intentionalität des Gegenstandes zwischen dessen Ergreifen und dessen Beurteilen. Das Ergreifen beziehe sich auf das Sosein des Gegebenen, unabhängig von dessen Sein (Dasein) oder Nichtsein. Alexius Meinong, Über Gegenstandstheorie, in: ders., Untersuchungen zur Gegenstandstheorie und Psychologie, Leipzig 1904, 1–50; Ulrich Wienbruch, Sosein, in: Ritter/Gründer (Hg.), HWPh, Bd. 9, 1100–1102. Gulkowitsch, der das Kategorienpaar Sosein–Dasein mitunter geradezu metaphysisch fasst, kommt in seiner Schrift mehrmals darauf zurück. Siehe unten, 106, 118, 185 und 204.

[14] Zum Entwicklungsbegriff vgl. Klaus Weyand/Günther Mühle, Entwicklung, in: Ritter/Gründer (Hg.), HWPh, Bd. 2, 550–560; Falko Schmieder, Entwicklung/Evolution, in: Christian Bermes/Ulrich Dierse/Annika Hand (Hg.), Schlüsselbegriffe der Philosophie des 19. Jahrhunderts, Hamburg 2015, 165–190.

Abgesehen von unberechtigten Übertragungen des Begriffes Entwicklung, die hier und da vorkommen mögen, darf eine solche Mannigfaltigkeit in der Auffassung eines Begriffes nicht ohne weiteres als Folge eines niemals zu Ende geführten Denkprozesses angesehen werden. Die Mannigfaltigkeit des Begriffes Entwicklung ergibt sich mit Notwendigkeit aus der Verschiedenheit der Substrate, an denen sich eine Entwicklung vollziehen kann, und aus der Verschiedenheit der jeweils in den Mittelpunkt der Untersuchung gestellten Gegenstände. Es ist zunächst nicht zu erwarten, daß die Betrachtung etwa der Tierwelt zu demselben Entwicklungsbegriff führen muß, wie z. B. die Betrachtung der Kunst. Der dieser Untersuchung zugrundeliegende Begriff Entwicklung ist aus einem rein formalen Substrat, der Geschichte der Begriffe, abgeleitet, sodaß er einen rein formalen Charakter trägt und ihm damit eine gewisse Allgemeingültigkeit zukommt. |14|

I. Die Entwicklung des Begriffs als Strukturprinzip der Geistesgeschichte

Unser Thema stellt die Frage nach der Anwendbarkeit des Begriffes Entwicklung auf das Gebiet des Denkens in Begriffen.[4] Wir stellen also zur Diskussion, ob das Denken in Begriffen am Ende einer Epoche der Geistesgeschichte dem Anfang dieser Epoche gegenüber als Ergebnis eines Prozesses zu betrachten ist, der ein Fortschreiten zu immer größerer Vollendung, zu einer, wenn auch nur annäherungsweise erreichten, Erfüllung aller in diesem Denken gegebenen Möglichkeiten der Erkenntnis und eventuell zu einer immer stärkeren Auswirkung dieser Erkenntnis auf andere Gebiete des Geistes bedeutet. Die Problemstellung wirkt sich auf die Erfassung der formalen Denkeinheiten, der Begriffe, dahin aus, daß wir diese Begriffe zunächst einmal nicht als statische Größen betrachten, sondern daß wir das Problem aufwerfen, ob diese Begriffe Modifikationen, und zwar Modifikationen nach Gesetzen, unterworfen sind und welches das Gesetz ist, das hier modifizierend wirkt. Wenn wir somit die Begriffe als ein Element innerhalb des Ablaufes der Geschichte betrachten, so erhebt sich ferner die Frage, ob die Begriffe nur ein Substrat der Geschichte oder ob sie selbst aktiv geschichtsbildend sind, d. h., ob sich die Entwick-

4 Wenn wir hier von einem Denken in Begriffen als Substrat einer Entwicklung sprechen, so fassen wir das Denken als die Funktion des Geistes überhaupt auf, nicht etwa nur als diejenige Seite des Geistigen, die es bloß mit den „verstandesmäßig" erfaßbaren Dingen zu tun hat.

lung nur an ihnen vollzieht oder ob die Begriffe vielmehr Wesen und Richtung der Entwicklung bestimmen. Wir machen die Voraussetzung, daß auf jeden Fall das geistige Element an der Geschichte beteiligt ist, stellen aber als Problem auf, ob Geschichte vom Geiste her oder ob das Geistige durch die Geschichte gestaltet wird. Als dritte Möglichkeit dagegen bietet sich uns die Lösung, daß das |15| Phänomen der Geschichte das Ergebnis einer organischen Wechselwirkung darstellt. Wenn wir also annehmen, daß die Begriffe als die Struktureinheiten des Geistes in das Spiel der Geschichte einbezogen sind, so steht und fällt unsere Annahme mit der Beantwortung der Frage, ob dem Begriffe ein dynamischer oder nur ein statischer Charakter zukommt, denn nur ein dynamischer Charakter ermöglicht die passive Modifizierbarkeit und das aktive Modifikationsvermögen.

Die von uns gemachte Voraussetzung des dynamischen Charakters der Begriffe aber resultiert aus einer anderen logischen Erwägung. Die Begriffe sind die Formen, in denen unser Denken die Wirklichkeit des Geistigen perzipiert. Diese durch das Denken perzipierte Wirklichkeit trägt einen dynamischen Charakter, denn Totes, Unbewegliches ist für uns überhaupt nicht erfaßbar. Wenn also die Begriffe der Struktur der rezipierten Wirklichkeit adäquat sein sollen, wenn also Sein und Denken überhaupt in Beziehung stehen, so müssen die Begriffe denselben dynamischen Charakter haben wie die Wirklichkeit, deren Wesen sie darstellen. Es erhebt sich nun die Frage, ob die Begriffe nur Denkformen sind, ob sie also ein von uns an die Wirklichkeit herangetragenes Strukturprinzip darstellen, ohne das diese Wirklichkeit ohne Struktur wäre, oder ob dem Begriffe eine adäquate Struktur der Wirklichkeit in der Form entspricht, daß der Begriff nur Abbild ist. Diese Problemstellung erweist sich aber als eine bloße Hilfskonstruktion, sobald wir die Frage nach der Einheit von Denkendem, Denken und Gedachtem aufwerfen. Wenn die Frage nach der Einheit dieser drei Faktoren bejaht wird, so ergibt sich daraus, daß Denken und erfaßte geistige Wirklichkeit überhaupt identisch und darum eo ipso von derselben Struktur sind. Die Frage muß aber bejaht werden, da eine Loslösung des menschlichen Denkens aus der Gesamtheit der Wirklichkeit des Geistes nicht möglich ist. Die mit der Seinsstruktur identische Denkstruktur erweist sich als eine spezifisch dynamische, da nur eine solche Struktur die Möglichkeit des notorisch realen Denkvorgangs einschließt. Wenn nun der dynamische Charakter des Wirklichen nicht mehr zur Diskussion steht, so erhebt sich die Frage nach dem Charakter dieser Dynamik. Daß sie eine Dynamik nach Gesetzen ist, kann daraus abgelesen werden, daß sie sich in Formen, eben den Begriffen, realisiert. Es fragt |16| sich nun, ob dieses Formgesetz dem Substrat des Denkens inhäriert oder ob es unabhängig von diesem Substrat als gültige schöpferische Forderung vorhanden ist. Es ist für uns denknotwendig, daß dem Gesetz als solchem, d.h. dem Immer-Möglichen, eine von seiner Manifestation in einem realen Fall unabhängige Existenz zukommt, daß also das Gesetz transzendent ist.

Der Begriff des Gesetzes schließt seine Transzendenz mit Notwendigkeit ein. Eine Regel gewinnen wir durch Beobachtung empirischer Gegebenheiten auf statistischem Wege. Sie vermag nur anzugeben, was im Falle einer bestimmten Konstellation zu geschehen pflegt, kann aber niemals die Behauptung einschließen, daß dieses Geschehen in jedem Falle, wenn die betreffende Konstellation vorliegt, eintreten wird, da auf empirischem Wege nicht nachgewiesen werden kann, daß dieses Geschehen mit Notwendigkeit aus der betreffenden Konstellation folgen muß. Gesetz bedeutet aber, daß ein Geschehen mit Notwendigkeit aus einer bestimmten Konstellation resultiert. Ein Gesetz kann also niemals durch empirische Beobachtung allein gewonnen werden. Es ist stets nur durch logische Erwägungen erfaßbar. Die naturwissenschaftliche Methode des Experiments vermag also nur Regeln, keine Gesetze zu konstatieren. Die Naturwissenschaft ist daher auch von dem Anspruch, Gesetze aufstellen zu können, sehr bald wieder abgekommen und repräsentiert sich lediglich als beschreibende Wissenschaft. Wenn aber auf dem Wege der Empirie niemals weder der Begriff des Gesetzes noch einzelne Gesetze herausgestellt werden können, so resultiert daraus, daß das Gesetz nicht der empirisch wahrnehmbaren Welt immanent sein kann,[5] sondern einen transzendenten Charakter haben muß. Aus der Transzendenz des Gesetzes resultiert

5 Wenn wir aus der Unmöglichkeit, ein Gesetz aus der Beobachtung der Wirklichkeit zu gewinnen, den Schluß ziehen, daß das Gesetz der Wirklichkeit nicht immanent ist, so bedienen wir uns damit der Beweisführung, mit der Sa'adjā die Transzendenz des Schöpfers beweist: Sa'adjā weist aus der Fehlerhaftigkeit der Analogie zwischen der Beziehung der Welt auf ihren Schöpfer und der Beziehung gestalteter innerweltlicher Dinge auf ihren Gestalter nach, daß, da eben Gott als Schöpfer aus der Beobachtung der empirischen Welt nicht nachgewiesen werden kann, der Schöpfer der Welt ein transzendenter sein muß.[15]

---

[15] Saadja Gaon (882–942) war ein jüdischer Gelehrter, der im babylonischen Sura (heute Irak) eine Talmudakademie leitete. Mit seinem ursprünglich auf Arabisch verfassten philosophischen Hauptwerk *Sefer 'Emunot we-De'ot* (Buch der Glaubenssätze und Meinungen) gilt er als Begründer der jüdischen Religionsphilosophie. Er vertrat darin die These, dass es zwischen dem jüdischen Religionsgesetz (Halacha) und der Vernunft keinen Widerspruch gibt; die Wahrheit der Tora

erkenntnismäßig die Notwendigkeit, daß es nur auf dem Wege der logischen Schlußfolgerung gewonnen werden kann. Denn nur durch das Denken sind uns die transzendenten Gegeben- |17| heiten zugänglich, da wir eben durch das Denken teil an dem geistigen Sein, und zwar auch an dem reinen Sosein, dem vom Dasein unabhängig Existierenden, haben. Der Weg zu unserem Teilhaben am Sosein der Welt führt aber immerhin über das Dasein der Dinge, d. h., wir bedürfen der Anschauung, ohne die unsere Begriffe leer sind, um unseren logischen Deduktionen einen Anhaltspunkt geben zu können.[16] Wenn also auch die Gesetze rein geistige Größen sind und wenn auch unser Denken in der Allgemeinheit des geistigen Seins gegeben ist, so müssen wir dennoch damit rechnen, daß uns nicht alle existierenden Gesetze bekannt sind und daß wir auch nur diejenigen Gesetze *erkennen* können, die sich in empirisch wahrnehmbaren Fällen manifestiert haben, obwohl die Existenz eines Gesetzes durchaus nicht an diese Manifestation gebunden ist.

Die Tatsache aber, daß die Form lebensgestaltend wirkt, setzt voraus, daß ihr transzendentes Gesetz seinem Substrat adäquat ist, und zwar nicht nur in dem Sinne einer zufälligen Homogenität, sondern im Sinne einer inneren Entsprechung. Vom Substrat aus betrachtet, bedeutet dies dessen transzendentalen Charakter, d. h. seine wesensmäßige Fähigkeit, das transzendente Gesetz zu realisieren. Wir behaupten also, daß die Einheit „Denken-Gedachtes-Denkender" Substrat eines Gesetzes ist, das ihr als transzendent gegenübersteht, daß aber dieses Gesetz dem Substrat die Struktur gibt, die seinem Wesen entspricht. Die Geschichte des Geistes stellt sich uns dar als eine Gestaltung in Formen, den Begriffen, als die Gestaltung eines transzendentalen Substrates nach einem transzendenten Gesetz. Die Transzendenz des Gesetzes bedeutet, von der Seite der Erkenntnis her betrachtet, daß es seinem Wesen nach nicht bestimmt werden, sondern nur in seinen Wirkungen, eben in der Gestaltung des

---

könne vielmehr auf dem Weg der Vernunfterkenntnis durch logische Schlussfolgerungen erfasst werden. Vermeintliche Diskrepanzen zwischen rationaler Philosophie bzw. Wissenschaft und dem Wort Gottes – wie beispielsweise dem Wunder der Prophetie, der Erschaffung der Welt oder der zahlreichen Anthropomorphismen in der Heiligen Schrift – lägen im allegorischen Charakter der entsprechenden Schriftverse begründet. Während Saadjas Rationalismus von anderen jüdischen Philosophen teils kontrovers diskutiert wurde, folgte ihm etwa Maimonides (siehe unten, Fn. [36]).

[16] Anspielung auf Kant, Kritik der reinen Vernunft, 130 (B 75).

Geistigen zu einer Geschichte von Begriffen, erfaßt werden kann. Wenn der Begriff die Struktureinheit eines dynamischen Systems darstellt, so ist er erstens dadurch charakterisiert, daß er auf Einflüsse von außen her reagiert, zweitens dadurch, daß er diese Einflüsse seinem Eigenwesen entsprechend umgestaltet, und drittens dadurch, daß er selbst ein Kraftzentrum darstellt, das nach außen hin wirksam ist. So bedingt der zugleich aktive und passive Charakter des Einzelbegriffes, also seine nicht statische, sondern dynamische Wesensform, daß das Nebeneinander der Begriffe nur ein Ineinander, ein Miteinander oder ein |18| Gegeneinander sein kann. Wenn jeder Begriff ein eigenes Kraftzentrum darstellt, so muß ein System von Begriffen sich als ein Wechselspiel von Begriffen gestalten. Ein solches Ineinander gestaltender Kräfte, in dem das Aktive seinem Wesen nach zugleich passiv ist, pflegen wir unter dem Begriffe des Organischen zu erfassen. In einer organischen Einheit sind die einzelnen Strukturteile klar umrissene Einheiten eigener Bildung und eigener Funktion und dennoch nur Teile eines Ganzen, das nicht ohne sie existiert und ohne das sie nicht existieren können. Das Ganze aber ist nicht nur Summe der Einzelteile, sondern eine zusammenfassende Einheit eigener Prägung. Gerade in dem Ineinander und Miteinander des aktiven und des passiven Momentes manifestiert sich die unerklärbare Erscheinung des Lebens. Passivität ist durchaus nicht identisch mit Leblosigkeit. Totes befindet sich überhaupt jenseits des Gegensatzes zwischen aktiv und passiv. In der Passivität eines lebendigen Organismus betätigen sich ebenso Funktionen wie in der Aktivität, die Aufnahmefähigkeit für Einflüsse von außen her setzt, auch ganz abgesehen von möglichen aktiven Reaktionen, eine dynamische Struktur voraus. In der Erkenntnis des durchaus lebendigen Charakters selbst einer reinen Passivität ist die Grunderkenntnis aller mystischen Weltauffassung zentralisiert.

Die Entwicklung des Geistigen, d. h. die Explizierung seiner formalen Einheiten, der Begriffe, erfolgt nicht in Gestalt einer selbständigen Explizierung des *einzelnen* Begriffes, nicht in Gestalt einer gleichmäßigen Explizierung *aller* Faktoren in ungestörter Parallelität, sondern entsprechend dem Wesen organischer Phänomene erscheint das Geistige seiner Struktur nach als eine Hierarchie von Einheiten. Das Ineinander, Miteinander und sogar das Gegeneinander des Kräftespieles, in dem die Geschichte der Begriffe besteht, setzt aber eine Homogenität in der Dynamik derjenigen Begriffe voraus, die aufeinander einwirken. Nur Begriffe von homogener Dynamik können sich zu einem Begriffssystem zusammenschließen. Begriffe von heterogener Dynamik dagegen vermögen keine Wirkung aufeinander auszuüben. Gerade die Heterogenität der Dynamik verschiedener Begriffe garantiert die Eigenständigkeit der einzelnen Begriffssysteme, ihre Integrität gegen äußere Einflüsse.

Auf zwei Strukturstufen ist das Phänomen des Geistigen für uns in seinen Einheiten deutlich erfaßbar, auf der Stufe der |19| Begriffe und auf der Stufe der historischen Einheiten, die wir als Kulturen bezeichnen. Dieser Begriff der Kultur ist nicht unbedingt identisch mit dem, was die Spenglersche Geschichtsauffassung mit „Kultur" bezeichnet. Die durch die Einheit und Besonderheit ihres Begriffskomplexes gekennzeichneten Organismen sind in viel größerem Maße zeitliche, nicht räumliche, Größen als die Spenglerschen „Kulturen".[17] Sie durchziehen die Geschichte in vertikalen Linien nebeneinander.

Was gerade diese Einheiten innerhalb der Struktur des Geistigen erfaßbar macht, ist nicht etwa ein am Ende oder am Anfang Stehen dieser Einheiten innerhalb der Skala der geistigen Struktureinheiten, sie sind weder die größten noch die kleinsten. Was sie vielmehr erfaßbar macht, ist die Tatsache, daß diese Einheiten mit den Einheiten der Sprache zusammenfallen. Hier erhebt sich die Frage nach der Beziehung der Sprache zu dem mit dem Sein identischen Denken. Dieser Frage muß ein besonderer Teil unserer Untersuchung gewidmet werden. Im Rahmen unserer Problemstellung konstatieren wir nur die Tatsache einer Beziehung zwischen Wort und Begriff, zwischen Einzelsprache und Einzelkultur.

Die einzelnen Kulturen, die durch die Besonderheit und Einheit ihrer Begriffssysteme charakterisiert sind und dieser Besonderheit und Einheit in einer Sprache Ausdruck geben, stellen die Struktureinheiten der Geschichte dar. Es fragt sich nun, wie eine Kultur, wie die in ihr zunächst implizite enthaltenen, in Worten gestalteten Begriffe überhaupt ins Leben treten. Diese Frage muß von vornherein als eine nicht zu beantwortende hingestellt werden. Denn was ins Licht der Geschichte rückt, d. h., was für uns erkennbar wird, ist bereits ein Fertiges, Ganzes. Daß hier ein Fertiges

---

[17] Der deutsche Philosoph Oswald Spengler (1880–1936) arbeitete in seinem wirkungsvollen Buch *Der Untergang des Abendlandes* (2 Bde., 1918/1922) im Rahmen seiner Kulturmorphologie mit der – von Gulkowitsch offenbar geteilten – Gegenüberstellung von »Kultur« und »Zivilisation«. Anders als Gulkowitsch ordnet Spengler die acht einander ablösenden Hochkulturen bestimmten Weltregionen zu; das Erlöschen der abendländischen Kultur, das Spengler für seine Gegenwart diagnostizierte, beruhte ihm zufolge im Wesentlichen auf der Ablösung der »Kultur« durch »Zivilisation«. Auf diese Gegenüberstellung greift auch Gulkowitsch zurück. Siehe unten, 131.

zutage tritt, pflegen wir damit symbolhaft auszudrücken, daß wir von Stiftern und Gründern der Religionen und Reiche reden. Denn in der Person des Stifters oder Gründers wird wie in einem Brennpunkte alles zusammengefaßt, was keimhaft vorhanden zur Explizierung drängt. Unsere Arbeit kann nur noch darin bestehen, daß wir das, was als ein Fertiges vor uns steht, auf die Spuren seines Ursprungs hin betrachten – während wir niemals in der Lage sind, das Entstehen selbst zu beobachten – und weiterhin feststellen, wozu und nach welchen Gesetzen sich das im Anfang Gegebene entwickelt.

|20| Wenn wir die Entwicklung des Geistes in Form einer Explikation von Kulturen, deren Wesen darin besteht, daß sie einen einheitlichen Begriffskomplex darstellen, zu erfassen suchen, wenn wir also die Geistesgeschichte ihrem Wesen nach als eine organische Erscheinung ansehen, so behaupten wir damit, daß die Geschichte des Geistes eine naturgegebene, naturnotwendige und ihrer Tendenz nach darauf gerichtet ist, wesenhafte, positive Gegebenheiten ihrer Vollendung zuzuführen. Die Geistesgeschichte ist also eine durchaus „normale" Erscheinung. Wir setzen uns damit in absoluten Gegensatz zu allen Theorien, die in der Entwicklung das Ergebnis einer Anomalie sehen, wodurch zugleich der letztlich destruktive Charakter aller Entwicklung bedingt wird.[18] Nach einer solchen Theorie bedeutet eine Entwicklung die Unterbrechung des normalen, gleichmäßigen Pulsschlages der Natur: Der immer gleiche Rhythmus wird durch einen besonders starken Ausschlag des Pendels unterbrochen und vielleicht überhaupt abgebrochen. Es ist im Grunde eine Katastrophe, der alle Entwicklung ihre Entstehung verdankt. An dieser Stelle wird aber

[18] Der von Gulkowitsch als Gewährsmann der Begriffsgeschichte herangezogene Gustav Teichmüller analogisierte biologisch-organische und sprachlich-begriffliche Entwicklungen und legte den Fokus seiner Begriffsgeschichtstheorie auf pathologische Abweichungen oder Fehlentwicklungen. »Ein Begriff wird nämlich oft viel klarer, wenn man ihn in seinen späteren Entwicklungsformen betrachtet. Es verhält sich zwar nicht so, wie etwa die Physiologen das Hähnchen im Ei mit dem ausgewachsenen Organismus anatomisch und physiologisch zu vergleichen pflegen, aber doch ähnlich; denn die späteren Entwicklungsformen der Begriffe sind nicht immer normale Bildungen, die den fötalen Zustand zu seiner vollkommenen Gestalt ausgelegt und ausgeprägt hätten, sondern sie sind oft nur Anwendungen und auch Verhüllungen des Begriffs in phantasievollen Gestalten.« Gustav Teichmüller, Neue Studien zur Geschichte der Begriffe, Bd. 3: Die praktische Vernunft bei Aristoteles, Hildesheim 1965 (zuerst Gotha 1879), X.

sofort klar, wo der Ausgangspunkt für alle solche Theorien ist, die jede Entwicklung als Anomalie begreifen wollen. Sie setzen nämlich an dem schwachen Punkt aller Erkenntnis ein. Sie versuchen den Anfang einer Erscheinung, die sich als etwas notorisch Neues erweist, zu erklären. Wir sind niemals in der Lage, über Ursache, Anlaß und Entstehung einer organischen Entwicklung etwas auszusagen. Wir können lediglich beobachten, daß sich etwas keimhaft Gegebenes expliziert. Der letzte Ursprung dieses Gegebenen bleibt uns verborgen. Die Entstehung eines Neuen wird von allen Katastrophentheorien zurückgeführt auf das Eindringen eines fremden Elementes, das den normalen Ablauf verhindert. Dieses fremde Element kann zur unmittelbaren Zerstörung führen, wie nach der Cohnheim'schen Geschwulsttheorie z. B. verirrte embryonale Zellen innerhalb eines ihm wesensfremden Organes Wucherungen hervorrufen und so durch Störung des normalen Verlaufes organischer Funktionen zur Zerstörung des Organismus führen.[6] Solche Erklärungen |21| verlegen aber nur das Problem um eine Stufe weiter zurück, da die Frage, woher

6 Die Cohnheim'sche Geschwulsttheorie in ihrem Gegensatz zu denjenigen Theorien, die die Bildung von Geschwülsten auf verschiedene Formen von Entartungen zurückführen, bedeutet nicht nur medizinisch eine spezielle Betrachtungsweise, sondern hat auch philosophisch andere Voraussetzungen als |21| die übrigen Theorien, denn sie setzt eine ganz spezifische Auffassung des Gegensatzes von gesund und krank, von normal und anormal voraus. Es wäre eine dankbare Aufgabe, die philosophischen Prinzipien darzulegen, die überhaupt in der medizinischen Theorie für die verschiedenen Auffassungen grundlegend sind.[19]

[19] Gulkowitsch bezieht sich möglicherweise auf Julius Friedrich Cohnheim, Zur Theorie der Geschwulstmetastasen, in: Ernst Wagner (Hg.), Gesammelte Abhandlungen von Julius Cohnheim, Berlin 1885, 595–604. Cohnheim (1839–1884) war ein zum Protestantismus übergetretener deutsch-jüdischer Pathologe und Schüler Rudolf Virchows (1821–1902), der dem Augenarzt Gulkowitsch auch wegen seiner Erfindung eines neuen Augenspiegels bekannt gewesen sein könnte. Versuche über die Entstehung der Geschwülste hatten ihn zu der bis heute diskutierten Überzeugung geführt, man müsse Fehler oder Unregelmäßigkeiten der embryonalen Anlage als Ursache des späteren Geschwulstes ansehen. Ob ein Geschwulst gut- oder bösartig sei, hänge nicht von den Tumorzellen, sondern vom Verhalten des übrigen Organismus ab. Edgar von Gierke, Cohnheim, Julius, in: Allgemeine Deutsche Biographie 55 (1910), 729–733, hier 731 f., <https://www.deutsche-biographie.de/sfz48939.html> (7. Juni 2022).

der Anstoß von außen gekommen ist und warum er gerade in einem bestimmten Augenblick eintrat, unbeantwortet bleibt. Es besteht jedoch auch die Möglichkeit, daß der Anomalismus zunächst zu einer einseitigen Leistungssteigerung führt, die erst sekundär den Untergang zur Folge hat. Lombrosos Theorie über den Zusammenhang von Genie und Wahnsinn ist die extreme Fassung dieser Versuche, die Entwicklung auf dem Gebiete des Geistes ihrem Wesen nach darzustellen.[20] Solche Theorien knüpfen an die Tatsache an, daß der erste Schritt zur Explikation, die geringste Abweichung vom reinen Keimzustande, bereits auch der erste Schritt zur Vollendung und zugleich zum Untergang ist. Sie verkennen aber dabei, daß dieser Weg zum Untergang die einzige Form wirklichen Lebens ist. Was sich nicht expliziert, ist jenseits der Kategorien lebendig oder tot. Solange man aus der Auffassung der organischen Explikation als Anomalie keine praktischen Folgerungen zieht, handelt es sich zunächst nur um Fragen der Terminologie, sobald aber irgendeine Entwicklungsstufe als normal gesetzt und jede weitere Entwicklung als anormal betrachtet und bekämpft wird, wie das das Prinzip der Eugenik ist, zeigt sich der innere Widerspruch der Theorie, Entwicklung als Anomalie zu erfassen. Das, was eine solche Theorie als normal setzen muß, der Zustand „vor" der Entwicklung, hat überhaupt keine Existenz für sich. Es besteht nur als Keim zu Explikationen. Eine solche Theorie setzt also das Bestehende als Anomalie und eine Fiktion als den Normalzustand.

Das Postulat, daß es sich um eine organische Entwicklung handelt, schließt zugleich eine Aussage über die Art dieser Entwicklung in sich. Sie ist sowohl nach Richtung als nach Inhalt von vornherein bestimmt, sie ist nur Explizierung des Gegebenen. Mit Recht schränkt Hans Driesch den Begriff Entwicklung auf den Begriff der Explikation eines Gegebe-

---

[20] Cesare Lombroso (1835–1909) war ein italienisch-jüdischer Arzt, Gerichtsmediziner und Psychiater. Gulkowitsch bezieht sich auf dessen *Genio e follia* (orig. 1864; dt. *Genie und Irrsinn in ihren Beziehungen zum Gesetz, zur Kritik und zur Geschichte*, 1887), ein zeitgenössisch in hoher Auflage erschienenes psychiatrisch-anthropologisches Werk. An Torquato Tasso, Jean-Jacques Rousseau, Friedrich Hölderlin oder Heinrich von Kleist versuchte Lombroso zu zeigen, dass sich das Genie in einem permanenten psychischen Ausnahmezustand befinde, der in seinen verschiedenen Ausformungen Analogien zur »Verrücktheit« im Sinne der Ekstase zeige und letztlich biologisch nicht grundsätzlich verschieden von der kriminellen Disposition sei. Beide Gruppen würden zu einer angeborenen Abweichung von zivilisierten, vernunftgeleiteten Normen neigen.

nen ein, indem er die Entwicklung als „die Reihe der Veränderungen eines als *dasselbe ganze* geltenden Dinges oder Dingkom- |22| plexes [begreift], durch welche es oder er aus einem weniger mannigfaltigen in einen mannigfaltigeren Zustand überführt wird".[7] Von den drei Arten der Entwicklung, zwischen denen Driesch scheidet: Kumulation, maschinelle und nichtmaschinelle Evolution würde mit unserem Begriff der organischen Entwicklung die letzte Art identisch sein. Driesch weist darauf hin, daß verschiedene Eigenschaften der Menschheitsgeschichte für den ganzheitlichen Charakter dieser Geschichte, d. h. also dafür sprechen, daß hier Evolution, und zwar nichtmaschinelle vorliegt. Unsere Betrachtungsweise versucht, in „einer logischen und metaphysischen Verarbeitung des eigentlichen geschichtlichen Gegenstandes"[22] den ganzheitlichen Charakter der menschlichen Gemeinschaft und den organischen Evolutionscharakter nicht nur an Merkmalen wahrscheinlich zu machen, sondern durch Ableitung aus den Grundprinzipien unseres Denkens, also eines auf jeden Fall der Geschichte zugehörigen Faktors, als logisch und metaphysisch notwendig darzulegen. Die Entwicklung als organische Evolution ist in Bezug auf die Verteilung von Ursache und Wirkung durchaus das Gegenteil dessen, was unter dem darwinistischen Entwicklungsbegriffe erfaßt wird. Wir behaupten eine Entwicklung unabhängig vom Milieu, aus eigenem Entfaltungsvermögen. Unser Entwicklungsbegriff deckt sich formal, aber nur formal, mit dem Begriff der évolution créatrice[8] bei

7 Logische Studien über Entwicklung (Sitzungsberichte der Heidelberger Akademie der Wissenschaften), Heidelberg 1918.[21]

8 Im Begriffe der Explikation liegt eine gewisse Tendenz auf ein monistisches Prinzip. Gegenüber allem Neugestalteten bleibt das Prinzip des Kontinuums gewahrt. Dieses Kontinuum ist innerhalb des hier Dargelegten ein metaphysisches, das seine historische Erscheinungsform hat. Es ist ein rein geistiger Vorgang, der sich durch den Geist und am Geiste vollzieht, von dem sich alles Geschehen an der Materie herleitet, und zwar aus den Notwendigkeiten des Geistes selbst, nicht aus den Gesetzen der Materie. Der Begriff eines geistigen Kontinuums liegt also in einer anderen Ebene als der Begriff der continuity bei C. Lloyd Morgan

[21] Für das Zitat vgl. ebd., 5. Der deutsche Biologe und Philosoph Hans Driesch (1867–1941) war ein bekannter Vertreter des Neovitalismus, auf dessen Basis er in den 1920er Jahren Werke zur Philosophie verschiedener Gebiete verfasste. – Das Verb fehlt im Original.

[22] Hans Driesch, Logische Studien über Entwicklung, Heidelberg 1918, 61.

|23| Bergson.[24] Wenn wir jedoch von einer Entwicklung als Selbstentfaltung aus eigenem Vermögen ausgehen, so bedarf es erst eines Gegenbeweises, der aber nicht erbracht werden kann, daß der Wirkungsbereich dieses Entwicklungsvermögens mit den Grenzen des Individuums zusammenfällt. Es ist vielmehr zu erwarten, daß das Subjekt der Entwicklung zugleich modifizierend auf seine Umwelt wirkt. Unser Entwicklungsbegriff ist also ein im Prinzip aktivistischer. Wir behaupten damit auf dem Gebiet des Geistes, was Goldscheid auf dem Gebiete der Biologie behauptet hat.[25]

(Emergent Evolution, London 1923, S. 5).[23] Morgan behauptet eine Kontinuität innerhalb der Seinshierarchie vom Atom bis zur Gottheit hin. Dieser Kontinuität gegenüber steht das Moment der emergence, das in jedem Vorgang sich gestaltende Neue, das unerrechenbar ist. In der Entstellung des organischen Lebens und in der des Geistes liegt nach Morgan zwar ein unerklärbar neues Moment, aber dieses Moment sei nicht neuer und unerklärlicher als die neuen Eigenschaften einer chemischen Verbindung gegenüber ihren Elementen. Es ist überhaupt nur eine neue Konstellation (Morgan, a. a. O., S. 64). Morgans Begriff des Kontinuums liegt also in einer ganz |23| anderen Richtung. Er behauptet nicht die Priorität des Geistigen, sondern er versucht das Prinzip des Monismus, die wesenhafte Identität von Materie und Geist, von der Seite her neu zu beleben, daß [indem?] er das Prinzip der emergence als einheitliches Strukturprinzip allen Seins in sein System einführt.

---

[23] Conwy Lloyd Morgan (1852–1936) war ein britischer Zoologe und Psychologe, der den Begriff der Emergenz in die Evolutionstheorie einführte, um insbesondere für die Bewusstseinsentstehung gänzlich neue Entwicklungen beschreiben zu können.

[24] Henri Bergson (1859–1941) war ein französischer Philosoph, dessen *L'évolution créatrice* (orig. 1907, dt. *Die schöpferische Entwicklung*, 1912) seine bekannteste Schrift und ein Beitrag zu der von ihm als zu deterministisch empfundenen Evolutionstheorie war. Zur Bedeutung Bergsons für die Lebensphilosophie vgl. Yotam Hotam, Lebensphilosophie, in: Diner (Hg.), EJGK, Bd. 3, 487–490, hier 489.

[25] Wahrscheinlich handelt es sich um den Soziologen, Philosophen und Schriftsteller Rudolf Goldscheid (1870–1931). Er entstammte einer assimilierten jüdischen Kaufmannsfamilie und war Mitbegründer der Wiener Soziologischen Gesellschaft (1907) und der Deutschen Gesellschaft für Soziologie (1909). Er gilt als führender Vertreter des Monismus, im sogenannten Werturteilsstreit war er Gegner von Max Weber und Werner Sombart. Gulkowitsch könnte auf *Entwicklungswerttheorie, Entwicklungsökonomie, Menschenökonomie. Eine Programmschrift* (Leipzig 1908) und *Höherentwicklung und Menschenökonomie. Grundlegung der Sozialbiologie* (Leipzig 1911) verweisen.

Als Substrat der Entwicklung setzen wir den Einzelbegriff, aber infolge des aktivistischen Charakters seiner Entwicklung zugleich den Begriffskomplex. Daß bei einer Entwicklung niemals ein Individuum, sondern ein „Dingkomplex“ Substrat sein muß, ist vor allem von Driesch scharf formuliert worden.

Der aktivistische Charakter der Entwicklung bringt es mit sich, daß auch zwischen den einzelnen Dingkomplexen, an denen sich die Entwicklung vollzieht, eine gegenseitige Beeinflussung und wohl auch Beeinträchtigung stattfindet, sodaß eine ungestörte Explikation nur eine Idealkonstruktion ist, die im realen Verlauf der Geschichte sich niemals verwirklichen kann.

Die Frage nach den Gründen einer solchen gegenseitigen Beeinflussung und Beeinträchtigung führt zu der Frage nach der Vergleichbarkeit der einzelnen historischen Begriffseinheiten. Es ist ohne weiteres verständlich, daß sich die stärkere Komponente durchsetzen muß. Dagegen bleibt die Frage bestehen, ob sich hier Wert und Unwert einzelner Entwicklungen entscheiden. Diese Frage muß verneint werden, da den Phänomenen der Geschichte als solchen die Kategorie des Wertes nicht inhäriert. Die Wertkategorie wird vielmehr von uns auf Grund eines von uns gesetzten Maßstabes an die Erscheinungen herangebracht. Da die Eigenständigkeit der einzelnen Entwicklungen eine Unvergleichbarkeit in Bezug auf ihren Wert bedingte, so fehlt uns hier jeder gemeinsame Maßstab. Nicht also auf der Subjektivität des Standpunktes jedes Beobachters, die ohne |24| weiteres zugegeben werden muß, da jeder innerhalb einer solchen Begriffseinheit steht, auch nicht auf der Unzulänglichkeit des unserer Erkenntnis Zugänglichen, auch nicht auf einer eventuellen Unabgeschlossenheit der zur Untersuchung stehenden Entwicklung beruht die Unmöglichkeit, hier Werturteile zu fällen, sondern sie ist in der Materie der Untersuchung selbst, in der Eigenständigkeit der einzelnen Entwicklung begründet, in der Eigenständigkeit, die daraus resultiert, daß die Einzelkulturen Komplexe von Begriffen darstellen, wie sie so und in dieser Verbindung nur hier Vorkommen. Die von uns abgeleitete Tatsache der dynamischen Struktur der Begriffe und Begriffssysteme erfährt ihre induktive Bestätigung durch die Mannigfaltigkeit der Begriffe innerhalb eines Begriffskomplexes und die Mannigfaltigkeit der Begriffskomplexe innerhalb der Geschichte einerseits, sowie durch die Gegebenheit eines Kräftespieles zwischen den Begriffen innerhalb der Komplexe und zwischen den verschiedenen Komplexen innerhalb der Geschichte andererseits. Denn nur als eigene Kraftzentren verstanden erklären sich die Begriffe in ihrer Mannigfaltigkeit und Lebendigkeit. Eine Kraft, die von außen her die betreffenden Wirkungen an den Begriffen als einem Substrate hervorbrächte, könnte im besten Falle Wirkungen hervorbringen, die voneinander dem Grade nach verschieden wären. Aber die vorhandenen – nicht wertmäßig, sondern strukturmäßig – qualitativen Differenzen zwischen den Einzelbegriffen und den Begriffskomplexen bedingen auch eine qualitative Differenzierung der Ursachen, eine Differenzierung, die nur dadurch möglich ist, daß der Ablauf des Geschehens seine Ursache in sich selbst trägt.

Die Behauptung, daß die Dynamik der Begriffsexplikation eine den Begriffen inhärierende ist, bezieht sich sowohl auf das erste Eintreten des Begriffes in die Geschichte als auch auf seine weitere Entwicklung. Da wir aber über das erste Eintreten der Begriffe in die Geschichte nichts aussagen können, so können wir Art und Gesetz dieser Tatsache nur aus dem Gesetze konstruktiv schließen, nach dem die weitere Explikation erfolgt. Diese Übertragung ist deshalb berechtigt, weil das Eintreten der Begriffe in die Geschichte von seiner weiteren Explikation faktisch gar nicht getrennt ist. Eine solche Trennung, die auf der Einführung der Zeitkategorie beruht, ist rein |25| fiktiv. Creatio und conservatio sind auch hier identisch.[26] Wenn wir die Dynamik der Begriffsentstehung als eine den Begriffen inhärierende betrachten, so verzichten wir bewußt auf den aristotelischen Begriff des Potentials, des auslösenden Momentes.[27] Das Potential wird erst in dem Moment eine notwendige Setzung, in dem wir die Fiktion der Zeit in das System einführen, eine Fiktion, die nicht zu umgehen ist, wenn die Vorgänge überhaupt darstellbar sein sollen. Denn Raum, Zeit und Kausalität sind nicht nur übliche Formen der Anschauung, sondern notwendige Formen der Anschauung, ohne die es Anschauung überhaupt nicht gibt. Jede Aussage über Dinge und ihre Relationen ist nur mit Hilfe dieser Formen möglich. Von diesen Formen abstrahierte Aussagen können nur allgemeine Formalprinzipien zum Ausdruck bringen, jede Aussage über die Realität selbst ist auf den Gebrauch der drei Kategorien angewiesen. Diese Kategorien sind nur Fiktionen, deren

---

[26] Gulkowitsch überträgt die theologisch-philosophische Unterscheidung von Schöpfung und Bewahrung und somit von Gott als Schöpfer und Bewahrer auf die Logik der Begriffsentwicklung: Die Begriffe entstehen demnach in ihrer Explikation und nur in ihrer Explikation erhalten sie sich.

[27] Aristoteles, Met. Θ 1–5.

fiktiven Charakter wir zwar erkennen, die wir aber nicht aus unserem Weltbild entfernen können.[9]

Der fiktive Charakter aller Aussagen, in die die Kategorie der Zeit eingeführt wird, haftet auch den Aussagen der Naturwissenschaft über die primären Bewegungsvorgänge im System der Atome an. Die Zeit ist nur ein Koordinatensystem, auf das wir alle unsere Aussagen beziehen müssen, aber ein nicht zu umgehendes Koordinatensystem. Die Aussagen der Physik |26| über die Körperwelt werden nicht, wie Johannes Volkelt (Phänomenologie und Metaphysik der Zeit, München 1925, S. 142 f.) annimmt, dadurch entwertet, daß der fiktive Charakter der Zeitkategorie erkannt wird.[29] Denn Aussagen, auch über die Ergebnisse der physikalischen Forschung, können nur den Anspruch erheben, eine Darstellung, ein Diagramm der Wirklichkeit zu sein, es ist aber sinnlos, von Aussagen eine Identität mit der ausgesagten Wirklichkeit zu fordern. Die Tatsache des psychischen Vorhandenseins einer Zeitkategorie beweist nur, daß es im außerpsychischen Bereiche, im Bereiche des Affizierenden, ein

9 Wenn Schopenhauer, von der Tatsache ausgehend, daß der Wille für das Wesen des Subjektes als solches konstituierend ist, die Welt in ihrem Wesen ebenfalls als Wille begreift, da das Subjekt ja zugleich Teil der Welt ist, so ist damit eine korrekte formale Aussage gemacht, die tatsächlich von Raum, Zeit und Kausalität unabhängig ist. Wenn er aber in der Tendenz zur Form, die den unter den Kategorien Raum, Zeit und Kausalität erfaßten einzelnen Objekten, wie Kristallen, Pflanzen etc., innewohnt, mit diesem Willen identifiziert, so hat er damit eine Aussage, die ins Gebiet der von Zeit, Raum und Kausalität bestimmten Anschauungen gehört, in das Gebiet der von diesen Kategorien unabhängigen formalen Aussagen übertragen. Vom Subjekt aus läßt sich nur bestimmen, daß das Wesen der Welt Wille sein muß; wie sich dieser Wille in der Welt auswirkt, können wir nicht mehr durch einen reinen Schluß darlegen, hier sind wir bereits an die Formen der Anschauung gebunden. Die Tendenz auf Form ist nur in Raum und Zeit vorstellbar. Sie ist auch gar nicht identisch mit dem, was wir als Wille in uns erfassen. Unser Körper als Objekt unserer Betrachtung zeigt uns ebenfalls diese Tendenz auf eine bestimmte Form hin. Diese Tendenz empfinden wir aber als nicht identisch mit unserem Willen.[28]

---

[28] Arthur Schopenhauer, Sämtliche Werke, Bd. 2: Die Welt als Wille und Vorstellung II, Kap. 23: Über die Objektivation des Willens in der erkenntnislosen Natur, hg. von Wolfgang Freiherr von Löhneysen, Frankfurt. a. M. 1986 (zuerst Leipzig 1844), 378–394.

[29] Johannes Volkelt (1848–1930) war ein bis 1921 in Leipzig lehrender Philosoph.

adäquates Moment geben muß. Diese Adäquatheit ist aber bereits in der dynamischen Struktur der Wirklichkeit gegeben, es bedarf also nur zur Herstellung dieser Adäquatheit nicht der Annahme einer transsubjektiven Zeit. Die Stetigkeit und das Immer-Fliessende, das Johannes Volkelt als die konstituierenden Eigenschaften der Zeit ansieht, ist durchaus im Begriffe des Dynamischen enthalten. Was Johannes Volkelt als die konstituierenden Eigenschaften der Zeit nennt: die Stetigkeit (a. a. O., S. 24), das Fließen (a. a. O., S. 24) und die Umspannungsweite (a. a. O., S. 75 ff.) sind zweifellos diejenigen Merkmale, deren wir uns am Zeiterlebnis unmittelbar bewußt werden und durch die hindurch uns evident wird, was Zeit ist. Aber diese spezifischen Merkmale bleiben doch eben nur Merkmale, die Ganzheit des Phänomens Zeit erschöpft sich in ihnen nicht: etwas, was stetig, fließend, eindimensional und doch von einer gewissen Umspannungsweite ist, ist als solches noch durchaus nicht Zeit. Was Zeit zur Zeit macht, ist hingegen ein rein subjektives Moment, keine transsubjektive Gegebenheit.[30]

Der Begriff des Kontinuums innerhalb der Entwicklung einer Kultur bestätigt sich hier auch vom metaphysischen Aspekt aus. Historisch betrachtet bringt es die Eigenständigkeit jeder Kultur, die auf dem Charakter ihrer Geschichte als Explikation eines Begriffskomplexes beruht, mit sich, daß nicht einzelne Entwicklungsphasen isoliert nebeneinander stehen können, da nicht zu erklären wäre, woher das Material zu einer neuen Epoche innerhalb einer Kultur kommen sollte, wenn mit der vorhergehenden Epoche alles zu Ende gewesen wäre. Alle zeitlichen Querschnitte und alle sachlichen Längsschnitte, die wir durch eine Kultur legen, sind nur Hilfskonstruktionen, ein Isolieren von Teilen, die faktisch nur in Relationen bestehen. |27| Metaphysisch, d. h. unter Abstraktion von der Zeitkategorie, betrachtet, bietet sich uns das Leben des Geistes als ein System von Relationen, nicht als ein Nebeneinander isolierter Größen dar. Die notwendige Auflösung dieser Relationen in ein zeitliches Nacheinander muß dem dynamischen Charakter des Geistigen dadurch Rechnung tragen, daß sie nicht zeitlich isolierte Größen, sondern eine kontinuierliche Entwicklung aufzeigt.

Aus der Tatsache, daß der Begriff als Kraftzentrum zu betrachten ist, resultiert erstens sein transzendenter Charakter gegenüber der Geschichte und zweitens seine Unisolierbarkeit. Der Begriff ist in seiner Existenz

[30] Einen ähnlichen Gedanken formulierte allerdings schon Johannes Volkelt, Phänomenologie und Metaphysik der Zeit, München 1925, 25. Als Zeitgegebenheit dürfe »nur das in dem Ich als solchem implizite enthaltene Innesein des Zeitflusses« gelten.

unabhängig von seinem Eintreten in die Geschichte. Er kann in Funktion treten oder nicht. Ob er in Funktion tritt, wird von außen her durch die Wirksamkeit der anderen Begriffe mitbedingt. Aber die Möglichkeit Wirkungen hervorzurufen, liegt allein im Begriffe selbst, sein Sosein ist unabhängig von Ursachen und darum in seiner Entstehung unerkennbar. Wenn die Existenz des Begriffes aber bereits in seinem Sosein gegeben ist, so trägt es für sein Wesen nichts aus, ob er überhaupt ins Dasein tritt und ob er sich innerhalb der Geschichte seinem ganzen Sosein nach explizieren kann oder ob er nur teilweise zur Realisierung gelangt. Da uns jedoch das vom Dasein unabhängige Sosein des Begriffes nicht zugänglich ist, da wir vielmehr den Begriff nur in seinem, sich in seiner Funktion realisierenden Dasein erfassen können und da dieses Funktionieren eine Wechselwirkung der verschiedenen Kraftzentren darstellt, so bietet sich uns niemals der Begriff als losgelöste Individualität dar. Was uns vorliegt, sind Funktionen, keine statischen Größen. Auch von dieser Seite her bestätigt sich die Unvergleichbarkeit der Begriffe und Begriffskomplexe nach Art und Wert. Das System der Begriffsfunktionen, das sich unserer Betrachtung darbietet, ist als solches kein Mosaik aus einzelnen Begriffen, es ist keine Summe von isolierbaren Teilen. Darum ist jeder einzelne Begriff nur in seiner Wechselwirkung zu dem gesamten Begriffskomplex, innerhalb dessen er steht, erfaßbar. Es besteht also eine Wechselwirkung zwischen den Begriffen, die auf die Explikation des Einzelbegriffes einen gewissen Einfluß ausübt. Dieser Einfluß kann aber nur darin bestehen, daß der Grad der Explikation beeinflußt wird. Beeinflußbar ist nur, wie weit |28| alle Seiten des Begriffes zur Explikation gelangen. Es wird also durch äußere Beeinflussung nur eine Einseitigkeit, keine qualitative Veränderung der Explikation erzielt. Die Qualität der Explikation ist im Sosein des Begriffes von vornherein gegeben, sie wird von außen her nicht beeinflußt.

Wenn wir annehmen, daß die Geschichte sich als Geschichte der Begriffsorganismen vollzieht, so erhebt sich die Frage, ob damit nur das Wesen der sogenannten *Ideen*geschichte beschrieben ist oder ob sich der Gesamtablauf der Geschichte auf allen Lebensgebieten als eine Geschichte der Begriffsorganismen vollzieht.[31] Falls wir aber die Gesamtheit aller

---

[31] Die Ideengeschichte wurde in den 1920er und 1930er Jahren zu einer wichtigen Methode u.a. der Geschichtswissenschaft (Friedrich Meinecke, 1862–1954) und der Literaturgeschichte (Hermann August Korff, 1882–1963). Für die Vereinigten Staaten gilt Arthur Oncken Lovejoy (1873–1962) als Begründer der Ideengeschichte (*The Great Chain of Being. A Study of the History of an Idea*, Cambridge, Mass., 1936).

Lebensgebiete in die Geschichte als Begriffsgeschichte einbeziehen können, so erhebt sich wiederum die Frage nach der Priorität der einzelnen Lebensgebiete, die Frage, *ob* hier das Verhältnis von Ursache und Wirkung vorliegt und, *falls* ein Ursache-Wirkungsverhältnis besteht, auf welche Seiten sich die beiden Faktoren verteilen, d. h., *ob alle* Geschichte letztlich von der Geschichte der Begriffe her bestimmt ist. Wenn wir den Begriff als Kraftzentrum von schöpferischer Wirkung, das seine Kraft aus sich selbst hat, gesetzt haben, so haben wir über alle diese Fragen im Prinzip entschieden. Denn wenn wir den Begriff als Kraftzentrum betrachten, d. h. als Ursache von einer bestimmten Qualifikation, die nur Wirkungen von derselben Qualifikation hervorbringen kann, so schließen wir damit eine außerhalb des Bereiches der Begriffe liegende Ursache für die Explikation der Begriffe aus, denn jede außerhalb der Begriffe liegende *allen* Begriffsexplikationen gemeinsame Ursache könnte die Mannigfaltigkeit der Begriffsexplikationen nicht hervorbringen, da Mannigfaltigkeit der Wirkungen auch eine Mannigfaltigkeit der Ursachen voraussetzt. Der organische Zusammenhang der Begriffe bürgt aber dafür, daß diese Mannigfaltigkeit keine chaotische, sondern eine gesetzmäßige ist, gesetzmäßig jedoch in dem Sinne der Eigengesetzlichkeit, d. h., das Formprinzip innerhalb jedes Begriffskomplexes ist ein spezielles, das so nur hier vorkommt. Wir scheiden also die Möglichkeit aus, daß die Geschichte des Geistes von einer Geschichte her bestimmt wird, deren Substrat irgendein nichtgeistiges Element ist, da die Geschichte des Geistes eben ihre eigene causa prima hat. Es bleibt noch die andere Seite der Frage zu erörtern, ob Geistesgeschichte ihrerseits Einfluß auf die Entwicklung anderer Lebensgebiete hat. |29| Geschichte bedeutet auf allen Lebensgebieten ein allmähliches oder eruptives Übergehen von einem Zustand zu einem anderen, was nur dann möglich ist, wenn ein bestehender Zustand qualitativ oder quantitativ als so ungenügend empfunden wird, daß er entweder umgestaltet oder ausgestaltet werden muß. Diese Tendenz auf Veränderung setzt eine Wertsetzung voraus, die von den tatsächlichen Zuständen abweicht, also ein geistiges Prinzip darstellt. Die Art der Wertsetzung – auch wenn es eine Setzung von Scheinwerten ist – ist aber gerade das Produkt der jeweiligen geistigen Lage, des jeweiligen Stadiums und der jeweiligen Qualität der in der Explikation der Begriffe bestehenden Geschichte des Geistes. Wir behaupten hiermit also einen im Wesen vom Geiste her bestimmten Ablauf der Geschichte.

Wenn wir von einer Geschichte der Begriffe reden, so meinen wir damit nicht eine von der Geschichte her bestimmte Relativität der Begriffe in dem Sinne, daß die jeweilige historische Situation Begriffe von bestimmter Prägung hervorbringt, daß also wenigstens das auswählende Prinzip außerhalb des Geistes selbst liegt. Wir behaupten vielmehr, daß es eine Geschichte außerhalb der Geschichte der Begriffe gar nicht gibt, daß alles historische Geschehen notwendige Konsequenz aus der jeweiligen Situation der Begriffsgeschichte ist. Von der Geschichte der Begriffe her bestimmt sich die Struktur des Substrates, an dem sich das historische Geschehen vollzieht.[10]

Die Begriffe sind durch ihre Explikation das Agens, das überhaupt Geschichte ermöglicht. Sie sind also wesenhafter Bestandteil des Geschehens, nicht etwa nur eine Begleiterscheinung. Den Begriffen, und damit dem Denken – da ja die Begriffe die Formen sind, in denen sich das Denken vollzieht – kommt also der Charakter des Seienden zu. Das Denken gibt dem Sein die Struktur und dokumentiert sich damit selbst als Sein. Der Satz, daß Denken mit Sein identisch ist, ist aber |30| nicht reversibel. Ohne Denken ist Sein nicht möglich, aber das Sein erschöpft sich nicht im Denken. Das Sein abgesehen vom Denken hat keine Geschichte. Erst durch das Moment des Denkens ist im Sein zugleich das Werden inbegriffen, da nur durch das Agens des Denkens und seiner Geschichte, der Entwicklung der Begriffe, überhaupt Geschichte möglich ist.

10 Daß die Geschichte von den Begriffen her bestimmt wird, ist zugleich Beweis für die Realität der Begriffe. Die Bildung von Begriffen ist nicht eine Abstraktion von einer Wirklichkeit, die außerhalb der Begriffe besteht (so Heinrich Rickert, Kulturwissenschaft und Naturwissenschaft, Tübingen 1915, Kap. V, Begriff und Wirklichkeit, S. 28 ff.), sondern in der Bildung der Begriffe besteht gerade die „Wirklichkeit". So ist jede Erkenntnis nicht etwa ein *Teilbild*, sondern eine *Teilfunktion* der Wirklichkeit und als solche mit dem Zentrum, mit dem Wesen der Wirklichkeit nicht nur verbunden, sondern eine Seite dieses Wesens selbst.[32]

[32] Der Philosoph Heinrich Rickert (1863–1936) war ein wichtiger Vertreter der südwestdeutschen Schule des Neukantianismus. Er wendet sich an der angegebenen Stelle vor allem gegen eine Auffassung, die den Begriff als Widerspiegelung der Wirklichkeit interpretiert und betont, dass Begriffe die Wirklichkeit »umbilden«, »vereinfachen« (Heinrich Rickert, Kulturwissenschaft und Naturwissenschaft, 3., verb. Aufl., Tübingen 1915, 31), »aufnehmen« (ebd., 36). Gulkowitschs Lesart: »… in der Bildung der Begriffe besteht gerade die ›Wirklichkeit‹«, trifft eher auf Ernst Cassirer zu.

Wenn die Geschichte Explikation von Begriffen ist, so erhebt sich die Frage nach dem Wesen des Begriffes *vor* seiner Explikation, d.h. – unter Abstraktion vom Zeitbegriffe ausgedrückt – die Frage, worin das Wesen des Begriffes abgesehen von seiner Explikation besteht oder ob etwa die Explikation als solche das Wesen des Begriffes vollkommen erschöpft. Wenn wir die Explikation einzelner Begriffe, etwa des Gottesbegriffes, innerhalb der einzelnen Kulturen betrachten, so sind die einzelnen Explikationen bei aller Unvergleichbarkeit doch eben Explikationen dieses Begriffes. Daß wir in einer Reihe verschiedenster Fälle dennoch die Explikation eines ganz bestimmten Begriffes erkennen, ist nicht etwa nur das Ergebnis einer im Grunde fehlerhaften Bildung eines Allgemeinbegriffes aus einer Reihe verschiedenster Eindrücke, sondern das den verschiedenen Explikationen Gemeinsame wird gerade als das Entscheidende und Wesenhafte innerhalb dieser Explikationen bewußt. Der Gottesbegriff als solcher, der in den einzelnen Explikationen zum Ausdruck kommt, ist gerade der eigentliche Gottesbegriff. Vermöge unserer Zugehörigkeit zur geistigen Welt sind wir in der Lage, in den einzelnen Explikationen nicht nur das Einzelne und Relative zu erkennen, sondern das Immer-Gültige, das sich in einzelnen Formen auswirkt. Das Immer-Gültige, das Nichtexplizierte, ist uns als existierend bewußt, aber es kann nicht beschrieben werden, ebenso wenig wie das Wesen eines mathematischen Punktes beschreibbar ist. Beschreibbar sind nur die einzelnen Explikationen. So steht hinter dem explizierten Begriffe der *punktuelle* Begriff. Die Einheit aller denkmöglichen Begriffe in ihrer punktuellen Existenzform wird von uns erfaßt unter dem Begriffe der Wahrheit, einem Begriffe, der eben weil er eine rein punktuelle Existenzform darstellt, niemals beschrieben und auch nicht recht erklärt werden kann, der uns aber, allem echten oder zynischen Skeptizismus zum Trotz, als eine gültige Forderung, als die ethische Forderung *κατ᾽ ἐξοχήν* [*kat᾽ exochēn*: schlechthin] bewußt ist. |31| Im explizierten Begriffe erfassen wir eine der Daseinsmöglichkeiten dieser Wahrheit, eine Seite ihres Wesens. Die Unfähigkeit unserer Erkenntnis, die Einheit aller Begriffe gemeinsam zu explizieren, macht es uns aber unmöglich, mehr als diese oder jene Seite der einen und allein möglichen Wahrheit zu erkennen.

Die Geschichte eines Begriffes oder eines Begriffskomplexes ist wie alle Geschichte im Grunde ein Kreislauf, eine Explikation, die schließlich in ihren Ursprung wieder einmündet. Die merkwürdige Einfachheit, Klarheit und Eindeutigkeit des vollendet explizierten Begriffes und die wenigen einfachen Erkenntnisse, in denen die Geschichte eines Begriffskomplexes schließlich gipfelt, zeigen diese Tendenz auf Rückkehr in den

Ursprung. Die Einheitlichkeit und Eindeutigkeit des Anfangs und des Endes stehen in einem scharfen Gegensatz zu der Mannigfaltigkeit und Weite der mittlern Entwicklungsphasen. In der Geschichte eines Begriffskomplexes, d.h. in der Geschichte einer Kultur, beobachten wir dasselbe wie in der geistigen Entwicklung eines Menschen. Der Gegensatz der Generationen, der nicht so sehr ein Gegensatz der Begriffe und Begriffsinhalte als ein Gegensatz der Explikationsphasen ist, tritt ebenso in der Geschichte der Kulturen auf. Die Feindschaft der Epochen, akut geworden in der Feindschaft der soziologischen Gruppen, die Träger der Explikationen sind, hat hier ihre Wurzel. Die scharfen Gegensätze der Entwicklungsstufen, die innerhalb einer und derselben Kultur auftreten können, sind darum kein Gegenbeweis gegen das Kontinuum der Entwicklung innerhalb der einzelnen Kulturen.

Der Übergang eines Begriffes aus seinem punktuellen Sein in das Stadium der Explizierbarkeit ist in dem Moment gegeben, in dem der Begriff ins Bewußtsein tritt. Dieser Vorgang ist ein psychologischer, aber zugleich der Schnittpunkt zwischen einem psychologischen und einem metaphysischen Geschehen. Der Vorgang des Bewußtwerdens eines Begriffes ist seinem Wesen nach ein Evidenzerlebnis, ist das Evidenzerlebnis *κατ' ἐξοχήν*. Damit ist das Eintreten eines Begriffes ins Bewußtsein eines Menschen als unbeschreibbar gekennzeichnet. Das psychologische Evidenzerlebnis kann ausgelöst werden (und wird dies in den meisten Fällen) dadurch, daß das Bewußtsein auf dem Wege des Verstehens mit dem Begriffe bekannt wird.[33] Aber dieses Evidenz- |32| erlebnis eines Menschen ist zugleich an einem Punkte der Geschichte identisch mit dem Eintreten des Begriffes in die Geschichte, mit der Überwindung seiner punktuellen Seinsform. In diesem primären Falle des Eintretens in die Geschichte wird der Begriff in einem Wort und damit in seiner Besonderheit erfaßt. Daß das erste Stadium der Begriffsbildung die Erfassung einer Besonderheit und nicht eine Eingliederung in die Allgemeinheit bedeutet, hat vor allem Cassirer im Anschluß an Lotze hervorgehoben (Philosophie der symbolischen

[33] Hier und im weiteren Gedankengang wird deutlich, dass Gulkowitsch seine Überlegungen zum Evidenzbegriff an Franz Brentano, Wahrheit und Evidenz. Erkenntnistheoretische Abhandlungen und Briefe. Ausgewählt, erläutert und eingeleitet von Oskar Kraus, Leipzig 1930 (bes. Kap. Von der Evidenz [1889], 61–68), anlehnt. Brentano spielte in der Konstitution einer antipsychologischen Sprachwissenschaft und Sprachphilosophie eine wichtige Rolle und wirkte in diesem Sinne auch auf Edmund Husserl.

Formen I, S. 249 f.).[11] Cassirers Ansicht deckt sich auch insofern mit der unsrigen, als Cassirer diesen primären Vorgang der Begriffsbildung mit dem Vorgang der Wortbildung identifiziert. Dagegen scheidet sich die

11 Eine Trennung zwischen der primären Begriffsbildung im Vorgange der Wortbildung und dem zweiten Vorgange der Explikation nimmt auch Paula Matthes (Sprachform, Wort- und Bedeutungskategorie und Begriff. Philosophie und Geisteswissenschaften, Buchreihe, 3. Band, Halle 1926, S. 93 ff.) vor. Der zweite Vorgang wird von ihr als Definition, als Einordnung des Begriffes in das System der Welt erfaßt. Die Einordnung des Begriffes erfolgt aber auf unendlich mannigfaltige Weise, nicht nur durch die Definition, sodaß also die Definition nur eine besonders hervorstechende und faßbare Möglichkeit darstellt, wie ein Begriff zur Explikation gelangt. Paula Matthes legt allen Nachdruck auf den zweiten Vorgang in der Bildung der Begriffe. In der Wortbildung sieht sie nur eine Art Vorspiel, das nur Voraussetzungen schafft. Im Worte manifestiert sich kein Begriff, sondern nur ein Wortsinn. Eine solche Erfassung des unexplizierten Begriffszustandes ist unserer Betrachtungsweise deshalb nicht entsprechend, weil hier das Wesentliche des Begriffsseins nicht im Begriffe selbst liegt, sondern die Entstehung des Begriffes überhaupt von der Zufälligkeit des Eintretens einer bewußten Denkaktion abhängig gemacht wird. Eine Kultur, die keine Philosophie ausgebildet hat, könnte auf Grund einer solchen Auffassung überhaupt keine Begriffe und damit überhaupt keine Geschichte haben. Die Erfassung des Begriffes in seiner Besonderheit, die den ersten Vorgang kennzeichnet, konstituiert den Begriff bereits als solchen; die Definition als Vorgang der Ein und Unterordnung, als Bezogenwerden eines Begriffes auf eine Allgemeinheit vermag zwar die Nuancierung des Begriffes reicher auszugestalten, findet aber bereits einen schon konstituierten Begriff vor.[34]

[34] Die zitierte Schrift ist Paula Matthes' sprachwissenschaftliche, 1925 an der Philosophischen Fakultät Göttingen vorgelegte Dissertation *Sprachform, Wort- und Bedeutungskategorie und Begriff. Philosophische Untersuchungen im Anschluß an das Kategorienproblem in der gegenwärtigen Sprachwissenschaft* (Halle 1926). Matthes hatte in Göttingen bei Hans Lipps (1889–1941) studiert, der als Dozent ihre Dissertation jedoch nicht offiziell betreuen konnte. Dies übernahm daher Georg Misch (1878–1965), ein Schüler Wilhelm Diltheys (1833–1911). Gulkowitsch nimmt vor allem Bezug auf das kurze Schlusskapitel »Wort und Begriff«. Die stark lebensphilosophisch orientierte, Cassirer kritisierende Abhandlung unterscheidet zwischen dynamisch-lebendigem Wort und erstarrten, definierten Begriffen. Matthes (geb. 1884), über deren Herkunft und weiteren Weg nichts bekannt ist, hatte bereits 1921 in Tübingen eine germanistische Dissertation (*Das umschreibende ‚do' in Spenser's Faerie Queene*) vorgelegt.

Ansicht Cassirers im Prinzip von der unsrigen dadurch, daß Cassirer den primären Vorgang der Begriffs- und Wortbildung als eine Qualifikation, d. h. als die Erfassung unter dem hervorstechendsten Merkmal ansieht.[35] Der Vorgang der Qualifizierung, gleichgültig, ob er durch das Hervorheben des auffälligsten Merkmals oder durch die Erfassung der Merkmale in ihrer Gesamtheit erfolgt, ist aber ebenso wie die Einordnung |33| in ein Allgemeines bereits ein sekundärer Vorgang, der das Evidenzerlebnis der Begriffsbildung voraussetzt.

Das Erlebnis der Evidenz ist das Erlebnis einer geschlossenen Besonderheit, ein Erlebnis, das zunächst die Beziehungen zum Allgemeinen nur implizite enthält. Der Vorgang der Begriffsbildung ist also zunächst die Bildung des Begriffes in seiner Besonderheit. Die Explikation expliziert auch die Beziehungen des einzelnen Begriffes zum Begriffskomplex. An den Beziehungen des Begriffes zu einem umfassenden Begriffssystem explizieren sich erst alle seine Nuancierungen.

Wenn wir von Begriffen und Begriffskomplexen reden, so sehen wir zwar im Begriffskomplex die umfassendere Struktureinheit, behaupten aber nicht, daß der Begriff atomistischen Charakter habe, d. h., daß er die kleinste Struktureinheit darstelle. Auch der Begriff ist eine komplexe Größe, ein »Dingkomplex«. Ein atomistischer Begriff könnte gar nicht expliziert werden. Die zusammengesetzte Struktur des Begriffes dagegen ermöglicht es, verschiedene Elemente seiner Struktur durch verschiedene Anordnungen und Akzentuierungen einzeln zur Geltung zu bringen, wodurch die Nuancierungen des Begriffes entstehen, die seine Geschichte ausmachen. Die Einheit der Begriffe schafft die übrigen Einheiten, die sich uns innerhalb der Geschichte als Völker, Staaten, religiöse Gemeinschaften oder auch nur als Kultureinheiten ohne sichtbare äußere Umgrenzung entgegentreten. Gerade das Auftreten von Kultureinheiten, die sich ohne sichtbare äußere Einkleidung doch als unverkennbare Einheiten repräsentieren, zeigt die Priorität der geistigen, d. h. also begrifflichen Einheiten. Die Begriffseinheiten und ihre Struktur sind also das gesellschaftsbildende, das ordnende und gruppierende Moment im Verlauf

[35] Cassirer bezieht sich auf die Logik Hermann Lotzes (1817–1881) im 1923 erschienenen Teil der *Philosophie der symbolischen Formen*. Ernst Cassirer, Gesammelte Werke, Bd. 11: Philosophie der symbolischen Formen, 1. Teil: Die Sprache, hg. von Birgit Recki, Hamburg 2001 (zuerst Berlin 1923), 253. – Zu der von Gulkowitsch an Cassirer kritisierten »rein *qualifizierenden* Art der Begriffsbildung«, die »an irgendeine einzelne *Beschaffenheit*« anknüpft, vgl. ebd., 255 (Hervorhebung im Original).

der Geschichte. Nicht nur die Einheiten, an denen sich die politische Geschichte vollzieht, sind von der Geschichte der Begriffe her bestimmt, sondern auch die Einheiten der menschlichen Gesellschaft, deren Untersuchung sich die Soziologie zur Aufgabe gemacht hat, sind Ergebnis der jeweiligen Struktur der Geistesgeschichte.

Ein Vergleich der einzelnen Kulturen miteinander führt ohne weiteres zu dem Ergebnis, daß der Grad der Vergleichbarkeit verschieden ist, daß also zwischen den verschiedenen Kulturen eine größere oder geringere Homogenität besteht. Diese Homogenität scheint zunächst die Eigenständigkeit der |34| einzelnen Kulturen in Frage zu stellen. Die einzelne Kultur reagiert zweifellos auf einen Einfluß von außen. Die Einflüsse von außen, d. h. seitens außerhalb der betreffenden Kultur liegender Faktoren, können zwiefacher Natur sein. Eine Möglichkeit besteht in der gegenseitigen Beeinflussung der Begriffskomplexe, die das geistige Wesen der beiden Kulturen ausmachen. Die Begriffe, die innerhalb einer Kultur expliziert worden sind, werden in eine zweite übernommen, und zwar als Materie, aus der nach den der rezipierenden Kultur eigenen Gesetzen ein Begriffskomplex neuer, dem Wesen der rezipierenden Kultur entsprechender Prägung gestaltet wird. Da aber das Rezipierte nur für den Vorgang der Rezeption Materie, seinem eigenen Wesen nach jedoch eine schöpferische Größe darstellt, so ist das Ergebnis der Rezeption doch nur eine Resultante aus den Komponenten, die durch die den beiden Kulturen eigene Entwicklungsrichtung bestimmt werden. Wenn die Kraft der rezipierenden Kultur gering ist, so wird der Einfluß der anderen Kultur ein besonders starker und nachhaltiger sein. Wir erleben dann das historische Phänomen einer Art Tochterkultur. Auf der Stärke und der Dauer der gegenseitigen Beeinflussungen zwischen einzelnen Begriffskomplexen beruht die größere oder geringere Vergleichbarkeit der einzelnen Kulturen. Einen ähnlichen Fall einer Resultantenbildung zwischen zwei Kraftkomponenten erleben wir, wenn der einzelne Mensch aus einer Kultur, also aus einer Einheit von Begriffen, in eine andere übergeht.

Die Homogenität zweier Kulturen, die die unerläßliche Voraussetzung für eine gelegentliche Beeinflussung durch Resultantenbildung darstellt, ist nicht ohne weiteres in einem gemeinsamen Ursprung zweier Kulturen oder in dem Ursprung der einen Kultur aus der anderen gegeben. Denn er ist nicht historisch, sondern sachlich begründet. Jene Homogenität besteht in einer teilweisen Entsprechung der Explikationsmöglichkeiten von Zentralbegriffen innerhalb der beiden Kulturen. Wenn z. B. zwei Kulturen religiöser Prägung einen Gottesbegriff besitzen, der neben anderen Nuancen, die in den beiden Kulturen verschieden sind, auch eine gemeinsame

Nuance, etwa die Tendenz zur Ethisierung aufweist, so ist für diese Seite der Explikation eine gegenseitige Beeinflussung in der Weise möglich, daß die Explikation dieser Nuance in der einen Kultur die Explikation derselben Nuance in der anderen Kultur anregt und wohl auch |35| dazu Material liefert. Die Befruchtung der christlichen Scholastik durch Maimonides[36] hat in dieser Entsprechung gewisser Begriffsnuancierungen ihren Grund. Aus diesen Erwägungen geht hervor, daß zwischen zwei Kulturen immer nur eine teilweise Homogenität bestehen kann, daß also die gegenseitige Beeinflussung im allgemeinen nur von beschränkter Dauer zu sein pflegt, da sie sich nur auf gewisse einzelne Explikationen bezieht und mit diesen ein Ende nehmen muß. Da der *einzelne Mensch* zu der Begriffseinheit, der er angehört, in einer Wechselbeziehung, die ein gegenseitiges Modifizieren bedingt, steht, so tritt dieses gegenseitige Modifizieren auch dann ein, wenn der einzelne Mensch aus dem Wirkungsbereich einer Begriffseinheit in den einer anderen übergeht. Der sogenannte Assimilationsprozeß kann nur als ein *gegenseitiges* Modifizieren angesehen werden. Der einzelne Mensch ist in diesem Prozeß in gleichem Maße Gebender wie Nehmender.

Ob und wieweit der Assimilationsprozeß, d.h. also die Resultantenbildung aus zwei divergierenden Komponenten, möglich sei, hängt von einer im Grunde unendlichen Reihe von Vorbedingungen ab, ist also nicht bestimmbar. Die Hauptfaktoren, von denen Möglichkeit und Grad der Assimilation abhängt, sind das Zahlenverhältnis zwischen den beiden Parteien, die Intensität der begrifflichen Explikation innerhalb der beiden

---

[36] Der bedeutendste mittelalterliche jüdische Gelehrte und Philosoph Moses ben Maimon (Moses Maimonides, 1135/1138–1204) stammte aus dem islamischen Spanien. Seine philosophischen Schriften verfasste er zunächst auf Arabisch, sie wurden jedoch meist kurz nach ihrem Erscheinen ins Hebräische übersetzt, sodass sein Werk aus dem islamischen Kulturraum heraus immensen Einfluss nicht nur auf das europäische Judentum, sondern auch auf die christliche Scholastik entfaltete. Gulkowitsch beschäftigte sich zeit seines Lebens mit Maimonides' Denken, als dessen Essenz er die »geniale Synthese« von Lehre und Leben, Philosophie und Halacha (jüdisches Religionsgesetz) herausstrich. Gulkowitsch, Das Wesen der Maimonideischen Lehre; Howard Kreisel, More Nevukhim, in: Diner (Hg.), EJGK, Bd. 4, 235–241. Folgt man Kreisel, so wird Gulkowitschs Lesart, wonach Maimonides mystische Religion und rationale Philosophie miteinander in Einklang zu bringen suchte, dessen 1190 abgeschlossenem *Moreh Nevukhim* (Führer der Unschlüssigen) stärker gerecht als viele einseitige Rezeptionen.

Kulturen und die Homogenität zwischen beiden Kulturen. Im allgemeinen wird eine größere Gruppe[12] stärker dazu neigen, ihr eigenes Kulturleben weiterzuführen, als eine kleinere oder gar ein einzelner Mensch. Eine reichere und stärkere Kultur wird eher dazu neigen, sich einer Assimilation zu verschließen, als eine begriffsarme und schwächere. Eine große Heterogenität zweier Kulturen erschwert ebenfalls die Resultantenbildung. Eine absolute Resultantenbildung, d. h. ein vollkommenes Aufgehen der Komponenten in der Resultante, ist überhaupt eine Idealkonstruktion, die durch die konkreten Fälle nur annäherungsweise erreicht wird.

|36| Es liegt aber in der Geschichte eine Unzahl von Fällen vor, wo der Eingriff in den Verlauf einer Geistesgeschichte, also der Explikation eines Begriffskomplexes, nicht durch immerhin homogene, d. h. ebenfalls geistige Einflüsse von außen her erfolgte, sondern wo der Eingriff in die Entwicklung durch vollkommen heterogene, ungeistige Gewaltmaßnahmen bewirkt wurde. Solche Fälle scheinen die Priorität des Geistigen in der historischen Beziehung von Ursache und Wirkung als unhaltbar hinzustellen. Die Geschichte zeigt aber, daß auch auf die radikalsten Eingriffe von außen her jede Kultur auf verschiedene Weise reagiert, daß also die Art der Reaktion sich doch vom Wesen einer Kultur her bestimmt. Die letzte Zerstörung des Tempels in Jerusalem[37] ist das eklatanteste Beispiel dafür, daß auch die scheinbar sinnloseste, absolut heterogene Einmischung in den Verlauf einer Kultur in einer Weise rezipiert werden kann, die die Folgen dieser Einmischung in einer dem Wesen der betreffenden Kultur vollkommen adäquaten Form ausgestaltet und umgestaltet. Die im Judentum stets vorhandene Tendenz, Kultus und Leben zu identifizieren, d. h. Sitte und

12 Die unendliche Mannigfaltigkeit der bedingenden Faktoren bringt es mit sich, daß der Begriff der zureichenden Quantität auf die Feststellung des Optimalverhältnisses für den Widerstand einer eingewanderten Gruppe gegen Assimilation nicht angewendet werden kann. Das Hinzutreten eines Einzelnen zur Gruppe der Eingewanderten wird auf keiner Quantitätsstufe auslösendes Moment sein.

[37] Die jüdische Geschichtsschreibung beklagt zwei Tempelzerstörungen; im Jahre 586 v. d. Z. durch den neubabylonischen Herrscher Nebukadnezar II. und im Jahre 70 d. Z. im Zuge der Einnahme Jerusalems durch die Römer. Beide Ereignisse markieren traumatische Einschnitte in das kultische, politische und soziale Leben der Juden. Gulkowitsch diskutiert an dieser Stelle die weitreichenden Folgen der Zerstörung des Zweiten Tempels für die jüdische Geistesgeschichte.

Brauch den Sinn von Kulthandlungen zu geben, ermöglichte es nach der Zerstörung des Tempels, den Kultus als faßbaren Ausdruck der jüdischen Religion dennoch beizubehalten. Was sich vom Wesen des Kultus nicht im Ritual des täglichen Lebens erschöpfend ausdrücken ließ, das fand eine Stätte in der ebenfalls längst ausgestalteten Eschatologie. Es war also nicht nötig, einen Ersatz für den Tempelkult neu zu schaffen, sondern es fand nur eine Verschiebung von Akzenten statt. Einem künstlichen Ersatz des Tempelkultes wäre es niemals gelungen, Wirkungen in der Geschichte hervorzubringen. Nur dadurch, daß der Eingriff von außen her die Explikation der Begriffe nicht radikal abschneiden konnte, sondern ihr bloß eine andere, aber dem Wesen dieser Kultur durchaus adäquate Richtung gab, wurde der Fortbestand der jüdischen Kultur als solcher garantiert, fand ihre Geschichte nicht etwa ein Ende, wie dies von der Geschichtsforschung des Öftern behauptet worden ist. Es ist für das Wesen eines solchen Eingriffes von außen her ohne Belang, ob ein sichtbares Symbol, wie ein Tempel, zerstört wird. Jeder Eingriff gegen geistige Werte ist eine solche Tempelzerstörung. In solchen Fällen ist es von entscheidender Bedeutung, ob das in Frage gestellte geistige Prinzip |37| stark genug ist, um in neuen Formen anstelle der zerstörten einen adäquaten Ausdruck zu finden.

Neben den rein äußeren Faktoren, die den Verlauf einer Geistesgeschichte zu beeinträchtigen scheinen, begegnen uns aber auf der Ebene des Geistes selbst Tendenzen von ausgesprochen destruktivem Charakter, antigeistige Tendenzen, die mit den Mitteln des Geistes arbeiten. Diese Tendenzen erheben auch Anspruch darauf, auf Wertsetzungen von allgemeiner Gültigkeit begründet zu sein. Die Gültigkeit dieser Wertsetzungen wird oft bis zur dogmatischen Doktrin gesteigert. Es liegt also zweifellos ein Begriffssystem vor. Betrachtet man aber ein solches Begriffssystem mit bewußt antigeistiger, destruktiver Tendenz näher, so fällt uns der ungeheure Aufwand an Begriffen und der überraschend schnelle Ablauf der Ereignisse auf. Dies steht in striktem Gegensatz zu dem unmerklich langsamen Ablauf der Explikation positiver Ideen. Es fehlt hier das Unbewußte des organischen Wachstums, während die Explikation der positiv sich gestaltenden Ideen mit der Selbstverständlichkeit des organischen Wachstums erfolgt, die nicht nur keiner Reklame bedarf, sondern für die eine Reklame nicht einmal möglich ist. Was das Negative an Begriffen zu gestalten scheint, erweist sich als leere Schale, als Widerhall von Tönen, die ein schon vergangenes Kräftespiel begleitet haben. Wir haben nicht mehr lebendige Begriffe, sondern nur noch Schlagworte. Der kennzeichnende Charakter des Schlagwortes besteht in der Einmaligkeit seiner Wirkung, da ihm das Kraftzentrum fehlt, aus dem es leben könnte.[38] Das Schlagwort muß immer durch ein neues, stärkeres übertrumpft werden. Gerade die Tatsache, daß auch negativ gerichtete historische Tendenzen auf einer Art Begriffssystem aufbauen, das aber bei aller scheinbaren Dynamik und Eruptivität starr und doktrinär ist, weist auf den eigentlichen Charakter historischer Epochen antigeistiger Tendenz hin. Es sind Zeiten, in denen keine Begriffe expliziert werden, in denen also Begriffe als selbständige Kraftzentren potentiell nicht vorhanden sind, Zeiten, in denen das durch eine Kultur repräsentierte Begriffssystem alle seine Möglichkeiten erschöpft hat, sodaß sich alle Begriffe auf ihren punktuellen Zustand zurückgezogen haben. Es ist selbstverständlich, daß Begriffe nicht übertragbar sind. Übernommene Begriffe sind bewußt oder unbewußt falsch, d. h., ihr wirklicher Inhalt deckt sich nicht |38| mit dem, was sie bezeichnen sollen. So versuchen sich in Latenzzeiten politische Bewegungen mit religiösen Namen zu decken. Asoziale und antisoziale Tendenzen treten als soziale Programme auf.[39] Ausgesprochen destruktive Erscheinungen werden dadurch getarnt, daß man gerade die Vollendung des Menschentums als ihr Ziel bezeichnet. Neben der Identifikation von Begriffen mit Tatsachen, die ihnen gar nicht entsprechen, ist für Systeme aus Scheinbegriffen die bewußt oder unbewußt falsche Kombination heterogener oder konträrer Begriffe typisch, die nach dem Prinzip „dieser runde Tisch ist dreieckig" erfolgt.[40]

Wenn die Kraft der Ideen in dieser Weise latent geworden ist, ist nicht abzusehen, in welcher Form sich die neuen Kraftzentren bilden und auswirken werden, sodaß in einer Latenzzeit das Ende alles geistigen Geschehens gekommen zu sein scheint und also das Negative, das im Augenblicke allein in Erscheinung getreten ist, als allein Vorhandenes er-

---

[38] Zeitgenössisch wirkungsvoll hatte Wilhelm Bauer (1877–1953) über politische Schlagworte reflektiert. Wilhelm Bauer, Die öffentliche Meinung und ihre geschichtlichen Grundlagen. Ein Versuch, Tübingen 1914; ders., Das Schlagwort als sozialpsychologische und geistesgeschichtliche Erscheinung, in: Historische Zeitschrift 122 (1920), H. 1, 189–240.

[39] Zu den Begriffen Latenz und Latenzzeit siehe die Einleitung zu diesem Band, 65–69.

[40] Als Scheinbegriffe wurden im Logischen Empirismus jene Begriffe bezeichnet, für die die Bedingungen der Bedeutungsangabe nicht erfüllbar sind (keine empirisch nachweisbare Referenz auf einen Gegenstand). Rudolf Carnap, Überwindung der Metaphysik durch logische Analyse der Sprache, in: Erkenntnis 2 (1931), 219–241, hier 221.

scheint. Da sich aber jede Kraft vermöge des ihr innewohnenden Gesetzes mit Notwendigkeit umgestalten muß, aber niemals überhaupt verloren gehen kann, so ist die Herrschaft des Negativen nur eine scheinbare, da sich gerade in dieser Latenzzeit die Neugestaltung der positiven Kräfte vollzieht, die bestimmt sind, die destruktiven Tendenzen zu überwinden. Mit der Setzung einer idealistischen Geschichtsdeutung, mit der Setzung der Ideen als allein geschichtsbildender Kraft ist somit die Notwendigkeit einer optimistischen Geschichtsauffassung gegeben. Das Vorhandensein des Negativen, das sich den Anschein positiver Kraft gibt, indem es mit den Mitteln des Positiven, d.h. mit Begriffen, zu arbeiten versucht, kann zwar nicht in Abrede gestellt werden, wohl aber muß der Scheincharakter dieser Herrschaft unbedingt betont werden.

Wenn wir die verschiedenen Kultureinheiten auf das Tempo der Begriffsexplikation hin betrachten, so beobachten wir weitgehende Differenzen in Bezug auf die Schnelligkeit der Explikation. Es ist schwer zu sagen, ob es innerhalb der verschiedenen Tempi ein Optimum gibt. Wir pflegen in der Schnelligkeit der Entwicklung im allgemeinen kein Zeichen überquellender Kraft, sondern eher den Ausdruck des Oberflächlichen zu sehen. Ebenso bedeutet eine allzu langsame Entwicklung vielleicht nichts anderes als eine immer größere Annäherung an eine völlige Stagnation. Es fehlen hier also durchaus die Maß- |39| stäbe, sodaß Werturteile kaum gefällt werden können. Diese Behauptung schließt in sich, daß auch weder ein höheres Alter noch große Jugend eines Volkes als solche irgendwelche Wertkriterien darstellt, da nicht abzusehen ist, wie weit und wie stark eine Explikation der Begriffe von einem jungen Volke bereits in der kurzen Zeit der Geschichte geleistet worden sein kann. Daß sich die Schnelligkeit der Entwicklung, also die rein zeitliche Seite, in keiner Weise für eine wertmäßige Beurteilung heranziehen läßt, beruht darauf, daß der Zeitkategorie als solcher überhaupt nur der Charakter einer formalen Kategorie des *Erkennens*, nicht aber Existenz zukommt. Die Geschichte vollzieht sich zwar für unser Erkennen in der Zeit, aber dieses Nacheinander ist doch nur ein scheinbares, im Grunde nur das Ergebnis eines unserem Denken adäquaten methodischen Verfahrens. Mit der Betrachtungsweise, daß die Ideengeschichte und mit ihr die Geschichte überhaupt als eine Explikation einzelner Begriffssysteme kulturbildender Kraft erfolgt, ist der Begriff des Fortschrittes ausgeschaltet. Das Alter einer Kultur ist kein Wertkriterium, weder im positiven noch im negativen Sinne. Ebenso lassen auch die einzelnen Stadien der Entwicklung innerhalb einer Kultur keine gegenseitige Abstufung nach Wertkriterien zu, da sie nur einzelne notwendige Phasen innerhalb desselben Prozesses darstellen.

Wenn wir eine Kultur als eine Explikation von Begriffseinheiten erfassen, so behaupten wir damit implizite ihre Unabhängigkeit von der Zivilisation und ihre Priorität gegenüber der Zivilisation. Zivilisation entsteht dann, wenn die durch die Explikation der Begriffe gewonnenen verfeinerten geistigen Methoden auch auf die Materie angewandt werden. Solange die Begriffe lebendig sind, solange ihre Stoßkraft noch vorhanden ist, bleibt die Verfeinerung auch des Materiellen durchaus im Dienste der Kultur, die richtunggebend wirksam ist. Sobald aber eine Latenzperiode der begrifflichen Explikation eintritt, beobachten wir, daß die Verfeinerung des Materiellen, seine Verwendung im Dienste des menschlichen Geistes zu einer Autonomie der Materie wird. Das Geistige ist nicht mehr richtunggebend. Die ethische Norm wird nicht mehr anerkannt, denn die autonome Materie steht außerhalb der ethischen Gesetze. Sie ist brauchbar zum Aufbau ebenso wie zur Vernichtung. Während also die Kultur als Geisteskultur an sich wertmäßig positiv ist, |40| bedeutet Zivilisation etwas wertmäßig Gleichgültiges, was freilich identisch mit einer Tendenz zur Vernichtung aller Werte ist.

Wozu *führt* die Explikation der Begriffe, wenn sie zur Vollendung gelangt? Da die vollkommene Explikation der in ihr enthaltenen Begriffe den Höhepunkt in der Entwicklung einer Kultureinheit, den vollkommen adäquaten Ausdruck ihres Wesens bedeutet, so ist, wenn Kultur mit Geisteskultur identisch ist, die vollkommene Explikation der in einer Kultureinheit gegebenen und wirksamen Begriffe zugleich die vollkommene Explikation des menschlichen Geistes, die Vollendung des Menschentums nach einer seiner Möglichkeiten hin. Darum bedeutet jede Kultur in ihrem Höhepunkt einen vollkommenen Ausdruck der Humanität, eine Realisierung der erkenntnismäßigen und ethischen Werte, die das Wesen des Geistes ausmachen. Die Latenzzeiten der Begriffsexplikationen aber sind zugleich Zeiten eines bewußten oder unbewußten Kampfes gegen das Ideal der Humanität. Die Autonomie des Materiellen, die Herrschaft des Scheinbegriffs verlangen infolge ihres negativ gerichteten Charakters geradezu die Verneinung des Geistigen, die Verneinung des Wertes um des Wertes Willen. Diese negativen Kräfte sind nicht nur unfähig zur Realisierung geistiger Werte, sie sind zugleich, um ihre scheinbare Existenz zu wahren, gezwungen, diese Werte als solche faktisch und oft auch ausdrücklich zu verneinen.

Jede Kultur braucht Menschen, die sie leben. Nur so kann sie Geschichte werden. Daß den einzelnen Kultureinheiten bestimmte Menschengruppen entsprechen, dürfte evident sein. Dagegen ist fraglich, welche soziologische Einheiten den Kultureinheiten entsprechen. Für das

Phänomen der Kultur in seiner Gesamtheit aber liegt das Problem noch eine Stufe weiter zurück. Hier bleibt es überhaupt problematisch, ob dem abstrakten Begriff der Kultur überhaupt eine historische Realität entspricht, d.h., ob wir die Menschheit in ihrer Gesamtheit als Trägerin der Kultur überhaupt ansehen dürfen. Hier berührt sich unsere Problemstellung mit der vom Geschichtsmythos und von der Geschichtsphilosophie immer wieder aufgeworfenen Frage, ob es eine einheitliche Weltgeschichte gibt und was der Sinn dieser Weltgeschichte ist.[13] Das Vorhandensein einer Weltgeschichte |41| in diesem Sinne ist unter unserem Gesichtspunkte zu verneinen. Die Einheit des Geistigen ist eine metaphysische. Die Geschichte als Explikation des Geistigen ist Explikation einzelner individueller Möglichkeiten. Diese Möglichkeiten sind alle in der Einheit des Geistigen verankert, sie sind von dieser Einheit her in ihrem Wesen bestimmt. So ist das Phänomen des Geistes in *jeder* seiner Explikationen in seiner Ganzheit realisiert, die Zahl der einzelnen Explikationen vermag die Einheit nicht einheitlicher zu gestalten. Jede neue Kultur führt nicht etwa die Kultur als solche einer größeren Vollendung entgegen: Sie ist eine neue Entfaltungsmöglichkeit. Der Begriff des Fortschritts ist darum auch in dem formalen Sinne, in dem ihn Georg Simmel[42] (Die Probleme der Geschichtsphilosophie, München/Leipzig 1922, 199f.) formuliert, auf die Geschichte nicht anwendbar. Der Sinn der Geschichte erfüllt sich jederzeit, er ist nicht erst am Ende der Zeit erfüllt.[43]

13 Über das Problem der Weltgeschichte s. zuletzt Hans Freyer, Die Systeme der weltgeschichtlichen Betrachtung, in: Propyläen-Weltgeschichte, Band I, herausgegeben von Walter Goetz, Berlin 1931, S. 9ff.[41]

---

[41] Zur Diskussion von »Weltgeschichte« im zeitgenössischen Judentum, insbesondere zu Simon Dubnows *Weltgeschichte des jüdischen Volkes* (10 Bde., Berlin 1925–1929) vgl. Dan Diner, Weltgeschichte, in: ders. (Hg.), EJGK, Bd. 6, 356–361. Gulkowitsch kommt an späterer Stelle auf Dubnows Schrift zu sprechen. Siehe unten, 320f.

[42] Georg Simmel (1858–1918) war Philosoph und Soziologe, dem nicht zuletzt aufgrund seiner jüdischen Herkunft eine akademische Karriere lange versagt blieb. Er gilt als Vertreter sowohl der Lebensphilosophie als auch des Neukantianismus. Amos Morris-Reich, Typus, in: Diner (Hg.), EJGK, Bd. 6, 189–193.

[43] Gulkowitsch könnte sich auf diese Passage beziehen: »Es ist zunächst klar, daß der Begriff des Fortschritts einen Endzustand voraussetzt, der in seiner Absolutheit ideell vorhanden sein muß, damit die Annäherung an ihn oder sein höheres Verwirklichungsmaß den späteren Zustand als den relativ fortgeschrittneren charakterisiere.« Georg Simmel, Die Probleme der Geschichtsphilosophie, in: ders.,

Wir pflegen den Träger einer Kultureinheit als Volk zu bezeichnen. Damit ist aber noch nichts ausgesagt, da durchaus in Frage steht, was den Begriff des Volkes ausmacht. Gehen wir davon aus, daß die Einheitlichkeit des Begriffskomplexes geschichtsbildend, d. h., daß sie in der Zeit epochebildend und im Raume „volks“-bildend wirkt, so setzen wir damit einen rein geistigen Volksbegriff.[44] Zu einem „Volke“ gehört, wer an seinem Begriffssystem aktiv und passiv teilhat, und zwar doch wohl auf Grund einer bestimmten seelischen Struktur. Von dieser seelischen Struktur, die nur das Ergebnis geistiger Kräfte sein kann, müssen wir annehmen, daß sie selbst Ergebnis der Geistesgeschichte ist, wobei die Möglichkeit einer Wirkung durch Generationen hindurch ebenso gegeben ist wie die einer Wirkung auf den Einzelnen. Da nur die Intensität, nicht aber die Zeit der Einwirkung hier eine Rolle spielen kann, so erklärt sich dadurch auch das Phänomen, daß eine Kultur in einem von außen Herangetretenen eine adäquatere Repräsentation und Weiterbildung erfahren kann als in schon durch Generationen unter dem Einfluß derselben Kultur stehenden Menschen. Entscheidend ist also eine geistig bestimmte Eigenart, ein *Typus*.[45]

Wir behaupten demnach, daß innerhalb einer Kultur ein gewisser Habitus des Einzelnen dem geistigen Charakter dieser Kultur adäquat ist, daß also dem kulturellen Typus ein psychologischer entspricht. Die Beziehungen zwischen Kulturtypus und psycho- |42| logischem Typus müssen in der Weise dialektisch sein, daß die Kultur von der geistigen Eigenart ihrer einzelnen Träger her bestimmt ist und ihrerseits die Eigenart des Typus gestaltet. Die Sprache, von deren Bedeutung für die Eigenart einer Kultur noch die Rede sein wird, dürfte der wichtigste Faktor sein, der im Verlaufe der Entwicklung einer Kultur auf den geistigen Habitus ihres einzelnen Trägers einwirkt. Der Grad der Adäquatheit des psychologischen Typus

---

Gesamtausgabe, Bd. 9: Kant. Die Probleme der Geschichtsphilosophie (Zweite Fassung 1905/1907), hg. von Guy Oakes/Kurt Röttgers/Otthein Rammstedt, Berlin 2017, 227–419, hier 394.

[44] Gulkowitsch greift hier offenbar den kulturalistischen Volksbegriff auf, wie er ihm durch die »Leipziger Schule« bekannt gewesen sein sollte. Der geistige Volksbegriff setzte sich zwar vom rassischen ab, über Nähe und Ferne der Protagonisten zum NS Regime sagt das jedoch kaum etwas aus. Elfriede Üner, Die Emanzipation des Volkes. Zum Volksbegriff der Leipziger Schule vor 1933. Ein Werkstattbericht, in: Reiner Mackensen/Jürgen Reulecke (Hg.), Das Konstrukt »Bevölkerung« vor, im und nach dem »Dritten Reich«, Wiesbaden 2005, 288–313.

[45] Der Typusbegriff war zeitgenössisch vor allem in Carl Gustav Jungs Psychologie prominent, vgl., wie unten von Gulkowitsch angeführt, Carl Gustav Jung, Psychologische Typen, Zürich 1921.

eines einzelnen Menschen und des für die betreffende Kultur charakteristischen Typus wird verschieden sein. Je größer die Adäquatheit, desto größer ist die Freiheit der Entwicklung und das Verstehen, das ein Mensch im Kreise seiner Kultur findet. Absolute Heterogenität des psychologischen Typus gegenüber dem kulturellen Typus dürfte wohl kaum zu den Normalfällen zählen, da ja auch die Kultur ihrerseits aktiv typenschaffend wirkt.[14] Ein heterogener Typus kann aber aus einer anderen Kultur übernommen werden. In einem solchen Falle wäre dann keine Assimilation im Sinne gegenseitiger Resultantenbildung möglich. Es könnte höchstens eine zwangsläufige Verfälschung des psychologischen Typus eintreten. Wenn aber eine neue Kultur, ein neuer Begriffskomplex im Werden begriffen ist, so wird sich das Auftreten heterogener Typen innerhalb der alten Kultur häufen. Es wird zu bis zur Tragik gesteigerten Zusammenstößen zwischen den Einzelnen und der Gesamtheit der Träger der herrschenden Kultur, zu Zusammenstößen zwischen dem alten und dem neuen geistigen Typus kommen. Es wäre eine interessante Feststellung, wenn es möglich wäre, den überwiegenden oder vielleicht sogar ausschließlichen Anteil bestimmter psychologischer Typen an bestimmten Kulturen aufzuzeigen. Die Wechselwirkung zwischen dem individuellen geistigen Habitus und dem geistigen Habitus einer Kultur macht es wahrscheinlich, daß die Einteilung in psychologische Typen nicht inkommensurabel im Verhältnis zur Einteilung der Kulturen in Bezug auf ihren geistigen Habitus sein wird. Es muß praktisch möglich sein, den dominierenden oder alleinigen Anteil der psychologischen Typen, |43| wie sie z. B. C. G. Jung[15] aufstellt, an einer Kultur aufzuzeigen.

Wenn wir die Geschichte als den Raum auffassen, innerhalb dessen sich nach dem Formalprinzip einer organischen Explikation die Entwicklung an dem Substrat der Begriffe vollzieht, so setzen wir damit einen eminent historischen Begriff der Entwicklung voraus. Dieser Entwicklungsbegriff

14 Es ist interessant, daß von der Psychiatrie ausgehende Psychologen, wie Jung (Psychologische Typen, Zürich 1921), darauf verzichten, auf die Ursachen der Typenbildung einzugehen. Jung weist vielmehr ausdrücklich auf das vollkommen Unkontrollierbare der typenbildenden Ursachen hin und macht letztlich unzulängliche psychologische Gründe geltend (ebd., 476 f.).[46]

15 Ebd., bes. Kap. X.

---

[46] Carl Gustav Jung (1875–1961) war der Begründer der analytischen Psychologie. Für den Gedanken, dass der Typus einem »unbewussten, instinktiven Grund sein Dasein« verdankt, vgl. Carl Gustav Jung, Psychologische Typen, Zürich 1921, 475.

läßt sich auch als Evolution im prägnanten Wortsinne erfassen. Wir kennen den Begriff der Evolution, allerdings in stark mechanisierter Form, als Formalprinzip der Darwinschen Deszendenztheorie.[47] Das bedeutet aber nicht, daß wir hier ein naturwissenschaftliches Prinzip auf die Geschichte übertragen haben: Die Deszendenztheorie geht vielmehr von der Tatsache aus, daß auch die Natur ihre Geschichte hat. Die Hierarchie der natürlichen Formen wird als Ergebnis einer Geschichte, eines Geschehens in der Zeit, aufgefaßt. Der an sich historische Begriff der Entwicklung hat gerade in dieser Übertragung auf biologische Phänomene sehr viel Aufsehen erregt und ist in dieser, eigentlich sekundären Form in den Mittelpunkt des Interesses gerückt. Das 19. Jahrhundert bedeutet also nicht die Entstehung des Entwicklungsbegriffes, sondern nur die Zeit seiner Popularisierung. Denn populär wurde der Begriff der Entwicklung gerade in dieser Form, die sowohl in der Geschichte der Wissenschaften als in Bezug auf die tatsächlichen Gegebenheiten als sekundäre Übertragung anzusehen ist. Die Natur wird in den Bereich der Geschichte einbezogen, die Geschichte also ihres vom Geiste her bestimmten Charakters entkleidet; eine solche Übertragung setzt darum eine der unseren entgegengesetzte Auffassung vom Wesen der Geschichte voraus. Der Evolutionsbegriff der Biologie hat also auch dort, wo er entmechanisiert worden ist, d. h., wo das Milieu nicht als allein ursachebildender Faktor angesehen wird, mit dem von uns vorausgesetzten Entwicklungsbegriff zwar das Formalprinzip der bloßen Explikation eines von vorneherein Gegebenen gemeinsam, unterscheidet sich aber von dem unseren in Bezug auf das Substrat, an dem und aus dem die Entwicklung sich vollzieht.

Entwicklung vollzieht sich in der Zeit, aber nur für unsere Vorstellung. Die theoretische Naturwissenschaft kennt den |44| Begriff der Zeit als Form der Anschauung, da Bewegung nur als zeitliches Nacheinander, Kausalität nur als Priorität der Ursache vor der Wirkung *vorstellbar* ist; es ist aber ersichtlich, daß der Begriff der Entwicklung schwerer vom Zeitbegriff abstrahierbar ist als die physikalischen Begriffe der Bewegung und der Kausalität. Trotzdem muß daran festgehalten werden, daß auch hier der Zeitbegriff nur eine formale Gültigkeit hat. In der Behauptung, daß alle Entwicklung nur Explikation eines von vorneherein Gegebenen darstellt, ist eine gewisse Ausschaltung des Zeitbegriffes enthalten. Die mystische Betrachtung der Welt, die diese Betrachtungsweise überspitzt,

[47] Nach der Deszendenz- oder Abstammungstheorie gehen alle natürlichen Arten auf eine bzw. wenige Urformen als Vorgänger zurück, mit denen jedes Lebewesen in gerader Abstammungslinie verbunden ist.

indem sie allen Nachdruck auf das von vornherein Gegebene legt und in der Explikation nur ein zufälliges Äußeres sieht, bedeutet eine vollkommene Abstrahierung vom Begriffe der Zeit. Infolge dieser Abstraktion sind die Begriffe der Mystik unhistorischer, lapidarer als die rationalistischen. Sie sind dem punktuellen Begriffszustand näher. Diese Tendenz der mystischen Begriffe auf Absolutheit hat zur Folge, daß die Mystik in Bezug auf *einen* Begriff dem Rationalismus gegenüber im Vorteil ist: in Bezug auf den Gottesbegriff.[48] Dieser Begriff entzieht sich seinem Wesen nach der Explikation. Alle Versuche, den Gottesbegriff zu explizieren, stoßen auf Schwierigkeiten, da in diesem Falle jede Überbetonung einer Begriffsnuance das konstituierende Element in diesem Begriff, die absolute Einheit, zerstört. Hier erklärt sich überhaupt erst die historische Möglichkeit der mystischen Weltanschauung. Nur auf dem Gebiete der Religion ist eine unbegriffliche Geistigkeit möglich, da ihr Zentralbegriff, der Gottesbegriff, letzten Endes seinem Wesen nach ein Unbegriff ist. Während auf allen anderen geistigen Gebieten das Fehlen von Begriffen geistigen Tod bedeutet, vermag die Religion von Begriffsexplikationen abzusehen und sich auf den reinen punktuellen Zustand ihres Zentralbegriffes zurückzuziehen, und da das Wesen dieses Begriffes gerade darin besteht, daß er nicht explizierbar ist, so kommt in diesem Rückzuge das Wesen der Religion gerade zu seinem vollendeten Ausdruck, sodaß alle echte Mystik als die eigentliche und wahre Erscheinungsform der Religion anerkannt wird, und zwar gerade von Außenstehenden. Der Verzicht auf ein Inbetrachtziehen des dynamischen Elementes der Explikation in der Mystik hat zur Folge, daß mystische Strömungen gerade in den Latenzzeiten |45| der begrifflichen Explikation besonders stark hervortreten, da sie von der Explikation nicht abhängig sind. Auch die eigentümliche Tatsache, daß die Mystik selbst keine Geschichte hat, ist hier begründet. Dieses Nichtanerkennen der Explikation als wesentlich bedingt auch realiter eine Unabhängigkeit von dieser Explikation und damit von der Geschichte. Im Gegensatz zur Mystik erkennt der reine extreme Rationalismus nur das Dynamische in der Entwicklung an und abstrahiert sich von der in

[48] Das spannungsreiche Verhältnis von Mystik und Rationalismus im jüdischen Denken thematisierte Gulkowitsch bereits am Rande seiner Dissertation *Wesen und Entstehung der Kabbala* (Königsberg, 1922). Er vertiefte die ersten Überlegungen zu diesem Gegenstand allerdings in: Gulkowitsch, Die Qabbala als rationales System; ders., Rationale und mystische Elemente in der jüdischen Lehre (der Text beruhte auf Gulkowitschs Leipziger Probevorlesung im Rahmen des Habilitationsverfahrens 1927).

nuce von vornherein gegebenen Wesenheit der Begriffe.[49] Eine extreme rationalistische Betrachtungsweise kann also nur das Fließende in der Geschichte anerkennen. Deshalb ist in Latenzzeiten, in denen die Begriffe scheinbar stagnieren, dem Rationalismus wenig Gelegenheit gegeben, in Aktion zu treten. Deshalb sind auch rein rationalistische Strömungen dem Auf und Ab der Geschichte viel stärker ausgesetzt als die Mystik. Das Fehlen einer klaren rationalistischen Betrachtungsweise der Welt in Latenzzeiten der Explikation läßt einem Pseudorationalismus mit Schlagworten, d.h. Scheinbegriffen, Raum, da dieser Scheinrationalismus nur durch einen wirklichen begrifflich fundierten Rationalismus, der aber eben explizierte Begriffe voraussetzt, überwunden werden kann, während die in Latenzzeiten gerade sehr lebendigen mystischen Strömungen wegen ihrer Gleichgültigkeit gegenüber begrifflichen Explikationen – mögen diese echt oder scheinbar sein – dazu nicht imstande sind.

Die Betrachtungsweise der Mystik erfaßt also nur eine Seite des Geschehens, der Rationalismus eine andere. In der Tat ist ein geschlossenes System nur durch eine solche Einseitigkeit zu gewinnen, es sei denn, daß durch einen genialen Denker wie etwa Maimonides die Gegensätze und notwendigen Spannungen mit Hilfe einer dialektischen Betrachtungsweise in Eins geschaut werden. Da es sich hier um ein Statisches im Dynamischen oder um ein Dynamisches im Statischen handelt, also um ein Oszillieren zwischen zwei Extremen, so muß auch in einem vollkommenen Bilde des Geschehens diese Zweiheit erhalten sein, nicht in Form eines Auseinanderklaffens des Systems, sondern in Form eben der dialektischen Betrachtungsweise, die gerade das Oszillieren als das Wesen der Dinge zu erfassen vermag.

Das Drängen der Begriffe auf Explikation, auf vollkommene |46| Erfüllung ihres Wesens, ist, da die Begriffe die Denkformen des menschlichen Geistes darstellen, identisch mit dem Zusichselbstkommen des menschlichen Geistes.[50] Das Drängen der Begriffe auf Explikation ist also,

[49] Mit Rationalismus werden philosophische Richtungen bezeichnet, die die Vernunft oder das Denken subjektiv oder die logische, vernünftige Ordnung objektiv in den Mittelpunkt der Betrachtung rücken. Von diesem Begriff her ist die von Gulkowitsch unterstellte enge Verbindung von Rationalismus und Geschichte nicht zwingend.

[50] »Zusichselbstkommen des menschlichen Geistes« ist ein bekannter Topos der Hegel'schen Philosophie. Vgl. z.B.: »Alles, was im Himmel und auf Erden geschieht – ewig geschieht –, das Leben Gottes und alles, was zeitlich getan wird, strebt nur danach hin, daß der Geist sich erkenne, sich selber gegenständlich

vom Menschen her betrachtet, ein Streben nach der Wahrheit und Wesenheit. In diesem Streben ist implizite das Ethos gegeben, das jedem um der Sache willen angestrebten Drängen nach der Erfüllung des im Begriffe Gegebenen ohne weiteres einen ethisch positiv zu bewertenden Charakter verleiht. Im Gegensatz dazu wird sowohl ein Stehenbleiben auf halbem Wege als auch ein Ausgehen von heterogenen Beweggründen als unethisch empfunden. Nur die Explikation um der Explikation willen erscheint als dem Ethos der Wahrheit entsprechend. Die Einheitlichkeit des menschlichen Geistes aber bedingt, daß dieses zunächst auf das „Theoretische" gerichtete Ethos der Wahrheit seinem Wesen nach auch zu „praktischen" Handlungen führen muß. Das Ethos des Denkens bedingt ein Ethos des Handelns. Hier liegt die Berechtigung der Identifikation von vollkommener Erkenntnis mit vollkommener Sittlichkeit. Diese Identifikation ist aber in vollkommenem Maße nur in der letzten Vollendung der Erkenntnis vorhanden. Es kann also nur in dieser letzten Vollendung von Identität gesprochen werden. Der Satz, daß vollkommene Erkenntnis mit vollkommener Sittlichkeit identisch sei, bedingt also durchaus nicht, daß Aufklärung notwendig moralisch positive Folgen haben und darum auf Grund einer moralischen Zielsetzung notwendig sein müsse. Im Gegenteil, nur die Voraussetzung, daß das Streben nach Erkenntnis als solches das reine Ethos der Wahrheit einschließt und jede Zweckbestimmtheit, auch eine moralische, ausgeschlossen wird, garantiert ja gerade den ethischen Charakter dieses Strebens. Da alle menschliche Erkenntnis nur stufenweise Annäherung an ein niemals ganz Erkanntes bedeutet, so können auch die sittlichen Konsequenzen aus der Erkenntnis nur stufenweise Annäherungen an die vollkommene ethische Forderung sein. Als unvollkommene Größen aber unterliegen die aus der Erkenntnis resultierenden sittlichen Konsequenzen in höchstem Maße einer Abweichung und Abbiegung durch heterogene Einflüsse, da sie als sekundäre und im Vergleich zur Erkenntnis periphere Phänomene einem Einfluß von außen her zugänglicher sind. Vollkommene Erkenntnis würde eine absolute |47| Herrschaft sittlicher Normen bedeuten, eine rein geistige Zielsetzung der Geschichte, die unbestrittene Herrschaft der aufbauenden Elemente. Gerade die Tatsache, daß alle aufbauenden Tendenzen folgerichtige Konsequenzen voll-

---

mache, sich finde, für sich selber werde, sich mit sich zusammenschließe. Er ist Verdoppelung, Entfremdung, aber um sich selbst finden zu können, um zu sich selbst kommen zu können.« Georg Wilhelm Friedrich Hegel, Werke, Bd. 18: Vorlesungen über die Geschichte der Philosophie I, hg. von Eva Moldenhauer/Karl Markus Michel, Frankfurt a. M. 1979, 41.

kommener Erkenntnis sind, beweist, daß alle scheinbare ideologische Grundlegung destruktiver Zielsetzung nur eine Scheinkonstruktion und damit niemals von dauernder Wirkung sein kann.

Die mit vollkommener Sittlichkeit identische vollkommene Erkenntnis, d.h. die restlose Explikation der ethischen Grundbegriffe, die das Wesen der Humanität ausmacht, ist die letzte Zielsetzung aller Explikation, und zwar eine ausgesprochen immanente Zielsetzung. Hier vollzieht sich das, was Hegel als das Zusichselbstkommen des absoluten Geistes bezeichnet. In dieser vollkommenen Explikation erfüllt sich der Sinn der Geschichte. Die Sinngebung der Geschichte erfolgt also aus dem Geiste selbst, nicht im Hinblick auf ein transzendentes Ziel, wie es etwa die Geschichtstheologie der Geschichte setzen muß. Die Vollendung des Geistes in seiner Geschichte darf aber nicht etwa mit einem Fortschritt des Geistes gleichgesetzt werden. Die Vollendung des Geistes in immer neuen Explikationen vollzieht sich immer wieder von neuem. Vom Standpunkte einer transzendenten Zielsetzung aus mag dieses Spiel als sinnlos erscheinen. Die Geschichte läßt sich durchaus als ein Abenteuer des Geistes, als ein bloßes Spiel erfassen, in dem das Seiende die Tatsache seines Seins immer aufs neue gleichsam vor sich selbst unter Beweis stellt.[16] |48|

[16] Die Geschichte bedeutet lebendiges Werden des metaphysisch immer gegebenen Soseins des Geistes. Sie enthält niemals das Sosein als Ganzes, wenn sie auch aus der Ganzheit des Geistigen lebt. Die Geschichte mag auch Trübungen, Störungen, ein Nicht-zu-Ende-Kommen der gegebenen Möglichkeiten aufweisen. Dennoch bedeutet die Geschichte das Leben des Geistes. Ohne Geschichte hat der Geist kein Leben. Hier scheidet sich unsere Auffassung der Geschichte von der Auffassung, die Nikolai Berdjajev seinen Schriften zugrunde legt (s. insbesondere Смысл истории, Berlin 1923, 222ff.): Berdjajev sieht in der Geschichte, indem er ihre Unvollkommenheit, ihre Tendenz zum Ungeistigen als notwendiges und konstituierendes Moment betrachtet, den Sündenfall des Geistes, den zu überwinden Aufgabe der Menschheit ist. Nach unserer Auffassung aber wäre dieser „Sündenfall" eine Notwendigkeit, ohne den es ein Leben des Geistes nicht geben kann.[51]

[51] Nikolai Berdjajev (1874–1948) war ein russischer Religionsphilosoph. Nikolai Berdjajev, Smysl istorii. Opyt filosofii chelovecheskoj sud'by [Der Sinn der Geschichte. Eine philosophische Untersuchung des menschlichen Schicksals], Berlin 1923; ders., Der Sinn der Geschichte. Versuch einer Philosophie des Menschengeschickes, Darmstadt 1925.

II. Die Geschichtsbetrachtung auf Grund einer Auffassung der Geschichte als Begriffsgeschichte

Wenn wir die Geschichte als Geistesgeschichte erfassen, d. h., wenn wir die Explikation der Begriffe als Formalprinzip und Triebkraft des historischen Geschehens ansehen und damit im Einzelnen die Eigenständigkeit eines Systems an Begriffen als das entscheidende Element betrachten, das eine Kultur als solche konstituiert, so haben wir damit implizite die *methodische* Forderung gestellt, daß eine Betrachtung der historischen Tatsachen darauf ausgehen muß, Eigenart, Umfang und Wirkung der einzelnen Begriffssysteme klarzustellen. Die methodische conditio sine qua non, daß die Methode der Struktur des Forschungsgegenstandes adäquat sein muß, wirkt sich bei dieser unserer Aufgabe dahin aus, daß wir zunächst erfassen müssen, in welcher Weise die einzelnen Begriffe einander und damit das Bild der Kultur bestimmen, die sich in ihnen manifestiert. Das Bild des historischen Geschehens, das sich unserer Betrachtung darbietet, stellt in Bezug auf die Intensität und Expansionskraft der geistigen Kräfte einen Wechsel zwischen aufsteigenden und absteigenden Tendenzen dar. Die Wellenbewegung der Geschichte, insbesondere nach ihrer geistesgeschichtlichen Seite hin, ist ein zu offenkundiges Faktum, als daß es von der Geschichtstheorie hätte übersehen werden können.[52] Es fehlt auch nicht an Versuchen, dem Gesetze dieser Tatsache nahezukommen. Die Überspitzung der Anwendungsmöglichkeit physikalischer Methoden hat dazu geführt, daß man unter unerlaubter Identifikation von Sache und Bild versucht hat, die Wellenlängen der Geschichte empirisch nachzumessen. Wenn wir aber dem Gestaltungsprinzip wirklich nahekommen wollen, das zur Wellenbewegung des historischen Geschehens geführt hat, so müssen wir die Ursache dieser Erscheinung zunächst in ihr selbst zu erkennen versuchen. Es |49| geht nicht an, in einem scheinbar empirischen Verfahren dem Geschehenen ein apriorisch konstruiertes Schema aufzuzwingen. Die Tatsache der Gliederung des historischen Geschehens in die Geschichte einzelner Phänomene, die wir als Kulturen bezeichnen, und die weitere Gliederung des Geschehens innerhalb der einzelnen Kulturen in Epochen muß aus dem *Wesen* der Geschichte heraus verstanden werden. Wenn

---

[52] Gulkowitsch verweist möglicherweise auf Nikolai D. Kondratieff, Die langen Wellen der Konjunktur, in: Archiv für Sozialwissenschaft und Sozialpolitik 56 (1926), 573–609. Der russische Ökonom Kondratjew (geb. 1892, 1938 zum Tode verurteilt und hingerichtet) nahm darin an, dass kurze Konjunkturzyklen von langen Konjunkturwellen überlagert werden.

wir die Geschichte als den Verlauf der Explikation von Begriffen erfassen und die einzelne Kultur als Manifestation eines eigenständigen Begriffssystems ansehen, so erweisen sich die großen Zäsuren der Geschichte, der Untergang ganzer Kulturen, als Latenzzeiten der begrifflichen Explikation. Wenn aber die Begriffe und ihre Geschichte einmal als Formalprinzip und Triebkraft des historischen Geschehens gesetzt sind, so bedeutet das, daß auch innerhalb der Einzelkultur die Geschichte der Begriffe als zäsuren-, d.h. epochebildend angesehen werden muß. Diese Betrachtung führt uns zu der Frage, in welcher Weise die Begriffe die Struktur der einzelnen Kulturen bestimmen. Da die Begriffe nicht einzeln nebeneinander zur Explikation gelangen, sondern in gegenseitiger Wechselwirkung, so ergibt sich daraus das Übergewicht von Begriffen größerer Intensität und Tragweite über Begriffe von geringerer Kraft. Wir gewinnen mit dieser Betrachtungsweise ein System von Begriffen, die ihrer Bedeutung für das Wesen der Einzelkultur nach mehr zentral oder mehr peripher sind. Je zentraler ein Begriff ist, um so größer ist seine Bedeutung für das Wesen der betreffenden Kultur. Wir kennen als solche Begriffe von zentraler Bedeutung den Begriff Volk in stark politisch gerichteten Kulturen, den Gottesbegriff in Kulturen religiöser Prägung, den Begriff der Harmonie in ästhetisch bestimmten Kulturen.

Die jeweils andere Nuance des oder der zentralen Begriffe innerhalb einer Kultur bestimmt die Einmaligkeit ihrer Eigenart. Auch zwischen zwei Kulturen spezifisch religiöser Tendenz z.B. wird dennoch ein grundlegender Unterschied bestehen, der aus der Verschiedenheit ihres Gottesbegriffes resultiert und aus dieser erkannt werden kann. Die Eigenständigkeit jeder Kultur bedingt einen ganz spezifischen Charakter gerade der zentralen Begriffe, sodaß in keiner religiös bestimmten Kultur ein Gottesbegriff wiederkehren kann, wie er in einer anderen Kultur vorhanden ist. Dennoch ist ohne weiteres evi- |50| dent, daß dieser religiöse Zentralbegriff, so verschieden er auch gestaltet sein mag, eben der Gottesbegriff ist. Das konstituierende Element am Gottesbegriff ist *der Begriff der Unbegrifflichkeit*, des Absoluten, des Losgelöstseins aus dem Begriffssystem und damit aus dem geistigen Entwicklungs*prozeß*. Dieses Element der Isoliertheit ist das konstituierende Element am Gottesbegriff, während alle weiteren Nuancierungen dieses Begriffes von der Eigenart der betreffenden Kultur bestimmt sind, sodaß [sich] aus diesen Nuancierungen das Wesen der betreffenden Kultur und – da es sich um einen Zentralbegriff handelt – gerade das innerste Wesen dieser Kultur ablesen läßt.

Es ist aber nur eine ideale Konstruktion, wenn wir nur einen Zentralbegriff für eine einzelne Kultur annehmen. In einem solchen Falle wäre mit der Geschichte dieses zentralen Begriffes die Geschichte dieser Kultur überhaupt zu Ende. Die Mannigfaltigkeit des historischen Geschehens und der Reichtum der Möglichkeiten, die ja gerade das niemals Errechenbare der Geschichte ausmachen, pflegen aber eine Gruppe von Begriffen im Mittelpunkte jeder Kultur hervorzubringen. Die Explikation der einzelnen zentralen Begriffe, zwischen denen – da sie ja Kraftzentren sind – eine Konkurrenz besteht, erfolgt nicht in ungestörter Parallelität, sondern in Form einer wechselseitigen Verdrängung. In dieser Verdrängung besteht das epochebildende Element innerhalb der Kulturen. Der Charakter jeder Epoche wird bestimmt durch den Charakter des jeweilig zentralen Begriffes. Solange der Verlauf eines historischen Geschehens noch nicht abgeschlossen ist, sind wir aber nicht immer darüber im Bilde, ob das Auftreten eines neuen Zentralbegriffes nur epochebildend ist oder ob hier ein historisches Phänomen eigener Prägung, ein neues System von Begriffen ins Licht der Geschichte rückt. Es kommt vor, daß ein neuer Begriffskomplex in Protest gegen einen anderen in Erscheinung tritt, daß er also den Anspruch macht, reinere, klarere und wertvollere Begriffe zu enthalten. Die Berechtigung dieses Anspruchs steht aber durchaus in Frage. Es kann sich wirklich um neue Begriffe handeln, die den Anfang einer neuen Kultureinheit bedeuten und so als Entwicklung nach eigenem Gesetz neben die alte Begriffseinheit treten. Es kann sich |51| auch um ein scheinbar Neues handeln, das früher oder später in die alte Begriffseinheit einmündet. Letztere Entwicklung scheint der Weg zu sein, den der Chassidismus[53] geht. Er entstand in Protest gegen die gültige Lehre, er gestaltete eigene Begriffe und übte eine belebende, richtunggebende Wirkung auf die Geschichte des Judentums aus. Aber die von ihm gestalteten Begriffe waren in ihrem Wesen und ihrer Richtung genuin jüdisch, sodaß der Chassidismus aus dem Judentum kommend dieses niemals verließ und verlassen konnte. Als eklatantestes Beispiel für den ersteren Fall bietet die Geschichte das Beispiel des Verhältnisses von Christentum und Judentum. Das Christentum, im Rahmen des Judentums in Erscheinung getreten, erwies sich als ein Neues, ein historisches Phänomen selbständiger Prägung mit eigenen Begriffsinhalten. Ob der Protestantismus gegenüber dem Katholizismus in diesem Sinne eine neue Kultureinheit, durch Eigenbegrifflichkeit gekennzeichnet, darstellt oder ob er als eine nur belebend, richtunggebend in Erscheinung getretene einseitige Explikation christli-

---

[53] Siehe die Einleitung zu diesem Band, Abs. 2.6 sowie unten die Texte 5 und 6. Vgl. zudem Gulkowitschs Habilitationsschrift *Der Ḥasidismus religionswissenschaftlich untersucht* (Leipzig 1927).

chen Wesens wieder in das genuine Christentum – als das sich in diesem Falle der Katholizismus erweisen würde – einmünden muß, entzieht sich in der gegenwärtigen historischen Situation noch unserer Kenntnis. Das Prinzip des Protestes, der sowohl zu einer Neubildung als auch zu einer Neubelebung des schon Bestehenden oder auch zu beiden führen kann, ist eine für die Geschichte der Religionen typische Erscheinung, und darüber hinaus ein Prinzip der Geistesgeschichte überhaupt. Es ist eine der Formen, in der Latenzzeiten überwunden werden. Die latent gewordenen Begriffe treten neu in Aktion. Was wir an diesen neuen oder scheinbar neuen Begriffseinheiten der Geschichte beobachten, ist der Anspruch darauf, nur eine Rückkehr zu einem Alten, Besseren zu sein. Diese Verkennung ihres eigenen Charakters resultiert aus dem Unbewussten, dem Organischen aller wirklich geistig fundierten Phänomene der Geschichte. Dieser Charakter haftet auch den einzelnen neuen Epochen und Strömungen innerhalb der Kultureinheiten an. Sie treten als Renaissance, als Neukantianismus, als Neuthomismus auf und bedeuten doch in Wahrheit eine ganz andere Explikationsstufe der Begriffe, die für sie zentral sind, als durch jene Richtungen, die als vorbildlich empfunden werden, einmal im Verlaufe der Geistesgeschichte realiter repräsentiert wurde.

|52| Ebenso berechtigt uns ein gewisses Stagnieren der Explikation innerhalb einer Kultur zunächst nicht zu der Annahme, daß diese Kultur alle ihre Möglichkeiten erschöpft hat, da nicht abzusehen ist, ob innerhalb dieser Kultur nicht noch Begriffe, die bisher von peripherer Bedeutung waren, zum Mittelpunkt des Kräftesystems werden können und so durch ihre Explikation der betreffenden Kultur eine neue Nuance zu geben vermögen.

Die Struktur der Begriffssysteme, ihre Gliederung in Begriffe von mehr zentraler oder mehr peripherer Bedeutung hat ihre methodischen Konsequenzen für unsere Geschichtsbetrachtung. Die gegliederte Struktur der Begriffssysteme gibt uns überhaupt erst die Möglichkeit der begriffsgeschichtlichen Untersuchung, da wir niemals in der Lage sein werden, die organisch ineinander verwebten Begriffe alle auf einmal zu erfassen. Es bleibt nur der Weg, einzelne Begriffe, und zwar die zentralen, aus dem Gesamtkomplex loszulösen und Art und Gesetz ihrer Entwicklung darzustellen, bis sich aus der Vielheit solcher Einzeluntersuchungen Art und Gesetz des Gesamtkomplexes in der Weise ergeben, daß sich das allen einzelnen Entwicklungen Gemeinsame herausstellt.

Die Methode der Erforschung der Geistesgeschichte muß darauf gerichtet sein, die für die einzelnen Epochen und Kultureinheiten entscheidenden zentralen Begriffe aus den Quellen herauszulesen. Erst von diesen zentralen Begriffen aus erschließt sich uns der innere Sinn, das Ziel der Quellen und damit der Kulturepoche, die sie repräsentieren. Wenn es uns gelingt, diese epochebildenden zentralen Begriffe herauszustellen, gewinnen wir eine gewisse Unabhängigkeit von der Zufälligkeit der Überlieferung und können uns somit von dem Fehler frei halten, in den die historische Forschung leicht verfällt, daß wir nämlich das Abreißen der Überlieferung den wirklichen Zäsuren im Verlaufe der Geistesgeschichte gleichsetzen.

Unter diesem Gesichtspunkte verschiebt sich das Problem einer allgemeinen Geschichtsschreibung prinzipiell. Um die Geschichte einer anderen Kultur als der eigenen schreiben zu können, ist es eine unerläßliche Voraussetzung, nicht nur die Quellen dieser Geschichte zu kennen, sondern sich mit dem Denken dieser Kultur so zu identifizieren, daß Sinn und Wesen der betreffenden Zentralbegriffe verstanden wird. Es muß dahingestellt bleiben, ob eine solche Identifizierung bei großer |53| Heterogenität überhaupt möglich ist. Doch kann die Möglichkeit der Identifizierung im Prinzip nicht in Abrede gestellt werden, da ja die organische Struktur aller lebendigen Kulturen die Möglichkeit des Ineinanderwachsens in sich schließt. Im Prinzip dürfte es also möglich sein, daß die Geschichte einer Kultur durch Angehörige einer anderen Kultur verstanden und dargestellt werden kann. Eine andere Frage ist aber die Frage der Darstellungsmethode. Jede Kultur hat ihren Begriff der Geschichte, ihre Zielsetzung für die Geschichtsschreibung und Geschichtsforschung. Selbst wenn es einem Angehörigen einer anderen Kultur gelingen sollte, die geistigen Triebkräfte aufzuspüren, die die Geschichte einer Kultur bestimmt haben, so wird sich doch der Forschungsantrieb wesentlich von dem unterscheiden, der innerhalb derselben Kultur zur Geschichtsschreibung führt. Darum wird auch das Urteil darüber, was an einer Geschichte darstellungswert ist, in jeder Kultur anders ausfallen. Damit ist die Subjektivität der Geschichtsschreibung gegeben. Subjektiv in diesem Sinne ist jede Geschichtsschreibung, ob es sich um die Darstellung der Geschichte der eigenen Kultur oder einer fremden handelt.

Dadurch, daß verschiedenen Zeiten innerhalb der Geschichte einer Kultur verschiedene Ereignisse und Leistungen als der Überlieferung und Erforschung wert erscheinen, entsteht allmählich eine von der Tradition bestimmte Auswahl von der Geschichtsforschung zugänglichen Materialien. Ist der Zeitabschnitt, innerhalb dessen Geschichtsschreibung und Geschichtswissenschaft getrieben wird, sehr lang und sind die einzelnen Epochen innerhalb dieses Zeitabschnittes sehr verschiedenartig, so pflegt das Material, dessen sich die Geschichtsforschung zu bedienen pflegt, allmählich sehr verschiedenartig zu werden und ein Bild zu bieten, das wie ein willkürliches Konglomerat anmutet, und das aus dem tatsächlichen historischen Geschehen Abschnitte so auswählt, daß der tatsächliche Verlauf der Geschehnisse als gefälscht erscheint. Bekannt ist die Überbetonung der Staaten- und der Kriegsgeschichte in der Geschichte der abendländischen Geschichtswissenschaft, die zur Reaktionsbewegung der sogenannten Kulturgeschichte führte.[54] Ebenso wie die Überbetonung der Staatengeschichte das Ergebnis eines bestimmten Stadiums in der Geschichte der abendländischen Kultur bedeutet, ist auch die Reaktion dagegen Ergebnis einer neuen Epoche in der Geistesgeschichte des Abend- |54| landes. Diese Reaktion fiel historisch zusammen mit der Reaktion einer synthetischen Geschichtsbetrachtung gegen eine analytische, sodaß die kulturhistorische Richtung zugleich als Vertreterin der synthetischen Betrachtungsweise auftrat, was logisch-sachlich nicht unbedingt notwendig gewesen wäre.[55] In dieser Weise hängt die Art der Geschichtsbetrachtung von der jeweiligen Entwicklungsphase der Kultur ab, der der Geschichtsschreiber oder der Geschichtsforscher angehört. Damit ist aber noch nicht ohne weiteres die reine Subjektivität der Geschichtsschreibung oder der Geschichtsforschung behauptet, da sich die Subjektivität zunächst nur auf die Auswahl des Stoffes und die Methode der Darstellung bezieht. Eine solche Darstellungsweise kann dennoch dem tatsächlichen historischen

---

[54] An anderer Stelle (siehe unten, 152) wird deutlich, dass Gulkowitsch die »Lamprecht'sche Schule« meint. Der Historiker Karl Lamprecht (1856–1915), seit 1891 Lehrstuhlinhaber an der Universität Leipzig, unterstellte, dass Kultur- und Wirtschaftsgeschichte primär, Politik- und Personengeschichte dagegen sekundär seien. Nach einem Methodenstreit mit der auf Leopold von Ranke (1795–1886) zurückgehenden Schule war Lamprecht in Deutschland isoliert, wurde allerdings z. B. von der Annales-Schule in Frankreich, die den Ansatz der Strukturgeschichte entwickelte, rezipiert. Robert Zwarg, Annales, in: Diner (Hg.), EJGK, Bd. 1, 102–105, hier 103. Es liegt nahe, dass Gulkowitsch die Lamprecht'sche Schule durch seine Leipziger Lehrtätigkeit kannte. Zum Methodenstreit vgl. Harald A. Wiltsche, »… wie es eigentlich geworden ist.« Ein wissenschaftsphilosophischer Blick auf den Methodenstreit um Karl Lamprechts Kulturgeschichte, in: Archiv für Kulturgeschichte 87 (2005), H. 2, 251–285.

[55] Karl Lamprecht unterscheidet in seiner Methodenschrift zwischen einer analytischen und der synthetischen Betrachtungsweise der Wissenschaften im Allgemeinen und der Geschichtswissenschaft im Besonderen. Gulkowitsch könnte den Gedanken entnommen haben: Karl Lamprecht, Was ist Kulturgeschichte? Beitrag zu einer empirischen Historik, in: Deutsche Zeitschrift für Geschichtswissenschaft, N. F. 1 (1896/1897), 75–150.

Geschehen gerecht werden, wenn sie auch nur immer eine Seite desselben darzustellen vermag.

Die lange und auf weite Strecken hin durch Überlieferung belegte Geschichte des Judentums bedingt eine größere Möglichkeit, Charakter, Grenzen und Entwicklung der jüdischen Geistesgeschichte zu erkennen und darzustellen, als dies bei anderen Kultureinheiten möglich ist. Darum ist es auch möglich, eine Philosophie spezifisch jüdischen Charakters nachzuweisen. Da die Zentralbegriffe des Judentums spezifisch religiös, und zwar ethisch-religiös sind, so muß auch seine Philosophie eben als jüdische Philosophie eine Religionsphilosophie ethischer Färbung sein. Der scheinbare Sondercharakter der jüdischen Philosophie hat zu der Behauptung geführt, das Judentum habe überhaupt keine Philosophie hervorgebracht.[56] Es wird also von der Prämisse ausgegangen, daß es eine „reine" Philosophie gibt, deren Begriffe nicht irgendwie inhaltlich bestimmt sind. Dagegen muß aber eingewendet werden, daß auch eine solche reine, d.h. rein formale, Philosophie einen Begriffskomplex voraussetzt, in dem eben die reinen Formbegriffe zentral sind, sodaß also auch hier nur die spezifische Philosophie einer Kultureinheit mit einer spezifischen Struktur und Hierarchie der Begriffe vorliegt. Die inhaltliche Bestimmtheit einer Philosophie von irgendeinem spezifischen Begriffssystem her bedingt niemals ihren mehr oder weniger „echt" philosophischen Charakter. Wie die Cartesianische Philosophie wegen ihres mathematischen, die Kantische

[56] Aus dem geistigen Umfeld der Wissenschaft des Judentums heraus wurde bereits im 19. Jh. die Frage aufgeworfen, ob es tatsächlich eine originäre jüdische Philosophie gäbe, oder ob nicht vielmehr Juden die Philosophie der Umweltkulturen rezipiert und mit spezifisch jüdischen Inhalten angereichert hätten. Gelehrte wie David Kaufmann (1852–1899), Moritz Eisler (1823–1902), David Neumark (1866–1924) oder Isaac Husik (1879–1933) kamen überein, dass die »jüdische Philosophie« eine Denkrichtung des Mittelalters bezeichne, während die moderne Philosophie religiöse Aspekte ausschließe und dementsprechend von einer »jüdischen Philosophie« keine Rede sein könne. Dieser Haltung widersprach zu Anfang des 20. Jh. am vehementesten Herrmann Cohen (1842–1918), der in der Philosophie des Judentums das Wesen des Judentums sah. Die Diskussion, ob ein religiöser Denker auch ein Philosoph sein könne, führten Julius Guttmann (1880–1950), Leo Strauss (1899–1973) oder später Shlomo Pines (1908–1990) kontrovers fort. Gulkowitsch greift die Diskussion an dieser Stelle auf und spricht sich für eine Verbindung »reiner« Philosophie mit der religiösen Begriffswelt des Judentums aus, d.h. für eine moderne jüdische Philosophie. Friedrich Niewöhner, Vorüberlegungen zu einem Stichwort: »Philosophie, jüdische«, in: Archiv für Begriffsgeschichte 24 (1980), H. 2, 195–220.

wegen ihres ethischen, die Hegelsche wegen ihres von der Geschichte her bestimmten Charakters |55| nicht als weniger „philosophisch" angesprochen werden dürfen, ebenso wenig bedingt die religiöse Grundlage der jüdischen Philosophie ihren weniger „philosophischen" Gehalt.

Wenn die jüdische Geistesgeschichte eine Explikation von Begriffen darstellt, unter denen die religiösen zentral sind, so ergibt sich die entscheidende Bedeutung der Explikation des Gottesbegriffes für diese Geistesgeschichte. Soweit es sich um die Frühzeit der Entwicklung handelt, also um die Zeit, für die das Alte Testament als Quelle der Forschung dient, ist längst eine Erforschung des Materials auf den Gottesbegriff und seine Entwicklung hin in eingehender Weise erfolgt. Nur hat man hier der Forschung einen anderen Begriff der Entwicklung zugrunde gelegt als dies von einer Betrachtung der Geistesgeschichte als Explikation von Begriffen her der Fall sein müßte. Für uns bedeutet Entwicklung nur Entfaltung eines von vornherein implizite Gegebenen, während die Religionsgeschichte des Alten Testamentes davon ausgeht, daß sich eine relativ primitive Stufe der Gottesvorstellung zu einer höheren, d.h. weiteren und geistigeren, entwickelt hat. Es wird in dieser Betrachtungsweise freilich doch implizite die Voraussetzung gemacht, daß diesem Gottesbegriff immerhin eine größere Kraft innegewohnt haben muß, durch die er und gerade nur er zu dieser höheren Stufe gelangt ist. Mag auch die praktische Religionsübung des israelitischen Volkes zunächst nur einen monolatristischen Charakter getragen haben, so hat doch der israelitische Gottesbegriff als solcher von vornherein eine Tendenz zum Monotheismus.[57] Dieser Gottesbegriff setzt Gott von vornherein als alleinige Realität. Auf Realität geht der Anspruch dieses Gottes, nicht nur auf Macht über andere geringere Realitäten. Nur so ist es erklärlich, daß sich dieser Gottesbegriff, hinter dem keine staatliche Macht, kein zahlenmäßig großes Volk, keine besonders hohe materielle Kultur stand, durchsetzen konnte. Was die Propheten formuliert haben, war nur Formulierung eines von vornherein Gegebenen und längst Gespürten. Daß sich dieser Gottesbegriff durchsetzen konnte, beruht also auf seiner in ihm selbst gegebenen Stoßkraft. Soweit die Geschichte des Gottesbegriffes im Judentum ihren Niederschlag im Alten Testament gefunden hat, ist sie nach vielen Seiten hin klargestellt worden. Über die weitere Entwicklung aber haben wir kein klares Bild. Das bedeutet jedoch

[57] Die Entwicklung von einer ursprünglichen Polylatrie zur Monolatrie, also der Verehrung nur einer einzigen Gottheit im Judentum, ist ein gängiges Motiv in der Religionsgeschichte. Umstritten ist sowohl in jüdischen als auch in christlichen Deutungen, wann der Übergang zum Monotheismus anzusetzen ist.

|56| nicht, daß die Entwicklung bereits in vorchristlicher Zeit abgebrochen ist. Denn es ist widersinnig anzunehmen, daß, nachdem der Gottesbegriff sich in Bezug auf seinen monotheistischen Realitätsanspruch durchgesetzt hatte, eine Stagnation seiner Explikation eingetreten sei, obwohl er doch noch mehr als zwei Jahrtausende lang geschichtsbildende Kraft bewiesen hat. Wenn die weitere Explikation dieses Begriffes nicht mehr so klar uns vor Augen steht, so liegt das am gegenwärtigen Stande unserer Forschung, daran, daß das Quellenmaterial wegen seines größeren Umfanges noch wenig erforscht worden ist. Dazu kommt, daß die Religionsgeschichte bisher in weitem Maße Aufgabe der christlichen Theologie gewesen ist, die die jüdische Religionsgeschichte in dem Augenblick aus ihrem Interessenbereich ausschalten konnte, wo mit der Entstehung des Christentums eine eigene christliche Entwicklung einsetzte.[17]

Falls nicht eine Stagnation und ihre Gründe in der weiteren Explikation des jüdischen Gottesbegriffes nachweisbar sind, müssen wir annehmen, daß sich der Begriff im Verlaufe seiner weiteren Entwicklung weiter expliziert hat. Nach welchen Seiten hin diese Explikation erfolgte, das darzustellen ist die zentrale Aufgabe einer Geschichte des jüdischen Geistes und speziell einer Geschichte der jüdischen Philosophie. Eine Geschichte der jüdischen Philosophie von diesem Gesichtspunkte aus fehlt uns aber noch vollständig.

Die Explikation des Gottesbegriffes nach seiner monotheistischen Seite hin war das Werk der großen Propheten von Amos bis zu Deuterojesaia. Was wir dann noch an prophetischen Schriften haben, ist durchaus epigonenhaft, es verdankt sein Vorhandensein nur dem Beharrungsvermögen historischer Bewegungen, das immer noch gewisse Ausläufer in Erscheinung treten läßt, nachdem die Bewegung selbst schon ihre geschichtsbildende Bedeutung verloren hat. Die Explikation des Gottesbegriffes nach seiner monotheistischen Seite hin ist nicht nur als eine Aufgabe anzusehen, die die großen Propheten vorfanden und dann in vorbildlicher Weise lösten, sondern diese Explikation ist überhaupt konstituierend für das |57| geistige Phänomen des israelitisch-jüdischen Prophetismus.[18] Um

17 Diesen Fehler einer Gleichsetzung des gegenwärtigen Forschungsstandes mit dem Charakter, der der Entwicklung realiter zukommt, findet sich z. B. bei Julius Guttmann, Die Philosophie des Judentums, München 1933.

18 Die an diesem historischen Beispiel besonders deutlich erkennbare Tatsache, daß die Begriffsexplikation Aufgabe einzelner soziologischer Gruppen ist, hat auch ihre sprachlichen Konsequenzen, da die Explikation eines Begriffes zugleich eine

dieser Aufgabe willen und an dieser Aufgabe entstand und erfüllte sich die geistige Bewegung des Prophetismus. Sie hörte auf, sobald die Aufgabe gelöst war. Der Prophetismus ist ein besonders augenfälliges Beispiel für die gesellschaftsbildende Macht der Begriffe, er leitet seine Existenz überhaupt nur aus seiner Aufgabe innerhalb der Entwicklung der Begriffe her.

Der Monotheismus im Gottesbegriffe des Alten Testamentes manifestiert sich im Begriffe eines Gottes der Geschichte. So schließt also die monotheistische Theologie des Alten Testamentes zugleich eine religiös gerichtete Geschichtsphilosophie in sich. In der Geschichte realisiert sich der Anspruch Gottes auf universale Gültigkeit, die Geschichte ist im Grunde nur die Auswirkung und die allmähliche Lösung der Spannung zwischen dem Universalitätsanspruch Gottes und der tatsächlichen Gottesferne der Welt. Wir begegnen also hier bereits in der Antike einer eminent geschichtlich orientierten Kultur, in der die Geschichte wesentlich als Realisierung eines geistigen Prinzips aufgefaßt wird. Für diese Auffassung ist die Geschichte der Welt identisch mit der zunehmenden Explikation des geistig gefaßten göttlichen Prinzips in der Welt. Diese Auffassung, die für das Judentum typisch ist und es im Prinzip von anderen Kulturen, z. B. dem Griechentum, trennt, ist das entscheidende und richtunggebende Moment für die weitere Geschichte des Judentums, d. h. für die Explikation der im Judentum gegebenen Begriffe.

Im weiteren Verlauf der Geistesgeschichte des Judentums erwies sich eine andere Seite des Gottesbegriffes als einer Explikation bedürftig und fähig: der ethische Charakter dieses Gottesbegriffes. Wenn wir auch damit rechnen müssen, daß eine spätere Zeit, für die der Gesetzescharakter der jüdischen Religion selbstverständlich geworden war, bei der Auswahl und |58| Ausdeutung der alten Dokumente für den Kanon von diesem ihren Charakter her bestimmt wurde, so dürfte doch der Gesetzescharakter von vornherein der israelitisch-jüdischen Religion ihr Gepräge gegeben haben. Die Explikation der ethischen Seite im Gottesbegriffe, die ihre spezielle Ausprägung in der Explikation des Tōrā-Begriffes fand, ist nicht mehr von den Propheten geleistet worden, sondern sie wurde zur speziellen Aufgabe des Priestertums seit Ezra. Dieses Priestertum ist jetzt Träger des

Differenzierung und Weiterbildung der Sprache bedeutet. Die durch die Explikation eines Begriffes oder einer Begriffsgruppe gekennzeichnete soziologische Größe wird stets ihre eigene Sprache ausbilden müssen, die sich erst allmählich in die Gesamtentwicklung der betreffenden Sprache einfügt. Hier ist das Phänomen einer von der Volkssprache getrennten Literatursprache begründet (s. unten Kap. IV).

Charismas. Der eigentümlich „prophetische" Eindruck, den die Persönlichkeit des Ezra auf uns macht, ist hier begründet. Die Explikation des Tōrā-Begriffes ist Aufgabe der jüdischen Gesetzeslehrer geblieben von Ezra über die Sōferīm und die Lehrer der tannaitischen und amoräischen Zeit[58] bis zu Maimonides, durch den eine letzte entscheidende begriffliche Klärung erfolgte (s. Lazar Gulkowitsch, Das Wesen der maimonideischen Lehre, Tartu 1935, 43).[59] Die Explikation des Tōrā-Begriffes ist also nicht in dem Maße durch eine besondere, auch soziologisch umreißbare Gruppe geleistet worden, wie die Explikation des monotheistischen Gottesbegriffes durch die Propheten. Wie zentral aber der Begriff des alleinigen Gottes und der ethischen Bestimmtheit seines Willens für das Judentum ist – so zentral, daß diese Begriffe geradezu das Judentum konstituieren –, beweist die Tatsache, daß die Explikation dieser Begriffe kontinuierlich durch Jahrhunderte hindurch erfolgen konnte, ohne durch radikale Umwälzungen politischer, sozialer und kultureller Art in ihrem Ablauf unterbrochen zu werden. Diese Unabhängigkeit von äußeren Umständen zeigt zugleich, worin das Wesen geistiger Bewegungen innerhalb eines Volkes besteht: Konstituierend für Entstehung und Ablauf einer solchen Bewegung ist die Aufgabe der Explizierung eines Begriffskomplexes.

In den geistigen Bewegungen, die die letzte Zeit vor Entstehung des Christentums charakterisieren, erfolgte die Explikation eines weiteren

[58] Als *sofrim* (hebr., Schreiber) wurden Angehörige einer Gruppe von Gelehrten bezeichnet, deren Ursprung bereits im Talmud in die Zeit von »Esra dem Schreiber« (5. Jh. v. d. Z.) datiert wird. Ittai J. Tamari, Alef Bet, in: Diner (Hg.), EJGK, Bd. 1, 1–4. Als tannaitische Periode gilt die Zeit der *tanna'im* (Wiederholer [der Lehre]) von ca. 70 d. Z. – 220. Aus ihren mehrheitlich in Palästina gelegenen Schulen stammen die ersten religionsgesetzlichen Kommentare und Abhandlungen, die Mischna und die Tosefta. Dieser Periode folgt bis ca. 500 die amoräische Zeit, in der die *amora'im* (Sprecher [der Lehre]) jeweils in Babylonien und Palästina u. a. die Gemara (aram., etwa: Abschluss) als Kommentar zur Mischna schufen; diese bildet jeweils das Hauptkorpus des Babylonischen und des Jerusalemer (auch Palästinischen) Talmuds. Jane L. Kanarek, Talmud, in: Diner (Hg.), EJGK, Bd. 6, 12–17.

[59] Gulkowitsch führt dazu in dem genannten Buch aus, es sei Maimonides' besonderes Verdienst gewesen, die Tora als eine ethische Größe aufgefasst zu haben, der als Schöpfungsprinzip auch eine metaphysische Bedeutung zukomme. Maimonides habe damit eine »Philosophie der Tradition« begründet, die sich fundamental von der griechischen Philosophie unterscheide, die Gulkowitsch zufolge den Mythos »nur als Mittel formaler Gestaltung« aufgegriffen habe. Gulkowitsch, Das Wesen der Maimonideischen Lehre, 42–45.

zentralen Begriffes, der ebenfalls von altersher im Judentum lebendig war: des Begriffes Volk. Dieser Begriff erfuhr eine ausgesprochen geistige Vertiefung und Erweiterung durch den Begriff des Messias.[60] Der Messias ist Repräsentant des Volkes, die Quintessenz und das Wesen des Begriffes Volk und Garant seiner metaphysischen Gültigkeit. Die rein begriffliche Erfassung dessen, was Volk bedeutet, |59| ermöglichte überhaupt die von allen Zufälligkeiten historischer äußerer Entwicklung unabhängige Existenz des Volkes. Der als evident erfaßte Kern des Begriffes Volk, repräsentiert durch die Lehre vom Messias, garantierte eine sichere und festere Gemeinschaft, als das jede äußere Bindung vermocht hätte. Der Messianismus bestimmte Ziel und Richtung des historischen Verlaufes, dessen Träger das jüdische Volk war, und gab dem Ablauf dieses Geschehens seinen inneren Sinn. In der Zeit der Konsolidierung des religiösen und vor allem des juristischen Lehrgehaltes im Judentum, die ihren Niederschlag im Talmud gefunden hat, mußte der Volksbegriff nach allen Seiten hin expliziert werden, da ja dieses religiös bestimmte Recht sich nur auf die Glieder des Volkes beziehen wollte und konnte und da es so notwendig wurde, den Volksbegriff klar herauszustellen. Der Begriff des Volkes als eines religiös bestimmten Begriffes von zentraler Bedeutung, der im historischen Charakter des israelitisch-jüdischen Gottesbegriffes von vornherein gegeben war, schien zunächst durch die universalistische Ausweitung dieses Gottesbegriffes aus seiner zentralen Stellung verdrängt worden zu sein. Er fand aber im Begriffe des Messias eine erneute Explikation, die sich in der Zeit der Ausgestaltung des Talmuds endgültig vollzog.

Die Explikation des Begriffes Volk trat also gerade in einer Zeit in Erscheinung, in der der jüdische Staat endgültig zugrunde gegangen war. Daß es gerade in einer solchen Zeit gelang, einen rein geistigen Begriff des Volkes zu lebendiger Wirkung zu bringen, ist ein schlagender Beweis dafür, daß mit der Zerstörung des Tempels die jüdische Geschichte keineswegs zu Ende war, daß sie auch nicht etwa passiven Charakter angenommen hatte. Die Auffassung, daß das Jahr 70 das Ende der jüdi-

---

[60] Die Idee des Messianismus, den Gulkowitsch hier sehr stark an den Begriff des Volkes knüpft, wird im Judentum auf die biblischen Propheten zurückgeführt und findet sich in allen Schriftquellen des Judentums. Sie steht auch im Zentrum des – Gulkowitsch sehr vertrauten – Chassidismus (Text 6, 538). Im 20. Jh. wird der traditionelle religiöse Messianismus transformiert und findet sich in unterschiedlichen utopischen Konzepten (Franz Rosenzweig, Martin Buber, Gershom Scholem, Ernst Bloch u. a.). Michael Löwy, Messianismus, in: Diner (Hg.), EJGK, Bd. 4, 147–151.

schen Geschichte bedeutet,[61] schließt die Auffassung in sich, daß aktive Geschichte mit Staatengeschichte identisch ist, soweit diese Behauptung nicht überhaupt nur eine Frage der Einteilung unserer wissenschaftlichen Disziplinen ist, da die Geschichte des jüdischen Volkes weitgehend eine Disziplin der historischen Theologie darstellt, für die sie naturgemäß nicht mehr von Interesse sein kann, sobald das Christentum als selbständige Größe, als Begriffskomplex eigener Prägung in die Geschichte eingetreten ist. Die Auffassung, daß Geschichte mit Staatengeschichte identisch ist, ist typisch für die Geschichtsauffassung |60| um die letzte Jahrhundertwende, eine Auffassung, gegen die vor allem die Lamprechtsche Schule ihre Forderung einer Kulturgeschichte gestellt hat.[62] Die Identifizierung der Geschichte mit der Staatengeschichte ist eine durchaus unjüdische Auffassung, da das jüdische Volk es gerade durch seine Geschichte unter Beweis gestellt hat, wie eine Kultur ohne jedes Staatswesen durch Jahrhunderte hindurch eine historische Größe eigener Prägung sein kann, ohne im geringsten zu stagnieren oder (wenigstens in ihrem Kern) der Sektiererei oder der Assimilation zu verfallen. Es ist kein Zufall, daß der Begründer des politischen Zionismus ein Zögling westeuropäischer Kultur gewesen, während der Erneuerer des kulturellen Zionismus aus der ältesten Jeschiba des Ostens hervorgegangen ist.[63]

---

[61] In diesem Jahr erfolgte die Zerstörung des Zweiten Tempels in Jerusalem.

[62] Siehe oben, Fn. [54].

[63] Theodor Herzl (1860–1904), der Begründer des »politischen Zionismus«, wuchs in einer assimilierten Familie in Österreich-Ungarn auf, studierte und arbeitete in Wien und Paris als Journalist und Schriftsteller. Herzl sah anfangs in einer organisierten Massenkonversion jüdischer Jugendlicher zum Christentum eine Möglichkeit, der ungleichen Behandlung von Juden entgegenzuwirken. Von dieser extremen Form der Assimilation wandte er sich jedoch spätestens unter dem Einfluss der Dreyfus-Affäre ab und der Idee eines jüdischen Staates zu. Der »kulturelle Zionismus« wurzelt dagegen im Judentum des östlichen Europa, dem als Minderheit die Erfahrung von Emanzipation und Assimilation versperrt war. Ascher Ginsberg (Achad Ha'am, 1856–1927), aus einer chassidischen Familie aus Skwira, in der Nähe von Kiew (heute Skwyra/Kyiv, Ukraine) stammend, gilt als Hauptvertreter eines Zionismus, der eine kulturell-religiöse Erneuerung des Judentums und der hebräischen Sprache als unbedingte Voraussetzung für die nationalen Bestrebungen des Judentums verlangte. Er konnte sich gegenüber dem politischen Zionismus Herzls nicht durchsetzen. Anders als von Gulkowitsch angespielt, erhielt Achad Ha'am seine Talmudausbildung nicht in der Jeschiwa von Skwyra, sondern von einem Privatlehrer. Paul Mendes-Flohr, Kulturzionismus, in: Diner (Hg.), EJGK, Bd. 3, 454–458.

Die innere Geschichte der Begriffsexplikationen ist die wirkliche Geschichte des Judentums. Ihre Phasen sind epochebildend. Die übliche Einteilung der Epochen jüdischer Geschichte nach den jeweiligen äußeren Einflüssen ist nicht nur irreführend in Bezug auf die Akzentverteilung zwischen genuin jüdischer Kultur und den Anregungen von außen her, da sie den Nachdruck einseitig auf die letzteren verlegt, sondern sie ist auch grundsätzlich falsch, weil sie die jeweils lebendige geschichtsbildende Idee vernachlässigt und so an Stelle der entscheidenden Triebkräfte gelegentliche Einflüsse, die bestenfalls modifizierend wirken können, als entscheidend für den Charakter der einzelnen Epochen hinstellt.

Die Aufgabe der einzelnen Bewegungen innerhalb einer Kultur ist eine aktive: die Explikation der Begriffe bis in ihre subtilsten Nuancierungen. Die Gesamtheit, die Träger der betreffenden Kultureinheit ist, rezipiert die explizierten Begriffe, und zwar nicht in allen Differenzierungen, aber doch in Form von als evident empfundenen Wahrheiten, die die Quintessenz des Explizierten darstellen. So stellt die Gemeinschaft das konservierende Element dar, das die Gesamtheit der Begriffe, die innerhalb einer Kultureinheit entstehen und ihr Wesen ausmachen, bewahrt und so die Einheitlichkeit des kulturellen Phänomens garantiert. Da aber die Gemeinschaft keine abstrakte Größe ist, sondern ein Organismus, der aus einzelnen Faktoren von eigener Prägung und individueller Willensrichtung besteht, so kommt jedem Einzelnen innerhalb dieser Gesamtheit eine Bedeutung im Prozeß der Begriffsexplikation zu. |61| Denn jeder Einzelne hat an dem Begriffssystem seiner Kultur teil. Jeder Einzelne aber stellt doch eine Individualität dar. Diese seine Individualität wirkt sich aus in einer gewissen Überbetonung irgendeiner Seite des Begriffskomplexes, durch den das Wesen der Kultur, der der Betreffende angehört, bestimmt wird. Jeder Einzelne ist in irgendeiner Form *monoman*. Jeder Einzelne vertritt eine Lieblingsidee. Wenn es sich um einen genialen Menschen handelt, so ist gerade diese Einseitigkeit, diese Besessenheit von einer Idee, ein schöpferisches Moment, und zwar das entscheidende schöpferische Moment. Dadurch, daß ein Begriff rein und einseitig vertreten wird, gelangt er zur vollen Ausgestaltung aller seiner Möglichkeiten. Die Geschichte selbst korrigiert diese Einseitigkeit, aber nicht etwa in der Form, daß das Extreme wieder abgeschliffen und auf ein normales Mittelmaß reduziert wird, sondern dadurch, daß die Geschichte einer Kultur die Einzelbegriffe wie unter einem Generalnenner zusammenfaßt. Jeder Begriff, sei er nur keimhaft vorhanden oder sei er bis in seine extremsten Möglichkeiten expliziert, ist in dieser Geschichte enthalten. Wie der Einzelne Träger der isolierenden und so übersteigernden Tendenzen ist, so ist die Gesamtheit Trägerin der zusammenfassenden Tendenzen. Das Gefühl der Gemeinschaft, das alle umfaßt, die einer Kultur angehören und darum *eine* Sprache sprechen, ist hier begründet. Das gemeinsame Gut an Begriffen ist die stärkste gemeinschaftsbildende Macht, die die Geschichte kennt. Das ist heute klar erkannt worden, und zwar gerade von denen, die gewillt sind, diese Erkenntnis zu mißbrauchen. Die Uniformierung des Geistes erscheint als das sicherste Mittel, eine Machtstellung für die Dauer zu festigen. Es bleibt nur fraglich, ob der Geist uniformiert werden kann. Denn eine solche Überbetonung des Gleichartigen verkennt die Tatsache, daß das Leben einer geistigen Gemeinschaft eben gerade auf der Verschiedenartigkeit der einzelnen Individualitäten beruht, aus denen sich die Gemeinschaft zusammensetzt. Eine Materie, deren Teile absolut gleichartig sind, ist tote Materie. Selbst die extremste Atomistik muß sich mit der Fiktion positiver und negativer Kräfte behelfen, um auch nur die einfachste Bewegung erklären zu können. Das Genie ist nur der extreme Ausdruck der lebenswichtigen Funktionen, die den Einzelnen zukommen. Jeder trägt gerade |62| durch die Einseitigkeit seiner Interessen und seiner geistigen Fähigkeiten dazu bei, das Ganze zu einem Wechselspiel von Kräften zu gestalten. Die Geschichte der Begriffe spielt sich also täglich und durch jeden ab. Die großen Leistungen der Geistesgeschichte sind nur die am deutlichsten hervortretenden Phänomene innerhalb dieses Prozesses.

Es bedarf heute keiner näheren Demonstration durch Beispiele mehr, daß sich die Geschichte des Geistes in Form von Zeiten größerer und von Zeiten geringerer geistiger Lebendigkeit vollzieht. Wenn wir nun die Geistesgeschichte als die Geschichte der Begriffe erfassen, so erweist sich dieses Auf und Ab zwischen Zeiten geistigen Aufstieges und Zeiten geistigen Niedergangs als ein Wechsel zwischen Zeiten, in denen überall Begriffe gestaltet und ausgestaltet werden, und Zeiten, in denen man sich begnügt, das vorhandene Gut an Begriffen weiterzugeben, wobei noch nicht einmal sicher ist, ob das vorhandene geistige Gut verstanden und also wenigstens richtig tradiert wird. Vom Menschen aus gesehen sind die Zeiten geistigen Niedergangs identisch mit Zeiten, die das Individuum zugunsten einer als allein gültig betrachteten Gemeinschaft ausschalten wollen. Wir haben gesehen, daß gerade das Individuum Träger des gestaltenden Momentes in der Begriffsgeschichte ist. Die Gemeinschaft des Geistes, die sich in Zeiten lebendigen Schaffens herauszubilden pflegt, gestaltet gerade aus dem Individuellen heraus. Das Drängen des Individuums auf Verständnis, der Versuch, das gedankliche Erlebnis dadurch fruchtbar zu machen, daß es anderen mitgeteilt, zugänglich gemacht wird, bringt es mit sich, daß gerade das schöpferische Individuum die Grenzen seiner Individualität überschreiten will und muß, ohne daß doch die Grenzen aufgehoben werden. Die Gemeinschaft geistigen Austausches ist im Grunde die einzige Gemeinschaft, die diesen Namen verdient. Eine radikale Tendenz, die das Individuelle ganz ausschalten will, um einer Gemeinschaft allseitige Gültigkeit zu verschaffen, erreicht nichts weiter als eine ungeheure Vereinsamung des Einzelnen. Läßt sich doch keine geistige Gemeinschaft von außen her erreichen, und die Gemeinschaft des Geistes ist die einzige Möglichkeit einer Gemeinschaft zwischen Menschen überhaupt. Denn die Tatsache des Verstehens, d. h. die Tatsache, daß Gedanken mitteilbar sind, ist das einzige Band, das |63| Gemeinschaft herstellen kann. Wenn die Freiheit des Einzelnen gewährleistet ist, wenn also für jeden die Möglichkeit besteht, Begriffe zu explizieren, einseitig und so weit bis zum letzten zu explizieren, wie dies nur möglich ist, so ergibt sich eine Fülle von Möglichkeiten, die Geistesgeschichte gestaltend weiterzuführen. Je stärker die geistige Kraft des Einzelnen und je umfassender die Begriffe sind, die er gestaltet, um so größer ist sein Einfluß auf die Geschichte. Daß die Freiheit geistigen Gestaltens, die unbedingte Voraussetzung für die lebendige Weiterentwicklung der geistigen Faktoren ist, bringt es mit sich, daß in Zeiten geistiger Lebendigkeit nicht nur eine geniale Persönlichkeit, sondern ein ganzer Kreis solcher Persönlichkeiten aufzutreten pflegt. Die Freiheit der Entfaltung des Individuellen, die solche Zeiten kennzeichnet, ermöglicht es jedem Einzelnen, alle Möglichkeiten geistigen Schaffens zu entwickeln. Was in geistigen Latenzzeiten erdrückt würde, kann sich in solchen günstigen historischen Situationen frei gestalten. Die großen Persönlichkeiten sind nur sichtbarer und greifbarer Ausdruck dessen, was in solchen Zeiten überall geschieht. Gerade die Tatsache, daß auch Menschen mit geringerer geistiger Kraft diese ihre Kraft doch wenigstens bis zum letzten entfalten können, sichert der genialen Persönlichkeit die Möglichkeit fruchtbarer Resonanz.

Dagegen beobachten wir, daß, wenn die Zeit des Schaffens vorüber ist, in einer geistig toten historischen Periode das geistige Gut der Vergangenheit mißachtet, bewußt diffamiert oder ganz vergessen wird. Erst wenn eine Neubelebung eingetreten ist, findet das Gedankengut der Vergangenheit wieder Resonanz und Verständnis. In der Geschichte der Scholastik und ihrer Bewertung tritt uns der typische Fall einer Diffamierung entgegen, die Folge eines Nichtmehrverstehens ist. Wir wissen heute, daß unsere modernen metaphysischen Theorien, wie die des Atomismus, in der Metaphysik der Scholastik ein Gegenstück finden, das sich an Sauberkeit der begrifflichen Definitionen und der Geschlossenheit des methodischen Aufbaues durchaus mit unseren modernen Theorien messen kann.

In der Geschichte des Judentums bieten sich uns als besonders eklatante Beispiele für ein Zeitalter stärkster geistiger Intensität vor allem die Zeit der großen Propheten, das Zeitalter des Pharisäismus,[64] die Periode der großen Philosophen |64| von Sa'adjā über Maimonides zu Ḥasdai Crescas dar.[65] In der Geschichte anderer Kulturen sind die Blütezeit des Griechentums im 5. und 4. Jahrhundert vor Chr., die Scholastik des Mittelalters, die Renaissance in Italien, der Humanismus in Deutschland und das Zeitalter des deutschen Idealismus die markantesten Beispiele dafür, wie in einer Zeit intensivsten Schaffens die großen Einzelpersönlichkeiten in lebendigem Wechselspiel zu einer Zeit stehen, die ihrem Schaffen jede mögliche Empfänglichkeit entgegenbringt.

Die Tatsache, daß die Blütezeit der Scholastik mit dem Zeitalter der großen jüdischen Philosophen zusammenfällt, daß zur Zeit der italienischen Renaissance die deutsche und französische Kultur gleicherweise Höhepunkte ihrer Geschichte erleben, die durchaus nicht nur Folgen italieni-

---

[64] Die »großen« bzw. »späteren« Propheten Jesaja, Jeremia und Ezechiel wirkten zwischen dem 8. und 6. Jh. v. d. Z. Die Pharisäer (hebr. *perushim*, etwa: sich absondernde Schriftgelehrte) bildeten eine politisch-religiöse Gruppe, die in der zweiten Hälfte des 2. Jh. v. d. Z. in Erscheinung trat. Sie sahen sich in einer Traditionslinie mit dem Priester Esra (Mitte des 5. Jh. v. d. Z.), der mit politischer Macht ausgestattet aus dem babylonischen Exil nach Jerusalem kam und der dortigen Kultusgemeinde eine neue Ordnung gab. Dazu gehörte die Einführung der Tora als festgeschriebener Rechtsordnung und die öffentliche Lesung ihres Textes im Tempel und in den Versammlungsräumen der jüdischen Bevölkerung. Mit der Etablierung eines für alle Juden geltenden Gesetzes stellten die Pharisäer das Machtmonopol der Sadduzäer aus dem Umfeld der Priesteraristokratie infrage und legten gleichzeitig den Grundstein für die Herausbildung des rabbinischen Judentums. Der von Gulkowitsch verwendete Begriff Pharisäismus ist aus der christlichen Rezeption heraus negativ besetzt, da im Neuen Testament Pharisäer als »Scheinheilige« oder »Schlangenbrut« (Mt 3,7; Luk 18,9 ff.) diffamiert werden. Menahem Mansoor, Pharisees, in: Encyclopaedia Judaica, 2. Aufl., hg. von Fred Skolnik/Michael Berenbaum [im Folgenden Skolnik/Berenbaum (Hg.), EJ], 22 Bde., Detroit, Mich., 2007, hier Bd. 16, 30–32.

[65] Chasdai ben Abraham Crescas (ca. 1340–1410) war ein spanischer Philosoph und eine religionsgesetzliche Autorität. Er setzte sich kritisch mit der Philosophie des Aristoteles und ihrer Rezeption innerhalb der jüdischen Tradition auseinander. Als politisches Oberhaupt der Juden Aragons kämpfte er gegen die verheerenden Auswirkungen des wachsenden Antijudaismus in Nordspanien, was sich seit der Pogromwelle im Jahre 1391 zunehmend in seinen philosophischen Polemiken gegen das Christentum niederschlug. Haim Kreisel, Prophetie, in: Diner (Hg.), EJGK, Bd. 5, 32–36, hier 35 f.

schen Einflusses, sondern eigenständige Leistungen dieser Kulturen darstellen, weist darauf hin, daß die Zeiten größter geistiger Intensität in verschiedenen Kulturen in ungefähr das gleiche Zeitalter zu fallen pflegen. Wir wissen nicht, aus welchen Gründen in irgendeiner Kultur plötzlich oder allmählich eine Zeit der Entfaltung aller Kräfte eintritt. In vielen Fällen können wir jedoch beobachten, daß das auslösende Moment von einer anderen Kultur herkommt. Aber nur das auslösende Moment; was dann geschaffen wird, ist doch eigenes Werk jeder Kultur und ein Beweis dafür, daß auch für diese Kultur die Zeit zu einer Entfaltung ihrer Kräfte reif war.

Es ist jedoch eine der Freiheiten der Geschichte, die ihre Regel selbst zu durchbrechen pflegt, daß hin und wieder eine starke Persönlichkeit auch in geistig toten Zeiten ihre gestaltende Kraft allen Widerständen zum Trotz zu entfalten vermag. Es bleibt dabei immer eine ungelöste Frage, ob ein solcher Mensch in einer historischen Situation, die ihm günstiger gewesen wäre, seine Kraft noch besser und reicher hätte entfalten können oder ob seine Kräfte gerade am Widerstand gewachsen sind. Diesem Typus des einzelnen Schaffenden in einer sonst toten Zeit fehlt eine Resonanz des Verstehens; erst eine spätere Zeit, eben eine Zeit neuen geistigen Lebens, vermag ihn zu begreifen.

Wenn wir das Wesen der Kultur im Hinblick auf ihre Träger zu erfassen suchen, so bietet sich uns das Bild einer kulturschaffenden Gemeinschaft dar. In dieser Gemeinschaft |65| sind die Leistungen des Einzelnen dem Grade ihrer Wirkungen nach verschieden. Aber keine Leistung bleibt ganz ohne Wirkung. Hier muß allerdings eine Einschränkung gemacht werden: Der Charakter der Gemeinschaft als eines Organismus, der mehr ist als die Summe seiner Teile, und der Charakter des Individuums, das mehr ist als ein Teil der Gemeinschaft, bedingen, daß beim Konnex des Verstehens und bei der Wirkung der einzelnen geistigen Leistung auf die Struktur der Gesamtkultur immer ein Rest bleibt, der nicht mitteilbar ist, daß also die geistige Leistung des Individuums in einem letzten innersten Kern sein absolutes individuelles geistiges Eigentum bleibt. Je stärker eine Individualität ist, desto größer wird dieser Rest sein, sodaß die größten Denker auch die einsamsten Denker bleiben müssen, obwohl ihre Wirkung auf andere weitaus größer als die eines Durchschnittsmenschen ist.

Der Kreis derer, die zum Bereich einer Kultur gehören, beschränkt sich unbedingt auf die Gemeinschaft derer, die Kulturgüter in irgendeiner Form schaffen oder die durch ihre Arbeit die Schaffung von Kulturgütern sekundär gewährleisten. Der Genuß der Kulturgüter allein aber bedeutet durchaus noch kein Teilhaben an einer Kultur. Da nur der in irgendeiner Form kulturschöpferische Mensch an einer Kultur teilhat, so ist mit dem prinzipiell ungeistigen Menschen der Konnex des Verstehens niemals herzustellen. Der prinzipiell ungeistige Mensch hat also am Verlauf der Geschichte, falls diese sich von der Geistesgeschichte her bestimmt, keinen aktiven Anteil. Von hier aus versteht sich die Kraftlosigkeit und die kurze Wirkungsdauer des Schlagwortes, das den Versuch darstellt, den geistigen Charakter einer Bewegung vorzutäuschen, die nach Zielsetzung und Methoden im Prinzip ungeistig ist. Das Individuum in seinen Beziehungen zur Gemeinschaft und nur in diesen Beziehungen einerseits, und die Gemeinschaft in ihrer Beziehung zum Individuum und nur in dieser Beziehung andererseits sind Träger der Entwicklung in der Geistesgeschichte. Der Begriff der Entwicklung schließt als solcher die Setzung eines Substrats von dieser Struktur ein, denn nur die Wechselbeziehung zwischen Individualität und Ganzheit ermöglicht eine Entwicklung als Explikation des Gegebenen. Hier erweist sich der Entwicklungsbegriff, wie ihn die Soziologie, vor allem Spann, herausgestellt und wie ihn Driesch über |66| die Empirie hinaus zu formaler Allgemeingültigkeit gestaltet hat, als wesentlich fruchtbarer gegenüber dem darwinistischen, der das Individuum, aktiv oder passiv, als alleiniges Substrat der Entwicklung ansieht.[66]

Die Gemeinschaft als Trägerin des Gutes an Begriffen, das sich in der Geschichte einer Kultur expliziert, kann sich dessen bewußt werden, daß sie Trägerin eines geistigen Gutes von besonderer Prägung ist. Sie wird sich bewußt, daß sie Trägerin von *Traditionen* ist. Das Bewußtwerden von Traditionen pflegt Hand in Hand zu gehen mit einer Fixierung dieser Traditionen. Die Fixierung ist sowohl Ausdruck eines Willens zur Form als Ausdruck eines Willens zur Dauer. Hier liegt die Gefahr der Erstarrung und des unberechtigten Autoritätsanspruches. Diese Gefahr wird aber nur dann akut, wenn die schöpferischen Kräfte innerhalb einer Kultur zu Ende gehen. Solange diese Kräfte lebendig sind, kann es ihr Schaffen nicht beeinträchtigen, daß eine Phase in der Entwicklung fixiert wurde. Denn wenn die fixierte Tradition wirklich Tradition, d.h. Ausdruck des momentanen Standes einer lebendigen Entwicklung gewesen ist, so birgt die fixierte Tradition ebenso viel Möglichkeiten zu weiterer Explikation in sich wie eine nicht fixierte. Sie garantiert vielmehr eher eine größere

[66] Othmar Spann (1878–1950) war ein österreichischer Ökonom und Soziologe. Er war frühes Mitglied der NSDAP und wesentlicher Vertreter des sogenannten Austrofaschismus, kritisierte jedoch das Ausmaß der Judenverfolgung. Spann forderte eine Neuordnung von Staat und Gesellschaft auf berufsständischer Grundlage und vertrat ein neoromantisch-organizistisches Gemeinschaftsmodell, auf das Gulkowitsch anspielt. – Zu Driesch siehe oben, Fn. [21].

Mannigfaltigkeit der Entwicklung, da sie Anknüpfungspunkte für Explikationen bietet, die zeitweilig beiseitegedrängt wurden und so ohne fixierte Tradition in Vergessenheit geraten wären. Wenn aber die Latenzzeit eingetreten ist, so fehlen die Möglichkeiten weiterer Explikationen. Damit ist die Tradition erstarrt, aber nicht weil die Tradition als solche starr sein muß, sondern weil die Gesamtkultur, deren Wesen in der Tradition Ausdruck fand, erstarrt ist.

Jede lebendige, d. h. explikationsfähige Tradition befindet sich in einer beständigen Krise. Die Explikation ihrer verschiedenen Einzelbegriffe erfolgt in verschiedenen Zeiten, sodaß bald dieser, bald jener Begriff im Mittelpunkt der Entwicklung steht und deshalb auf absolute Gültigkeit tendiert. Da die Explikation einzelner Begriffe Aufgabe verschiedener soziologischer Gruppen innerhalb einer Kultur zu sein pflegt, bedeutet die Tendenz eines Begriffes auf absolute Gültigkeit zugleich den Anspruch einer soziologischen Gruppe auf absolute Gültig- |67| keit ihrer geistigen Ziele, d. h. den Anspruch darauf, daß ihre und nur ihre geistige Art genuiner Ausdruck des Wesens der betreffenden Kultur sei. Dem Anspruch einzelner Gruppen auf Alleingültigkeit der von ihnen explizierten Begriffe setzt aber die Tradition den Widerstand entgegen, den jedes lebendige geistige Sein allen Verdrängungsversuchen entgegenstellt. Der Kampf pflegt immer damit zu enden, daß sich das Traditionelle als das Umfassendere und dem Wesen der betreffenden Kultur in ihrer Gesamtheit Adäquatere zu behaupten pflegt, daß aber die Tradition durch die ihr entgegentretende einseitige Bewegung nach einer Seite hin eine Modifikation erfährt. Es ist dabei von geringem Belang, ob die traditionelle oder die antitraditionelle Richtung als revolutionäre Richtung, als Opposition gilt. Die Oppositionspartei der Pharisäer[67] z. B. war Vertreterin der Tradition gegenüber der herrschenden antitraditionellen Richtung, während die Opposition der Karäer sich gegen die herrschenden Hüter der Tradition richtete.[68]

---

[67] Neben der »schriftlichen Tora«, die Moses von Gott am Berg Sinai offenbart wurde, etablierten die Pharisäer die Idee der »mündlichen Tora«, die Moses ebenfalls im Offenbarungsgeschehen empfangen, allerdings nur mündlich tradiert habe. Die mündliche Tora umfasst die rabbinische Traditionsliteratur wie Mischna, Talmud und Midraschim und trug »als von Gott geoffenbart« wesentlich zur Autorisierung der rabbinischen Schule bei.

[68] Die jüdische Bewegung der Karäer erlebte im 8.–11. Jh. im islamischen Kulturkreis ihre Blütezeit. Die Karäer lehnten das Konzept der mündlichen Tora und damit die rabbinische Autorität ab und erkannten allein die schriftliche Tora als göttliches Gesetz an. Golda Akhiezer, Karäer, in: Diner (Hg.), EJGK, Bd. 3, 325–330, hier 325.

Wenn sich die karäische Opposition nicht durchsetzen konnte, die Pharisäer dagegen zur Herrschaft gelangten, so ist das z. T. darin begründet, daß hinter den Pharisäern die Macht der Tradition stand, d. h., daß das Anliegen der Pharisäer genuines Anliegen des Judentums in seiner Gesamtheit war, während die Ziele ihrer Gegner, ohne unjüdisch zu sein, doch nur eine Seite dessen darstellen, worauf die Geschichte des Judentums gerichtet ist. Entsprechend waren die Karäer nicht Vertreter eines unjüdischen, sondern nur eines einseitigen Prinzips. Ihre Bewegung konnte sich darum nur modifizierend auswirken.

Wenn wir die Geschichte als eine Explikation von Begriffen, an der jeder Einzelne teilhat, auffassen, machen wir damit zugleich eine Aussage über die Erkennbarkeit dieser Geschichte, über die Möglichkeit der „objektiven" Aussage.

Alle Aussagen über das Wesen und die Gestaltung eines dynamischen Systems von Begriffen sind Aussagen, bei denen der Beobachter und sein Gegenstand einander nicht gegenüberstehen, sondern der Beobachter in seinen Gegenstand einbezogen ist. Die Individualität des Beobachters bedeutet eine Individualität der Aussage. Aber in dem Maße, in dem der Beobachter an dem Beobachteten teilhat, hat auch seine Aussage an dem dynamischen System der Begriffe teil. Das Erlebnis |68| der Evidenz ist hier begründet. Eine Aussage ist dann evident, wenn sie vollkommen in das System der Begriffe einbezogen ist.[19] Diesen als evident empfundenen Aussagen kommt der Wert und die Gültigkeit des Denkaxioms zu. Unter

19 Franz Brentano (Wahrheit und Evidenz, Leipzig 1930, S. 61–69) legt in seiner Auseinandersetzung mit der „clara et distincta perceptio" des Descartes und der Evidenzlehre Sigwarts den Nachdruck im Evidenzbegriffe darauf, daß der Begriff der Evidenz den Begriff der Allgemeingültigkeit einschließt. Damit ist der Weg gezeigt, auf dem der schwierige und erschöpfend wohl niemals erklärbare Begriff der Evidenz besser erfaßt werden kann, als das bisher geschehen ist. Nicht so sehr vom psychologischen Akte des Evidenzerlebnisses her als von den Beziehungen des evidenten Urteils zum Gesamtsystem des Gedachten kann man dem Begriff der Evidenz näherkommen.[69]

[69] René Descartes' (1596–1650) Formulierung entnimmt Gulkowitsch der 2. Meditation. René Descartes, Meditationes de prima philosophia. Lateinisch – Deutsch, aufgrund d. Ausg. von Artur Buchenau neu hg. von Lüder Gäbe, durchges. von Hans Günter Zekl, Hamburg 1977, 56. Christoph Sigwarts (1830–1904) Überlegungen zur Evidenz finden sich im ersten Band seiner *Logik*. Christoph Sigwart, Logik, Bd. 1: Die Lehre vom Urteil, vom Begriff und vom Schluss, 3., durchges. Aufl., Tübingen 1904, 15 und 24.

diesen Axiomen des Denkens aber sind nicht die als Axiome bezeichneten Prämissen der Mathematik zu verstehen. Was sie von den Axiomen im Sinne der Mathematik unterscheidet, ist ihre Unisolierbarkeit, ihre Bezogenheit auf ein Ganzes, ihr dynamischer Charakter, während die Prämissen der Mathematik bewußt mit statischen Größen, die festumrissen sind, arbeiten. Wo die einzelnen Aussagen einander in der Form widersprechen, daß die eine die andere ausschließt, oder wo eine Aussage nicht verstanden werden kann, fehlt diese innere Beziehung zum Ganzen. Die sogenannte Subjektivität der Aussage kann verschiedene Ursachen haben. Subjektivität bedeutet zunächst nur Verschiedenheit des Standpunktes. Wenn aber von diesem Standpunkte aus das Wesentliche gesehen ist, so muß der Aussage Evidenz zukommen. Wir gewinnen die evidente Aussage also nicht dadurch, daß wir aus einer Reihe verschiedener Aussagen den ihnen gemeinsamen Faktor herausziehen. Jede Aussage, soweit sie in das System der Begriffe einbezogen ist, ist evident, ihr kommt der Wert einer gültigen Aussage über das Wesen des Beobachteten zu. Das Darinstehen des Beobachters im Gegenstand seiner Beobachtung gefährdet nicht die sogenannte Objektivität der Aussage, sondern es garantiert und ermöglicht vielmehr gerade deren Evidenz. Wie der Begriff einerseits als Individualität seinem eigenen Gesetze folgt und doch andererseits einem dynamischen System von Kräften, die in einem ständigen Wechselspiel stehen, angehört, so ist auch jede einzelne Aussage über das Wesen der Dinge eine Individualität, die nur von diesem Standpunkte aus so gestaltet werden konnte, und trotzdem andererseits ein Faktor innerhalb |69| eines umfassenderen Systems, nämlich innerhalb der Gesamtheit der wissenschaftlichen Erkenntnis, ist. Zwischen der Individualität der einzelnen Aussagen und ihrem unlösbaren existentiellen Bezogensein auf ein System von Aussagen besteht also dasselbe organische Verhältnis wie zwischen der Individualität des einzelnen Begriffes und seiner Bindung an ein dynamisches System von Begriffen. Die Erkenntnisse, die in ihrer Gesamtheit die Wissenschaft ausmachen, sind also nicht der größte gemeinschaftliche Faktor aller individuellen Erkenntnisse und Aussagen, sondern sie bestehen aus einer Gesamtheit von individuellen Erkenntnissen und Aussagen, von denen jede auf das Ganze bezogen ist und innerhalb des Ganzen einen ihr und nur ihr zukommenden Platz einnimmt. Die Individualität der Erkenntnis und der Aussage wäre auch dann gegeben, wenn der Beobachter über eine ideale Weite des Blickfeldes und Schärfe der Einzelbeobachtung verfügte. Wir müssen also die Individualität trennen von der Unzulänglichkeit, die jeder Erkenntnis in größerem oder geringerem Maße anhaften muß, je nachdem der Beobachter auf Grund seiner geistigen Kapazität und auf

Grund des fördernden oder hindernden Einflusses des Milieus über eine größere oder geringere Weite des Blickfeldes verfügt, d. h., die Individualität jeder Aussage ist ein ihr als solcher notwendig zugehöriges Moment, das nicht identisch ist mit der durch äußere Umstände bedingten Unzulänglichkeit der einzelnen tatsächlichen Aussagen.

Bei der Betrachtung des Substrates, an dem sich die Geschichte als Geistesgeschichte vollzieht, auf seine Struktur hin, begegneten uns innerhalb dieses dynamischen Systems zwei fest umreißbare Strukturorganismen: die Einzelkultur und der Einzelbegriff. Diesen beiden Organismen entsprachen die Einheiten auf dem Gebiete, auf dem sich das Geistige am sichtbarsten und seinem Wesen am adäquatesten realisiert, auf dem Gebiete der Sprache: Den Kultureinheiten entsprechen die einzelnen Sprachen, den Einheiten der Begriffe die Worteinheiten. Wir sehen in dieser strukturellen Entsprechung eine enge Beziehung zwischen Kultur und Sprache, zwischen Wort und Begriff. Die Sprache muß mehr sein als ein zufälliges Schema, nach dem beliebige Ausschnitte aus einem dynamischen System gemacht werden. Denn die Sprache ist wesenhaft an der Struktur des Geistigen beteiligt. Die enge Ent- |70| sprechung von Wort und Begriff – aus der ohne weiteres auch die enge Entsprechung von Einzelkultur und Einzelsprache resultiert, sofern unsere Voraussetzung der geschichtsbildenden Kraft des Geistigen richtig ist – ergibt sich aus der Beobachtung der Beteiligung des Sprachlichen an der Struktur des Geistigen in der Form, als man von Wirkungen auf Ursachen schließen kann. Wenn wir aber die Entsprechung von Wort und Begriff methodisch korrekt deduzieren wollen, so müssen wir den umgekehrten Weg gehen, d. h., die Notwendigkeit einer wesensmäßigen Entsprechung von Wort und Begriff darf nicht aus der Folgeerscheinung des Einflusses der sprachlichen Kategorien auf die Struktur der Geistesgeschichte abgeleitet, sondern sie muß aus dem Wesen der Sprache als solcher und ihren Beziehungen zum Denken deduziert werden. Die Beziehungen von Sprache und Denken werden wesentlich daher bestimmt, welche Stelle man dem Denken innerhalb der Struktur des Seins anweist. Je existentieller das Wesen des Denkens aufgefaßt wird, um so größer wird die Bedeutung der Sprache. Die Geschichte der Philosophie zeigt, wie jede idealistische Richtung, d. h. jede Richtung, die dem Denken Realität, unter Umständen sogar Identität mit dem Sein, zugesteht, der Sprache eine entscheidende Funktion innerhalb der Wirklichkeit zuweist.

Es muß also unsere weitere Aufgabe sein, die Beziehungen zwischen Sprache und Denken darzulegen und die Bedeutung aufzuweisen, die der Sprache innerhalb der Geschichte zukommt. |71|

III. Die Relation der Begriffsgeschichte zur Sprachgeschichte

Die Geschichte als Geistesgeschichte, d. h. als Explikation von Begriffen, weist eine an sich dynamische Struktur auf, die aber auf zwei Strukturstufen zu faßbar umrissenen Formen ausgestaltet ist. Diese faßbaren Formen sind erstens der einzelne Begriff und zweitens die einzelne Kultur. Faßbar werden diese Formen dadurch, daß ihnen sprachliche Größen von eindeutiger Abgrenzung entsprechen. Diese Entsprechung bedingt die Fragestellung, ob dem Wort eine mehr als zufällige, konventionelle Bindung an den Begriff zukomme.[70] Der Nachweis einer inneren Entsprechung von Wort und Begriff, aus der eine innere Entsprechung von Kultur und Sprache ohne weiteres resultieren würde, ist von entscheidender Bedeutung sowohl für die Erfassung des Phänomens Sprache als auch für die Methodik unserer historischen Forschung. Wenn eine solche innere Entsprechung vorhanden ist, so können einerseits die Erscheinungen der Sprachgeschichte nicht isoliert erklärt werden, sondern ergeben sich als notwendige Bestandteile innerhalb der Entwicklung des Geistes, und andererseits gewinnen wir an den sprachlichen Erscheinungen Quellenmaterial für die Erforschung der Geistesgeschichte, das mehr als jede andere Quelle von bewußten Fälschungen frei und außerdem besonders befähigt ist, die feinsten und tiefsten Regungen des historischen Verlaufs zu registrieren.

Der Nachweis einer größeren oder geringeren Entsprechung von Wort und Begriff ist ein uraltes Problem der Philosophie. Da die Methode, die Terminologie und die Problemstellung unserer Sprachphilosophie, wie die unserer Philosophie überhaupt, ihre Ausgangspunkte in der griechischen Philosophie haben, so empfiehlt es sich, unsere sprachphilosophischen

---

[70] Die von Gulkowitsch diskutierte Frage nach einer inneren Entsprechung von Wort und Begriff hat eine lange sprachphilosophische Tradition. Zurückgehend auf Platons Dialog *Kratylos* wird bis heute zwischen Konventionalisten und Naturalisten unterschieden. Der Konventionalismus führt die Entstehung der Sprache auf menschliche Setzung und Übereinkunft zurück, dagegen vertritt der Naturalismus die Auffassung, dass die Wörter der Sprache aufgrund einer natürlichen Beziehung zwischen ihrer Lautgestalt und ihrer Bedeutung die bezeichnete Sache darstellen. In Gulkowitschs Gegenwart war es vor allem der Schweizer Sprachwissenschaftler Ferdinand de Saussure (1857–1913), der in seinem 1916 posthum veröffentlichten *Cours de linguistique générale* (dt. Grundfragen der allgemeinen Sprachwissenschaft, 1931) das Verhältnis von Lautbild und Vorstellung (*concept*) eines sprachlichen Zeichens als arbiträr bezeichnete.

Betrachtungen zur griechischen Philosophie und ihren Umgestaltungen im |72| Verlaufe der abendländischen Geschichte in Beziehung zu setzen. Damit ist aber nicht gesagt, daß innerhalb anderer Kultureinheiten als der griechischen keine Theorie der Sprache, ihres Ursprungs und ihres Wesens geschaffen worden wäre. Das Alte Testament z. B. überliefert einen Sprachmythos, der eine Beschäftigung mit den Problemen der Sprache direkt beweist. Darüber hinaus zeigt aber die Bedeutung, die dem Worte und dem Namen im Alten Testament zugeschrieben wird, daß der Kulturkreis, der sich in diesem literarischen Produkt manifestiert hat, eine Auffassung eigener Prägung vom Wesen des Wortes und der Sprache hatte.[20] Was die talmudisch-midraschische Tradition an Sprachtheorien verrät, erweist sich als direkte Fortsetzung und Ausgestaltung der essentiellen Sprachauffassung der Bibel, wobei aber damit zu rechnen ist, daß vor allem in der formalen Ausgestaltung das griechische Denken zur Analyse und

20 Die für das Alte Testament typische essentielle Auffassung vom Wesen des Wortes und der Sprache bildet zwar die Voraussetzung für jeden Wortzauber, und der Wortzauber ist die extremste Auswirkung einer essentiellen Sprachauffassung, aber die essentielle Sprachauffassung ist nicht ohne weiteres mit dem Wortzauber identisch; vgl. dagegen Karl Voßler, Geist und Kultur in der Sprache, Heidelberg 1925, S. 3.[71]

---

[71] Gulkowitsch spielt wohl auf folgenden Satz des Romanisten und Literaturhistorikers Karl Vossler (1872–1949) an: »Adam war eine Art Zauberer, dem alle Lebewesen des Paradieses gehorchten, weil er sie beim richtigen Namen rief.« Karl Vossler, auf dessen Schriften Gulkowitsch sich vielfach bezieht, war seit 1911 Professor an der Universität München. Als generell eher unpolitischer Gelehrter lehnte er jedoch aufgrund seiner republikanisch-demokratischen Gesinnung den Nationalsozialismus ab. 1937 wurde er wegen seiner politischen »Unzuverlässigkeit« zwangsemeritiert. Die wissenschaftlichen Themen des wichtigen und einflussreichen Romanisten bildeten die italienische, dann die französische Literatur, später die spanische Dichtung. Vossler trug wesentlich dazu bei, die Romanistik aus dem Positivismus herauszulösen und sie unter Rückgriff auf Wilhelm von Humboldt einer philosophisch-ästhetischen und neuidealistischen Betrachtungsweise zuzuführen. Karl Vossler, Positivismus und Idealismus in der Sprachwissenschaft. Eine sprach-philosophische Untersuchung, Heidelberg 1904. Unter seinem Einfluß wandten sich verschiedene seiner Schüler der Begriffsgeschichte zu. Müller/Schmieder, Begriffsgeschichte und historische Semantik, Kap. III.4: Romanistische Sprach- und Literaturwissenschaft (Erich Auerbach, Leo Spitzer, Werner Krauss), 430–443.

Differenzierung des Problems angeregt hat.[21] Das Alte Testament ist jedoch durchaus nicht unsere älteste |73| Quelle für Sprachtheorien besonderer

21 Wenn die Tradition auf Grund von R. Mē'īr jedem die zukünftige Welt verheißt, der der heiligen Sprache (d.i. der Sprache der Tōrā, zuweilen aber wurde auch die tannaitische Sprache[72] heilige Sprache genannt, wozu Moses H. Segal, לשון המשנה. מוצאה ותולדותיה, in: מדעי היהדות, Band I, Jerusalem 1926, S. 31)[73] mächtig ist (Sifrē Dt. 32;[74] Talmud jerušalmi Šeḳālīm III, 3;[75] weitere Parallelen und Varianten s. bei B. Ratner, שקלים, אהבת ציון וירושלים, z. St., Wilna 1914, S. 21),[76] so wird damit in der Sprache des Mythos zum Ausdruck gebracht, daß die Sprache nicht nur ein unvollkommenes irdisches Verständigungsmittel ist, sondern zu den wesentlichen geistigen Gütern gehört: Auch die zukünftige Welt wird den Gebrauch einer Sprache kennen. Wenn die Sprache keinen geistigen Wert hätte, so müßte der Mythos für die zukünftige Welt einen Zustand ohne Sprache annehmen. Die Anschauung, daß der Sprache ein Ewigkeitswert zukommt, hat sich so bedingungslos durchgesetzt, daß sich daraus Gebote ableiten (vgl. z. B. פסיקתא זוטרתא [*Pesiqta Zuṭarta*] zu Dt. 11,19, Venedig 1546, Bl. 71 b*α*;[77] Jalḳūtṭ Šim'ōnī, Band I, § 871, Wilna 1909, Bl. 298 a*β*).[78] So sieht man es als eine wichtige Erziehungspflicht an, die Kinder die heilige Sprache zu lehren. Das hat zunächst keine völkischen, sondern rein religiöse Voraussetzungen. Maimonides in seinem Kommentar zu Āḇōṯ II,1 geht in der Hochschätzung dieses Gebotes so weit, daß er es zu den מצוות [*miẓwot*], den Tōrā-Geboten, rechnet.[79] Diese Auffassung ist keine Verherrlichung des Hebräischen als der nationalen Sprache, sondern sie verherrlicht die Sprache der Tōrā und damit die Sprache an sich. Diese Auf- |73| fassung teilt auch der Zohar, indem er die heilige Sprache in den Bereich der Dinge einbezieht, denen sich die Šeḵīnā selbst gesellt, d. h. die der realen, der geistigen Seite des Seins angehören (Zohar II, 129a).[80]

---

[72] Mit »tannaitische Sprache« ist das Hebräische gemeint, das in der tannaitischen Periode (siehe oben, Fn. [58]) u.a. zur Verschriftlichung der Mischna diente. Rabbi Meir (2. Jh.) war einer der bedeutendsten tannaitischen Gelehrten, dessen Lehrmeinungen sowohl in der Mischna als auch in Midraschim tradiert wurden.

[73] Moshe H. Segal, Leshon ha-Mishnah. Moẓa'ah we-toldoteiha [Die Sprache der Mischna. Ihr Ursprung und ihre Geschichte], in: Mada'ei ha-yahadut [Jüdische Studien] 1 (1926), 30–44.

[74] Louis Finkelstein (Hg.), Siphre ad Deuteronomium, New York 1969 (zuerst Berlin 1939), 333, 383 [Hebr.]; Hans Bietenhard (Hg.), Der tannaitische Midrasch Sifre Deuteronomium, Bern 1984 [Dt.].

[75] Talmud Yerushalmi, Traktat Sheqalim, 3,3 (Krotoschin 1866; Y. Sussman, Jerusalem 2001 [Hebr.]); Martin Hengel/Jacob Neusner/Peter Schäfer (Hg.), Seder Moed, Traktat 5: Sheqalim, übers. von Frowald G. Hüttenmeister, Tübingen 1990 [Dt.].

[76] Dov Bär Ratner, Ahavat Ẓiyyon wi-Yerushalaim [Liebe zu Zion und Jerusalem], Bd. 4: Sheqalim, Ḥagiga, Mo'ed Qaṭan [Schekel, Festfeier, Halbfeiertage], Wilna 1914.

[77] Leqaḥ Ṭov, Venedig 1546; Salomon Buber (Hg.), Midrash Leqaḥ Ṭov ha-mekhuneh Pesiqta Zuṭarta [Peschitta Leqah Tov, genannt Peschitta Zutarta], Wilna 1894 (Jerusalem [2]1960). Tovya ben Elieser (Tobias, Sohn des Elieser), ein Gelehrter aus dem 11. Jh., verfasste den Midrasch *Leqaḥ Ṭov* als Kommentar zum Pentateuch und den fünf Megillot (Festrollen: Hohelied, Rut, Klagelieder, Kohelet, Ester). Gulkowitsch verwendete den älteren Titel *Pesiqta Zuṭarta.*

[78] *Yalqut Shim'oni* ist eine umfangreiche Anthologie von Midraschim zu allen Büchern der hebräischen Bibel. Als Kompilator des Kommentarwerks wird Schimon ha-Darschan angenommen, der im 13. Jh. in Frankfurt a. M. gewirkt haben soll. Jacob Elbaum, Yalkut Shimoni, in: Skolnik/Berenbaum (Hg.) EJ, Bd. 21, 275 f. Ein traditioneller Druck des *Yalqut Shim'oni* erschien 1898 und 1924 in Wilna (heute Vilnius, Litauen) bei Wittwe & Gebrüder Romm; möglicherweise ist die erwähnte Ausgabe von 1909 ein weiterer Nachdruck oder ein Druckfehler.

[79] Gulkowitsch bezieht sich hier auf Maimonides' Kommentar zu *Avot* (auch *Pirqei Avot*, dt. Sprüche der Väter). Dabei handelt es sich um ein Mischnatraktat mit großer ethischer und liturgischer Bedeutung innerhalb der jüdischen Tradition. Maimonides gibt in der von Gulkowitsch rezipierten Stelle seiner Ansicht Ausdruck, dass eine ausgewogene Persönlichkeit auch leichteren *miẓwot* – wie der Freude an Feiertagen oder eben dem Erlernen der hebräischen Sprache – die nötige Aufmerksamkeit widme.

[80] *Sefer ha-Zohar* (Buch des Glanzes) ist ein mystischer Bibelkommentar und zugleich eines der zentralen Werke der mittelalterlichen Kabbala. Als pseudepigrafischer Midrasch gibt er die Gespräche des Tannaiten Schimon bar Jochai (geb. ca. 120) mit seinem Sohn und einem Kreis von Freunden wieder. Um möglichst authentisch zu wirken, haben die Autoren den Text in einem anachronistischen Kunstaramäisch verfasst, das den mittelalterlichen Autor offenbarte. Gulkowitsch bezieht sich hier auf eine Aussage aus dem 2. Kapitel des 5. Buches (*Parashat Terumah*), 129b, die in 129a vorbereitet wird. Der *Zohar* betont in diesem Abschnitt die Notwendigkeit, dass die gottesdienstliche Rezitation einer *qedusha* (wörtl. »[Gebet der] Heiligung«) nicht auf Aramäisch, sondern in »der heiligen Sprache« zu erfolgen habe. Nur so könnten die göttlichen Tore geöffnet und die Präsenz Gottes in der Welt – die *shekhinah* (wörtl. Einwohnung) – erreicht werden, denn »die Schechina ist eins mit der heiligen Sprache«. The Zohar. Pritzker Edition, Bd. 5, übers. und komm. von Daniel C. Matt, Stanford, Calif., 2009, Parashat Terumah (129b), 208 (dt. von A. M.). – In Gulkowitschs Nachlass befindet sich u. a. ein 140-seitiges, paginiertes, jedoch unbetiteltes Typoskript mit Untersuchungen zum Zohar aus dem Jahr 1933 (HRUT 47/II/10; 141 Bl.).

Prägung. Denn das auf uns gekommene akkadische[81] Schrifttum verrät eine besondere Neigung zu philologischer Arbeit, die vor allem durch ihre lexikalische Tendenz charakterisiert wird und somit eine Ansicht vom Wesen der Sprache voraussetzt, die, auch wenn sie nicht theoretisch formuliert worden sein sollte, doch einen ziemlich ausgeprägten Charakter gehabt haben muß. Das Problem der Sprache, die Frage nach ihrer Entstehung und ihrem Wesen, gehört zu den Urproblemen des menschlichen Geistes und ist im Bereiche des mythischen Denkens ebenso behandelt worden wie im Bereiche des begrifflichen.

Da eine gewisse innere Entsprechung von Sprache und Denken evident ist, so wird das Wesen der Sprache um so essentieller aufgefaßt, je essentieller der Charakter ist, den man dem Denken zuschreibt, d. h. also, daß jede idealistische Philosophie dazu neigt, die Sprache als wesentlichen Faktor in ihr Weltbild einzubeziehen. Sie kann darin bis zur völligen Identifikation von Sprache und Denken, von Wort und Begriff, gehen. Eine solche Identifikation läuft aber wie alle radikalen Theorien Gefahr, ins Gegenteil umzuschlagen.[22] Die Identität von Sprache und Denken ist am stärksten von Heraklit vertreten worden.[23]

22 So sieht Fritz Mauthner (Die Sprache, Frankfurt/M. o. J. = Die Gesellschaft, ed. Martin Buber, Band 9) in der Sprache zwar ein im höchsten Maße gesellschafts-, also geschichtsbildendes Moment, und gesteht ihr damit einen seinsmäßigen Charakter zu, betrachtet aber beides, die Sprache sowohl als die aus ihr resultierende Geschichte, als Ergebnis willkürlicher Konventionen und muß deshalb der Sprache jeden Wert als Mittel zur Erkenntnis absprechen.[82]

23 Ernst Cassirer, Philosophie der symbolischen Formen I, Die Sprache, S. 57 ff., sieht in dieser Identifikation noch eine Befangenheit im mythischen Denken. Es

[81] Das Akkadische ist eine ausgestorbene semitische Sprache, die bis ins 1. Jh. d. Z. in Mesopotamien verwendet wurde, später aber nur noch als Schrift- und Gelehrtensprache existierte.

[82] Der Philosoph und Journalist Fritz Mauthner (1849–1923) hatte im Anschluss an Friedrich Nietzsche (1844–1900) eine skeptische Sprachtheorie als radikale Erkenntniskritik entwickelt. Der Nachweis des Bedeutungswandels und die Metaphorizität der philosophischen Wörter dienten ihm der Begründung eines radikalen Skeptizismus. Seine *Beiträge zu einer Kritik der Sprache* (3 Bde., Stuttgart 1901/1902) wurden kontrovers rezipiert, teils positiv als radikale Aufklärung, teils (und vor allem in der akademischen Öffentlichkeit) als unwissenschaftlich und nihilistisch. Vgl. dazu Müller/Schmieder, Begriffsgeschichte und historische Semantik, 78–81. – *Die Sprache* erschien in erster Auflage 1906.

darf aber nicht vergessen werden, daß, um diesem Gedanken Ausdruck zu geben, die Sprache des Mythos als adäquat anzusehen ist.[83]

Die Ideengeschichte pflegt als erste Anschauungsstufe der Menschheit die der mythischen Anschauung anzusehen (wir sprechen bewußt von der mythischen Stufe der *Anschauung*, nicht des Denkens, denn in der Skala: sinnliche Wahrnehmung – Anschauung – Erkenntnis – Urteil, gehören die Mythenbildung und die ihr entsprechenden Formen auf die Stufe der Anschauung, der Mythos ist ein Weltaspekt, eine Betrachtungsweise, nicht eine Theorie des Weltgeschehens; so steht im Gegensatz zur mythischen Weltbetrachtung nicht das begriffliche Denken, da dieses auf einer anderen Ebene liegt), die |74| allmählich durch die zweite Stufe der symbolischen Anschauung abgelöst wird. Es ist zweifellos richtig, daß diese beiden Anschauungsformen typische Formen der menschlichen Anschauung sind und daß sie in einer gewissen gegensätzlichen Beziehung zueinanderstehen. Nur darf nicht übersehen werden, daß die mythische Anschauung nicht etwa nur ein Frühstadium in der Geschichte der Menschheit darstellt, dass durch die fortschrittlichere Form der symbolischen Anschauung abgelöst würde. Abgesehen aber davon, daß es sich hier um einen sachlichen Gegensatz, nicht um ein zeitliches Nacheinander handelt, muß noch eine zweite Einschränkung gemacht werden, daß nämlich mit dem Gegensatzpaar mythisch-symbolisch noch nicht alle Kategorien erfaßt sind, nach denen sich Struktur und Geschichte der menschlichen Weltbetrachtung aufteilen lassen. Die beiden Pole Mythos und Symbolik sind nur zwei von vielen Gegensätzen, zwischen denen die Struktur der Anschauung schwingt. Das Hin und Her zwischen einer bald mehr mythischen, bald mehr symbolischen Anschauungsweise, manchmal wohl auch zwischen rein mythischer oder rein symbolischer Anschauung, muß von entscheidendem Einfluß auf die Denkstruktur, und damit auf die Sprache, der betreffenden Kultur sein. Wir erwarten von einer Sprache, die Ausdruck eines von einer mythischen Weltanschauung bestimmten Denkens ist, eine starke Neigung zum Statischen, zum Differenzierten, zum Konkreten, und daß sie für Abstrakta und Allgemeinbegriffe wenig Ausdrucksmöglichkeiten hat. Wenn dagegen die symbolische Anschauung überwiegt, so erwarten wir von der Sprache eine starke Neigung, für Relationen und Bedeutungen möglichst eingehende und vielseitige

---

[83] Siehe die Einleitung zu diesem Band, 61 f. – Gulkowitschs Darstellung folgt hier historischen Stationen, die auch Cassirer behandelte, setzt jedoch eigene Akzente: Heraklit, John Locke, George Berkeley, die Romantik, August Schleicher. Zu Heraklit heißt es bei Cassirer: »Aber mitten in der Sprache des Mythos, die Heraklit noch spricht, wird jetzt ein neuer Ton vernehmlich. Der mythischen Ansicht des Weltgeschehens tritt zum ersten Mal in voller Bewußtheit und Klarheit der philosophisch-spekulative Grundgedanke von der einheitlichen und unverbrüchlichen *Gesetzlichkeit* des Alls gegenüber.« Cassirer, Philosophie der symbolischen Formen, 1. Teil, 54 (Hervorhebung im Original).

Ausdrucksmöglichkeiten zu schaffen. In einer solchen Sprache muß das dynamische Element überwiegen. Es müssen alle sprachlichen Ausdrucksmittel ausgebildet werden, die Übergänge und Nuancierungen darzustellen vermögen. Diese Ausbildung der zu Vergleichen geeigneten Sprache ist ein besseres Kriterium dafür, ob die mythische Anschauung durch die symbolische verdrängt wird, als das Vorhandensein mythischer Stoffe, das zunächst ebenso gut auf eine rein mythische Anschauung hinweisen kann, wie auf eine mythendeutende, d. h. also symbolische. So erweist das reiche mythische Material in den Schriften des Plato diesen durchaus noch nicht als einen Denker von mythischer Struktur der Anschauung.

Neben dem Gegensatz zwischen mythischer und symbolischer Anschauung begegnet uns der Gegensatz zwischen mythischer und historischer Weltbetrachtung. Hier liegt der Gegensatz nicht auf dem Gebiete der Unterscheidung zwischen Realität und Bedeutung, sondern es handelt sich um die mehr oder weniger zentrale Stellung der Zeitkategorie innerhalb der Struktur der Anschauung. Die mythische Anschauung kennt in ihren reinen Ausprägungen die Zeitkategorie nicht. (Auch Ernst Cassirer, der das Fehlen der Zeitkategorie auf der Stufe des Mythos leugnet, kennt doch eine mythische Vorstufe, auf der von der Zeit wenigstens im mathematisch-physikalischen und im historischen Sinne keine Rede sein kann (Ernst Cassirer, Philosophie der symbolischen Formen, Teil II: Das mythische Denken, Berlin 1925, S. 140), es gebe nur ein „Phasengefühl" (a. a. O., S. 138); Cassirer kennt aber noch eine zweite Stufe |75| des Mythos, auf der mit dem Prinzip der Weltordnung auch der Begriff des Schicksals und der Zeit in den Mythos eindringt (a. a. O., S. 141 ff.).)[84] Die historische Anschauung macht die Zeit geradezu zur alleinigen Dimension des Geschehens. Auch der Gegensatz zwischen mythischer und historischer Anschauung ist zunächst ein sachlicher, es handelt sich also nicht um verschiedene Phasen im Verlaufe der Menschheitsgeschichte. Die Überwindung der mythischen Anschauung durch die historische pflegt sich darin zu äußern, daß die mythischen Stoffe in den Verlauf eines historischen Weltbildes eingegliedert werden, indem man sie an den Anfang des historischen Geschehens stellt, in die Zeit, in die historische Reminiszenzen nicht mehr zurückreichen. Von einem prinzipiell an die Zeitkategorie gebundenen Denken erwarten wir eine Ausbildung derjenigen sprachlichen Elemente, die das zeitliche Element auszudrücken vermögen. Wir erwarten also eine Durchbildung des verbalen Elementes, ein Zurücktreten des nominalen.

Eine historische Weltbetrachtung tendiert, wie die mythische, auf eine konkrete, nicht eine abstrakte Ausdrucksweise. Hier liegt der Gegensatz zwischen symbolischer und historischer Anschauung: Die Sprache der symbolischen Be-

[84] Ernst Cassirer, Gesammelte Werke, Bd. 12: Philosophie der symbolischen Formen, 2. Teil: Das mythische Denken, hg. von Birgit Recki, Hamburg 2002 (zuerst Berlin 1925), 130 f., 128, und 131–133.

Er findet in den Ausdrücken für Sinn und Gegensinn |74| das Abbild der dialektischen Weltstruktur. Wenn aber Wort und Begriff in irgendeiner Form als getrennte Größen betrachtet |75| werden, so steht zur Diskussion, welcher Art ihre Beziehungen sind und welcher Seite die Bedeutung der Ursache zukommt, d. h., es muß gefragt werden, ob das Denken seine Struktur aus der Sprache ableitet, oder ob die Sprache ihre Struktur aus dem Denken gewinnt. Die von Descartes bis Leibniz ausgebildete Auffassung der Sprache bejaht in extremer Form die letztere Ansicht, sie sieht geradezu das Kriterium für den Wert einer Sprache in ihrer Denkgemäßheit. Die |76| griechische Philosophie[24] neigt auf das Ganze gesehen stark dazu,

trachtungsweise tendiert auf die Ausbildung der abstrakten Beziehung, die Sprache einer historischen Anschauung auf konkrete Anschaulichkeit.

Ein Beispiel von weitreichender Bedeutung für ein Stadium der Weltbetrachtung, das durch die Überwindung der mythischen durch eine historische Betrachtungsweise gekennzeichnet wird, sind die historischen Schriften und eine Reihe von Psalmen des Alten Testamentes. In sprachlicher Hinsicht dürften wir also den Stil, in dem zweifellos mythische Stoffe innerhalb der genannten Schriften wiedergegeben sind, nicht als den typischen Stil des Mythos betrachten, sondern als einen im Prinzip historischen.[85]

Das Alte Testament ist nicht das einzige Beispiel für den Untergang des Mythos in einer historischen Betrachtungsweise. Cassirer setzt dieses Überwindungsstadium, in dem die mythische Betrachtungsweise an der Anwendung der Zeitkategorie zerbricht, noch in das Stadium des Mythos und kommt so zu der Anschauung, daß auch im Mythos die Zeit von Bedeutung ist. Er unterscheidet also nicht prinzipiell zwischen dem historischen Zeitbegriff und der Zeit im Mythos, die auch nach ihm nur eine Art „Ewigkeit" darstellt (a. a. O. S. 135).[86] Zwischen dieser Art „Ewigkeit" und der Zeit im Sinne der Geschichte besteht aber keine Übergangsmöglichkeit: Sie sind getrennte Kategorien, sodaß mit dem Eindringen der Zeitkategorie im historischen Sinne das Ende des reinen Mythos gegeben ist.

24 Ernst Cassirer (a. a. O. S. 132 f.)[87] weist mit Recht darauf hin, daß die antike Philosophie ihr Interesse nicht dem historischen Problem der Sprachentstehung, sondern dem ontologischen Problem des Wahrheits- und Wirklichkeitsgehaltes der Sprache zugewendet hat.

[85] Während Cassirer bezogen auf das Judentum mit Hermann Cohen die Propheten und ihr Zukunftsbewusstsein für eine »neue Zeitanschauung, die sich rein auf die *Geschichte* der Menschheit bezieht« (Cassirer, Philosophie der symbolischen Formen, 2. Teil, 142, Hervorhebung im Original), hervorhob, spielte für Gulkowitsch das Zukunftsdenken keine Rolle und es waren für ihn die Psalmen, die von einer historischen Betrachtungsweise gekennzeichnet seien.

[86] Ebd., 125.

der Sprache eine größere Bedeutung als aktives Element einzuräumen. Der Gedanke, daß die Sprachstruktur die mit der Seinsstruktur identische Denkstruktur bestimmt, ist von den Sophisten ad absurdum geführt worden. Er wird aber in gemäßigter Form auch von Aristoteles vertreten. Während Aristoteles in der Struktur der Sprache, d. h. in der Grammatik, nur das *adäquate* Bild der Seinsstruktur (Denkstruktur) sah, hat der Aristotelismus des Mittelalters diesen Gedanken wieder nach der Richtung hin überspitzt, daß die Sprache als primär *bestimmend* für die Struktur des Denkens angesehen wird. Die eben erwähnte, bei Descartes und Leibniz ausgebildete gegenteilige Ansicht ist die Vollendung einer geistigen Bewegung, die ihren Ausgang von der Reaktion gegen den Sprachrealismus der mittelalterlichen Aristoteliker nahm. Auch Plato gesteht dem Wort einen gewissen Anteil (*μέθεξις* [*methexis*: Teilhabe]) am Begriff zu. Doch ist für ihn das Wort nur von sekundärer Bedeutung. Denn weil für ihn die Einheiten des Denkens, die Ideen, festumrissene, statische Größen sind, bleibt das Wort doch immer nur *ὄνομα* [*ōnoma*: Name, Wort]. Die Idee ist bereits Gestalt, sie bedarf des Wortes nicht, um Gestalt zu werden. Aber der Name ist trotzdem Teil ihres Wesens, nicht nur ein Etikett, das ihr auf dem Wege der Konvention angeheftet wurde.

Daß dem Worte dem Begriffe gegenüber ein mehr formaler Charakter zukommt, ist evident. In welcher Weise darum auch immer Wort und Begriff in der idealistischen Philosophie aufeinander bezogen werden, so weist sie doch stets dem Worte eine formale Bedeutung gegenüber dem Begriffe zu. Wenn nun eine philosophische Richtung dem Denken selbst nur eine formale Bedeutung zuschreibt, so ergibt sich daraus eine Auffassung der Sprache, die dieser eine völlig periphere Bedeutung zuweist. Nach der Auffassung der empiristischen Philosophie Lockes z. B. kommt den Ideen kein selbständiges Sein zu, sondern die Elemente des Denkens, die „einfachen Ideen“, werden aus den einzelnen Sinneswahrnehmun- |77| gen gewonnen.[88] Das Denken ist für ihn nur ein Ordnen dieser einfachen Ideen nach Prinzipien, die auch wieder aus den Wahrnehmungen gewonnen werden. Die Bildung allgemeiner Ideen erfolgt dadurch, daß

[87] Ebd., 122 f.

[88] Der englische Philosoph und Arzt John Locke (1632–1704) entwickelte in seinem Hauptwerk *An Essay Concerning Human Understanding* (orig. 1690, dt. *Ein Versuch über den menschlichen Verstand*, 1757) eine empiristische Sprach- und Erkenntnistheorie. Ausgangspunkt der Erkenntnis seien einfache Ideen, deren Ursprung in der Erfahrung liegen. Locke unterscheidet *sensations* (äußere Eindrücke) und *reflections* (innere Eindrücke), die der Verstand verbinde.

aus den einfachen Ideen, die den Wahrnehmungen entsprechen, das ihnen Gemeinsame abstrahiert wird. Der Sprache kommt in diesem System keinerlei Bedeutung zu. Die Worte sind nur die konventionellen Namen der einfachen Ideen. Worte allgemeiner Bedeutung entstehen dadurch, daß man einen Namen für ein Konkretum auf die allgemeine Idee als deren Namen überträgt. Die Sprache verrät diesen Vorgang noch dadurch, daß unsere Abstraktbegriffe nur Übertragungen aus dem Gebiete der Konkreta darstellen (Begreifen, Begriff etc.). Berkeley geht in Bezug auf den sekundären Charakter der Abstraktion noch weiter, indem er sagt, das „Allgemeine" könne nicht aus den einfachen Ideen abstrahiert werden, da es in ihnen gar nicht enthalten sei.[89] Das „Allgemeine" bestehe vielmehr auf dem Gebiete der Sprache.[25] Daraus folgert er aber keineswegs den Gültigkeits- und Wahrheitscharakter der Sprache. Die Sprache ist für ihn vielmehr die Quelle einer äußerst fehlerhaften Weltbetrachtung, da in

25 Die unüberwindliche Diskrepanz zwischen der Isoliertheit der Wahrnehmungen und der Allgemeingültigkeit der aus ihnen abgeleiteten Allgemeinbegriffe, die nicht mit den Abstraktionen verwechselt werden dürfen, hat Vaihinger (Die Philosophie des Als Ob, Leipzig 1922, S. 399 ff.) besonders scharf gesehen. Er leitet die Bildungsmöglichkeit von Allgemeinbegriffen aus einer spezifischen Tätigkeit des Denkens, der Konstruktion von Fiktionen, ab und gewinnt dadurch die Möglichkeit, die notorische Diskrepanz in aller Schärfe zuzugestehen, ohne dem Denken und der Sprache den Charakter eines brauchbaren Werkzeuges zur Erkenntnis absprechen zu müssen.[90] – Franz Brentano (Wahrheit und Evidenz. Erkenntnistheoretische Abhandlungen und Briefe, ausgewählt, erläutert und eingeleitet von Oskar Kraus, Leipzig 1930, S. 73 ff.) dehnt den Begriff der Fiktion auch auf die Abstraktbildungen der Sprache aus. Damit ist aber für Brentano, der einen anderen Begriff der Fiktion als Vaihinger hat, zugleich nicht nur die Wirklichkeitsentsprechung sprachlicher Bildungen verneint, sondern darüber hinaus auch der Wahrheitswert der Sprache. Die Sprache ist für ihn Trägerin eines

---

[89] George Berkeley (1685–1753) war ein irischer Philosoph und Theologe. Ausgehend von Locke entwickelte er in *A Treatise Concerning the Principles of Human Knowledge* (orig. 1710, dt. *Eine Abhandlung über die Prinzipien der menschlichen Erkenntnis*, 1869) eine nominalistische und skeptizistische Erkenntnistheorie. Zu Ideen könne man nur über das Wahrnehmen gelangen. Das Sein der Ideen besteht für Berkeley im Wahrgenommenwerden, ihnen kommt kein Dasein außerhalb des menschlichen Geistes zu.

[90] Der Philosoph Hans Vaihinger (1852–1933) war Kantforscher und Verfasser von *Die Philosophie des Als ob. System der theoretischen, praktischen und religiösen Fiktionen der Menschheit auf Grund eines idealistischen Positivismus. Mit einem Anhang über Kant und Nietzsche* (Leipzig 1922).

ihr ein Element, eben das „Allgemeine", vorhanden ist, das dem Wesen der realen Welt in keiner Weise entspricht. Daraus zieht Berkeley methodologische Konsequenzen, indem er nämlich als |78| Grundlage aller wissenschaftlichen Erkenntnis das Sichabstrahieren von den fehlerhaften Prämissen ansieht, die durch die Sprache veranlaßt werden.

Während also Locke die Identität von Wort und Begriff (einfache Ideen) von da aus ablehnen muß, daß für ihn das Wort nur zufälliger Name ist, sieht Berkeley darüber hinaus in der Sprache eine Verfälschung der Ideen. Die rein negative Beurteilung der Sprache durch Berkeley weist die Sprache im Grunde aus dem Bereiche des Denkens aus. Die Sprache ist nicht Element der Denkstruktur.[26] Sie ist nicht Werkzeug des Denkens, sondern ein Teil der Natur und somit ein Gegenstand der empirischen Forschung. Diese Stellung gegenüber der Sprache nimmt die naturwissenschaftlich orientierte Sprachwissenschaft des 19. Jahrhunderts ein, denn die überraschende Klarheit und scheinbare Eindeutigkeit, die den Axiomen der Naturwissenschaft und den daraus abgeleiteten Methoden

schwerwiegenden Irrtums der Menschheit. Die Geschichte der Sprachen würde nach einer solchen Auffassung zwar Ausdruck der Geschichte des Denkens sein, aber diese Geschichte erwiese sich, sobald sie von einem sprachfreien Denken aus untersucht würde, als ein Irrweg des Denkens.

26 In der modernen Sprachphilosophie neigen vor allem Leroy und Dauzat[91] dazu, Sprache und Denken in der Weise zu scheiden, daß der Sprache nur die Rolle eines Instrumentes zukommt. Der Wert eines Instrumentes aber entscheidet sich an seiner Brauchbarkeit. So ist im Verlaufe der Geschichte der sprachphilosophischen Theorien die Behauptung, daß die Sprache ein Instrument des Denkens sei, auch meistens identisch mit der Frage nach der Brauchbarkeit dieses Instrumentes, und im Allgemeinen besteht die Sprache diese Prüfung schlecht. Albert Dauzat (La philosophie du langage, Paris ²1927, S. 9) sagt von der Sprache: „Il n'est pas une expression adéquate, ni même logique de la pensée". Die weiteren Ausführungen Dauzats, die auf Leroy zurückgehen (s. besonders a. a. O., S. 10), lassen die Schwäche der Argumentation, auf die sich eine solche Beurteilung der Sprache stützt, erkennen. Es wird nämlich nicht streng und prinzipiell geschieden zwischen dem, was die Sprache für den Sprechenden ausdrückt, und dem, was der Hörende davon perzipiert. Vorausgesetzt, daß ein Wort tatsächlich im Hörenden nur eine ungefähre Vorstellung dessen auslöst, was gemeint ist, so ist damit noch nichts darüber ausgesagt, inwieweit das Wort doch für den Sprechenden dem Begriffe, den es ausdrücken soll, adäquat ist.

---

[91] Maurice Leroy (1909–1990) war ein belgischer Sprachwissenschaftler und Indogermanist, Albert Dauzat (1877–1955) ein französischer Linguist und Romanist.

eigen ist, haben dazu geführt, daß der Versuch gemacht wurde, beides auch in der Sprachwissenschaft zur Anwendung zu bringen. Solange hier rein heuristisch verfahren wird, d. h., solange das neue Verfahren nur auf seine Anwendbarkeit hin geprüft wird, ist dieser Weg nicht nur methodisch korrekt, sondern notwendig, da er, auch wenn er fehlerhaft sein sollte, doch auf jeden Fall verspricht, neue Gesichtspunkte in das Blickfeld der Sprachwissenschaft zu rücken. Gefährlich wird |79| dieser Weg erst, wenn er von vornherein als alleingültig hingestellt wird. Die naturwissenschaftliche Betrachtungsweise der Sprache[27] macht sich zuerst bei August Schleicher bemerkbar.[93] Schleicher ist erst Hegelianer gewesen, d. h., er legte die Hegelsche Trias von Thesis, Antithesis und Synthesis seiner Einteilung der Sprachen in isolierende, agglutinierende und flektierende zugrunde: Die isolierende Sprache drückt nur Bedeutungen aus, Beziehungen werden nicht ausdrücklich gekennzeichnet, die agglutinierende hat besondere Lautgruppen für den Ausdruck der Bedeutung und für den der Beziehung, die flektierende Sprache drückt beides in der Einheit des flektierten Wortes aus.[94] Neben dieser Theorie aber finden sich bei Schlei-

27 Cassirer, Philosophie der symbolischen Formen I, S. 106 f.,[92] leitet die naturwissenschaftliche Tendenz der Sprachwissenschaft im 19. Jahrhundert mit einer geradezu überraschenden Schlußfolgerung aus dem romantischen Begriff des Organismus ab. Dieser enthalte sowohl das Moment des Geistes als auch das Moment der Natur, und es bedürfe nur einer Akzentverschiebung innerhalb dieses so labilen Begriffes, um den Begriff der Natur in der Sprache zur alleinigen Gültigkeit zu bringen. Dabei übersieht Cassirer, daß der formale Begriff des Organismus als einer lebendigen Synthese scheinbarer Extreme nur den Namen gemein hat mit dem Organismus, wie ihn eine letztlich mechanistisch bestimmte Naturwissenschaft auffassen muß.

---

[92] Cassirer, Philosophie der symbolischen Formen, 1. Teil, 106–108.

[93] August Schleicher (1821–1868) war ein deutscher Sprachwissenschaftler und Indogermanist, der in Anlehnung an naturwissenschaftliche Theoreme (Charles Darwin) die Sprachbaumtheorie einführte. Er begründete die junggrammatische Schule in Leipzig.

[94] Seit den romantischen Sprachtheorien wurden aufgrund morphologischer Kriterien synthetische und analytische Sprachen unterschieden. Synthetische Sprachen können agglutinierend (Türkisch, Ungarisch) oder flektierend (indogermanische Sprachen) sein. Analytische Sprachen (wozu isolierende wie die chinesische zählen) verwenden z. B. Wortstellungsregularitäten. Gulkowitsch geht wohl auch hier zurück auf Cassirer, Philosophie der symbolischen Formen, 1. Teil, 110.

cher von vornherein Ansätze zu einer Betrachtung der Sprache von einem rein naturwissenschaftlichen, und zwar mechanistischen, Prinzip aus. Er versuchte, die Sprachen nach dem Prinzip des Linnéschen Systems zu ordnen,[95] und außerdem seine Dreiteilung der Sprachen mit der Einteilung der Natur in Mineralien, Pflanzen und Tiere in Einklang zu bringen, und zwar nicht nur in Form einer bloßen Analogie, sondern in Form einer Verbindung durch dasselbe Formgesetz. Später hat Schleicher überhaupt auf jede andere als eine naturwissenschaftliche Erklärung der Sprache verzichtet, indem er von der monistischen Identifikation der Natur mit dem Geiste ausgehend den Darwinschen Entwicklungsbegriff[28] auf die Sprache anwandte. Freilich konnte er es nur auf Grund der paradoxen Behauptung, daß mit der Geschichte des Geistes die Sprache aufhöre. Die Entwicklung der Sprache liegt für ihn durchaus im vorhistorischen Stadium. Sobald |80| die Geschichte beginnt, wird die Sprache zum bloßen Mittel des Ausdruckes degradiert, sie entwickelt sich nicht weiter, sondern sie verfällt.

Die Befruchtung der Sprachwissenschaft durch die Naturwissenschaft ist aber nicht von der Biologie aus erfolgt, sondern von der Physik aus, deren methodische Grundlegung überhaupt die geniale Tat des 19. Jahrhunderts bedeutet. In der Auseinandersetzung mit dem physikalischen Begriff des Gesetzes hat die Sprachwissenschaft eine neue Abgrenzung ihrer Aufgaben gefunden. Das Prinzip des physikalischen Gesetzes ist seine unbedingte Notwendigkeit: Unter gleichen Umständen muß die gleiche Wirkung eintreten. Wenn dieses Gesetz nicht nur eine Konstruktion ist, sondern realiter Gültigkeit hat, so muß alles Geschehen auf letzte Einheiten absolut gleicher Struktur zurückgeführt werden. Die Mechanik der Atome bestimmt alles Weltgeschehen. Diese extreme Auffassung von der Aufgabe und den Möglichkeiten der Wissenschaft, die von Helmholtz[96]

28 Zum Einflusse Darwinscher Anschauungen auf die weitere Entwicklung der Wissenschaft s. zuletzt Arthur Thomson, The Influence of Darwinism on Thought and Life, in: Science and Civilization, ed. by F. S. Marvin, Oxford 1923, chap. VIII, S. 203–220.

[95] Der schwedische Naturforscher Carl von Linné (1707–1778) entwickelte in seinen Werken (v. a. *System Naturæ*, 1735) die Grundlagen für die modernen Taxonomien in Botanik und Zoologie.

[96] Hermann von Helmholtz (1821–1894) war ein deutscher Arzt, Physiologe und Physiker.

angeregt, vor allem durch Du Bois-Reymond[97] ausgestaltet worden ist, bedeutet in der Sprachwissenschaft die extreme Herrschaft der Linguistik. Der Laut ist das sprachbildende Element, die Gesetze der Lautentwicklung sind die einzigen Gesetze der Sprache, die wirklich Gesetze, d. h. Gesetze ohne Ausnahmen, sind, und die Erkenntnis dieser Gesetze vermag das Phänomen der Sprache zu erklären. In dem Maße aber, als die Naturwissenschaft darauf verzichten lernt, mehr als eine beschreibende Wissenschaft zu sein, geht auch die Sprachwissenschaft vom extremen Begriff der Gesetzlichkeit ab. Sie konstatiert nur gewisse Gleichförmigkeiten, sie erkennt in der Tendenz auf Gleichförmigkeit ein Bildungsgesetz der Sprache. Der Tendenz auf Gleichförmigkeit wirkt als Gegenpol die Tendenz auf Originalität entgegen. In dem Hin und Her zwischen diesen beiden Polen vollendet sich die Geschichte der Sprache. Bei Hermann Paul wird als Substrat für die Tendenz auf Veränderung die physische Seite der Sprachbildung angesehen, während für die Tendenz auf Gleichförmigkeit das psychische Moment des Assoziationsgesetzes als Grund angenommen wird.[98] Wundt läßt auch diese Verteilung auf das Physische und Psychische fallen, für ihn ist ein psychophysisches Moment in beiden Tendenzen wirksam.[99] Nach der Wundtschen Theorie liegt der |81| Sprachbildung

[97] Emil Heinrich du Bois-Reymond (1818–1896) war ein deutscher Physiologe und Physiker, dessen Theorie maßgeblich auf die lange Zeit in der Sprachwissenschaft dominierende Lautlehre gewirkt hat. Die Disziplinbezeichnungen Sprachwissenschaft und Linguistik werden zwar oft austauschbar verwendet, Gulkowitschs Formulierung baut aber auf der Unterscheidung auf, wonach es die Sprachwissenschaft mit der Sprache als gesellschaftlichem und kulturellem Problem, die (modernere) Linguistik aber mit der Betrachtung der Struktur von Sprachen und der Funktionalität ihrer Elemente zu tun hat.

[98] Hermann Paul (1846–1921) war ein deutscher Sprachwissenschaftler und Germanist. Er war Vertreter der Junggrammatiker und der psychologischen Sprachwissenschaft. Als einflussreiches linguistisches Hauptwerk gelten seine *Principien der Sprachgeschichte* (Halle 1880).

[99] Wilhelm Wundt (1832–1920) war ein deutscher Philosoph und Psychologe, der u. a. eine wirkungsvolle psychologische Sprachtheorie entwickelte. Wundt war Vertreter der von Gustav Theodor Fechner (1801–1887) begründeten Psychophysik. Er glaubte, den Zusammenhang zwischen sensorischen Reizen und innerer Erfahrung des Menschen experimentell untersuchen und in mathematisch formulierbaren Gesetzen festhalten zu können. Diesen psychologischen Ansatz verfolgte Wundt bis in die maßgeblich von ihm geprägte Völkerpsychologie. Zwei der zehn Bände seiner *Völkerpsychologie* (Leipzig, 1900–1920) widmeten sich der Sprache.

kaum ein anderes Prinzip zugrunde als die Veränderungen der Mode. Von diesem Gesichtspunkte aus mußte die Sprache und ihre Entwicklung fast als ein Produkt reiner Willkür erscheinen. Der Versuch, den naturwissenschaftlichen Begriff des Gesetzes auf die Sprache anzuwenden, hat also dahin geführt, daß die absolute Nichtanwendbarkeit dieses Begriffes auf die Sprache erwiesen wurde.

Der Anspruch der Naturwissenschaft auf Übertragbarkeit ihrer Methoden ins Gebiet der Sprachwissenschaft leitet sich im Grunde von dem Absolutheitsanspruch der naturwissenschaftlichen Methoden her. Nur was diesen Methoden zugänglich ist, ist überhaupt Gegenstand einer Wissenschaft. Alles andere gehört in andere Betätigungsgebiete des menschlichen Geistes. Daß man die Sprachwissenschaft nicht von vornherein in andere Gebiete verwiesen hat, sondern wenigstens den Versuch machte, naturwissenschaftliche Methoden auf die Sprachwissenschaft anzuwenden, ist deshalb berechtigt, weil die Sprache als gesprochene Sprache von gewissen biologischen Bedingungen abhängig ist. An der Frage, ob die biologischen Bedingungen zur Lautbildung im Verhältnis einer notwendigen Ursache stehen und ob das Sprechen für die Sprache überhaupt ein konstituierendes Element ist, entscheidet sich im Prinzip das Problem der Anwendbarkeit naturwissenschaftlicher Methoden auf das Phänomen der Sprache.

Das Problem, ob biologische Bedingungen und ihre Veränderungen für die Lautbildung als notwendige Ursache wirksam sind, ist nur ein Teilproblem innerhalb der ungelösten und restlos nicht lösbaren Frage nach der physischen Bedingtheit psychischer Vorgänge. Die Beantwortung dieser Frage ist aber irrelevant für den Fall, wenn es sich nachweisen läßt, daß die Lautbildung für das Phänomen der Sprache ohne konstituierende Bedeutung ist. Die Beantwortung dieser zweiten Frage muß von der Beobachtung des Denkvorganges ausgehen. Begriff, Wort und Lautbild des Wortes bilden zweifellos eine Einheit.[100] Es ist aber möglich, durch

[100] Gemeint ist im Folgenden die seit Ende der 1870er Jahre von der Leipziger Schule der Junggrammatiker entwickelte These, dass Lautveränderungen einer Sprache oder eines Dialekts nach streng naturwissenschaftlich zu konstatierenden Gesetzen erfolgen. Die Junggrammatiker beriefen sich auf die physiologischen Lehren du Bois-Reymonds. In der Zeit, in der Gulkowitsch seine Schriften verfasste, galt die Naturgesetzlichkeit der Sprachentwicklung als überholt, die Gegner der Junggrammatiker (etwa im Strukturalismus) hatten die Oberhand. Wolfgang Putschke, Die Arbeiten der Junggrammatiker und ihr Beitrag zur Sprachgeschichtsforschung, in: Werner Besch u. a. (Hg.), Sprachgeschichte. Ein Handbuch zur Geschichte der deutschen Sprache und ihrer Erforschung, 1. Teilbd., 2., vollst. neu bearb. Aufl., Berlin/New York 1998, 474–494.

eine abstrakte Denkdisziplin den Lautwert des Wortes (und auch dessen Ideogramm, das Buchstabenbild) überhaupt aus dem Denkprozeß auszuschalten. Je enger also die Bindung zwischen Wort und Begriff ist, desto geringer ist die Bedeutung des Lautwertes. Wenn sich aber der Denkvorgang vom Laut- |82| wert des Wortes abstrahieren kann, ohne damit doch das Wort als solches aufzugeben, so kann der Lautwert für das Wort als solches nicht von konstituierender Bedeutung sein.[29] Dieses Ergebnis ist nach zwei Seiten hin von Wichtigkeit: für die Frage der Entstehung einer Sprache und für die Frage der Bedeutung der Phonetik innerhalb der Sprachwissenschaft. Wenn der Lautwert systematisch gesehen für das Wort nicht konstituierende Bedeutung hat, so kann der Laut auch genetisch nicht Ursprung des Wortes sein.[30] Die Anwendbarkeit naturwissenschaftlicher Methoden auf die Sprache braucht nicht angetastet zu werden. Auf *ein* Moment im Phänomen Sprache, auf ihren Lautcharakter, sind sie anwendbar. Ob die „Lautgesetze" wirklich Gesetze im Sinne der Naturwissenschaft, d. h. notwendige Folgen aus Ursachen, sind oder ob sie nur einer Tendenz zur Gleichförmigkeit entspringen, also lediglich Regeln darstellen, die nur auf statistischem Wege gewonnen und nur beschreibend dargelegt werden können, ist eine Frage, die für das Gebiet der Phonetik von Bedeutung, für eine systematische Betrachtung des Wesens der Sprache aber irrelevant ist. Daß sich die Anwendbarkeit naturwissenschaftlicher Methoden nur auf die Phonetik beschränkt, hat sich in der Geschichte der naturwissenschaftlich orientierten Sprachwissenschaft dahin ausgewirkt, daß diese die eigentliche Philologie, d. h. die Wissen-

[29] Wir setzen uns hier in Gegensatz zu der von den Psychoanalytikern vertretenen Auffassung, daß der Lautwert die Einheit der Vorstellung garantiert, nicht aber der Begriff. Die Verbindung des Wortes mit dem Begriff ist für die psychoanalytische Sprachtheorie eine rein oberflächliche, eine bewußt logische. Im Unterbewußtsein können nach S. Freud ohne weiteres Worte gleichen Lautwertes identifiziert werden, auch wenn sie die verschiedensten Begriffe ausdrücken.[101]

[30] Die Theorie, daß die Interjektionen die Keimzelle der Sprache überhaupt darstellen, ist somit nicht haltbar. Die nicht immer genetisch gemeinten Theorien, aus denen aber doch Konsequenzen für die Genesis der Sprache gezogen worden sind, daß nämlich das Wesen der Sprache darin besteht, Ausdruck von Ideen zu sein, finden auch von dieser Seite her ihre Bestätigung (s. u.).

---

[101] Gulkowitsch spielt darauf an, dass Freuds Sprachtheorie und Theorie des Unbewussten vor allem auf der Ebene der Signifikanten (Laut, Schrift), weniger der Semantik agiert. Zur Freudrezeption von Gulkowitsch siehe die Einleitung zu diesem Band, 66.

schaft von den Beziehungen zwischen Sprache und Geistesgeschichte, aus ihrem Bereiche ausgeschieden hat. Schleicher geht so weit zu sagen, daß mit dem Beginn der Geschichte die Bildung der Sprache aufhöre und nur noch ein Verfall der Sprache eintreten könne.[102] Was hier paradox unter der historischen Kategorie eines zeitlichen Auseinanderfallens |83| gesagt werden sollte, ist nur eine ungeschickt gewählte Ausdrucksweise für ein faktisches Auseinandertreten von Lautgeschichte und Sprachgeschichte, von Phonetik und Sprachphilosophie.

Die Sprachtheorien der idealistischen Philosophie einerseits und die des Empirismus andererseits stimmen darin überein, daß sie die Sprache in Beziehung zum Denken setzen, wenn sie auch diese Beziehung sehr verschieden deuten und unter Umständen überhaupt in Frage stellen.

Diejenigen Sprachtheorien, die in der reinen Begriffssprache den genuinen Ausdruck des Phänomens Sprache überhaupt sehen, abstrahieren vollkommen davon, daß die Sprache nicht nur Ausdruck reiner Denkkategorien ist, sondern daß sie die Gesamtheit der geistigen Phänomene umfaßt. Die Theorien, die das Ideal der Begriffssprache aufgestellt haben, sind Ergebnisse subtilster Abstraktionen, nicht historischer Forschungen. Darum wird in der reinen Begriffssprache nicht die historische Keimzelle der Sprache gesehen – auch der Ausdruck lingua adamica bei Leibniz[103] z. B. ist rein symbolisch zu fassen –, sondern die Begriffssprache gilt lediglich als die Erfüllung des idealen Wesens der Sprache. Diese Theorien sind also keine Aussagen über den Ursprung der Sprache. Wenn die Sprache als Begriffssprache aufgefaßt wird, so ist sie lediglich auf dem Gebiete der reinen Abstraktionen von Bedeutung. Es fehlt ihr jede kulturbildende Kraft, das Phänomen der Einzelsprache ist dann nur ein Ergebnis historischer Unzulänglichkeit, entweder ein Abweg oder eine Vorstufe. Von hier aus erklärt sich in keiner Weise der innere Zusammenhang zwischen Sprachkreisen und Kulturkreisen, wie überhaupt die Sprachtheorien der deutschen idealistischen Philosophie meist systematischen Charakter tragen und ihrem Wesen nach ahistorisch sind.

---

[102] August Schleicher, Compendium der vergleichenden Grammatik der indogermanischen Sprachen, Bd. 1, Weimar 1861, 3.

[103] Als adamitische oder adamische Sprache bezeichnen die jüdische und die christliche Tradition die von Adam und Eva im Paradies gesprochene Sprache. Sie kann zum einen als die von Gott gegenüber Adam verwendete Sprache aufgefasst werden, und zum anderen als die von Adam zur Benennung der Dinge erfundene Sprache. Leibniz diskutiert unter diesem Titel seine philosophische Sprachursprungstheorie. Miriam Buchmann/Susanne Edel, Sprache, adamische, in: Ritter/Gründer (Hg.), HWPh, Bd. 9, 1495–1499.

Den Sprachtheorien, die das Wesen der Sprache aus ihrer Beziehung zum Denken herzuleiten suchen, stehen diejenigen Theorien gegenüber, die in der Sprache primär den Ausdruck von Gefühlen sehen, die also den Ursprung der Sprache sachlich oder historisch aus der rein motorischen lautlichen Reaktion auf Lust oder Unlust erregende Sinneseindrücke sehen und damit die Interjektion für die Keimzelle der Sprache erklären.
|84| Dabei wird aber übersehen, daß aus einer Differenzierung und Nuancierung dieser Reaktionen niemals eine Sprache als Ausdruck begrifflichen Denkens, was die Sprache doch auf jeden Fall wenigstens zum Teil ist, entstehen kann. Daß ein Mensch an Stelle einer primitiven Schmerzäußerung den Eindruck des Schmerzes in einer Begriffssprache beschreiben kann, setzt durchaus erst das Vorhandensein einer Sprache als Ausdruck von Begriffen voraus, ist also Folge des Vorhandenseins einer Begriffssprache, nicht aber der Weg zur Bildung einer Sprache als Ausdruck von Begriffen. Von der Interjektion her gelangen wir niemals zur differenzierten Sprache. Die Interjektion bleibt ja auch aus der syntaktischen Struktur der Sätze ausgeschlossen. Sie ist ein untersprachliches Element.

Vor allem Ernst Cassirer bringt klar zum Ausdruck, daß vom Affektlaut zum Bedeutungslaut kein Weg führt (a. a. O., S. 136), daß es also nicht möglich ist, die Sprachentstehung aus der Durchbildung der aus Interjektionen bestehenden, von Affekten hervorgerufenen Äußerungen in Lauten aufzufassen.[104] Die Interjektion ist keine Vorstufe der Sprache, ebenso wenig wie die Gebärde eine Vorstufe der Sprache darstellt. Gebärde und Affektlaut sind Äußerungen, die neben der Sprache bestehen, die sie gelegentlich unterstützen, und in dem Maße an Bedeutung verlieren, wie die Sprache an Ausdrucksmitteln gewinnt.[31] Sie werden entbehrlich, sie gehen aber nicht etwa in der Sprache auf. Soweit deckt sich die Auffassung Cassirers durchaus mit der unsrigen. Cassirer versucht aber, nachdem er die scheinbar untersprachlichen, in Wahrheit nebensprach-

31 Mit Recht beschränkt H. Ammann (a. a. O. I, S. 27 ff.) den Begriff der Sprache auf die in Worte gefaßte Sprache.

[104] Der referierte Gedanke findet sich in: Cassirer, Philosophie der symbolischen Formen, 1. Teil, 136 f.: »Der Schritt zur menschlichen Sprache ist […] erst getan, wenn der reine Bedeutungslaut vor den Affekt- und Erregungslauten den entscheidenden Primat gewonnen hat.« – Die Theorie, dass die Interjektionen der menschlichen Sprache aus tierischen Lauten hervorgegangen seien, vertrat prominent Johann Gottlieb Herder, vorher auch der von Gulkowitsch nachfolgend genannte Giambattista Vico.

lichen, Ausdrucksmöglichkeiten aus der Betrachtung ausgeschieden hat, dennoch Vorstufen der Sprache zu konstruieren, die sich von dem, was als Vollendung des Phänomens Sprache anzusehen ist, wesentlich unterscheiden.[105] Das Wesen der Sprache besteht nach Cassirer in ihrem Symbolcharakter. Dieser Charakter wird erst allmählich durch eine „innere Selbstbefreiung"[106] gewonnen. Denn die Sprache löst sich erst allmählich aus den primitiveren Vorstufen des mimischen und des analogischen Ausdrucks los. Es handelt sich dabei nicht um Gebärdensprache, sondern um Sprachmimik. Auf dieser Vorstufe ahmt die Sprache den sinnlichen Eindruck nach, und zwar zunächst in Form |85| einer möglichst getreuen Nachbildung dieses Eindruckes. Das onomatopoetische Prinzip ist auf dieser Stufe von entscheidender Bedeutung. Cassirer lehnt es allerdings ab, dieses Bildungsprinzip als einmal alleinherrschend darzustellen, er will diese seine Vorstufe also nicht als eine Vorstufe im historischen Sinne verstanden wissen. Er lehnt also den Gedanken einer Ursprache ab. Auf der „analogischen" Stufe der Entwicklung liegt zwar immer noch das Prinzip einer gewissen Nachbildung von Eindrücken vor, doch werden zu dieser Nachbildung innersprachliche Mittel angewandt. In dem Maße, in dem sich die Sprache auf ihr eigenes Wesen besinnt, nicht Dinge und Vorgänge darzustellen, sondern Relationen und Bedeutungen, nähert sie sich ihrem eigentlichen Charakter, dem Symbol. Es liegt aber in Cassirers Begriff der Vorstufe eine Schwierigkeit. Symbol ist etwas im Prinzip anderes als mimische Nachahmung, sodaß aus der mimischen Nachahmung niemals das Symbol entstehen kann, und wenn noch so viel Zwischenstufen eingeschaltet werden. Wenn der Sprachcharakter im Symbol erfaßt werden kann, so muß der Symbolcharakter der Sprache in allen ihren Entwicklungsphasen zukommen. Die scheinbar primitiven Stufen repräsentieren

---

[105] Im Gedankengang Cassirers: »Allgemein läßt sich eine dreifache Stufenfolge aufweisen, in welcher sich dieses Heranreifen der Sprache zu ihrer eigenen Form, diese ihre innere Selbstbefreiung vollzieht. Wenn wir diese Stufen als die des mimischen, des analogischen und des eigentlich symbolischen Ausdrucks bezeichnen, so enthält diese Dreiteilung zunächst nicht mehr als ein abstraktes Schema – aber dieses Schema wird sich in dem Maße mit konkretem Gehalt erfüllen, als sich zeigen wird, daß es nicht nur als Prinzip der Klassifikation gegebener Spracherscheinungen dienen kann, sondern daß sich in ihm eine funktionale Gesetzlichkeit des Aufbaus der Sprache darstellt, die an anderen Gebieten, wie in dem der Kunst oder der Erkenntnis, ihr ganz bestimmtes und charakteristisches Gegenbild hat.« Cassirer, Philosophie der symbolischen Formen, 1. Teil, 137.

[106] Ebd.

nur eine unexplizierte Form dieses Charakters. Die Mittel des sprachlichen Ausdrucks können nur verfeinert, nicht aber durch andere ersetzt werden.

Die Ableitung der Sprache aus Gefühlsäußerungen ist schon in der Antike vorgenommen worden, und zwar von Epikur.[107] Einen systematischen Aufbau auf rein rationalistischer Grundlage hat diese Theorie durch Vico erfahren.[108] Er sieht, wie dies für eine solche Auffassung typisch und logisch ist, ebenfalls in der Interjektion die erste und ursprüngliche Sprachform. Je größer auch in der ausgebildeten Sprache die Unmittelbarkeit des Gefühlsausdruckes ist, um so näher kommt sie dem, was Sprache ihrem Wesen nach ist. Diese Theorie, die von größtem Einfluß auf die Entwicklung der Sprachwissenschaft gewesen ist, geht von einer psychologischen Prämisse, der Trennung des Denkens und des Fühlens aus. Sie übersieht also, daß diese Trennung nur eine Arbeitshypothese sein kann, da Denken und Fühlen einander bedingen, und da sich Denken nur im Fühlen, Fühlen nur im Denken realisiert. Die Identität der seelischen Funktionen, die Ganzheit der psychischen Voraussetzung, bedingt, daß eine Sprachtheorie, die dem Phä- |86| nomen der Sprache als Ausdruck einer Ganzheit gerecht werden will, von einer prinzipiell synthetischen Betrachtungsweise ausgehen muß.[32]

32 Die Dreiteilung des Psychischen in Denken, Fühlen und Wollen ist heute nur noch als Arbeitshypothese, die als solche durchaus bewußt ist, in Gebrauch. Dagegen gewinnt die alte Trias von Leib, Seele und Geist, die schon die Antike kannte, wieder an Bedeutung. Die Auffassung vom Wesen des Wortes, wie sie Ammann in seinem überaus lehrreichen Buche „Die menschliche Rede“ vertritt, geht von dieser Trias aus. Auch einer solchen Trias gegenüber muß die Ganzheit des Seelisch-Geistigen betont werden. Die Sprache muß auf diese Ganzheit, nicht nur auf eine ihrer Seiten bezogen werden.[109]

---

[107] Brief Epikurs an Herodot, in: Diogenes Laertius, Leben und Meinungen berühmter Philosophen, übers. von Otto Apelt, hg. von Klaus Reich, Hamburg 2015, Buch X, 573.

[108] In den 1725 erschienen *Principj d'una scienza nuova d'intorno alla comune natura delle nazioni* (dt. *Grundzüge einer Neuen Wissenschaft über die gemeinschaftliche Natur der Völker*, 1822) ging der italienische Philosoph Giambattista Vico (1668–1744) davon aus, dass am Anfang der Geschichte die Völker Poeten waren, die in *caratteri poetici* (ital., poetischen Zeichen) dachten und sprachen. Dieses Zeitalter habe eine Sprache aus Gebärden und Körpern mit natürlicher Beziehung zu den Ideen benutzt.

[109] Ammann, Die menschliche Rede. Sprachphilosophische Untersuchungen, Bd. 1: Die Idee der Sprache und das Wesen der Wortbedeutung, 39.

Eine starke Tendenz auf eine ganzheitliche Erfassung des Phänomens Sprache finden wir vor allem bei Cassirer. Er weist nämlich (a. a. O., S. 122 f.)[110] darauf hin, daß schon durch das Vorhandensein der Sprache verschiedene Grenzsetzungen sich als zwar denknotwendig, aber als durchaus nicht realiter vorhanden erweisen. So hebt die Tatsache, daß in der Sprache ein „seelischer Inhalt" und ein „sinnlicher Ausdruck" in eins gesetzt erscheinen, den Gegensatz zwischen innerer und äußerer Welt, von Subjekt und Objekt auf. Cassirer sieht hier richtig die ausgesprochen synthetische Funktion des Phänomens Sprache. Er versucht diese Synthese unter dem Begriff des Symbols zu erfassen. Doch ist auch in dem Begriffe des Symbols bei Cassirer noch eine bewußte Trennung gemacht zwischen dem, was eine Form zum Ausdruck bringt, und dieser Form selbst. Das Wesen der Sprache besteht aber gerade in der Identität des „Symbols" mit dem Symbolisierten. Denn das Wesen der Sprache besteht ja gerade darin, daß sie Grenzen überbrückt, die als unüberwindbar erscheinen, da sie Trägerin des Verstehens ist und damit die Grenzen zwischen den Individuen aufhebt, oder vielmehr durch ihr Vorhandensein eben gerade Beweis dafür ist, daß diese Grenzen nicht bestehen.

Die Sprache als das allen Individuen gemeinsame geistige Substrat muß vor dem Sprechen da sein, da nur sie das Sprechen ermöglicht.[111] Im Sprechen wird nur ein kinetischer Energiezustand potentiell. Alle Versuche, die Sprache von ihrer phonetischen Seite her in ihrem Wesen zu erklären, müssen an diesem Faktor scheitern. Wenn die Sprache die anscheinend unantastbaren Grenzen der Individualität als wenigstens auf einer bestimmten Ebene nicht vorhanden erweist, so kann sie erst recht nicht auf eine der seelischen Funktionen innerhalb |87| des Individuums, zwischen denen die Grenzen von vornherein als fließend erscheinen, beschränkt sein. Die Frage, ob die Anfänge der Sprache im Ausdrucke von Gefühlsregungen oder von Denkprozessen bestehen, ist also bereits im Ansatze falsch. Wie die Ganzheit der Psyche alle Funktionen des seelischen Lebens eines einzelnen Menschen in sich vereinigt, so vereinigt das Phänomen der Sprache in sich die Gesamtheit der individuellen seelischen

[110] Cassirer, Philosophie der symbolischen Formen, 1. Teil, 122 f.

[111] Gulkowitschs Unterscheidung zwischen Sprache (als geistigem Substrat) und Sprechen ähnelt der zwischen *langue* und *parole* bei de Saussure. Ferdinand de Saussure, Grundfragen der allgemeinen Sprachwissenschaft, übers. von Hermann Lommel, hg. von Charles Bally/Albert Sechehaye, 3., erw. Aufl., Berlin 2001, Kap. III.

Funktionen innerhalb einer Gemeinschaft. Das „Verstehen" ist nicht etwa nur eine notwendige Voraussetzung des Phänomens Sprache, sondern die Sprache ist identisch mit dem „Verstehen", da sie eben die allen Individuen gemeinsame Funktion darstellt. Die Sprache, die vor dem Sprechen kinetisch vorhanden ist, kann sich von diesem Sprechen in ihrer letzten Vollendung wieder loslösen. Der nie erreichte Zustand, dem sich der Mensch aber immerhin nähern kann, daß nämlich ein Gedankenaustausch ohne Sprechen stattfindet, beweist, daß das Sprechen nur eine behelfsmäßige und unzulängliche Realisierungsform dieser gemeinsamen Funktion ist. Wenn wir das Individuum als den einzelnen Stein in einem Mosaik betrachten, so stellt die Sprache nicht nur die verbindende Kittmasse dar, sondern sie ist Kittmasse und Einzelstein zusammen, sie ist also das ganze Bild, sie ist nicht nur verbindendes Glied, sondern sie ist Verbindendes und Verbundenes in einem.

Diese Verbindung ist eine ausgesprochen metaphysische, sie ist mehr als das Gemeinschaftsbewußtsein, mit dem die Völkerpsychologie die Sprache identifiziert.[112] Denn die Völkerpsychologie setzt das Individuum mit seinem Individualbewußtsein als getrennte Größe (deren Behandlung auch einer anderen wissenschaftlichen Disziplin zugewiesen wird) neben das Gemeinschaftsbewußtsein, das durch die Sprache repräsentiert ist. Unsere Betrachtungsweise dagegen erfaßt die Individualität des Bewußtseins als nur eine Seite einer Relation, indem sie das Individualbewußtsein nur als Struktureinheit des Gesamtbewußtseins und das Gesamtbewußtsein als Ganzheit dieser Struktureinheiten ansieht. Wenn also ein Begriff gedacht wird, mag er gewonnen sein, wie er will, so wird er zugleich als Wort gedacht, und als Wort hat er Teil an dem durch die Sprache repräsentierten Gesamtbewußtsein, das sich im Vorgange des Verstehens

[112] Die Völkerpsychologie entstand in der Mitte des 19. Jh. – v. a. angeregt von Moritz Lazarus (1824–1903), Heymann Steinthal (1823–1899) und der *Zeitschrift für Völkerpsychologie und Sprachwissenschaft* – zunächst als Wissenschaft in universalhistorischen Zusammenhängen. Nicolas Berg, Völkerpsychologie, in: Diner (Hg.), EJGK, Bd. 6, 291–296. Wilhelm Wundt (*Völkerpsychologie*, 10 Bde., Leipzig 1900–1920) baute sie wirkungsvoll zu einem umfassenden System der Wissenschaft vom »Volksgeist« und dessen seelisch-geistigen Gesetzen aus. Untersucht wurden die Entstehung und Entwicklung der an menschliche Gemeinschaften gebundenen psychischen Vorgänge und Formen in Sprache, Kunst, Mythos, Religion, Recht etc. Gulkowitsch rezipierte trotz seiner hier formulierten Kritik diese Denkrichtung verschiedentlich (Wilhelm Wundt, Karl Lamprecht, Georg Simmel, Franz Boas u. a.).

funktionell realisiert. Wie darum das Einzel- |88| bewußtsein zugleich Teil des Gesamtbewußtseins ist, so ist der Begriff stets zugleich Wort. Die Schichtung und Ordnung dieses metaphysischen Gesamtbewußtseins, die für unsere Erkenntnis nur auf dem Umwege über die Zeitkategorie erfaßbar ist, nennen wir Geschichte. In der Existenz der Sprache als Gesamtbewußtsein ist ihr Sosein beschlossen. Ihr Dasein ist aber nur eine teilweise Realisierung dieses Soseins. Das Dasein der Sprache wird wie alles Dasein für unsere Erkenntnis nur in der Zeit, d. h. also als Geschichte erfaßbar. Von hier erklärt sich die Tatsache, daß die Sprache die Einheiten der Geistesgeschichte konstituiert. Diese historischen Einheiten sind Realisierungen des in der Sprache gegebenen gemeinsamen Geistes,[33] als historische Einheiten sind sie Formen des Daseins, unvollkommene Realisierung eines vollkommenen Soseins.

Das Individuum als der schöpferische Faktor in der Relation Individuum–Gemeinschaft schafft und expliziert den Begriff, der als Wort zugleich Teil des Gesamtbewußtseins ist.[34] So ist die Geschichte der Einheiten, die durch den mit dem Wort identischen Begriff repräsen-

33 A. Meillet (Linguistique, in: De la méthode dans les sciences, deuxième série, Paris 1911, S. 291) definiert diesen in der Sprache gegebenen gemeinsamen Geist als „das Assoziationssystem, das im Geiste aller Sprechenden besteht, soweit sie zu einer und derselben Sprachgemeinschaft gehören …“, setzt also das Moment des Verstehens als conditio sine qua non voraus. Somit decken sich die Prämissen seiner Methode im Prinzip mit den unsrigen, wenn auch sein methodischer Weg ein anderer ist (vgl. Karl Voßler, Gesammelte Aufsätze zur Sprachphilosophie, S. 64).[113]

34 In seiner Monographie, die nicht die Sprache, sondern das Denken zum Gegenstande hat, legt Max Diez (Sprechen, Denken und Erkennen. Grundprobleme der Philosophie. Herausg. von Gerhard Lehmann, Berlin/Leipzig 1934, S. 11 ff.) dar, wie Denken und Sprache identisch sind.[114] Er betrachtet die Sprache als das Mittel, durch das Vorstellungen Gegenstand des Denkens werden können. Doch leitet er aus dieser Beobachtung merkwürdigerweise keineswegs eine idealistisch-dyna-

[113] Gulkowitsch zitiert Meillet nach dem Literaturhistoriker Vossler. Karl Vossler, Das System der Grammatik, in ders., Gesammelte Aufsätze zur Sprachphilosophie, München 1923, 63–96. Der französische Sprachwissenschaftler und Indogermanist Antoine Meillet (1866–1936) untersuchte, beeinflusst von Ferdinand de Saussure und dem Philologen Michel Bréal (1832–1915), den Bedeutungswandel und die Bedeutung der Sozialstruktur für die Semantik.

[114] Max Diez (1859–1928) war protestantischer Theologe und Philosoph.

tiert werden, die Geschichte einer in einer Sprache zusammengefaßten Gemeinschaft.

|89| Die Identität von Wort und Begriff manifestiert sich in der Identität der Wort- und Begriffsentstehung. Sie ist aber im Verlaufe der Geschichte eines Begriffes stets vorhanden und wirksam. Es gibt also keine im historischen Sinne ursprüngliche Wortbedeutung, die im Verlaufe der Geschichte eines Wortes verlorengehen könnte, sodaß der ursprüngliche prägnante Wortsinn, *die eigentliche* Bedeutung des Wortes, durch das Aus-

mische Auffassung der Sprache ab, sondern beschränkt sich auf eine Anknüpfung an die Sprachwurzeltheorie Ludwig Noirés.[115] – Von den modernen Philologen betont besonders Ammann (Die menschliche Rede) die Identität von Denken und Sprache, die er besonders in psychologischer Hinsicht darstellt, indem er darauf hinweist, daß der Satz, das entscheidende Strukturelement der abendländischen Sprachen, adäquater Ausdruck des Denkens ist, daß ein Satz einen Gedanken ausspricht und nur *einen* Gedanken zum Ausdruck bringen kann, wodurch der Fortschritt in dem Aufbau der Rede mit dem Aufbau der Gedankenführung identisch wird. Ammann führt die Sprache nicht auf eine Seite der geistigen Funktionen |89| zurück, er weist aber mit Recht darauf hin, daß dem Denken die in Sätze gegliederte Sprache entspricht, während adäquater Ausdruck von Affekten asyntaktische Sprachformen sind (vgl. besonders II. Teil, Kap. 7 und 8). Bei der Identifizierung des Redens in Sätzen mit dem Ausdrucke einer höheren ethischen Grundhaltung und bei der Reservierung dieser Grundhaltung für das „nordische Wesen", die Ammann (a.a.O. II, S. 120f.) seinen Ausführungen hinzufügen zu müssen glaubt, verläßt er leider das Gebiet der streng wissenschaftlichen Deduktion, um die er sich sonst in so vorbildlicher Weise bemüht, sodaß eine solche Konzession an wissenschaftliche Zeittendenzen überrascht.[116]

---

[115] Der deutsche Philosoph Ludwig Noiré (1829–1889) postulierte eine enge Verbindung von Arbeit und Sprache und die Verwurzelung der Sprache im Werkzeug; die Entstehung von Lautverbindungen in der Arbeit nannte er Sprachwurzeln. Ludwig Noiré, Das Werkzeug und seine Bedeutung für die Entwickelungsgeschichte der Menschheit, Mainz 1880. Sowohl Friedrich Engels (1820–1895) als auch später der georgische Sprachwissenschaftler Nikolai Marr (1865–1934) beriefen sich auf Noiré. Zu Marr siehe Text 7, Fn. [51]; Text 10, 585 und 592–594 sowie Fn. [19].

[116] Ammann verband auch in anderen Schriften den Sprach- und Rassendiskurs sehr eng. Clemens Knobloch, »Volkhafte Sprachforschung«. Studien zum Umbau der Sprachwissenschaft in Deutschland zwischen 1918 und 1945, Tübingen 2005, bes. 181f.

schalten[35] der diesen Wortsinn verfälschenden |90| Ergebnisse der Wortgeschichte erst ermittelt werden müßte. Letztere Voraussetzung wird von

[35] Die Tatsache, daß jedes Wort einen Begriff repräsentiert, erstreckt sich nicht nur auf die sogenannten Bedeutungswörter, also die Nomina und Verba, sondern auch auf die Beziehungswörter, d. h. also auf diejenigen Wörter, deren Funktion im Satze zunächst nur das Ausdrücken von Beziehungen zu sein scheint. Die Geschichte der Sprachen zeigt immer wieder, daß Partikeln aus Nomina hervorzugehen pflegen, so das מאד [*me'od*: sehr], das nach Theodor Frankl (Orientalistische Literaturzeitung, 32. Jahrg. (1929), S. 529 ff.) mit dem arabischen مِعْدَةٌ [Magen] in Zusammenhang gebracht wird, und das deutsche Wort „sehr“, wozu Voßler, Gesammelte Aufsätze zur Sprachphilosophie, S. 81. Voßler (daselbst) sieht in dem historischen Vorgange, der zur Bildung dieser Partikeln geführt hat, eine allmähliche Abnahme des Begriffsgehaltes eines Wortes, die schließlich dazu führt, daß das Wort „jede Eigenbedeutung verliert“. Wenn aber die Partikeln auf diese Weise der „Grammatikalisation“ verfallen und einen rein formalen Charakter annehmen würden, so müßte ihr Gebrauch ein rein mechanischer sein. In Wahrheit aber geben die angeführten Intensivierungspartikeln z. B. dem Worte, dem sie beigefügt werden, eine |90| bestimmte Nuance, sodaß der Gebrauch solcher Partikeln eine genaue Kenntnis der betreffenden Sprache voraussetzt. So kann man z. B. im Deutschen „sehr angenehm“ und „höchst angenehm“ als Synonyma gebrauchen, aber „sehr schön“ durch „höchst schön“ zu ersetzen, ist nicht möglich.[117] Selbst so anscheinend rein formale Partikeln wie die sogenannte *nota accusativi* im Hebräischen entbehren nicht eines Bedeutungsgehaltes, denn der Gebrauch dieser *nota* ist ein äußerst komplizierter und durchaus nicht der gleiche in allen Phasen der hebräischen Sprachgeschichte. Wenn diese Partikel als *nota accusativi* bezeichnet wird, so ist dies eine notdürftige Anpassung an die entsprechenden Erscheinungen in indogermanischen Sprachen. Die Partikel את [*et*; Partikel des determinierten Akkusativs] drückt eine bestimmte Form der Affizierung aus, ihr Geltungsbereich ist aber mit dem Geltungsbereich des Akkusativs durchaus nicht kongruent. Gesenius, Hebräische Grammatik, Leipzig 1909, § 117 b auf S. 378 f.,[118] erklärt den Gebrauch oder Nichtgebrauch der *nota accusativi* insofern historisch, als er den Nichtgebrauch für die ältere Ausdrucksweise

---

[117] Vossler hatte dagegen geschrieben: »Das Ende des Bedeutungswandels ist der Anfang der Grammatikalisation. So bedeutet das Deutsche *sehr* ursprünglich ›schmerzlich‹, durchlief eine fortlaufende Reihe von kleinsten, allmählichen Schwächungen und verlor schließlich jede Eigenbedeutung.« Vossler, Das System der Grammatik, 81 (Hervorhebung im Original).

[118] Emil Kautzsch, Wilhelm Gesenius' Hebräische Grammatik, 28., vielf. verb. u. verm. Auflage, Leipzig 1909, 378.

jeder etymologischen Methode gemacht, auch wo dies nicht ausdrücklich betont wird. Die Geschichte eines Wortes ist die Explikation seiner Bedeutung |91| nach allen Seiten hin. Keine Phase innerhalb dieser Geschichte darf als prägnanter Wortsinn wertmäßig verabsolutiert werden. Für das Ganze der Entwicklung einer Sprache dürfte die Behauptung, daß die Geschichte der Worte und Wortbedeutungen eine gesetzmäßige sei, daß also alle Entwicklungsphasen notwendig und dem Wesen der betreffenden Sprache entsprechend seien, evident sein. Es bleibt nur die Frage offen, ob nicht in einzelnen, von dem üblichen Verlaufe der Dinge abweichenden Fällen doch durch Mißverständnisse und falsche Assoziationen die Ge-

hält und dies damit erklärt, daß erst das völlige Verschwinden der Kasusendungen den Gebrauch der *nota accusativi* notwendig gemacht habe. Neben diesen historischen Gründen müssen aber auch sachliche für den Nichtgebrauch in Betracht gezogen werden. Der oft zitierte auffällige Unterschied zwischen Gen. 1,1 ... ברא ... את השמים ואת הארץ ... [*(Bereshit) bara (Elohim) 'et ha-shamaim we-'et ha-'areẓ*: (Im Anfang) schuf (Gott) den Himmel und die Erde] und Gen. 2,4b ... עשות ... ארץ ושמים [... *'asot ... 'ereẓ we-shamaim*: als Erde und Himmel gemacht wurden] stellt die Frage zur Diskussion, ob vielleicht der Begriff der Effizierung der ursprüngliche Sinn der *nota accusativi* ist, da ברא [*bara*: er schuf] den Begriff der Schöpfung ex nihilo einschließt, während עשה [*'asah*: er machte] das Gestalten einer schon vorhandenen Materie bedeutet, was am deutlichsten aus der Ausdrucksweise אשר ברא אלהים לעשות Gen. 2,3 [*'asher bara Elohim la'asot*: nachdem Gott die ganze Schöpfung gemacht hatte] hervorgeht. (Die ältere Ḳabbālā hat durchaus noch die Kenntnis davon, daß עשה ein sekundärer Gestaltungsprozeß ist, denn sie nennt עשיה [*'asiyyah*: die Tat, das Tun] als letzten der vier Schöpfungsprozesse.) Wenn darum den Partikeln immer noch eine eigene Bedeutung zukommt, wenn ihr Sinn sich also nicht in einer rein grammatikalischen Funktion erschöpft, so ist doch unverkennbar, daß die Verteilung des Akzentes zwischen Bedeutung und Beziehung nicht bei allen Wortarten die gleiche ist, daß es vielmehr graduelle Unterschiede gibt. Die Sprachgeschichte lehrt, daß am Anfang der Entwicklung einer Sprache diese Unterschiede weniger ausgeprägt sind als auf dem Höhepunkte dieser Entwicklung. Je entwickelter eine Sprache ist, um so mehr bedarf sie einer gewissen Subordination der Wortklassen in Bezug auf die Stärke der Eigenbedeutung. Es gibt also in sehr differenzierten Sprachen zweifellos „Beziehungsworte", aber dies nur in dem Sinne, daß bei diesen Wörtern der Nachdruck auf ihren formalen Funktionen innerhalb des Satzzusammenhanges liegt, ohne daß sich der Wortsinn in dieser Funktion ganz erschöpft. Die Identität von Wort und Begriff gilt also nicht nur für die Begriffe im engeren Sinne, für Abstrakta und Gattungsbegriffe, sondern für alle Wortarten, denn gerade diese Identität konstituiert das Wort als solches.

schichte eines Wortes in eine Richtung gedrängt werden kann, die seinem ursprünglichen Sinne nicht mehr entspricht. Solche Möglichkeiten bestehen natürlich, dürften aber in der normalen Sprachentwicklung kaum eine Rolle spielen, denn daß eine Wortbedeutung mißverstanden und gefälscht werden kann, setzt stets voraus, daß der notwendige lebendige Zusammenhang zwischen Wort und Begriff, zwischen Denken und Sprache in diesem Falle abgerissen ist, daß also die Geschichte dieses Wortes bereits zu Ende war, als die Fälschung eintrat. Eine Häufung von solchen Fällen absoluter Mißdeutung eines Wortsinnes muß als deutliches Anzeichen für das Sterben einer Sprache und Kultur angesehen werden. Der Vorgang des Mißverstehens eines Wortes darf nicht mit den Wortpersonifikationen identifiziert werden, zu denen das rein symbolische Denken, vor allem mystischer Strömungen, neigt. Hier handelt es sich um ein Andichten von Schicksalen, das keinen Anspruch auf historische Tatsächlichkeit macht. Mit solchen Wortpersonifikationen soll nicht das betreffende Wort erklärt, sondern ein Sachverhalt symbolisch gleichnishaft dargestellt werden.

Die zwischen der Sprachtheorie Wundts und derjenigen Hermann Pauls bestehende Differenz in Bezug auf die psychologische Grundlegung der Sprachwissenschaft, die in der Frage gipfelt, ob die Sprachwissenschaft von der Völkerpsychologie oder von der Individualpsychologie ausgehen müsse, entscheidet sich von unserer Fragestellung aus nach der Seite Wundts hin, aber doch nur in sehr bedingter Weise. Wir sehen in der Sprache ein im Prinzip interindividuelles Moment. Dieser interindividuelle Charakter der Sprache ist sowohl metaphysisch als psychologisch bedingt, psychologisch aber nur im Sinne einer Metaphysik des Psychischen. Wir gehen also lediglich von den formalen Grundvoraussetzungen des Psychischen aus, die durch- |92| aus in einer Sphäre liegen, in der der psychologische Gegensatz zwischen Individuum und Gemeinschaft und noch viel mehr zwischen Völkerpsyche und Einzelpsyche nicht akut ist. Die Psychologie des Verstehens ist ebenfalls für uns nur nach ihrer metaphysischen Seite hin von grundlegender Bedeutung. Unsere Fragestellung darf nur lauten: Wie ist das Verstehen an sich möglich, während wir von der Fragestellung, wie die Verständigung zwischen einzelnen Individuen zustande kommt, beiseitelassen können [sic].

Dadurch, daß festgestellt wird, wie der einzelne Sprechakt zustande kommt, ist über das Wesen der Sprache noch nichts ausgesagt. Der Sprechakt ist in seinem Eintreten zweifellos vom Willen des Einzelnen abhängig. Das bedeutet aber nicht, daß die Tatsache des Phänomens Sprache mit der Tatsache der Willensfunktion hinreichend erklärt ist. Das Aussprechen eines Wortes ist ein Willensakt. Das Wort selbst aber muß vor dem Eintreten des Willensaktes bereits gegeben sein.[36] Es ist gegeben in der Einheit Wort–Begriff.[37]

Wenn wir den Begriff des Verstehens als den für das Wesen der Sprache zentralen Begriff einführen, so verteilen wir damit die Akzente gleicherweise auf den Sprechenden wie auf den Hörenden. Der zweifellos nicht auszugleichende Gegensatz zwischen der Auffassung Wundts und der Auffassung Martys[38] |93| hebt sich im Begriffe des Verstehens

36 Gustav Baumann (Ursprung und Wachstum der Sprache, München-Berlin 1913, S. 2) definiert die Sprache als „willentliche … Mitteilung". Damit setzt er die Sprache mit der Summe aller Sprechakte gleich. Es bleibt aber unerklärt, woher die „äußeren Zeichen", deren sich diese Mitteilung bedient, ihre Allgemeingültigkeit, ohne die sie ja den Zweck der Mitteilung gar nicht erreichen können, gewonnen haben. Baumann selbst macht in seiner Definition der Sprache die Einschränkung, daß Sprache nur zwischen „verwandten Wesen" möglich ist, setzt also einen Konsensus voraus, der nichts mit der Mitteilung selbst und ihrer Abhängigkeit vom Willen des Einzelnen zu tun hat.

37 Die „Begriffssprache" (vgl. Baumann, a.a.O., S. 2) ist nicht nur, wie Baumann annimmt, eine höhere, spätere Sprachform gegenüber der „Willenssprache", sondern die „Willenssprache", d.h. die Summe der Sprechakte, setzt eine „Begriffssprache" voraus.

38 Über die Prinzipien der Martyschen[119] Sprachphilosophie referiert in sehr präziser Weise Otto Funke[120] in dem aus A. Martys Nachlaß von ihm herausgegebenen Buche „Satz und Wort", Reichenberg 1925, S. 76–88.[121] Die Auffassungen

[119] Anton Marty (1847–1914), Schweizer Philosoph und Sprachforscher, war Schüler und Freund Franz Brentanos, dessen logische Psychologie und Sprachtheorie er wirkungsvoll an der Prager Universität vertrat. Martys Aufmerksamkeit richtete sich auf die Mitteilungsfunktion der Sprache, also auf die menschliche Rede in der konkreten Sprechsituation (die *parole* im Sinne de Saussures). Seine Arbeiten zu den Sprachfunktionen und seine Kritik der Sprachpsychologie (Wundts Ausdruckstheorie der Sprache) beeinflussten u. a. den Denk- und Sprachpsychologen Karl Bühler (1879–1963) sowie Edmund Husserl. Marty ist für Gulkowitsch eine wesentliche sprachtheoretische Quelle. Vgl. zu Marty auch Rudolf Hallig, Anton Marty, Satz und Wort und Über Wert und Methode einer allgemeinen beschreibenden Bedeutungslehre [Rezension], in: Zeitschrift für romanische Philologie 73 (1957), H. 1/2, 160–164.

[120] Der aus Salzburg gebürtige Sprachwissenschaftler Otto Funke (1885–1973) studierte u. a. bei Hermann Paul und lehrte ab 1914 an der Deutschen Universität in Prag und ab 1926 in Bern.

[121] Es handelt sich um folgenden Vortrag: Otto Funke, Anton Martys Sprachphilosophie und die neuere Sprachforschung, in: Anton Marty, Satz und Wort. Eine

dadurch auf, daß wir den Begriff der Äußerung, der nach Wundt für den Begriff der Sprache konstituierend ist, und den Begriff der Mitteilung, der nach Martys Ansicht das Wesen der Sprache ausmacht, im Begriffe des Verstehens vereinigen. Sprache will ebenso sehr Ausdruck eines innerindividuellen Vorgangs sein als auch die Grenzen des Individuums überbrücken, indem sie im Hörenden Verständnis des innerindividuellen Vorgangs zu erwecken sucht. Dieser energetische Vorgang des Verständniserweckenwollens allein konstituiert das Wesen der Sprache. Ob dieses Ziel erreicht wird, ist irrelevant. In diesem Sinne ist die Rolle des Hörenden durchaus passiv, aber ohne einen Hörenden, wenn dieser auch fingiert ist, bleibt Sprache undenkbar. Die Identität von Wort und Begriff ist gerade von Franz Brentano, der unter den neueren Philosophen die Identität von Wort und Begriff am stärksten betont hat, durch den Begriff der Äquivokation in Frage gestellt worden. Brentano sieht in der Vieldeutigkeit allgemeiner sprachlicher Ausdrücke ein Zeichen dafür, daß verschiedene Begriffe und damit eigentlich auch Worte durch dieselbe Lautkombination und dieselbe grammatische Form ausgedrückt werden können.[122] Brentano begeht aber hier den Fehler, den wir immer wieder in den Lexicis finden, daß er nämlich die Einzelbedeutung, die ein Wort haben kann, verabsolutiert und nicht die umfassende Bedeutung sucht, die alle einzelnen Bedeutungen erst möglich macht.[39] Brentano kann von Äquivokation deshalb reden, weil er dem Denken die Wirklichkeitsent-

Wundts und Martys von der Sprache sind zwar beide psychologisch begründet, aber es handelt sich in beiden Fällen um eine sowohl methodisch, als im Hinblick auf ihren Forschungsgegenstand prinzipiell verschiedene Art von Psychologie: Die Psychologie Wundts ist eine biologisch orientierte und |93| tendiert letztlich auf das *Experiment*, die Psychologie Martys ist eine logisch-metaphysisch fundierte und bedingt eine rein philosophisch *deduktive* Methode.

39 Vgl. Lazar Gulkowitsch, Die Entwicklung des Begriffes Ḥāsīd im Alten Testament (Acta et Commentationes Universitatis Tartuensis (Dorpatensis) B XXXVII. 4 = Acta Seminarii Universitatis Tartuensis Judaici, Nr. 1), Tartu 1934, S. 8.[123]

---

kritische Auseinandersetzung mit der üblichen grammatischen Lehre und ihren Begriffsbestimmungen, aus Anton Martys Nachlaß hg. von Otto Funke, Reichenberg 1925, 76–88.

[122] Gulkowitsch bezieht sich wahrscheinlich auf Franz Brentano, Über den Begriff der Wahrheit (Vortrag gehalten in der Wiener Philosophischen Gesellschaft am 27.III.1889), in: ders., Wahrheit und Evidenz, 3–29.

[123] Text 2, 417.

sprechung aberkennt. Das Denken kann Heterogenes in einem Begriffe und einem Worte zusammenfassen. Ein geschulteres Denken kann diese heterogenen Bestandteile dann wieder herauslösen, während die Sprache infolge ihrer Bindung an die Gemeinschaft zu sehr auf Tradition angewiesen ist, als daß auch der sprachliche Fehler einer Zusammenfassung heterogener Elemente |94| unter demselben Worte zugleich mit der Erkenntnis des logischen Fehlers wieder beseitigt werden könnte. Es fragt sich aber, ob eine Zusammenfassung heterogener Elemente in einem Worte und Begriffe, also eine Äquivokation, überhaupt möglich sei. Die Auffassung Brentanos würde nämlich voraussetzen, daß das Denken eine streng gegliederte Materie vorfände, deren Grenzsetzungen es seine Grenzsetzungen durch die Begriffsbildung unterordnen müßte. Ein Denken wäre dann umso „richtiger", je mehr sich seine Begriffe einer Kongruenz mit der Gliederung des realen Seins annäherten. Wenn wir aber das Sein nicht als eine Materie von statischer Struktur ansehen, sondern als ein dynamisches Sein, so gibt es im Sein gar keine Grenzen, denen die Begriffsbildung entsprechen oder nicht entsprechen könnte, sondern das Denken setzt mit Hilfe der Sprache Grenzen, die von der Denkstruktur allein abhängen, aber im Sein keine Entsprechung haben, nach der sie sich richten müßten. Die Grenzsetzungen der Sprache sind also zunächst immer richtig. Sie können höchstens Ausdruck eines Denkens sein, das dem Denken eines Kritikers nicht adäquat ist. Äquivokation bedeutet also immer zugleich Identität des Begriffes.

Wenn wir dem Wort die Aufgabe zusprechen, Grenzen zu setzen, Gestalt zu geben, so erweist sich das Wort als das zentripetale Prinzip, das den Organismus des Begriffes zusammenhält. Von hier aus wird deutlich, warum für uns das Wort mehr ist als *ὄνομα [ōnoma*: Name, Wort] der Idee im Sinne Platos. Während für Plato die Idee als solche bereits festumrissene Gestalt hat, ist nach unserer Auffassung die Gestalt erst im Wort gegeben. Das Wort gestaltet zwar den Begriff, aber es ist nicht allein Begriff. Wort und Sprache sind die Formen, in denen das Geistige Geschichte wird. Sie sind die immer wandelbaren, unendlich variierbaren Lebensformen des Geistes, aber der Geist ist dennoch mehr als diese Lebensformen. Er ist existentiell auch ohne diese Formen. Er ist das Sosein, das in sprachlich gestalteter Form sein Dasein findet.

Von der Seite der Sprache her ist die Identität von Wort und Begriff dadurch gekennzeichnet, daß jedes Wort keine Größe für sich darstellt, sondern erst in seinem Erfülltsein vom Begriff Realität gewinnt. Alle sprachlichen Größen sind darum stets Aussagen *über* etwas, wie dies Husserl (Logische Unter- |95| suchungen II,1, S. 46 ff.) formuliert: „Jeder

Ausdruck besagt nicht nur etwas, sondern er sagt auch *über* etwas; er hat nicht nur seine Bedeutung, sondern er bezieht sich auch auf irgendwelche Gegenstände."[124]

Der Identität von Wort und Begriff scheint die Beobachtung zu widersprechen, daß Menschen von großer Tiefe und Weite des Denkens in der sprachlichen Formulierung ihrer Gedanken schwerfällig und ungeschickt sein können. Es wird behauptet, daß eine solche schwerfällige Formulierung darin begründet sei, daß der Betreffende sich selbst noch nicht ganz klar über das sei, was er formuliert habe. Eine solche Behauptung ist zweifellos eine unerlaubte Verallgemeinerung, die der Mannigfaltigkeit geistiger Vorgänge nicht gerecht wird. Eine unklare Ausdrucksweise kann Folge mangelnder Denkschärfe sein, sie kann aber auch eine Folge davon sein, daß die formulierten Gedanken neu und originell sind und daß darum eine gewisse Sprödigkeit der Sprache natürlich ist, da die Sprache als das gemeinschaftsbildende Moment immer etwas schwerfälliger ist als das absolut freie individuelle Denken. Es ist überhaupt geboten, Art und Ursache einer schwerfälligen oder gar fehlerhaften sprachlichen Ausdrucksweise von Fall zu Fall zu untersuchen. Die Schwerfälligkeit einer Sprache kann ihre Ursachen auch darin haben, daß in einem Denken das analysierende Moment überwiegt und die Fähigkeit zur Zusammenschau relativ gering ist. Die Sprache eines solchen Denkens wird diese Eigenart des Denkens dadurch verraten, daß ihr die Fähigkeit zur Darstellung von Relationen und damit die Elastizität, der Schliff und Glanz fehlt. Der Idealfall ist natürlich ein scharf analysierendes Denken von großer Prägnanz der Begriffe, das zugleich die Fähigkeit zur Zusammenschau, zur Erkenntnis der Relationen besitzt. Einem solchen Denken würde eine Sprache entsprechen, die prägnant und dennoch völlig ausgeglichen wäre.

---

[124] Edmund Husserl, Logische Untersuchungen, Bd. 2: Untersuchungen zur Phänomenologie und Theorie der Erkenntnis, 1. Teil, Tübingen 1968 (zuerst Halle 1901), 46. Im Originalzitat erscheint »Gegenstände« gesperrt. – Der österreichisch-jüdische Philosoph und Mathematiker Edmund Husserl (1859–1938) begründete die philosophische Phänomenologie. Er hatte u. a. in Leipzig bei Franz Brentano studiert und lehrte ab 1901 an der Universität Göttingen, von 1916 bis zur Emeritierung 1928 in Freiburg. Zum Einfluss Husserls und der Phänomenologie auf die Sprachwissenschaft vgl. Utz Maas, Husserl, Edmund Gustav Albrecht, in: ders., Verfolgung und Auswanderung deutschsprachiger Sprachforscher, Bd. 1, 339–342. Für Gulkowitschs Bezug auf Husserl siehe die Einleitung zu diesem Band, 64 f.

Wenn es sich nur um Oberflächenbegriffe handelt, so ist die Zusammenschau leicht, da solche Begriffe sich ihrer Natur nach leicht ineinanderfügen. Deshalb eignet einem oberflächlichen Denken öfter eine elegante Sprache als einem Denken, das bemüht ist, Begriffe von tieferer Bedeutung zu gestalten.[40]

|96| Die zwischen aprioristischer und empiristischer Philosophie bestehende Streitfrage, ob die Sprache adäquater Ausdruck der Wirklichkeit sein kann, die sich daran entscheidet, ob dem Denken essentieller Charakter zugeschrieben wird, gewinnt von unserer Betrachtungsweise aus einen anderen Ansatz. Die Sprache als überindividuelle Gegebenheit wird aus der Bindung an das Denken des Individuums losgelöst. Das Gesamtbewußtsein, das durch die Sprache repräsentiert wird, hat als solches von vornherein essentiellen Charakter; es kann nicht nur Ergebnis von Sinneseindrücken sein, da diese an das Individuum gebunden sind. Die Sprache als überindividuelle Größe, die zugleich die Tatsache des Verstehens in sich schließt, ist von Humboldt in aller Schärfe gesehen und dargestellt worden. Doch hat der ausgesprochen ahistorische Charakter des deutschen Idealismus dazu geführt, daß Humboldt die Konsequenzen, die sich aus seiner Betrachtungsweise für die Geschichtsphilosophie ergeben, nicht gezogen hat. Wenn aber der Sprache ein essentieller und ein überindividueller Charakter zukommt, so wird damit behauptet, daß die Sprache nicht nur auf die Geschichte des Geistes Einfluß hat, sondern daß sich die Geschichte des Geistes geradezu in ihr vollzieht und daß sich in den Spracheinheiten die Kultureinheiten manifestieren.

Die Tendenz, die Sprache als ganzheitliches Phänomen zu erfassen, die sich in Gegensatz sowohl zu einem von der Naturwissenschaft her beeinflußten linguistisch-phonetischen Aufbau der Sprache als auch zu Ableitungen der Sprache aus motorischen lautlichen Reaktionen auf Ge-

40 Je tiefer ein Denken geht, umso schwieriger ist es, die Gedanken in einer flüssigen Sprache zum Ausdruck zu bringen, da die Schwierigkeit |96| der Zusammenschau in dem Maße wächst, wie das Denken in die Tiefe dringt. Hieraus erklärt sich, worauf Voßler (Gesammelte Aufsätze zur Sprachphilosophie, München 1923, S. 11 f.)[125] hinweist, daß Publizisten von geringem dichterischem Wahrheitsgehalt oft über eine glänzende Technik der Sprache verfügen.

[125] Karl Vossler, Grammatik und Geschichte oder das Verhältnis von »richtig« und »wahr« in der Sprachwissenschaft, in: ders., Gesammelte Aufsätze zur Sprachphilosophie, 1–19, hier 11 f.

fühlseindrücke, d.h. aus Interjektionen, setzt, ist in der Gegenwart noch von einer anderen Seite her, nämlich von der ästhetischen, zum Ausdruck gekommen. In der Sprachauffassung Carl Voßlers [sic] wirkt sich die ganzheitliche Tendenz dahin aus, daß er vom Stil als von dem synthetischen Element der Sprache ausgeht, um das Phänomen der Sprache zu verstehen.[41] Der Stil als ein formal |97| ästhetisches Element bedingt, falls er für das Wesen der Sprache entscheidend ist, eine Fundierung der Sprachwissenschaft auf ästhetischen Prämissen. Die ganzheitliche Tendenz in der Sprachwissenschaft nimmt überhaupt bereits seit dem 18. Jahrhundert ihren Ausgang von einer ästhetisch bestimmten Betrachtungsweise.

Die Sprachwissenschaft ist nämlich nicht gleich den Weg gegangen, den ihr die kritische Sprachforschung des Empirismus gewiesen hat. Die extreme Fassung Berkeleys besonders machte die Sprache aus einem Werkzeug der wissenschaftlichen Erkenntnis zu einem Objekt dieser Erkenntnis. Die objektivistische Tendenz des Empirismus mußte aber dazu führen, daß nicht die Sprache als solche, sondern die konkrete Einzelsprache als Objekt der wissenschaftlichen Erkenntnis betrachtet wurde. Daß die Sprache und die Sprachen trotzdem zunächst nicht in einer dem Empirismus entsprechenden analytisch-kritischen Weise bearbeitet wurden, hat seinen Grund darin, daß das 18. Jahrhundert eine starke Neigung zur Ästhetik und zu einer ästhetisch bestimmten Ethik hatte und daß es durch die außerordentliche künstlerische Leistung jener Zeit gerade auf dem Gebiete der Literatur zu einer Betrachtung der Sprache von einem ästhetischen Standpunkte aus gedrängt wurde. Die ästhetische Betrachtungsweise, verbunden mit der Tendenz der Zeit auf Anerkennung des Individuellen, führte einerseits zur Anerkennung der Einzelsprache als

41 Ernst Cassirer a.a.O., S. 120,[126] weist darauf hin, daß es in der Tat fruchtbar sein kann, wenn die Sprachwissenschaft als eine Disziplin innerhalb der Ästhetik angesehen wird, nur muß dann eine solche Eingliederung |97| von dem Begriffe der Ästhetik als Wissenschaft von der Form – nicht nur als Wissenschaft von der *schönen* Form – ausgehen.[127]

---

[126] Cassirer, Philosophie der symbolischen Formen, 1. Teil, 120.

[127] Karl Vossler ging von der These aus, dass die Geschichte der sprachlichen Entwicklung die geistige Ausdrucksform der Völker ist; als Sprachwissenschaft im engeren Sinne galt ihm die Stilistik. Karl Vossler, Die Nationalsprachen als Stile, in: Jahrbuch für Philologie 1 (1925), 1–23.

individueller Erscheinung, andererseits zur Erfassung des Phänomens Sprache überhaupt unter einem ganzheitlichen Gesichtspunkte. Shaftesbury[128] hat als erster den Sondercharakter einer jeden Sprache betont. Diese Sprachindividualität führte man auf einen jeder Sprache eigenen Sprachgenius zurück. Damit behauptete man aber nicht nur die organisch ganzheitliche Natur der Einzelsprache, sondern man setzte zugleich eine enge Beziehung zwischen Sprache und menschlichem Geist voraus. Das bedeutet, wie es sich vor allem in den Deduktionen Humboldts zeigt, eine Überwindung aller Sprachtheorien, die, wie z. B. Condillac, der Sprache nur den Charakter einer freien, nach dem Gesetze der Brauchbarkeit geschaffenen Erfindung zuschreiben.[129]

|98| Die Auffassung der Sprache als Ausdruck des Geistes in seiner Gesamtheit ist von der deutschen Sprachphilosophie des 18. Jahrhunderts expliziert worden. Sie geht aus von der Sprachmystik Hamanns, der in der Sprache eine göttliche Schöpfung und einen Ausdruck des göttlichen Wesens – entsprechend dem Wesen der Natur – sieht.[130] Von dieser ausgesprochen synthetischen Sprachauffassung ausgehend, sie aber mit der von Leibniz vertretenen Ansicht von der Sprache als Bildungs- und Ausdrucksmittel distinkter Begriffe verbindend, hat Herder eine Philosophie der Sprache geschaffen, die ihrem Charakter als einer nur immer mehr explizierten, von vornherein als Ganzes bestehenden Gegebenheit gerecht wird. Alles Erkennen ist nach Herder nur ein Wiedererkennen, alles In-Worte-Fassen nur eine Anerkennung des Wiedererkennens.[131]

---

[128] Anthony Ashley Cooper, 3. Earl of Shaftesbury (1671–1713), war ein englischer Aufklärer, der im Anschluss an John Locke insbesondere auf den Gebieten der Moralphilosophie und der Ästhetik wirkte.

[129] Der französische Philosoph Étienne Bonnot de Condillac (1714–1780) entwickelte ausgehend von John Locke eine sensualistische Sprachtheorie.

[130] Johann Georg Hamann (1730–1788) war Philosoph, Philologe und Apologet des Christentums. Er gilt als einer der Begründer des Sturm und Drang. Gegen den Vernunftbegriff der Aufklärung betonte er die Bedeutung von Sprache und Geschichte für die menschliche Gesellschaft. Für Hamann war Gott ein Schriftsteller (und der Schriftsteller sei »Griffel Gottes«), der sich in den Büchern der Natur und der Geschichte offenbart. Seine mystische Sprachphilosophie findet sich etwa in *Kreuzzüge des Philologen* (Königsberg 1762).

[131] Gulkowitsch bezieht sich hier wahrscheinlich auf die von Johann Gottlieb Herder (1744–1803) vertretene Sprachtheorie, wonach sprachliche Äußerungen vornehmlich dem Wiedererkennen eines Gegenstandes in seinem gesamten Wahrnehmungsbild dienen. Sein Paradigma ist das Schaf: Ein »weißes, sanftes,

Wiedererkannt wird zwar das Phänomen als Gesamtheit, in Worte gefaßt aber werden seine einzelnen Elemente: So gestaltet die Sprache in der Tat distinkte Begriffe. Die deutschen Romantiker, vor allem Friedrich Schlegel[132] und Schelling,[133] haben den schon von Herder implizite gegebenen Begriff der Sprache als Organismus weitergeführt. In dieser Auffassung, in der das Verhältnis des Ganzen zum Einzelnen in eine neue Beleuchtung gerückt wird, wird auch der Begriff der Ursprache als eines historischen Phänomens überwunden. Das Wesen der Sprache läßt sich nicht aus den einzelnen Sprachen und einzelnen Sprachelementen durch Findung eines Generalnenners ableiten. Es liegt vielmehr in der Totalität aller Elemente.

Die Tendenz auf Synthese wurde in konsequenter Weise von Humboldt in seiner Theorie der Sprache durchgeführt. Er sieht in der Sprache nicht eine freie Konvention der verschiedenen Individuen zum Zwecke einer Verständigung.[134] Eine solche Konvention würde ja bereits die Möglichkeit des Verstehens voraussetzen. Die Tatsache des Verstehens ist vielmehr ein Zeichen dafür, daß zwischen verschiedenen Individualitäten im Grunde doch eine Identität besteht, die das Individuum nicht isoliert sein läßt, sondern es in den Mittelpunkt eines Kreises stellt. Garant und Ausdruck dieses Verstehens ist die Sprache. Sprache und Verstehen stehen nicht im Verhältnis von Ursache und Wirkung zueinander, sondern im

---

wollichtes« Tier, »es blökt, und nun erkennet sie's wieder!« Johann Gottlieb Herder, Abhandlung über den Ursprung der Sprache, hg. von Hans Dietrich Irmscher, Stuttgart 2001 (zuerst Berlin 1772), 33. Die Verwendung eines Wortes setze voraus, dass die Wahrnehmungen vom Gegenstand mit dem gesamten Wahrnehmungsbild des Schafes übereinstimmen. Die Sprache operiere nicht nur mit einzelnen Merkmalen, sondern mit synthetischen Wahrnehmungsbildern.

[132] Friedrich Schlegel (1772–1829) war ein (früh-)romantischer Theoretiker und Philologe. Zum historischen Begriff des Organismus und seiner metaphorischen Verwendung um 1800 vgl. Georg Toepfer/Francesca Michelini (Hg.), Organismus. Die Erklärung der Lebendigkeit, Freiburg 2016.

[133] Friedrich Wilhelm Joseph Schelling (1775–1854) war Philosoph, romantisch-spekulativer Naturforscher und einer der Hauptvertreter des deutschen Idealismus.

[134] Wilhelm von Humboldt (1767–1835) fasste Sprache nicht als einen zeichenvermittelten Prozess auf, bei dem die subjektive Vorstellung kraft ihrer Bezeichnung durch ein verabredetes, gleichgültiges Zeichen übersetzt wird. Vielmehr ging seine synthetische Sprachauffassung davon aus, dass die Sprache in ihrer Wirkung selbst konstituierend für die Bildung der Vorstellung ist.

Verhältnis einer organischen Einheit. Verstehen ist nur in der Sprache gegeben, und Sprache ist nur im Verstehen gegeben. Damit fällt |99| auch jede Möglichkeit weg, über die Entstehung der Sprache etwas auszusagen. Die Entstehung der Sprache ist identisch mit der Entstehung des Verstehens, die Entstehung des Verstehens aber identisch mit der Entstehung des Geistes überhaupt.

Der Begriff einer Entstehung der Sprache hebt sich nach Humboldt deshalb auf, weil Sprache gar nicht als Werk, als *ἔργον* [*ergon*], zu verstehen ist, sondern als *ἐνέργεια* [*enérgeia*].[135] Die Sprache ist nicht nur Ausdruck eines schon Gegliederten, sondern sie ist, eben als *ἐνέργεια*, selbst ein gestaltendes Moment. Was sie gestaltet, ist die Synthese, die als solche nicht im Objekt gegeben ist (hierin liegt der falsche Ansatz, der den Empirismus von vornherein zur Unfruchtbarkeit verurteilt). Aber trotzdem wird durch die Synthese erst die Ordnung, die Hierarchie, die Gültigkeit und damit überhaupt die Wahrheit der Objekte dargestellt. Das Urteil des Denkens hat somit ausgesprochen gestaltende Kraft. Das Denken und sein Ausdruck, die Sprache, sind das formale Element, das die Materie der Objekte gestaltet. Aber Materie kann nicht ohne Form, Form nicht ohne Materie existieren. Die Form ist nur der Gültigkeit nach, nicht aber empirisch-zeitlich dem Dasein der Materie gegenüber primär.

Diese Sprachauffassung Humboldts bezieht das Phänomen der Sprache ganz in den Bereich des geistigen Geschehens ein. Was unsere Auffassung im Prinzip von der Auffassung Humboldts trennt, ist im Grunde nur eine Konsequenz. Der ahistorische Charakter seiner Zeit ließ Humboldt historische Konsequenzen aus seiner Sprachauffassung als belanglos erscheinen. Die Sprache ist für ihn gestaltendes Moment im Bereiche des Geistigen überhaupt, er hat aber sein System nicht nach der geschichtsphilosophischen Seite hin ausgebaut, sodaß er die Rolle, die auch nach seiner Auffassung der Sprache im Verlaufe der Geschichte zukommen mußte, nicht explizite dargestellt hat.

---

[135] Ergon (Werk) und Energeia (Tätigkeit) bilden ein von Gulkowitschs sprachwissenschaftlichen Zeitgenossen (wie Leo Weisgerber, 1899–1985) stark rezipiertes Begriffspaar, mit dem Wilhelm von Humboldt seine Sprachauffassung als »wirkende Kraft« von solchen als »statischen Gebilden« unterschieden hatte. Wilhelm von Humboldt, Ueber die Verschiedenheit des menschlichen Sprachbaues und ihren Einfluss auf die geistige Entwicklung des Menschengeschlechts [1836], in: ders., Werke, Bd. 3: Schriften zur Sprachphilosophie, hg. von Andreas Flitner/Klaus Giel, Darmstadt 1963, 368–756, hier 418.

Eine im Prinzip ganzheitliche Auffassung vom Wesen der Sprache, die aber nicht von ästhetischen Prinzipien, sondern von erkenntnismäßigen Erwägungen ausgeht, stellt die Sprachauffassung Ernst Cassirers dar.

Aus der Voraussetzung, daß zwischen sprachlichen Erscheinungen und der Denkstruktur Beziehungen bestehen, daß also die sprachlichen Erscheinungen Rückschlüsse auf die Denkstruktur zulassen, zieht Cassirer Schlüsse auf die Stellung der Kategorien Raum, Zeit und Zahl innerhalb der Sprache und des |100| Denkens.[136] Er sieht in der Vorstellung des Raumes die Grundvorstellung, aus der alle sprachlichen und erkenntnismäßigen Erscheinungen resultieren. Der Raumvorstellung – die als solche nicht nur Ergebnis einer reinen Sinneswahrnehmung ist, sondern bereits eine Sinndeutung voraussetzt – kommt sowohl eine sachliche als auch eine historische Priorität im Denken und in der Sprache zu, wie überhaupt Cassirer hier sachliche und historische Priorität ohne weiteres gleichsetzt. Die Priorität der Raumvorstellung wirkt sich im Denken dahin aus, daß alle Relationen in Raumrelationen umgedacht werden, daß also der Gegensatz von Ich–Du–Er und der Gegensatz Ich–Welt als räumliche Trennung erfaßt wird.[137] So können Sprachen auf historisch primärer Stufe Objekte nicht an sich, sondern nur in Relationen auf den Raum ausdrücken. Das wirkt sich entweder dahin aus, daß die Objekte je nach ihrer Stellung verschiedene Namen erhalten, oder aber in der Erscheinung der sogenannten Lokalkasus.[138] Letztere drücken bereits die Identität des betreffenden Objekts in allen Stellungen, zugleich aber seine unlösliche Relation zu einer bestimmten Stellung für die Vorstellung aus. Cassirer möchte aus dem Vorhandensein der Lokalkasus auf eine Entstehung des Kasus aus Lokalbezeichnungen schließen. Dies ist aber deshalb nicht beweiskräftig, da eben fraglich ist, ob Lokalkasus wirklich Kasus sind. Dagegen sind die notorischen Beziehungen zwischen dem Artikel und dem Demonstrativpronomen, ferner zwischen den Demonstrativ- und den Personalpronomina (bei letzterer Beziehung läßt Cassirer dahingestellt, auf welcher Seite die Priorität liegt) deutliche Hinweise darauf, daß die Objektivierung in der Tat das deiktische Moment und damit die Raumvorstellung

---

[136] Gulkowitsch verweist auf Cassirer, Philosophie der symbolischen Formen, 1. Teil, 3. Kap.: Die Sprache in der Phase des anschaulichen Denkens, 147–248.

[137] Ebd., 164–166.

[138] Grammatischer Kasus vor allem in finno-ugrischen Sprachen, der die Position oder eine Bewegung ausdrückt.

voraussetzt.[139] Daß Raumvorstellung und Objektivierung identisch sind, erweist sich ferner aus der sprachlichen Erscheinung der Benennung von Richtungs- und Raumkategorien durch Körperteile oder wenigstens durch mit der Stellung des Ich in engster Beziehung stehende Objekte. Der Raum wird also vom Ich aus aufgeteilt. Die enge Beziehung zwischen Raum und Objektvorstellung bedingt das Vorwiegen des nominalen Elementes in der Bezeichnung räumlicher Beziehungen. Doch weist Cassirer auf die Temporalkasus hin, die beweisen, daß auch die Zeitvorstellung zunächst nicht unbedingt am Verbum haftet. Cassirer trennt Raum und Zeit sowohl für das Denken als auch für |101| die Sprache streng voneinander, da die Zeit einen viel komplizierteren Denkvorgang, eine weitgehendere Verarbeitung des bloßen Eindrucks voraussetzt als der Raumbegriff. Für Cassirer wird die Zeit als Kontinuum von der Sprache durchaus nur in deren höchsten Entwicklungsphasen zum Ausdruck gebracht. Die primären sprachlichen Ausdrucksformen weisen nur auf ein Zeitgefühl hin, auf die Unterscheidung einer Gegenwart, der eine gewisse Ausdehnung anhaftet (die also nicht nur ein Grenzbegriff ist), von einer Nichtgegenwart, sodaß Vergangenheit und Zukunft nicht geschieden werden. Auf der ersten Entwicklungsstufe kann selbst das Verbum keinen fortlaufenden Vorgang zum Ausdruck bringen. Es bildet alle Vorgänge punktuell in ihren einzelnen Phasen ab. Eine höhere Stufe der Entwicklung wird durch die sogenannten Aktionsarten erreicht, die nicht etwa einen Vorgang in Relation zur Zeit als Kontinuum bringen, sondern nur die zeitliche Relation zwischen einzelnen Vorgängen aufzeichnen. Die Flexion des Verbums dient nicht nur in den semitischen, sondern auch in der ursprünglichen Form der indogermanischen Sprachen dem Ausdrucke von Aktionsarten,[42] nicht von Tempora. Der Rückschluß von der Art, Handlungen sprachlich wiederzugeben, auf den Zeitbegriff ist aber nicht eindeutig, was Cassirer übersieht. Die Zeitkategorie ist zwar allein in der Bewegung erfaßbar, in der Bewegung und mehr noch in komplizierten Handlungen sind aber

42 Das Problem der Aktionsarten und der Aspekte beim Verbum betrachtet Ammann (Die menschliche Rede II, S. 155) vom Standpunkte der Urteilsbildung aus und weist darauf hin, daß vom Prinzip des Zeithorizontes aus bei Feststellungen das Problem der Aktionsarten und der Aspekte von einer neuen Seite her beleuchtet werden könnte.

[139] Deixis bezeichnet in der Linguistik die Bezugnahme auf Personen, Gegenstände, Orte und Zeiten in sprachlichen Kontexten.

noch andere Momente wirksam, sodaß die Handlung und ihre Darstellung durch die Sprache eine Resultante aus Komponenten darstellen, von denen nur eine der Zeitbegriff ist.

Während Cassirer bei der Darstellung von Raum und Zeit als Formen der Anschauung und des Denkens und der Auswirkung dieser Formen auf die Gestaltung der Sprache zunächst nur Analogien zwischen Denkstruktur und Sprachstruktur nachweist, geht er bei seiner Darstellung des Begriffes der Zahl dazu über, der Sprache eine aktive Bedeutung in der Verknüpfung konkreter Anschauungen mit abstrakten Begriffen zuzuerkennen. Im Begriff der Zahl sieht Cassirer zwar |102| auch eine Form der Anschauung, ohne die es Anschauung nicht geben kann, aber die Zahl gehört doch darüber hinaus auch weitgehend in das Gebiet der intellektuellen Prinzipien. Die Zahl ist eine konkrete Größe. Während die Raumanschauung den Begriff der Einheit unmittelbar vermittelt und der Zeitbegriff den Begriff der Sonderung enthält, umfaßt der Begriff der Zahl beides: Einheit und Sonderung. Die Verbindung dieser beiden heterogenen Elemente zu einem Begriff ist ein reiner Bewußtseinsakt, und zwar auf Grund seiner dialektischen Methode ein typischer Bewußtseinsakt. Die reine Zahl, in der die beiden Elemente der Einheit und der Besonderheit vollkommen verschmolzen sind, ist nur im rein mathematischen Zahlbegriff vorhanden. Da die Verknüpfung der beiden Elemente nur im Bewußtsein, nicht in der Anschauung gegeben ist, war es das Bestreben der Mathematik seit Pythagoras, einen reinen Zahlbegriff unabhängig vom konkreten Vorgang des Zählens zu gewinnen. Die Differenz zwischen der reinen Zahl und dem Zählen konkreter Gegenstände wird durch die Sprache ausgeglichen. In der Sprache und durch die Sprache vollzieht sich der Übergang vom Zählen zur Zahl. Durch die allmähliche Ausbildung der Zahlworte gewinnt das abstrakte Denken die Möglichkeit, den Zahlbegriff zu bilden. Diesen Vorgang spiegelt die Geschichte der Sprache wider in der Geschichte der allmählichen Bildung von Zahlworten und Pluralen. Die Sprachen gehen hierbei in verschiedener Weise vor, wobei bald das Element der Einheit, bald das der Besonderheit stärker hervortritt. Der Vorgang ist durchaus noch nicht abgeschlossen. Cassirer weist auch in so durchgebildeten Begriffssprachen wie dem Griechischen noch Zwischenstufen der Entwicklung nach (a. a. O., S. 192 f.).[140] Erst allmählich bilden sich die Pluralformen heraus, da diese den abstrakten Begriff von aus Besonderheiten bestehenden einheitlichen Vielheiten voraussetzen. Cassirer weist weiter darauf hin, daß der Begriff der Zahl nicht nur aus

[140] Cassirer, Philosophie der symbolischen Formen, 1. Teil, 195–197.

dem konkreten Vorgang des Zählens von Gegenständen hervorgegangen sein kann.[43] Er weist auf dem Wege einer |103| Beobachtung sprachlicher Erscheinungen noch zwei Möglichkeiten zur Bildung des abstrakten Zahlbegriffes nach. Die Erscheinung eines durch Reduplikation ausgedrückten Iterativs bei Verba, die dem Plural der Nomina logisch entspricht, weist ihn darauf hin, daß der Begriff der Zahl sich auch aus dem Arbeitsrhythmus mit herausgebildet hat (S. 197).[141] Weiter erkennt er aus der Besonderheit der Behandlung, die die Zahlen *1* bis *2* oder *1* bis *3* in fast allen Sprachen erfahren, den Einfluß der Trennung von Ich, Du und Er im Begrenztsein der Sprechenden auf die Zahlbildung.

Der Vorgang der allmählichen Gewinnung des Bewußtseins einer Trennung von Ich und Außenwelt spiegelt sich nicht nur in der Geschichte der Zahl, sondern er ist nach Cassirer überhaupt der entscheidende Vorgang in der Geschichte der Sprache. Ein Ichbewußtsein ist nicht etwa erst dann zu konstatieren, wenn die Personalpronomina als gesonderte Größen in der Sprache auftreten. Die Trennung von Ich und Außenwelt findet

43 Johannes Volkelt (Phänomenologie und Metaphysik der Zeit, München 1925, S. 122 f.) weist scharfsinnig nach, daß die Auffassung Kants, der die Zeit in dieselbe Beziehung zur Arithmetik bringt, in der der Raum zur Geometrie steht, auf einer irrigen Gleichsetzung des Zählens mit der Zahl beruht. Wenn also, wie Cassirer richtig erkannt hat, vom Zählen kein Weg zum Zahlbegriff |103| führt, so ist dies in einer sachlichen Differenz zwischen Zählen und Zahlbegriff begründet: Das Zählen ist ein im Prinzip zeitlicher Vorgang, der Zahlbegriff ein logischer Begriff, der prinzipiell vom Zeitbegriff abstrahiert ist. Die Sprache ist sowohl am Zählvorgang als auch an der Bildung des Zeitbegriffes beteiligt, aber nicht – darin hat Cassirer Recht – in Form eines allmählichen historischen Fortschreitens vom Zählen zum Zahlbegriff, sondern der Vorgang des Zählens und die Bildung des Zahlbegriffes sind auch sprachlich betrachtet in sachlicher und historischer Hinsicht getrennte Vorgänge. – Die eigentümliche Bindung der Sprache an eine eindimensionale Zeitrichtung, die auch durch die Möglichkeit der Schriftsprache nicht aufgehalten werden kann, da die Schrift im Gegensatz zur Malerei z. B. auf eine Richtung, d. h. ein Nacheinander, kein bloßes Nebeneinander, nicht verzichten kann, hat Ammann, Die menschliche Rede I, S. 29 f., als konstituierendes Merkmal der Sprache nachgewiesen. Die eigentümliche streng eindimensionale Zeitbezogenheit ist ein Merkmal, das der Sprache ebenso wie dem Denken zukommt. Ammann bleibt aber auf Grund seiner Sprachauffassung bei der Konstatierung dieser Merkmalsgleichheit zwischen Sprache und Denken stehen.

[141] Ebd., 200.

bereits einen sprachlichen Ausdruck ohne direkte Bezeichnung. Die allmähliche Ausgestaltung von Possessivbezeichnungen beim Nomen (zum Auftreten einer possessiven Konjugation beim Verbum, das die personale Konjugation ersetzen kann, s. Cassirer, a. a. O. S. 222)[142] und des Mediums beim Verbum sind abgesehen von der Bildung besonderer Personalpronomina die Wege zur Ausgestaltung einer radikalen Scheidung zwischen Subjekt und Objekt.

|104| In diesem allmählichen Herausstellen von Differenzierungen, diesem ausgesprochen fluktuierenden Charakter der Sprache, liegt überhaupt das Prinzip der Cassirerschen Sprachauffassung. In der Sprache ist nach ihm weder das nominale noch das verbale, weder das substantivische noch das pronominale Moment primär. Die Sprache enthält vielmehr in ihrem Primärzustand (den Cassirer historisch faßt) alle diese Momente in ungeschiedenem Zustande. Weder Verbum noch Nomen stehen am Anfang der Entwicklung, sondern eine gegen den Unterschied zwischen Verbum und Nomen indifferente Größe. Aus dieser Größe heraus erfolgt die Entwicklung der Sprachen entweder sub specie nominis oder sub specie verbi, d. h., es besteht nur eine Tendenz auf eine der beiden Möglichkeiten hin.

Die Rolle der Sprache bei Cassirer ist in ihrem Verhältnis zum Denken eine durchaus aktive. Die Sprache bereitet der Differenzierung des Denkens, der Entstehung der Begriffe den Weg.[44] Sie führte aber niemals bis ganz ans Ziel. Die Sprache gelangt nicht zu einem Zahlbegriff, sie vermag auch nicht den Begriff der Gegenwart als bloße Grenze darzustellen, sondern sie gibt der Gegenwart eine gewisse zeitliche Ausdehnung, sie bereitet auch das Ichbewußtsein nur vor, führt aber nicht zum rein formalen Ichbegriff.

In Cassirers Darlegung der Bedeutung sprachlicher Vorgänge als vermittelnder Aktion zwischen dem ganz im Gebiet der Anschauung liegenden Zählen konkreter Vielheiten und dem abstrakten Begriff der Zahl ist ein sehr typisches Beispiel für seine Auffassung von der Bedeutung der Sprache für das Denken überhaupt gegeben. Cassirer erkennt die aktive Rolle, die der Sprache in der Bildung von Begriffen zukommt, und zieht daraus die methodische Konsequenz, daß die einzelnen Erscheinungen

44 Über den Vorgang der Begriffsbildung selbst, den Cassirer unter einem von dem unseren im Prinzip verschiedenen Gesichtspunkt betrachtet, s. oben S. 86.[143]

[142] Ebd., 227.

[143] Siehe oben, 183.

der Sprachbildung in Beziehung zur Begriffsbildung stehen müssen und so Rückschlüsse auf diese zulassen. Einer solchen Untersuchung muß als Gegenstand zweifellos die Sprache als Phänomen an sich zugrunde liegen, das Prinzip der Sprache, das Sosein der Sprache. Dieses punktuelle Sein der Sprache, von dem die einzelnen Sprachen verschiedene Rea- |105| lisierungsformen darstellen, ist freilich ohne den Weg über diese Realisierungsformen nicht darstellbar. Die Art unserer Darstellung des Soseins der Sprache auf Grund einer, vieler oder aller ihrer Daseinsformen hängt davon ab, wie das Verhältnis von Einzelsprache und Sprache an sich gestaltet ist. Wenn die Sprache als Prinzip nur eine künstliche Konstruktion darstellt, den größten gemeinschaftlichen Faktor aller Einzelsprachen, der durch Vergleichen der einzelnen Sprachen und Ausschließen des Speziellen gewonnen werden kann, so wird eine Untersuchung der Bildungsprinzipien sprachlicher Phänomene in ihrer Beziehung zu den Bildungsprinzipien des Denkens von allen erreichbaren Sprachen ausgehen müssen und um so mehr an Wahrheitsgehalt für ihre Ergebnisse erreichen können, als sie Sprachen heranzieht. Wenn aber das Sosein der Sprache eine metaphysische Größe ist, wenn also jede Sprache Daseinsform dieses Soseins in seiner Ganzheit ist, so ist ein solches summierendes Verfahren nicht nur unnötig, sondern methodisch falsch. Der Zusammenhang von Sosein und Daseinsformen ist kein geometrisch darstellbarer. Eine Daseinsform ist nicht ein Teil des Soseins, denn das Sosein ist nicht die Summe aller Daseinsformen. Die Daseinsformen sind vielmehr Funktionen des Soseins, und jede dieser Funktionen ist eine Ausprägung des Soseins in seiner Ganzheit. Das bedeutet aber auf die Sprache angewandt den völlig individuellen Charakter der einzelnen Sprache. Deshalb muß jede Untersuchung sprachlicher Prinzipien von *einer* Sprache ausgehen und sie kann dies, da sich in jeder Sprache das Sprachprinzip als Ganzes realisiert. Die Vergleichung der Sprachen miteinander hat lediglich Bedeutung als heuristisches Prinzip. Dieselbe Erscheinung innerhalb verschiedener Sprachen muß keineswegs dieselbe Ursache haben, da die Strukturverhältnisse in den einzelnen Sprachen durchaus verschieden sind. Jede Sprache bedeutet eine völlig neue Konstellation der im Sprachprinzip gegebenen Möglichkeiten. Im Hinblick auf die Klassifikationsarbeit der Sprache betont Cassirer selbst, daß hier jede Sprache ihre eigenen Wege zu gehen pflegt (S. 264 f.).[144] Das Sprachprinzip als Sosein der Sprache hat durchaus nichts zu tun mit einer Ursprache im historischen Sinne. Die allen Sprachen gemeinsamen Formalprinzipien müssen nicht Ergebnisse

[144] Cassirer, Philosophie der symbolischen Formen, 1. Teil, 270 f.

eines gemeinsamen historischen Ursprungs sein, sondern sie ver- |106| stehen sich aus der sachlichen Gemeinsamkeit, daß es sich eben in allen Fällen um Sprache handelt.

Abgesehen von dieser methodischen Differenz unterscheidet sich unsere Auffassung der Sprache von derjenigen Cassirers vor allem dadurch, daß er der Sprache zwar eine aktive Rolle bei der Bildung der Begriffe zuerkennt, daß er aber der Sprache im Grunde nur heuristische Funktionen zuschreibt. Nach Cassirer erfolgt zwar in und an der Sprache die Bildung und die Differenzierung der Begriffe, aber die Begriffe sind dennoch selbständige Größen, die sich, je reiner sie sich ausgestalten, um so mehr vom sprachlichen Ausdruck lösen, denn die Sprache ist für immer an Inhalte und Anschauungen gebunden, kann also den reinen, den absoluten Begriff nicht gestalten.[45]

45 Dieselbe Ansicht wie Cassirer über die Beziehung zwischen Wort und Begriff, zwischen Sprache und Denken vertritt auch Karl Voßler (Gesammelte Aufsätze zur Sprachphilosophie, S. 212 ff.).[145] Er erkennt die Notwendigkeit der Sprache für den Ausdruck des Denkens an, und da Denken nicht ohne gestalteten Ausdruck möglich ist, so ist ein vorsprachliches Denken weder historisch noch sachlich möglich. Aber die Sprache hat ihr eigenes Gesetz, dem sich das Denken wohl oder übel einordnen muß. Das Denken muß also auf eine andere Ebene, die Ebene der Sprache projiziert werden, die Sprache vermag nur Symbole der Gedanken zu liefern, aber diese Symbole sind unvermeidbar. Voßler weist darauf hin, daß alles In-Worte-Fassen so sehr ein Symbolisieren ist, daß Spinoza[146] im Grunde nichts von der sonstigen Ausdrucksweise philosophischer Gedanken Abweichendes tat, wenn er die Gedanken des Descartes more geometrico darstellte: Er benutzte die adäquateste Symbolik, die ihm zur Verfügung stand. Ebenso ist alles Darstellen des Logischen mit Hilfe der Sprache nur ein Darstellen mit Hilfe desjenigen symbolischen Systems, das am adäquatesten ist, das aber immer nur annäherungsweise ausdrücken kann, was eigentlich gemeint ist. Diese Betrachtungsweise erkennt einerseits die Notwendigkeit der Sprache für das Denken an, andererseits lehnt sie jede Identifizierung ab. Es wird hier bewußt analytisch getrennt, was wir versucht haben synthetisch zusammenzusehen. Wort und Begriff sind in der Tat *zwei* Seiten derselben Sache, aber doch *derselben* Sache. Dieses letztere Moment wird von Voßler – und entsprechend auch von Cassirer – in seiner Bedeutung unterschätzt.

[145] Karl Vossler, Die Grenzen der Sprachsoziologie, in: ders., Gesammelte Aufsätze zur Sprachphilosophie, 210–260, hier 212–232.

[146] Der niederländische Philosoph portugiesisch-jüdischer Herkunft Baruch de Spinoza (1632–1677) ging in seiner Philosophie von René Descartes aus. Baruch

Das Ziel der Deduktionen Cassirers tritt hier klar hervor: Er erkennt den formschaffenden Charakter der Sprache, er sieht, daß die Sprache nicht nur schon vorhandenen Einheiten einen Namen gibt, sondern daß sie aus dem Fluß der Vorstellungen erst begrenzte Größen herauslöst (S. 256),[147] er erfaßt diese Tätigkeit der Sprache als eine notwendige *Voraussetzung* für die Bildung aller Allgemeinbegriffe und Abstraktionen. Nach Cas- |107| sirer hat aber die Sprache einen nur ihr eigenen „Standpunkt der Weltansicht" (S. 252),[148] die wissenschaftliche Erkenntnis dagegen einen anderen. Die Sprache vermag zu determinieren und tut dies besonders auf der Stufe der Sprache der Naturvölker in eingehendster Weise, sie vermag aber nicht Allgemeinbegriffe zu gestalten. Ihre Aufgabe erschöpft sich bereits in der Klassifizierung. Cassirers Auffassung von der Sprache gesteht ihr also nur eine vorbereitende Rolle in der Begriffsbildung zu:[46] Die Sprache vermag nur „sprachliche Begriffe" zu gestalten, nicht aber „reine Begriffe"; was die sprachlichen Begriffe besonders charakterisiert, ist ihre Tendenz auf das Aktive, ihr teleologischer Charakter, während das Prinzip der Erkenntnis ein logisches ist. Cassirers Ansicht unterscheidet sich von der unsrigen prinzipiell dadurch, daß er Sprache und Denken als verschiedene Aspekte ansieht. Wenn aber die Sprache dem Denken *notwendige* Vorarbeit leisten muß, worauf ja gerade Cassirer abzielt, so kann der Aspekt der Sprache

46 Cassirer (a.a.O., S. 247 f.)[149] führt mit Recht aus, daß der Vorgang der Begriffsbildung zunächst nicht eine Unterordnung unter Oberbegriffe bedeutet, sondern in der Feststellung der Besonderheit besteht. Da Ammann (a.a.O. I, 99 ff.) das Wesen der Begriffsbildung im Gegensatz hierzu in der Feststellung des Allgemeinen sieht, muß er den Vorgang der Wortbildung vom Vorgange der Begriffsbildung trennen und den Vorgang der Begriffsbildung als sekundär und außersprachlich ansehen. Während also Cassirer von „sprachlichen Begriffen" reden kann, die er aber im Gegensatz zu unserer Auffassung von den „logischen Begriffen" trennt, schaltet Ammann das Begriffliche überhaupt aus der *schöpferischen* Sprachsphäre aus.

---

de Spinoza, Sämtliche Werke, Bd. 4: Descartes' Prinzipien der Philosophie in geometrischer Weise dargestellt mit einem Anhang, enthaltend Gedanken zur Metaphysik (1663), hg. von Wolfgang Bartuschat, Hamburg 2005.

[147] Cassirer, Philosophie der symbolischen Formen, 1. Teil, 260 f.

[148] Ebd., 257. Es handelt sich um eine Formulierung Wilhelm von Humboldts. Humboldt, Ueber die Verschiedenheit des menschlichen Sprachbaues, 224.

[149] Cassirer, Philosophie der symbolischen Formen, 1. Teil, 251 f.

nicht von dem Aspekte des Denkens prinzipiell verschieden sein. Wenn die Sprache dem Denken adäquate Einheiten zur Verknüpfung liefern soll, so muß sie bei der Bildung dieser Einheiten auch von einem adäquaten Aspekt ausgehen. Wenn aber Denken und Sprache denselben Standpunkt der Welt bedeuten, so ist eine Verteilung der Aufgaben zwischen Sprache und Denken nicht möglich, auch nicht in der gemäßigten Form der verschiedenen Verteilung der Akzente, wie sie in der Ansicht Cassirers vorliegt. Die wesenhafte Beteiligung der Sprache an der Bestimmung setzt auch ihre Beteiligung an der Verallgemeinerung voraus, da beide Denkvorgänge in einem dialektischen Verhältnis zueinanderstehen. Es ist also unsere Aufgabe, über Cassirer hinaus auch die Beteiligung der Sprache an dem synthetischen Denkvorgang der Abstraktion zu erweisen. Wenn |108| dies gelingt, so wird zugleich die Scheidung zwischen sprachlichen und reinen Begriffen hinfällig. Cassirer selbst setzt ein dialektisches Verhältnis zwischen der Arbeit des Denkens und der Arbeit der Sprache voraus, wenn er die Klassifizierung, die doch nach ihm ins Gebiet der Sprachtätigkeit gehört, in den meisten Fällen als das Ergebnis einer Urteilsbildung, sogar eines Werturteils (S. 271),[150] auffaßt, da sich die Klassifizierung nur selten an rein äußere Merkmale hält.[47]

47 Cassirer weist mit Recht darauf hin, daß der Sexus kein ursprüngliches Klassifizierungsprinzip darstellt. Das Hebräische weist davon noch deutliche Spuren auf, und zwar bei der Bildung der Plurale. Was heute als maskuliner und femininer Plural bezeichnet wird, war ursprünglich wohl ein natürlicher und ein künstlicher Plural. Der künstliche Plural tritt dann auf, wenn ausgedrückt werden soll, daß das im Plural Zusammengefaßte in Wahrheit eine Reihe nicht addierbarer Individualitäten darstellt, daß also die Pluralbildung auf einer unberechtigten Verallgemeinerung beruht. Der natürliche Plural dagegen wird benutzt, um das Ergebnis einer berechtigten Verallgemeinerung, einer korrekten Addition, zu bezeichnen. In der Sprache des Alten Testamentes beobachten wir an dem Schwanken in Bezug auf die Verteilung des Sexus bei Sachen noch die erst im Werden begriffene Klassifikation nach dem Sexus, die sich aber doch schließlich als oberstes Klassifikationsprinzip durchgesetzt hat und sich auf dem Gebiete des Plurals auch die alte Klassifikation in natürliche und künstliche Plurale untergeordnet hat, aber nur so, daß die künstliche Pluralendung bei Neubildungen für das Femininum benutzt wurde, während bei einmal traditionell gewordenen Formen die alten Pluralbildungen ohne Rücksicht auf den Sexus beibehalten wurden.[151]

---

[150] Ebd., 276.

[151] Für weitere Überlegungen Gulkowitschs zum Plural, v.a. mit Blick auf das Hebräische, siehe Text 10, 591 und 605 f.

Die rein auf historische Einzelphänomene innerhalb der Sprachen gerichtete Forschungsmethode in der Sprachwissenschaft des ausgehenden 19. Jahrhunderts hat in der Gegenwart, besonders bei Voßler, die Reaktion ausgelöst, die Sprache als solche als überhistorische Erscheinungsform für den allein adäquaten Forschungsgegenstand der Sprachwissenschaft zu erklären. Daß die Sprache eine Größe an sich abgesehen von ihrer Geschichte darstellt, gibt dieser im Prinzip ahistorischen Methode eine gewisse Berechtigung. Die Geschichte der Wissenschaft hat erwiesen – was, wenn die Sprache als organische Ganzheit erfaßt wird, auch theoretisch abgeleitet werden kann –, daß eine Fülle von noch so exakt gewonnenen einzelnen Forschungsergebnissen allein durch Vergleichung dieser Ergebnisse niemals zur Erfassung des Phänomens in seiner Ganzheit zu führen vermag. Mit Hilfe der Forschungsmethode reiner Beobachtung historischer Gegebenheiten allein ist dem Phänomen |109| Sprache in der Tat nicht beizukommen. Damit ist aber durchaus nicht die Sinnlosigkeit historisch arbeitender Methoden behauptet. Was die Erfassung des Phänomens Sprache als solches durch prinzipielle Deduktion leisten kann, ist die methodologische Grundlegung, d. h., durch eine solche Deduktion muß und kann die dem Forschungsgegenstand adäquate Methode ermittelt werden. Auf Grund dieser adäquaten Methode (die freilich in absoluter Adäquatheit nur eine Idealkonstruktion darstellt) muß die historische Beobachtungsarbeit geleistet werden. Die methodologische Grundlegung liefert zunächst nur das Werkzeug, nicht die Ergebnisse. Eine theoretisch prinzipielle Grundlegung der einem Forschungsgegenstande adäquaten Methode würde, falls man sich auf den Standpunkt stellt, daß nur rein rationale Methoden wissenschaftlich sind, vor einem unlösbaren circulus vitiosus stehen. Denn dem Forschungsgegenstand kann nur mit einer Methode beigekommen werden, die erst aus seiner Struktur abgeleitet werden muß. Hier hat der Begriff der Intuition seine methodische Berechtigung. Nur durch Intuition, durch Wesensschau ist die Natur des Forschungsgegenstandes im Prinzip erfaßbar, erst von dieser intuitiv erfaßten Prämisse aus kann der rationale Beweis ihrer Richtigkeit angetreten werden.[152]

---

[152] »Wesensschau« verweist wahrscheinlich auf den in der Phänomenologie (Edmund Husserls) zentralen Begriff. So bezeichnete Husserl eine wissenschaftliche Methode, nach der – unter Ausklammerung des Wirklichkeitsbezugs eines Gegenstands – seine unveränderlichen Eigenschaften in ihrer Evidenz zu erfassen seien. In einem weiteren Sinne kann sich Wesensschau auch auf die platonische Tradition beziehen.

Unsere sprachwissenschaftliche Methode geht von der Voraussetzung aus, daß Begriff und Wort, Kultur und Sprache identisch, nur zwei Seiten derselben Sache, sind. Wenn sich diese Voraussetzung beweisen läßt, so hat sie grundlegende methodologische Konsequenzen: Die notorisch in der Geschichte sich vollziehende Entwicklung der Sprache setzt eine Entwicklung der Begriffe voraus. Die Begriffe haben also eine Geschichte, und diese Geschichte ist mit der Geschichte der Sprache identisch. Wenn wir die einzelnen historischen Erscheinungsformen der Sprache erklären und begreifen wollen, so müssen wir sie in dieser ihrer Identität mit der Geschichte der Begriffe auffassen. Die *Methoden* der Sprachwissenschaft müssen sich also darauf einstellen, daß sie nicht nur rein sprachliche, sondern allgemein geistesgeschichtliche Phänomene vor sich haben. Die *Ergebnisse* einer solchen Sprachwissenschaft sind nicht nur Aussagen über sprachliche Phänomene, sondern Aussagen über die Geschichte der Kultur überhaupt.

Unsere Betrachtungsweise vom Wesen der Sprache resul- |110| tiert im Prinzip aus der Erkenntnis des synthetischen Charakters alles Seins. Die Ganzheit des psychischen Seins und Geschehens bedingt, daß auch die Sprache als eine Funktion innerhalb dieses Seins und Geschehens in die Ganzheit einbezogen sein muß. Als Gestaltelemente eines ganzheitlichen Seins sind Wort und Begriff identisch. Sie sind also nicht identisch in dem Sinne, als ob wir nachgewiesen hätten, daß die Behauptung der Unterschiedlichkeit zweier Größen fehlerhaft und darum nicht haltbar sei, sodaß das scheinbar Unterschiedliche als identisch anzusehen wäre, sondern wir haben zu beweisen versucht, daß beides, Wort und Begriff, nur zwei verschiedene Seiten derselben Sache darstellen, die in ihrer Gesamtheit für uns nicht darstellbar ist und darum in fiktiver Einseitigkeit unter zwei verschiedenen Formelementen erfaßt werden muß. Der wesenhaft synthetische Charakter des geistigen Seins und Werdens manifestiert sich weiter in dem überindividuellen Charakter des Geistigen. Das geistige Individuum besteht nur in der Gesamtheit und die Gesamtheit prägt sich nur in dem einzelnen Individuum aus. Die wechselseitige notwendige Bedingtheit von Individuum und Gemeinschaft wird für uns an dem Phänomen des Verstehens erfaßbar, und in diesem Verstehen begreifen wir zugleich Charakter und Aufgabe der Sprache.[48] Daß die Sprache als

48 Diesem überindividuellen Charakter der Sprache wird Voßler (Gesammelte Aufsätze zur Sprachphilosophie, S. 234 ff.) dadurch gerecht, daß er „die Menschenseele, so wie wir sie durch uns selbst und aus unserer Erfahrung kennen, mit all ihren kollektivistischen und individuellen, sozialen und partikularistischen

„Verständigungsmittel“ dienen kann, ist nicht Ergebnis bewußter Abmachung oder unbewußt entstandener Konvention, sondern die Sprache ist im Phänomen des Verstehens implizite gegeben, wie das Phänomen des Verstehens seinerseits in der Sprache überhaupt erst die Möglichkeit seiner Existenz findet.

Die Sprache als Trägerin und Voraussetzung des Verstehens steht jenseits der Fragestellung, ob die Sprache etwa zu arm sei, den Reichtum des Geschehenden auszudrücken. |111| H. Bergson wirft der Sprache vor, daß sie schematisiere, die Individualität des Lebendigen auflöse. Diese Auflösung wird von der Sprache in der Tat vorgenommen, sie ist sogar die eigentliche notwendige Aufgabe der Sprache.[155] Das reine individuelle Leben und Erleben bedürfte keiner Sprache. Wenn nur dieses Leben das allein Reale wäre, dann wäre die Sprache eine unnötige und abgeblaßte Dublette. Die Aufgabe und der Sinn der Sprache liegen aber gerade in der Überwindung der individuellen Grenzen. Es ist nicht Aufgabe der Sprache, gerade *diese* Liebe und *diesen* Haß zum Ausdruck zu bringen, wie es H. Bergson verlangt, sondern Gegenstand der Sprache ist gerade die Liebe und der Haß, das unbeschreibbare Etwas, was uns veranlaßt, gerade dieses Gefühl bei aller individuellen Nuancierung als das zu empfinden, was mit „Liebe“ oder mit „Haß“ bezeichnet wird. Wenn etwas zu arm ist, um die ganze Fülle des Lebens zu erfassen, so ist es nicht die Sprache, sondern der Geist. Wenn wirklich über das Maß des tatsächlich vorhandenen gemeinsamen Faktors hinaus schematisiert werden sollte, so ist dieser Vorgang kein rein sprachlicher, sondern ein Denkvorgang, der nur auch seine sprach-

Anlagen und Kräften als Trägerin der Umgangssprache“ voraussetzt.[153] Was Voßler hier für die Umgangssprache behauptet, gilt für die Sprache überhaupt. Als Trägerin des Verstehens ist sie in der Tat indifferent gegenüber der Frage, ob sie Ausdruck des Individualbewußtseins oder eines Gesamtbewußtseins sei, da sie dasjenige Moment ist, das diesen Unterschied aufhebt; vgl. oben S. 88 f.[154]

---

[153] Vossler, Die Grenzen der Sprachsoziologie, 235 f. Gulkowitsch gibt das Zitat leicht abweichend wieder. Im Original lautet es: »Man wird daher gut tun, die Alternative: Menschenseele oder Einzelseele? fallen zu lassen und die Menschenseele so, wie wir sie aus uns selbst und aus der Erfahrung kennen, mit all ihren kollektivistischen und individuellen, sozialen und partikularistischen usw. Anlagen und Kräften als die Trägerin der Umgangssprache anzunehmen und festzuhalten.«

[154] Siehe oben, 185 f.

[155] Gulkowitsch bezieht sich wohl auf zwei längere Zitate aus Henri Bergsons *Essai sur les données immédiates de la conscience* (orig. 1908, dt. *Zeit und Freiheit*, 1911) in Karl Vossler, Geist und Kultur in der Sprache, Heidelberg 1925, 109 f.

liche Seite hat. Die Sprache kann nicht mehr zum Ausdruck bringen als denkend erfaßt wird, sie *kann* aber alles zum Ausdruck bringen, was erfaßt wird, sie muß dies ihrem Wesen nach können.

Als Antithese zu der Anschauung H. Bergsons zitiert Karl Voßler (Geist und Kultur in der Sprache, S. 111) eine Anschauung, die in einer Novelle von Thomas Mann vertreten wird, und die der Sprache eine selbständige schöpferische Fähigkeit zuspricht. Worte können nach dieser Ansicht Ahnungen von Erlebnissen hervorrufen, „die es gar nicht gibt".[156] Zweifellos liegt aber die Fähigkeit, solche Erlebnisse hervorzurufen, nicht im isolierten Wort, sondern in seinem geistigen Gehalt. Möglich sind *Vorstellungen* von Erlebnissen, die es nicht gibt, und darum auch Worte, die solche Erlebnisse auszudrücken vermögen. An diesen extremen Beispielen wird deutlich, daß das Gebiet der Sprache dem Gebiete des Geistes überhaupt kongruent sein *muß*, da sie eine Funktion innerhalb des Geistigen ist, ein notwendiger Faktor mit einer bestimmten Aufgabe: Diese Aufgabe besteht in der Überwindung der individuellen Grenzen. Sie stellt geradezu das interindividuelle Moment am Geistigen dar. Sie ist nicht |112| nur ein Instrument, das zum Zwecke der Verständigung geschaffen wurde und das mehr oder weniger brauchbar sein kann, sondern sie ist ein dem Geistigen wesenhaft zugehöriges Moment. Kritik am Fassungsvermögen der Sprache ist identisch mit Kritik am Fassungsvermögen des Geistes überhaupt. Wenn die Sprache nur ein mangelhaftes Verstehen vermitteln kann, so bedeutet dies, daß allem Geistigen der Mangel einer Isolierung im Individuellen anhaftet, daß der Geist niemals zur Vollendung gelangt, sondern in immer neuen individuellen Ansätzen von vorn beginnen muß, ohne je Aussicht auf Vollendung zu haben.

Das Phänomen der Sprache an sich findet seine historische Existenz in einzelnen Sprachen. Entsprechend realisiert sich das Phänomen des Verstehens in einzelnen Kreisen, innerhalb deren Verstehen möglich ist. Soweit das Gebiet einer Sprache, also das Gebiet eines Verstehens reicht, soweit reicht die Gemeinschaft. In der Tatsache der Sprachen selbst liegt der wahre *contrat social.*[157] Die Ausbildung von Geheimsprachen ist der

---

[156] Vossler zitiert eine Passage aus Thomas Mann, Enttäuschung, in: ders., Der kleine Herr Friedemann, Berlin 1898, 101–114, hier 110.

[157] Gulkowitsch nutzt den an Jean-Jacques Rousseau gemahnenden Begriff *contrat social.* Allerdings thematisierte Rousseau in *Du contrat social ou principes du droit politique* (orig. 1762, dt. *Ueber den Gesellschaftsvertrag, oder, Grundzüge des Staatsrechts*, 1843) kaum die Entstehung der Sprache. Weder dort noch im *Essai sur l'origine des langues* (1781, posthum veröffentlicht) beschrieb er die Sprachentstehung als Gesellschaftsvertrag.

Extremfall des gemeinschaftsbildenden Charakters der Sprache.[49] Die Gemeinschaft wurde nicht durch eine Gruppe von Menschen willkürlich konstruiert, sondern die Gemeinschaft bestand und besteht dadurch, daß zwischen einer Gruppe von Menschen Sprache bestand, also Verstehen möglich war.[50] *Es* |113| *gibt kein gemeinschaftsloses Stadium der*

49 Die eigentümlich soziologische Wirkung der Sprache, die gemeinschaftsbildend und damit zugleich Gemeinschaften voneinander abschließend wirkt, führt Ammann (a. a. O. I., S. 17 ff.) in besonders überzeugender Weise aus. Er weist auch auf eine notwendige Tragik im historischen Schicksal der Sprache hin, die schließlich ihrer Tendenz auf Loslösung von ihrer „Erdverbundenheit" zum Opfer fällt und als Sprache der Zivilisation erstarrt und ihre gemeinschaftsbildende Kraft verliert, wie dies besonders in dem gegenwärtigen Stadium des Englischen deutlich wird. – Da die zivilisatorische Sprache eine Bindung an die einzelnen Kulturen nicht kennt, so verfallen nicht nur ganze Sprachen der Auflösung durch die Zivilisation, sondern sämtliche Kultursprachen erfahren eine Durchsetzung mit der Sprache der Zivilisation. Der internationale und intersprachliche Charakter der Zivilisationssprache findet seinen greifbarsten Ausdruck durch die technischen Bezeichnungen, die durchaus willkürliche Bildungen sind und in allen Sprachen akzeptiert werden.

50 Wir trennen damit den Begriff der Gemeinschaft als eines organisch Gewordenen prinzipiell vom Begriff der bewußt gewollten und zweckbestimmten Gesellschaft, eine Trennung, die die Soziologie zu ihren Voraussetzungen gemacht hat. Doch gehen wir über den rein formalen Gemeinschaftsbegriff, wie ihn z. B. Th. Litt (Individuum und Gemeinschaft, Leipzig ^{2}1924) vertritt |113| dadurch hinaus, daß wir dieser formalen Größe einen ganz spezifischen Inhalt zusprechen. Gemeinschaft ist immer konstituiert durch einen gemeinsamen Besitz an Begriffen und wirkt sich aus in einer Explikation dieser Begriffe. Äußeren Ausdruck findet dieser gemeinsame Besitz und diese gemeinsame Aufgabe in der gemeinsamen Sprache und der Geschichte dieser Sprache.[158]

---

[158] Gulkowitsch knüpft an die auf Ferdinand Tönnies (1855–1936) zurückgehende, die zeitgenössische Soziologie bestimmende Entgegensetzung von Gemeinschaft und Gesellschaft an. Der deutsche Kulturphilosoph und Pädagoge Theodor Litt (1880–1962) setzte sich mit der Organismusmetapher und Gemeinschaftsmodellen kritisch auseinander und entwarf für das Verhältnis des Einzelnen zum Ganzen die Idee, »daß im gesellschaftlichen *Kreise zwar der Einzelne im Ganzen, aber nicht minder das Ganze im Einzelnen lebt*«. Theodor Litt, Individuum und Gemeinschaft. Grundlegung der Kulturphilosophie, 2., vollst. neu bearb. Aufl., Leipzig/Berlin 1924, 155 (Hervorhebung im Original). Anu Põldsam (Lazar Gulkowitsch. Eine vergessene Stimme, 37) vermutet, dass Gulkowitsch in Leipzig durch Litt seine Philosophiekenntnisse erweiterte.

Menschheitsgeschichte vor dem Gemeinschaftsstadium, sofern die Sprache dasjenige Moment ist, ohne das der Mensch nicht Mensch genannt werden kann. Diese durch die Sprache konstituierte Gemeinschaft ist aber nicht abhängig von der Gemeinschaft des Blutes. Die Sippe ist weder historisch noch sachlich die ursprüngliche menschliche Gemeinschaft, menschliche Gemeinschaft *κατ' ἐξοχήν* [*kat' exochēn*: schlechthin] ist vielmehr *Sprachgemeinschaft*. Diese kann in historischen Einzelfällen mit der Sippengemeinschaft zusammenfallen, ist aber durchaus nicht an diese gebunden.

Diese zunächst ins Gebiet der Ontologie gehörenden Deduktionen sind aber nicht auf eine rein systematische Erfassung des Geistes beschränkt, sondern sie haben zugleich ihre Konsequenzen für eine Betrachtungsweise des historischen Geschehens, die den Anspruch machen kann, der Art dieses Geschehens adäquat zu sein. Die Tatsache, daß Zeit nur Form der Anschauung ist, bedingt die Identität des Seins mit dem Werden, sodaß alle Aussagen über die Struktur des Seins zugleich Aussagen über die Struktur des Werdens sein müssen. Wenn wir also eine Identität der Sprache mit der Gesamtheit des geistigen Seins überhaupt konstatieren, so haben wir damit die Identität der Sprachgeschichte mit dem historischen Werden überhaupt konstatiert. Die Gesetzmäßigkeiten der Sprachgeschichte sind dann ohne weiteres auch die Gesetzmäßigkeiten der Geschichte überhaupt. Deshalb entscheiden nur die Interessen der Heuristik darüber, ob die Sprachgeschichte aus der allgemeinen Geschichte abgeleitet werden soll oder ob sich das umgekehrte Verfahren empfiehlt. Je nach der leichteren Erkennbarkeit der zur Diskussion stehenden historischen Erscheinung auf dem Gebiete der Geschichte oder der Sprache entscheidet sich die Wahl des Verfahrens. Das Gesamtergebnis muß Ergebnis der beiden sich ergänzenden Verfahren sein. Dem Ziele unserer Betrachtung entsprechend ist es nun unsere Aufgabe zu zeigen, wo die Geschichte der Sprache Anhalts- |114| punkte bietet, die Geschichte des Geistes in ihren einzelnen Erscheinungsformen, in den Kulturen, an Hand der Sprache und ihrer Geschichte zu verstehen.[51]

[51] H. Ammann (Die menschliche Rede II) bietet im 9. Kapitel eine mustergültige Untersuchung des Urteilsaktes unter Heranziehung sprachlicher Gegebenheiten. Es wird hier der Versuch gemacht, psychologische Tatbestände klarzustellen. Da Ammann sich bewußt auf eine bestimmte historische Situation, die in der deutschen Sprache der Gegenwart ihren sprachlichen Ausdruck gefunden hat, beschränkt, so ist damit implizite ein Verfahren gegeben, das dem unsrigen ent-

Das dialektische Verhältnis zwischen Individuum und Gemeinschaft, das auch die Beziehungen der einzelnen Sprachen zum Phänomen Sprache überhaupt charakterisiert, entscheidet dabei von vornherein über unsere Methode: Wir müssen auf das sogenannte vergleichende Verfahren verzichten, weil dies den individuellen Charakter der einzelnen Sprache ignorieren muß, wir müssen uns für eine Sprache entscheiden, aus deren individuellen Gegebenheiten wir den Charakter der Ganzheit ablesen müssen, der die einzelne Sprache angehört.[52] |115|

IV. Die Relation der Gemeinschaftsstruktur zur Sprachstruktur

Wenn wir eine Identität von Wort und Begriff, von Kultur und Sprache behaupten, so behaupten wir damit zugleich, daß sich der besondere Charakter einer Kultur in der Besonderheit ihrer Sprache manifestiert. Wir lesen diese Besonderheiten einer Sprache zunächst aus den Eigentümlichkeiten der Grammatik und aus der Verteilung des Wortschatzes ab. Darüber hinaus aber hat die Sprache einer Kultur als Ganzes noch einen bestimmten Typus, einen nur ihr eigenen Charakter, der nicht nur aus der

spricht. Die Feststellungen Ammanns beziehen sich bewußt nicht auf das Denken an sich, sondern auf eine bestimmte historische Denkart. Untersuchungen wie die von Ammann angestellte, lassen sich in derselben Weise in jeder anderen historischen Situation und an jeder anderen Sprache wiederholen. Sie haben neben ihrem Erkenntniswert für das Wesen der Sprache an sich zugleich den Wert geistesgeschichtlicher Monographien.

52 H. Ammann, der sich bewußt von jeder irgendwie mechanistischen Auffassung der Sprache abgrenzt, verzichtet deshalb durchaus auf ein sprachvergleichendes Verfahren und hält sich prinzipiell an die Untersuchung der deutschen Sprache. – Der im Prinzip richtige Ansatz der Schrift von F. N. Finck über „die Haupttypen des Sprachbaus“, die davon ausgeht, daß der Sprachbau vorstellungsmäßig bedingt ist, leidet unter der Vernachlässigung des individuellen Sprachcharakters. Dadurch, daß die Sprachen einmal als feststehende Größen betrachtet werden, was besonders das Verständnis der Eigenart des Chinesischen beeinträchtigt, und daß zum anderen inkommensurable Größen verglichen werden, entsteht zwar ein einheitliches Ergebnis, aber dieses Ergebnis ist nur ein unfruchtbares Schema.[159]

[159] Gulkowitsch meint Franz Nikolaus Finck, Die Haupttypen des Sprachbaus, Leipzig 1909.

Art und Gruppierung der einzelnen Sprachelemente resultiert.[160] Dies wird an einem Beispiel besonders deutlich: Die vergleichende Märchenforschung lehrt uns, daß wandernde Erzählungen sich im Verlaufe ihrer Wanderungen verändern.[161] Sie führt das auf die Ungenauigkeit der Wiedergabe, auf die Akzentverlagerung je nach der geistigen Eigentümlichkeit und Kapazität der einzelnen Überlieferungsträger zurück. Bisher noch vernachlässigt wurde die Bedeutung der Übertragungen in eine andere Sprache. Es wird sich abgesehen von allen Differenzen, die sich aus der Unzulänglichkeit der Überlieferung ergeben, immer ein gewisser von der Sprache her bestimmter Typus der einzelnen Redaktionen einer Erzählung aufweisen lassen. Denn niemand zweifelt daran, daß ein Mensch, der von Kind auf zwei Sprachen gleichmäßig beherrscht, dieselbe Erzählung in den beiden verschiedenen Sprachen anders nuanciert wiedergeben wird. Ein äußerliches Zeichen der abweichenden sprachlichen Nuancierung ist die Tatsache, daß derselbe Bericht in verschiedenen Sprachen verschieden lang sein wird. Dabei ist der Grad der Konzentriertheit des Ausdrucks nicht ohne weiteres ein Kriterium für eine höhere geistige Stufe. Eine gewisse Umständlichkeit des Ausdruckes haftet zwar ohne weiteres allen denjenigen Sprachen |116| an, die noch wenig Allgemeinbegriffe expliziert haben. Ebenso aber bedingt eine besonders stark durchgebildete begriffliche Nuancierung einen wortreicheren Stil.

Der organische Charakter einer Sprache bedingt, daß diese Verschiedenheit nicht nur auf einzelnen Elementen beruht, sondern daß jede Sprache als solche eine Individualität darstellt. Diese ihre Individualität, die Besonderheit ihrer Erscheinung als Ganzheit ist aber zugleich Ausdruck der Besonderheit einer Kultur, der Sprachcharakter ist identisch mit dem Denkcharakter der betreffenden Kultur, gestattet also entsprechende Rückschlüsse. Eine starke Gefühlsbetontheit, eine besondere begriffliche

[160] Gulkowitsch bezieht sich auf Theorien der Sprachtypologie, also auf Klassifikationen der Sprachen aufgrund grammatischer Eigenschaften, wobei ihre historisch-genetischen und geografischen Zusammenhänge vernachlässigt werden.

[161] Die vergleichende Märchenforschung wurde von Jacob (1785–1863) und Wilhelm Grimm (1786–1859) begründet und von Theodor Benfey (1809–1881) im 19. Jh. fortgeführt. Der finnische Märchenforscher Antti Aarne (1867–1925) kategorisierte 1910 die Märchen nach ihren Erzählinhalten (Aarne-Thompson-Index) und begründete die geografisch-historische Methode. – Schon Jacob Grimm beschäftigte sich in der Vorrede (1846) zu Giambattista Basiles (1566–1632) Märchensammlung *Pentamerone* auch theoretisch mit den Problemen des Übersetzens. Dabei konfrontierte er die länderübergreifende Verwandtschaft der Märchenpoesien mit der Inkongruenz der Sprachen.

Sauberkeit, eine Neigung zu konkreter Anschaulichkeit, eine Tendenz zu schöner Form innerhalb einer Sprache sind sichere Kriterien für den entsprechenden Charakter der betreffenden Kultur. Freilich vermag sich der Typus einer Sprache im Verlauf ihrer Geschichte zu nuancieren. Es ist also nicht abzusehen, welche Möglichkeiten eine Kultur und damit eine Sprache noch zu realisieren vermag, solange ihre Geschichte noch nicht zu Ende ist. Erst wenn alle Möglichkeiten eines Sprachtypus erschöpft sind, können wir aus der Gesamtheit seiner Entwicklung ein Urteil über seinen Charakter gewinnen. Eine wertmässige Vergleichung freilich zwischen den einzelnen Sprachtypen wird auch dann nicht möglich sein, da es sich eben um organische, also inkommensurable Größen handelt. Selbst notorische Verfallserscheinungen, wie der Mißbrauch der Sprache zum Zynismus, zum Ausdruck einer bewußt falschen Begriffsbildung gestatten durchaus nicht den Rückschluß auf den absoluten Unwert dieser Kultur und Sprache. Denn es besteht in einer wirklich lebendigen Sprache durchaus die Möglichkeit, diesen pathologischen Zustand zu überwinden. Wo aber solche Verfallserscheinungen das Ende einer Sprache und Kultur bedeuten, ist ebenfalls kein Wertkriterium für die Beurteilung einer Kultur und Sprache in ihrer Gesamtheit vorhanden, da die Erscheinungen einer tödlichen Krankheit nicht maßgeblich sind für die Beurteilung eines Organismus während der Zeit seiner Lebensfähigkeit.

Das Kontinuum der kulturellen Entwicklung (s. oben S. 31)[162] bedeutet notwendigerweise auch ein Kontinuum der sprachlichen Entwicklung. Alle innere Explikation und alle Modifikationen durch äußere Einflüsse vermögen nicht den Typus einer Sprache |117| zu verändern, ihre Individualität, ihre Identität mit sich selbst zu zerstören. Derselbe Einfluß einer überlegenen Kultur und Sprache wirkt sich, falls er zwei Kulturen in gleich starker Weise trifft, in diesen beiden Kulturen grundverschieden aus. Auf dem Gebiete der Kulturgeschichte ist dies implizite wenigstens durchaus anerkannt, denn Begriffe wie französische, holländische und deutsche Renaissance beruhen ja auf dieser Voraussetzung. Dasselbe gilt auch für die Sprache. Wenn wir also die Geschichte einer Sprache erfassen wollen, so kommt alles darauf an, nicht nur die jeweiligen Veränderungen festzustellen, sondern auch den unveränderlichen Sprachtypus und seine kontinuierliche Entwicklung zu erkennen. Denn dieses kontinuierliche Element entscheidet über das Wesen der betreffenden Sprache und damit der betreffenden Kultur. Es ist das immanente Gesetz, das allen Veränderungen der Sprache von vornherein ihre Richtung gibt. Darauf, daß

[162] Siehe oben, 122.

ein Einfluß von außen her eine Kulturentwicklung, die noch lebendig ist, nicht zerstören und nicht in eine andere Richtung zwingen kann, wurde bereits hingewiesen. Die Entwicklung einer Sprache ist das Moment an der Entwicklung einer Kultur, das sich Zwangsmaßnahmen am stärksten entzieht. Die Sprache ist immer die letzte Zuflucht einer von außen her bedrängten eigenständigen Kultur. In der Sprache wird das Kontinuum der Geistesgeschichte eines Volkes auch dann noch gewahrt, wenn alle anderen Gebiete dem Einfluß einer überlegenen Kultur oder der Unterdrückung durch rein materielle Gewaltmittel erliegen. Ebenso wenig wie heterogene Einflüsse von außen her vermag aber auch die innere Entwicklung einer Sprache den eigenständigen Typus dieser Sprache zu verändern. Das Endstadium der Entwicklung ist gegenüber dem Ausgangsstadium nichts prinzipiell Anderes und Neues. Daß eine Erscheinung innerhalb der Geschichte einer Sprache erst in einem späteren Entwicklungsstadium auftritt, beweist aber durchaus noch nichts gegen ihre Ursprünglichkeit, denn was innerhalb einer Sprache überhaupt lebensfähig ist, muß ihrem Typus entsprechen. Das Auftreten neuer Erscheinungen innerhalb einer Sprache darf also nicht nur aus dem auslösenden Moment erklärt werden, das zu der Neubildung führte, sondern daß eine Neubildung gerade so und nicht anders gestaltet wurde, findet seine Erklärung nicht durch die Qualität des auslösenden Momentes, |118| sondern durch die immer gleiche Qualität der betreffenden Sprache.

Die Behauptung eines einheitlichen Typus jeder Einzelsprache schließt durchaus nicht die Möglichkeit aus, daß jede einzelne Sprache entsprechend der gesellschaftlichen Struktur ihrer Träger wieder in Untertypen eigener Prägung zerlegt werden kann. Von den Trägern der Sprache her erfolgt eine Nuancierung innerhalb der einzelnen Sprachen, die zu dem Unterschied von Literatur- und Volkssprache, zur Entstehung von Spezialsprachen der einzelnen Berufe, Stände und Lebensgebiete führt. Diese Nuancierungen der Sprache bedeuten ebenso viele Nuancierungen des Denkens innerhalb der betreffenden Menschengruppe.

Der Unterschied zwischen Literatur- und Volkssprache wird besonders deutlich, wenn neben einer allgemein akzeptierten Literatursprache noch einzelne, meist landschaftlich verteilte, Volks*dialekte* existieren, ist aber auch dann vorhanden, wenn eine dialektische Verschiedenheit innerhalb einer Sprache nicht, oder nur in geringem Maße, vorhanden ist. Denn der Unterschied zwischen Volks- und Literatursprache entscheidet sich an der Andersartigkeit des Denkens, das in beiden Spracharten Form geworden ist. Der Unterschied ist nicht nur ein quantitativer, er beschränkt sich nicht auf einen größeren und geringeren Schatz von Worten und syntaktischen Ausdrucksmöglichkeiten. Der Unterschied ist qualitativ, in der Verschiedenheit der Begriffe begründet. In der Sprache des Volkes reden heißt in den Begriffen des Volkes reden. Die Popularität der Sprache kann natürlich auch annäherungsweise erreicht werden, indem man nur die heterogensten Begriffe angleicht oder ausschaltet.

Das Prinzip der Massenwirkung hat hier seinen Ausgangspunkt. Die Demagogie erreicht den Ausgleich bewußt durch Verflachung und Nivellierung der Begriffe.

Völker mit sehr alter Kultur dagegen pflegen den Unterschied zwischen literarischer und Volkssprache und damit zwischen dem Denken der „gebildeten" Stände und des „Volkes" tatsächlich auszugleichen, nicht nur auf Kosten einer Verflachung des begrifflichen Denkens, nicht durch eine forcierte Popularisierung, wie sie das Prinzip der Demagogie ist, sondern durch eine allmähliche Durchdringung der beiden Begriffs- |119| sphären. Diese sind ja nicht unbedingt heterogen, da Volks- und Literatursprache immerhin trotz aller Verschiedenheiten doch dieselbe Sprache darstellen. Die Verschiedenheit des Denkens ist nur durch den Grad der Begriffsexplikation bedingt und drängt von selbst zu gegenseitiger Durchdringung. Alle Versuche, eine solche Entwicklung unter dem Gesichtspunkte irgendeiner außersprachlichen Zielsetzung zu beschleunigen oder aufzuhalten, sind Eingriffe in einen im Wesen der Sache selbst gegebenen, also organischen Vorgang und können darum nur zerstörend wirken.

Daß überhaupt eine von der Volkssprache verschiedene Literatursprache entstehen kann und entstehen muß, ist darin begründet, daß jede Explikation eines Begriffes oder einer Begriffsgruppe mit einer Durchbildung und Verfeinerung des sprachlichen Ausdrucks identisch ist und daß die Explikation einzelner Begriffe und Begriffsgruppen nicht Sache *aller* Träger einer Kultur zu sein pflegt, sondern immer nur von einzelnen soziologischen Gruppen geleistet wird. Wenn auch die Spannung zwischen der neu durchgebildeten sprachlichen Ausdrucksform und dem allgemeinen Sprachgut der betreffenden Kultur, zwischen dem neu explizierten Begriff und dem allgemeinen Gedankengut der betreffenden Kultur immer wieder ausgeglichen wird, so schafft doch die immer wieder eintretende Explikation neuer Begriffe stets neue Spannungen. Der endgültige Ausgleich kann also erst dann erfolgen, wenn innerhalb einer Kultur keine Begriffe mehr expliziert werden, wenn also die schöpferische Kraft der betreffenden Kultur erloschen ist. In diesem Sinne ist Literatursprache nicht etwa die Kultursprache *κατ' ἐξοχήν*, sondern sowohl Volks- als Literatursprache sind Spiegel und Träger für die Geschichte der betreffenden Kultur.

Die explizierende, die Geschichte einer Kultur weiterführende Sprache, d. h. unter unseren Verhältnissen die Literatursprache, stellt das umfassende Prinzip innerhalb einer Kultur dar, während die Volkssprache, das konservierende Element, stärker mundartlich differenziert zu sein pflegt. Wenn ein Mensch an der explizierenden Sprache keinen Anteil hat, so wird für ihn der Übergang in das Gebiet einer fremden Mundart dem Übergange in eine andere Sprache mit einem anderen Begriffssystem entsprechen. Für denjenigen dagegen, der |120| an der explizierenden Sprache teilhat, ist der Übergang ein weniger radikaler, da die Literatursprache ein größeres Gebiet, nämlich das Gesamtgebiet der betreffenden Kultur, umfaßt und so höchstens einer leichten landschaftlichen Nuancierung ihres Begriffssystems in ihrer Ausdrucksweise ausgesetzt ist. (Auf die Tendenz der durchgebildeten Literatursprache zur Ausbreitung und sogar zur Überwindung der natürlichen Grenzen weist Ammann, Die menschliche Rede I, Einleitung, S. 26, hin.)[163]

Der lebendige Zusammenhang zwischen explizierender Literatursprache und konservierender Volkssprache ist im Verlaufe der Geschichte einer Kultur nicht immer in gleichem Maße vorhanden. Er kann bis zu einer völligen Trennung beider Momente gestört werden. Solange aber eine Kultur noch lebendig ist, wird der Ausgleich immer wieder eintreten.

Die Erscheinung intervölkischer Kultureinheiten, die meist religiöser Prägung zu sein pflegen, scheint dieses Bild etwas zu komplizieren. Denn hier vollzog sich eine radikale Trennung zwischen der Sprache dieser intervölkischen Kultureinheiten und den entsprechenden Volkssprachen. Dem Literatur-Arabisch der islamischen Kultur z. B. stehen die verschiedenen Typen des Vulgärarabischen gegenüber, dem Latein

---

[163] Gulkowitsch beruft sich hier auf einen stark weltanschaulich, offenbar von Spengler beeinflussten Gedanken in Ammann, Die menschliche Rede, Bd. 1, 26: »Im ›Natur‹zustand, d. h. im Schoße der engen, sich selbst als Einheit des Blutes fühlenden, mit der Landschaft verwachsenen Lebensgemeinschaft ist die Sprache wesentlich Ausdruck der Seele dieser Gemeinschaft. Als Sprache eines auf der Höhe geschichtlichen Lebens stehenden Volkes verbindet sie, in den Formen der Schrift- und Literatursprache, dessen Angehörige zur kulturellen Einheit der Nation, in der äußeren Erscheinung festgelegt und geregelt, aber gleichwohl noch bildsam zur inneren Durchgestaltung, zum Ausdruck des besonderen Geisteslebens. Als erstarrte Sprache der Zivilisation endlich dringt sie in die Weite, von Millionen ›verstanden‹, die keine Gemeinschaft des Lebens, Fühlens und Denkens mehr verbindet, bis sie mit dem Absterben des ursprünglichen Lebensbodens, mit dem Untergang der nationalen Gemeinschaft selbst ›stirbt‹ […]. So spiegelt sich in der Geschichte der Sprache die Tragödie der Kultur […].«

der Kirche stand das Vulgärlatein gegenüber. Dieser letztere Gegensatz vertiefte sich bis zum Gegensatz zwischen dem Latein der Kirche und den romanischen Sprachen. Der Gegensatz zwischen beiden Formen ist nicht mehr der Gegensatz zwischen einer explizierenden Literatursprache und einer konservierenden Volkssprache. Es besteht zwischen diesen beiden Erscheinungen keine lebendige Beziehung mehr. Das bedeutet aber nicht eine Erstarrung innerhalb der betreffenden Kulturen. Diese Erscheinungen sind vielmehr in der Eigenständigkeit der Kultureinheiten begründet. Der Islam und die katholische Kirche stellen selbständige Kultureinheiten, d. h. eigenständige Begriffskomplexe mit einer eigenständigen Sprache dar. Die sogenannten Vulgärsprachen aber repräsentieren ebenfalls Kultureinheiten mit eigenen Begriffsexplikationen. Sie haben also jede ihre besondere kulturelle und damit sprachliche Entwicklung und müssen ihren eigenen literarischen Sprachtypus entwickeln. Das Hin und Her zwischen dem explizierenden und dem konservierenden Moment spielt sich also nicht zwischen den Vulgärsprachen und den entsprechen- |121| den intervölkischen Religionssprachen, sondern innerhalb der betreffenden Vulgärsprache und innerhalb der betreffenden Kultursprache selbst unabhängig voneinander ab.

Entsprechend ist auch die weitere Spezialisierung der Einzelsprachen in die Sprachen der verschiedenen Berufe, Stände und Lebensgebiete keine nur-sprachliche Erscheinung. Wie die Eigenart der Sprache einzelner Kulturen kein Phänomen für sich, sondern Ausdruck der Eigenständigkeit des Begriffssystems jeder Kultur ist, so müssen wir auch jede Differenzierung und Gruppenbildung innerhalb der einzelnen Sprachen als Ergebnis einer Differenzierung und Gruppenbildung innerhalb des Begriffssystems der betreffenden Kultur ansehen. Wenn wir also z. B. von Berufssprachen reden, so behaupten wir damit eine gewisse Eigenständigkeit des Begriffssystems der einzelnen Berufe. Die verschiedenen Bezirke geistiger und technischer Betätigung bedeuten innerhalb jeder Kultur eine Unterteilung in deren Begriffssystem und damit eine Unterteilung der Ausdrucksmöglichkeiten und Ausdrucksformen innerhalb ihrer Sprache. Die überall zu beobachtende größere Sicherheit und Leichtigkeit der Verständigung zwischen den Angehörigen derselben Berufe und Stände ist das Resultat der größeren Verwandtschaft der Begriffe innerhalb dieser einzelnen Gruppen. Die Fachsprache ist immer zugleich ein Fachdenken. Das sogenannte Fachgespräch, berüchtigt als Fachsimpelei, stellt ein Gespräch auf der Basis homogener Begriffssysteme dar und ist darum die Mißverständnissen am wenigsten ausgesetzte Form des Verstehens, denn in diesem Fall braucht keine Übertragung in ein anderes Begriffssystem stattzufinden. Die Homogenität schließt allerdings eine geringere Möglichkeit in sich, zur Explikation neuer Begriffe, also zum Ausbau und zur Bereicherung des persönlichen Begriffssystems anzuregen. Die Gefahr einer bis zur Unfruchtbarkeit gesteigerten Einseitigkeit der Begriffsexplikation besteht allerdings nur bei den absolut eindeutigen und einheitlichen Formen eines vom Berufe her bestimmten Denkens. Die weitaus größere Zahl der Menschen pflegt aber verschiedenen soziologischen Gruppen, bestimmt durch Beruf, Abstammung, Konfession etc., zugleich anzugehören und so an Begriffssystemen verschiedener Nuancierung teilzuhaben. Gerade diese Zugehörigkeit des Einzelnen zu verschiedenen Gruppen und Begriffssystemen ermöglicht |122| den Zusammenhang der Denkgruppen, die zugleich Sprachgruppen sind, innerhalb einer Kultur. Eine scharfe Scheidung der Gruppen muß zu einem Auseinanderfallen des Denkens und damit der Sprache führen.[53] Dem Typus, der nur einer Denkgruppe angehört, begegnen wir sowohl in einer Einseitigkeit, die eine letzte Vollendung menschlichen Seins darstellt: im Typus des absoluten Wissenschaftlers oder Künstlers, im Typus des von der Religion oder der Ethik, dem reinen Altruismus her bestimmten „Heiligen", als auch in der Einseitigkeit der Erstarrung: im Typus des „Bornierten", des Spießers, des Sektierers, des Bürokraten, des Chauvinisten. Diese Extremfälle stellen nur Ausnahmen dar, denn die Spezifizierung der Sprache in Berufs- und Standessprachen ist lediglich eine Nuancierung, keine absolute Spezialisierung. Die Zugehörigkeit eines Menschen zu einer oder normalerweise zu mehreren Denkgruppen offenbart sich in seiner Sprache. Die Sprache wäre ein absolut sicheres Kriterium für die Denkart eines Menschen, wenn sie immer unverfälscht wäre. Mit einer sehr verfeinerten Methode ist allerdings das Studium einer menschlichen Psyche auf Grund der Sprache

53 Die allmähliche Entfremdung zwischen den einzelnen Sprachgruppen betrachtet B.A. Богородицкій, Лекціи по общему языковѣдѣнію, Казань 1913, als den normalen Fall und als das für sprachliche Differenzierungen überhaupt entscheidende Bildungsmoment (s. bes. a. a. O. S. 204 ff.).[164] – Auf die Gefahr einer überspitzten Individualisierung der Sprache in der Entwicklung des modernen Französisch weist K. Voßler (Frankreichs Kultur und Sprache, Heidelberg ²1929, S. 367) hin.

---

[164] Der russische Sprachforscher Vasilij Bogoroditskij (1857–1941) arbeitete, anknüpfend an die Junggrammatiker, an der Universität Kasan zur experimentellen Phonetik. Vasilij Bogoroditskij, Lektsii po obshchemu yazykovedeniyu [Vorlesungen zur Allgemeinen Sprachwissenschaft], Kasan 1913.

dieses Menschen durchaus möglich und wird bei sorgfältiger Beobachtung auch zur Erkenntnis gewisser äußerer Verfälschungen der Sprache eines Menschen, die auf Grund irgendeiner von außen her angeeigneten Manier entstanden sind, gelangen können. Wie die Eigenart einer Sprache ein sicheres Kriterium für die Eigenart einer Kultur ist, so ist die Eigenart der Sprache eines Menschen ein sicheres Kriterium für die Eigenart seines seelischen Lebens. Der außerordentlich komplizierte Charakter psychischer Phänomene zwingt uns allerdings, unsere Ergebnisse nur als mit einer gewissen Einseitigkeit behaftete Abstraktionen anzusehen, als ein gewisses Schema, das nur Richtungen, aber nicht absolute Gewißheiten angibt.

Die Tatsache einer Nuancierung der Sprache und des Denkens je nach dem Berufe und dem Stande, innerhalb dessen |123| die betreffende Sprachnuance heimisch ist, ermöglicht es uns weiter, aus der Eigenart einer Sprachnuance auf die Eigenart des Denkens derjenigen Menschengruppe, die eine solche Sprache spricht, Rückschlüsse zu ziehen, und umgekehrt aus den Gegebenheiten eines Lebensgebietes die diesem Gebiete adäquate Sprache zu erschließen und ihre Sondernuance herauszustellen. Bei der Betrachtung eines einzelnen Lebensgebietes und seiner Sprache empfiehlt es sich, sowohl von den sachlichen Voraussetzungen als auch von den Eigentümlichkeiten der Sprache in wechselseitiger Deduktion auszugehen, da ein solches Verfahren den Beziehungen zwischen Denken und Sprache, die ebenfalls wechselseitige Beziehungen sind, am besten entspricht.

Von ausschlaggebender Bedeutung ist die Sprache für die Erforschung der Eigenart und Bedeutung des religiösen Gebietes, da die rein geistige Grundlage der Religion andere Quellen von gleicher Adäquatheit nicht zuläßt und da die bis zum Fanatismus gesteigerte entscheidende Rolle, die die Tendenz auf diesem Gebiete spielt, eine stete Veranlassung zur Umdeutung und Nuancierung der als Überlieferung geltenden Dokumente bedingt, sodaß für deren Verständnis immer ein irrationaler Faktor mit in Rechnung gezogen werden muß. Gerade diesen irrationalen Faktor vermag aber eine eingehende Untersuchung der Sprache einer Religion sichtbar zu machen.

Ein typisches Beispiel für den Wert der Sprache als Quelle religionsgeschichtlicher Entwicklungen ist das hebräische Wort חסד.[165] Es bezeichnete ursprünglich dasjenige Moment, das eine Gemeinschaft als solche konstituiert, ist aber allmählich zu einem so spezifisch religiösen

[165] *Ḥesed*: Gnade, Gefallen, Gunst, Güte. Aus den drei Wurzelkonsonanten dieses Wortes werden auch *ḥasid* (Frommer) und *ḥasidut* (Frömmigkeit) gebildet.

Terminus geworden, daß es schließlich diesen seinen alten Sinn nicht mehr auszudrücken vermochte.[54] Seine Tendenz auf Spezifizierung zum religiösen Terminus beweist nun, daß dieses Wort von vornherein eine stark religiöse Nuance gehabt haben muß, denn es ist metho- |124| disch falsch, ohne exakten Beweis anzunehmen, daß die Geschichte eines Wortes von äußeren Zufälligkeiten bestimmt wurde. Die Geschichte des Wortes חסד ist aber durchaus nicht singulär. Dieselbe Geschichte hat sich an dem griechischen Worte *εὐσέβεια* und dem lateinischen *pietas* vollzogen.[167] Auch diese Worte bezeichnen das konstituierende Element in der Bildung menschlicher Gemeinschaften (s. K. Voßler, Geist und Kultur in der Sprache, S. 23) und haben ebenfalls im Verlaufe ihrer Geschichte einen speziell religiösen Sinn erhalten. So weist uns die Sprachgeschichte darauf hin, daß das gemeinschaftsbildende Element ursprünglich überhaupt ein religiös bestimmtes gewesen sein muß. Die entscheidende Rolle, die die Sprache als Medium des Verstehens in der Bildung der Gemeinschaften spielt, bedingt ihre innere Beziehung zu dem für die Gemeinschaftsbildung ebenfalls konstituierenden religiösen Moment. Diese Beziehung von Religion und Sprache bestätigt sich uns außerdem von der Religion her durch die entscheidende Bedeutung, die dem „Wort" in der Religion zukommt. Das „Wort" ist das, was selbst die vergeistigtste Religion ihrem Gotte als Äußerung seines Wesens zuschreiben muß. Im „Wort" fassen die Religionen ihre Tradition, das bleibende und bindende Element, zu-

54 Auch innerhalb der religiösen Sphäre konnte das Wort חסד nicht mehr das gemeinschaftsbindende Moment ausdrücken. Der mehr explizierte Charakter der späteren jüdischen Religion setzte an Stelle des formalen חסד den inhaltlich gefüllten Begriff der „Tradition": דברי חכמים, דברי סופרים [*divrei ḥakhamim, divrei sofrim*: Worte der Weisen, Worte der Schreiber]. Denn dieser Begriff erschöpft sich nicht in seinem Sinne als Bezeichnung des traditionellen Schrifttums, sondern er enthält darüber hinaus noch den Sinn des konstituierenden, des bindenden Elementes der religiösen Gemeinschaft.[166]

---

[166] Zu Gulkowitschs Studien zum Chassid-Begriff siehe die Einleitung zu diesem Band, bes. Abs. 2.4 f. sowie Texte 2–4.

[167] Das altgriechische *eusebeia* und das lateinische *pietas* bedeuten wie das hebräische *ḥasidut* Frömmigkeit. Gulkowitsch rezipiert hier und im Folgenden Karl Vossler, der in dem Kapitel »Sprache und Religion« über den Typus des Frommen in der Religionsgeschichte und der modernen Zeit reflektierte und nach der symbolischen Bedeutung von Sprache im religiösen Denken fragte. Vossler, Geist und Kultur in der Sprache, 23–55.

sammen. Mag auch für Augenblicksäußerungen des religiösen Gefühls eine andere Ausdrucksmöglichkeit vorhanden sein, die genuine Äußerung des Religiösen, in der der aller Religion notwendig innewohnende Wille zur Dauer zum Ausdruck kommt, bleibt das Wort.

Aus der engen Beziehung zwischen Religion und Sprache müssen wir ohne weiteres schließen, daß die Sprache von der Religion her in entscheidender Weise beeinflußt wird. Der Einfluß der Religion auf die Sprache bezieht sich in besonders auffälliger Weise auf die Wahrung der Tradition und damit der Synthese. Die Religion ist es, die der steten Tendenz der Sprache auf Differenzierung in Einzelsprachen, in Dialekte und Jargons entgegenwirkt. In dem Entstehen spezieller traditioneller Kultsprachen, die historisch betrachtet immer älter als die Umgangssprache sind, findet diese synthetische Tendenz der Religion in Bezug auf die Sprache ihren extremsten Ausdruck. Der dialektische Charakter der Religion, ihr nie ausgeglichener Gegensatz zwischen der Neigung Gemeinschaften zu bilden und dem Drange zur Einsamkeit, findet auch seinen |125| Ausdruck darin, daß sich der Einfluß der Religion auf die Sprache nicht in der Tendenz auf Synthese erschöpft, sondern daß der Einfluß der Religion auf die Sprache sich auch in einem Drange zur Auflösung äußert. Dieser Drang ist nicht identisch mit der innersprachlichen Tendenz auf Differenzierung zu immer neuen Sprachformen, sondern er äußert sich in einer Auflösung des Wortes und der Wortverbindung zu Sätzen selbst. Das Dunkle und Unaussprechbare des religiösen Gefühls äußert sich darin, daß die religiöse Sprache nicht wie die der Wissenschaft auf Schärfe, Prägnanz und Allgemeingültigkeit des Ausdrucks gerichtet ist, sondern daß die Sprache der Religion bis zum unverständlichen Stammeln hin das Unaussprechbare dadurch als solches kennzeichnet, daß sie die Sprache und ihre Gesetze auflöst. Die höchste Auszeichnung, die die religiöse Sprache einem Worte zuteilwerden lassen kann, ist, daß sie es unausgesprochen läßt. Der Gottesname wird nicht etwa aus einer magischen Scheu vor Mißbrauch unausgesprochen gelassen, sondern um seiner dominierenden Stellung in der Religion willen. Wir empfinden die Sprache der Mystik gerade in ihrer Schwierigkeit, Eigentümlichkeit und Eintönigkeit (die nur den Versuch darstellt, das semper idem der Religion auch sprachlich zum Ausdruck zu bringen) als die genuin religiöse Sprache. Die zur Manier übersteigerte Dunkelheit der Sprache pseudoreligiöser Sekten beweist ebenfalls, wie sehr eine solche Art Sprache fähig ist Religion darzustellen, und deshalb auch geeignet Religion vorzutäuschen.

Die Diskrepanz zwischen der wissenschaftlichen Tendenz zu unbedingter Klarheit der Sprache und der Dunkelheit einer adäquat religiösen

Sprache bedeutet eine Schwierigkeit für die Religionsphilosophie, der diese im Grunde nur dadurch entgehen kann, daß sie sich auf das darstellbare Moment in der Religion, also auf das Gemeinschaftsbildende, nicht auf das Individuelle beschränkt, soweit sie sich nicht mit anderen Mitteln helfen kann, etwa dadurch, daß sie durch die Fassung in Anführungszeichen den religiösen Begriffen den Charakter des Speziellen und durch das Wort nicht erschöpfend Ausgedrückten verleiht, wie das z. B. Przewara tut.[168]

Die Betrachtung der Religionsphilosophie, ihrer Aufgaben und Schwierigkeiten führte bereits an das Problem der wissenschaftlichen Sprache heran. Auch hier beobachten wir ein |126| dialektisches Verhältnis von Sprache und Denken und müssen deshalb auch mit unserer Problemstellung von zwei Seiten her an den Gegenstand herantreten. Die Fragestellung lautet: Was erwarten wir von einer der Wissenschaft und ihren Zielen adäquaten Sprache und wie schließen wir von den Eigentümlichkeiten der wissenschaftlichen Sprache auf die Natur des wissenschaftlichen Denkens? Daß die Ziele der Wissenschaft dem eigentümlich fließenden Charakter eines in der Sprache sich manifestierenden Denkens und aus der Sprache lebenden Denkens nicht adäquat erscheinen, da das Ziel der Wissenschaft auf möglichste Prägnanz der Darstellung und damit des sprachlichen Ausdruckes gerichtet sein muß, ist vor allem von Voßler betont worden.

Voßler unterscheidet das logische von dem sprachlichen Denken (Voßler, Geist und Kultur in der Sprache, S. 220). Daß er vom sprachlichen *Denken* sprechen kann, bedeutet einen Schritt über die Cassirersche Auffassung von der Sprache als Weg zur Erkenntnis hinaus. Die Sprache bereitet für Voßler nicht nur das Denken vor, sie ist selbst eine Art Denken. Voßler sieht aber in dem rein logischen, von der Sprache abstrahierten Denken nicht die Vollendung des Denkens überhaupt. Sein System ist ein triadisches: Aus dem naiven sprachlichen Denken löst sich das rein logische heraus, aber dieses logische Denken kann doch der dynamischen Struktur der Wirklichkeit nicht gerecht werden und geht eine neue Synthese mit der Sprache ein, die nun von der Erkenntnis der „inneren Sprachform“ ausgehend das Wesen der Sprache erfassen und sie in weit fruchtbarerer Weise in den Dienst der Erkenntnis stellen kann. Wenn wir die Trias bei Voßler weder sachlich noch historisch noch psychologisch

[168] Der Jesuit Erich Przywara (1889–1972) war Philosoph und Theologe. Erich Przywara, Handbuch der Philosophie, 3. Lieferung (Abt. II, Beitr. E): Religionsphilosophie katholischer Theologie, München/Berlin 1927.

als eine Abfolge verschiedener Phasen ansehen, sondern die Trias als in jedem Denkakt gegeben betrachten, so entspricht der Voßlersche Gedanke durchaus unserer Auffassung, daß Sprache und Denken identisch sind. Voßler dürfte allerdings in seiner Trias doch eine Abfolge von Phasen sehen, denn er identifiziert mit diesen verschiedenen Phasen verschiedene Disziplinen der Betätigung des menschlichen Geistes: Die drei Phasen entsprechen den Bezirken des poetischen, des naturwissenschaftlich-mathematischen und des geisteswissenschaftlichen Denkens.[169] Dagegen muß aber darauf hingewiesen werden, daß die Trennung |127| zwischen Natur- und Geisteswissenschaft nur dort streng durchführbar ist, wo die betreffenden Wissenschaften nur handwerksmäßig betrieben werden. Schöpferische wissenschaftliche Arbeit setzt immer das Ineinander des rein „logischen" und des „logisch-sprachlichen" Denkens, d.h. eben die Einheit der Erkenntnis voraus. Mathematik kann nur getrieben werden, wenn sie sich des eigentümlich konstruktiven Charakters ihrer Elemente bewußt ist; ohne die scharfe Schulung an den rein logischen mathematischen Sätzen ist keine geisteswissenschaftliche Arbeit denkbar. Die Araber betrachteten die Mathematik durchaus als „Hilfswissenschaft". Sie ist das für sie zunächst in einem ethischen Sinne: Mathematische Erkenntnisse dürfen nicht Selbstzweck sein; aber daß eine solche Abstufung überhaupt möglich sein konnte, beweist doch, daß der rein methodische Charakter der Mathematik für die Araber eine geläufige Voraussetzung ihres Denkens war. Wir behaupten also die Identität von Sprache und Denken auch für das mathematisch-naturwissenschaftliche Denken: Die bewegliche Struktur der Begriffe, die in der Sprache erfaßt wird, ist auch für das mathematische Denken Grundvoraussetzung, um das Wesen ihrer bewußt statischen konstruktiven Größen erfassen zu können; und die Notwendigkeit des Verstehens, das nur durch die Sprache erreicht werden kann, besteht für die Mathematik und Naturwissenschaft ebenso wie für jede andere Disziplin.

Was Voßler unter der Scheidung zwischen sprachlichem und logischem Denken und dem triadischen Charakter seines Systems erfassen will, ist der dem fließenden Sprachcharakter entgegengesetzte, auf Statik der Begriffe gerichtete Charakter der Wissenschaft. Der dynamische Charakter des Geschehens, das sowohl in seiner Gesamtheit als auch in seinen einzelnen Erscheinungen Gegenstand der Wissenschaft, ihrer

[169] Gulkowitsch diskutiert in dieser Passage Vossler, Geist und Kultur der Sprache, Kap. VIII: Sprache und Wissenschaft, 220–241.

sichtenden, darstellenden und deutenden Tätigkeit ist, zwingt die Wissenschaft, zunächst einmal Grenzsetzungen vorzunehmen. Es ist das Verdienst Ernst Cassirers, nachgewiesen zu haben, daß diese Grenzsetzungen eine sprachliche Angelegenheit sind (Philosophie der symbolischen Formen I, S. 274 ff.).[170] Über Cassirer hinaus, der die Grenzsetzungen durch die Sprache nur als Vorarbeit betrachtet, muß betont werden, daß diese Grenzsetzungen Aufgabe der Sprache *κατ' ἐξοχήν* [*kat' exochēn*: schlechthin] sind. Die Art wissenschaftlicher Methoden, das Geschehen zu erfassen, ist |128| im Prinzip differenzierend. Der Weg der Wissenschaft geht auf jeden Fall *über* die Analyse. Selbst eine Wissenschaft wie die Geschichtswissenschaft ist darauf angewiesen, die Ereignisse abzugrenzen. Die Geschichte als Geschehen kennt keine „Reformation", keine „französische Revolution", kein „Zeitalter der Renaissance". Erst die Geschichtsdarstellung schafft diese Abgrenzungen, und schafft sie mit Hilfe der Sprache. Hier liegen z. B. auch die Schwierigkeiten, an denen unsere medizinische Terminologie leidet. Es ist nicht nur das Ergebnis eines Konventionalismus oder ein unvermeidliches Zwischenstadium, dessen Unvollkommenheit mit der Zeit ausgebessert werden kann, wenn unsere Terminologie Grenzsetzungen vornimmt, wo in Wahrheit fließende Übergänge vorhanden sind. Es ist vielmehr eine notwendige Einseitigkeit zugunsten der Darstellbarkeit, wenn wir terminologisch als fest umrissene Größen setzen, was in Wahrheit nur in beschränktem Maße eine Größe für sich darstellt. Auch der medizinische Terminus setzt also in bewußter Einseitigkeit Grenzen, und er setzt diese Grenzen durch die Sprache. Aus dieser Tendenz auf Statik im Dynamischen, auf Besonderheit innerhalb der Einheit resultiert die Tendenz der wissenschaftlichen Sprache auf Prägnanz und eine gewisse Härte des Ausdrucks, die bis zur Trockenheit gehen kann. Alle Versuche die wissenschaftliche Sprache „lebendiger" zu gestalten, d. h., die Prägnanz des Ausdrucks einer leichteren Lesbarkeit zu opfern, können nur auf Kosten der Wissenschaftlichkeit geschehen, denn eben die scharfe Grenzsetzung zwischen den Begriffen, die bis zur Formel gesteigert werden kann, ist das Wesen wissenschaftlicher Darstellung. Die Formel ist nur extremster Ausdruck dessen, worauf die Sprache der Wissenschaft von vornherein tendiert und tendieren muß. Die Setzung von Besonderheiten ist die Methode der Welterfassung, die wir Wissenschaft nennen. Sie ist einseitig, wie alle Methoden unserer Erkenntnis. Sie gibt

[170] Gulkowitsch verweist an dieser Stelle auf das letzte Kapitel des ersten Bandes von Cassirers *Philosophie der symbolischen Formen*. Cassirer, Philosophie der symbolischen Formen, 1. Teil, 280–300.

nur ein Bild der Wirklichkeit von vielen möglichen Bildern. Das Bild der Kunst ist ein anderes. Je nachdem, ob wir die Wissenschaft in ihrer Eigenständigkeit betrachten oder ob wir sie am Gesamtbilde unserer Erkenntnis messen, wird das Urteil über den Wert einer Wissenschaft ausfallen. Unter dem Gesichtspunkt der Eigenständigkeit ist die Mathematik die Vollendung der Wissenschaft. Unter dem Gesichtspunkte |129| der Synthese aller möglichen Weltbilder ist ihre Hinneigung zur Kunst Kriterium ihres Wertes. Die Wissenschaft gelangt aber nicht dadurch zur Kunst, daß sie ihre Sprache auf Kosten der Prägnanz der poetischen Sprache anzunähern versucht,[55] sondern Kunst und Wissenschaft berühren sich auf dem Gebiete, wo beide in der Erkenntnis der reinen Form gipfeln: in der Musik und den theoretischen Formalwissenschaften.

Neben der Sprache der Religion und der Sprache der Wissenschaft steht noch eine unbegrenzte Zahl von Sprachnuancierungen, die durch die Verschiedenheit des geistigen Habitus in den verschiedenen Lebensgebieten, Ständen und Berufen bedingt werden, wobei die Grenzen zwischen den einzelnen Nuancierungen, die Bedeutung der einzelnen Nuancierungen für den Gesamtcharakter der betreffenden Sprache und die Beziehungen unter den einzelnen Nuancen innerhalb jeder Kultur verschieden sind und darum immer eines besonderen Nachweises bedürfen. Wir kennen die Besonderheit der Rechtssprache, der Kaufmannssprache, der Sprache des Industriearbeiters, des Bauern, des Handwerkers. Die Besonderheit wird nicht nur durch die vorhandenen Fachausdrücke hervorgerufen, sondern ist eine Besonderheit der Sprach- und Begriffsbildung überhaupt.[56] Es

55 Über das Problem des künstlerisch-wissenschaftlichen Mischtypus und seine Konsequenzen für eine Synthese von Kunst und Wissenschaft s. unten S. 132 f.[171]

56 Es hängt ebenfalls von der Wirkung der soziologischen Gruppierung auf den Begriffsumfang und von der Identität des Begriffsbereiches mit der Sprache, die von der betreffenden soziologischen Gruppe gesprochen wird, ab, wenn Kinder meistens die Sprache der anderen Kinder und der Dienstboten früher erlernen als die Sprache der Eltern, was besonders dann auffällig in Erscheinung tritt, wenn die Sprache der Eltern nicht mit der Landessprache identisch ist, wofür Otto Jespersen, Die Sprache. Ihre Natur, Entwicklung und Entstehung (deutsche Ausgabe von Rudolf Hittmair und Karl Waibel, Heidelberg 1925), S. 127 f., Beispiele anführt, die sich beliebig vermehren lassen. Die Kinder erlernen zunächst diejenige Sprache, der eine einfachere Begriffsbildung entspricht, auch wenn dies nicht ihre sogenannte Muttersprache ist.

---

[171] Siehe unten, 230–232.

bedürfte genauer Untersuchungen und monographischer Darstellungen, um diese verschiedenen Nuancierungen im Einzelnen erfassen zu können. Hier soll nur noch ein Gebiet behandelt werden, das als das eigentliche Gebiet der Sprache erscheint: das Gebiet der Literatur im engeren Sinne, d. h. das Gebiet der Dichtung.

|130| Voßler sieht in der poetischen Sprache, wo die Sprache nicht mehr Symbol eines anderen, sondern ihrer selbst ist, also aufhört Symbol zu sein (Geist und Kultur in der Sprache, S. 253), die Vollendung dessen, was Sprache ist. Eine solche Auffassung ist die notwendige Konsequenz einer jeden Sprachtheorie, die Wort und Begriff als prinzipiell getrennte Größen ansieht. Wenn das Wort getrennt vom Begriff eine eigene Existenz darstellt, so kommt in der Tat nur dann sein eigenes Wesen zum Ausdruck, wo jede außerhalb des Wortes liegende Bestimmung ausgeschaltet erscheint. Für eine solche Auffassung ist es auch unbedingt nötig, allen Nachdruck auf den Lautcharakter des Wortes zu legen, wie das Voßler tut. Auch von hier aus ergibt sich für eine solche Auffassung die zentrale Bedeutung der Dichtung für das Phänomen Sprache, denn nur in der Dichtung hat der Lautwert eines Wortes selbständige essentielle Bedeutung.

Wenn wir aber von der Identität des Wortes und des Begriffes ausgehen, so ist die Bedeutung der Dichtung für die Sprache nicht in solchem Maße zentral. Ihr Verhältnis zur Sprache wird das Verhältnis eines Spezialfalles gegenüber dem Gesamtphänomen. Die Dichtung bedeutet darüber hinaus sogar ein gewisses Hinübergleiten der Sprache in ein anderes Gebiet, einen Grenzfall. In der Sprache der Wissenschaft liegt der Akzent in der Verbindung von Wort und Begriff ganz auf Seiten des Begriffes, was im Extrem zur Isolierung vom Wort und zum Übergang zur Formel führt. In der Dichtung liegt der Akzent ganz auf der Seite des Wortes, was im Extrem zum bloßen Klangspiel mit Worten führt. Der Dichter ist also gleich dem Wissenschaftler in seiner Handhabung der Sprache bewußt und notwendig einseitig. Gerade diese Einseitigkeit löst ihn ja aus der Masse der Sprechenden heraus.[57] In der |131| Dichtung finden wir also nicht den

[57] Daß das Wort die Gestalt ist, in der sich der Begriff realisiert, ist der am häufigsten beschrittene Weg, ist aber nicht der allein mögliche. Der Begriff kann auch in den Formen und Farben der bildenden Kunst und in den Tönen der Musik Gestalt gewinnen. Dieser Weg ist dem Wesen des Begriffes durchaus nicht weniger adäquat. Aber hier bedingt die Eigenart des Vorgangs, daß zwischen dem Begriff und seiner Gestaltung die Gesetzlichkeit des Materials eingeschaltet wird. In der Vereinigung der Gesetzlichkeit des Begriffs mit der Gesetzlichkeit des Materials besteht das Wesen des spezifisch künstlerischen Gestaltens. Darum bleibt diese Form der Realisierung von Begriffen auf einen kleinen Kreis von Menschen

adäquatesten Ausdruck dessen, was Sprache ist, sondern wir begegnen hier der Sprache in einer Form, die vom Wesen der Sprache als Ausdruck und Form des Denkens am weitesten entfernt ist; wir beobachten den Übergang zur reinen Klangform, der Musik, da ja hier der Klangwert des Wortes bewußt überbetont wird.

Unsere Auffassung der Dichtung als Extremfall der Sprache führt uns zugleich auf das Problem hin, wie groß überhaupt die Bedeutung spezieller Sprachen für das Gesamtphänomen einer Sprache ist. Jede spezielle Ausbildung der Sprache im Dienste der verschiedenen Lebensgebiete stellt die Überbetonung irgendeines Momentes in der Sprache dar. Das synthetische Moment wird auf Kosten des analytischen überbetont, das originelle auf Kosten des konventionellen, das explizierende auf Kosten des verhüllenden, das begriffliche auf Kosten des rein sprachlichen, wobei in jedem dieser Fälle auch das Umgekehrte möglich ist. Die Überbetonung kann bis zum Verlassen des Gebietes führen, innerhalb dessen sprachlicher Ausdruck möglich ist. Abgesehen von diesen Grenzfällen bedeutet aber alles Überbetonen eines Momentes innerhalb des Phänomens Sprache nur eine Modifikation des Gesamtphänomens nach einer seiner Möglichkeiten hin. Wenn innerhalb einer Kultureinheit irgendein Kulturzweig dauernd oder während einer bestimmten Epoche besonders gepflegt wird, so hinterläßt dies deutliche Spuren im Gesamtcharakter der Sprache. Die Berufsgruppen üben denselben Einfluß auf den Sprachcharakter aus wie das Individuum. Auch hier besteht ein dialektisches Verhältnis zwischen dem Einzelnen und der Gesamtheit. Da die Sprache ja eine mit dem Denken unlösbar verbundene Erscheinung ist, so bedeutet Modifikation der Sprache nach irgendeiner Richtung hin stets auch Modifikation des betreffenden Denkens, d. h., realiter erfolgen die Modifikation des Denkens und diejenige der Sprache in ein und demselben Vorgang. Die Bedeutung spezieller Berufssprachen und damit eines speziellen Berufsdenkens besteht nicht darin, daß ein amorph vorgefundenes Phänomen gestaltet würde, sondern ein längst gestaltetes erfährt eine gewisse Nuancierung. Eine Einzelsprache ist also nicht nur die Summe der innerhalb einer |132| Kultureinheit gegebenen Berufs- und Standessprachen, sondern eine Ganzheit von eigener Gültigkeit (auch der übertriebenste Berufsjargon bleibt ja immer noch die betreffende Sprache), wie ja auch das Phänomen

beschränkt, weshalb sich aus den Auswirkungen einer Kultur in der bildenden Kunst und in der Musik |131| das Gesetz und die Eigenart einer Kultur nicht so unmittelbar herauslesen läßt wie aus der Sprache.

Sprache als solches nicht als Summe aller Einzelsprachen erschöpfend erfaßt werden kann.

Da die Spezialsprachen nur Nuancierungen der betreffenden Sprache darstellen, ist eine radikale Scheidung zwischen den verschiedenen Spezialsprachen unmöglich und unzulässig. Das Wesen der Spezialsprache bedeutet nur das Dominieren eines Elementes.[58] Ebenso bedeutet ein spezielles Denken und Sprechen beim Einzelnen nur ein Dominieren eines Elementes, zumal sich ja das Leben des Einzelnen in verschiedenen Lebensgebieten und Gruppen abzuspielen pflegt. Der Grad des Dominierens ist im höchsten Maße mannigfaltig. Wir beobachten den extremen Typus, bei dem *eine* Nuance des Sprechens und des Denkens in fast absoluter Weise dominiert. Wir beobachten den Typus mit fast allseitiger Ausbildung der Denk- und Sprachnuancen seiner Kultur. Der häufigste Fall dürfte eine allmähliche Abstufung in der Bedeutung der einzelnen Nuancen für den geistigen Habitus des einzelnen Menschen sein. Wenn in einem Menschen zwei Nuancen in etwa gleich starker Bedeutung auftreten, so kann der Fall einer Kombination zweier heterogener Denk- und Sprachformen eintreten. Dann ergibt sich die Neigung, künstlerischen Inhalten eine wissenschaftliche Form zu geben, wissenschaftliche Gedanken |133| in künstlerischer Form darzustellen, es ergeben sich Kombinationen von Religion und Wissenschaft, von Religion und Kunst. Wenn die Synthese eine schöpferische ist, d. h., wenn es wirklich gelingt, aus zwei heterogenen Voraussetzungen eine dritte neue Einheit eigener Prägung

58 Karl Voßler (Gesammelte Aufsätze zur Sprachphilosophie, S. 225 ff.)[172] betont das Moment der Einheit von Poesie und Prosa, wie er es nennt, d. h. von einer Gefühlssprache, die ihren Ausdruck im Rhythmus, im Tonfall, im Reim, in Wiederholungen, im „atmenden Verlauf der Gefühle" findet, und einer Sprache der Logik, deren adäquater Ausdruck die syntaktische Satzstruktur ist, und weist auf die Gefahr hin, die ein Beschränken auf eine Seite der Sprache mit sich bringt. Aus dieser Tatsache zieht aber Voßler den Schluß, daß eben weil eine verständliche und flüssige philosophische Sprache des poetischen Elementes nicht entbehren kann, die Sprache nur ein behelfsmäßiger Ausdruck philosophischer Gedanken ist. Er übersieht dabei, daß dieser Beimischung eines poetischen Elementes in guter philosophischer Prosa auch auf dem Gebiete des Sprach*inhalts* die Beimischung eines künstlerisch intuitiven Elementes zur reinen Logik des philosophischen Denkens entspricht, sodaß gerade in dieser Eigenart der Sprache ihre enge Beziehung zum Denken deutlich wird.

[172] Vossler, Die Grenzen der Sprachsoziologie, 225 ff.

zu schaffen, bedeuten diese Grenzüberschreitungen eine Bereicherung beider Gebiete. Wenn aber die Verbindung eine rein äußerliche bleibt, so entsteht der Eindruck des Manierierten.

Die Tatsache, daß jedem Lebensgebiet eine Eigenständigkeit der Begriffe und darum eine Eigenständigkeit der Sprache zukommt, macht die „Popularisierung" irgendeines geistigen Lebensgebietes unmöglich.[59] Nur der religiöse Mensch versteht die Sprache der Religion, weil nur er die Begriffe des Religiösen erfassen kann. Nur der wissenschaftlich denkende Mensch begreift wissenschaftliche Problemstellungen und Forschungsergebnisse. Hierauf beruht die absolute Sinnlosigkeit, aber auch die Unwiderlegbarkeit jeder Polemik Unberufener. Die Popularisierung etwa der Wissenschaft bedeutet ein Aufgeben zunächst der spezifisch wissenschaftlichen Sprache. Dies pflegt meistens durch eine „Vereinfachung" der wissenschaftlichen Ausdrucksweise zu geschehen, denn die Gegner der reinen Wissenschaft pflegen diese dadurch in Mißkredit zu bringen, daß sie die Wissenschaft einer unnötigen oder sogar absichtlichen Komplizierung der Sprache verdächtigen, ohne zu bedenken, daß gerade die tiefste und reinste Wissenschaft sich einer scheinbar sehr einfachen Sprache zu bedienen pflegt. Gelegentlich kann der Gegensatz zur schulmäßigen Wissenschaft auch dadurch betont werden, daß man sich einer hypermodernen manierierten Sprache bedient. Das Ziel ist aber in jedem Falle, die Sprache der Wissenschaft auf eine Ebene |134| mit einem als normal empfundenen Sprachgebrauch zu bringen, wobei es freilich fraglich ist, ob es einen solchen normalen Sprachgebrauch gibt. Mit der Nivellierung des Sprachgebrauchs tritt aber zugleich eine Nivellierung der Begriffe ein,

59 Die Übertragung in eine „populäre" Sprache wäre eine Übersetzung in die Terminologie der Umgangssprache. Aber diese ist nicht etwa ein allgemeines sprachliches Prinzip, das allen Spezialsprachen zugrunde liegt, sondern sie ist selbst eine Spezialsprache. Voßler (Gesammelte Aufsätze zur Sprachphilosophie, S. 232)[173] weist mit Recht darauf hin, daß auf die Umgangssprache literarische Kategorien z. B. wie Poesie und Prosa gar nicht anwendbar sind. Das Gesetz und die Eigenart der Umgangssprache bedürfen ebenfalls einer monographischen Untersuchung. Voßler gibt einen sehr interessanten Hinweis, in dem er die Rhetorik als „kunstvoll verfeinerte Umgangssprache" bezeichnet und sie neben der Sprache der Dichtung und der der Wissenschaft als „dritten literarischen Aspekt der Sprache" betrachtet (s. oben S. 110).[174]

[173] Ebd., 232.

[174] Siehe oben, Fn. 48.

und damit verlieren die Begriffe ihre individuelle Prägung. Was unter dem Namen populäre Wissenschaft geboten wird, ist nicht Wissenschaft. Es handelt sich dabei nicht um eine fiktive Vereinfachung der Tatbestände zum Zwecke ihrer Darstellbarkeit, sondern um eine Vereinfachung, die bewußt oder unbewußt Betrug begeht, indem sie die Vereinfachung der Darstellungsweise als eine adäquatere Darstellung der Tatsachen hinstellt. Die Popularisierung der Wissenschaft entspringt entweder bewußter Polemik gegen die Wissenschaft und ihre Träger oder einem Propagandatriebe innerhalb der Wissenschaft selbst. Der Propagandatrieb dürfte sogar in den meisten Fällen primäre Ursache sein, da ja erst dadurch, daß die Wissenschaft ihr Gebiet verläßt, die Polemik einen Angriffspunkt finden kann. Der Popularisierungstrieb in der Wissenschaft ist das Zeichen eines zeitweiligen oder radikalen Verfalls. Das Ethos der Wahrheit genügt nicht mehr als alleiniger Antrieb, die Reinheit der Erkenntnis wird dem leichteren Verständnis untergeordnet. Diese Bestrebungen haben ihre sprachlichen Konsequenzen, sie gehen sogar des Öfteren von scheinbar sprachlichen Zielsetzungen aus.

Der Vorgang der Begriffsexplikation erwies sich (s. oben S. 56 f.)[175] als ein Vorgang, der nicht in gleichmäßigem Fluß verläuft, sondern sich immer nur auf einzelne Begriffe bezieht. Dieser Struktur der Begriffsexplikation entspricht, historisch betrachtet, ein soziologischer Vorgang: Die Explikation der Begriffe ist das konstituierende Moment für die geistigen Strömungen innerhalb eines Volkes und entscheidet damit darüber, welche Gruppe innerhalb eines Volkes die jeweils führende in den einzelnen Epochen seiner Geschichte ist. Dieser Vorgang hat aber entsprechend der vollkommenen Verbindung von Kultur und Sprache zugleich seine sprachliche Seite. Die führende Rolle, die das Prophetentum in einer Epoche der israelitisch-jüdischen Geschichte gespielt [hat], hat nicht nur das Denken des jüdischen Volkes entscheidend bestimmt, sondern auch der hebräischen Sprache Begriffe, Worte, Denkformen und Redewendungen eingefügt, die für das Gepräge dieser Sprache von wesenhafter |135| Bedeutung gewesen sind. Für die Auffassung der deutschen Geschichte im Mittelalter gilt es als eine Selbstverständlichkeit, daß diese Geschichte von der Vorherrschaft der verschiedenen Stände: Geistlichkeit, Rittertum, Bürgertum bestimmt worden ist und daß diese Vorherrschaft ihren Ausdruck in der jeweiligen Eigenart der Literatur gefunden hat. Mit der Behauptung einer jeweils genuinen Literatur ist zugleich implizite auch eine jeweils genuine Sprache behauptet. Es müßte einmal der Nachweis geführt werden,

[175] Siehe oben, 148.

wie sehr auch die rein linguistische Seite der deutschen Sprachgeschichte in Wechselbeziehung zur deutschen Geistesgeschichte steht. Träger der Explikation von Begriffen kann jede Volksgruppe und jeder Einzelne sein. Es dürfte zu den Ausnahmefällen gehören, daß innerhalb einer Volksgruppe das geistige Leben so stagniert, daß sie an der Explikation der Begriffe überhaupt nicht beteiligt ist. Aber die wirklich epochemachende intensive Explikation bestimmter zentraler Begriffe pflegt jeweils Aufgabe und zugleich konstituierendes Element einzelner geistiger Bewegungen zu sein, die von bestimmten einzelnen Volksgruppen getragen werden. Jede Explikation von Begriffen ist daher zugleich stets Ausbildung und Durchbildung der Ausdrucksmöglichkeiten derjenigen Sprache, die von dem betreffenden Volke gesprochen wird. Ehe man so heterogene Ursachen wie klimatische oder physiologische Veränderungen für die Geschichte der Lautbildung heranzieht, müßte der Versuch gemacht werden, die Geschichte der Lautbildung zu der Verlagerung des kulturellen Akzentes innerhalb eines Volkes, innerhalb seiner Stände und Landschaften, in Beziehung zu setzen. Was sich metaphysisch betrachtet als Explikation von Begriffen erweist, ist historisch betrachtet die Geistesgeschichte einzelner Völker und innerhalb dieser Völker die Geistesgeschichte der einzelnen Bevölkerungsgruppen. Die Intensität des geistigen Vorgangs und seine Wirkung auf die Geschichte eines Volkes ist nicht davon abhängig, wie groß die Zahl derjenigen ist, die Träger der Explikation sind: Der Vorgang kann sich soweit zuspitzen, daß die Explikation von einer einzelnen Persönlichkeit geleistet wird und dennoch von grundlegender Bedeutung für die Geschichte der betreffenden Kultur und damit der betreffenden Sprache ist. Eine der auffälligsten und bekanntesten Erscheinungen dieser Art ist die Luthersche Bibelübersetzung, die aber |136| nur den extremen Fall dessen darstellt, was sich überall und zu jeder Zeit vollzieht.

Da der Einzelne sowohl infolge seiner individuellen Eigenart als auch infolge seiner Beschäftigung und seiner Zugehörigkeit zu einer gesellschaftlichen Gruppe durch ein nur ihm eigenes Denken gekennzeichnet ist und darum auch eine nur ihm eigene Sprache spricht, so kompliziert sich der Begriff der Sprachrichtigkeit in erheblichem Maße.

Von unserem Standpunkte aus gibt es nur eine Möglichkeit der Sprachrichtigkeit: Die Sprache muß dem Denken adäquat sein. Daneben gibt es in den modernen Kultursprachen eine konventionelle Sprachrichtigkeit, die dadurch entsteht, daß nach dem Prinzip der Häufigkeit ein normaler Sprachgebrauch festgestellt wird, der eine Art Mittelwert aus den verschiedenen Nuancierungen in der Sprache der Stände, Berufe und Lebensgebiete darstellt. Abweichungen von diesem normalen Sprachgebrauch sind nach unserer Sprachauffassung nicht ohne weiteres als Fehler zu betrachten.[60] Was in der Sprache eines Menschen dem Denken adäquat ist, ist für diesen Menschen die allein richtige Ausdrucksweise. Von einem Versehen, dem einmalige Ursachen heterogener Art zugrunde liegen,[61] unterscheiden sich solche „Fehler" dadurch, daß sie der Betreffende *stets* zu machen pflegt. In denjenigen Sprachen, wo es eine Sprachnorm gibt, vollzieht sich gerade an diesen „Fehlern" die Sprachgeschichte.[62] Eine in diesem Sinne „feh- |137| lerhafte" Ausdrucksweise eines Menschen oder einer Menschengruppe muß für die Sprachforschung stets Anlaß sein, hier eine Besonderheit der Begriffsbildung vorauszusetzen und ihren Ursachen nachzugehen, wobei die Ursachen prinzipiell in der Denkstruktur zu suchen sind.

Daß auch der *gelegentliche* sprachliche Fehler: aktives Verschreiben und Versprechen, passives Verhören psychologische Ursachen hat und nicht ohne weiteres als zufällig aufgefaßt werden darf, ist von Freud am

60 H. Ammann, Die menschliche Rede I, S. 42 ff., führt eingehend aus, wie die Veränderungen der Sprache nur durch die Forderung der Verständlichkeit, nicht aber durch diejenige der Richtigkeit begrenzt werden.

61 Eine Zusammenstellung der Fehler in diesem Sinne und ihrer Ursachen gibt uns Hermann Weimer in seinem Buche: Psychologie der Fehler, Leipzig 1925. Er legt im Gegensatz zu Freud mehr Nachdruck auf die sachliche Situation als Fehlerquelle gegenüber einer Annahme psychologischer Ursachen.

62 Es ist eine Streitfrage innerhalb der sprachgeschichtlichen Forschung (vgl. Otto Jespersen, Die Sprache …, S. 142 ff. und die dort angeführte Literatur), ob sich die Geschichte der Sprache nicht einfach daraus erkläre, daß die Kinder von der älteren Generation niemals eine Sprache vollkommen übernehmen, sodaß jederzeit neben der Sprache der Erwachsenen eine Sprache der Kinder besteht, die dann ihrerseits, wenn die betreffende Generation erwachsen ist, eine neue Periode in der Geschichte der Sprache darstellt. Eine solche Auffassung betrachtet die Sprache als ein selbständiges Phänomen und |137| nimmt als Ursache der Sprachgeschichte heterogene zufällige Einflüsse von außen an. Sie ist nichts weiter als eine verkappte Katastrophentheorie. Eine solche Entwicklung könnte niemals zu einer allmählichen Vervollkommnung einer Sprache führen, sondern müßte schließlich mit einer allgemeinen Korruption enden. Der empirische Tatbestand, von dem eine solche Theorie ausgehen kann, ist der, daß zwischen der Sprache zweier Generationen auffällige Unterschiede bestehen *können*. Diese Unterschiede bestehen aber nicht in der Form, daß zu jeder Zeit eine Kinder- und eine Erwachsenensprache von verschiedener Prägung nebeneinander existieren. Vielmehr handelt es sich um ein unter bestimmten historischen Umständen auftretendes Nacheinander. Dieses Nacheinander ist primär eine Geschichte des Geistes und erst sekundär eine Geschichte der Sprache.

radikalsten betont worden.[176] Freud legt jedoch den alleinigen Nachdruck auf unbewußte heterogene Ursachen, auf die unbewußte Absichtlichkeit. In direktem Zusammenhang mit gelegentlichen sprachlichen Fehlern stehen aber zunächst *Denkvorgänge* (die ihrerseits in einzelnen Fällen vielleicht unbewußte Absichtlichkeiten im Sinne Freuds als Ursache haben mögen). So entstehen aktives Verschreiben und Verhören in vielen Fällen durch ein Schwanken in der Anwendung von Begriffen. Dieses Schwanken wirkt sich dahin aus, daß in einem Teil des Satzes eine Begriffsverbindung zum Ausdruck kommt, in einem anderen Teil des Satzes eine andere, sodaß durch Kontamination eine notorisch falsche sprachliche Konstruktion entsteht. In anderen Fällen entstehen Fehler dadurch, daß ein Mensch eine Sprache nicht vollkommen beherrscht, d. h., daß er die Begriffswelt, die in dieser Sprache Gestalt gewonnen hat, nicht vollkommen durchschaut und deshalb oft nicht ohne weiteres zu entscheiden vermag, welche logische Situation im Rahmen dieser Begriffswelt in einem Einzelfalle vorliegt und welche sprachlichen Formen auf Grund dieser Situation gewählt werden müssen. Neben solchen Fehlern stehen reine Unaufmerksamkeitsfehler, die dadurch entstehen, daß Sprache und Denken ausein- |138| anderfallen, d. h., daß das Sprechen nur noch eine mechanische Lautbildung darstellt. An den Ursachen der Unaufmerksamkeit kann natürlich die Freudsche Theorie ansetzen. Solche Erwägungen liegen aber außerhalb der Untersuchung sprachlicher Phänomene. An den passiv entstehenden Fehlern des Verhörens[63] und Verlesens wird der innere Zusammenhang von Sprache und Denken deutlich. Solche Fehler hängen stets davon ab, was der Betreffende auf Grund eines logischen Schlusses oder Trugschlusses zu hören oder zu lesen erwartet hat. Hier ist auch die Erscheinung des Übersehens von Fehlern begründet: Das Erwartete und Richtige wird gelesen, auch

63 Den Begriffen des Verstehens, Nichtverstehens und Mißverstehens widmet H. Ammann (a. a. O., S. 47 ff.) eine eingehende Untersuchung.[177]

[176] Zu »sprachlichen Fehlleistungen« vgl. Sigmund Freud, Zur Psychopathologie des Alltagslebens. Über Vergessen, Versprechen, Vergreifen, Aberglaube und Irrtum. Mit einer Einl. von Ricardo Steiner, Frankfurt a. M. 2009 (zuerst Berlin 1904).

[177] Ammann, Die menschliche Rede, Bd. 1, 47–51. Ammann unterschied vor allem das Nichtverstehen von Personennamen und Worten. Zusammenfassend heißt es (ebd., 50, Hervorhebung im Original): »*Verstehen* heißt hier: den Sinn der Rede richtig erfassen, *mißverstehen*: der Rede einen falschen Sinn unterlegen, *nicht verstehen*: außerstande sein, der Rede einen *vernünftigen* Sinn zu geben.«

wenn es nicht dasteht. Die hauptsächliche Ursache davon, daß der Aufnehmende in einen Gedankengang gerät, der mit dem dargebotenen gar nicht identisch ist, liegt darin, daß der dargebotene Gedankengang dem individuellen Denken des Betreffenden nicht ganz entspricht und daß der Aufnehmende sich noch nicht in entsprechender Weise umgestellt hat. Das Problem des Fehlers sowohl im Sinne eines wirklichen Denkfehlers als auch im Sinne des Abweichens von einer sprachlichen Konvention muß also aus der Besonderheit des Denkens und seiner Beziehungen zur Sprache erfaßt werden, wenn das Wesen dieser Fehler herausgestellt werden soll.

Die Tatsache, daß sich dieser oder jener einer Sprache zu bedienen pflegt, die nicht die Sprache der Kultureinheit ist, der der Betreffende angehört, scheint der Behauptung zu widersprechen, daß eine Sprache adäquater Ausdruck für den Begriffskomplex ist, in dem sich das Wesen einer Kultur expliziert. Die Gepflogenheit, sich mehrerer Sprachen zu bedienen beruht auf verschiedenen Voraussetzungen. Die erste Möglichkeit ist, daß in einem Zwischenstadium, in dem die Loslösung einer besonderen Kultur und der ihr adäquaten Sprache aus einer größeren Kultureinheit eben im Werden begriffen ist, das Phänomen einer umfassenden Kultur und Gelehrtensprache auftritt, die Ausdruck dafür ist, daß die Trennung in neue Kultureinheiten noch nicht alle Gebiete des geistigen Lebens ergriffen hat. Zweitens besteht in Gegenden, wo zwei Kulturen und zwei Sprachen miteinander vermischt sind, die Möglichkeit, daß der Einzelne tatsächlich die Freiheit hat, sich dieser oder jener Sprache zu bedienen.

|139| In Fällen, wo die beiden nebeneinander gebrauchten Sprachen Ausdruck zweier sehr verschiedener Kulturen sind, pflegt sich die Sprache, in der geschrieben wird, nach dem behandelten Gegenstand zu richten. Wer etwa das Hebräische neben einer der europäischen Sprachen beherrscht, wird für genuin jüdische Inhalte eine Darstellung in hebräischer Sprache vorziehen. Dies geschieht nicht nur wegen des zu erwartenden Leserkreises, sondern um der präziseren Darstellbarkeit willen. In dem Vorhandensein bestimmter termini technici innerhalb einer Sprache findet die Tatsache des Adäquatseins einen greifbaren Ausdruck, dies ist aber nur ein extremer und ziemlich grober Fall. Das Adäquatsein wirkt sich gerade in den feinsten Nuancierungen aus.

Den organisch bedingten Fällen, wo die Vielsprachigkeit des Einzelnen historisch begründet ist, steht der Fall gegenüber, daß eine fremde Sprache aus äußeren Gründen gewählt wird. In solchen Fällen liegt eine einfache Übersetzung vor, wobei es gleichgültig ist, ob die Übersetzung vom Autor selbst oder von einem anderen vorgenommen wird. In allen den Fällen, die heute sehr häufig sind, wo eine Darstellung in Rücksicht auf einen neuen Leserkreis sich einer Sprache bedienen muß, die der Kultureinheit, der der Verfasser angehört, nicht entspricht, liegen im Grunde immer Übersetzungen vor. Es ist dabei aber mit der Möglichkeit zu rechnen, daß ein Mensch in eine Kultureinheit sich so gebend und nehmend einzubeziehen vermag, daß im Laufe der Zeit die neue Sprache tatsächlich adäquater Ausdruck seines Denkens wird und so den Charakter des Übersetzten verliert.[64] Otto Jespersen[179] (Die |140| Sprache. Ihre Natur, Entwicklung und Entstehung, S. 128) weist darauf hin, daß Kinder

64 Eine Komplizierung des Falles durch ein Zusammentreffen nicht zweier, sondern mehrerer Komponenten liegt bei den sogenannten Kompromißsprachen vor (vgl. besonders Otto Jespersen, Die Sprache. Ihre Natur, Entwicklung und Entstehung, deutsche Ausgabe, Heidelberg 1925, S. 198 ff.). Das sogenannte Beach-la-mar und das Pidgin-Englisch z. B. stellen solche Mischsprachen dar, die lediglich praktischen Interessen dienen. Es liegen hier zweifellos neue Sprachen mit genuinen Begriffsinhalten vor, und diese Begriffsinhalte bestimmen sich aus der im geistigen Sinne primitiven Situation. Das Problem der aus praktischen Bedürfnissen entstandenen Kompromißsprache, die sich immer an irgendeine der gebräuchlichen Kultursprachen anzuschließen pflegt, ist für das moderne palästinensische Hebräisch besonders akut. Die Körperschaft, die sich die Pflege des Hebräischen zur Aufgabe gemacht hat (ועד הלשון),[178] steht hier vor dem Problem, die reine hebräische Sprache und damit zugleich deren geistige Traditionen vor einem Versinken in einer an |140| das Hebräische angelehnten Mischsprache zu bewahren, und den rein praktischen Verständigungstendenzen Bestrebungen entgegenzustellen, die die Sprache als Ausdruck geistiger Werte pflegen. Das *Vorhandensein* einer Grundsprache allein verhindert nicht die Jargonierung. Die Jargonierung kann nur dadurch verhindert werden, daß die geistigen Werte, die in jener Grundsprache enthalten sind, die Führung in der Sprachbildung behalten.

[178] *Wa'ad ha-lashon* (Sprachkomitee; eigentl. *wa'ad ha-lashon ha-'ivrit*, Komitee der hebräischen Sprache). Das 1890 gegründete und 1953 durch die Akademie für die hebräische Sprache ersetzte Komitee hatte die Förderung des modernen Hebräisch im Jischuw, der jüdischen Gemeinschaft im osmanischen Palästina, zur Aufgabe. Vgl. Harshav, Hebräisch, 138–140.

[179] Der dänische Linguist Otto Jespersen (1860–1943) hielt von 1893 bis 1925 einen Lehrstuhl für Englisch an der Universität Kopenhagen. Zur Linguistik des Englischen trug er die Standardwerke *A Modern English Grammar* (7 Bde., 1909–1949) und *Growth and Structure of the English Language* (1905) bei. In *Language. Its Nature, Development and Origin* (orig. 1922, dt. *Die Sprache, ihre Natur, Entwicklung und Entstehung*, 1925) vertrat er eine holistische Theorie des menschlichen Sprachursprungs.

sich besonders schnell in eine neue Landessprache einzuleben pflegen, da sie eine so starke Abneigung gegen ein von dem Verhalten anderer Kinder abweichendes Auftreten haben, daß sie sich so schnell wie möglich der neuen Sprachumgebung anpassen. Das psychologische Moment, das Jespersen als Ursache anführt, ist zweifellos vorhanden, würde aber niemals zu einem Erfolge führen, wenn nicht die kindliche Begriffswelt einfacher und darum national weniger differenziert wäre, denn das Einleben in eine neue Sprache bedeutet für die Kinder Einleben in eine neue Begriffswelt, diese Begriffswelt ist aber nicht in dem Maße andersartig wie die Begriffswelt, die Erwachsene im entsprechenden Falle vorfinden, da Kinder sich zunächst nur in die relativ einfache Begriffswelt ihrer Spielkameraden und der Dienstboten einleben müssen.

Das Problem der Mehrsprachigkeit wird dann besonders aktuell und zu einem der wichtigsten Kriterien für den Verlauf der Menschheitsgeschichte, wenn eine Häufung des Phänomens eintritt, d. h., wenn durch sogenannte Völkerwanderungen ganze Volksgruppen und damit ihre Sprache in Kollision geraten. Die historische Sprachwissenschaft leitet aus der „Überschichtung" verschiedener Sprachen das Vorhandensein von Völkerwanderungen und sogar deren Weg ab. Wenn also eine Sprache verschiedene Elemente aufweist, die, wenn auch in verschiedenen Mengenverhältnissen, den Sprachcharakter bestimmen, also nicht nur gelegentliche Entlehnungen darstellen, so wird daraus geschlossen, daß hier eine ursprüngliche Sprache von der einer eingewanderten Gruppe teilweise ersetzt worden ist.[65] Eine solche Forschungsmethode verspricht dann |141| glaubwürdige Resultate, wenn der Charakter einer solchen Ersetzung erkannt wird, d. h., wenn der sprachliche Vorgang zugleich als ein Vorgang im Gebiete des Denkens erfaßt wird. Es ist die Beobachtung gemacht worden, daß der lexikographische Gehalt einer Sprache wesentlich konservativer ist als z. B. die Wortflexion oder entsprechende grammatikalische Erscheinungen. In dieser Erscheinung spiegelt sich die enge Verbindung von Wort und Begriff wider. Gerade das Wort ist so eng an den Begriff gebunden, daß es ohne eine unbedingt entsprechende

65 So z. B. in dem Verhältnis des Protohethitischen zum Hethitischen (oder wie man besser mit E. Forrer, Die Inschriften und Sprachen des Hatti-Reiches, in: Zeitschrift der Deutschen Morgenländischen Gesellschaft, N. F. Band 1 (1922), S. 202 ff. sagt: zum Kanisischen), vgl. Albrecht Götze, Kulturgeschichte des alten Orients, 3. Abschnitt, 1. Lieferung in: Handbuch der Altertumswissenschaft, herausg. von Walter Otto, München 1933, S. 52 f., und des „Prägermanischen" zum „Indoeuropäischen", vgl. Sigmund Feist, Indogermanen und Germanen, Halle 1924, Kap. X, S. 87 ff.

Modifikation des Denkens nicht ersetzt werden kann. Soweit es sich um Gattungsbezeichnungen für konkrete Dinge handelt, läßt sich das Gesetz, nachdem die Ersetzung durch neue Worte erfolgt, leicht erkennen: Wofür die zugewanderte Sprache keine entsprechenden Ausdrücke hat, das muß beibehalten werden, so die Namen der Tiere und Pflanzen und die Fachausdrücke für die speziell von einem der beteiligten Völker allein ausgeübten „Techniken".[66] Wo es sich um Abstrakta handelt, ist die Feststellung wesentlich schwieriger, da wir in diesem Falle allein auf die Beobachtung sprachlicher Vorgänge angewiesen sind und die konkrete historische Situation uns kein Kriterium liefert. Doch werden wir auch hier Fingerzeige finden, wenn wir daran festhalten, daß alle sprachlichen Vorgänge, die zu teilweiser Ersetzung führen, im Grunde geistige Vorgänge sind und den Gesetzen solcher Vorgänge unterliegen. Es kann nicht ein Wort willkürlich ersetzt worden sein und ein anderes nicht. Die Ersetzung erfolgt vielmehr nur, wenn eine gewisse Homogenität vorhanden ist, andernfalls kann nur ein Nebeneinander beider Begriffs- und Sprachwelten stattfinden, das seine Spuren in der Sprache hinterlassen muß. Wir können dann mit einiger Sicherheit annehmen, daß eine Überschichtung wirklich stattgefunden hat, wenn eine Gesetzmäßigkeit in dieser Überschichtung zu erkennen ist, die einen zugrunde liegenden geistesgeschichtlichen Prozeß verrät. Wenn dagegen eine solche vom Geiste her bestimmte Gesetzmäßigkeit nicht festgestellt |142| werden kann, so müssen wir damit rechnen, daß der Anschein einer Überschichtung nur dadurch erweckt wird, daß wir ein umfassenderes Bildungsprinzip der betreffenden Sprache, das auch die scheinbar heterogenen Bildungen umfaßt, nicht erkannt haben.

Wenn Denken und Sprache identisch sind, so folgt daraus, daß die Gruppe von Menschen, die *eine* Sprache sprechen, so sehr diese auch im Einzelnen nuanciert ist, einen trotz aller individuellen Nuancierung einheitlichen Denktypus darstellt. Es ergibt sich nun das Problem der Priorität dieser Einheitlichkeit, d. h. die Frage, ob die Einheitlichkeit einer Kultur durch die Einheitlichkeit des Typus, der Träger der Kultur ist, bestimmt und garantiert wird oder ob die Einheitlichkeit der Kultur einen gewissen normierenden und allmählich typusbildenden Einfluß ausübt. Wenn wir die Kultur und ihre Geschichte auf allen Gebieten als Geistesgeschichte und deren Folgeerscheinungen ansehen, so löst sich das Problem dieser Priorität dahin auf, daß zwischen der Kultur und der sie gestaltenden und

66 So im Deutschen die Bezeichnungen auf dem Gebiete der Schiffahrt und Tischlerei, wozu S. Feist, a. a. O., S. 89.

tragenden Menschengruppe ein dialektisches Verhältnis besteht, da eine gegenseitige Ausgestaltung stattfindet. Die Einheitlichkeit des Typus ist in der Existenz der betreffenden Kultur gegeben und die Kultur existiert als solche, d. h. als eine Größe eigener Prägung, durch die Einheitlichkeit des Denktypus.

Das Problem der Priorität des einheitlichen Typus vor der einheitlichen Kultur besteht nur dann, wenn für die Einheitlichkeit des Denktypus innerhalb einer Kultur nicht geistige, d. h. also körperliche Faktoren als Ursache angesehen werden. Unsere Problemstellung berührt sich hier mit der Frage, ob die Rasse ein kulturbildender oder gar der allein kulturbildende Faktor ist. Es pflegt der normale Zustand zu sein, daß die Träger einer Kultur eine gewisse rassische Verwandtschaft aufweisen. Fraglich ist aber, ob dieser Tatsache ein für das Wesen der Geistesgeschichte *bestimmender* Charakter zukommt, oder ob es sich hier um eine *Folgeerscheinung* handelt. Wenn wir uns die Entstehung eines Begriffskomplexes eigener Prägung vergegenwärtigen, so müssen wir uns vorstellen, daß hier eine Ausbreitung in konzentrischen Kreisen erfolgt ist, d. h., daß ein Denktypus bestimmter Prägung zunächst von einem Menschen in rein ausgebildeter und so intensiver Form vertreten wurde, daß er eine Wirkung nach außen hin erzielte, die zur Bildung einer Gemeinschaft im Sinne von Meister und |143| Jünger führen mußte. Die Gemeinschaft mußte ihren Ausdruck finden in einer besonderen Nuancierung der Sprache, die, falls es sich um einen Begriffskomplex von besonderer eigenständiger Prägung handelt, bis zur Entstehung einer neuen Sprache führen kann. Wenn der Begriffskomplex von großer Kraft und Weite ist, so kann er immer neue Träger der Kultur, die er aufbaut, an sich heranziehen. Das bedeutet für die Sprache, daß sich der Bereich, innerhalb dessen sie verstanden wird, d. h., adäquater Ausdruck des Denkens ist, immer mehr erweitert. Das Zusammenwohnen von Menschen von einem gewissen gleichen Typus körperlicher Art bringt es mit sich, daß eine Kultur bei ungestörter Ausbreitung zunächst Menschen von ungefähr gleichem körperlichem Typus erfaßt, sodaß der Eindruck erweckt wird, als sei rassische Gleichheit Voraussetzung für die Zugehörigkeit zu einer und derselben Kultureinheit. Dies Bild ändert sich sofort, wenn sich als Folge irgendwelcher plötzlicher Katastrophen oder durch allmähliche Abwanderung eine Völkerwanderung vollzogen hat. In solchen Fällen werden einzelne oder ganze Gruppen allmählich in Kultureinheiten eingegliedert, zu denen sie ursprünglich in keiner Beziehung standen und mit denen sie auch keine Einheitlichkeit des körperlichen Typus verbindet. Der so geschaffene Zustand, der in der gegenwärtigen historischen Situation bei weitem überwiegt, schließt die Möglichkeit einer Rasse als Träger einer Kultureinheit aus. Die Einheitlichkeit einer Kultur wird nicht durch die rassische Einheitlichkeit der Gruppe garantiert, die Träger dieser Kultur ist. Das Hin und Her des historischen Geschehens würde jede einheitliche Kulturbildung unmöglich machen, wenn hier nicht durch geistige Faktoren, die von allen Zufälligkeiten, selbst von Katastrophen unabhängig sind, ein Kontinuum der Entwicklung garantiert würde. Der sichtbare Ausdruck einer Kultureinheit ist die Einheit der Sprache, nicht die Einheitlichkeit der Rasse.[67] Sprachtypus und

67 Der Begriff der Rasse bezieht sich zunächst auf die Differenzierung der Menschen zu körperlicher Besonderheit. Doch ziehen die Rassentheorien daraus die weitere Konsequenz, daß diese Besonderheit sich zwar in körperlichen Merkmalen auswirkt, aber außerdem noch ihre geistige Komponente hat und daß infolgedessen die Rassenzugehörigkeit zugleich über die geistige Qualifizierung eines Menschen entscheidet. Das qualifizierende Moment bedeutet allerdings bereits eine eingeschlichene Prämisse. Der Nachweis wird von den Vertretern dieser Theorien auch nur empirisch geführt. Läßt man |144| die Gültigkeit dieser Behauptung dahingestellt und läßt sie zunächst fiktiv als richtig gelten, so ist auf Grund dieser Fiktion durchaus konsequent weitergebaut, wenn die Rassentheoretiker die Rasse als das kulturbildende und allein kulturbildende Moment ansehen. Es ist aber nicht möglich, daß Rasse erst dann rein als kulturbildender Faktor wirken kann, wenn das Prinzip der Rasse theoretisch aufgedeckt worden ist. Rasse muß immer kulturbildend gewesen sein oder sie kann es nie sein. Die Tatsache, daß fast alle bestehenden Kulturen von Menschengruppen geschaffen wurden, die rassisch in keiner Weise einheitlich sind, läßt sich niemals erklären, wenn Rasse als allein kulturbildend betrachtet wird. In diesem Falle hätte es von vornherein zu Rassenkulturen kommen müssen. Es bleibt einer solchen Theorie nichts anderes übrig, als unter den verschiedenen Rassen, die Träger einer Kultureinheit sind, irgendeine für die allein kulturschöpferische zu erklären und die übrigen, die an dieser Kultur ebenfalls teilhaben, zu Schmarotzern zu degradieren, wobei allerdings ungeklärt bleibt, warum die allein schöpferische Rasse dieses Schmarotzertum duldete, da sie doch eben die notorisch starke Rasse gewesen sein soll.[180]

---

[180] Zum Diskurs über die Hierarchisierung der »volksbildenden« oder »kulturbildenden« Kräfte, in dem »Sprache« und »Rasse« verbreitet waren, sowie zur Rassesemantik in der Sprachwissenschaft vor und nach 1933 vgl. Knobloch, »Volkhafte Sprachforschung«, bes. 287–315. Zur Diskussion um den Rassebegriff unter jüdischen Gelehrten am Beginn des 20. Jh. vgl. Veronika Lipphardt, Biologie der Juden. Jüdische Wissenschaftler über »Rasse« und Vererbung 1900–1935, Göttingen 2008.

Rassen- |144| typus fallen aber durchaus nicht zusammen.[181] Der Einfluß der Rasse im Sinne einer auch oder ausschließlich durch körperliche Faktoren bestimmten Bildung von Typen auf die Gestaltung der Kultur schließt eine Gestaltung der Geschichte vom Begriffe her aus, da er bedeuten würde, daß die Begriffsbildung Folge heterogener Ursachen wäre, nicht aber vom Begriffe selbst aus erfolgte. Wenn also alle Angehörigen einer Kultur eine gewiße Einheitlichkeit des geistigen Typus aufweisen und diese Einheit alle Angehörigen dieser Kultur unabhängig von ihrer Rasse zu erfassen pflegt, so ist diese Einheitlichkeit kein Irrweg der Geschichte, den man schnellstens korrigieren müßte, sondern sie ist eine notwendige Konsequenz der Tatsache, daß die Geschichte von der Geschichte des Geistes her bestimmt wird.

Für die einzelnen Nuancierungen einer Sprache ist zweifellos das Individuum der Urheber. Die persönliche Individualität sowohl als auch die soziologischen Gruppen, zu denen sich die Einzelnen zusammenschließen und die ihrerseits wieder eine individuelle Ganzheit darstellen, bedingen eine Unterteilung der einzelnen Sprachen in spezialisierte Ausdrucksweisen. Diese Unterteilung ist aber keine statische, sondern eine fluktuierende. Sie ist nicht nur fluktuierend in dem Sinne, daß keine scharfen Grenzen und überall Übergänge vorhanden sind und daß nur die Extremfälle eine radikale Scheidung zulassen, sondern auch in dem Sinne, daß gerade von dieser Unterteilung aus die stete Nuancierung und damit Explizierung der Begriffe und der Sprache erfolgt. Das Individuum und seine verschie- |145| denen Gemeinschaften, die ihrerseits wieder individuelle Ganzheiten sind, sind Träger der Explikation. Der schöpferische Anteil des Individuellen an der Geistesgeschichte ist aber immer an das dialektische Verhältnis zwischen der Individualität und der Ganzheit gebunden. Ohne die synthetisch konservierende Leistung des Ganzen wäre die explizierende Leistung des Individuellen ohne Gegenstand: Ohne die Ganzheit gäbe es für das Individuum nichts, was expliziert werden könnte. Die Wechselwirkung des Individuellen und der Ganzheit vollzieht sich auf einer rein geistigen Basis. Nur als Glied in der Entwicklung des Geistes ist das Individuum schöpferisch. Die körperliche rassische Besonderheit der

[181] Die Diskussion zum Verhältnis von Rassen- und Sprachtypus war symptomatisch für den rassistischen Diskurs in der ersten Hälfte des 20. Jh. Die Begriffe gehen auf Theorien aus der Mitte des 19. Jh. zurück, etwa auf den Philologen und Ethnologen Robert Gordon Latham (1812–1888), den Sprach- und Religionswissenschaftler Friedrich Max Müller (1823–1900) und auch auf den Ägyptologen Karl Richard Lepsius (1810–1884).

verschiedenen Menschengruppen ist in diesem Prozeß kein schöpferischer Faktor, sie ist sogar zum Teil *Ergebnis* geistiger Bedingtheiten, nicht nur auf dem völlig unkontrollierbaren Wege einer direkten Beeinflussung des körperlichen Habitus durch die Art des eigenen Denkens und durch den Einfluß der Vererbung von Denkweisen, sondern auch auf dem mittelbaren Wege einer Gestaltung der äußeren Lebensbedingungen von geistigen Faktoren her, wodurch ebenfalls ein Einfluß auf den körperlichen Habitus ausgeübt werden muß. |146|

V. Sprachwissenschaft als Begriffsgeschichte

Wenn wir die Geschichte als Geistesgeschichte gefaßt haben, so haben wir damit das Element des Geistigen als primäre Ursache alles Geschehens gesetzt. Als Ursache, die selbst ohne Ursache ist, muß dem Geistigen der Charakter einer stets aus sich heraus gestalteten und gestaltenden schöpferischen Kraft zukommen. Das Geistige ist also als ein immer Fließendes, als ein System von ineinander und miteinander wirkenden Kräften anzusehen. Jedes der Kraftzentren des Geistes ist idealiter im Ganzen des geistigen Weltgeschehens wirksam, wenn auch in immer abnehmendem Maße, je größer die Entfernung von den einzelnen Kraftzentren ist. Wenn wir trotzdem in der Lage sind, aus dem in ständiger Bewegung befindlichen Spiel der Kräfte faßbare Einheiten, eben die Begriffe, herauszulesen, so geschieht dies mit Hilfe des Wortes. Dem Worte kommt also die Aufgabe zu, das Fließende in begrenzten Größen zu gestalten, die aber nicht absolut in sich geschlossene statische Größen im mathematischen Sinne sind, sondern Organismen, die, obwohl sie ihr Eigenleben haben, dennoch zum Ganzen in der lebendigen Wechselwirkung des Kräfteaustausches stehen. Das Wort ist also mehr als ein fiktives Schema, das zu Zwecken der Verständigung auf ein sonst nicht beschreibbares Phänomen angewandt wird, sondern es ist das ordnende und gestaltende Prinzip innerhalb dieses Systems überhaupt. Da das Wort ordnendes und gestaltendes Prinzip ist, so bedeutet die Aussprechbarkeit eines Begriffes oder einer Begriffsverbindung ein Kriterium dafür, daß der betreffende Begriff wirklich ausgereift ist, d. h., Gestalt gewonnen hat, während umgekehrt ein Begriff, der noch nicht ausgereift ist, auch nicht in Worte gefaßt werden kann. Die Sprache als ordnendes und gestaltendes Prinzip wirkt kulturbildend. Jede einzelne Sprache gestaltet das Phänomen des Geistes in ihrer individuellen Weise. Es gibt Sprachen von größerer oder geringerer Gestaltungs- |147| kraft, es gibt aber keine Idealsprache in dem Sinne, daß eine Sprache sich absolut, oder doch genauer als andere, mit einer Gestalt und einer Abgrenzung der Begriffe deckt, die als die ideale anzusehen wäre, denn es gibt keine Gestalt und Abgrenzung der Begriffe außer in der Sprache. Es gibt also keine „Ursprache" im Sinne einer Idealsprache, sondern die „Ursprache" ist die metaphysische Gegebenheit der Sprache, dasjenige Moment in jeder einzelnen Sprache, das sie als Sprache konstituiert.[182] Sie ist das Moment, das uns keinen Augenblick im Zweifel darüber läßt, daß ein Phänomen das Phänomen Sprache ist, ohne daß wir zunächst *definieren* können, was Sprache überhaupt ist. Die Ursprache stellt das Bildungsprinzip aller einzelnen Sprachen dar,[68] ist also eine rein dynamische Größe, die niemals durch irgendeine Gestalt gewordene Sprache repräsentiert wird. Sie ist darum historisch betrachtet weder Anfang noch Ende der Sprachentwicklung, sondern ein zeitloses Prinzip.[69] Es liegt hier derselbe Fall vor, wie z. B. beim Begriff des Ursemitischen, das auch nichts anderes darstellt

68 Unser Begriff der Ursprache bedeutet also keine Entscheidung der Frage nach einem polygenistischen oder monogenistischen Ursprung der Sprachen. Doch dürfte von unserem Standpunkte aus die monogenistische Theorie zum mindesten keine Stütze erfahren; s. jedoch E. Kieckers, Die Sprachstämme der Erde, Heidelberg, 1931, S. 4.[183]

69 Eine extrem historische Auffassung des Begriffes Ursprache vertritt A. Meillet (Les langues du monde par A. Meillet et Marcel Cohen, Paris 1924, Introduction). Er versucht die Tendenz der Sprache auf immer stärkere Differenzierung sowohl prinzipiell abzuleiten als auch aus historischen Beispielen, vor allem aus der Entstehungsgeschichte der romanischen Sprachen, zu erweisen. Gegen die Ausführungen Meillets läßt sich einwenden, daß die zweifellos vorhandene Tendenz der Sprachen auf Differenzierung längst zu einer völligen Zersplitterung geführt haben müßte, wenn nicht in der Sprachgeschichte eine ebenso starke Tendenz auf Synthese vorhanden wäre, die ebenfalls historisch nachweisbar ist. Fast alle modernen Kultursprachen verdanken ja ihre Entstehung einer Synthese verschiedener Mundarten. Meillet selbst sieht aber in der Aufstellung einer Genealogie der Sprachen, wie sie sich aus der Tendenz auf Differenzierung ergibt, doch mehr ein ordnendes als ein erklärendes Verfahren. Er weist darauf hin, daß die

---

[182] Seit der deutschen Romantik hatte die historisch-vergleichende Sprachwissenschaft des 19. Jh. eine ursprüngliche Grundsprache zu rekonstruieren versucht, die als Ausgangspunkt für die Entwicklung genetisch verwandter indoeuropäischer Einzelsprachen angesehen wurde.

[183] Ernst Kieckers (1882–1938) hatte von 1921 bis zu seinem Tod den Lehrstuhl für indogermanische Sprachwissenschaft an der estnischen Universität Tartu inne, war also ein Kollege von Gulkowitsch.

als das Prinzip, durch das eine Sprache als dem semitischen Sprachtypus zugehörig konstituiert wird, das also niemals |148| gesprochen wurde und niemals gesprochen werden wird.[70] Wenn Voßler (Geist und Kultur in der

Sprachwissenschaft zwar Veränderungen und Entwicklungen konstatiert, daß sie sich aber noch kaum bemüht hat, diese Tatsache irgendwie zu erklären; sie habe zwar ihr Augenmerk auf die „transformations" gerichtet, dagegen die „forces de transformation" vernachlässigt (a. a. O. S. 5).

70 Nöldeke (Die semitischen Sprachen, Leipzig 1899, S. 4) und Bergsträßer (Einführung in die semitischen Sprachen, München 1928, S. 3) betrachten das Ursemitische zweifellos als eine historische Größe, halten aber eine Rekonstruktion des Ursemitischen für unmöglich. Bergsträßer weist besonders auf die Mangelhaftigkeit und Lückenhaftigkeit der Überlieferung hin. Nöldeke zeigt aber dadurch, daß er die Tatsache der Unmöglichkeit, aus den gesprochenen modernen romanischen Sprachen das Lateinische zu rekonstruieren, als Vergleich heranzieht, wie er die Ursache wesentlich tiefer sieht: Die spezielle Eigenart der Tochtersprachen macht eine Rekonstruktion der Ursprache im Prinzip unmöglich, auch bei der besten Überlieferung wäre aus den Tochtersprachen die individuelle Eigenart der Ursprache nicht ablesbar. Brockelmann (Grundriß der vergleichenden Grammatik der semitischen Sprachen, Band I, Berlin 1908, S. 4) schließt die Notwendigkeit eines historischen Ursemitisch aus der ihm als erwiesen geltenden Tatsache, daß die Semiten ursprünglich „ein Volk" bildeten, behauptet also den historischen Charakter des Ursemitischen mit aller Schärfe. Dagegen faßt er alles, was wir an ursemitischen Formen erschließen können, nur als „Formeln" auf, nähert sich also in auffallender Weise unserer Auffassung des Ursemitischen als eines gemeinsamen Faktors aller sogenannten semitischen Sprachen. Der Begriff der historischen Ausgangssprache und der Begriff des Sprachtypus werden im Begriff des Ursemitischen nicht immer scharf auseinandergehalten: Diejenigen Forscher, die im Arabischen den reinsten Typus einer semitischen Sprache sehen, neigen mehr zu einer Auffassung des Ursemitischen als dem Reintypus einer semitischen Sprache. Wenn der Begriff des Ursemitischen aber als ein historischer aufgefaßt wird, so steht zweifellos eine semitische Sprache dem Ursemitischen um so näher, je altertümlicher ihr Sprachtypus ist. Dann wäre wohl Ungnad im Rechte, wenn er dem Akkadischen in dieser Frage vor dem Arabischen den Vorzug gibt. Es ist aber fraglich, was eigentlich das entscheidende Kriterium für den altertümlichen Charakter eines Sprachtypus ist, denn die sogenannte Primitivität einer Sprache ist kaum nachweisbar. Seitdem wir wissen, daß der sogenannte isolierende Charakter einer Sprache durchaus nicht ein aus irgendwelchen Gründen nicht überwundenes Frühstadium der Entwicklung sein muß, sondern vielleicht gerade das Ergebnis einer besonders langen Entwicklung ist, fällt auch das entscheidende Kriterium weg, das Ungnad im Akkadischen vorzufinden glaubt (Das Wesen des Ursemitischen, Leipzig 1925, S. 17). – Die von Nöldeke bereits gesehene, von Brockelmann aber in aller Schärfe erkannte Tatsache, daß eine Ursprache,

Sprache, S. 14) die Sprache als ein Werdendes, nie ganz Wirkliches, als das atmende Hin und Her zwischen dem Wirklichen und dem Jen- |149| seitigen bezeichnet, wenn er die absolute, einheitliche All-Sprache als ein religiöses Gebilde bezeichnet, so umschreibt er mit allen diesen Formulierungen den Charakter der Sprache an sich als ein dynamisches Prinzip, das seiner Natur nach allgegenwärtig und dennoch niemals „wirklich" ist. Diese formschöpferische Rolle der Sprache scheidet die lebendige Sprachbildung von allen Versuchen, eine Kunstsprache zu schaffen, sei es in praktisch kosmopolitischem Interesse (Esperanto),[71] sei es im Interesse

selbst wenn sie vorhanden gewesen sein sollte, niemals rekonstruierbar ist, wird aber nicht allgemein anerkannt.[184] So hat zuletzt H. Torczyner (Encyclopaedia Judaica, Band 7, 1034 f.) darauf hingewiesen, daß das Ursemitische zwar nicht *erhalten*, aber wenigstens zum Teil rekonstruierbar sei.[185] Es versteht sich bei unserer Auffassung einer Ursprache, |149| die keine historische, sondern eine sachliche Größe ist, von selbst, daß kein Ursemitisch erhalten sein kann. Der organische Charakter jeder Sprache aber würde auch dann eine Rekonstruktion des Ursemitischen unmöglich machen, wenn dieses wirklich einmal gesprochen worden wäre. Es ist nur unter sehr günstigen Bedingungen überhaupt möglich, einzelne zufällig nicht überlieferte sprachliche Formen zu rekonstruieren, um Lücken im grammatikalischen System auszufüllen.

71 Die gegenwärtige Unzulänglichkeit der verschiedenen Hilfssprachsysteme ist nicht dadurch bedingt, daß die bestehenden Systeme wie die ersten praktischen Versuche mit neuen Erfindungen der Technik unvollkommen wären und auf dem Wege der allmählichen Vervollkommnung und Typenbildung brauchbarer gestaltet werden könnten, wie dies z. B. Otto Jespersen (Eine internationale Sprache, deutsche Ausgabe von S. Auerbach, Heidelberg 1928, S. 34 ff.) ausführt, sondern die Schwierigkeit für die Konstruktion von Hilfssprachen beruht auf der Eigen-

---

[184] Mit Theodor Nöldeke (1836–1930), Gotthelf Bergsträßer (1886–1933), Carl Friedrich Brockelmann (1868–1956) und Arthur Ungnad (1879–1947) diskutiert Gulkowitsch Positionen bedeutender deutscher Orientalisten des 20. Jh.

[185] Naftali Herz Tur-Sinai (eigentl. Harry Torczyner; 1886–1973) war Semitist und Bibelübersetzer. Er hatte bedeutenden Anteil bei der Wiederbelebung des Hebräischen im Jischuw. Zwischen 1919 und 1933 war er Dozent für Bibelwissenschaft und Semitische Philologie an der Hochschule für die Wissenschaft des Judentums in Berlin. Von 1933 bis zu seinem Tod wirkte er an der Hebräischen Universität Jerusalem. In Gulkowitsch, Die Bildung von Abstraktbegriffen, 6, bedankt sich der Autor für Hinweise bei Torczyner. Dieser hatte sich später durch seine Unterschrift unter einen Bittbrief dafür eingesetzt, dass Gulkowitsch den neu errichteten Lehrstuhl in Tartu erhielt.

einer adäquaten Begriffssprache |150| (Delgarno [sic], Wilkins).[188] Von hier muß auch jede Kritik an anderen sprachschöpferischen Versuchen, eine Volkssprache systematisch zur Literatursprache zu gestalten, ausgehen. Wenn heute der Versuch gemacht wird, das Hebräische neu zu gestalten, so wird nur dann die neugeschaffene Sprache den Wert einer lebendigen Sprache und nicht nur eines konventionellen Verständigungsmittels haben können, wenn das Geschaffene tatsächlich in der Lage ist, den im Phänomen Judentum gegebenen geistigen Kräften in einer Sprache faßbare Gestalt zu geben. Nur wo genuin Jüdisches auf genuin jüdischen Ausdruck drängt, ist die Garantie gegeben, daß lebendige Sprachform entsteht. Jedes künstliche Konstruieren führt bestenfalls zu geschickten

tümlichkeit des Phänomens Sprache überhaupt, das eine im Prinzip organische Struktur aufweist und dem mit den Mitteln der Technik auf keine Weise beizukommen ist. Die Forderung eines organischen Sprachcharakters bezieht sich nicht nur auf die Jespersensche Novialsprache, sondern die Sprache an sich als das Mittel zur Verständigung, |150| das seinem Wesen nach untrennbar von der Tatsache des Verstehens ist, hat einen organischen Charakter. Aus dem Verstehen heraus gestaltet sich die Sprache, sie kann nicht vor dem Verstehen für die Zwecke des Verstehens geschaffen werden. Eine einheitliche Menschheitssprache würde darum eine einheitliche Menschheitskultur, eine Vereinigung alles geistigen Lebens in einem umfassenden einheitlichen Begriffssystem voraussetzen. Der immer wieder laut werdende Wunsch nach einer einheitlichen Menschheitssprache (vgl. z. B. Baumann, Ursprung und Wachstum der Sprache, München/Berlin 1913, S. 153) kann darum nicht mit Hilfe rein sprachlicher Techniken erfüllt werden. Er könnte, wenn eine solche Utopie überhaupt im Bereiche des Wirklichen liegt, nur auf dem Wege einer allgemein geistigen Entwicklung Wirklichkeit werden. Karl Voßler (Gesammelte Aufsätze zur Sprachphilosophie, S. 259)[186] konstatiert mit Recht, daß eine Esperantosprache eine Esperantogesinnung voraussetzen muß, sodaß es zwar leicht ist, eine Kultursprache auszudenken, aber schwierig, eine solche Sprache in Gebrauch zu bringen. Eine mechanisierte Sprache setzt eine mechanisierte, uniformierte Gesinnung voraus. Was Voßler aus der praktischen Erfahrung ableitet, deckt sich durchaus mit dem, was aus einer Untersuchung des Phänomens Sprache als solchem resultiert: Das Phänomen Sprache kann niemals als isolierte Größe betrachtet und behandelt werden.[187]

[186] Vossler, Die Grenzen der Sprachsoziologie, 259.

[187] Siehe oben, 110.

[188] Gulkowitsch spielt auf die Diskussion über künstliche philosophische Sprachen im 17. Jh. bei dem schottischen Pädagogen und Sprachwissenschaftler George Dalgarno (1626–1687) und dem englischen Bischof John Wilkins (1614–1672) an.

Lehnübersetzungen aus anderen Sprachen. Was so erreicht werden kann, ist in der Tat nur ein fiktives Schema. Nur wer als schöpferisch Gestaltender in einer Kultureinheit lebt und in seiner Geistigkeit rückwirkend von dieser Kultureinheit her gestaltet wird, ist überhaupt fähig und berufen, sprachgestaltend zu wirken.[72]

[72] Es gilt sowohl für eine Sprache als für denjenigen, der eine Sprache spricht, als Kriterium für einen besonders hohen Kulturstand, wenn ein möglichst reicher und vielseitiger Wortschatz vorhanden ist. Wenn dieser Wortschatz seinen Reichtum der Tatsache verdankt, daß hier eine besonders reiche Nuancierung der Ausdrucksmöglichkeiten vorliegt, so ist ein solches Urteil berechtigt. Der Reichtum an Worten kann aber nur dann ein wertvoller Fak- |151| tor in einer Sprache sein, wenn er eine *Folge* reicher begrifflicher Nuancierung ist. Es ist also nicht damit getan, einer Sprache möglichst viele neue Worte einzufügen oder beim Erlernen einer Sprache sich möglichst viele sogenannte Synonyma anzueignen. Es kommt vielmehr darauf an, daß jedes Wort Ausdruck eines bestimmten geistigen Gehaltes ist. Eine wirklich organische Sprache kennt keine Synonyma (s. oben S. 93 f. und 141 ff.).[189] Eine Ausdrucksweise, die, wie es z. B. bei Neuhebräisch Sprechenden manchmal zu beobachten ist, jedes Faktum und jeden Gedanken pleonastisch in verschiedenster Weise formulieren zu können glaubt, beweist immer, daß hier der Sinn der betreffenden Sprache nicht erfaßt worden ist. Bei Neubildungen kommt es in entsprechender Weise niemals darauf an, einen neuen Terminus zu finden. Die Lebendigkeit der Neubildungen entscheidet sich erst an ihrem Gebrauch. Wenn eine solche Bildung adäquater Ausdruck eines Gedankens, einer Empfindung, eines Gefühls etc., also eines geistigen Momentes sein kann, so ist sie im Sinne der betreffenden Sprache gebildet und lebensfähig. So besteht z. B. die geniale Leistung Bjaliks auf dem Gebiete der Wortbildung (über die Wortbildungen bei Bjalik und ihre Bedeutung vgl. die sehr exakte und eingehende Arbeit von I. Avinery, מלון חדושי ח. נ. ביאליק, Tel-Aviv 1935)[190] nicht darin, daß er neue Worte bildete oder vergessene biblische, talmudisch midraschische Worte wieder einführte, sondern darin, daß er diese Worte so zu gebrauchen wußte, daß sie wirklich adäquater Ausdruck dessen zu sein vermochten, was sie gestalten sollten (vgl. Jos. Klausner, חוש־הלשון של ביאליק, in: לשוננו, Jahrgang VII (1936), Heft 1, S. 3–10).[191]

---

[189] Siehe oben, 190–192 und 239–242.

[190] Isaak Avinery, Milon ḥiddushei Ḥ. N. Byaliq [Wörterbuch der Neologismen Ch. N. Bialiks], Tel Aviv 1935.

[191] Joseph Klausner, Ḥush ha-lashon shel Byaliq [Das Sprachgefühl Bialiks], in: Leshonenu [Unsere Sprache] 7 (1936), H. 1, 3–10. Chaim Nachman Bialik (1873–1934), jüdischer Dichter und Journalist, wuchs im Spannungsfeld von jüdischer Aufklärung (Haskala) und Orthodoxie im russischen Kaiserreich auf.

|151| Am Grade ihrer Identität mit den geistigen Inhalten einer Kultur entscheidet sich der Kulturwert einer Sprache. Weder der Umfang ihrer geographischen Verbreitung noch ihr Alter noch der Umfang und die Differenziertheit ihrer Ausdrucksmöglichkeiten entscheiden über diesen Kulturwert. Kultursprache ist vielmehr, was adäquater Ausdruck einer Kultur ist. In diesem Sinne müssen selbst Sprachen in scheinbar primitiven Anfangsstadien als Kultursprachen bezeichnet werden, wenn sie das auch zunächst nur in Bezug auf die in ihnen enthaltenen *Möglichkeiten* sind. Die Ausdrucksfähigkeit einer Sprache beruht nicht in ihr selbst, sondern sie ist identisch mit der Fähigkeit der betreffenden Kultur, umfassende und differenzierte Begriffe zu explizieren. Es gibt keine Sprache, die den Möglichkeiten einer kulturellen Entwicklung nicht nachzukommen vermöchte. Wo geistige Werte entstehen, entstehen sie immer in Identität mit sprachlichen Ausdrucksformen. Eine Sprache verliert aber dann den Charakter der Kultursprache, wenn die Kultur selbst abstirbt. Vermöge der größeren Konservativität formaler Erscheinungen vermag sich eine Sprache noch etwas länger zu halten als die betref- |152| fende Kultur, sie wird aber mehr und mehr leeres Gehäuse und verliert mehr und mehr ihre Fähigkeit zur Nuancierung. Dies ist der typische Charakter der Zivilisationssprache, deren Reichtum an Worten nur ein Reichtum an terminis ist und die Eintönigkeit nicht beseitigen kann. Es genügt nicht, daß eine Sprache für jede neue Erscheinung, z. B. auf dem Gebiete der Technik, eine Bezeichnung hergibt, die willkürlich erfunden und durch Konvention eingebürgert wird. Eine wirklich lebendige Kultursprache muß die Fähigkeit besitzen, Worte zu gestalten, die das Wesen dessen zum Ausdruck bringen, was sie bezeichnen sollen. Dies ist aber nur dann möglich, wenn dem Wort der lebendige Begriff, der Sprache eine lebendige Kultur entspricht.

Hier liegt auch das entscheidende Problem für die Bildung des Neuhebräischen. Im Hebräischen begegnen uns wie in jeder Sprache zwei Tendenzen, deren Kampf und Ausgleich die Geschichte einer Sprache ausmacht: die puristische, zentripetale und die synkretistische, zentrifugale Tendenz. Im Verlaufe einer Sprachgeschichte können diese Tendenzen so latent wirken, daß sie außerhalb ihrer sprachlichen Folgeerscheinungen überhaupt nicht spürbar sind, sie können aber auch deutlich auf verschiedene soziologische Gruppen verteilt sein. Die gegenwärtige Situation der

---

Nach einem Aufenthalt in Deutschland emigrierte er 1924 ins britische Mandatsgebiet Palästina. Die hebräischen und jiddischen Gedichte des israelischen Nationaldichters markieren einen Höhepunkt der modernen Renaissance des Hebräischen. Dan Miron, El ha-ẓippor, in: Diner (Hg.), EJGK, Bd. 2, 201–210.

hebräischen Sprachgeschichte zeigt diesen Kampf der beiden Tendenzen in besonders klarer Verteilung auf verschiedene Volksgruppen. Die synkretistische Richtung, die in diesem Falle zugleich die modernistische darstellt, wird durch das palästinensische Judentum vertreten, während die puristische Tendenz zu den notwendigen Belangen des bewußten Diasporajudentums gehört. Die Verteilung der Tendenzen ist keine zufällige, sondern eine notwendige. Für das Diasporajudentum muß das Hebräische notwendig Sprache der geistigen Kultur bleiben, eine Verwendung des Hebräischen in Politik, Wirtschaft etc. verbietet sich hier von selbst. Dagegen ist die Ausgestaltung des Hebräischen zur Umgangssprache auch im öffentlichen Leben eine Notwendigkeit für das palästinensische Judentum. Denn nur als Sprachgemeinschaft kann eine politisch-soziale Gemeinschaft wirklich Gemeinschaft sein. Eine solche Zweiteilung der Tendenzen birgt natürlich die Gefahr der Spaltung in sich. Aber ebenso kann eine solche Zweiteilung in höchstem Maße fruchtbar sein, wenn nämlich beide Seiten sich der Eigenart ihrer Aufgabe bewußt |153| sind und die notwendige Einseitigkeit der von ihnen angestrebten Richtung nicht verabsolutieren, d. h., wenn keine der beiden Richtungen sich dadurch verfälscht, daß sie die Tendenz der anderen unter allen Umständen nachahmen will. Der Weg, der die Gefahr des Auseinanderklaffens beseitigen kann, ist von Franz Rosenzweig (Zweistromland, Berlin 1926, S. 115 f.)[192] charakterisiert worden: Es kommt alles darauf an, daß die synkretistisch-modernistische Richtung den genuin jüdischen Charakter der hebräischen

[192] Gulkowitsch bezieht sich auf den Artikel »Neuhebräisch?«, den Franz Rosenzweig 1926 zusammen mit einer Reihe weiterer Aufsätze unter dem Titel *Zweistromland. Kleinere Schriften zur Religion und Philosophie* (1926) herausgab. Rosenzweig (1886–1929) war ein jüdischer Philosoph der Moderne und Vordenker einer religiösen und kulturellen Renaissance des deutschen Judentums. Bis zu seinem frühen Tod arbeitete er mit dem jüdischen Religionsphilosophen Martin Buber (1878–1965) an einer neuen Übersetzung der hebräischen Bibel ins Deutsche. Paul Mendes-Flohr, Stern der Erlösung, in: Diner (Hg.), EJGK, Bd. 5, 592–597. In der von Gulkowitsch erwähnten Schrift legte Rosenzweig einige theoretische Erwägungen zum Verhältnis des biblischen Althebräisch zu dem im Jischuw gesprochenen Neuhebräisch dar. Wie in anderen Beiträgen ließ Rosenzweig dort keinen Zweifel daran, dass er die hebräische Sprache als das zentrale Element eines neuen jüdischen Selbstverständnisses erachtete. Franz Rosenzweig, Neuhebräisch?, in: ders., Zweistromland. Kleinere Schriften zur Religion und Philosophie, Berlin 1926, 111–121. Zur Entwicklung des Neuhebräischen vgl. den zweiten Teil »Die Erneuerung der hebräischen Sprache. Anatomie einer sozialen Revolution« in: Harshav, Hebräisch, 133–282.

Sprache bewahrt (und daß die puristische Richtung nicht in reinem Konservativismus erstarrt). In der Bindung an die „Erbmasse" des Hebräischen sieht Franz Rosenzweig das charakteristische Merkmal des Hebräischen, das auch Merkmal der weiteren Entwicklung bleiben muß. Diese Bindung an die Erbmasse ist für jede organische Sprachentwicklung notwendig, sie ist also formal nicht, wie Franz Rosenzweig annimmt, nur für das Hebräische bezeichnend. Sie tritt nur in der Entwicklung des Hebräischen deshalb so deutlich zutage, weil die Geschichte des Hebräischen eine sehr lange ist und weil in der Geschichte des jüdischen Geistes das Traditions*bewußtsein* immer vorhanden war. Wenn [sich] eine Sprache auch ihrer traditionellen Bindung nicht bewußt ist, so ist doch diese Bindung vorhanden und notwendig. Wenn sich also auch das Hebräische nicht darin von einer anderen Sprache unterscheidet, daß es an eine Tradition gebunden ist, so ist dennoch diese Bindung an die Tradition conditio sine qua non für eine genuin jüdische Sprachentwicklung. Die Gefahr der Überfremdung durch das Arabische, gegen die Rosenzweig die Bindung an die Tradition als einziges wirksames Behelfsmittel fordert, könnte auch durch äußere Mittel ferngehalten werden. Die Gefahr der Entfremdung vom eigenen Wesen dagegen kann mit äußeren Mitteln nicht beseitigt werden, hier ist die Bindung an die Tradition allein wirksam.

Für die Betrachtung sprachlicher Erscheinungen hat unsere Auffassung die methodische Konsequenz, daß, da jede Willkür und Zufälligkeit in der Sprachbildung ausgeschlossen wird, alle sprachlichen Erscheinungen als Ergebnis geistiger Dispositionen und Vorgänge gedeutet werden müssen. Ob ein Begriff in einer Sprache Ausdruck gefunden hat oder nicht, ob für einen Begriff nur ein Wort vorhanden ist oder ob dieser Begriff durch eine Reihe von Wörtern in allen seinen ver- |154| schiedenen Nuancierungen erfaßt und wiedergegeben wird, läßt ohne weiteres Rückschlüsse auf die Bedeutung dieses Begriffes für die Struktur einer geistigen Kultur zu. Wenn wir z. B. im Hebräischen eine Reihe von Worten vorfinden, die alle den Begriff, den wir in deutscher Sprache mit „Sünde" bezeichnen, nach seinen verschiedenen Nuancierungen hin wiedergeben, so deutet das darauf hin, wie sehr in dieser Kultur das religiöse Moment im Mittelpunkte steht und wie sehr in dieser Religion die Beziehung zwischen Gott und Mensch von der Ethik her bestimmt ist.[193] Darüber hinaus kommt auch rein formalen Vorgängen, wie der Wortbildung und

---

[193] Diesen Gedanken führt Gulkowitsch in *Die Entwicklung des Begriffes Ḥāsīd im Alten Testament* (Text 2) ausführlich aus. Im Nachlass findet sich zudem ein Entwurf mit dem Titel »Hasid und Sünde«, das dem umfangreichen Komplex *Die*

den Regeln der Syntax, die Bedeutung zu, Ausdruck einer besonderen Struktur derjenigen geistigen Kultur zu sein, der die betreffende Sprache angehört. Deshalb haben die Eigentümlichkeiten der Wortbildung und der Syntax einen hervorragenden Wert als Mittel zur Erkenntnis dieser Struktur. So läßt sich aus der Tatsache, daß das Hebräische Abstrakta in Form pluralischer Nomina zu bilden vermag, noch ohne weiteres ablesen, daß diese Abstrakta aus einer Mehrzahl von Objekten als deren gemeinsames Merkmal abgeleitet werden. Diese Betonung des Objektiven, die entscheidende Rolle, die das Beobachtete in diesem Denken spielt, weist auf eine Tendenz innerhalb dieser Kultur hin, die im Prinzip auf das Objektive gerichtet ist. Die Tendenz auf das Objektive bestätigt sich noch weit mehr an der hebräischen Syntax. Das auffallende Merkmal dieser Syntax ist die überwiegende Bedeutung des verbalen Momentes, das dem Hebräischen geradezu einen verbozentrischen Charakter verleiht. Dieses Verbum ist in seiner Aktion, also in seiner spezifisch verbalen Funktion, aufs subtilste nuanciert. Dagegen fehlen die Tempora in dem Sinne, daß das Tempus vom Redenden her bestimmt würde. Ausgedrückt wird nicht die temporale Stellung des Redenden gegenüber seiner Aussage, ausgedrückt wird vielmehr die zeitliche Relation zwischen den einzelnen geschilderten Aktionen. Der Redende wird vollkommen ausgeschaltet. Nur das Objekt, das Beobachtete steht zur Diskussion. Da aber nicht der Standpunkt des Beobachters entscheidet, sondern der objektive Sachverhalt, so steht im Vordergrunde des Interesses nicht das einzelne Objekt, das als solches ja bereits eine Abstraktion durch den Beobachter darstellt, sondern der tatsächliche Sachverhalt, die Relation der |155| Objekte zueinander, also das aktive, das verbale Element. Hieraus und nicht aus einem Mangel an abstraktem Denken, nicht aus einer relativ primitiven Stufe des Denkens, erklärt sich der eigentümliche realistische Eindruck, den die biblischen Erzählungen auf uns machen.

Als Aufgabe der Sprachwissenschaft erscheint also die Klarstellung der geistigen Voraussetzungen, die die Sprache gestaltet haben und zu deren Erkenntnis die Beobachtung der sprachlichen Phänomene führen muß. In dieser Form ist aber die Sprachwissenschaft zugleich Geschichtswissenschaft, und zwar eine Geschichtswissenschaft, die historische Ereignisse nicht nur registriert, sondern sie auch zu deuten vermag. Aus der Sprache ergibt sich der geistige Habitus eines Volkes als des Trägers einer Kultureinheit und somit die innere Motivierung der Art, in der innerhalb dieser

---

Bildung des Begriffes Ḥāsīd zugehört und auf das Jahr 1940 datiert ist (HRUT 47/II/14 (487 Bl.), Bl. 416–449).

Kultureinheit Geschichte gestaltet wurde, d. h., wie aktiv in den Verlauf des Geschehens eingegriffen und wie an die Lösung der von außen her der betreffenden Kultur gestellten Aufgaben herangetreten wurde. Die Geschichte der Sprache einer Kultureinheit ist als Geschichte des Geistes, der innerhalb dieser Kultureinheit Geschichte gestaltete, Niederschlag gerade der feinsten und innersten Motivierungen des Geschehens, da sie als ein dem Geistigen immanentes Formprinzip dessen feinste Nuancierungen unbestechlich registriert. So bedeutet die Sprache eine Quelle für die Kenntnis und Deutung innerhistorischer Vorgänge, die auf anderem Wege in einer solchen Tiefe unserer Erkenntnis nicht mehr zugänglich sind.

Wir sind in unserer Einordnung des Phänomens Sprache in die Gesamtheit der geistigen Phänomene ausgegangen von der Einheit des Geistes sowohl im psychologischen als auch im metaphysischen Sinne. *Psychologisch* betrachtet ist das Moment des Geistes weder identisch mit dem begrifflichen Denken, dem Träger des rationalen Momentes, noch mit denjenigen geistigen Funktionen, die als Träger des Irrationalen anzusehen sind. Da vielmehr diese beiden Seiten des Psychischen eine untrennbare organische Einheit bilden, so ist es eben diese Einheit, die wir unter dem Begriffe des Geistes erfassen. Die Einzelfunktionen, wie Fühlen, Denken etc., sind nur innerhalb des Ganzen lebendig, ihre Betrachtung als Einzelfunktionen bedeutet eine bewußt fiktive Abstraktion, eine |156| Einseitigkeit zum Zwecke leichterer Darstellbarkeit. *Metaphysisch* betrachtet setzen wir eine Einheit des Geistes voraus, die sich im Individuum lediglich nach einer ihrer unendlich vielen Möglichkeiten hin expliziert hat. Die Tatsache des „Verstehens" im Sinne Humboldts ist Folgeerscheinung und zugleich Beweis dieser Tatsache, die anders nicht beweisbar ist. Der Geist, im Grunde eine Einheit bildend, manifestiert und expliziert sich in der Mannigfaltigkeit des Individuellen. Diese organische Verbindung von Einheit und Mannigfaltigkeit, von Ganzheit und Individuum ist überhaupt die genuine Struktur des Geistigen. In der Mannigfaltigkeit der Begriffe und Begriffskomplexe, die an sich Individualitäten von eigener, einmaliger Prägung sind und doch in dynamischer Wechselbeziehung zur Gesamtheit des Geistes stehen, expliziert sich die Einheit des Geistigen. Die immer erneute Explikation des Geistes in immer neuen Begriffen und Begriffskreisen nennen wir die Geschichte des Geistes. Sie vollzieht sich im ständigen Auf und Ab zwischen einer sichtbaren, vollendeten oder doch der Vollendung entgegengehenden Explikation der Realisationsmöglichkeiten des Geistes und den immer wieder eintretenden Latenzzeiten, in denen alle Möglichkeiten nur keimhaft vorhanden sind. Der Grad der Explikation ist epochebildend sowohl in Bezug auf die großen Abschnitte der Geschichte als auch in Bezug auf die kleineren Schwankungen innerhalb der Begriffseinheiten. Die Mannigfaltigkeit der Begriffe ist Garant der Mannigfaltigkeit der historischen Erscheinungen. Die Verschiedenheit der Kulturen ist Folge der Verschiedenheit der Einzelbegriffe und der Verschiedenheit ihrer Stellung zueinander. Die Tatsache, welche Begriffe in einer Kultur von zentraler Bedeutung sind, bestimmt den Charakter und das Ziel einer Kultur und den Verlauf ihrer Geschichte.

Innerhalb der Geschichte des Geistes, die identisch mit dem Phänomen Geschichte überhaupt ist, kommt der Sprache die Aufgabe zu, Gestalt, Form zu schaffen, wo ohne sie nur eine Dynamik des Werdens vorhanden wäre. Das Wort löst den Begriff als faßbare Einheit aus dem dynamischen System heraus. Die einzelne Sprache gibt dem für eine Kultur typischen Begriffssystem faßbaren Ausdruck. Die Sprache, aus dem Begriffssystem heraus als dessen genuine Form gestaltet, ist mit diesem unlösbar verbunden. Sie ist sein adäquater Aus- |157| druck, in keiner ihrer Formen zufällig und willkürlich, sondern immer Formprinzip eines dynamischen Lebensvorgangs, der so Ausdruck findet und nur so Ausdruck finden kann. Aus dieser Verbindung mit der Geschichte des Geistes resultiert die Einmaligkeit und Besonderheit der einzelnen Sprachen und ihrer Geschichte. Gerade in der Einmaligkeit und Besonderheit der einzelnen Sprache ist das schöpferische Moment an ihrer Erscheinung beschlossen. Mit Recht weist Hermann Ammann (Die menschliche Rede I, S. 4f.) darauf hin, daß „die sich gleichbleibenden Faktoren", auf die Hermann Paul allen Nachdruck legt, niemals die Vielfältigkeit der sprachlichen Gestaltungen hervorbringen könnten, und daß auch diese Vielfältigkeit zum Wesen der Sprache gehört. Diese Vielfältigkeit macht sogar – um die vorsichtig formulierte Fassung Ammanns im Sinne unserer Auffassung noch schärfer zu präzisieren – einen entscheidenden Faktor im Wesen der Sprache aus.

Wenn wir aus dieser Betrachtungsweise methodische Konsequenzen für die Sprachwissenschaft ziehen, so muß dies in jenem Sinne geschehen, daß die sprachlichen Phänomene als Ausdruck geistiger Vorgänge gewertet werden. Nur von der Geistesgeschichte her, nur von der Eigenart einer Kultur her, innerhalb deren diese Sprache gesprochen wird, erklärt sich das So-und-nicht-anders-Sein einer Sprache. Verständnis für sprachliche Phänomene gewinnen wir nur dadurch, daß wir sie in ihrem *Sinne* erfassen, d. h., daß wir zu begreifen suchen, welche Eigenart geistesgeschichtlicher Phänomene zu gerade dieser Ausgestaltung der betreffenden Sprache geführt haben. Das gilt sowohl für rein grammatikalische Fragen, wie die Eigenart der Wort- und Satzbildung, als auch für Fragen inhaltlicher Art,

z. B. die Frage, welche Begriffe innerhalb der Sprache eine besonders vielseitige Ausgestaltung erfahren haben.

Unsere Betrachtung der Sprache und die daraus gezogenen Forderungen für die Methodik der Sprachwissenschaft gehen von zwei Voraussetzungen aus, die in ihrer wechselseitigen Bedingtheit die Bedeutung der Sprache innerhalb des Geschehens bestimmen. Einerseits bedeutet der aktive Charakter alles geistigen Geschehens, daß sich von der Geschichte des Geistes her alle Geschichte bestimmt, daß alle Fakta der Geschichte Konsequenzen der Geschichte des Geistes sind. Andererseits ergibt sich aus der nicht nur individuellen Seinsform des Gei- |158| stigen, dessen überindividueller Charakter im Phänomen des Verstehens sichtbar wird, die Identität von Wort und Begriff, von Geist und Sprache. Damit ist behauptet, daß die Sprache als wesentlicher Bestandteil des Geistigen überhaupt auch an dem aktiven Charakter des Geistigen teilhat, daß sie also einen aktiven Faktor im historischen Geschehen darstellt.

Unsere Betrachtungsweise bedingt eine Bindung der Sprache nach zwei Seiten hin, und diese Bindung hat sowohl für das Phänomen der Sprache als solches als auch für eine wissenschaftliche Erforschung des Phänomens Sprache entscheidende Konsequenzen. Wenn die Sprache Form des Denkens ist, so kann keine sprachliche Erscheinung durch sich selbst bedingt sein, sondern ist immer zugleich in ihrer Besonderheit eine Besonderheit des betreffenden Denkens. Da aber das geistige Moment Ursache und Agens der Geschichte darstellt, so bedeutet die unlösbare Verbindung von Sprache und Denken zugleich eine unlösbare Beziehung zwischen Sprache und Geschichte. Jede sprachliche Erscheinung hat ihre Konsequenzen in der Geschichte. Sie ist nicht nur Ausdruck und Abbild des jeweiligen Standes der Geschichte, sondern sie schafft auch Geschichte auf Grund ihrer Zusammengehörigkeit mit den geistigen Ursachen alles historischen Geschehens. So sind alle Struktureinheiten der Geschichte zugleich Struktureinheiten der Sprache. Der einzelnen Kultur in ihrer Besonderheit entspricht die einzelne Sprache in ihrer Besonderheit. Die soziologische Unterteilung der kulturellen Erscheinungen bedeutet immer zugleich eine Gruppenbildung innerhalb der Sprachtypen. Als letzte soziologische Struktureinheit begegnet uns das Individuum mit seinem individuellen Denken und seiner individuellen Sprache. Wie aber die äußere Unterteilung der Völker, der Träger der Kulturen, in Berufe und Stände und die innere Unterteilung der Kultur in verschiedene Lebensgebiete kein Auseinanderfallen der Kultur in einzelne Teile bedeutet, sondern nur eine strukturelle Ordnung innerhalb einer und derselben Kultur, so bedeuten auch die Spezialisierungen der Sprache nur Nuancierungen, keine Auflösung der Ganzheit einer Sprache. Wenn also sprachliche Erscheinungen einerseits ihrem Wesen nach Erscheinungen der Geistesgeschichte sind und andererseits eben auf Grund dieses Wesens aktive historische Bedeutung haben, so sind sie niemals isolierte Phänomene und dürfen nicht als |159| solche betrachtet werden. Eine sprachliche Erscheinung erklärt sich immer nur aus ihrer geistesgeschichtlichen und soziologischen Bindung. Das Fehlen[73] und das Vorhandensein irgend- |160| eines sprachlichen Elementes im Vokabular, in der Wortbildung, in der Flexion, in der Syntax ist

73 Da das Fehlen irgendeines Wortes im Vokabular einer Sprache nicht eine zufällige Lücke darstellt, so ist es auch nicht möglich, diese Lücke durch Entlehnung aus einer anderen Sprache ohne weiteres zu ergänzen. Das Problem der Wortentlehnung ist wesentlich komplizierter. Daß die betreffende Sprache irgendein Wort nicht kennt, beweist, daß in ihrem Denksystem der entsprechende Begriff keinen Platz hat. Wenn eine Entlehnung möglich wird, so beweist dies, daß eine gewisse Modifizierung des betreffenden Denkens stattgefunden hat und daß das auslösende Moment dieser Modifizierung aus einer anderen Kultur stammt. Hierbei ist der Unterschied zwischen der Übernahme von Fremdwörtern und von „Lehnwörtern" nicht prinzipiell. Auch das sogenannte Fremdwort läßt sich nicht durch ein einheimisches ersetzen. Das Fremdwort unterscheidet sich vom Lehnwort nur dadurch, daß für das Fremdwort eher ein, wenn auch nicht ganz heterogener, einheimischer Ausdruck gefunden werden kann, während das Lehnwort als ganz unersetzbar erscheint. Der Vorgang einer tendenziösen mechanischen Ausmerzung von Fremdwörtern ist keine Reinigung der betreffenden Sprache, sondern eine Verfälschung ihres Charakters, denn die Übernahme eines Fremdwortes und seine Einordnung in das neue Denk- und Sprachsystem ist ein historisch bedingter geistiger Vorgang, dessen Prämissen notwendige waren und darum nicht künstlich ausgeschaltet werden können. Eine Ausschaltung des Ergebnisses dieser Voraussetzungen vermag die Voraussetzungen selbst nicht zu beseitigen. Wenn eine Kultur die Tendenz zu stärkerer Konzentration auf ihr spezifisches Wesen aufweist, so wird diese Tendenz sich in der Ausschaltung nicht ganz adäquater Begriffe auswirken, was automatisch seine sprachlichen Konsequenzen haben muß und so organisch zur Ausschaltung wirklich „fremder" Wörter führt. Die Existenz eines „Deutschen Sprachvereins"[194] z. B. als solche ist ein Beweis für eine solche Tendenz. Damit ist freilich noch nicht gesagt, daß alle puristischen Bestrebungen solcher Vereinigungen im Einzelnen immer berechtigt sind. Symptomatisch ge-

---

[194] Der von 1885 bis 1940 existierende Allgemeine Deutsche Sprachverein verfolgte das Ziel, die deutsche Sprache vor dem Eindringen von Fremdwörtern zu bewahren.

stets Ausdruck einer geistigen Besonderheit, niemals aus rein sprachlichen Gesichtspunkten erfaßbar. Jede sprachliche Erscheinung muß ferner daraufhin geprüft werden, ob sie Ergebnis einer extremen Nuancierung durch die Besonderheit einer individuellen Sprache oder durch die besonderen Anforderungen eines Lebensgebietes an die Sprache ist, oder ob sie dem Wesen der betreffenden Sprache überhaupt adäquat Ausdruck gibt. Diese Tatsache zwingt vor allem dann, wenn über eine bestimmte Kultur nur Quellen von irgendeiner besonderen Prägung vorliegen, dazu, aus diesen Quellen Rückschlüsse auf die Ausdrucksmöglichkeiten der betreffenden Sprache nur unter größter Einschränkung zu ziehen.

Die Forderung an die Sprachwissenschaft, die sich aus diesen Erwägungen ergibt, ist die Forderung einer Erfassung der Sprache und ihrer

wertet sind solche Vereinigungen immer Zeichen stärkerer Konzentration einer Kultur auf ihr Eigengut. Doch dürfen die Vorschläge solcher Vereinigungen nicht verabsolutiert werden. Über den Lebenswert jeder sprachlichen Neubildung entscheidet die Geschichte selbst. Hier kann weder Polemik noch Reklame die Entwicklung aufhalten oder fördern. Hieraus erklärt sich die Tatsache, daß die Auseinandersetzungen zwischen puristischen Bestrebungen und ihren Gegnern leicht den Eindruck unfruchtbarer Diskussionen hervorrufen. Das zeigt sich z. B. an den Aufsätzen Behaghels[195] zu diesem Thema (Von deutscher Sprache, Lahr 1927, S. 353 ff.), die im Einzelnen viel Anregendes enthalten, aber den Kern des Problems in Bezug auf das Deutsche nicht berühren: Behaghel erkennt z. B., daß die Romanismen im Englischen Folgeerscheinungen einer kulturellen Invasion und damit historisch gerechtfertigt sind. Trotzdem hat es im Englischen – worauf gerade Behaghel hinweist – puristische Bestrebungen gegeben. Was Behaghel für das Englische behauptet, gilt für alle unsere modernen Kultursprachen, da keine unserer modernen Kulturen auf eine absolut isolierte Geschichte zurückgeht, womit |160| aber die Eigenständigkeit der betreffenden Kulturen und Sprachen nicht verneint ist. Behaghel betrachtet den Einfluß fremder Völker auf die deutsche Kultur und Sprache unter dem Gesichtspunkt des Wertes. Da der Einfluß der fremden Söldner im 17. Jahrhundert auf die deutsche Kultur Ergebnis einer großen Katastrophe gewesen ist, so sind für Behaghel auch die sprachlichen Folgen dieser Tatsache negativ zu bewerten und nach Möglichkeit zu bekämpfen. Damit wird aber die bei der Beurteilung historischer Vorgänge inkommensurable Kategorie des Wertes in die Diskussion eingeführt (s. oben S. 23).[196]

[195] Wilhelm Maximilian Otto Behaghel (1854–1936) war ein deutscher Germanist. Bekannt wurde er durch theoretische Beiträge zur deutschen und mittelhochdeutschen Sprache (Behaghelsche Gesetze).

[196] Siehe oben, 114.

Struktur unter dem Gesichtspunkte der Einheit von Inhalt und Form, während die traditionelle Sprachwissenschaft das Wesen der Sprache als etwas Formales betrachtet und dementsprechend die Lehre von der Sprache unter rein formalen Gesichtspunkten aufbaut. Dem Schematismus in der Sprachwissenschaft ist vor allem Ries (Was ist Syntax? Prag ^{2}1927) entgegengetreten.[197] Er geht von einer Auffassung der Sprache als Organismus aus, indem er die höheren Einheiten der Sprache, Wortgefüge und Satz, als Größen eigener Gesetzlichkeit, nicht bloß als Summe ihrer Einzelelemente ansieht und indem er die Aufgabe der Grammatik überhaupt als beschreibend und nicht als konstruktiv auffaßt (S. 142). Trotz dieses Ansatzes zu einer Erfassung der Sprache als Organismus verläßt Ries doch nicht den Boden der traditionellen Grammatik. Er ist überzeugt, daß die traditionelle formale Gram- |161| matik nur einer Auflockerung und Verbesserung bedarf, nicht aber davon, daß bereits der Ansatz der traditionellen Grammatik eine Umgestaltung nötig macht, wenn die Forderung einer dem Phänomen adäquaten Sprachwissenschaft, die Ries auch aufstellt und der er zu entsprechen sucht, erfüllt werden soll:[74] Eine rein formale und

74 In Bezug auf die notwendige Besinnung auf das Wesen der Sprache und die daraus sich ergebende Kritik an der Methode der Sprachwissenschaft stellt Hermann Ammann (Die menschliche Rede I, S. 7 ff.) Richtlinien seiner Methode auf, die durchaus den unseren entsprechen. Die Forderung, die Sprachwissenschaft aus ihrer Isolierung im grammatikalischen Formalismus herauszuführen, ist aber lange vor Ammann, wenn auch ungehört, erhoben worden. So hat schon F. J. Wiedemann 1851 darauf hingewiesen, wie sehr die Sprache aus dem Geiste eines Volkes heraus gestaltet wird (F. J. Wiedemann, Was kann man über die Völker lernen aus ihren Sprachen? Festrede …, Dorpat 1852).[198]

---

[197] Der aus Königsberg i. Pr. (heute Kaliningrad, Russland) gebürtige jüdische Philologe John Ries (1857–1933) gilt als Vorläufer des grammatischen Strukturalismus in Deutschland. Erst durch ihn wurde »die Semantik von einer recht und schlecht klassifizierenden Hilfsdisziplin zum integralen Bestandteil der Grammatik«. Clemens Knobloch, Geschichte der psychologischen Sprachauffassung in Deutschland von 1850 bis 1920, Tübingen 1988, 318. Ries' Verdienst war die Abgrenzung von Morphologie und Syntax sowie die Begründung der Wortgruppenlehre als Teil der Syntax. Demnach soll sich Syntax ausschließlich mit Verbindungen von mehreren Wörtern befassen, während die Morphologie alles behandelt, was das Wort betrifft. Gulkowitsch zitiert den ersten Band von John Ries, Beiträge zur Grundlegung der Syntax, 3 Bde., Prag 1927–1931.

[198] Der deutsch-baltische Linguist und Finno-Ugrist Ferdinand Johann Wiedemann (1805–1887) trug mit seinem 1869 erschienenen estnisch-deutschen Wörterbuch zur Ausbildung der estnischen Sprache bei.

rein konstruktive Grammatik wird niemals der Tatsache gerecht werden können, daß auf jeder Strukturstufe die Spracheinheiten eine Ganzheit darstellen, deren Wesen nicht damit erschöpft werden kann, daß man sie in ihre Teile zerlegt. Daß es nicht möglich ist, das Wesen einer sprachlichen Erscheinung durch eine solche Zerlegung erschöpfend zu erfassen, bestätigt sich auch durch die Tatsache, daß auch eine noch so raffiniert differenzierte theoretische Grammatik niemand in die Lage versetzen kann, nach ihrer Erlernung eine Sprache ohne weiteres zu verstehen und zu gebrauchen. Regeln können zwar aus der Sprache abgeleitet werden, der Vorgang ist aber nicht umkehrbar: Keine Sprache läßt sich auf Grund von Regeln aufbauen.

In dem Buche Ammanns über „Die menschliche Rede“ liegt im Gegensatz zu Ries der Versuch vor, die Sprachwissenschaft und damit speziell die Grammatik von prinzipiellen Gesichtspunkten her neu zu gestalten. Ammann ist vor allem bemüht, das rein grammatikalisch-formale Schema, in dem sich hauptsächlich unsere Syntax erschöpft, dadurch dem Wesen der Sprache adäquater zu gestalten, daß er die jeweilige psychologische Situation, aus der heraus ein Satz entsteht, der Erfassung seines Charakters zugrunde legt. Die Rückbeziehung auf die jeweilige psychologische Situation ist zweifellos die einzig mögliche Form einer Grundlegung der Grammatik. Besonders fruchtbar dürfte der Hinweis Ammanns sein, daß jede Definition sprachlicher Größen (Ammanns Hinweis bezieht sich allerdings zunächst |162| auf den Satz) davon ausgehen muß, daß die Sprache nicht nur Ausdruck des Denkens, sondern auch zugleich stets Trägerin des Verstehens ist, daß also nicht nur der Sprechende, sondern auch der Hörende in Betracht gezogen werden muß.[199] Das Zurückgehen auf die psychologische Situation ermöglicht aber nur eine Feststellung ganz allgemeiner formaler Prinzipien der Sprache. Jede nähere Bestimmung dagegen muß von der historischen Bedingtheit der psychologischen Situation ausgehen. Die Feststellungen Ammanns betreffen doch zunächst nur die Strukturprinzipien der deutschen Sprache in ihrer gegenwärtigen historischen Phase. Es bleibt aber zu untersuchen, inwieweit sich diese Feststellungen nur auf diese einmalige historische Situation beziehen, d. h., inwieweit sie nur die Strukturprinzipien desjenigen Denkens darstellen, das durch die gegenwärtige deutsche Sprache zum Ausdruck kommt.

[199] Ammann, Die menschliche Rede, Bd. 1, Kap. 5: Bedeutung und geschichtliche Tatsache. Das Wort als Träger der Bedeutung. Das Verstehen. Bedeuten, Bezeichnen, Ausdrücken, 42–65, bes. 50.

Die wechselseitige Verbindung von Kultur und Sprache, von Wort und Begriff bedingt die Unmöglichkeit, zunächst einmal eine Sprache in ihrer Struktur darzustellen und dann auf Grund des so gewonnenen Bildes Rückschlüsse auf die Struktur des betreffenden Denkens zu ziehen, oder aber die Denkstruktur einer Kultur zuerst aufzuzeigen und dann klarzustellen, inwieweit sich diese Denkstruktur in der Sprache auswirkt. Es ist vielmehr notwendig, von Phänomen zu Phänomen fortschreitend immer die wechselseitige Bedingtheit von Kultur und Sprache aufzuspüren. Eine nach solchen Gesichtspunkten aufgebaute Darstellung der Struktur einer Sprache ist aber in jedem Falle neu und nicht auf andere Sprachen anwendbar. Es gibt kein allgemeingültiges Schema der Grammatik, da auch die formalen Grundbegriffe, nach denen eine Sprache gestaltet wird, Eigenart einer jeden Kultur und Sprache sind. Diese formalen Grundbegriffe bestimmen sich aus der Eigenart des einer jeden Sprache zugrunde liegenden eigenständigen Denkens. Von diesem Denken aus können die Strukturelemente einer Sprache allein erfaßt werden. Es gibt also keine vom Denken unabhängige Sprachstruktur, kein der Sprache zugrunde liegendes rein sprachliches Schema, das aufzudecken und dem ihre Begriffe in möglichst adäquater Weise anzunähern Aufgabe der Grammatik sein könnte. Wenn unsere grammatischen Systeme als nicht adäquat erscheinen, so ist dies nicht etwa die Folge einer zu wenig korrekten Arbeitsweise, |163| deren Fehler allmählich korrigiert werden könnten. Vielmehr sind alle unsere grammatikalischen Systeme nur Hilfskonstruktionen, nur Fiktionen, deren Wert in ihrer Brauchbarkeit, nicht in ihrer größeren oder geringeren Annäherung an die Wirklichkeit liegt. Was wir an unseren rein grammatikalischen Systemen verbessern können, ist nur ihre Brauchbarkeit. Dagegen kann unsere Erkenntnis der wirklichen Sprachstruktur nur in Verbindung mit einer Untersuchung der mit ihr identischen Denkstruktur erfolgen.[75] Die als Vor- und Teilarbeiten notwendigen monographischen Betrachtungen einzelner sprachlicher Erscheinungen und ihrer begrifflichen Grundlagen und Konsequenzen sind aber nur möglich im Hinblick auf die Gesamtstruktur einer Sprache, sodaß jede Monographie eine programmatisch-systematische Behandlung der betreffenden Sprache in ihrer Ganzheit und eine ebensolche Behandlung des Phänomens Sprache überhaupt voraussetzt. Monographie und Gesamtdarstellung müssen in einem Wechselverhältnis stehen.

75 In meiner Arbeit „Die Bildung von Abstraktbegriffen in der hebräischen Sprachgeschichte“, Leipzig 1931, habe ich versucht, einen ersten monographischen Beitrag zu einer solchen Bearbeitung der hebräischen Sprache zu liefern.

Für eine Betrachtungsweise der Sprachstruktur unter dem Gesichtspunkt der Denkstruktur sind alle grammatikalischen Grundbegriffe nur richtungweisend und haben nur annäherungsweise Gültigkeit. So grundlegende Termini des grammatikalischen Schemas wie Subjekt und Prädikat z. B. erweisen sich für eine solche Betrachtungsweise als Bezeichnungen für Phänomene, die in unendlicher Mannigfaltigkeit variabel sind und in allen Sprachen variieren. Die Satzstellung, der Gebrauch und Nichtgebrauch der Kopula, die Benutzung deklinierter und nichtdeklinierter Prädikatsnomina, die Verwendung von Artikeln können den einfachsten Aussagesatz in den verschiedenen Sprachen so grundlegend verschieden gestalten, daß er als Ausdruck eines im Prinzip verschiedenen Denkens gewertet werden muß.

Jede Sprachbetrachtung, die von der Denkstruktur ausgeht, muß ihren Ursprung in dem Grundsatze nehmen, daß jedes Gebrauchen einer Sprache niemals aus dem Kreis der Ichbezogenheit heraustritt und heraustreten kann. An der Art der Ichbezogenheit entscheidet sich der Sprachcharakter. In |164| Latenz ist die Ichbezogenheit unendlich mannigfaltig, sodaß keine Sprache alle Möglichkeiten dieser Ichbezogenheit in speziellen Formen zum Ausdruck bringen kann. Die einzelnen Sprachen erfassen mit ihren Ausdrucksmöglichkeiten nur einen geringen Bruchteil aller Möglichkeiten der Ichbezogenheit, und zwar diejenigen Möglichkeiten, die von der betreffenden Denkstruktur her als entscheidend für die Art der Ichbezogenheit angesehen werden müssen. Daran, welche und wie viele dieser Möglichkeiten in der Sprache einen besonderen Ausdruck finden, entscheidet sich die Eigenart der verschiedenen Sprachen.[76]

Eine begriffsgeschichtliche Betrachtungsweise der Sprachen bezieht sich nicht nur auf allgemeine Prinzipienfragen, sondern sie gestaltet auch die Betrachtungsweise der einzelnen sprachlichen Probleme grundlegend

76 Den Grundsatz, daß die Ichbezogenheit den entscheidenden Faktor für die sprachlichen Ausdrucksformen bedeutet, führt Erwin Koschmieder (Zeitbezug und Sprache. Ein Beitrag zur Aspekt- und Tempusfrage. Wissenschaftliche Grundfragen XI, Leipzig/Berlin 1929) in Bezug auf die Zeitrelationen, die im Verbum zur Darstellung gelangen, grundsätzlich aus. Was E. Koschmieder für diesen Sonderfall behauptet, gilt aber für alle sprachlichen Erscheinungen in gleicher Weise.[200]

---

[200] Der deutsche Slawist und Sprachwissenschaftler Erwin Koschmieder (1896–1977) lehrte an der Universität Wilna, später in München, und setzte sich denkpsychologisch mit dem Zeitbezug von Sprache auseinander.

um. Die zunächst lexikalisch-methodische Frage der Bedeutung des Konsonantenbestandes für die Bildung von Wortgruppen z. B. erfährt unter begriffsgeschichtlicher Betrachtung eine prinzipiellere Umgestaltung.

Wir erkennen z. B. in den Bildungen aus dem Stammthema לבן , nämlich *biblisch*: לָבָן [*lavan*] (weiß), לְבָנָה [*levanah*] (Mond), לְבֵנָה [*levenah*] (Ziegel), לִבְנֶה [*livneh*] (Weißpappel?), לְבֹנָה und לְבוֹנָה [*levonah*] (Weihrauch); *talmudisch:* לוֹבֶן (של) ביצה [*loven (shel) beẓah*] (Eiweiß), לַבְנוּת [*lavnut*] (das Weiße), לַבְנוּנִית [*lavnunit*] (weiße Stelle <eines melierten Haares>); *nachtalmudisch:* לַבְנוּת (= לַבְנִיּוּת)[77] [*lavnut (= lavniyyut)*: Weißheit], לְבָנָה [*levanah*] (Blutschleim), לְבָנִי [*levani*] (Phlegmatiker), לְבָנִיּוּת [*levaniyyut*] (Phlegma), לַבָּן [*labban*] (Weißfärber), לִבְנָה [*livnah*] (die weiße Farbe), לַבָנִינוּת (= לַבְנוּנִית) [*lavaninut (= lavnunit)*: Weißheit], לַבְנִיאֵל [*Lavni'el*] (Engelname);[78] den gemeinsamen Begriff des Weißseins.[201] Es ist dies ein besonders augenfälliges Beispiel dafür, wie das Stammthema eine Wortgruppe in ihrer Bedeutung zusammenhält. Auch wo die Tatsache nicht so evi- |165| dent erscheint, ist dies stets die Bedeutung des Stammthemas im Hebräischen. Seit der Zeit der mittelalterlichen Grammatiker ist die Bedeutung des Stammthemas in der Semitistik stets stark betont worden, sodaß diese Bedeutung des Stammthemas geradezu als Kriterium für den semitischen Typus einer Sprache angesehen worden ist. Wenn wir aber dieses sprachliche Phänomen daraufhin untersuchen, welcher Denktypus ihm entspricht, so gewinnt die Bedeutung des Stammthemas einen so prinzipiellen Charakter, daß sie als ein Bildungselement der Sprache als solcher erscheint. Sie wird somit zu einem Problem der Sprachwissenschaft überhaupt, sodaß auch für den nichtsemitischen Sprachtypus das Problem aufzuwerfen ist, ob hier nicht die Bedeutung des Stammthemas dieselbe, wenn vielleicht auch in weniger auffälliger Weise, ist. Denn in den semitischen Sprachen prägt sich im konsonantischen Stammthema das synthetische Moment aus, ohne das kein Denken und damit

77 Vgl. hierzu: Lazar Gulkowitsch, Die Bildung von Abstraktbegriffen in der hebräischen Sprachgeschichte, Tabelle II auf S. 60 f. und die zugehörigen Bemerkungen auf S. 87.

78 Vgl. hierzu J. Klatzkin, Thesaurus philosophicus II, Berlin 1928, S. 113, und E. Ben Jehuda, Thesaurus V, New York/Berlin, S. 2616.

---

[201] Alle hier aufgeführten Begriffe sind aus dem Konsonantenstamm *lamed*, *bet*, *nun* mit der Grundbedeutung »etwas Weißes« gebildet. Die unterschiedlichen Bedeutungsnuancen der Begriffe entstehen in erster Linie durch Vokalisation oder Suffixe.

auch keine Sprache auskommen kann. Der Vokal dient im Semitischen entsprechend der Differenzierung der Begriffe. Ohne diesen Antagonismus synthetischer und differenzierender Momente kann überhaupt keine Sprache, auch eine „primitive“ nicht, existieren. Wir kennen aber keine Sprache, in der etwa die Vokale die Rolle des synthetischen Moments übernommen hätten, sodaß wir bis zum Beweis des Gegenteils die Voraussetzung machen müssen, daß die synthetische Bedeutung des Konsonantenbestandes ein allgemeinsprachliches Phänomen ist, bei dem es nur graduelle Unterschiede in dem Sinne geben kann, als jedes Denken und damit jede Sprache in der Akzentverteilung zwischen dem synthetischen und dem differenzierenden Moment Unterschiede aufweisen, die für ihre Individualität von grundlegender Bedeutung sind. Es ist Aufgabe der Einzelforschung festzustellen, ob hier jede Sprache ganz individuell verfährt oder ob sich auf Grund dieses Unterschiedes Kategorien aufstellen lassen, die bei einer Aufstellung von Sprachgruppen als Ordnungsprinzip dienen können. Wenn letzteres der Fall ist, so entsteht ferner die Frage, in welcher Weise diese Sprachgruppen mit den jetzt üblichen Einteilungen der Sprachen identisch sind.

Das Stammthema ist ein rein formales gemeinsames Element in den Bedeutungsgruppen und bildet inhaltlich ein rein abstraktes, allen Worten einer Bedeutungsgruppe gemein- |166| sames Element, das nicht differenziert ist und dem darum keine Realität außer in der Tatsache des allen Worten der Bedeutungsgruppe Gemeinsamseins zukommt. Man kann also in Wurzeln nicht sprechen. Sie pflegen nicht nur phonetisch unaussprechbar zu sein, sondern sie geben auch isoliert keinen Sinn. Das bedeutet für die Geschichte der Sprache, daß es keine Sprachphase gibt, in der nur isolierte Wurzeln vorkommen. A. Marty hat diesen Charakter der Wurzeln durchaus erkannt, allerdings nicht von unserem Standpunkte aus, sondern auf Grund eines Vergleiches der Redeteile mit den Wurzeln (vgl. Satz und Wort. Eine kritische Auseinandersetzung mit der üblichen grammatischen Lehre und ihren Begriffsbestimmungen. Aus A. Martys Nachlaß herausgeg. von Otto Funke, Reichenberg 1925, S. 62). A. Marty erkennt, daß historisch betrachtet zwar eine allgemeine indifferente Form vor den besonderen differenzierten Formen denkbar ist, nicht aber eine indifferente allgemeine Bedeutung vor den besonderen differenzierten Bedeutungen. In der Tat würde eine solche Sprache ein so im höchsten Maße abstraktes synthetisches Denken voraussetzen, wie es gerade von einer solchen historischen Auffassung, die doch einen primären „primitiven“ Zustand als Anfang der Entwicklung annimmt, unmöglich behauptet werden kann. Da aber diese indifferenten Formen ja immerhin einen Inhalt gehabt haben müßten, so versucht Marty mit Hilfe einer psychologischen Erwägung der Synthese Wahrscheinlichkeit zu verleihen. Für ihn waren diese „Vorläufer unserer Worte und Sätze" inhaltlich „Zeichen eines emotionalen Zustands".[202] Die Schwierigkeit, die Marty richtig gesehen hat, löst sich sofort auf, wenn man den historischen Begriff der Wurzel durch den systematischen Begriff des Stammthemas ersetzt. Das Stammthema bedeutet in der Tat sowohl formal als seiner Bedeutung nach ein indifferentes allgemeines Prinzip in (also nicht vor) den besonderen differenzierten Formen und Bedeutungen. Wenn aber die Tendenz der Sprache auf immer differenziertere Explikation der Begriffe ausgeht, so müssen wir annehmen, daß die Geschichte der einzelnen Bedeutungsgruppen darin besteht, daß sie sich zu immer neuen Wortformen und damit Begriffsnuancen auseinanderfalten. Historisch betrachtet müssen wir also in jeder Bedeutungsgruppe am Anfang ihrer Geschichte ein ziemlich wortarmes Stadium annehmen, wenn nicht überhaupt zu |167| Beginn der Explikation die Bedeutungsgruppe nur durch ein einziges Grundwort repräsentiert wird. Dieses Grundwort ist mit der Wurzel nicht identisch. Es ist kein Indifferens, sondern in höchstem Maße ein Spezifikum. Die spezifische Bedeutung des Grundwortes kommt fast einem *ὄνομα* [*ónoma*: Name, Wort] gleich. Wir müssen aber von Bedeutungsgruppe zu Bedeutungsgruppe einzeln untersuchen, welches Wort der Gruppe dieses Grundwort repräsentiert. Es ist nicht zu erwarten, daß die einzelnen Grundwörter einer Sprache alle derselben Wortart angehören. Wir können aber erwarten, daß in den einzelnen Sprachen irgendeine besondere Wortart besonders häufig als Grundwort der Bedeutungsgruppen auftritt. Dies wird den Charakter der betreffenden Sprache entscheidend beeinflussen und stellt einen wichtigen Faktor für die Beurteilung des Denkens dar, das der betreffenden Sprache entspricht. Es werden sich auch Kategorien aufstellen lassen, aus denen geschlossen werden kann, welche Wortart in den einzelnen Bedeutungsgruppen Grundwort ist. Ferner steht in keiner Weise a priori fest, welche bestimmte Wortform, Singular oder Plural,[79] Infinitiv oder Imperativ, Perfektum oder Imperfektum etc. die Grundbedeutung eines Wortes repräsentiert. Auch hier können wir nur Kategorien erwar-

79 S. zuletzt H. Torczyner, עבודת מדע באוצר הלשון העברית, Jerusalem 1934, S. 13[203]

---

[202] Marty, Satz und Wort, 63.

[203] Harry Torczyner (Naftali Herz Tur-Sinai), ʻAvodat madda be-ʼoẓar ha-lashon ha-ʻivrit [Eine wissenschaftliche Studie zum hebräischen Wortschatz], Jerusalem 1934, 13.

ten. Wenn z. B. im Hebräischen für das Wort יוֹנָה - יוֹנִים[204] die Priorität des Plurals nachweisbar ist, so dürfen wir annehmen, daß derselbe Fall immer da vorliegt, wo es sich um die Bezeichnung von in Schwärmen, Rudeln etc. auftretenden Tieren handelt. Es ist aber nicht möglich, aus diesem Falle auf die Priorität des Plurals vor dem Singular im Hebräischen oder gar in der Sprache überhaupt zu schließen. Auch hier wird jede Sprache eine Vorliebe für die Priorität dieser oder jener Form haben, was ebenfalls für den Gesamtcharakter der betreffenden Sprache von Bedeutung ist. Diese Erwägungen haben schwerwiegende Konsequenzen vor allem auch für die Lexikographie. Das Lexikon wäre ein ideales Abbild der Struktur einer Sprache, wenn es nach dem historisch sachlichen Grundworte angeordnet werden könnte. Ein solches Lexikon wäre freilich nichts weiter als eben ein Strukturbild und kein Nachschlagewerk. Für ein Werk letzterer Tendenz bleibt |168| nur die Möglichkeit übrig, nach einem allgemeinen Schema anzuordnen. Ob nach Wurzeln oder nach tatsächlich vorhandenen Worten angeordnet wird, ob etwa im Hebräischen die Zweibuchstabigkeit oder die Dreibuchstabigkeit der Wurzeln als normal angenommen wird, kann nur von der Brauchbarkeit des Schemas abhängen. Ebenso gibt es keinen zureichenden Grund, mit den Konventionen zu brechen, die etwa den Nominativus singularis und den Infinitiv als „Nennformen" eingebürgert haben. Es wird aber niemals zu erreichen sein, daß nicht ein Teil der sprachlichen Formen dem Schema künstlich eingezwängt werden muß. Es kommt hier nur darauf an, die am häufigsten vorkommenden Fälle als lexikalische Normalfälle gelten zu lassen. Wenn wir aber auch in Bezug auf die Anordnung der Lexika künstlich schematisieren müssen, so muß doch jede Schematisierung vermieden werden, wo der Wort*sinn* festgestellt und in einer anderen Sprache umschrieben wird. Hier kommt alles darauf an, das Grundwort der Bedeutungsgruppe und seine Grundform von Fall zu Fall festzustellen. Nicht das sekundär ableitbare abstrakte gemeinsame Element, das in der gemeinsamen Wurzel formal zum Ausdruck kommt, vermag den eigentlichen Sinn einer Bedeutungsgruppe und den Zusammenhang zwischen ihren einzelnen Worten zu beleuchten. Wenn wir z. B. annehmen, daß das Grundwort der Bedeutungsgruppe, die als gemeinsames Thema die Konsonanten לבן [*lavan*: weiß] im Hebräischen

[204] *Yonah* – *yonim* (hebr., Taube – Tauben). Der Plural des weiblichen Substantivs wird in diesem Fall durch die männliche Pluralendung gebildet, eine gelegentliche Ausnahme der hebräischen Pluralbildung. Für weitere Überlegungen Gulkowitschs zum Plural im Hebräischen siehe Text 10, 591 und 605 f.

aufweist, das Wort לְבָנָה [*levanah*] Mond ist, so gestaltet sich die sachliche Struktur und die historische Entwicklung dieser Bedeutungsgruppe in folgender Weise: Der absolut eindeutige, von einer Individualität repräsentierte Begriff enthielt für die Volksgruppe, die sich der Bezeichnung bediente, als konstituierendes Element den Begriff seiner in keiner Weise noch ein Mal vorkommenden Farbe. Das führte dazu, daß man alles, was annähernd mit dieser Farbe übereinstimmte, ebenfalls mit Hilfe einer Bildung aus dem Thema לבן bezeichnete, so als ob man im Deutschen einen bestimmten weißen Ton mit „mondig" bezeichnen würde. Die hebräische Sprache bezeichnete dann also den Mond nicht mit לְבָנָה, weil er *auch* weiß ist, sondern alles, was die Farbe des Mondes hat, mit einer Bildung aus dem Thema לבן. Wenn aber für eine bestimmte Volksgruppe (das Hebräische |169| kennt außerdem noch andere Bezeichnungen für Mond) oder für eine bestimmte Phase der Geschichte des jüdischen Volkes das Licht, die eigentümliche Farbe des Mondes, für den Begriff des Mondes konstituierend war, so dürfte man daraus schließen, daß es sich hier um ein Überwiegen des optischen Momentes in der Vorstellungswelt handelt. Das Vorwiegen des „Augentypus" bei arischen Völkern wäre dann kein singuläres Phänomen.

Auch so scheinbar rein formale Erscheinungen wie der Akzent erfahren eine neue Beleuchtung ihrer Problematik, wenn man sie unter dem Gesichtspunkte einer Identität von Wort und Begriff ansieht. Die vergleichende Sprachwissenschaft pflegt zwischen Tonstärken- (dynamischem) und Tonhöhenakzent (musikalischem) zu unterscheiden. Von unserer Fragestellung aus genügt es nicht festzustellen, ob in einer Sprache dieser oder jener Akzent vorherrscht,[80] sondern es kommt darauf an, die Gründe für das Vorherrschen des einen oder des anderen Elementes aufzufinden. Ohne die außerordentlich schwierige Frage, welche psychologischen Vorstellungen für das Vorherrschen einer Akzentart entscheidend sind, beantworten zu wollen, muß darauf hingewiesen werden, daß ein musikalischer Akzent ein besonders ausgebildetes aktives und passives Unterscheidungsvermögen für qualitative Differenzierungen voraussetzt, während ein dynamischer Akzent auf dasselbe Vermögen in Bezug auf quantitative Differenzen hinweist. Eine solche Ausbildung bestimmter Seiten des Ausdrucks- und Rezeptionsvermögens dürfte dann nicht auf

80 E. Kieckers (Einführung in die indogermanische Sprachwissenschaft, erster Band, Lautlehre, München 1933, S. 176) weist mit Recht darauf hin, daß ein ausschließlich musikalischer oder ein ausschließlich dynamischer Akzent nicht existiert.

das Gebiet der Sprache beschränkt sein, sondern allen seelischen Regungen des betreffenden Volkes ihr Gepräge verleihen.

Eine weitere Verschiedenheit der Akzentbildung beruht nicht auf dem Ausdrucksmittel, mit dessen Hilfe das Hervorheben des Wichtigen erfolgt, sondern auf der Stelle im Worte und im Satze, die hervorgehoben wird. Wir unterscheiden eine Tendenz zu rhythmischer Akzentuierung von einer Tendenz zu sinngemäßer Akzentuierung. Wenn in einem Denken die Neigung überwiegt, durch Isolierung des Hauptsächlichen zur Klar- |170| stellung von Grundbegriffen zu gelangen, so wird eine starke Tendenz auf Betonung des Hauptsinnes im Worte und im Satze vorhanden und der Akzent dieser Tendenz in der Weise unterworfen sein, daß der Träger des Hauptsinnes im Worte und im Satze betont wird, wie das z. B. im Deutschen der Fall ist. Die Anforderungen an eine rhythmische Gestaltung der Sprache zu erfüllen, bleibt in diesem Falle der Stilistik überlassen. Eine Vernachlässigung des rhythmischen Elementes würde in solchen Sprachen nur als schlechter Stil im ästhetischen Sinne empfunden werden, ohne daß die Sprachrichtigkeit und die Übereinstimmung von Sinn und Ausdruck beeinträchtigt würde. Wenn in einem Denken dagegen die Neigung besteht, allen Nachdruck auf Relationen zu legen, die Dinge also in ihren Nuancierungen zu erfassen, so besteht das Bedürfnis weniger, etwas Einzelnes besonders hervorzuheben, der Akzent wird also nicht zur Sinnbildung benötigt und steht daher der Ausgestaltung des Rhythmus frei zur Verfügung, sodaß eine rein rhythmische Betonungsweise entstehen kann: unbedingte Endbetonung wie im Französischen, unbedingte Betonung der paenultima[205] wie im Polnischen, unbedingte Anfangsbetonung wie im Estnischen. Es ist begreiflich, daß ein solcher rein rhythmischer Akzent auch anderen rhythmischen Ansprüchen, wie denen der Poesie, angepaßt werden kann, woraus sich z. B. die Freiheit erklärt, mit der das Lateinische den Wortakzent zugunsten des Versakzentes aufgeben kann, ein Verfahren, das in einer Sprache mit Sinnbetonung undenkbar wäre und höchstens benutzt wird, um den Eindruck des Lächerlichen bewußt hervorzurufen.

Während für den Akzent und seine Geschichte infolge der Tatsache, daß der Akzent immer ein gewisses ästhetisches Prinzip darstellt, eher geistesgeschichtliche Vorgänge als Ursachen und Ziele der Entwicklung herangezogen werden, scheint auf dem Gebiete der reinen Lautgeschichte die Beteiligung physiologischer Momente als entscheidender Ursachen und

[205] Vorletzte Silbe.

Zwecke evident zu sein. Daß Veränderungen der Lautbildung mit Veränderungen der Sprechorgane in Beziehung stehen, kann in der Tat in keiner Weise geleugnet werden. Zur Diskussion steht aber, ob die Veränderungen der Sprechorgane von der Sprache her oder auf Grund anderer Einflüsse verursacht werden. An heterogenen Ursachen werden genannt: klimatische Veränderungen durch Wanderungen oder Umgestaltungen des |171| Klimas im selben Lande, Verstümmelungen von Lippen und Zähnen (so z. B. Meinhof, Die moderne Sprachforschung in Afrika, Berlin 1910, S. 60) oder schon mehr homogene Veränderungen, wie die Beschleunigung des Redetempos (so Wundt, Brugmann).[206] Wenn wir aber, wozu die letztgenannte Theorie bereits einen Übergang bedeutet, die Ursachen der Lautveränderungen in der Sprache selbst suchen, so ist es ein notwendiger logischer Schritt, die Ursachen in das Denken zurückzuverlegen. Diesen Schritt geht auch Wundt (Probleme der Völkerpsychologie, Leipzig 1911, S. 31 f.). Daß wir die Ursache der Lautveränderungen in der Sprache und dem Denken selbst suchen müssen, ist deshalb notwendig, weil die Veränderung des Lautcharakters eine allgemeine sprachliche Erscheinung ist, von der keine Sprache eine Ausnahme macht. Bei einer Annahme äußerer Ursachen müßte doch einmal eine Sprache keiner Lautgeschichte unterworfen sein. Eine solche Sprache ist noch nirgends entdeckt worden, was freilich kein absoluter Beweis ist. Eine solche Sprache ist aber überhaupt für uns nicht denkbar, da die Beweglichkeit auch des Lautbildes unbedingt zum Charakter [der] Sprache gehört. Wenn wir die Ursachen der Lautveränderungen letztlich im Denken sehen, so bietet sich uns folgendes Bild der Zusammenhänge: Die Entwicklung des Denkens stellt immer höhere Anforderungen an die Differenzierung der Ausdrucksweise und damit an die Sprache. Dazu kommen als mittelbare Auswirkung des Denkens und seiner Leistungen die Fortschritte der materiellen Kultur innerhalb eines Volkes, die ihrerseits ebenfalls Ansprüche an die Ausdrucksmöglichkeiten der Sprache stellen. Die höheren Anforderungen an die Sprache müssen allmählich zu einer größeren Beweglichkeit der Sprechorgane führen, die Sprechorgane werden allmählich eine größere Fähigkeit zur Differenzierung der Artikulation gewinnen, wie wir das am Individuum immer wieder beobachten können. Die physiologischen Veränderungen sind also nicht Ursache, sondern Folge einer stärker differenzierten und dadurch umgestalteten Artikulation. Den unendlichen Möglichkeiten und feinsten

[206] Karl Brugmann (1849–1919) war ein deutscher Sprachwissenschaftler, der von 1882 bis zu seinem Tod in Leipzig eine Professur für Indogermanistik innehatte.

Nuancierungen geistiger Ursachen scheint ein gewisser Schematismus der Lautgeschichte zu widersprechen. Dieser Schematismus dürfte aber zum großen Teil mit der Erscheinung der Schriftsprache in Verbindung zu bringen sein. Erstens sind unsere Quellen für die Erfor- |172| schung der Lautgeschichte in den meisten Fällen schriftliche Quellen. Als solche bieten sie uns von vornherein ein nach der Seite des Schematischen hin verfälschtes Bild der tatsächlichen Entwicklung. Zweitens bedeutet aber die *ortho*graphische Tendenz jeder Schriftsprache auch für die reale Entwicklung der Dinge eine gewisse Schematisierung. Die Schrift ist, wie vor allem Ferdinand de Saussure (Grundfragen der allgemeinen Sprachwissenschaft, deutsche Ausgabe Berlin und Leipzig 1931, S. 34–37) eingehend dargestellt hat, immer nur ein unvollkommenes Bild der tatsächlichen Aussprache, gilt aber doch im Lernbetrieb notwendigerweise als Norm und wirkt so vereinfachend auf die Artikulation.[207] Ein drastisches Beispiel des Einflusses, und zwar des mißglückten Einflusses, der als Norm geltenden Schriftsprache auf die Aussprache bildet im Deutschen die Aussprache der Labiale und Dentale in manchen Gegenden. Die übliche Artikulation unterscheidet bei diesen Lauten nicht zwischen media und tenuis, sondern braucht einen dieser Unterscheidung gegenüber indifferenten Laut.[208] Die von der Schriftsprache geforderte Differenzierung, die nicht durch ein Unterscheidungsvermögen unterstützt wird, führt in vielen Fällen nicht zu einer Ausbildung des Unterscheidungsvermögens, sondern zu einem willkürlichen Gebrauch promiscue. Doch muß man damit rechnen, daß die Schriftsprache im Verlaufe von Generationen ihre Tendenzen durchsetzt und so zu einer verfälschenden Schematisierung der Entwicklung führt.

Die zuweilen schematische Regelmäßigkeit der lautlichen Entwicklung ist also nicht immer eine Folge rein sprachlicher Ursachen, sodaß diese Tendenz zur Schematisierung allein eine Ableitung lautlicher Entwicklungen aus geistigen Ursachen nicht zu widerlegen vermag.

Wenn geistige Triebkräfte in der Lautgeschichte wirksam sind, so ist es Aufgabe der Sprachwissenschaft, an einzelnen Erscheinungen oder Erscheinungsgruppen diejenigen geistigen Anforderungen aufzuspüren, die zu gerade dieser Entwicklung der Lautbildung geführt haben. Es ist dabei zu erwarten, daß eine solche Betrachtungsweise zu einer völligen Umgruppierung der Erscheinungen in der Lautgeschichte führt, daß sich

---

[207] Zum Einfluss von de Saussure auf Gulkowitsch siehe die Einleitung zu diesem Band, 59.

[208] Gemeint ist ein labial bzw. dental gebildeter Laut. Tenuis ist ein stimmloser, Media ein stimmhafter Schlusslaut.

also eine andere Konstellation der Korrelat- und Parallelerscheinungen herausstellen wird.[81]

|173| Der Vorgang der Konsonantenassimilation z. B. erscheint zunächst als vollkommen von physiologischen Momenten her bestimmt, da er zweifellos auf eine leichtere Aussprechbarkeit hinzielt und nur zwischen phonetisch verwandten Konsonanten stattfindet. Die Tatsache der phonetischen Verwandtschaft allein aber führt niemals zur Assimilation. Wenn nämlich nur dieser Faktor maßgeblich wäre, so müßten wir erwarten, daß die Assimilation in unbedingter Gesetzmäßigkeit bei gleicher Konstellation stets eintreten müßte. Es wäre dann nicht zu erklären, warum man im Hebräischen נתת, aber שכנת spricht.[210] Das häufigere Vorkommen des ersten Wortes, das durch dessen allgemeineren Sinn bedingt ist, darf deshalb nicht zur Erklärung für das Eintreten oder Nichteintreten eines physiologischen Vorgangs herangezogen werden, da der physiologische Vorgang es nur mit der Konsonantenverbindung zu tun hat, nicht aber mit dem jeweiligen Sinnzusammenhang dieser Verbindung. Daß die Assimilation bei manchen Worten eintritt und bei manchen nicht, zeigt eine entscheidende Beteiligung des Wortsinnes, also des psychischen Momentes, an der Assimilation. Die Assimilation bedeutet eine Vernachlässigung des Konsonantenbestandes, der das Thema des Wortes bildet. Das Thema ist im Hebräischen zweifellos (das Problem, inwieweit dies auch für nichtsemitische Sprachen zutrifft, ist oben S. 164f. aufgestellt worden)[211] Träger des allen zur Wortgruppe gehörigen Begriffen gemeinsamen Sinnes. Dieser gemeinsame Sinn ist konstituierendes Element in allen Einzelbegriffen,

81 Unsere Betrachtungsweise geht also nicht so sehr auf eine Umge- |173| staltung der Terminologie im Sinne einer größeren Lebendigkeit aus, wie dies Ernst Otto (Zur Grundlegung der Sprachwissenschaft, Leipzig 1919) bezweckt, sondern es handelt sich hier um die Darlegung der tatsächlichen Relationen zwischen den einzelnen sprachlichen Erscheinungen.[209]

[209] Ernst Otto (1877–1959) war Pädagoge und Sprachwissenschaftler mit Professuren in Marburg, Frankfurt am Main und an der Deutschen Universität in Prag.

[210] *Natatta, shakhanta* (hebr., du gabst, du wohntest). Der dritte Wurzelkonsonant *nun* des Verbs *NaTaN* (geben) wird in der Vergangenheitsform vom Suffixkonsonanten *taw* für die 2. Pers. Sg. mask. assimiliert und ist auf konsonantischer Ebene unsichtbar. Dagegen bleibt das *nun* als dritter Wurzelkonsonant im Verb *SHaKHaN* (wohnen) in der Vergangenheit der 2. Pers. Sg. mask. erhalten und wird auch mitgesprochen.

[211] Siehe oben, 263.

aber kein selbständig formulierter Oberbegriff. Es kann dies auch gar nicht sein, da zu einem Begriff die Besonderheit ebenso notwendig gehört wie die Allgemeinheit, das Thema aber seinem Wesen nach nur Träger der Allgemeinheit ist. Wenn ein Bestandteil des Themas so vernachlässigt werden kann, daß er einem anderen angeglichen wird, so beweist dies, daß das allgemeine Prinzip innerhalb der Begriffsgruppe nicht mehr überall in gleicher Weise in Gültigkeit ist. Es weist auf eine isolierende Tendenz innerhalb der Begriffsgruppe hin, also auf eine Tendenz des Den- |174| kens zur Analyse, wenigstens auf dem Gebiete der betreffenden Begriffsgruppe. Häufiges Vorkommen der Assimilation innerhalb einer Sprache ist also ein Beweis für die vorwiegend analytische Tendenz des betreffenden Denkens, während Entgegenarbeiten gegen die Konsonantenassimilation auf synthetisches Denken hindeutet, dem es darauf ankommt, die Allgemeinheit der Begriffe nicht in ihrer Besonderheit aufgehen zu lassen. Auf dieselbe Tendenz weist auch das Bestreben hin, etwa eingetretene Assimilationen im Sinne der Wiederherstellung des ursprünglichen Konsonantenbestandes aufzuheben. Unter diesen Umständen ist das häufige Eintreten der Assimilation von Konsonanten bei sogenannten Lehnwörtern ohne weiteres verständlich, da ja nur der Einzelbegriff durch das Einzelwort übernommen wird, nicht aber der gesamte durch das Thema repräsentierte Begriffskomplex. Wort und Begriff treten bei der Übernahme in eine andere Sprache in einen vollkommen neuen Begriffszusammenhang ein, der mit ihrem Thema nichts zu tun hat, sodaß dieses nicht mehr als Träger eines allgemeinen Sinnes gilt und also nicht gegen mechanische Veränderungen im Sinne der leichteren Sprechbarkeit geschützt ist.

Die Konsonantendissimilation, soweit sie nicht eine Wiederauflösung von Assimilation ist, tritt unter gleichen Bedingungen wie die Assimilation ein: Sie erfolgt aus Gründen der leichteren Sprechbarkeit, wenn das Beibehalten des ursprünglichen Themakonsonanten auf Grund isolierender Tendenzen des Denkens nicht mehr als notwendig empfunden wird. Der als Haplologie bezeichnete Vorgang einer Kontraktion unter Vernachlässigung der Beziehungen zwischen Thema und Bildungssilben beruht auf demselben Denkprinzip.

Die Vokalassimilation und -dissimilation darf unter diesem Gesichtspunkte nicht ohne weiteres als Parallelerscheinung zur Konsonantenassimilation und -dissimilation betrachtet werden. Denn der Vokal dient dem differenzierenden Moment in der Begriffsbildung. Er ist notwendig, um die Besonderheit des Begriffes auszudrücken. Während aber die Vernachlässigung des Themas und damit des allgemeinen Prinzips ohne weiteres die Betonung der Begriffsbesonderheit in sich schließt, bedeutet eine

Vernachlässigung des vokalen Elementes nicht unbedingt ein Überwiegen des Themas und damit der Begriffsallgemeinheit. Es bedeutet vielmehr ein Schwanken in der |175| Wortbildung, ein Flüssigsein der Form, die auf ein gewisses Frühstadium der Entwicklung, auf das Fehlen einer festen Tradition hinweist. Der Vorgang liegt also auf einer ganz anderen Ebene als der phonetisch entsprechende Vorgang auf dem Gebiete des Konsonantenbestandes. Das Flüssigsein und die Traditionslosigkeit in der Wortbildung muß als Anzeichen einer noch nicht abgeschlossenen Begriffsbildung angesehen werden. Auch hier ist die Häufigkeit des Vorkommens von Vokalveränderungen bei sogenannten Lehnwörtern sehr demonstrativ: Die Übernahme eines Lehnwortes ist ja im Grunde eine Neugestaltung eines Begriffes, nur daß die Wortbildung nicht vollkommen schöpferisch, sondern in Anlehnung an übernommenes Gut erfolgt. Es scheint für die Zwecke der Erklärung der einzelnen Sprachen zu genügen, wenn die vorkommenden Fälle von Assimilation, Dissimilation, Haplologie etc. registriert, unter die entsprechenden Begriffe eingeordnet und wenn die phonetischen Bedingtheiten ihres Eintretens (*meistens* Eintretens) festgestellt werden. Für die Erklärung der betreffenden Erscheinungen und erst recht der betreffenden „Ausnahmen" ist damit aber nichts getan, und schon die logische Einordnung der vorliegenden Fälle stößt auf Schwierigkeiten, wie das Durcheinander der üblichen Beispiele aus der vergleichenden Sprachwissenschaft zeigt; s. z. B. G. Bergsträßer, Hebräische Grammatik, I. Teil, S. 82 f.

Der Vorgang der Assimilation oder der Dissimilation ist nicht immer ein historischer. Historisch in gewissem Sinne ist stets die Assimilation oder Dissimilation in Lehnwörtern. Bei den übrigen Formen müssen wir den Vorgang als eine rein sachliche Beziehung ansehen: Assimilation liegt dann vor, wenn anstatt zweier themamäßig zu *erwartender* verschiedener Konsonanten zwei einander gleiche oder ähnliche Konsonanten auftreten. Es bleibt dabei zunächst unentschieden, ob das Wort vor der Assimilation mit vollem themamäßigem Konsonantenbestand gesprochen worden oder ob der Assimilationsvorgang mit dem primären Wortbildungsvorgang identisch gewesen ist.[82] Ersterer Fall würde beweisen, daß sich in dem der

82 Daß in einzelnen Fällen der Vorgang der Assimilation ein historischer ist, ergibt sich gelegentlich eindeutig aus dem Schriftbild des Wortes, wenn dieses noch Belege für einen unveränderten themamäßigen Wortbestand liefert. Da der Schrift aber eine Tendenz zur Konservierung anhaftet, darf |176| der Zeitpunkt der ersten nachweisbaren Schreibung assimilierter Formen nicht ohne weiteres mit dem Eintreten der Assimilation selbst identifiziert werden.

|176| betreffenden Sprache zugrunde liegenden Denken analysierende Tendenzen erst allmählich durchgesetzt haben. Im zweiten Falle wäre die Wortbildung innerhalb eines Denkens erfolgt, dessen Charakter zur Zeit der Wortbildung durch eine analysierende Tendenz entscheidend bestimmt wurde. Dieselbe vorsichtige Betrachtungsweise in Bezug auf die Identität sachlicher Beziehungen mit historischen Entwicklungen ist auch bei der Behandlung der Assimilation von Vokalen an Konsonanten geboten. Wenn in einer Sprache die Neigung besteht, das grammatische Schema zu durchbrechen, um die Konsonanten mit ihnen konformen Vokalen verbinden zu können, so deutet dies auf eine Tendenz innerhalb der betreffenden Sprache hin, die leichtere Sprechbarkeit, sozusagen eine größere Handlichkeit der Worte in den Vordergrund zu stellen und lieber die architektonische Ausgeglichenheit des grammatischen Systems zu vernachlässigen; die häufige Durchbrechung des grammatischen Schemas zugunsten einer Konformität der Konsonanten und Vokale in einer Sprache erweist also das betreffende Denken als stärker auf Individualisierung gerichtet als ein Denken, das durch Ausgestaltung einer möglichst einheitlichen Grammatik seine Tendenz zu einheitlicher Form verrät.[83]

Der Einfluß der Denkform auf die Wortform zeigt sich nicht nur in assimilatorischen und dissimilatorischen Umbildungen, sondern in der Wortbildung selbst. F. N. Finck[212] (Die Haupttypen des Sprachbaus, Leipzig 1910, S. 151f.) weist auf eine Eigentümlichkeit der Wortbildung hin, die im Einzelnen fraglich sein mag, aber im Prinzip einer Untersuchung unterzogen werden muß. Es handelt sich um die Frage der kombinatorischen und der ganzheitlichen Wortbildung. Abgesehen von |177| Bildungssilben kann ein Wort auf *mehreren* Vorstellungen seines Gegenstandes aufgebaut

83 Wenn Brockelmann (Grundriß der vergleichenden Grammatik der semitischen Sprachen I, Berlin 1908, S. 194) mit Recht den Einfluß der direkten Berührung des Vokals mit einer Laryngalis in den Jussivformen auf die Verwendung konformer Vokale betont und die Entstehung besonderer Laryngalformen des Verbums auf diese Jussivbildungen zurückführt, so besteht zwischen seinen Ausführungen und unseren Prämissen keine sachliche Differenz; vorausgesetzt muß aber werden, daß die Priorität des Jussivs in der Bildung spezieller Laryngalformen des Verbums nicht unbedingt als eine historische Priorität angesehen werden darf.

[212] Franz Nikolaus Finck (1867–1910) hatte ab 1903 eine Professur für allgemeine Sprachwissenschaft in Berlin inne.

sein. Finck führt das Ssubija-Wort[213] „musisu" (Knabe) als Beispiel an. Dieses Wort besteht aus mu = Mensch und sisu = Knabe im Besonderen, faßt also zwei Vorstellungen, eine allgemeinere und eine besondere, zusammen. Daß die mit der Begriffsbildung identische Wortbildung die Feststellung des Besonderen und des Allgemeinen umfaßt, ist bereits dargelegt worden (s. oben S. 107, Anm.).[214] Bei dem angeführten Beispiel musisu tritt die Doppelheit des Vorgangs im sprachlichen Ausdruck auseinander. Das betreffende Denken kombiniert also das Allgemeine erst nachträglich mit dem Besonderen. Dies ist zweifellos eine durchaus nicht „primitive" Denkweise. Sie setzt eine – wenn auch nicht explizierte – logische Klassifizierung voraus. Diesem analysierenden und kombinierenden Denken steht als Extrem ein von vornherein synthetisches gegenüber, das den Begriff seiner Besonderheit und seiner Allgemeinheit nach in einem Denkakte erfaßt. Ein solches Denken schafft Begriffe und Worte, die nicht in ihre verschiedenen Seiten zerlegbar sind. Es muß von Sprache zu Sprache untersucht werden, welchem Typus (oder Mischtypus) ihre Wortbildung angehört. Dieses Problem berührt und überschneidet sich mit dem Problem der Bedeutung des Themas innerhalb der Wortgruppen.

Wenn wir die Sprache als adäquaten Ausdruck des Denkens ansehen, so haben wir damit von vorneherein alle mechanistischen Prinzipien aus der Sprachbildung ausgeschaltet. Ein solches mechanistisches Prinzip ist die Analogiebildung, die in der Sprachwissenschaft eine große Rolle bei der Erklärung formaler Eigentümlichkeiten einer Sprache spielt. Mit der Erklärung des Gleichklangs oder teilweisen Gleichklangs zweier Formen durch Analogiebildung ist die Behauptung aufgestellt, daß ein Einfluß bildungsmäßig nicht verwandter Elemente aufeinander innerhalb einer Sprache möglich, daß also ein lebendiges Gefühl für die Sprachstruktur nicht ohne weiteres vorhanden ist.[84] Es läßt sich denken, daß eine Sprache

84 Nicht die Erkenntnis der Eigenständigkeit einer Form, eine Erkenntnis, die eine Analogiebildung verhindern muß, setzt eine durchgebildete Grammatik voraus, vielmehr beruht gerade die Analogiebildung auf dem Vorhandensein eines logisch aufgebauten grammatischen Gebäudes, das gewisse Formen als entsprechend und deshalb der Angleichung bedürftig erscheinen läßt. – Ferdinand |178| de Saussure (Grundfragen der allgemeinen Sprachwissenschaft, deutsche

---

[213] Subiya (heute Kuhane oder Chikwahane) ist eine im südöstlichen Afrika gesprochene Bantusprache.

[214] Siehe oben, Fn. 46.

|178| bis zum Erlöschen dieses Gefühls kommen, d. h. also erstarren kann. Als Normalfall für eine noch in lebendiger Bildung begriffene Sprache müssen wir aber den Fall annehmen, daß auch ohne eine ausgebildete theoretische Grammatik ein zu lebendiges Gefühl für die Struktur der Sprache vorhanden ist, als daß eine Gleichsetzung heterogener Elemente erfolgen oder gar die entscheidende Rolle in der Formbildung spielen könnte. Eine Analogiebildung dürfte immer nur im Einzelfalle zur Erklärung einer Form herangezogen werden, wenn sich erstens in der Bildung einer Form ein deutliches Umbiegen der Entwicklung nachweisen ließe, und wenn zweitens die betreffende Form vor der analogisierenden Umbildung eine so ausgefallene Bildung aufgewiesen hätte, daß eine Angleichung an die überwältigende Mehrheit der Formen aus der Tendenz auf eine gleichmäßigere Sprachstruktur erklärbar wäre. Der von der Sprachwissenschaft häufig konstruierte Fall einer Analogiebildung unter Angleichung an die seltenere Form bedürfte immer einer besonderen Erklärung, wenn er überhaupt glaubhaft er scheinen sollte, und kann immer nur als extremer Einzelfall anerkannt, niemals aber als reguläres Bildungselement angesehen werden.[85]

Der Einfluß des Denkens auf die Sprache und die daraus folgende Bewertung der Sprache als Quelle zur Erkenntnis der Eigenart eines Denkens erschöpft sich nicht in der Laut- und |179| Wortbildungslehre, sondern beides muß, wenn unsere Prämissen richtig sind, für alle Gebiete der Sprachgestaltung zutreffen. Es ist also notwendig, die Gültigkeit unserer Voraussetzungen auch an Beispielen aus der Formenlehre und Syntax darzulegen. Im Anschluß an Cassirer ist bereits darauf hingewie-

Ausgabe, Berlin und Leipzig 1931, S. 192 ff.) hat eingehend dargelegt, daß Analogiebildungen logische Erwägungen zur Voraussetzung haben. Es ist überhaupt das Verdienst von Saussure, die Prinzipien der Analogiebildung untersucht und damit die Möglichkeit geschaffen zu haben, das Prinzip der Analogie richtig anzuwenden. Vor allem weist er darauf hin, daß eine Analogiebildung niemals eine Veränderung des Wortes und der Form selbst bedeutet, sondern daß nur eine Konkurrenzform geschaffen wird, die die ursprüngliche und korrekte Form verdrängen *kann*, ohne daß die Verdrängung notwendig eintreten muß. Auf jeden Fall sollte man also nur dann von einer Analogiebildung sprechen, wenn ein Konkurrenzstadium in der Geschichte der beiden Formen nachgewiesen werden kann. Wenn aber die „korrekte" Form nur von uns erschlossen wird, so bleibt die Erklärung einer Form als Analogiebildung immer hypothetisch.

85 Eine Analogiebildung, deren Erklärung als korrekt angesehen werden kann, führt Saussure a. a. O., S. 204 an: merīdiōnālis (Laktanz) anstatt merīdiālis analog septentri-ōnālis, regi-ōnālis.

sen worden (s. oben S. 101),[215] daß das Verbum, also diejenige Wortart, die der Darstellung von Handlungen dient, Rückschlüsse auf die Art des Zeitbegriffes zuläßt, der für das betreffende Denken charakteristisch ist. Das gilt aber nicht nur für den Zeitbegriff, sondern die Rolle, die das Verbum in einer Sprache spielt, und die Art seiner Ausdrucksmodifikationen sind für das betreffende Denken auch noch in anderer Weise charakteristisch. So deutet der *verbozentrische* Charakter des Hebräischen z. B. darauf hin, daß das in dieser Sprache zum Ausdruck kommende Denken eine starke Tendenz zur Synthese aufweist, d. h., daß es allen Nachdruck auf das dynamische Element des Seins, auf Bewegungen und Relationen, auf die Beziehung zum Ganzen, nicht aber auf das statische Element, auf räumliche Isolierung, auf einseitige Individualisierung legt. Der verbozentrische Charakter des Hebräischen bringt es mit sich, daß die Flexion des Verbums nach allen Richtungen hin ausgestaltet wird, um so alle Nuancen der dargestellten Handlung bereits am Verbum zum Ausdruck bringen zu können, d. h. also, daß die Beziehung zwischen Subjekt und Objekt nach Möglichkeit erschöpfend in der Handlung selbst dargestellt wird. Diesem Zwecke dient die differenzierte Ausgestaltung derjenigen Modi, die dazu dienen, die Beziehungen zwischen Subjekt und Objekt zu differenzieren. Das Hebräische hat sich bei der Ausbildung solcher Beziehungsmodi mit den üblichen Mitteln der Flexion, der Benutzung von Präfixen und der Veränderung der Vokale, nicht begnügt, sondern es bedient sich zu diesem Zwecke einer Umgestaltung des Themas selbst. In den sogenannten Intensivbildungen liegt eine Veränderung des Themas vor, die dazu dienen soll, eine kompliziertere Beziehung zwischen Subjekt und Objekt darzustellen, als sie in der einfachen Effizierung und Affizierung des Objekts gegeben sind. Der sogenannte Intensivstamm drückt sowohl eine Privation, die im Gegensatz zum positiven Ergebnis der durch die einfache Verbalform ausgedrückten Handlung steht (חָטָא – חִטֵּא [*ḥaṭa – ḥiṭṭe*], sündigen – entsündigen; סָקַל – סִקֵּל [*saqal – siqqel*], mit Steinen |180| bewerfen – entsteinen), als auch eine Veranlassung des Effektes durch eine Mittelsperson (יָלַד – יִלֵּד [*yalad – yilled*], gebären – beim Gebären unterstützen) als auch eine Umkehrung der Subjekt-Objekt-Beziehung (לָמַד – לִמֵּד [*lamad – limmed*], lernen – lehren) aus. Die Intensivierung der geschilderten Handlung ist also nur eine von mehreren Modifikationen, die durch das פִּעֵל [216]

[215] Siehe oben, 200 f.

[216] Das Hebräische kennt sieben Stammmodifikationen/Konjugationen zur Abwandlung der Bedeutung von Verben. Eine davon ist die von Gulkowitsch angeführte Konjugation *pi'el*, mit der ausschließlich aktive Verben gebildet werden

zum Ausdruck gebracht werden sollen. Es ist ersichtlich, daß das Mittel der Geminierung eines Themakonsonanten nicht in der Weise ad infinitum modifizierbar ist wie z. B. die Verwendung von Präfixen und Suffixen. Das Hebräische hat sich deshalb in der Ausbildung von Beziehungsmodi nicht auf das Mittel der Gemination beschränkt. Doch ist die Geminierung zweifellos eine eingreifendere und speziellere Umgestaltung des Verbums als die Flexion durch Präfigierung. Der Bildung der Intensivformen liegt ein anderer Denkvorgang zugrunde als z. B. der Bildung des הִפְעִיל.[217] Mit der Bildung des הִפְעִיל ist eine Umgestaltung des Verbalsinnes erreicht worden, die sich von der Bildung der Aktionsarten z. B. nicht prinzipiell unterscheidet. Die Bildung des Intensivstammes dagegen setzt das Bestreben voraus, die Ausdrucksmöglichkeiten des Verbums um eine Dimension zu erweitern. Logisch dürften also פִּעֵל [*pi'el*] und הִפְעִיל [*hif'il*] im Hebräischen einander nicht nebengeordnet werden. Der verbozentrische Charakter des Hebräischen (und damit der synthetische, auf das Dynamische gerichtete Charakter des entsprechenden Denkens) wirkt sich auch in der fast unbegrenzten Möglichkeit einer Bildung von Denominativen aus. Jedes Nomen gilt also als Träger einer spezifischen, für sein Wesen konstituierenden Handlung. Sein Charakter als Individualität ist begründet in seiner Fähigkeit, Gegenstand oder Urheber einer spezifischen Handlung zu sein. Das nominale Element wird also nur als Latenzzustand eines verbalen angesehen, das Statische hat seine Realität nur als Ausdruck einer spezifischen Dynamik.

Wenn in einer Sprache die Infinitive allmählich durch nominale Abstrakta ersetzt werden, so bedeutet dies einen Übergang des Denkens von der Übernahme konkreter Anschauungen zur reinen Abstraktion. Dieses ist nur ein Sonderfall der Tatsache, daß ein Überwiegen des verbalen Elementes in der Sprache auf eine stark realistische Tendenz des Denkens hin- |181| weist. Wenn eine Sprache dazu neigt, das Passivum zugunsten des Reflexivums oder anderer medialer Bildungen zu eliminieren, so weist diese Erscheinung auf eine zunehmende Verwischung der naiven radikalen Trennung von Subjekt und Objekt hin, es wird also die Vorstellung aufgelöst, daß etwas an einem Objekt geschehen könne, ohne daß dieses

---

und die häufig eine semantische Intensivierung der Verbbedeutung in der Grundkonjugation *pa'al* bewirkt. Gulkowitsch hat weiter oben die unterschiedlichen Nuancierungen der beiden Stammmodifikationen anhand entsprechender Beispiele verdeutlicht. Siehe oben, 263.

[217] Eine weitere Stammmodifikation/Konjugation ist das *hif'il*, mit dem häufig eine kausative aktive Handlung ausgedrückt wird.

Objekt zugleich auch die Rolle eines Subjektes gegenüber dem betreffenden Vorgange spielen müsse. Wenn wir in einer Sprache eine Betonung der Aspekte und ein Zurücktreten der Tempora beobachten, so liegt eine starke Tendenz des in dieser Sprache zum Ausdruck gebrachten Denkens auf eine Betonung des Objektes vor. Der Sprechende versucht seine Person ganz aus dem Vorgange auszuschalten, indem er seine gegenwärtige Situation temporal ausschaltet. Die Wahl der Verbalformen entscheidet sich hier auf Grund der Relationen der geschilderten Gegenstände und Vorgänge zueinander, nicht vom Standpunkte des Betrachters aus. Die dem Hebräischen im erzählenden Stil eigentümliche Ersetzung des vollendeten Aspektes durch den unvollendeten ist eine Auswirkung der gleichen Tendenz auf Ausschaltung des Erzählenden. Das konsekutivische Imperfektum[218] legt den Nachdruck auf das Geschehen selbst, nicht auf das Geschehensein, das im Grunde ja nur eine Konstruktion, ein raumloser Punkt ist. Die gewöhnlich als Korrelaterscheinung zum konsekutiven Imperfektum betrachtete Bildung eines Perfektums mit futurischem Sinn weist auf dieselbe Neigung zur Ausschaltung der gegenwärtigen Situation hin. Es bleibt aber fraglich, ob es sich hier wirklich um Korrelaterscheinungen handelt. Denn es liegt durchaus nicht etwa eine korrelative Vertauschung von Tempora vor, sondern eine von unserer Ausdrucksweise verschiedene Handhabung der Aspekte. Das Perfectum consecutivum[219] ist wohl überhaupt eine ausgesprochen sakrale Ausdrucksweise, immer eine Art von Perfectum propheticum (dieses nachzuweisen bedürfte einmal einer besonderen Untersuchung), während das Imperfectum consecutivum seinem Charakter nach eine außerordentlich bewegliche und volkstümliche Ausdrucksweise ist.

B. Landsberger weist auf eine Besonderheit des hebräischen Verbums hin, die in ihren Auswirkungen auf die Besonderheit des entsprechenden Denkens einer monographischen Bearbeitung bedürfte: auf die Verquickung der Zeitka- |182| tegorie mit den Kategorien des Satzbaues, wie

[218] Das Imperfekt consecutivum (auch Waw-Imperfekt) drückt im Hebräischen als erzählende Zeitstufe meist Handlungen aus, die als zeitliche oder logische Folge von unmittelbar zuvor genannten Handlungen betrachtet werden sollen; z. B.: und sie schrieben. Dagegen zählt das einfache Imperfekt zu den unabgeschlossenen Zeitstufen; z. B.: sie werden schreiben.

[219] Das Perfekt consecutivum dient im Hebräischen als Ausdruck von Handlungen und Zuständen, die zum Vorausgegangenen als dessen zeitliche und logische Folge in Beziehung stehen; z. B.: und dann werden sie schreiben. Dagegen ist das einfache Perfekt die Zeitstufe für vollendete Handlungen; z. B.: sie schrieben.

dem erzählenden, schreibenden, feststellenden Typus (OLZ, 1927, Nr. 6, S. 506).[220] Die Feststellung Landsbergers stützt unsere Auffassung, daß im Verbum die Zeitkategorie durchaus nicht das alleinige und entscheidende Bildungsmoment darstellt, sondern daß – vor allem in einer so verbozentrischen Sprache wie das Hebräische [sic] – im Verbum die verschiedensten Denkkategorien konzentriert sind und zum Ausdruck gelangen.

Diejenige Flexionsart des Verbums, die sich einer rein formalistischen Betrachtungsweise am stärksten widersetzt, ist das genus verbi, speziell das Passivum. Hier finden Überschneidungen von Sinngrenzen und Formgrenzen statt, die sich nur unter Heranziehung der Prinzipien des Denkens erklären lassen.[86] Die semitischen Sprachen scheinen in besondere Weise zur Ausgestaltung eines Passivums zu neigen. Hier werden die passiven *Formen* in differenzierter Weise ausgebildet, während sich die abendländischen Sprachen, besonders die modernen, stilistischer Mittel, wie der Umschreibung durch Hilfsverba, bedienen. Schon die Tatsache, daß besondere Passivformen ausgebildet werden, läßt darauf schließen, daß in solchen Sprachen das Passiv einen eigenständigen Charakter hat und nicht nur die negative Seite des Aktivs darstellt. Es ist das Verdienst von

86 Obwohl A. Marty ja gerade die Entsprechung von Denken und Sprache leugnet und dies zu erweisen sogar zum Ziel seiner Untersuchungen gemacht hat, so führt ihn dennoch seine außerordentlich inkonventionelle und begrifflich exakte Betrachtungsweise dazu, daß er die Problematik der genera verbi klar herausstellt (A. Marty, Satz und Wort …, herausgegeben von Otto Funke, S. 44).

[220] Benno Landsberger, Marcel Cohen, Le système verbal sémitique et l'expression du temps, Paris 1924 [Rezension], in: Orientalistische Literaturzeitung 30 (1927), H. 6, 504–507. Landsberger (1890–1968) war ein deutsch-jüdischer Assyriologe und Orientalist. Bis zu seiner Entlassung 1935 wirkte er an der Leipziger Universität und war unmittelbarer Kollege von Gulkowitsch. Von den Nationalsozialisten vertrieben, emigrierte Landsberger 1935 zunächst nach Ankara und 1948 nach Chicago. Siehe auch die Einleitung zu diesem Band, 28 f. Utz Maas, Landsberger, Benno, in: ders., Verfolgung und Auswanderung deutschsprachiger Sprachforscher, Bd. 1, 423–428. Gulkowitsch hatte in Leipzig Arabisch gelernt und seine Kenntnisse des Assyrischen, Äthiopischen und Syrischen zunächst bei dem Semitisten und Assyriologen Heinrich Zimmern erweitert. Nach dessen Tod setzte er das Studium der Assyriologie bei Benno Landsberger fort. Põldsam, Lazar Gulkowitsch. Eine vergessene Stimme, 35 f. Landsberger setzte sich mit anderen Wissenschaftlern in einem Bittbrief dafür ein, dass Gulkowitsch den Lehrstuhl in Tartu erhielt. Ebd., 48.

Reckendorf,[221] exakt nachgewiesen zu haben, daß das semitische Passiv einen eigenständigen Charakter erhält, indem es nicht etwa durch die Erhebung des Objektes zum Subjekt aus dem Aktivum entsteht, sondern eine Verbalform mit innerem Subjekt darstellt, der ebenso wie dem Aktivum ein affiziertes oder effiziertes Objekt beigefügt werden kann. E. Porat[222] (Die Passivbildung des Grundstammes im Semitischen, in der Zeitschrift für Geschichte und Wissenschaft des Judentums, N. F. Jahrgang 24 (1926), S. 257) führt dazu zwei vorzügliche Beispiele aus dem klassischen Hebräisch an: אֶת־אַרְבַּעַת אֵלֶּה יֻלְּדוּ [*'et-'arbba'at 'elleh yulledu*], diese vier wurden geboren (2 Sam. 21,22); יֻתַּן אֶת־הָאָרֶץ הַזֹּאת [*yuttan 'et-ha-'areẓ ha-zot*], das Land möge gegeben werden |183| (Num. 32,5).[87] Subjekt eines solchen Satzes ist nicht das Effizierte oder Affizierte, sondern die Handlung selbst.[88] Das Passivum ist also in Bezug auf das Aktivum eine andere Art des Geschehens, nicht bloß ein in Bezug auf das Objekt anders gerichteter Aspekt.[89] Das sogenannte innere Passiv des Semitischen stimmt im Arabischen in Bezug auf seine Vokalfolge auffällig mit den Krankheitsnamen überein, worauf Hans Bauer und Pontus Leander (Historische Grammatik der hebräischen Sprache des Alten Testaments, Halle 1918, S. 285) hinweisen.[223] Es besteht also eine Beziehung zwischen denjenigen Formen, die den Begriff des Affiziertseins zum Ausdruck bringen, und denjenigen,

87 Porat erwähnt a. a. O. auch eine Stelle aus dem Ḳor'ān (99,1). Aber in den mir bekannten Ausgaben (so ed. Flügel, Leipzig 1881) steht an der entscheidenden Stelle ein Nominativ, nicht der von Porat angegebene Akkusativ.

88 Mit dieser Auffassung im Zusammenhang steht, daß im Arabischen impersonelle Ausdrücke, in denen ja die Handlung selbst allein Subjekt ist, weil ein anderes Subjekt gar nicht interessiert, in der Regel durch das Passiv wiedergegeben werden, wozu Caspari/Müller, Arabische Grammatik, Halle ^{5}1887, S. 345 f.

89 Über die korrelative Bedeutung des Aktivs und des Passivs in den modernen abendländischen Sprachen s. Otto Jespersen, The Philosophy of Grammar, London 1924, S. 164 f.

---

[221] Hermann Reckendorf (1863–1924) war Literaturwissenschaftler und Orientalist in Heidelberg und Freiburg.

[222] Efraim Porat (1887–1959) war ein in Gießen promovierter Sprachwissenschaftler und Hebräischlehrer. Efraim Porat, Leshon ha-ḥakhamim. Le-fi mesorot bavliyyot shebe-kitvei yad yeshanim [Die Sprache der Rabbinen. Nach babylonischen Überlieferungen in alten Handschriften], Jerusalem 1938.

[223] Hans Bauer (1878–1939) bekleidete ab 1922 eine Professur für vergleichende semitische Sprachwissenschaft und Islamkunde in Halle. Pontus Leander (1872–1935) war ein schwedischer Orientalist und Semitist.

in denen der Begriff des schmerzlich Affiziertseins ausgedrückt wird. Ob hier, wie Bauer und Leander annehmen, der *historische* Vorgang einer Bedeutungserweiterung vorliegt, mag auf sich beruhen. Entscheidend ist die Tatsache, daß hier zweifellos eine sprachliche Gleichheit durch die Zugehörigkeit zu derselben Begriffskategorie bedingt ist. Wundt erklärt diese Vokalfolge psychologisch als den adäquaten Ausdruck der absinkenden Stimmung (Völkerpsychologie, Band I, 1. Teil, Die Sprache, Leipzig ³1911, S. 362), welcher Ansicht sich auch Brockelmann (Grundriß der vergleichenden Grammatik der semitischen Sprachen I, Berlin 1908, S. 537) anschließt. Ebenso beruht der Hinweis auf die gleiche Vokalfolge im akkadischen Weheruf, die Hans Bauer (Zeitschrift der deutschen morgenländischen Gesellschaft, Jahrgang 69 (1915), S. 562 ff.) zur Erklärung anführt, auf einer rein psychologischen Betrachtungsweise. In solchen Schlußfolgerungen wird im Grunde das zu Beweisende zur Prämisse gemacht, denn wir haben für das psychologische Moment, daß die Vokalfolge *u-a* für Schmerzäußerungen typisch ist, eben nur die sprachlichen |184| Erscheinungen, die erklärt werden sollen. Wir müssen uns hier mit dem Aufzeigen von Tatsachen und Beziehungen begnügen, während ihre Ursachen sich unserer Erkenntnis entziehen.

Während die modernen abendländischen Sprachen das Passivum stilistisch umschreiben, haben das Griechische und Lateinische Passivformen ausgebildet. Aber diese Formen haben sich niemals zu der geschlossenen Begrifflichkeit entwickelt, die wir im Arabischen und im Hebräischen beobachten können. Ernst Cassirer (Philosophie der symbolischen Formen, 1. Teil, Die Sprache, S. 214) weist mit Recht darauf hin, daß das Griechische durchaus nicht ein formal und inhaltlich selbständiges Passivum entwickelt hat und daß die strenge Scheidung von *ποιεῖν* [*poieîn*: machen] und *πάσχειν* [*páschein*: erleiden] in den aristotelischen Kategorien logische, nicht sprachliche Voraussetzungen hat.[224] Die Überschneidung von aktiv und passiv wird im Lateinischen besonders deutlich am Gebrauch der Partizipia. Das sogenannte *participium activi praesentis*[225] hat nicht *nur* aktiven Sinn, wie der beliebte Gebrauch einer Form wie *amantissimus* in

[224] »Aber es ist keineswegs zutreffend, wenn man behauptet hat, daß Aristoteles, indem er in dieser Weise den Grundgegensatz des Wirkens und Leidens *ποιεῖν* und *πάσχειν* in den Mittelpunkt stellt, sich hierbei lediglich von Tendenzen leiten ließ, die ihm durch die Form und Eigenart der griechischen *Sprache* unmittelbar gegeben und gewissermaßen aufgedrängt waren.« Cassirer, Philosophie der symbolischen Formen, 1. Teil, 218 (Hervorhebung im Original).

[225] Lateinisches Partizip Präsens Aktiv, eine Verbform, die in der Form der Gleichzeitigkeit zu anderen Satzgliedern steht.

durchaus passivem Sinne beweist; ein Sprachgebrauch des Partizipiums, dem in den modernen abendländischen Sprachen Bildungen wie „café chantant“, „thé dansant,“ „schwindelnde Höhe“ entsprechen, wozu Jacob Wackernagel (Vorlesungen über Syntax, 1. Reihe, Basel 1920, Kap. XLVI, S. 286). Ebenso schwankt der Sinn der perfektischen Partizipia bei den lateinischen Deponentia zwischen aktiv und passiv. Die Ausdrucksweise, daß der Sinn dieser Partizipia sowohl aktiv als passiv sein kann, ist überhaupt insofern inkorrekt, als dadurch etwas differenziert wird, was in diesem Sprachgebrauch begrifflich zusammenfällt. Der Sinn dieser Partizipia ist nicht etwa sowohl aktiv als passiv, sondern neutral in Bezug auf die Unterscheidung der *genera verbi*. Eine solche Neutralität ist nur dann möglich, wenn in einer Sprache die *genera verbi* nur formal sind, nur verschiedene Aspekte in Bezug auf die Setzung des Objektes zur Handlung, aber keine eigene Qualifikation der Handlung selbst ausdrücken. Eine Sprache kann überhaupt darauf verzichten, die Qualifikation Affiziertsein, mit dem implizite gegebenen Grundton des schmerzlich Affiziertseins, zum Ausdruck bringen. Wenn aber diese Nuance als besondere begriffliche Kategorie auftritt, so führt sie auch zu einer eigenen sprach- |185| lichen Bildung, während eine Denkweise, in der die Leideform nur einen anderen Aspekt derselben Begriffskategorie darstellt, nicht unbedingt eines besonderen sprachlichen Ausdruckes bedarf.

Es ist bereits im Zusammenhang unserer Auseinandersetzung mit den Auffassungen Cassirers darauf hingewiesen worden, wie die Besonderheiten der Nominalflexion, die Bildung der Kasus, der Plurale und des Genus, nicht rein grammatikalische Erscheinungen, sondern mit der Denkstruktur aufs engste verbunden sind (s. oben S. 100 und 108, Anm. 1).[226] Auch hier geht jede Sprache ihren eigenen Weg, sodaß wir die Prinzipien der Nominalflexion, die zugleich Denkprinzipien sind, an jeder Sprache gesondert erforschen müssen.

In vielen Sprachen ist es aber auffällig, wie wenig lebensfähig die nominale Flexion ist. Die Kasus des Nomens sind vom syntaktischen Zusammenhange her bestimmt und daher rein logischer Natur.[90] Wacker-

90 Die immer wieder diskutierte Frage nach der Zahl der Kasus (vgl. z. B. Wackernagel a. a. O., S. 300 f.) steht und fällt mit der Definition des Begriffes Kasus. Wenn wir z. B. die oben angeführte rein syntaktische Beziehung als konstituierendes Element des Begriffes Kasus ansehen, so dürfte die Zahl der Kasus sich sehr einschränken, da damit alle Lokative und Temporalkasus ausgeschieden wären.

[226] Siehe oben, 199 f. und Fn. 47.

nagel (Vorlesungen über Syntax, Basel 1920, S. 295) definiert mit Recht die Aufgabe der Kasus dahin, daß sie dazu dienen, „das begriffliche Verhältnis nominaler und pronominaler Satzteile zum ganzen Satze oder zu anderen Satzteilen anzugeben". Daß sich die Aufgabe der Kasus in der Herstellung von Beziehungen erschöpft, läßt die Darstellung der Kasus durch Veränderungen am Nomen selbst als nicht besonders adäquat erscheinen. In der Tat haben sich die Kasusformen weder historisch noch morphologisch in den Sprachen vollständig durchgesetzt, obwohl sie in gewissen Entwicklungsphasen in vielen Sprachgruppen vorhanden sind. Das Aussterben der Kasus ist eine in vielen Sprachen zu beobachtende Erscheinung. Auch diejenigen Sprachen und Entwicklungsphasen, in denen die Kasus durchgebildet sind, bieten nicht das Bild einer völligen Durchführung des Prinzips. Wackernagel a. a. O., S. 295 f. weist auf die weite Verbreitung der kasuellen Defektivität auch in so ausgesprochenen Kasussprachen wie dem Lateinischen und dem Griechischen |186| hin. Es erhebt sich nun die Frage, warum sich die Sprachen überhaupt eines logisch so wenig berechtigten und darum so wenig lebensfähigen Ausdrucksmittels wie besonderer Kasusformen bedienen. Die Ausdehnung des Prinzips der Flexibilität auf eine möglichst große Anzahl von Wortarten und deshalb auch auf die Nomina läßt darauf schließen, daß das formale Element, das Streben nach Vollständigkeit des Schemas in einer Sprache überhandnimmt. Nicht die logische Berechtigung, sondern die formale Vollständigkeit, also ein im Grunde ästhetisches Moment, gibt in solchen Entwicklungen den Ausschlag. Die Kasusformen verschwinden aber in dem Maße wieder, als sich das Streben nach möglichster Korrektheit des begrifflichen Ausdrucks durchsetzt. Der sekundäre Charakter der Kasusformen zeigt sich auch darin, daß viele Kasusendungen nicht genuine Bildungen darstellen, sondern aus anderen Formen übernommen wurden. So fungieren vielfach die Formen für Raumbezeichnungen zugleich als Kasusformen. Es ist auch möglich, daß Kasusendungen aus Kontraktionen mit Pronomina entstehen können, wie es Philippi behauptet,[227] wozu Brockelmann, Grundriß der vergleichenden Grammatik der semitischen Sprachen, S. 459. Es wäre eine interessante kulturhistorische Feststellung, wenn es gelänge, in einzelnen Sprachen nachzuweisen, wann und unter welchen Umständen die

[227] Friedrich Philippi (1853–1930) war, zuletzt an der Universität Münster, Altertumswissenschaftler und Archivar. Gulkowitsch bezieht sich über Carl Friedrich Brockelmann auf Friedrich Philippi, Wesen und Ursprung des Status constructus im Hebräischen. Ein Beitrag zur Nominalflexion im Semitischen überhaupt, Weimar 1871.

Kasusformen auftauchen und wieder verschwinden. Im Rahmen unserer Erwägungen ist vor allem der Nachweis wichtig, daß dieses Auftauchen und Verschwinden kein isoliertes sprachliches Phänomen sein kann, sondern das Ergebnis geistesgeschichtlicher Veränderungen sein muß.[91]

|187| Eine mustergültige Betrachtung des *Adjektivums* nach den Prinzipien einer organischen, nicht mechanisierten Grammatik bietet Hermann Ammann (Die menschliche Rede, I. Teil, Kap. X). Er weist mit Recht darauf hin, daß das Adjektivum das Stiefkind der traditionellen Grammatik ist und immer nur als Anhängsel zum Nomen betrachtet wurde, wodurch seine Bedeutung niemals klar herausgestellt werden konnte. Das Adjektivum ist nach Ammann in einer anderen Weise gegenstandsbezogen – Ammann muß aber auf Grund seiner Terminologie von der Beziehung zum Begriff, nicht von der zum Gegenstand ausgehen – als das Nomen. Das Nomen ist immer in irgendeiner Form Bezeichnung, denn die Grenzen zwischen Nomen appelativum und Nomen proprium sind durchaus fließend. Ammann (a. a. O. I, Kap. VIII) führt in sehr instruktiver Weise die Zwischenklasse der „*Monosemantika*" ein (a. a. O., S. 87). Das Nomen hat also eine starke Beziehung zur „objektiven" Welt. Das Adjektivum dagegen drückt zunächst eine Empfindung aus. Es ist diejenige Wortklasse, die der Interjektion am nächsten steht. In einer lebendigen Sprache haftet jedem Adjektivum noch dieser ursprüngliche Empfindungsgehalt an. Die Bindung des Adjektivs an die Empfindung bedingt dessen Unübersetzbarkeit, es ist weit weniger übersetzbar als das Nomen. Besonders augenscheinlich ist die Inkongruenz des Geltungsbereiches bei Farbenbezeichnungen. Ammann weist auf die berühmte „Blaublindheit" der Griechen hin, die zunächst ein Problem der Kunstwissenschaft gewesen ist, aber zugleich

91 Die Erfassung der Kasus und ihrer Geschichte kann von der phänomenologischen Betrachtungsweise der Sprache her eine Bereicherung und Auflockerung erfahren, da die Kasus weniger formale Bildungen sind, die sich ohne weiteres an der Wortklasse Nomen vornehmen lassen, als vielmehr stark semantisch bestimmt werden. A. Marty (Satz und Wort …, herausg. von Otto Funke, S. 53 ff.) führt die Sonderstellung der casus obliqui gegenüber dem casus rectus an, so bezeichnet nur der Nominativ des Substantivums die „Substanz" selbst, der Genitiv z. B. dagegen hat die Aufgabe, entweder notwendig im Worte selbst gegebene korrelative Beziehungen zu explizieren (Vater → Vater eines Kindes), formal gegebene notwendige Korrelationen inhaltlich zu bestimmen (Wirkung = Wirkung von etwas → Wirkung der Elektrizität) oder ein Autosemantikon attributiv näher zu bestimmen (Hut → Hut des Mannes). Der Vokativ nimmt insofern eine Sonderstellung unter den Kasus ein, als er unter allen Umständen Autosemantikon, nämlich ein Satzwort ist, da er eine interesseheischende Äußerung darstellt.

schwerwiegende sprachliche Konsequenzen hat. Was für die Farben gilt, gilt aber ebenso für alle Eigenschaftsbezeichnungen. Der Charakter des Adjektivums als Ausdruck einer Qualitätsempfindung bestimmt den ausgesprochen wertbezogenen Charakter des Adjektivs. Es bezieht sich vielmehr auf die Beurteilung des Gegenstandes als auf den Gegenstand selbst. Von dieser Betrachtungsweise her hebt sich der Unterschied zwischen Adjektiv und Adverb auf. Ammann bemerkt, daß in den Sätzen „Blau ist der Himmel" … „Rot blühen die Rosen" die beiden Farbenbezeichnungen durchaus nicht als prinzipiell getrennte Wortarten aufgefaßt werden können, wenn wir nicht in rein mechanistische Unterscheidungen verfallen wollen. Ammann kommt also auf Grund seiner nicht isolierenden und nicht mechanisierenden Betrachtungsweise zu einer völlig an- |188| deren Gruppierung der Wortklassen als die traditionelle Grammatik.[92]

Ammann bietet auch eine sehr originelle grundlegende Behandlung des Verbums, die ebenfalls den Dienst einer Auflockerung der sprachwissenschaftlichen Methoden leistet. Doch bedeutet Ammanns Beziehung des Verbums auf das „Leben" und die damit verbundene Trennung des Verbums von jeder Begriffsbildung eine prinzipielle Scheidung seiner Auffassung von der unsrigen.

Die Untersuchungen Ammanns erweisen mit besonderer Deutlichkeit, wie problematisch unsere grammatikalischen Klassifikationen sind. Es erhebt sich nun die Frage, ob diese Problematik eine notwendige und unlösbare ist oder ob hier durch ein besseres System radikale Abhilfe geschaffen werden kann. Die lange Geschichte der wissenschaftlichen Grammatik läßt es von vornherein als fraglich erscheinen, daß das letztere möglich sei. Eine tiefer gehende Betrachtungsweise des Problems führt auch dazu, daß die Problematik der grammatikalischen Klassifikation als in der Sache selbst begründet angesehen werden muß. Jede Klassifikation ist eine künstliche Vereinfachung, was seit Vaihingers grundlegenden

92 Während Ammann in Bezug auf den Gefühlsgehalt und die sich daraus ergebenden Konsequenzen einen deutlichen Unterschied zwischen Adjektivum und Substantivum konstatiert, der die Subsumierung beider Wortklassen unter den Begriff des Nomen unmöglich mache, will er von einem anderen Gesichtspunkte aus den Unterschied zwischen Adjektivum und Substantivum als weniger radikal ansehen, als dies traditionell üblich ist: Das Adjektivum sei zwar diejenige Wortklasse, die speziell der Qualifizierung diene. Aber der Qualifizierung diene ebenso das Nomen. Die Subsumierung eines Einzelnen unter einen allgemeineren Gesichtspunkt mit Hilfe eines Urteils sei ebenfalls eine Qualifikation, da ein Subsumtionsurteil immer eine Eingliederung in eine Ganzheit bedeute, die als „Idee" immer auch qualitativ bestimmt sei (Die menschliche Rede II, S. 135 ff.).

Arbeiten fast allgemein anerkannt ist, die Klassifikation der Begriffe ebenso wie die der ihnen entsprechenden Wortarten.[228] Denn wir können nur „Normalfälle“ rubrizieren und müssen alle Grenz- und Übergangsformen ignorieren. Diese Übergangsformen sind durchaus keine „Ausnahmen“, *jeder* Begriff tendiert infolge seines dynamischen Wesens von der künstlich gesetzten Norm weg. Die Setzung der Normalfälle ist also bereits fiktiv. Die von uns behauptete Identität von Wort und Begriff, die ohne weiteres die Behaup- |189| tung einschließt, daß Wortklassen und Begriffsklassen einander entsprechen können und sollen, ist also nicht dadurch widerlegt, daß das Schema der Wortklassen begrifflich so schwer zu unterbauen ist. Es wird in der Tat kein für eine Wortklasse konstituierendes Merkmal geben, das nicht in anderer Nuancierung in anderen, vielleicht in allen Wortklassen wieder auftaucht. Was A. Marty (Satz und Wort ..., herausgegeben von Otto Funke, S. 42 ff.) gegen alle Bestimmungen der Wortklassen von den Begriffsklassen her einwendet, trifft nur die Schwäche der Klassifizierung überhaupt, nicht speziell die Klassifizierung der Wortarten auf Grund verschiedener Begriffsklassen. Das Verbum z. B. ist in der Tat Verbum nicht nur auf Grund seiner „inneren Sprachform“, [93]

93 Wenn A. Marty dem Begriff des Verbums (a. a. O. S. 53)[229] jede semantische Gültigkeit abspricht, so meint er dies nicht nur in sachlicher Beziehung, sondern er sieht hier auch das Ergebnis eines historischen Vorgangs, den Voßler (s. oben S. 89, Anm.)[230] mit „Grammatikalisation“ bezeichnet. Auch das Verbum habe allmählich seine Sonderfunktion verloren und sei durch Assoziation und Gewohnheit zum Ausdrucksmittel für semantisch betrachtet sehr heterogene Elemente geworden. Der Manuskriptcharakter der Martyschen Arbeit macht es schwierig, aus einzelnen Behauptungen Rückschlüsse auf das gesamte System zu ziehen. Deshalb kann eine gewisse mechanistische Sprachauffassung, die implizite in dieser Betrachtungsweise enthalten ist, nicht ohne weiteres als charakteristisch für das System Martys angesehen werden. Immerhin zeigt sich hier die Schwäche der phänomenologischen Sprachphilosophie in Bezug auf die Darlegung positiver Ergebnisse. Die Martysche Arbeit ist vorbildlich in Bezug auf Abgrenzungen und auf die Aufdeckung konventioneller Inkonsequenzen

[228] Gulkowitsch zitiert in Fn. 25 einen ähnlichen Gedanken aus Vaihinger, Die Philosophie des Als ob, 28 und 399.

[229] »*Offenbar sind also in den Begriff Besonderheiten der inneren und äußeren Sprachform aufgenommen und wird da manches zusammengerechnet, was nur durch die ebengenannten Eigentümlichkeiten und durch die genetische Zusammengehörigkeit verwandt ist.*« Marty, Satz und Wort, 53 (Hervorhebung im Original).

[230] Siehe oben, Fn. 35.

sondern auf Grund der Sonderstellung |190| seines Sinnes innerhalb der Denkformen. Das Vorhandensein des „Verbums" konstituiert geradezu eine bestimmte Denkform, die als solche evident ist und darum nur durch Kennzeichnung ihrer verschiedenen Merkmale umschrieben und durch gewisse Manipulationen denjenigen bewußt gemacht werden kann, für die das Phänomen Verbum noch nicht evident war. Der Sondercharakter der einzelnen Sprachen bringt es dabei mit sich, daß Geltungsbereich, Häufigkeit und zentrale Stellung des Verbums innerhalb des Systems in jeder Sprache verschieden sind, daß überhaupt der Begriff, den wir mit Verbum bezeichnen, nicht überall der gleiche ist und daß es Sprachen gibt, in denen eine Wortklasse, die annähernd unserem Verbum gleicht, nicht vorhanden ist. Dies ist auch auf Grund des Sondercharakters der verschiedenen Kulturen, deren Eigenart sich durch die verschiedenen Sprachen ausdrückt, nicht anders zu erwarten. Für die theoretische Grundlegung der Grammatik ist hieraus die Konsequenz zu ziehen, daß wir auf eine Definition der Wortklassen und der ihnen entsprechenden Formen des Denkens verzichten und uns auf eine Beschreibung von Merkmalen beschränken müssen. Diese Beschreibung aber muß immer prinzipiell von der einzelnen Sprache ausgehen.

In sehr anschaulicher Weise läßt sich die Eigentümlichkeit der Wortklassifizierung, die einen fortlaufenden Fluß von Variationen in beliebig

und Gedankenlosigkeiten. Er sieht mit aller Schärfe, daß die Definitionen der Wortklassen z.B. voller Widersprüche sind. Er vermag aber nur festzustellen, auf welche Ebene der Klassifikation die Einteilung der Wortarten nicht gehört oder wenigstens seiner Meinung nach nicht gehören kann. Er vermag auch die Ebene zu nennen, auf der seiner Ansicht nach eine konkrete Klassifikation möglich wäre. Er vermag aber nicht, die konstituierenden Momente für diese seine vorgeschlagene Einteilung im Einzelnen anzugeben. Dieses Stehenbleiben in methodischen Vorfragen, sobald es sich nicht mehr um Abgrenzungen, sondern um Aufbau handelt, ist nicht bloß eine Eigentümlichkeit der Martyschen Methode, sondern eine Erscheinung, die uns auf dem Gebiete phänomenologischer Betrachtungsweise immer wieder begegnet. Es bedarf einer gründlichen Bearbeitung der phänomenologischen Methoden und ihrer Voraussetzungen, um einmal festzustellen, ob hier eine relativ junge Forschungsmethode nur noch nicht über die ersten Aufgaben hinausgekommen ist, oder ob hier tatsächlich Grenzen der phänomenologischen Betrachtungsweise vorliegen. Im letzteren Falle müßte der Nachweis geführt werden, ob diese Grenzen notwendige sind oder dadurch überschritten werden können, daß die Methode durch Vertiefung freier, weiter und biegsamer gestaltet wird.

viele Teile auflöst, aber doch so, daß die Grenzen zwischen den einzelnen Teilen zwar künstlich gesetzt, die Extreme der Variationsreihe jedoch deutlich voneinander verschieden sind, an dem Unterschied zwischen Verbum und Nomen demonstrieren. A. Marty (a.a.O., S. 53ff.) geht von der Bezeichnung Substantiv aus und bemängelt diese Bezeichnung deshalb, weil doch die betreffende Wortklasse auch sehr Unsubstantielles, wie Abstrakta, Zustände und Tätigkeiten, bezeichnen könne. Dagegen ist einzuwenden, daß, sobald eine Tätigkeit z.B. mit einem Substantiv bezeichnet wird, hier tatsächlich eine gewisse Verdichtung der Vorstellung stattfindet. Es läßt sich eine Skala der Verdichtung aufstellen. Der Infinitiv faßt die Tätigkeit bereits substantieller auf als das konjugierte Verbum, Nominalbildungen aus Verben sind ihrem Sinne nach substantieller als der substantivisch gebrauchte Infinitiv. Am reinsten ist der Substantivcharakter in denjenigen Nominibus, die überhaupt nicht |191| von Verben hergeleitet sind. Im Deutschen drückt „das Hassen" mehr eine seelische Aktion aus als „der Haß", denn unter Haß verstehen wir bereits etwas fast greifbar und gegenständlich Gewordenes. „Haß" ist gleichsam massiver als „Hassen". Ferner ist im Deutschen etwa das Wort „das Wirken" sehr viel mehr an das Vorhandensein eines *persönlichen* Urhebers gebunden als „die Wirkung". Wenn in einer Sprache überhaupt Wortklassen, die reine Bewegung, und solche, die reine Gegenständlichkeit ausdrücken, vorhanden sind, so wird sich immer eine Wortklassenskala zwischen diesen beiden Extremen aufstellen lassen. Im Hebräischen beobachten wir neben dem Infinitiv das nomen actionis mit dem Bildungssuffix ā,[94]

94 Diese Bildungsskala bedeutet nur einen ganz allgemeinen Abriß, das Leben der Sprache ist noch unendlich viel nuancierter. So tritt im klassischen Hebräisch das nomen actionis dieser Bildungsart nur für bestimmte distinkte Kategorien auf. Für die allgemeine Ableitung eines mehr nominalen Elementes aus dem verbalen dient zunächst der infinitivus constructus; doch genügte diese noch ganz verbale Ausdrucksweise in einer neuen Erscheinungsphase der hebräischen Sprache nicht mehr, weshalb die Bildungsweise der distinkten Kategorien verallgemeinert wurde, wozu Lazar Gulkowitsch, Die Bildung von Abstraktbegriffen in der hebräischen Sprachgeschichte, Leipzig 1931, S. 114f.[231]

[231] Gulkowitsch diskutiert dort das grammatikalische Phänomen des Verbalnomen, das aus dem Infinitivus constructus gebildet wird, mit Blick auf unterschiedliche Sprachstufen des Hebräischen.

dann die miqtal-Bildungen,[95] die bereits nicht mehr die Aktion selbst, sondern ihren Gegenstand und ihre Wirkung ausdrücken, dann die reinen Nomina. Im Hebräischen ist diese Bildungsskala sehr leicht umkehrbar, da auch vom Nomen ausgehend Verba gebildet werden können. Nicht jedes Wort pflegt alle Bildungsmöglichkeiten aufzuweisen, und die verschiedenen Phasen einer Sprachentwicklung bevorzugen bald diese, bald jene Stufe der Skala. Trotzdem ist diese Skala nicht ein willkürliches Schema, sondern ein zwar fiktiv vereinfachendes, aber doch adäquates Abbild der betreffenden Sprachstruktur. Also auch von der inhaltlichen, „semantischen" Seite her kommt der Klassifizierung der Worte eine Berechtigung zu. Nur darf diese Klassifizierung nicht ein absolut für alle Sprachen gültiges Schema schaffen wollen, sondern sie muß von der Struktur der einzelnen Sprache ausgehen.

Wenn A. Marty immer wieder darauf hinweist, daß die verschiedenen Wortklassen neben denjenigen Funktionen, die sie ihrem Wesen nach ausdrücken können, noch eine Reihe |192| von Funktionen ausüben müssen, die ihrem Wesen gar nicht entsprechen, die ihnen aber auf dem Wege der Assoziation im Verlaufe der Sprachgeschichte deshalb zugeschoben worden sind, weil keine adäquaten Ausdrucksformen vorhanden waren, so behauptet er hiermit eine Armut der Sprache in Bezug auf ihre formalen Möglichkeiten. Für ihn ist also das Denken formal so differenziert, daß ihm die Sprache nicht nachkommen kann. Er behauptet also eine Unzulänglichkeit der Sprache von einem Gesichtspunkt aus, der demjenigen Bergsons entgegengesetzt ist. H. Bergson sieht die Unzulänglichkeit der Sprache darin, daß sie zu starr ist, um den immer neuen individuellen Schöpfungen des élan vital einen adäquaten Ausdruck verleihen zu können (s. oben S. 111).[233]

Für eine Umgestaltung der Syntax im Sinne ihrer besseren Anpassung an die lebendige Gegebenheit der Sprache liefert ebenfalls H. Ammann grundlegende Hinweise. Ammann sieht im Satze zunächst eine grammatikalische Größe (= phrase), die aber primär mit dem logischen Begriffe des Satzes (= thèse) identisch sei. Logische Sätze im Sinne Ammanns sind die

95 Beispiele hierfür s. L. Gulkowitsch, a. a. O., S. 13.[232]

---

[232] Gulkowitsch führt hier die unterschiedlichen Möglichkeiten der Substantivierung eines Verbalstamms und die damit verbundenen Nuancen des Bedeutungswandels anhand zahlreicher Beispiele aus. Das *miqṭal* ist eines von vielen Mustern zur Bildung eines Substantivs aus einem Verb.

[233] Siehe oben, 210 f.

Behauptungssätze, sowohl aktuelle Behauptungen, deren Wahrheitswert an die jeweilige Situation gebunden ist, als auch „freizügige“ Sätze, d.h. Behauptungen in wissenschaftlichem Sinne, die Anspruch auf immer gültige Wahrheit erheben. Der grammatische Begriff des Satzes sei aber über den logischen Begriff des Satzes hinaus erweitert worden, sodaß er jetzt auch den Wunsch, die Aufforderung, die Frage etc. mit umfasse. Diese Katachrese sei typisch für die Bildung grammatikalischer Termini und habe sich als äußerst fruchtbar erwiesen[96]

Der grammatikalische Satzbegriff ist also nach Ammann formal betrachtet umfassender als der logische Satzbegriff. Der Satz entspricht aber dennoch durchaus in seiner Struktur der realen Struktur dessen, worüber er aussagen soll. Ammann zeigt, daß die Zweiheit von Subjekt und Prädikat nicht bloß eine rein grammatikalische Aufteilung bedeutet, sondern daß ihr eine reale Zweiteilung entspricht. Aber diese reale Zweiteilung – das ist das Entscheidendste an Ammanns Ansicht – ist mit der |193| grammatikalischen Aufteilung in Subjekt und Prädikat durchaus nicht kongruent. Das Zusammenfallen des grammatikalischen Subjekts mit dem zur Diskussion stehenden Thema und des grammatikalischen Prädikats mit „dem, was vom Gegenstand des Satzes ausgesagt wird“, ist nur eine Möglichkeit unter vielen. Ammann versucht eine Analyse dieser Möglichkeiten. Was Thema und was „Rhema“ (Ammann) ist, bestimmt sich aus der jeweiligen geistigen oder konkreten Situation, in der der Satz gebildet wird.[234] Die Zahl der Möglichkeiten dürfte deshalb unbegrenzt sein. Die Unterscheidung von grammatikalischem Subjekt und sachlichem Thema ermöglicht eine freiere Ausgestaltung der Syntax, da sie die Notwendigkeit beseitigt, im Subjekt unter allen Umständen den „Gegenstand“ des Satzes sehen zu müssen, was ohne Verbiegung der logischen Prinzipien in den meisten Fällen nicht möglich ist. Die von Ammann gewählte Methode, das

96 So seien Begriffe wie genus neutrum oder casus rectus zunächst *contradictiones in adjecto*, da sich der Begriff des genus zunächst nur auf masculinum und femininum und der Begriff casus (*πτῶσις* [*ptōsis*]) nur auf die casus obliqui beziehen könne.

[234] »Rhema« ist ein von Hermann Ammann parallel zu »Thema« verwendetes Kunstwort seiner Mitteilungstheorie, das das grundsätzlich Neue für einen Hörer bezeichnen soll. Ammann, Die menschliche Rede. Sprachphilosophische Untersuchungen, Bd. 2: Der Satz. Lebensformen und Lebensfunktionen der Rede – Das Wesen der Satzform – Satz und Urteil, 3.

Wesen des Satzes aus dem Satze selbst herauszulesen,[97] dürfte nicht nur für die Erklärung des „Satzgegenstandes" fruchtbar sein, sondern überhaupt Art und Wesen der Sätze und vor allem der Nebensätze besser beleuchten können, als das bisher geschehen ist. Ebenso fruchtbar wie die Unterscheidung von Thema und Rhema für Aussagesätze ist die von Ammann vorgenommene Besinnung auf den tatsächlichen Charakter von Subjekt und Prädikat in Bezug auf Urteilssätze: Ammann zeigt, daß das griechische *κατηγορούμενόν*[235] dem Wesen der Sache viel adäquater ist als das lateinische *praedicatum*, da das griechische Wort als *participium praesentis* den akuten Charakter des Prädikats, sein erst in Erscheinung Treten, zum Ausdruck zu bringen vermag (Die menschliche Rede II, S. 123 f.).

Dagegen fehlen bei den Vorschlägen Martys zur Reform der sogenannten Syntax positive greifbare Vorschläge im Einzelnen. Marty weist wie immer in mustergültiger Weise die logischen Fehler der konventionellen grammatikalischen Systeme nach. Er erkennt, daß es mit den Vorschlägen von Ries |194| (s. oben S. 160 f.)[236] nicht getan ist, daß eine grundsätzliche Änderung, nicht bloß eine Verbesserung notwendig ist. Marty will die Lautlehre als Lehre von der formalen Seite der Sprache trennen von einer Bedeutungslehre, die den Stoff der sogenannten Formenlehre zusammen mit der Syntax umfaßt. Marty ist nämlich der Ansicht, daß die Syntax de facto nicht Satzlehre, sondern Bedeutungslehre sei, daß hier also damit nicht geholfen sei, daß man außer den Sätzen auch die Wortgefüge in den Stoffbereich der Syntax einbeziehe, wie das Ries und im Anschluß an ihn Sütterlin[237] tue. Denn eine Wortlehre sei ohne Bedeutungslehre nicht denkbar. So sei z. B. die Einteilung der Adjektive und Adverbien in

97 H. Ammann weist (Die menschliche Rede, II. Teil, S. 1 f.) darauf hin, wie wenig die verschiedenen Definitionen des Satzes im Grunde darüber aussagen, was der Satz eigentlich ist. Ammann selbst verzichtet bewußt auf eine Definition, da es ihm unmöglich erscheint, das lebendige Sein des Satzes unter einen formalen Oberbegriff zu subsumieren. Er versucht vielmehr, diesem lebendigen Sein durch eine Beschreibung aller seiner Möglichkeiten näherzukommen.

---

[235] *Katēgoroúmenón*: Prädikatsnomen, Prädiktivum. Gulkowitsch referiert hier einen Gedanken Ammanns. Ebd., 123.

[236] Siehe oben, 259 f.

[237] Ludwig Sütterlin (1863–1934), nicht zu verwechseln mit dem gleichnamigen Schriftgrafiker, war Germanist und Sprachwissenschaftler, der vornehmlich zum Zusammenhang zwischen Lautlehre und Grammatik arbeitete. Gulkowitsch bezieht sich (über Anton Martys *Satz und Wort*) auf Ludwig Sütterlin, Die deutsche Sprache der Gegenwart. Ihre Laute, Wörter, Wortformen und Sätze. Ein

reine Adjektive, Worte, die sowohl als Adjektive als auch als Adverbien gebraucht werden können, und reine Adverbien eine Einteilung, die von der Bedeutung ausgehe, also in die Syntax gehöre, obwohl sie von Sütterlin in der Wortlehre behandelt werde (Satz und Wort ..., S. 69). Nach Marty ist eine Bearbeitung der Wortformen ohne Rücksicht auf ihre Bedeutung nur im Rahmen der Lautlehre möglich (a. a. O., S. 72, Anm. 2). Er glaubt, diese von der Lautlehre getrennte Bedeutungslehre ganz nach semantischen Gesichtspunkten einteilen zu können. Er will vom Prinzip der Gleichheit oder Verwandtschaft der Bedeutungen ausgehen und vom Einfacheren zum Komplizierteren fortschreiten (a. a. O., S. 72). Die Gefahr des Hysteron-Proteron glaubt Marty in Kauf nehmen zu müssen, da diese in keinem grammatikalischen Schema vermeidbar sei. Interessant ist aber ein anderer Einwand, dem Marty begegnet, daß nämlich ein solches System Gefahr laufe, die Eigentümlichkeiten irgendeiner dem System vorzüglich zugrunde gelegten Sprache in unerlaubter Verallgemeinerung auf andere Sprachen zu übertragen. Marty glaubt, dies bei sorgfältiger, begrifflich sauberer Arbeit vermeiden zu können. Zweifellos müßte aber ein solches System noch viel mehr als unsere Betrachtungsweise bei jeder einzelnen Sprache neue Prinzipien aufstellen und im Hinblick auf den individuellen Charakter jeder Sprache auf Verallgemeinerungen, abgesehen von ganz allgemeinen formalen Prinzipien, überhaupt verzichten.

Die Methode Ammanns geht im Gegensatz zu der unsrigen von einer bewußt alogizistischen Betrachtung der Sprache aus. Er sieht in der Sprache zunächst doch eine |195| Funktion der „Seele",[238] während unsere Betrachtungsweise auch das Gebiet des logischen Denkens in den Geltungsbereich der Sprache einbezieht.[98][239] Wenn der Begriff infolge seiner Identität mit dem Wort als konstituierender Bestandteil des geistig-

98 Karl Voßler (Gesammelte Aufsätze zur Sprachphilosophie, S. 223 f.)[239] sieht im Satz die einzige Möglichkeit des Ausdruckes logischer Erwägungen. Er ist aber sonst ganz wie Ammann der Ansicht, daß die Sprache und damit auch der Satz ihrer Natur nach durchaus nicht zum Ausdruck des logischen Denkens bestimmt und geeignet seien, daß also der sprachliche Ausdruck des logischen Denkens nur einen Notbehelf darstelle. Trotzdem ist gerade diese Verwendung zu „logischem

Handbuch für Lehrer und Studierende auf sprachwissenschaftlicher Grundlage zusammengestellt, 4., verb. Aufl., Leipzig 1918.

[238] Gulkowitsch bezieht sich möglicherweise auf Ammann, Die menschliche Rede, Bd. 1, 39.

[239] Vossler, Die Grenzen der Sprachsoziologie, 223 f.

sprachlichen Geschehens anzusehen ist, so ist eine grundlegende Betrachtung dessen, was ein Satz ist, noch von einer anderen Seite her notwendig:

Das am Anfang jeder Begriffsbildung stehende Evidenzerlebnis bedeutet für die Seinsform des Begriffes den Übergang aus dem punktuellen in das explizierbare und immer mehr explizierte Sein.[99] Das Evidenzerlebnis ist also nur das Erlebnis eines Grenzzustandes. Wenn es bewußt wird, was aber nicht immer der Fall sein muß, nimmt es allerdings für das Bewußtsein eine gewisse zeitliche Ausdehnung an: Diese ist durchaus sekundär, eine Folge der Bewußtseinsstruktur, nicht der Begriffsstruktur. Die Überwindung des punktuellen Zustandes eines Begriffes bedeutet zugleich den Beginn seiner Explikation. Diese Tatsache ist von entscheidender Bedeutung |196| für die Struktur der Sprache. Die Explikation eines Begriffes, d. h. das In-Erscheinung-Treten seiner verschiedenen Seiten, vollzieht sich immer in Form von Aussagen über den Begriff. Während also dem Begriff in seiner Besonderheit die festumrissene Einheit des Wortes entspricht, erfolgt seine Explikation durch seine Einkleidung in Sätze. Das Wort ist also *zunächst* nur im Satz gegeben.[100] Unter diesem Blickpunkte bestätigt

Zweck" für Voßler der „springende Punkt im Wesen des Satzes", d. h., ein Satz ist dann ein Satz, wenn er diesem Zwecke dient, gleichgültig ob er aus einem einzigen Worte besteht oder ob er eine verwickelte Periode darstellt. Es erscheint aber fraglich, ob die Bestimmung zu einem heterogenen Zweck überhaupt das Wesen einer Sache oder Form beeinflussen oder gar entscheiden kann. Wenn der Sprache ein alogischer Charakter zukommt, so ist es auf jeden Fall korrekt, auch die Wesensbestimmungen sprachlicher Erscheinungen außerhalb des logischen Gebietes vorzunehmen, wie dies z. B. Ammann tut.

99 Das Auftreten eines neuen Begriffes bedingt die Bildung einer neuen sprachlichen Form. Die Neubildung kann auf verschiedene Weise erfolgen. *Erstens* kann ein vollkommen neues Wort gebildet werden. Dieser Fall ist wohl der seltenere. *Zweitens* kann durch Ableitungen und Kombinationen aus dem betreffenden Wortschatz einer Sprache ein dem betreffenden Begriffe adäquates Wort gebildet werden. *Drittens* kann der Wortschatz einer fremden Sprache, die ein dem betreffenden Begriff ungefähr adäquates Wort enthält, zu Hilfe genommen werden. Welche der drei Arten gewählt wird, hängt nicht nur von sprachlichen Faktoren, wie der Bildungsfähigkeit einer Sprache, ab, sondern auch von außersprachlichen, wie z. B. von der Mode, von nationalisierenden Tendenzen etc.

100 Die sprachliche Beziehung zwischen Satz und Wort hat Ammann (a. a. O. I, S. 33 f.) klar herausgestellt: Das Wort an sich ist nur eine Abstraktion, nicht einmal alle Worte haben Nennformen, so z. B. das Adjektivum im Griechischen. Das Wort ist vielmehr immer im Satz gegeben. Seine Bedeutung wird immer in Beziehungen ausgedrückt (auch aus einem Worte bestehende Sätze enthalten die Beziehung implizite, sie sind im Grunde elliptisch). Aber kein Satz ist ohne Worte

sich die von vielen Sprachforschern vertretene These, daß der Satz dem Worte gegenüber das primäre Strukturelement der Sprache ist. Ammann (Die menschliche Rede II, S. 58) weist auf den alten, schon von Aristoteles vertretenen Satz hin, daß die Wahrheit einer Aussage durchaus am Satz, also an einer gegliederten Kombination von Begriffen, haftet, während der Begriff als solcher niemals falsch oder wahr sein kann.[240] Ein Begriff als solcher ist eine Individualität und hat ohne weiteres Gültigkeit. Das Einbeziehen eines Begriffes dagegen in das Gesamtsystem des Denkens, also die Teilnahme des Begriffes an der Geschichte seines Begriffskomplexes, ist im Einzelnen Irrtümern ausgesetzt und bedarf deshalb stets der Korrektur von der Gesamtheit des Begriffskomplexes aus.

Die Priorität des Satzes vor dem Wort wird von Ammann (a. a. O. II, S. 90 f.) schließlich überhaupt abgelehnt, und zwar sowohl in sachlicher als in historischer Hinsicht, d. h., Ammann hält eine asyntaktische Vorstufe der prinzipiell syntaktischen abendländischen Sprachen für gegeben. Die Priorität des Begriffes vor der Begriffskombination im Satze entspricht in sachlicher Hinsicht durchaus unseren Ausführungen, denn der punktuell nicht explizierte Zustand des Begriffes ist seiner Explikation in der Begriffskombination gegenüber durchaus primär. Dagegen ist von unserem Gesichtspunkte aus eine asyntaktische Vorstufe der Sprache (und die damit identische |197| Denkform ohne explizierte Begriffe) als historische Größe eine *contradictio in adjecto*, da Geschichte ihrem Wesen nach gerade Begriffsexplikation ist und diese Explikation auch in der Sprache ihren Ausdruck in einem synthetischen Element finden muß, sei es in Form des Satzes oder sei es in Form anderer synthetischer Sprachelemente. Wenn Ammann den Begriff des Satzes mit Recht auf die abendländischen Sprachen eingeschränkt wissen will, so muß doch dem hinzugefügt werden, daß jede Sprache eines synthetischen Prinzips bedarf, wenn dies auch unter Umständen in einem außersprachlichen, z. B. logischen, Element bestehen kann.

Die Problematik des Satzes und seiner Beziehung zum Denken wird besonders deutlich an der Auseinandersetzung Martys mit der Satztheorie Wundts (Satz und Wort ..., herausgegeben von Otto Funke, S. 15 ff.). Marty sieht als allein konstituierendes Element für den Begriff des Satzes

denkbar. Seine Bedeutung haftet am Wort. Wenn nach Art der Sprachführer ganze Phrasen einer Sprache mechanisch gelernt werden, so wird eine Sprache niemals „verstanden“. Sie kann höchstens der primitivsten Verständigung dienen.

[240] Aristoteles, Cat. 5, 2a.

ein inhaltliches Moment an: Jeder Satz, der diesen Namen verdient, muß ein Autosemantikon sein, d. h., er muß selbständig einen Sinn haben. Ein „Hauptsatz", der noch der Ergänzung durch einen Nebensatz bedarf, ist in diesem Sinne kein Satz. Die „Nebensätze" scheiden dann natürlich erst recht aus. Dagegen ist nach Marty ein einziges Wort, wenn es für sich Autosemantikon ist, als Satz anzusehen. Den Wundtschen Begriff des Satzäquivalentes lehnt Marty ab.[241] Entweder ist eine Äußerung selbständig sinnvoll: dann ist sie ein Satz, – oder sie gibt von sich aus keinen vollständigen Sinn: dann ist sie einem Satze auch nicht äquivalent. Auch die Wundtsche Begründung, daß ein echter Satz gegliedert sein müsse,[242] da er seinem Wesen nach gegliederte Vorstellungen zum Ausdruck bringe, lehnt Marty deshalb ab, weil die Gliederung der Satzteile mit der Gliederung der Vorstellungen durchaus nicht kongruent sei. Vor allem zieht nach Marty die Sprache viele einzelne Vorstellungen in einem sprachlichen Ausdruck zusammen. Wenn die Kongruenz der Satzgliederung mit der Gliederung der Vorstellungen für das Wesen des Satzes konstituierend sein soll, dann gibt es nach Marty überhaupt keine Sätze. Die Ansicht Martys, daß tatsächlich für das Wesen des Satzes sein Wesen als Autosemantikon entscheidend sei, dürfte in der Tat eine vorzügliche Definition des Begriffes Satz sein. Dagegen ist seine Polemik gegen Wundt nicht in allen Punkten berechtigt. Zweifel- |198| los lassen sich aus einer Worteinheit sehr viele verschiedene Vorstellungen herausanalysieren. Aber diese Analyse ist ein sekundärer Vorgang: Sie legt auseinander, welche verschiedenen Seiten an der durch die Worteinheit repräsentierten einheitlichen Vorstellung zu konstatieren sind. Die Vorstellung selbst hingegen ist eine Einheit und wird durch die Worteinheit adäquat wiedergegeben. Marty selbst betont ja gegenüber Wundt, daß Bildungssilben vom Sprachbewußtsein nicht als isolierte Größen verstanden werden. Wenn die lateinische Sprache im Regelfalle den Nominativ des *pronomen personale* nicht isoliert zum Ausdruck bringt, während z. B. das Französische das *pronomen personale* stets benutzt, so drückt sich im Sprachgebrauch des klassischen Latein eine Vorstellungsweise aus, die die Identität der handelnden Person gegenüber der Identität von Person und Handlung vernachlässigt. Der häufige Gebrauch

[241] Gulkowitsch bezieht sich auf Marty, Satz und Wort, 18. Bei der von Marty kritisierten Schrift handelt es sich offenbar um: Wilhelm Wundt, Völkerpsychologie. Eine Untersuchung der Entwicklungsgesetze von Sprache, Mythos und Sitte, Bd. 1: Die Sprache, 2. Teil, Leipzig 1900, bes. 234 und 241–243.

[242] So die Definition des Satzes bei Wundt. Ebd., 227.

des Pronomen *ille*[243] *im Sinne eines reinen pronomen personale* im mittelalterlichen Latein ist eine entscheidende Abkehr vom genuin lateinischen Denken und eine Konzession an die weitere Entwicklung des Denkens. Es muß also daran festgehalten werden, daß die Gliederung des Satzes der Gliederung des in ihm ausgedrückten Denkens (wir gehen hierin über Wundt hinaus, der nur von Vorstellungen redet)[244] entsprechen muß. Einem ungegliederten Einwortsatz entspricht ein ungegliederter Begriff. Marty behauptet mit Recht, daß ein einfaches „ja" als Antwort auf eine Aufforderung psychologisch etwas anderes ist als die Wiederholung der Aufforderung in Ichform, ohne daß er aber daraus die Konsequenz einer Entsprechung des Psychologischen und des Sprachlichen zieht.

Das Evidenzerlebnis und damit das Werden des Begriffes bleiben im Normalfalle latent. Erst im Verlaufe der Explikation gewinnt der Begriff – und damit das Wort – selbständige Existenz auch im Bewußtsein. Das bedeutet für die Geschichte der Sprachstruktur ihre fortschreitende Differenzierung, das Auseinandertreten der Satzteile, die Komplizierung der Satzarten. In dem Maße, in dem der Begriff als solcher bewußt wird, löst er sich aus seinen Beziehungen heraus, ohne daß doch diese Beziehungen an Bedeutung verlieren. Im Gegenteil wird gerade durch die Erkenntnis der Besonderheit des Begriffes die Erkenntnis seiner verschiedenen Bezogenheiten |199| bedingt. Für diejenigen Sprachen, die die Periode, d. h. eine Gliederung in „Hauptsätze" und „Nebensätze" kennen, bedeutet diese Entwicklung die zunehmende Bedeutung der „Nebensätze" für die Sprachstruktur. Hier ist die Tendenz der wissenschaftlichen Sprache auf starke Verwendung des Nebensatzes begründet, da die Wissenschaft gerade auf die Darlegung des Begriffes in seinen Bezogenheiten den größten Wert legt. Die dichterische Sprache in ihrer Tendenz auf Anschaulichkeit macht im Gegensatz dazu vom Nebensatz wenig Gebrauch. Das für die Anschauung entscheidende Raumerlebnis erfolgt in Form des Sehens einzelner Dinge im Raume, wodurch die Anschauung immer stark an die Isolierung des Einzelnen gebunden bleibt, während in der Darstellung von Beziehungen die entgegengesetzte Tendenz auf Auflösung der Anschauung vorliegt. Die Tendenz des Religiösen auf das punktuelle Sein der Begriffe, abgesehen von ihrer Explikation, wirkt sich in der religiösen Sprache dahin aus, daß der Satz als solcher nach Möglichkeit aufgelöst wird. Wenn die Sprache der Wissenschaft auf Grund des Bestrebens aller wissenschaftlichen Forschung, Beziehungen aufzuweisen, den Schwer-

[243] Lat., er.

[244] Wundt, Die Sprache, 2. Teil, 227.

punkt ihrer Aussagen in den Nebensätzen zum Ausdruck bringen muß, so erweist sich der Nebensatz als Struktureinheit von höchster Wichtigkeit.[101] Die Unterordnung des Nebensatzes unter den Hauptsatz darf also nicht als eine sachliche Unterordnung in Bezug auf die Wichtigkeit der Aussagen aufgefaßt werden. Es ist schon darauf hingewiesen worden, daß die Periode, wenigstens in der uns geläufigen Form, nur eine Strukturform einiger Sprachen ist. Die Möglichkeit Beziehungen auszudrücken, erschöpft sich also nicht in der Aufstellung von Perioden. Das klassische Hebräisch verrät eine Neigung, Beziehungen durch andere Mittel darzustellen. Doch hat die besondere Entwicklung des Hebräischen dazu geführt, daß hier unter dem Einfluß anderer Sprachen die Periode als Stilmittel in der Sprache Eingang fand und |200| die Ansätze zu einer anderen Sprachstruktur nicht zur Ausbildung gelangen ließ. Dies hat seinen Grund darin, daß die schöpferischen Persönlichkeiten der hebräischen Sprachgeschichte immer zugleich schöpferischen Anteil an der Denk- und Sprachstruktur ihrer Umwelt gehabt haben.

Die sehr interessanten Problemstellungen, die Ammann an seine Untersuchungen anschließt (Die menschliche Rede II, S. 176 ff.), bestätigen sich vor allem bei den modifizierten Satzformen: dem negierten Satz, der Frage, dem Wunschsatz etc. Diese Problemstellungen ergeben in der Tat einen Ausgangspunkt für einen dynamischen Aufbau der Sprachtheorie und speziell der Grammatik, denn in diesen Modifikationen zeigt sich das Bild des Satzes in einer Form, die für die Erfassung seines Wesens bessere Ansatzpunkte bietet als die Bearbeitung der klassischen, in sich geschlossenen und darum schwer greifbaren Satzformen der reinen Aussage. An der Betrachtung der modifizierten Satzformen verrät sich aber in besonders kenntlicher Weise die Differenz zwischen der Sprachtheorie Ammanns und der unsrigen. Ammann sieht in der Sprache ein psychisches Moment, das sowohl auf das Geistige als auf das Leibliche nur in Grenzfällen übergreift. Im Prinzip ist die Auffassung Ammanns derjenigen Cassirers verwandt, da auch Cassirer die Sprache nur bedingt ins Gebiet

101 Die Ausführungen Ammanns vernachlässigen bewußt die Behandlung des Nebensatzes, da Ammann prinzipiell vom reinen Behauptungssatz als „normalem" ausgeht. Am Schluß seiner Untersuchungen (Die menschliche Rede II, S. 185) weist er aber darauf hin, wie notwendig es ist, von den aprioristischen Strukturmomenten des Abhängigkeitsverhältnisses auszugehen, um das Durcheinander unserer grammatischen Begriffe in Bezug auf das Problem der Unterordnung und des Nebensatzes zu sichten.

des Denkens einbezieht, indem er zwischen sprachlichen und logischen Begriffen unterscheidet. Die Konsequenz der Tatsache, daß die Sprache eine Erscheinung geistiger Art darstellt, was sich am augenscheinlichsten in der Identität von Wort und Begriff manifestiert, zwingt dazu, die Sprache innerhalb der Erscheinungen der Geistesgeschichte und damit der Geschichte überhaupt zu erfassen und zu behandeln. Wenn dagegen die Sprache Ausdruck „psychischer" Gegebenheiten ist, so macht sich ihre Einordnung in das Gebiet der ahistorischen „psychischen" Erscheinungen notwendig. Eine solche Betrachtungsweise wird immer in irgendeiner Form an die Anschauungen Wundts anknüpfen müssen. Auch bei Ammann finden wir die Tendenz, die Sprache mit primitiven Seelenregungen in Beziehungen zu bringen. So verspricht er sich eine Auflockerung des Satzproblems von einer Methode, die gewisse magische Reminiszenzen z. B. in der Frage und in der Negation berücksichtigt. Von einer Sprachauffassung aus, die in der Sprache ein im Prinzip gei- |201| stiges Moment sieht, gestaltet sich dagegen das Problem der modifizierten Satzformen wesentlich anders. Auch Ammann erwähnt die uralte Erkenntnis, daß die Frage das entscheidende Agens im Denken ist.[245] Wir kommen damit zu dem Problem, in welcher Weise die Gestaltung der Fragesätze in einer Sprache Rückschlüsse auf die Eigenart des betreffenden Denkens zuläßt, Rückschlüsse, die im Hinblick auf den entscheidenden Charakter der Problemstellung für die Struktur des Denkens von besonderer Bedeutung für die Erfassung dieser Eigenart sein müssen. In gleicher Weise können wir dem Problem, wie in einem Denken die Beziehungen des Realen zum Irrealen erfaßt werden, dadurch näherkommen, daß wir die Art untersuchen, wie die entsprechende Sprache die Verneinung und den Wunsch zum Ausdruck bringt.

Im Satz expliziert sich das Wesentliche am Worte. Aber dieses Wesentliche ist auch ohne die Beziehungen des Wortes, die im Satze ausgedrückt werden, vorhanden. Das Wesen des Wortes besteht nicht nur in der expliziten Beziehung, die in den meisten Sprachen im Satze zum Ausdruck kommt, auch nicht nur in der isolierten Wortbedeutung, das Wesentliche am Worte liegt vielmehr im potentiellen Moment des Bezogenwerdenkönnens. Dieses potentielle Moment wird in jedem Satze, in den das Wort eingeordnet wird, realisiert. Es ist aber unabhängig von dieser Realisierung vorhanden. Jedes Wort ist die Ganzheit aller seiner möglichen Bezie-

[245] Ammann, Die menschliche Rede, Bd. 2, 180 f.

hungen, und abhängig von der jeweiligen Realisierung irgendeiner dieser Möglichkeiten. Die Wortbedeutung ist keine statische, isolierte Größe, die in den Satz eingeordnet werden könnte wie Steine in eine Mauer. Die Bedeutung des Wortes ist vielmehr nur eben die Ganzheit der möglichen Beziehungen. Wenn also von einer Identität des Wortes mit dem Begriffe gesprochen werden kann und wenn das Wort als das Moment angesehen wird, das dem Begriffe Form und Grenze gibt, so ist doch diese Grenzsetzung durch das Wort immer nur eine potentielle. Im Wort wird der Begriff nicht etwa eingekapselt. Das Wort besteht nur aus seinen immer möglichen Beziehungen, die in immer neuen Konstellationen zu anderen ebenso gestalteten Worten expliziert werden. Eine rationalistische Denkweise ist darauf angewiesen, die Ganzheit aller möglichen Beziehungen eines Wortes im fiktiven, statischen Begriff der Wortbedeutung |202| zusammenzufassen. Ein korrekter Rationalismus ist sich des fiktiven Charakters dieser Setzung bewußt, kann aber ohne sie nicht auskommen. Der Rationalismus muß seinem Wesen nach das Wort nur von seiner positiven Seite her betrachten und es auf Grund dieser Betrachtungsweise anwenden. Es ist insofern berechtigt, das Wort als statische Ganzheit anzusehen, als es wirklich eine Ganzheit darstellt. Nur der statische Charakter dieser Ganzheit ist fiktiv. Es gibt aber auch eine mystische Betrachtungsweise, die das Wort ebenfalls einseitig von seiner anderen Seite her betrachtet. Wenn das Wort eine Ganzheit aller seiner möglichen Beziehungen darstellt, so läßt es sich auch von diesen Beziehungen her betrachten. Die Fiktion der statischen Ganzheit wird aufgegeben und damit ist das Wort in seine Beziehungen auflösbar geworden. Es ist dies ein scheinbar negativer Weg, der aber letztlich doch zu Ergebnissen führt, die jenseits des Gegensatzes von positiv und negativ liegen. Ein konsequenter Rationalismus wird auf entgegengesetztem Wege zu demselben Ziele gelangen und sich dort mit den Ergebnissen einer konsequenten Mystik begegnen. Der negative Weg wird von der kabbalistischen[246] Wortbetrachtung und Wortverwendung am konsequentesten gegangen. Hier wird das Wort gerade auf seine Auflös-

---

[246] Die Kabbala (hebr., Überlieferung) ist das bedeutendste mystisch-esoterische Gedankengebäude im Judentum, dessen Grundlage das *Sefer ha-Zohar* (Buch des Glanzes, 14. Jh.) bildet. Seine Auslegung führte im 16. Jh. zur Herausbildung der lurianischen Kabbala, deren Vorstellungen von der »Wiederherstellung« der zerbrochenen Schöpfung und deren messianischer Erlösungsmythos zu wichtigen theologischen Vorstellungen des Judentums wurden. Siehe die Einleitung zu diesem Band, Abs. 2.2. Der Chassidismus beruht auf eigenen Auslegungen dieser kabbalistischen Vorstellungen. Vgl. Morlok, Mystik.

barkeit hin betrachtet. Die kabbalistische Methode[247] will wissen, was an einem Worte abgesehen von seiner ja nur fiktiven statischen Bedeutung ist.[248] Sie versucht, den inneren Möglichkeiten eines Wortes nahezukommen. Die für eine solche Betrachtungsweise stets vorauszusetzende Identität von Wort und Begriff ermöglicht es, mit Hilfe einer solchen Erkenntnis des eigentlichen Wortwesens zugleich die Erkenntnis dessen zu gewinnen, was auch das Wesen des Begriffes und damit des geistigen Seins ist. Eine solche Methode sieht das Wesen eines Wortes nicht in der einen zufällig explizierten Beziehung, in der das Wort im jeweils vorliegenden Satze steht, sondern sie sucht die wirklich wesensbestimmenden, nicht zufälligen, sondern notwendigen Beziehungen des Wortes zur Ganzheit des geistigen Seins zu ergründen. Eine solche Auffassung der Sprache bedeutet die extremste Abwertung des formal grammatikalischen Elements in der Sprache.[102]

102 Nur unter der Voraussetzung einer solchen Auffassung vom Wesen des Wortes und der Sprache sind die kabbalistischen Deduktionen sinnvoll |203| und keine willkürlichen Phantasien. Alle, auch die extrem metaphysischen, Aussagen innerhalb des kabbalistischen Systems gehen letztlich von dieser Prämisse aus.

---

[247] Zu den wichtigsten Methoden der kabbalistischen Exegese gehören Gematria, Notarikon und Temura. Alexander Dubrau, Zahl, in: Diner (Hg.), EJGK, Bd. 6, 491–496. Gematria ist ein auf dem Zahlenwert der Buchstaben beruhendes Wortdeutungsverfahren, demzufolge die Zahl und der entsprechende Buchstabe eine mystische Einheit bilden. Notarikon gestattet dem Interpreten, die einzelnen Buchstaben eines Wortes als Abkürzung für ein anderes vollständiges Wort zu betrachten. Mehr noch als bei den anderen beiden Methoden wird durch das exegetische Instrument Temura der kommunikative Rahmen der Sprache gesprengt. Jeder Buchstabe kann durch einen anderen ersetzt bzw. mit anderen Buchstaben kombiniert werden, sodass nicht selten sinnlose Wort- bzw. Buchstabengruppen das Ergebnis sind. Die Buchstaben können aufgrund ihrer Position im Alphabet, ihrer phonetischen Zusammengehörigkeit (innerhalb der Laryngal-, Dental-, Palatal- und Labiallautgruppe) oder aufgrund der Ähnlichkeit von Buchstabenformen ausgetauscht werden. Gulkowitsch hat sich im Rahmen seiner Dissertation *Wesen und Entstehung der Kabbala* und in späteren Schriften immer wieder mit den sprachphilosophischen Aspekten der Kabbala auseinandergesetzt.

[248] In diesem Satz fehlt am Ende eine Qualifizierung. Dem Kontext zufolge könnte es heißen: »… abgesehen von seiner ja nur fiktiven statischen Bedeutung *wesentlich* ist«.

|203| In der Methode, mit der A. Marty (Satz und Wort … herausgegeben von Otto Funke, S. 26–29) die Lehre vom Satz bei Wundt kritisiert, findet sich eine der unseren sehr verwandte Betrachtungsweise der Sprache, denn Marty geht durchaus vom Inhalt der Sätze, von einem psychischen Moment aus, wobei „psychisch“ deutlich die Gesamtheit der geistigen Vorgänge umfaßt und sich nicht nur auf unterlogische Funktionen beschränkt. Es ist vor allem lehrreich, daß Marty die Fragesätze mit den Begehrungssätzen zu einer Kategorie vereinigt, da die Frage sich vom Begehren nur im Hinblick auf die „Farbe“ des Satzes, d. h. in Bezug auf die begleitenden psychischen Stimmungen, unterscheidet.[249] Die Art, wie Marty überhaupt einzelne sprachliche Probleme auffaßt, verrät einen essentiellen Begriff der Sprache. Dagegen fällt es auf, daß Marty in seinen Definitionen dessen, was Sprache an sich ist, von rein rationalistischen Erwägungen ausgeht und sogar das phylogenetische Grundgesetz auf geistige Phänomene überträgt (a. a. O., S. 85).[250] Eine solche Betrachtungsweise kann nicht zu einer essentiellen Sprachauffassung führen. Die Diskrepanz in Martys Auffassung ist wohl als eine Folge davon anzusehen, daß sein Lebenswerk gerade in Bezug auf die prinzipielle Grundlegung unabgeschlossen geblieben ist.

Die traditionelle Grammatik pflegt der Syntax die Stilistik überzuordnen, so wie sie die Syntax der Wortlehre überordnet. Was in diesem Sinne als „Stil“ zu bezeichnen ist, stellt das eigentümliche formale Moment an der Sprache dar, das jeder Sprache und der Sprechweise jedes Einzelnen

---

[249] Marty zählt »*die Fragen den interesseheischenden Äußerungen*« zu; diese sind »*neben den Aussagen und fiktiven Reden die einzigen den psychischen Grundfunktionen entsprechenden Grundklassen von Sätzen*«. Marty, Satz und Wort, 27 (Hervorhebung im Original).

[250] Phylogenese meint – im Gegensatz zur Ontogenese (der Individualentwicklung) – in der Evolutionstheorie die stammesgeschichtliche Entwicklung. Gulkowitsch bezieht sich wahrscheinlich auf folgende, von Otto Funke zitierte Passage: »*Jeder einzelne Schritt der Sprachbildung war ein bewußter, sofern er aus der Absicht der Verständigung hervorging, ja meist eine Wahlhandlung war; aber jeder der Sprachbildner dachte eben nur an das gegenwärtige Bedürfnis, und von dem Ganzen und dem endlichen Resultat hatte keiner von allen, die stückweise Beiträge dazu lieferten, irgendein Bewußtsein, noch weniger von der Methode oder den Methoden, die bei dem Bau befolgt wurden.* In *diesem* Sinne war die Sprachbildung eine *unbewußte*.« Zit. nach Otto Funke, A. Martys Sprachphilosophie und die neuere Sprachwissenschaft, in: Marty, Satz und Wort, 76–88, hier 84 f. (Hervorhebung im Original).

einen ganz bestimmten Gesamtcharakter verleiht. Der Stil ist also ein ästhetisches Moment,[103] wenn man unter dem Ästhetischen nicht nur |204| die schöne Form versteht, sondern das ganzheitliche Moment, das den Charakter einer Erscheinung bestimmt und in den einzelnen formalen Momenten nicht restlos aufgeht. Wenn wir Sprache und Denken, Wort und Begriff identifizieren, so ergibt sich auch für den Stil eine Verbindung mit außersprachlichen geistigen Elementen, von denen er bestimmt wird

103 Dieses ästhetische Moment haftet jeder Sprache an. Wenn Voßler, Geist und Kultur in der Sprache, S. 152, von einem „künstlerischen Willen", der in jeder Sprache wirksam ist, spricht, so stellt er damit zu sehr das Moment des Schönen in den Vordergrund, während es sich hier zunächst nur um einen gestaltenden Willen handelt, der einer ästhetischen *Wertung* gegenüber neutral ist und einer solchen Wertung erst sekundär unterzogen worden kann. Voßler selbst sieht als normierendes Element im Stil nicht das Kriterium des Schönen, sondern das Kriterium des Arteigenen an: Jede Überschreitung der einer Sprache gegebenen Möglichkeiten führe zur Selbstentfremdung |204| der betreffenden Sprache (S. 153f.). – In der neueren Forschung ist die Frage des öftern diskutiert worden, ob zu den wichtigsten Teilen der Syntax, die einer Behandlung in einem besonderen Abschnitt bedürften, nicht auch die sogenannte Wortgruppenlehre gehöre. John Ries (Zur Wortgruppenlehre, Prag 1928)[251] widmet diesem Abschnitt der Syntax eine Monographie, in der er eine Wortgruppenlehre praktisch durchführt. Er geht dabei von einer bestimmten Sprache, dem Deutschen, und einer bestimmten Phase in ihrer Geschichte, der Zeit seit etwa 1900, aus. Sein Verfahren ist überhaupt im Prinzip empirisch. Der Entwurf von John Ries zeigt, daß eine sogenannte Wortgruppenlehre weitgehend in das Gebiet der Stilistik gehört. John Ries zieht z.B. so rein ästhetische Momente wie den Sprachrhythmus zur Erklärung dafür heran, warum eine Wortgruppe so und eine andere anders gebildet wird (s. besonders S. 32). Von einer Behandlung der Bildung von Wortgruppen im Sinne unserer Prämissen unterscheidet sich der Entwurf von Ries vor allem dadurch, daß Ries seine Aufgabe nur in der Registrierung formaler Tatsachen sieht. Von inhaltlichen Erwägungen hält er sich vollkommen frei, selbst wo er den Einfluß der „natürlichen Größen-, Wert- und Ordnungsverhältnisse" auf die Bildung der Wortgruppen erwähnt, führt er doch diese Tatsache in Bezug auf ihre kulturgeschichtliche Bedeutung in keiner Weise aus (a.a.O., S. 31). Nach unserer Auffassung würden aber gerade solche Einflüsse auf den Stil für dessen Eigenart von grundlegender Bedeutung sein.

[251] John Ries, Beiträge zur Grundlegung der Syntax, Bd. 2: Zur Wortgruppenlehre, Prag 1928.

und auf die er seinerseits wieder gestaltend wirkt. Um die Eigenart des Stils, der für eine Sprache oder für die Sprechweise eines Einzelnen charakteristisch ist, darstellen und verstehen zu können, bedarf es darum zuerst eines Verständnisses der geistigen Eigenart, die sich in diesem Stil manifestiert. Die Aufgabe der Stilistik erschöpft sich also nicht in einer Phraseologie, die aufzeigt, welche Ausdrucksweise für eine Sprache typisch ist und welche nicht. Eine solche Aufstellung kann nur den Wert einer praktischen Anweisung für den einigermaßen *richtigen* Gebrauch einer Sprache haben, das ästhetische Moment im obengenannten Sinne wird von einer solchen Betrachtungsweise nicht erfaßt. Die Aufgabe der Stilistik ist vielmehr, zu erforschen und darzustellen, wie der Charakter eines Denkens in seiner Ganzheit durch den Charakter einer Sprache in ihrer Ganzheit zum Ausdruck kommt. Da es sich bei einer solchen Betrachtungsweise um Imponderabilien handelt, ist auf diesem |205| Gebiete die Möglichkeit, ein allgemein brauchbares Rezept für den Gebrauch einer Sprache zu geben, noch geringer als auf den anderen Gebieten der Grammatik. Die Stilistik ist also nur in dem Sinne mehr als eine bloße Beschreibung des Bestehenden, als jede Besinnung auf die Eigenart und die Voraussetzungen einer Erscheinung fruchtbar und neugestaltend wirkt.

Wir haben die Beispiele dafür, wie sich eine begriffsgeschichtliche Methode in der Sprachwissenschaft auswirkt, absichtlich aus den verschiedenen Gebieten der Grammatik gewählt, um zu zeigen, wie die begriffsgeschichtliche Betrachtungsweise sich nicht nur auf einzelne Gebiete der Grammatik beschränkt. Die Grammatik als die Wissenschaft von den sprachlichen Formen wird von einer Auffassung der Sprachgeschichte als Begriffsgeschichte in erster Linie beeinflußt, wenn sich der Einfluß dieser Auffassung auch nicht auf die Grammatik allein beschränkt. Die Identität sprachlicher und begrifflicher Erscheinungen bedingt zunächst die Individualität der einzelnen Sprachen, und nur wenn diese Grundtatsache berücksichtigt wird, können wir ein brauchbares grammatikalisches System gewinnen.

Wenn wir die Sprache als ein Phänomen ansehen, dessen Struktur sich aus den beiden Faktoren der Individualisierung und des Bezogenseins auf eine Allgemeinheit bestimmt, so scheint sich zunächst eine so dynamische Sprachstruktur zu ergeben, daß ein Zusammenfassen der formalen Möglichkeiten und Gegebenheiten einer Sprache im System einer Grammatik als unmöglich erscheint. Die Aufgabe einer Grammatik ist aber, die formale Eigenart einer Sprache in Begriffe zu fassen, nicht aber die, eine Sprache einem schon vorhandenen Schema einzugliedern. So betrachtet, gewinnen wir die Möglichkeit, die Grammatik einer Sprache so zu gestalten, daß sie alle möglichen Nuancierungen im Verlaufe der Geschichte einer Sprache zu umfassen vermag. Die Gestaltungsmöglichkeiten einer Sprache sind zwar nicht schematisch darstellbar, aber trotzdem durchaus nicht willkürlich. Sie sind durch die Struktur einer jeden Einzelsprache bestimmt. Je adäquater eine Grammatik der Struktur derjenigen Sprache ist, die sie in Begriffe fassen soll, um so mehr werden ihre Begriffe und Regeln[104] imstande |206| sein, auch die noch nicht explizierten Möglichkeiten in das grammatikalische System organisch einzubeziehen, sobald die Explikation erfolgt. Es ergibt sich aus dieser Betrachtungsweise, daß für jede Sprache eine spezielle Grammatik geschaffen werden muß. Wenn Ammann mit seinem Versuche, eine methodische Grundlegung der Grammatik zu schaffen, in bewußter Einseitigkeit zunächst von der deutschen Sprache ausgeht, so ist dieser Weg in der Tat der methodisch allein korrekte. Insofern aber als jede Sprache eben dadurch, daß sie Sprache ist, mit allem, was Sprache ist, in formalen Grundprinzipien übereinstimmt, wird das Erfassen jeder einzelnen Sprache im System ihrer speziellen Grammatik zu bestimmten allgemeinen Begriffen und Regeln führen, die allen Sprachen gemeinsam sind.[105] Zwischen diesen allgemei-

104 In diesem Sinne würde die grammatikalische Regel die Aufgabe haben, festzustellen, in welcher Weise eine Sprache in einer bestimmten begrifflichen |206| Situation zu verfahren pflegt, d. h., wie sie infolge ihrer formalen Struktur verfahren muß.

105 Voßler (Gesammelte Aufsätze zur Sprachphilosophie, S. 63–96)[252] behandelt unter dem Thema „System der Grammatik" gerade die rein formalistische, von historischen Gegebenheiten unabhängige Seite ihrer Aufgabe. Er schränkt die Aufgabe der Grammatik sogar auf das rein Formalistische ein. Diese Formalprinzipien, unter denen nach Voßler die Grammatik die sprachlichen Erscheinungen rubrizieren muß, sind aber mechanische Bildungsprinzipien, deren Rolle in der Sprachgeschichte von unserem Gesichtspunkte aus kaum so bedeutend sein kann, daß die Einordnung der sprachlichen Vorgänge unter diese Prinzipien Aufgabe einer besonderen Disziplin sein könnte. Analogie, Lautwandel, Bedeutungswandel, Grammatikalisation, Kontamination und Differenzierung sind nach Voßler diese Formalprinzipien. Abgesehen vom Laut- und Bedeutungswandel sind aber die genannten Vorgänge pathologische Erscheinungen in der Sprachgeschichte, da sie immer voraussetzen, daß eine Sprache nicht mehr ganz verstanden wird. Die Bildungsprinzipien, die allen Sprachen gemeinsam sind und die darum die Grundlage bilden können zur Gestaltung der allgemeinsten grammatikalischen

[252] Karl Vossler, Das System der Grammatik.

nen Begriffen und den speziellen, nur einer bestimmten Sprache eigenen Begriffen wird sich eine Zwischenstufe von Begriffen finden, die in immer enger werdenden konzentrischen Kreisen eine immer engere Gruppe verwandter Sprachen umfassen.[106] Auf Grund dieser |207| Schichtung der Begriffe ist eine gewisse gegenseitige Übereinstimmung der Grammatiken verschiedener Sprachen in Bezug auf ihre allgemeinen Termini möglich und zweckmäßig. Diese Übereinstimmung bezieht sich aber nur auf die allgemeinsten Formalbegriffe. Die speziellen grammatikalischen Begriffe dagegen müssen aus jeder einzelnen Sprache heraus gestaltet werden.[107] Schon ein Begriff wie der des Satzes ist durchaus nicht auf alle Sprachen anwendbar. Ammann bezweifelt z. B. mit Recht, ob der Begriff des Satzes auf die chinesische Art der Wortfügung anwendbar sei (Die menschliche Rede II, S. 68). Die speziellen Anforderungen, die sich aus der Forderung einer Entsprechung von Sprache und Grammatik ergeben, gehen also in zwei Richtungen. *Erstens* muß jede Grammatik aus den einzelnen Spra-

Terminologie, können nicht mechanistischer Art sein, da die Sprache, solange sie noch lebendig ist, sich nicht nach mechanistischen Prinzipien gestaltet. Wenn also die Aufgabe der Grammatik auf die Einordnung unter solche Prinzipien beschränkt wird, dann hat sie überhaupt keine Aufgabe. Die Grammatik *darf* aber nicht auf diese mechanischen Prinzipien beschränkt werden. Ihre Aufgabe ist vielmehr, die Strukturprinzipien einer lebendigen Entwicklung aufzuzeigen.

106 Bei dieser Struktur des Verhältnisses von Einzelsprache und Sprache überhaupt hat ein vergleichendes Verfahren dann eine Berechtigung, wenn |207| es sich das Ziel setzt, das ihm A. Meillet zuweist: die Aufstellung entweder von *lois universelles* oder von *indications historiques* (La méthode comparative en linguistique historique, Oslo 1925, S. 1), wobei sich diese *linguistique générale* (vgl. A. Meillet, Linguistique historique et linguistique générale, Paris 1926, S. 15) auf das sowohl synchronistisch als parachronistisch durchforschte Material aller Sprachen stützen muß (und nach Meillets Ansicht bei dem gegenwärtigen Stande der Wissenschaft auch stützen kann), um zu einem System der Sprache überhaupt zu gelangen.

107 Die des Öfteren unternommenen Versuche (vgl. z. B. die Hinweise bei Otto Jespersen, The Philosophy of Grammar, London/New York 1924, S. 345), den Schwierigkeiten der grammatischen Theorie und Terminologie dadurch abzuhelfen, daß von den Ergebnissen der vergleichenden Sprachwissenschaft ausgegangen wird, können zwar gewisse Einseitigkeiten beseitigen, führen aber im günstigsten Falle zu einem formalen Sprachschema, das keiner realiter gesprochenen Sprache ganz entspricht.

chen heraus gestaltet werden.[108] Diese Forderung bezieht sich auch auf die einzelnen Unterabteilungen der Grammatik. Die Frage: was ist Syntax? (vgl. Ries, Was ist Syntax? Prag ²1927) ist als solche nicht zu beantworten. Es kann im- |208| mer nur gefragt werden, was Syntax etc. innerhalb jeder einzelnen Sprache zu bedeuten hat. Bisher suchte die abendländische Grammatik mit den Begriffen der Griechen auszukommen, und zwar auch da, wo eine Verwandtschaft der behandelten Sprache mit dem Griechischen weder historisch noch sachlich bestand. Die Begriffe der griechischen Grammatiker sind aber auf das Semitische z. B. nicht anwendbar. *Zweitens* muß die Grammatik einer jeden einzelnen Sprache so gestaltet sein, daß sie nicht einen beliebigen Querschnitt in der Geschichte dieser Sprache als Normalzustand hinstellt und statistisch in Regeln faßt. Die Aufgabe der Grammatik ist keine statistische Bestandsaufnahme, sondern Erfassung der Sprachstruktur. Wenn die Grammatik also auch alle bekannten historischen Stadien einer Sprache zum Gegenstand nehmen muß, so erschöpft sich ihre Aufgabe dennoch nicht in der Aufzeichnung einer Sprachgeschichte. Ihre Aufgabe besteht vielmehr in der Feststellung der Strukturprinzipien, die in dieser Geschichte wirksam waren.[109]

108 Dieselbe Forderung wird von Hermann Güntert (Grundfragen der Sprachwissenschaft, Leipzig 1925, S. 130) erhoben und damit begründet, daß die Sprache kein isoliertes Phänomen ist, sondern in engsten wechselseitigen Beziehungen zu allen geistigen Phänomenen und ihrer Geschichte steht. Güntert betrachtet allerdings die *Aufgabe* der Grammatik als umfassender, als dies nach unserer Auffassung möglich ist: Er sieht in der Grammatik nicht nur eine Hilfskonstruktion der Sprachwissenschaft, sondern auch eine Hilfskonstruktion, deren sich der Sprechende ebenfalls bedient. Dem widerspricht aber die Tatsache, daß man seine Muttersprache ohne Kenntnis des grammatikalischen Systems richtig spricht und sich grammatikalischer Systeme primär nur dann bedient, wenn es sich um das Erlernen einer fremden Sprache handelt.[253]

109 Die „parachronistischen“ Längsschnitte und die „synchronistischen“ Querschnitte durch eine Sprache liefern also nur vorbereitend[es] Material für die Feststellung der Strukturprinzipien, auf Grund derer das grammatikalische System aufgebaut werden kann.

---

[253] Der deutsche Sprachwissenschaftler Hermann Güntert (1886–1948), ab 1926 Professor in Heidelberg, trat mit Arbeiten zur Indogermanistik hervor (*Der arische Weltkönig und Heiland. Bedeutungsgeschichtliche Untersuchungen zur indo-iranischen Religionsgeschichte und Altertumskunde*, Halle 1923). Nach 1933 war er Mitglied verschiedener NS-Organisationen.

Der Inhalt unserer einzelnen grammatikalischen Systeme pflegt auf synchronistischer Grundlage aufgebaut zu sein, wobei parachronistische Untersuchungen gelegentlich zu Erklärungen herangezogen werden. Wenn der Umfang des Stoffgebietes dabei klar bewußt ist, ist eine solche Auswahl des Stoffes ohne weiteres korrekt. Es ist das Verdienst von Gabelentz, die synchronistische Darstellungsweise methodisch begründet zu haben, indem er darauf hinweist, daß jede Phase der Sprachentwicklung eine Individualität eigener Prägung darstellt, solange nämlich eine Sprache lebendig ist.[254] Gabelentz geht in der Ablehnung einer historisierenden Methode so weit, daß er betont; „Nicht die früheren Phasen einer Sprache erklären die lebendige Rede, sondern die jeweilig im Geiste des Volkes lebende Sprache selbst, mit anderen Worten der *Sprachgeist*.“ (Georg von der Gabelentz, Die Sprachwissenschaft, ihre Aufgaben, Methoden und bisherigen Ergebnisse, Leipzig ²1901, S. 9 und S. 90).[255] Schwieriger gestaltet sich die formale Seite des Problems, da das Schema und die Terminologie Anspruch darauf erheben, |209| mindestens für die eine Sprache allgemeingültig zu sein. Einem grammatikalischen System, das von den Strukturprinzipien einer Sprache ausgeht, kommt diese Allgemeingültigkeit für alle Phasen der betreffenden Sprachentwicklung in der Tat zu. Dagegen wird die Gültigkeit des Systems dann fraglich, wenn es nur das ordnende Prinzip innerhalb eines Stoffes darstellt, der durch statistische Erhebung gesammelt wurde. Ganz abgesehen davon, daß die modernen wissenschaftlichen Grammatiken des Hebräischen infolge der Übernahme einer anders gearteten Terminologie auf große Schwierigkeiten gestoßen sind, haben sie vor allem auch deshalb immer wieder Kritik herausgefordert und zu Verbesserungsversuchen angeregt, da sie sich bewußt auf *eine* Entwicklungsphase der hebräischen Sprache einschränkten, sodaß ihre Begriffe auf andere Phasen dieser Entwicklung nicht anwendbar sind. Da aber diese Entwicklungsphasen nicht streng voneinander geschieden werden können, weil innerhalb eines Zeitabschnittes immer Altes und Neues nebeneinander vorhanden ist, so bleibt bei einer solchen Beschränkung immer ein Teil der sprachlichen Erscheinungen unerklärt. Nur wenn die Gesamtentwicklung einer Sprache ins Auge gefaßt wird, ist es möglich, ihre Bildungsprinzipien zu erkennen. Damit ergibt sich auch die Möglichkeit, die sachlichen Entwicklungsphasen auseinanderzuhalten und den

---

[254] Der deutsche Sprachwissenschaftler und Sinologe Georg von der Gabelentz (1840–1893) gilt als Vorläufer einer quantitativen Sprachtypologie und synchron orientierter linguistischer Untersuchungen.

[255] Das direkte Zitat ebd., 9.

Fehler mechanisch-tendenziöser Epochenbildungen zu vermeiden. Jeder Grammatiker des Neuhebräischen z. B. oder des klassischen Hebräisch ist natürlich schon unter dem Zwange praktischer Zwecksetzung genötigt, seinen Stoff auf eine bestimmte Phase einzuschränken. Doch vermag er diesen Stoff nur dann gestaltend darzustellen, wenn er ihn als Ausschnitt eines großen Ganzen, eben des Hebräischen, betrachtet. Die *Kenntnis* der Sprache in der Gesamtheit ihrer Entwicklung ist für den Grammatiker unerläßlich. Ebenso kann bei der *Darstellung* nicht darauf verzichtet werden, die einzelnen Erscheinungen in diesen großen Zusammenhang hineinzustellen. Diese Forderung ist nicht etwa eine Forderung nach parachronistischer historisierender Darstellungsweise.[110] Die Kenntnis des Ganzen ist vielmehr notwendig |210| zur Erfassung der Bildungsprinzipien, die im Einzelnen wirksam sind und das Wesen des Einzelnen allein erklären können.[111]

110 Die Geschichte einer Sprache in ihrer Gesamtheit wird ebenso vom Sprachgeist bestimmt, wie jede einzelne Phase, die wir durch einen synchronistischen Querschnitt gewinnen. Die Forderung von Gabelentz (a.a.O., S. 90), |210| bei der Schaffung eines grammatikalischen Systems die jeweils gegenwärtigen Verhältnisse allein zu berücksichtigen, da der jeweils wirkende Sprachgeist das allein Entscheidende sei, bedarf insofern einer Erweiterung, als auch dieser jeweils wirkende Sprachgeist nicht in jeder Phase der Entwicklung absolut neu ist, sondern eine Geschichte hat, die wie jede Geschichte in einer Wechselwirkung zwischen dem allgemeinen Gesetz dessen, was Sprache ist, und der individuellen Eigenart des betreffenden Sprachgeistes besteht. Das bloße Zusammentragen etymologischen Materials allein genügt nicht – darin hat Gabelentz Recht –, sondern auch die historische Seite einer Sprache muß als organische Ganzheit betrachtet und behandelt werden.

111 Für das Verständnis des alttestamentlichen Hebräisch ist darum das Tannaitische wichtiger als das Zurückgehen auf ein fiktives Ursemitisch. Die Forderung einer Verknüpfung der alttestamentlichen Forschung mit der Erforschung nachbiblischen Schrifttums, die Margarete Lampe in dem Artikel „Zur Anwendung einer begriffsgeschichtlichen Methode auf die Formgeschichte des Alten Testaments" (Orientalistische Literaturzeitung XXXIX (1936), Nr. 6, S. 348) mit Recht aufstellt, hat gerade für die Grammatik besondere Bedeutung.[256]

---

[256] Margarete Lampe-Wilhelmson war eine nichtjüdische Schülerin Gulkowitschs, die schon in ihrem Geburtsort Leipzig als Lizentiatin der Theologie bei ihm studiert hatte und ihm 1939 nach Tartu folgte, wo sie noch 1941 ihre Prüfung in Judaistik ablegte. Gulkowitsch erwähnt eine unveröffentlichte Arbeit Lampe-Wilhelmsons in seinem Lebenslauf, den er 1933 in Tartu als Curriculum

Die Identität begrifflicher und sprachlicher Erscheinungen bedingt einen wesentlich anderen Charakter der Sprache, als er durch eine rein sprachliche Betrachtungsweise erfaßt und dargestellt werden kann. Wenn eine sprachliche Erscheinung zugleich ihre begrifflichen Bedingtheiten hat, so liegen ihre Ursachen auf einer wesentlich anderen Ebene, als wenn die betreffende Erscheinung rein sprachlicher Natur wäre. Jede sprachliche Form *ist* nicht nur etwas, sondern sie *bedeutet* auch etwas, und gerade diese Bedeutung bestimmt die Art ihres Seins. Die Sprachwissenschaft ist längst davon abgekommen, sprachliche Erscheinungen als etwas hinzunehmen, was nun einmal so ist, wie es ist. Sie hat sprachliche Erscheinungen teils mehr historisch, teils mehr systematisch auf Ursachen zurückgeführt, blieb aber beim Aufsuchen dieser Ursachen meist im Gebiet des rein Sprachlichen, soweit sie nicht unter dem Einfluß der Naturwissenschaft mit Hilfe der Phonetik auf biologische Ursachen zurückging. In der neueren Zeit ist eine stärker psychologische und soziologische Betrachtungsweise in Anwendung gekommen, was besonders für Voßler und Ammann charakteristisch ist. Es scheint aber notwendig zu sein, in der von Voßler und Ammann eingeschlagenen Richtung noch radikaler vorzugehen, indem die absolute Bindung der Sprache |211| an die Geistesgeschichte zum Ausgangspunkt der sprachwissenschaftlichen Methodik gemacht wird.[112] Es handelt sich nicht nur darum, Verbindungen herzustellen im Interesse der Synthese aller Wissenschaften, sondern es handelt sich um eine neue Fundierung der Prinzipienlehre im Bereiche der Sprachwissenschaft. Die begriffsgeschichtliche Auffassung der Sprache stellt nicht einen neuen Gesichtspunkt neben den bisher geübten Unter-

112 Die Bindung der Sprachgeschichte an die Begriffsgeschichte schließt eine Übertragung des biogenetischen Grundgesetzes auf das Gebiet der Sprache aus. Es ist nicht angängig, die Sprachentwicklung eines Kindes als Parallele für die Geschichte einer Sprache heranzuziehen, wie dies nach dem Vorbilde Wundts des öftern versucht worden ist. Ein Kind wächst in eine umfassende Begriffswelt hinein, und dieses Hineinwachsen vollzieht sich in Tateinheit mit der Entwicklung seiner Sprache. Die Geschichte eines Volkes und seiner Sprache aber bedeutet ein allmähliches Explizieren einer Begriffswelt, die vorher in dieser Form explizite nicht vorhanden war.

Vitae eingereicht hat. (Eesti Ajalooarhiiv [Estnisches Historisches Staatsarchiv], Tartu, Best. 2100, Verz. 2, Akte 164, Bl. 11–13). Vgl. auch Põldsam, Lazar Gulkowitsch. Eine vergessene Stimme, 76; Schor, Magistranty professora Lazarya Gul'kovicha, 4.

suchungsweisen: neben Linguistik, Philologie, Literaturgeschichte etc. dar, sondern sie ist Prinzipienlehre.

Vom Standpunkte der praktischen Methodik aus bedeuten diese Forderungen, daß die Erforschung einer Sprache nicht in der statistischen Bestandsaufnahme und Registrierung, unter Setzung der Häufigkeit des Vorkommens als Norm, bestehen darf. Das vorhandene Material muß vielmehr so durchforscht werden, daß die innere Sprachstruktur deutlich wird. Norm der betreffenden Sprache ist die Eigenart ihrer Struktur. Was dieser Struktur adäquat ist, muß als „normale" sprachliche Bildung angesehen werden, auch wenn die betreffende Form Hapaxlegomenon wäre. Das Ergebnis einer solchen Forschungsmethode ist freilich kein Koordinatensystem, in dem jeder Form ein bestimmter Platz angewiesen werden kann, sondern es ist ein System von Bildungsprinzipien. Bei der Feststellung der Bildungsprinzipien müssen diejenigen, die der betreffenden Sprache in ihrer Gesamtheit ihren spezifischen Charakter verleihen, unterschieden werden von solchen, die nur innerhalb einer einzelnen Phase der Entwicklung Bedeutung erlangt haben. Wenn wir die Gesamtheit einer Sprache überschauen können, so ist eine solche Unterscheidung wohl in den meisten Fällen möglich. Bei fragmentarischer Überlieferung der Dokumente einer Sprache dagegen ergeben sich hier Schwierigkeiten. Wir haben dann nur allgemeine Richtlinien, die uns bestenfalls zu Wahrscheinlichkeitsergebnissen verhelfen kön- |212| nen. Wenn es uns z. B. gelingt, ausgesprochen destructive Tendenzen, ein Verachten jeder Norm[113] in einer Sprache festzustellen, so können wir annehmen, daß

113 Norm in diesem Sinne heißt nicht eine nachträglich aufgestellte systematische Ideologie, sondern das Bildungsprinzip der Sprache selbst. Nur dieses kann normierend wirken. Wenn Erik Ahlman (Das normative Moment im Bedeutungsbegriff, Helsingfors 1926 = Annales Academiae Scientiarum Fennicae, Ser. B, tom. XVIII, Helsinki 1923–1926, S. 7) in einer normativen Ideologie ein regulatives Moment für die Sprache sieht, so trifft dies nur bei nachträglich auf Grund eines grammatikalischen Systems gelernten Sprachen zu.[257] Hier ist in der Tat ein zunächst im Bewußtsein vorhandenes System allmählich zum Unterbewußtsein abgesunken und bleibt so weiter wirksam. Die sogenannte Muttersprache dagegen wird kaum je auf Grund einer sekundären Ideologie gelernt. Die Hauptrolle bei der Weitergabe einer Sprache spielen gerade Personen, deren theoretische Sprachbildung in keiner Weise vollständig ist. Der Unterricht in der Landesprache pflegt sich auch nur auf das nachträgliche Bewußtmachen

[257] Erik Ahlmann (1892–1952) war ein finnischer Philosoph und Altphilologe.

solche Tendenzen Charakteristikum nur einer Phase in der Geschichte der betreffenden Sprache sind, denn es ist nicht zu erwarten, daß eine Sprache von vornherein durch eine Tendenz zum Chaos charakterisiert wird und so von vornherein in Auflösung begriffen ist. Ein solches Gebilde wäre eine *contradictio in adjecto*. Es gibt auch Tendenzen, die einer Sprache ein so spezifisches Gepräge verleihen, daß sie kaum phasenbedingt sein können. Aber zwischen diesen beiden Extremen finden wir eine unendliche Zahl von Mittelwerten, bei denen die Entscheidung nicht möglich ist oder doch nur bedingten Anspruch auf Gültigkeit hat.

Es ist bereits darauf hingewiesen worden, daß sprachliche Erscheinungen nicht nur ihre Erklärung aus der Geschichte der Begriffe finden, sondern auch zugleich als Quellen für die Registrierung geistesgeschichtlicher Vorgänge dienen können.[114] Alle historischen Dokumente

eines Sprachsystems zu beschränken, das praktisch längst angewandt wird. Es ist überhaupt nicht möglich, unbewußt eine theoretische Ideologie zu befolgen. Was eine Sprache vielmehr auch ohne Grammatik stets zusammenhält, ist ihre innere Ordnung, die unabhängig von jedem theoretischen System besteht und die nachzuzeichnen gerade Aufgabe der theoretischen Sprachideologie ist (vgl. oben S. 172).[258]

114 Eine praktische Anwendung der Voraussetzung, daß Kultur und Sprache in engster Beziehung zueinanderstehen, stellt Karl Voßlers Buch: Frankreichs Kultur und Sprache, Heidelberg ²1929, dar. Voßler betrachtet aber die französische Kultur doch mehr von der Literatur und dem Stil her, wie das seiner Ansicht von der entscheidenden Bedeutung des Stils für die Sprache ent- |213| spricht (s. oben S. 96).[259] Darüber hinaus unterscheidet sich die Betrachtungsweise Voßlers von der unsrigen nicht nur in Bezug auf die Verteilung des Bedeutungsakzentes auf die verschiedenen sprachlichen Gestaltungsformen, sondern es wird deutlich, daß Voßler die Beziehungen zwischen Sprache und Denken auch prinzipiell anders erfaßt. Sprache und Denken sind ihm nicht zwei Seiten derselben Sache (s. oben S. 106, Anm. 1),[260] sondern zwischen dem Denken und der Sprache steht für ihn das gestaltende Subjekt. Die Sprache ist demnach doch nur Instrument des Denkens, aber immerhin ein Instrument, das einer jeweils adäquaten Ausgestaltung fähig ist. So lassen sich aus der jeweiligen Beschaffenheit des Instrumentes sehr wohl Rückschlüsse auf die Art der Materie schließen, die mit Hilfe dieses Instrumentes gestaltet wird. Aber die Beziehung zwischen Kultur und Sprache ist doch nur eine Beziehung zwischen selbständigen Größen (vgl.

[258] Siehe oben, 270.

[259] Siehe oben, 195.

[260] Siehe oben, Fn. 45.

einer Kultur sind also |213| nicht nur durch ihren Inhalt Zeugnisse für die Eigenart ihrer materiellen und geistigen Kulturwerte, sondern sie bieten zugleich dadurch, daß sie in einer Sprache abgefaßt sind, Erkenntnismöglichkeiten für die geistige Eigenart der betreffenden Kultur, durch welche Tatsachen nicht nur konstatiert, sondern auch aus ihren Ursachen erklärt werden. Die angeführten Beispiele aus dem Gebiete der formalen Sprachwissenschaft können aber nur formale Prinzipien im Ablaufe der Geistesgeschichte sichtbar machen. Wo es sich um die Geschichte der Begriffs*inhalte* handelt, sind wir dagegen darauf angewiesen, die Wortbedeutungen, ihre Geschichte und die Ursachen ihrer scheinbaren oder wirklichen Veränderungen[115] zu studieren. Die Geschichte der Wortbedeutungen, die bisher immer nur ein Anhängsel der Sprachwissenschaft

besonders a. a. O., S. 362). – Immerhin ist der Zusammenhang zwischen Denken und Sprache bei Voßler wesentlich notwendiger und organischer angesehen als bei A. Meillet, Dauzat, Leroy (s. oben S. 78, Anm. 1)[261] und vor allem bei Alfred North Whitehead (Process and Reality, Cambridge 1929), der die Sprache in rein physikalischem Sinne als Werkzeug (tool) der Philosophie ansieht und von dieser Prämisse aus das Problem der Sprache aufrollt (a. a. O., S. 14 ff.).[262]

115 Der Begriff des Bedeutungswandels bedarf dringend einer Klarstellung. Zunächst ist die Frage zu entscheiden, inwieweit die Abwandlung der Bedeutung eines Wortes überhaupt möglich ist, ob nicht etwa jede scheinbare Veränderung im Sinne eines Wortes lediglich eine Akzentverschiebung innerhalb des von vornherein in einem Worte gegebenen Bedeutungsumfanges darstellt. Fernerhin erscheint es fraglich, ob der Begriff der Grammatikalisation eines Wortes, der als endgültiger Abschluß des Bedeutungswandels gilt (Voßler, Gesammelte Aufsätze zur Sprachphilosophie, S. 81),[263] haltbar ist, d. h., ob ein Wort seinen Begriffsinhalt vollkommen verlieren kann (s. oben S. 89).[264]

---

[261] Siehe oben, Fn. 26.

[262] Alfred North Whitehead (1861–1947) war ein britischer Mathematiker und Philosoph. Der Untertitel von Whiteheads Schrift lautet *An Essay in Cosmology.* Whitehead verstand die Sprache als symbolische Abstraktion und kritisierte Sprachtheorien, die in ihr das einzige Mittel der Erkenntnis und eine angemessene Abbildung der wirklichen Welt sahen. Sprache könne einzelne Phänomene bezeichnen, aber nicht vollständig beschreiben, weil Begriffe immer schon Abstraktionen seien. Sprachliche Irrtümer gründeten Whitehead zufolge vor allem in der grammatischen Subjekt-Prädikat-Form des Satzes.

[263] Vossler, Das System der Grammatik, 81.

[264] Siehe oben, 186 f. Gulkowitsch nimmt die zeitgenössische Diskussion zum Begriff der Bedeutung und zur Sprachinhaltsforschung auf. Den in diesen Debatten

gewesen ist, tritt damit als ebenbürtige Disziplin neben die ebenfalls aus begriffsgeschichtlichen Prinzipien abgeleitete Grammatik.

|214| Die Lehre von den Wortbedeutungen ist im Gegensatz zur Grammatik, die eher unter zu viel Formalismus leidet, methodisch noch wenig durchgearbeitet worden. So macht sich der Mangel einer methodischen Grundlegung z. B. bei den Untersuchungen Erdmanns zur Wortbedeutung (Karl Otto Erdmann, Die Bedeutung des Wortes, Leipzig 1910) dahin bemerkbar,[265] daß zwar eine Fülle einzelner Probleme aus der Beobachtung des Sprachgebrauchs gewonnen wird, daß aber eine Möglichkeit zur systematischen Durchdringung des Fragenkomplexes nicht geschaffen werden kann. Doch dürfte in der gegenwärtigen Situation dieser Disziplin die Erkenntnis, daß die Bedeutungslehre einer grundlegenden Ausgestaltung ihrer Methodik bedarf, allgemeiner anerkannt sein. So bietet Hans Sperber (Einführung in die Bedeutungslehre, Bonn und Leipzig ^{2}1930, besonders im Schlußkapitel „Methodisches zur bedeutungsgeschichtlichen Forschung") eine mustergültige Aufstellung der methodischen Problematik auf diesem Gebiete.[266] Er verhilft vor allem dem historischen Standpunkte (gegenüber einer rein psychologischen Betrachtungsweise) zu seinem Rechte. Seine Untersuchungen zeichnen

---

oft als maßgeblich angeführten Leo Weisgerber nennt Gulkowitsch bezeichnenderweise ebenso wenig wie Jost Trier (1894–1970) oder Walter Porzig (1895–1961); möglicherweise vermied er den Bezug auf Sprachwissenschaftler, die völkische Denkansätze vertraten bzw. dem Nationalsozialismus nahestanden (siehe die Einleitung zu diesem Band, 57). Eine Ausnahme bildet der Wiener Sprachwissenschaftler Hermann Ammann, der nach dem »Anschluss« Österreichs in die NSDAP eintrat und rassistische Topoi in seine Forschungen aufnahm. Utz Maas, Sprachforschung in der Zeit des Nationalsozialismus. Verfolgung, Vertreibung, Politisierung und die inhaltliche Neuausrichtung der Sprachwissenschaft, Berlin/Boston, Mass., 2016, 371 und 461.

[265] Karl Otto Erdmann (1858–1931) war Gymnasiallehrer in Dresden und verfasste Werke zur psychologischen Bedeutungsforschung sowie populäre Schriften. Erdmann wirkte auf die Bedeutungstheorien, indem er vom begrifflichen Hauptsinn den Nebensinn und Gefühlswert (oder Stimmungsgehalt) unterschied. Der Untertitel der von Gulkowitsch angeführten Schrift *Die Bedeutung des Wortes* lautet *Aufsätze aus dem Grenzgebiet der Sprachpsychologie und Logik*.

[266] Hans Sperber (1885–1963) war ein österreichisch-jüdischer Sprachwissenschaftler. Er sah in der Sprache vor allem ihre Ausdrucksfunktion und knüpfte mit seinem Begriff der Konsoziationen an Erdmanns Gefühlswert an. Beeinflusst von der Psychoanalyse suchte Sperber affektbetonte Veränderungen in der Sprache zu erklären. Sprachliche Innovationen deutete er als Übertragungen überschüssiger, obsessiver Affekte in andere Sprachzusammenhänge.

sich vor allem durch eine sichere Erkenntnis der Schwierigkeiten und notwendigen Unsicherheiten solcher Forschungsmethoden aus. Sperbers Zielsetzung ist aber rein semasiologisch, d. h., er trennt seine Untersuchungen prinzipiell von Untersuchungen der Wort*formen*. Doch würde, da ein Wort eine unlösbare Einheit von Inhalt und Form darstellt, die Bedeutungslehre an Adäquatheit gegenüber ihrem Material gewinnen, wenn die Beziehungen zwischen der formalen und der semasiologischen Seite des Wortes in ihrer gegenseitigen Abhängigkeit zum Gegenstand der Forschung gemacht würden. Ansätze hierzu sind vorhanden gewesen, aber nicht weiter ausgestaltet worden. So geht z. B. Jan v. Rozwadowski gerade von den Beziehungen zwischen Wortbildungs- und Bedeutungsvorgängen aus (Wortbildung und Wortbedeutung, Heidelberg 1904, besonders S. 50 f.).[267] Er betrachtet beide Vorgänge als identisch, da beide eine einheitliche psychisch-sprachliche Erscheinung darstellen. Doch fehlt bei Rozwadowski eine Berücksichtigung des historischen Momentes, da seine Methode prinzipiell psychologisch ist. Eine umfassende Methodik der Bedeutungslehre müßte also beide Momente: die Identität von Inhalt und Form und die Ver- |215| knüpfung des psychologischen Faktors mit dem historischen zum Ausgangspunkt nehmen.

Neben den Anregungen, die Ammann (s. oben S. 187)[268] gibt, verdanken wir vor allem A. Marty (Satz und Wort …, herausgegeben von Otto Funke, S. 34 ff.) fruchtbare Ansätze zu einer Methodik der Bedeutungslehre. Sehr typisch für seine Arbeit, der es vor allem an der Klärung der Grundbegriffe gelegen ist, sind seine Hinweise auf die semantische Identität der Komposita und der ihnen entsprechenden Wortfügungen. Sowohl die Wortfügung als auch das Kompositum können „Namen" sein, d. h., sie können eine ganz bestimmte konkrete Person oder Sache bezeichnen. Beide Ausdrucksformen umfassen einen „einheitlichen Begriff" (Jakob Grimm), eine „einheitliche Vorstellung" (Brugmann), wobei Marty mit Recht darauf hinweist, daß damit nicht etwa ein „einfacher" Begriff gemeint sein kann. Beide Ausdrucksmittel bezeichnen aber zugleich eine unlösbare Spannung zwischen Einheit und Vielheit. Ein Kompositum vermag das Zusammengehören der beiden Teile des Begriffes nicht enger auszudrücken als eine Wortfügung, da es in dieser Beziehung Gradunterschiede gar nicht geben kann. Der semantische Begriff des Kompositums

[267] Der polnische Sprachwissenschaftler Jan Michał Rozwadowski (1867–1935) bekleidete bis 1935 den Lehrstuhl für vergleichende Sprachwissenschaft an der Universität Krakau.

[268] Siehe oben, 285.

umfaßt also sowohl zusammengesetzte Worte als auch Wortfügungen. Dagegen gibt es zwei semantisch grundsätzlich verschiedene Arten von Komposita (in diesem erweiterten Sinne): Es gibt die lösbare „prädikative" (worunter Marty auch die attributive mit versteht) und die unlösbare relative oder korrelative Beziehung. Komposita mit prädikativischer Beziehung ihrer beiden Teile entstehen durch Spezifizierung umfassender Begriffe (Rechteck = rechtwinkliges Viereck), relative und korrelative Verbindungen dagegen enthalten stets zwei Teile, von denen der eine ohne den anderen nicht gedacht werden kann (Bräutigam = Bräutigam einer Braut: dieses Beispiel bietet Marty, obwohl es sich auf Grund seiner Wortgeschichte recht wohl unter die prädikativischen Verbindungen einreihen läßt). Diese Unterscheidung der Komposita ist vielleicht nicht glücklich gewählt, ist aber als Versuch einer begrifflichen Klärung formal lehrreich. Dagegen erscheint es als durchaus evident, wenn Marty den Einwand, daß Komposita und Wortfügungen nicht identisch seien, weil z. B. eine Blutorange keine blutige Orange und eine Rotbuche keine rote Buche sei, da- |216| durch entkräftet, daß er nur die *entsprechende* Auflösung des Kompositums verlangt, bei der sowohl eine elliptische Ausdrucksweise als auch ein metaphorischer Sinn im spezifizierenden Bestandteil des Kompositums beachtet wird. So entspricht dem Worte „Rotbuche" die Umschreibung: „eine Buche, deren Holz rot (d. h. röter als bei anderen Buchenarten) ist"; eine „Blutorange" ist eine Orange, deren Saft so rot wie Blut ist. Im letzteren Falle liegt eine Kombination von metaphorischer und elliptischer Ausdrucksweise vor. Beispiele für rein metaphorische Ausdrucksweise gibt Marty, indem er Worte wie Baumschlag und Schlagschatten im Gegensatz zu Keulenschlag anführt (a. a. O., S. 37). Ferner weist Marty auf das Problem hin, das sich einer semasiologischen Betrachtungsweise in den Fällen bietet, wo semasiologisch Gleiches auf verschiedene Weise ausgedrückt wird, wovon das Verhältnis von Wortfügung und Kompositum nur einen Sonderfall darstellt. Er sieht hier das Ergebnis sowohl psychologischer Gegebenheiten als historischer Entwicklungen und fordert deshalb von der semasiologischen Betrachtungsweise sowohl ein systematisches als auch ein genetisches Untersuchungsverfahren, was also der Kombination synchronistischer und parachronistischer Betrachtungsweise ganz parallel ist, die auch von der Grammatik gefordert werden muß.

Die gegenwärtige Phase der Sprachwissenschaft ist eine Phase der Kritik an den hergebrachten Methoden und des Übergangs zu neuen Betrachtungsweisen. Dieser Übergang kann mit dem Modewort der Krisis bezeichnet werden, wenn man darunter nur einen ziemlich tiefgehenden Phasenwechsel versteht. Die Fülle des Stoffes, die durch die Kenntnis einer großen Anzahl einzelner Sprachen und Sprachtypen hervorgerufen worden ist, zwingt in der gegenwärtigen Sprachwissenschaft zu einer neuen prinzipiellen Gestaltung. Damit ist der bisherige Weg der Sprachwissenschaft durchaus nicht als Irrweg gekennzeichnet. Die Sprachwissenschaft als sammelnde, registrierende, ordnende Wissenschaft war bewußt gegenstandsbezogen. Diese Tendenz auf ein Ausgehen vom Objekt ist diejenige Erscheinung auf dem Gebiete der Sprache, die die Geistesgeschichte seit der Renaissance überhaupt entscheidend kennzeichnet. Die Tendenz, das Objekt als das Primäre zu setzen, ist die bewußte Antithese gegen das Ausgehen von der |217| Doktrin, dass das Mittelalter kennzeichnet und vom Mittelalter in genialer Weise durchgebildet worden ist. Nachdem die objektsbezogene Sprachwissenschaft bis zu einer Vollendung ihrer Leistung gekommen ist, die eine radikale Neugestaltung der Voraussetzungen durch Entdeckung neuer Sprachen kaum noch erwarten läßt, hebt sich die Antithese gegenüber der antik-mittelalterlichen doktrinären Sprachwissenschaft von selbst auf und verlangt nach Synthese. Diese Synthese kann nur geleistet werden durch eine Eingliederung des Phänomens Sprache in das Phänomen des Geistes überhaupt.

Mit welcher zwingenden Notwendigkeit jede synthetische Betrachtung der Sprache schließlich zu einer Eingliederung des Phänomens Sprache in die Ganzheit des menschlichen Geistes führt, zeigt die Entwicklung der Sprachtheorie bei Ammann. Während er in seinem Werke über die menschliche Rede noch den Nachdruck darauf legt, daß die sprachlichen Vorgänge sich ihrem Wesen entsprechend im Raume des Psychischen abspielen und mit der Welt der Begriffe nur in sekundärer Verbindung stehen, betrachtet er in seinem Aufsatze „Vom Ursprung der Sprache" (Lahr 1929) das Wesen der Sprache von einem Standpunkte aus, der sich dem unsrigen nähert: Die Psyche ist der natürliche Grund, aus dem die Sprache immer neues Material für ihre Bildungen erhält, die Sprache aber gehört ins Gebiet des Logos (a. a. O., S. 17). Eine solche Auffassung hat auch ihre Konsequenzen für die Betrachtung der Sprache als historisches Phänomen. Es gibt nach einer solchen Auffassung keinen vorsprachlichen Zustand im Sinne der Geschichte. Dieser vorsprachliche Zustand ist vielmehr immer vorhanden und geht ständig in den sprachlichen über. Gerade diese Verbindung sichert der Sprache ihre Lebensverbundenheit und damit ihre Entwicklungsfähigkeit. Was wir (s. oben S. 112, Anm. 1)[269] als Sprache der Zivilisation bezeichnet haben, ist derjenige sprachliche Zustand, dem diese Lebensverbundenheit verlorengegangen ist.

---

[269] Siehe oben, Fn. 49.

Das Problem der Sprache ist ein uraltes Menschheitsproblem, das im Bereiche der mythischen Anschauung ebenso im Mittelpunkte des Interesses stand, wie im Bereiche der historischen Anschauung. Allen Versuchen, die Sprache aus |218| dem Bereiche des Geistigen zu verdrängen, zum Trotz und obwohl immer wieder auf die Unzulänglichkeit des sprachlichen Ausdruckes hingewiesen worden ist, hat sich doch die Tatsache niemals aus der Welt schaffen lassen, daß die Sprache in enger Beziehung zur Existenz des Geistes überhaupt steht. Die Sprache ist dasjenige Moment, das das Denken allein aus seiner absoluten Isolierung im Individuum lösen kann. Die Sprache ist nicht ein Verständigungsmittel, das zur Not ausreicht, um die Isolierung des Individuums hier und da zu durchbrechen. Die Sprache ist vielmehr als Trägerin des Verstehens eine Seite am Denken selbst, diejenige Seite am Denken, die der Gemeinschaft zugewandt ist. Sie ist nicht ein sekundäres Produkt des Denkens, sondern gehört zu seinem Wesen. Es gibt keinen *vorsprachlichen Denkzustand*, weder psychologisch noch historisch.

Mit der Behauptung, daß die Sprache Trägerin des Verstehens ist, wird aber kein Schematismus der Verständigungsmöglichkeit behauptet. Jedes Wort in der Sprache eines Menschen (und damit jeder Begriff in seinem Denken) ist Ergebnis und Ausdruck seines gesamten Wesens, Produkt aller seiner Erlebnisse, Gedanken und Denkweisen. Dieses Erfülltsein macht jedes Wort zu einem individuellen, nicht übertragbaren Eigentum. Wenn die Sprache dennoch dem Verstehen dient, so tut sie dies in der Weise, daß jedes Wort im Hörenden eine Stelle in seinem Denksystem affiziert, in ihm einen Denkvorgang auslöst, der nicht etwa das mechanische Spiegelbild dessen ist, was der Sprechende „gemeint" hat, sondern das Ausgelöste ist ebenfalls Ausdruck eines individuellen Wesens. Dennoch stehen beide Erlebniskomplexe in einer Beziehung zueinander. Die Möglichkeit dieser Beziehung beruht auf der Existenz der Sprache, die ein eigenes, außerindividuelles Leben in der Geschichte führt und das Denken des Einzelnen in der Weise erfüllt, wie wir uns die Körper von dem stofflosen Stoffe erfüllt denken, der Träger der elektrischen Wellen ist. Dieser überindividuelle Charakter der Sprache ermöglicht das Verstehen. Das Verstehen wird also nicht etwa dadurch erreicht, daß man Worte wie Gegenstände von Hand zu Hand geben könnte. Es ist nicht so, daß man es nur richtig machen muß, wenn man im Hörenden das mechanische Abbild des Gesagten erzielen will. Populäre Moral und Demagogie pflegen immer ein |219| Rezept zur Hand zu haben, das bestimmt zur Verständigung führen kann. Die einen erhoffen alles von einem Appell an die Vernunft, andere glauben durch Berücksichtigung des Irrationalen absolut sicher zum Ziele zu gelangen. Die Geschichte der Reklame auf geistigem Gebiete bewegt sich immer zwischen diesen beiden Extremen. Solche Betrachtungsweisen sind schon im Ansatz falsch. Die Individualität sowohl des rationalen als auch des irrationalen Momentes im menschlichen Denken ist unauflösbar. Von dieser Spannung zwischen den einzelnen Individuen und ihren individuellen Denkweisen lebt die Sprache. Ein Gemeinschaftsdenken bedürfte keiner Sprache. Die Sprache hebt die Spannung nicht etwa auf – seinsmäßige Spannungen können gar nicht aufgehoben werden –, sondern sie aktiviert diese Spannungen, sie stellt sie in den Dienst eines Kräftespiels. „Gedankenaustausch" ist nicht etwa ein Hin- und Herreichen geistiger Güter, sondern ein dynamischer Vorgang, ein Auslösen von individuellen Gedankenfolgen mit Hilfe der Sprache.

Da die Sprache das gemeinschaftsbezogene Moment am Denken ist, so ist sie zugleich dasjenige Moment, durch das das Denken an der Geschichte teilhat. Wir haben versucht zu zeigen, daß der Geist das aktive Moment in der Geschichte darstellt. Damit ist zugleich der Sprache eine entscheidende geschichtsbildende Funktion zuerkannt. Die Verknüpfung zwischen Denken, Sprache und Geschichte ist nicht nur eine ursächliche, sondern ein stetes Ineinander, das gerade in dieser Verknüpfung die schöpferische Synthese darstellt, von der die Geschichte lebt. Die Struktureinheiten der Sprache sind identisch einerseits mit den Denkeinheiten, andererseits mit den soziologischen Einheiten, die Trägerinnen des historischen Geschehens sind.

Zwischen der Geschichte der soziologischen Struktureinheiten und der Geschichte des Geistes findet in jedem Augenblick eine Wechselwirkung statt. Wenn wir unsere Geschichtsschreibung in verschiedene Disziplinen einteilen, so geschieht dies nur um der Darstellbarkeit willen: Wir lösen eine organische Einheit fiktiv in die verschiedenen Seiten ihres Wesens auf. Diese Auflösung ist notwendig und bedeutet, solange sie sich ihrer Einseitigkeit bewußt bleibt, keine Verfälschung der Tatsachen, sondern nur eine Art graphischer Darstellung. Das Bild verfälscht sich erst dann, wenn die dargestellte Entwick- |220| lungslinie als *realiter* isoliert[116]

116 Die sekundäre Isolierung von Teilen eines Geschehens, das faktisch ein unteilbares Ganzes ist, ist eine notwendige Einseitigkeit der Geschichtsschreibung und Geschichtsforschung nicht nur in Bezug auf die Zerteilung des Geschehens in einzelne Kulturgebiete, sondern bereits in Bezug auf die Aufteilung des Geschehens in historische „Ereignisse", die das Kontinuum des wirklichen Ablaufs der Geschichte in Einzelfakta zerlegen, also in Bezug auf die historische Terminologie. Diese letztlich im Zeitbegriff fundierte Diskrepanz zwischen dem Ge-

angesehen und dementsprechend ohne Rücksicht auf den lebendigen Gesamtzusammenhang der Geschichte durchgeführt wird. Eine rein politische Geschichte, die das politische Geschehen als allein historisch bedeutend ansieht, ist ebenso eine Fälschung wie etwa eine reine Literaturgeschichte. Das Anliegen der Lamprechtschen Schule,[271] die den Universalismus des historischen Geschehens gegenüber einer Geschichte als Staatsgeschichte betonte, ist ebenso berechtigt wie das Anliegen Dubnows, der das soziologische Moment in der jüdischen Geschichte gegenüber einer Geschichtsschreibung in seine Rechte einsetzt, die die Geschichte des jüdischen Volkes mit einer Geschichte seiner literarischen Leistungen bewußt oder de facto identifizierte (S. Dubnow, Weltgeschichte des jüdischen Volkes, Band I (deutsch von A. Steinberg), Berlin 1925, S. XIII–XXIII).[117] Dubnow betonte mit Recht (a. a. O., S. XXX), daß es sich hier um die „all-

schehen selbst und seiner Erfassung durch die Begriffe der Geschichtsdarstellung legt Georg Simmel (Das Problem der historischen Zeit, in: Zur Philosophie der Kunst, Potsdam 1922, S. 152–169) in ihrer erkenntnismäßig bedingten Notwendigkeit dar. Die Darlegungen G. Simmels sind von evidenter Überzeugungskraft, beschränken sich aber ganz auf die begriffliche Seite des Problems. Doch würde gerade durch Heranziehung der sprachlichen Seite der Sache (s. oben S. 128)[270] die Hoffnung, die G. Simmel am Ende seines Aufsatzes ausspricht, daß nämlich die Antinomie der Historik nur eine erkenntnismäßige, nicht aber eine metaphysische sei, an Berechtigung gewinnen.

117 Die Tendenz Dubnows auf eine synthetische Geschichtsbetrachtung äußert sich auch in seiner Ablehnung einer jüdischen Geschichte als „Märtyrergeschichte". Mit Recht lehnt er es ab, daß eine Geschichte ohne äußeren Staat ohne weiteres eine passive sein müsse (vgl. oben S. 59).[272]

---

[270] Siehe oben, 227.

[271] Siehe oben, Fn. [54].

[272] Siehe oben, 151. Der russisch-jüdische Historiker Simon Dubnow (1860–1941) hatte sich früh von seinem orthodoxen Elternhaus ab- und der jüdischen Aufklärung zugewandt. Er gilt als Begründer der Geschichtsschreibung der Juden im östlichen Europa, wobei er durch die Anwendung soziologischer Kategorien neue Impulse setzen konnte. Den großen jüdischen Historikern des 19. Jh., Heinrich Graetz (1817–1891) und Leopold Zunz (1794–1886), warf Dubnow vor, der Auffassung von einer passiven Leidensgeschichte des jüdischen Volkes in der Diaspora Vorschub geleistet zu haben. Dem setzte er seine Sichtweise der jüdischen Gemeinschaft entgegen: Diese habe die Geschichte aktiv mitgestaltet, etwa mittels der Institution der Gemeindeautonomie. In seinem Spätwerk publizierte Dubnow eine *Geschichte des Chassidismus* (2 Bde., Berlin 1931); mit dieser

gemeine Geschichtsansicht“ handelt, während die Stoffwahl eine Sache der Themastellung ist. Diese allgemeine Geschichtsansicht muß von der Ganzheit des historischen Geschehens ausgehen: Die äußeren Ereignisse lassen sich nicht von ihren geistigen Voraussetzungen trennen, und umgekehrt: Die historische Leistung ist nicht ablösbar von ihren Trägern.

|221| Wenn wir die Geschichte als Existenzraum des Geistes ansehen und wenn wir in der Sprache die dem Geistigen adäquate Form erfaßt haben, so haben wir damit eine Einheit aller dieser Momente behauptet, die unbedingt ausschließlich ist und von der aus es Ausnahmen nicht geben kann. Die Struktur des Geistes, die Struktur der Sprache, die Struktur der Kultur, alles das ist identisch mit der Struktur des Existierenden überhaupt. Das Bild, das uns die außersprachlichen Existenzformen der menschlichen Gesellschaft darbieten, kann im Prinzip kein anderes sein, als es uns von der Sprache dargeboten wird. Die Struktur des Geistes kann keine andere sein als die Form, die wir auch in der Sprache erkennen. Wenn wir damit die Sprache nach zwei Seiten hin in eine organische Ganzheit eingeordnet haben, so haben wir damit zugleich eine Eingliederung der Sprachwissenschaft in das System der Wissenschaften vollzogen. Die Sprachwissenschaft ist eine Geisteswissenschaft.

Da in der Sprache der Geist in primärer Weise Gestalt gewonnen hat, so bedeutet die Sprache einen reinen Ausdruck des geistigen Moments im historischen Geschehen. Hier kommt die jeweils in der Geschichte Gestalt gewordene geistige Existenzform ohne alle Zwischenschaltungen zum Ausdruck, viel mehr als etwa im Recht, im kultischen Ritus, in der Kunst, da auf diesen Gebieten in bewußter Einseitigkeit nur eine Seite des Denkens ausgestaltet wird, und durch das Hineinspielen inhaltlicher Momente das Verhältnis zu dem Denken, von dem hier eine Seite zum Ausdruck kommt, so kompliziert wird, daß direkte Rückschlüsse vom Ausdruck des Denkens auf das Denken selbst nicht mehr möglich sind. Freilich ist es ein und dasselbe Denken, das sowohl in der Sprache als in Kunst, Religion, Recht etc. zum Ausdruck kommt. Die Ergebnisse der Sprachwissenschaft müssen also zu einem Bilde des Geschehens und seiner metaphysischen Bedingtheiten gestaltet werden können, das dem Ergebnis anderer Geisteswissenschaften im Prinzip durchaus homogen ist und zu seiner Ergänzung dienen kann. Der Verlauf der jüdischen Geschichte z. B., der sich aus der Geschichte des Begriffes חסיד [*ḥasid*: Frommer] ableiten läßt, muß im

religiösen Bewegung hatte sich auch Gulkowitsch zeit seines Lebens beschäftigt (Texte 5 und 6). Diner, Weltgeschichte; Nicolas Berg, Riga, in: Diner (Hg.), EJGK, Bd. 5, 224–230.

Prinzip durchaus identisch sein mit dem Verlauf der jüdischen Geschichte, der sich aus den Ergebnissen einer Untersuchung etwa der jüdischen Kultformen ergibt. Aber das Bild, das eine |222| Untersuchung der Sprache und ihrer Geschichte von der Struktur der betreffenden Geisteskultur zu geben vermag, ist umfassender und steht dem innersten Wesen der betreffenden Kultur näher als das bei einem Bilde möglich ist, das aus der Untersuchung irgendeiner anderen Seite der betreffenden Kultur gewonnen wurde. Was die Untersuchung der Sprache einer Kultur an Ergebnissen zu liefern vermag, ist vielleicht abstrakter als das Ergebnis einer Untersuchung anderer Lebensgebiete, weil es sich mehr auf die formalen Prinzipien bezieht, aber es ist von zentraler Bedeutung für das Wesen der betreffenden Kultur, da sich nur aus der Sprache ein absolut adäquates Bild der zentralen Begriffe und ihrer Geschichte innerhalb einer Kultur gewinnen läßt.

Die Sprache und ihre Geschichte ist aber nicht nur eine Erkenntnisquelle für die Erfassung der Geschichte überhaupt, sondern die Sprache selbst und ihre Entwicklungen können nur verstanden werden aus ihrer Verknüpfung mit dem historischen Geschehen auf allen Gebieten menschlichen Lebens. Diese methodische Forderung soll nicht eine kulturgeschichtliche, mehr auf die Literaturgeschichte, die sogenannte Philologie gerichtete Art der Sprachwissenschaft in den Vordergrund stellen zum Nachteil einer linguistischen Sprachwissenschaft. Der Unterschied zwischen einer linguistischen und einer kulturgeschichtlichen Richtung in der Sprachwissenschaft ist kein prinzipieller. Ob der Nachdruck bei der Untersuchung stärker auf die Form oder auf den Inhalt, stärker auf die kleinen Einheiten der Worte und Sätze oder auf die größeren Einheiten, die Gegenstand der Literaturgeschichte sind, gelegt wird, bedeutet nur eine Nuancierung in der Wahl des Forschungsgegenstandes und damit in der Wahl der anzuwendenden Methoden, nicht aber eine prinzipielle Scheidung, da der Unterschied im letzteren Falle nur ein gradueller ist[118]

118 Der Begründer der literargeschichtlichen Methode auf dem Gebiete des Alten Testaments, Hermann Gunkel, geht bei der Apologie seiner Methode davon aus, daß die Eigenart der hebräischen Sprache eine Eigenart der literarischen Formen im Alten Testament bedingt, die den Inhalt dieser Formen unserem unmittelbaren Verständnis entzieht.[273] Leider hat Gunkel diese Kenntnis nicht methodisch

---

[273] Hermann Gunkel (1862–1932) war protestantischer Theologe und Professor für Altes Testament in Halle und Berlin. Seinem formgeschichtlichen Ansatz ist es zu verdanken, dass das Alte Testament systematisch als historische und religions-

und da im ersteren Falle |223| eine Trennung nach Form und Inhalt überhaupt nur Ergebnis einer Fiktion sein kann. Unsere methodische Forderung bezieht sich vielmehr auf alle diese Gebiete der Sprachwissenschaft, da nach unserer Betrachtungsweise der *Gegenstand* der Sprachwissenschaft in ein ganz anderes Licht gerückt ist. Die Sprache ist nicht ein isoliertes Phänomen, das ganz isoliert betrachtet werden könnte, sondern in *allen* ihren Erscheinungsformen einerseits mit dem Denken, andererseits mit allen Gebieten des historischen Lebens verbunden. Diese expliziert [sic] gestellte methodische Forderung ist nicht radikal neu, da sie von der echt wissenschaftlichen Philologie längst implizite erfüllt worden ist. Denn jede sorgfältig und korrekt arbeitende Textinterpretation liefert der kulturgeschichtlichen Forschung mehr Ergebnisse als etwa eine ästhetisierende, leichtsinnig zusammenschauende Kulturgeschichte, die auf eine streng philologische Grundlage verzichtet. Die Forderung einer synthetischen Forschungsmethode bedeutet also durchaus keinen Verzicht auf streng wissenschaftliche Einzeluntersuchung.

Die Verknüpfung einer mehr auf äußere Erscheinungsformen des Historischen gerichteten Geschichtswissenschaft mit der Sprachwissenschaft erfolgt durch die Bindung des Gegenstandes der beiden Wissenschaften an die Geschichte des Geistes überhaupt. Die Sprache ist wie jede andere historische Erscheinung Teil der Geistesgeschichte, und zwar organischer Bestandteil einer organischen Ganzheit. Alles historische Geschehen wird nur in seiner Bezogenheit auf die Ganzheit des geistigen Geschehens verständlich, und so auch die Sprache. Deshalb kann keine Disziplin innerhalb der Sprachwissenschaft, auch die extremste Linguistik nicht, mit mechanistischen Methoden arbeiten. Die Schwierigkeit

ausgewertet, was sich vor allem darin auswirkt, daß er schon auf der folgenden Seite die babylonischen Psalmen ohne Einschränkung als Vergleichsmaterial neben den psalmenähnlichen Dichtungen im Alten Testament außerhalb des Psalters nennt. Es ist darum sehr wertvoll, daß die |223| methodische Auswertung des Zusammenhanges von Sprache und literarischen Formen in einer demnächst erscheinenden Untersuchung meiner Schülerin Margarete Lampe-Wilhelmson u. d. T. „Zur Methodik der formgeschichtlichen Bearbeitung des Alten Testaments" erfolgen wird.[274]

---

geschichtliche Quelle zur Erforschung der altorientalischen Kultur herangezogen wurde.

[274] Gulkowitsch meint offenbar Lampe, Zur Anwendung einer begriffsgeschichtlichen Methode (siehe oben, Fn. 111).

rein linguistischer Betrachtungsweise ist in Bezug auf einen Spezialfall der sprachlichen Erscheinungen, das Lehnwort, erwiesen. Adolf Stender-Petersen (Slavisch-germanische Lehnwortkunde, Göteburg 1927 = Göteborgs Kungl. Vetenskaps- och Vitterhets-Samhälles Handlingar, 4. Folge, Band 31, Nr. 4, S. 72) charakterisiert alle Ergebnisse rein linguistischer Methode auf diesem Gebiete als |224| im besten Falle Wahrscheinlichkeitsergebnisse.[275] Er betrachtet deshalb eine wechselseitige „Stützung der Ergebnisse linguistischer und kulturgeschichtlicher Forschungsmethoden als unbedingt notwendig, wenn überhaupt brauchbare Ergebnisse in der Lehnwortforschung erzielt werden sollen. Er stellt als Prämisse auf, daß „*jedes* Lehnwort ein bedeutsames Kulturverhältnis widerspiegelt, bzw. der Ausdruck eines bedeutsamen Kulturverhältnisses ist" (a. a. O., S. 78). Daraus leitet er als unumgängliche methodische Forderung die Heranziehung historischer und ethnologischer Momente bei der Feststellung des Lehnwortcharakters eines Wortes ab. Daß dieser seiner Auffassung eine im Prinzip synthetische Betrachtungsweise kultureller und sprachlicher Erscheinungen zugrunde liegt, ergibt sich mittelbar aus dem äußerst wertvollen Hinweis (a. a. O., S. 81), daß die Entlehnung eines Wortes niemals wahrscheinlich ist, sondern daß erst der Nachweis der Entlehnung einer ganzen Wort*kategorie* den Beweis liefert, daß eine Entlehnung stattgefunden hat, denn in diesem Falle ist auch entweder eine ganze Begriffskategorie oder ein ganzes materielles Kulturgebiet entlehnt worden. Stender-Petersen betont den Zusammenhang von Kultur und Sprache entsprechend seiner Themastellung zunächst in Bezug auf das Lehnwort, macht aber doch die Voraussetzung, daß hier nur ein besonders sichtbares Phänomen aus einem Komplexe von Phänomenen ganz entsprechender Eigenart vorliegt. Für ihn ist das Lehnwort „wie jedes Wort nicht nur ein sprachliches Erzeugnis, sondern auch der Träger oder das Symbol eines geistigen Gehaltes, gleichviel ob damit ein abstrakter Begriff oder die Vorstellung eines konkreten Dinges gemeint sei. In diesem Sinne ist es ein Phänomen oder ein Erzeugnis jener Summe geistiger Bestrebungen, die wir Kultur nennen dürfen." (a. a. O., S. 71) Was Stender-Petersen für das germanisch-slavische Lehnwort nach Ziel und Arbeitsmethode leisten will, entspricht also ganz dem, was nach unseren methodischen Forderungen auf dem Gesamtgebiet der sprachlichen Phänomene geleistet werden

[275] Der dänische Slawist Adolf Stender-Petersen (1893–1963) ist vor allem für seine bis in die Gegenwart neu aufgelegte *Geschichte der russischen Literatur* (München 1957, zuerst Kopenhagen 1951) bekannt.

müßte.[119] |225| Dabei ist freilich zu beachten, daß gerade die Deutlichkeit, mit der sich der Zusammenhang zwischen Kultur und Sprache in Bezug auf das Phänomen des Lehnwortes aufdrängt, Ergebnis einer extremen Konstellation ist. Bei der Mehrzahl der zur Untersuchung stehenden sprachlichen Erscheinungen sind die Beziehungen zwischen Kultur und Sprache wesentlich latenter. Die Sprachwissenschaft kommt ohne den steten Zusammenhang mit rein geisteswissenschaftlichen Gesichtspunkten auch nur bis zur Registrierung des zu erfassenden Materials.[120] Auch

119 Heinrich Zimmern (Akkadische Fremdwörter als Beweis für babylonischen Kultureinfluß, Leipzig ²1917) hat sich nur eine Seite des Phänomens zur Aufgabe gestellt, indem er nämlich vom Sprachlichen ausgehend eine kulturelle Erscheinung zu beweisen sucht. Solche rein linguistische Beweisführungen stellen aber nur das Problem zur Diskussion. Es bleibt also Aufgabe der Kulturgeschichte, die hier aus sprachlichen Beziehungen nachgewiesenen Möglichkeiten kultureller Abhängigkeiten von der historischen Seite her zu untersuchen und vielleicht zu bestätigen. Daß das Lehnwort überall, wo es vorkommt, ein Kennzeichen kulturhistorischer Vorgänge ist, wird allgemein anerkannt. Doch stellen sowohl Heinrich Zimmern[276] als auch z. B. Samuel Krauß[277] (Griechische und lateinische Lehnwörter im Talmud, Midrasch und Targum; vgl. besonders S. XXXI) das Phänomen bewußt nur in seinen sprachlichen Auswirkungen dar. Eine solche Beschränkung ist methodisch nur dann möglich, wenn die Beziehungen des Lehnwortes zur Kulturgeschichte als Spezifikum seines Lehnwortcharakters angesehen werden. Wenn aber die engen Beziehungen zwischen Kultur und Sprache als wesensnotwendiges Element für jede Wortbildung betrachtet werden – sodaß also das Lehnwort in dieser Hinsicht nur einen besonders auffälligen, aber durchaus keinen Spezialfall darstellt –, dann kann das Phänomen des Lehnwortes, eben weil es ein sprachliches Phänomen ist, nicht isoliert von den kulturellen Beziehungen betrachtet werden.

120 Hermann Güntert (Grundfragen der Sprachwissenschaft, Leipzig 1925, S. 130) hat zusammenfassend aus der engen Beziehung zwischen Sprache und Kultur die entsprechende methodische Forderung mit allem Nachdruck erhoben, indem er für die Sprachforschung engste Fühlung mit den anderen Kulturwissenschaften fordert und ihr die Bedeutung einer grundlegenden Geisteswissenschaft beimißt.

---

[276] Heinrich Zimmern (1862–1931) war Mitbegründer der Altorientalistik sowie des Semitistischen Instituts an der Universität Leipzig, wo parallel auch Gulkowitsch tätig war (siehe oben, Fn. [220]). Bei Zimmern erweiterte Gulkowitsch seine Kenntnisse des Assyrischen, Äthiopischen und Syrischen.

[277] Der österreichisch-jüdische Althistoriker Samuel Krauss (1866–1948) lehrte von 1906 bis 1938 jüdische Geschichte an der Israelitisch-Theologischen Lehranstalt in Wien. Sein wichtigstes Werk war die dreibändige *Talmudische Archäologie* (Leipzig 1910–1912).

scheinbar äußerliche sprachliche Erscheinungen können nicht verstanden und in das Phänomen der Sprache eingeordnet werden, wenn sie nicht aus ihren geistigen Bedingtheiten heraus erkannt werden. Daß die Literaturgeschichte erst dann als Wissenschaft zu werten ist, wenn sie zugleich Ideengeschichte ist, dürfte nicht mehr zur Diskussion stehen. Darüber hinaus gelangt aber jede Geisteswissenschaft, also auch die Sprachwissenschaft und innerhalb dieser auch die Linguistik, nur dann zum Verständnis ihres Gegenstandes, wenn sie ihn in die Gesamtheit des Geistes und seiner Geschichte einordnen kann.

Die Einordnung der Sprachwissenschaft in die Gesamt- |226| heit des geistigen Lebens, eine Einordnung, die von jeder Wissenschaft verlangt werden muß, ist nicht nur eine formale Forderung der Methodik, sondern notwendiges Ergebnis einer ontologischen Tatsache: des ontischen Einbezogenseins aller echten Wissenschaft in das Leben des Geistes und damit in den schöpferischen Faktor des historischen Geschehens. Die Formel „Wissenschaft um der Wissenschaft willen“ hat nur insofern Gültigkeit, als keine Wissenschaft, ohne ihr Wesen als Wissenschaft aufzugeben, sich von einer heterogenen Tendenz Ziel und Weg ihrer Arbeit vorschreiben lassen darf. Der Satz gilt aber nicht in dem Sinne, daß die Wissenschaft (oder einzelne Wissenschaften) eine isolierte Domäne bedeute, die am Leben des Geistes nicht aktiv beteiligt sei und zum „Leben“ nur die Beziehung habe, daß sie diesem ihr Forschungsmaterial entnimmt. Die Identität des Geistes mit sich selbst zwingt uns zu der Erkenntnis, daß die Wissenschaft und alle einzelnen Wissenschaften nur einzelne Seiten an einem Ganzen sind.

Die Sprachwissenschaft gehört also sowohl als aktive Forschungstätigkeit als auch in Bezug auf ihren Gegenstand, die Sprache, in den großen Zusammenhang des Geistes und seiner Geschichte. Auch die Sprache ist also in derselben Weise in die Geistesgeschichte einbezogen. Ein solches ontisches Einbezogensein schließt stets eine radikale Gegensätzlichkeit gegenüber anderen Seiten derselben Ganzheit aus. Wenn solche Gegensätze konstruiert werden, was aus methodischen Gründen immer wieder notwendig wird, so handelt es sich nur um fiktive Gegenüberstellungen. Es ist aber methodisch inkorrekt, aus solchen methodisch notwendigen Fiktionen ontologische Problemstellungen abzuleiten. So ist z. B. die Fragestellung, ob die Sprache dem Denken adäquat sei, ontologisch betrachtet abwegig (s. oben S. 107 f.).[278]

---

[278] Siehe oben, 207.

Die Sprachwissenschaft ist sowohl infolge alter Traditionen als auch auf Grund der Eigenart des behandelten Stoffes in eine Reihe von Disziplinen eingeteilt, deren Gebiete als einigermaßen klar umrissen gelten. Als eine unter diesen Disziplinen gilt die *Sprachphilosophie*. Die Sprachphilosophie als Lehre von den Prinzipien der Sprache – und neuerdings auch von den Prinzipien des Sprechens – gilt zunächst als Besinnung auf das Wesen der Sprache und somit als ein Teilgebiet der Philosophie, als eine der inhaltlich bestimmten Einzelphi- |227| losophien. Sie teilt damit das Schicksal dieser einzelnen Philosophien: Die „exakten" Forschungsmethoden, die sich mit den konkreten Erscheinungsformen desselben Gegenstandes beschäftigen, gehen ihren eigenen Weg und ignorieren meistens bewußt oder unbewußt die Ergebnisse prinzipieller Betrachtungsweisen. In diesem Sinne einer rein philosophischen Disziplin soll unsere Untersuchung keine „sprachphilosophische" sein. Wir haben zu zeigen versucht, wie die Bearbeitung scheinbar ganz selbständiger sprachlicher Erscheinungen nach Methode und Forschungsergebnis entscheidend davon beeinflußt wird, unter welchem Gesichtspunkte man das Phänomen der Sprache an sich betrachtet. Es mag dahingestellt bleiben, ob es überhaupt „selbständige" wissenschaftliche Disziplinen geben kann, auf jeden Fall ist es aber in der Sprachwissenschaft unmöglich, eine einzelne Seite des Phänomens zu untersuchen, ohne dabei stets die Ganzheit des untersuchten Gegenstandes in Betracht zu ziehen. Ein Wort, ein Satz, ein Vers oder irgendeine andere der sprachlichen Einheiten enthalten immer zugleich alle Seiten des Phänomens Sprache: die Lautgestalt, die formalen Ausdrucksmöglichkeiten von Beziehungen zu anderen Spracheinheiten, die inhaltliche Bedeutung, die zugleich immer auch Beziehung ist. Alles dies ist seinem jeweilig gegenwärtigen Bestande nach Ergebnis einer historischen Entwicklung und enthält zugleich Möglichkeiten zu weiteren Entwicklungen. Wenn nur eine Seite eines sprachlichen Phänomens untersucht wird, so wird damit ein lebendiger Zusammenhang zerrissen. Dies ist zwar notwendig, da die Ganzheit ihren verschiedenen Seiten nach dargestellt werden muß, wenn ihr ganzer, lebendiger Reichtum überhaupt erfaßbar sein soll. Damit aber die Einseitigkeit nicht zur Verzerrung werde, bedarf es stets der Korrektur am Ganzen, d.h., jede sprachliche Erscheinung, sei sie scheinbar auch noch so „äußerlich", kann nur dann in ihrem Wesen erfaßt und dargestellt werden, wenn sie in die Ganzheit der Sprache eingeordnet wird. Es ist dabei gleichgültig, ob die Erkenntnis dessen, was Sprache ist, intuitiv gewonnen und so unbewußt stets wirksam ist, oder ob die Prinzipien bewußt sind, nach denen das Phänomen Sprache gestaltet ist. Das intuitive Wissen um das Wesen der Sprache haben aber nur wenige Sprachforscher, wie z. B. Wilhelm v. Humboldt, in dem Grade besessen, daß es für sie |228| einer besonderen methodologischen Grundlegung der Sprachwissenschaft nicht bedurft hätte. Eine solche Art der Forschung ist ihrem Wesen nach von selbst stets synthetisch.[121] Dagegen bedürfen wir für die analysierende Forschung, die niemals entbehrt werden kann, klarer, explizierter Darstellungen dessen, was Sprache ist, denn nur aus einer solchen explizierten Darstellung lassen sich Kriterien und Korrektive für die analysierende Forschung gewinnen. Es war nicht die Aufgabe dieser Untersuchung, solche Kriterien und Korrektive zu schaffen, sondern es sollte zunächst nur gezeigt werden, in welcher Weise die Erfassung dessen, was Sprache ist, überall unsere Forschungsmethoden und Forschungsergebnisse modifiziert und wie notwendig deshalb eine prinzipielle Betrachtung und Darstellung als methodologische Grundlegung aller Disziplinen der Sprachwissenschaft ist.

121 Es kann aber damit nicht behauptet sein, daß nur die Intuition zur Synthese führen könne (wie dies z. B. Friedrich Schürr, Sprachwissenschaft und Zeitgeist = Die neueren Sprachen, 1. Beiheft, Marburg [2]1925, besonders S. 78 f., behauptet), sondern auch in einer solchen Methode ist eine Wechselwirkung intuitiver Schau und rationaler Durchdringung notwendig.[279] Dasselbe gilt auch für die analytische Forschung. Weder die Methoden noch das Ergebnis der Analyse dürfen der Lebensverbundenheit entbehren. Wenn Schürr a. a. O. behauptet, daß Analyse Tod und Synthese Leben bedeute, aber trotzdem die Ergebnisse der analytischen Methode der Synthese als notwendige Vorstufe dienen müßten, so ist dies eine *contradictio in terminis*, denn Totes als Vorstufe eines Lebendigen ist undenkbar.

---

[279] Der österreichische Romanist und Italianist Friedrich Schürr (1888–1980) wurde vor allem durch seine Theorie der romanischen Diphthongierung bekannt.

Inhaltsverzeichnis

|235| Namen- und Sachregister

Gulkowitsch hat den Band mit einem umfangreichen und fein gegliederten Register versehen, das hier wie im Original reproduziert ist. Die Ziffern beziehen sich also auf die Originalpaginierung, die im Text in senkrechten Strichen (|…|) wiedergegeben wird. Asterisken (*) verweisen auf Fundstellen in Gulkowitschs Anmerkungen.

2. Die Entwicklung des Begriffes Ḥāsīd im Alten Testament

Der hier abgedruckte Text wurde erstmals 1934 als 38 Seiten umfassender Band publiziert. Er geht auf Lazar Gulkowitschs Antrittsvorlesung als Professor für jüdische Wissenschaft an der Philosophischen Fakultät der Universität Tartu am 18. April 1934 zurück. Die Veröffentlichung erfolgte in der Schriftenreihe der Universität »Acta et Commentationes Universitatis Tartuensis (Dorpatensis)«, Nr. B XXXII.4, und bildet zugleich den ersten Band der Reihe »Acta Seminarii Litterarum Judaearum Universitatis Tartuensis«. Die Herstellung übernahm die Buchdruckerei K. Mattiesen, Tartu.

Gulkowitsch hat den Text durch Zwischen- und Untertitel strukturiert, die hier der Übersichtlichkeit halber, da dem Erstdruck selbst kein Inhaltsverzeichnis beigegeben war, aufgeführt werden (Seitenzahlen entsprechen der Originalpaginierung).

|3| *Der Universität Tartu in Dankbarkeit gewidmet*
... *ξένοσ ἤμην καὶ συναγάγετέ με*[1]

|4| Diese Abhandlung stellt den durch Anmerkungen ergänzten Text einer am 18. April in Tartu gehaltenen Antrittsvorlesung dar.

|5| Wenn ich als Thema die Untersuchung eines *Begriffs*, und zwar des Begriffs חסיד [*ḥasid*: Frommer, fromm] während *der* Periode seiner Entwicklung, über die uns das biblische Schrifttum Auskunft gibt, wählte, so scheint mir dieses Vorhaben einer Begründung nach verschiedenen Seiten hin zu bedürfen.

Durch eine solche Untersuchung will ich Auskunft erhalten nicht etwa nur über die Bezeichnungs- und Bedeutungssphäre eines Wortes, sondern ich erhoffe mir daraus Belehrung über das Wesen des Begriffes, der hinter dem Worte חסיד steht, d. h., ich mache mich anheischig, durch eine Wortuntersuchung das Wesen des frommen Menschen und der Erscheinungsformen der Frömmigkeit zu erkennen, soweit sie in dem Begriffssystem einer national gebundenen Kultur ihren Platz haben, aber auch darüber hinaus als ein Phänomen allgemein menschlicher Art. Dieser Anspruch philologischer Methode, nicht bloss Mittel der Interpretation zu sein, sondern die Zwecke der Interpretation in sich selbst zu tragen, bedarf der Rechtfertigung. Er stellt sich in Gegensatz zu der Betrachtungsweise der psychologistischen Einstellung, wonach das Wort nichts mehr als gleichsam ein Signal ist, durch welches beim Hörenden aus den unkontrollierbaren Tiefen seines Bewusstseins, je nach dieser Persönlichkeit, die verschiedensten nur in einem lockeren Zusammenhang stehenden Vorstellungen an die Oberfläche treten. Als einen Vertreter dieser psychologistischen Betrachtungsweise wähle ich den Romanisten Leo Jordan.[2] Er definiert: „Jeder Begriff ist eine unterbewusste, im Gedächtnis liegende

[1] ... *xénos ēmēn kaì sunegágeté me;* »... ich war fremd und ihr habt mich aufgenommen« (Mt. 25,35).

[2] Leopold Jordan (1874–1940) war Sprachwissenschaftler und Romanist. Bis zu seiner Amtsenthebung aufgrund seiner jüdischen Herkunft im Jahr 1933 war er als außerordentlicher Professor an der Universität München tätig. Utz Maas, Jordan, Leo(pold) Hermann, in: ders., Verfolgung und Auswanderung deutschsprachiger Sprachforscher, Bd. 1, 353–359. Jordan gehörte zu den Kritikern der idealistischen Schule Karl Vosslers und seiner Schüler, auf die sich auch Gulkowitsch mehrfach beruft.

Masse von Merkmalen, von denen das Bewusstsein jeweilig nur einen Teil wecken kann."[1] |6| Demgegenüber schliesse ich mich der sprachwissen-

1 Die Kunst des begrifflichen Denkens, München 1921, S. 5.[3] – Nach der anderen Seite hin muss unsere Betrachtungsweise abgegrenzt werden gegen die Methode, die (z. B. von Harry Torczyner in: Altorientalische Studien, Bruno Meissner zum 60. Geburtstage, Leipzig 1929, Band II, S. 204–211) als |6| historisch-psychologisch bezeichnet wird.[4] Diese Methode geht von dem Gedanken aus, dass ein Wort in seiner Struktur durchaus nicht der Struktur des Begriffs entspricht, den es ausdrücken soll, sondern dass es nur ganz allgemein und ziemlich primitiv einen Begriffskomplex wiedergibt. Der Beweis wird auf Grund einer Betrachtungsweise geführt, die letzten Endes das biogenetische Grundgesetz[5] als Prämisse, die aber als solche nicht erfasst und infolgedessen auch nicht bewiesen wird, voraussetzt. Denn sie setzt voraus, dass die primitiven Willensäusserungen eines Kindes, die zufällig auf akustischem Wege reflektorisch erfolgen („ham, mam"), aber ebenso gut durch eine reflektorische Geste ausgedrückt werden können, mit den Uranfängen der Sprache identisch sind. In ihrer Kritik der sogenannten scholastischen Methode schiebt sie dieser die Prämisse unter, dass, was als Grundprinzipien der Sprache herausgestellt wird, auch den Anspruch macht, sich mit den primitiven Uranfängen der Sprache zu decken. Demgegenüber muss betont werden, dass eine Betrachtungsweise wie die unsrige sich nicht die Aufgabe stellt, die ersten Anfänge der Sprachentwicklung überhaupt herauszuarbeiten. Denn es handelt sich einerseits um eine historisch abgegrenzte Materie, an der die Untersuchung vorgenommen wird, andererseits soll auch nicht der Nachweis einer allmählich emporsteigenden Entwicklung von einer primitiven und weniger wertvollen zu einer komplizierteren und wertvolleren Form des begrifflichen Denkens geführt werden. Eine solche Entwicklung aufzuzeigen, kann unter Umständen das Ergebnis einer solchen Untersuchung sein. Die Untersuchung kann aber auch, je nach Beschaffenheit der Materie, zum entgegengesetzten Ergebnis führen. Nicht die *chronologischen* Uranfänge, sondern die Grundprinzipien derjenigen sprachlichen Entwicklung, die wir zum Gegenstand unserer Betrachtung gemacht haben, aufzuzeigen, kann das Ziel unserer Untersuchung sein. Es kommt uns also erstens auf die Eigenbegrifflichkeit des in der hebräischen Sprache ausgedrückten Denkens (vgl. B. Landsberger, Die Eigenbegrifflichkeit der babylonischen Welt, in: Islamica II, 1926/27) und zweitens darauf an, dass das Prinzip einer Entwicklung in ihren ersten Anfängen zwar implicite enthalten, aber mit diesen durchaus nicht identisch, sondern nur aus der gesamten Entwicklung erkennbar ist.

---

[3] Im Originalzitat »lagernde« statt »liegende«.

[4] Zu Torczyner siehe Text 1, Fn. [185].

[5] Siehe Text 1, Fn. 112.

schaftlichen Richtung an, die auch für die Bedeutung objektive Existenz (nicht nur im Bewusstsein des Sprechenden) fordert und die für den Begriff, auf den die Bedeutung zielt, Ganzheit und Gestalt beansprucht. Denn gerade durch die Erforschung zentraler Begriffe nach Art des hier von mir besprochenen wird es klar, dass die Einzelmerkmale, die zu seiner Konstituierung führen, ein unzertrennliches ganzes Bild ergeben, das in seiner Ganzheit und in seiner spezifischen Gestalt eben für eine kulturelle Gemeinschaft charakteristisch ist. Es steht keineswegs im Belieben des Einzelnen, diese Merkmale zu ändern, wegzunehmen oder neu hinzuzufügen. Geschieht eine solche Änderung, so greift sie |7| immer ein in das System von Begriffen, die auf den betreffenden Gegenstand bezogen sind, und bewirkt so eine Änderung des gesamten geistigen Bildes, oder umgekehrt ausgedrückt: Nur durch eine Veränderung der geistigen Grundlagen tritt ein Wandel der Begriffe ein, wobei die Bedeutungen der Wörter in diesen Prozess des Wandels hineingerissen werden. Diese Überzeugung vom Wesen der Begriffe einerseits und von dem Verhältnis zwischen Wort und Begriff andererseits ist für mich nicht ein philosophisches Postulat, mit dem ich an den Stoff herantrete, sondern ein Ergebnis meiner philologischen Arbeit, die insofern einen fruchtbaren Boden vorfand, als in dem geistigen Kontinuum der israelitisch-jüdischen Geschichte sich alle Phasen der Begriffsentwicklung an Paradigmen ablesen lassen.

Dass sich bei äusseren Veränderungen der gesamten Lebenslage eines Volkes, wie wir sie gerade beim israelitisch-jüdischen Volke mit seiner bewusst erlebten Geschichte häufig beobachten können, das System der Begriffe von Grund auf ändert, ist eine Selbstverständlichkeit, der alle Philologen und Historiker Rechnung getragen haben, wie z. B. beim Übergang vom Nomadentum zur Sesshaftigkeit, vom Stammverband zum Königreich, von der Eigenstaatlichkeit zur Fremdherrschaft, vom Volke zur sakralen Gemeinschaft. Ähnliche Wirkungen auf das System der Begriffe werden schon durch weniger radikale Änderungen herbeigeführt, z. B. wenn Kulturen unter den Einfluss einer fremden Umgebung geraten, wie die Hebräer unter den Einfluss der ägyptischen und babylonischen Kultur. Bei solchen äusseren Anreizen der Änderungen kommt es uns jetzt darauf an, die Revolutionierung der Begriffswelt systematisch zu untersuchen und darzutun, wie auf der ganzen Linie der Wandel vor sich geht. Zu ihrem eigentlichen Rechte kommt aber unsere Methode nur dann, wenn diese äusseren Schicksalsänderungen für uns nicht so deutlich sichtbar sind, wie in den angeführten Beispielen, wenn also für uns nur ein innerer Wandel, eine Entwicklung mehr oder minder revolutionärer Art aus den Dokumenten selbst erkennbar wird.

Suchen wir Beispiele für Paradigmen der erwähnten Art, so hat etwa der Begriff „König" und „Königtum", je nachdem ob man sich unter dem König einen Stammesfürsten oder ob man sich ihn im Bilde des assyrischen Weltherrschers vorstellte, seine Wandlungen erfahren. Den spezifisch jüdischen Begriff מלך [*melekh*: König] und מלוכה [*melukhah*: Königtum] aber, wie er sich seit dem Exil entwickelt hat, |8| mit seiner eschatologischen Sinnvertiefung, mit seinem mystischen Glanze, mit seiner Idee der Gottesherrschaft auf Erden, vermittelt uns ausschliesslich das mühevolle Studium unserer Quellen und eine vergleichende Analyse der Textstellen, auf die die bisherige Forschung nicht immer die gebührende Sorgfalt verwendet hat. Denn die Erforschung dieses geistigen Wandels kann nicht in der Weise vor sich gehen, dass wir ein festes System von Begriffen, wie sie uns geläufig sind, wie etwa soziale Gemeinschaft, Verhältnis zu Gott, Volk, Propheten zugrunde legen und nun die in unseren Texten sich vorfindenden Wörter auf dieses System beziehen, sondern die immer und immer wieder im Mittelpunkte der Darstellung stehenden Wörter sagen uns, welche Begriffe dem damaligen Denken zentral waren. Dabei machen wir die Erfahrung, dass diese zentralen Begriffe der Übersetzung die grössten Schwierigkeiten bereiten. Die Wörterbücher sehen sich gezwungen, 5–6 Bedeutungen je nach dem Zusammenhange für diese Wörter anzusetzen, wobei meistens die Schwierigkeit der adäquaten Wiedergabe noch dadurch erhöht wird, dass die Wörterbücher eben auf den Bedeutungswandel, d.h. auf die Verschiedenheit der Bedeutung im Laufe der Geschichte, nicht achten. Gerade solche Wörter und die Analyse solcher Bedeutungen sind für uns von unschätzbarem Werte zur Lösung unserer Aufgabe, uns hineinzudenken und hineinzuleben in den geistigen Habitus eines Volkes. Erst wenn uns dieses Einleben geglückt ist, haben wir das Recht, geistige Veränderungen zu konstatieren. Dies sei an einem Beispiel demonstriert: Durch Untersuchung etwa der synonymen Gruppe der kultischen Reinheit, קדוש, טהור, נקי [*qadosh*: heilig, *ṭahor*: rein, makellos, *naqi*: rein, schuldlos], insbesondere des ersten Begriffs, erfahren wir, wie das Epitheton der Heiligkeit, das zunächst nur der Gottheit und den numinosen[6] Örtlichkeiten zukam, sodann auf eine Gruppe auserlesener Menschen und schliesslich im vergeistigten Sinne auf das ganze Volk über-

[6] Das Numinose ist ein Schlüsselbegriff der Religionstheorie Rudolf Ottos (1869–1937). Der Theologe versuchte damit, die irrationale Erfahrung des Heiligen als eine existenzielle Grunderschütterung zu erfassen. Die Empfindung des Heiligen beschrieb Otto als frei von sittlichen, ästhetischen oder rationalen Elementen. Rudolf Otto, Das Heilige, 4., erg. Aufl., Breslau 1920.

tragen wurde. – Der Begriff des *Bundes*, ursprünglich eine Abmachung zwischen Stämmen, wird im Laufe der Geschichte fast bis zu dem eines contrat social, d. h. eines alle Dinge erfassenden Gesellschaftsvertrages zwischen Gott und den Menschen, erweitert und gesteigert.[7] Ähnliche Entwicklungen verfolgen wir bei Wörtern wie Gebot, Lehre, Verfehlung, die mit einem Male aus ihrer individuellen Begrenztheit befreit und in den Mittelpunkt des Denkens gestellt, meistens auch noch mit gewissen bis dahin als Syno- |9| nyma unscharf abgegrenzten Bedeutungen zu einem Begriffssystem verbunden werden, wie z. B. die Skala der Sünden[2]

שְׁגָגָה; פֶּשַׁע; עָוֹן; חַטָּאת; חַטָּאָה; חֲטָאָה; חֵטְא

2 Hier nicht aufgezählt sind Worte, deren Bedeutung unklar ist, wie z. B. das Wort תהלה [*tahalah*: Entweihung, Sünde, Torheit, Irrtum] Hiob 4,18 (zur Form vgl. Karl Budde, Hiob, Göttingen 1913, S. 20). Dieses Wort ist hapax legomenon und aus dem Zusammenhang der Stelle ist nur ersichtlich, dass es sich um ein Wort pejorativen Inhalts handelt, aber nicht, welche Bedeutungsnuance in der angegebenen Richtung vorliegt. Ferner sind solche Worte nicht in die Skala aufgenommen worden, die nicht speziell und von vornhinein den Begriff Sünde wiedergeben, sondern infolge eines weiteren formalen Sinnes in *religiösen* Zusammenhängen dem Begriffe Sünde entsprechen können. So bedeutet z. B. שוא [*shaw*] etwas Nichtiges, Eitles. In Ps. 24,4 bedeutet die Wendung נקי כפים ובר־לבב אשר לא־נשא לשוא נפשו [*neqi kappaim u-var levav ʾasher lo-nasa la-shaw nafsho*: der unschuldige Hände hat und ein reines Herz, der seine Seele nicht an Nichtiges hängt], dass nur der das Heiligtum betreten darf, der sich nicht dem Nichtigen hingibt (s. B. Duhm, Die Psalmen erklärt, Freiburg 1899, S. 76), ein Verhalten, das also in diesem Zusammenhange als Sünde gewertet wird, da es vom Besuch des Heiligtums ausschliesst. Einen ebenso allgemeinen formalen Sinn, aber ins Aktive gewendet, hat das Wort און [*ʾawen*]. Es bedeutet etwas Tadelnswertes, das getan und eventuell anderen angetan wird. So sind פעלי און [*poʿalei ʾawen*: Urheber einer Sünde] und עשה און [*ʿasah ʾawen*: er beging eine Sünde] geläufige Verbindungen, während פעלי שוא [*poʿalei shaw*: die Urheber einer Nichtigkeit] oder עשה שוא [*ʿasah shaw*: er beging eine Nichtigkeit] eine nicht belegbare und wohl kaum mögliche Ausdrucksweise ist (gegen Wellhausen zu Hosea 12,12 bei Gesenius s. v. שוא).[8] Im Ps. 66,18; 94,23; Hiob 11,14 u. ö. bedeutet און ein begangenes Unrecht,

[7] Siehe auch Text 1, Fn. [157]. Bei Rousseau handelt es sich, wie in nahezu allen Naturrechtstheorien, nicht um einen Vertrag zwischen Gott und den Menschen, sondern um einen allein zwischen Menschen geschlossenen Vertrag.

[8] Wilhelm Gesenius (1786–1842) war protestantischer Theologe und Semitist. Gulkowitsch bezieht sich hier und öfter auf Wilhelm Gesenius, Hebräisches und Aramäisches Handwörterbuch über das Alte Testament, 16. Aufl., hg. von Frants Buhl, Leipzig 1915. Julius Wellhausen (1844–1918) war Bibelwissenschaftler und

[*ḥeṭ*: Sünde, Vergehen, *ḥaṭa'ah*: Sünde, Schuld, *ḥaṭṭa'ah*: Sünde, Schuld, *ḥaṭṭat*: Sünde, Übertretung, *'awon*: Sünde, Verstoß, *pesha*: Sünde, Verbrechen, *shegagah*: Sünde, Fehler].

Auch aus dem Nichtvorhandensein oder der geringen Bedeutung von Wörtern lassen sich umgekehrt Schlüsse über den geistigen Habitus eines Volkes ziehen, wie z. B. die geringe Bedeutung des bei den Babyloniern, aber auch bei den Arabern zentralen Begriffs des *Schicksals* oder der *Weltordnung*. Unsere Betrachtung des israelitisch-jüdischen Kontinuums zeigt uns das Bild eines starken Konservativismus. Die Geschichte eines Wortes lehrt uns in den meisten Fällen, dass der Kern des Begriffs, die ihm zugrunde liegende Vorstellung, durch die Jahrtausende unangetastet bleibt, aber stets mit neuen zusätzlichen Merkmalen versehen, erweitert und vertieft wird. Dies sei nunmehr an dem Beispiel des Begriffes der Frömmigkeit und seiner synonymen Gruppe dargetan, wobei alle |10| deutschen Wörter nur Näherungswerte darstellen, das Wesen des Begriffs uns aber nur darstellbar wird durch die Beziehungen zu andern eindeutigen Wörtern, also sozusagen durch die Darstellung der Dynamik dieses Wortes.[3]

das den Täter von Gott trennt und sich in dieser Wirkung als Sünde erweist. Die Gepflogenheit unserer Wörterbücher, eine Reihe spezieller, stark divergierender Bedeutungen anzugeben, beruht darauf, dass sie es versäumen, in den Geist der hebräischen Sprache einzudringen, und so formale Begriffe voreilig mit Inhalten füllen, die diesen zwar gelegentlich zukommen können, wie oben gezeigt, aber durchaus nicht wesentlich mit ihrer Grundbedeutung verknüpft sind. Das zuweilen behauptete Fehlen allgemeiner Begriffe im A. T. ist durchaus auf unsere lexikalischen Methoden zurückzuführen, nicht aber auf eine *Begriffsarmut* der alttestamentlichen Sprache.

3 In meiner Arbeit über „Die Bildung von Abstraktbegriffen in der hebräischen Sprachgeschichte", Leipzig 1931, habe ich versucht, die inneren Beziehungen zwischen grammatikalischen Formgruppen und formalen Begriffskategorien, sowie die Gesetzmässigkeit in der Entwicklung dieser Beziehungen darzulegen.[9] Die lebendige Dynamik der formalen Sprachentwicklung, deren Nachweis sich die eben angegebene Arbeit als Ziel gesetzt hat, lässt darauf schliessen, dass die Materie, an der sich die Entwicklung vollzieht, nicht toter Stoff, sondern ebenfalls in stets lebendiger, organischer Änderung begriffen ist, die letzten Endes Antrieb

---

Arabist. Julius Wellhausen, Die Kleinen Propheten übersetzt und erklärt, Berlin ^{3}1898. Wellhausen übersetzt die entsprechende Passage als »In Gilead üben sie Greuel und Schande.«. Ebd., 19.

[9] Siehe auch die Einleitung zu diesem Band, Abs. 2.1.

|11| Das Wort חסיד kommt im A. T. – abgesehen von Micha 7,2; Jer. 3,12 und Prov. 2,8 – nur in Psalmen vor: Deut. 33,8; 1. Sam. 2,9; 2. Sam. 22,26; Ps. 4,4; 12,2; 16,10; 18,26; 30,5; 31,24; 32,6; 37,28; 43,1; 50,5; 52,11; 79,2; 85,9; 86,2; 89,20; 97,10; 116,15; 132,9.16; 145,10.17; 148,14; 149,1.5.9; 2. Chr. 6,41.[4]

und Gesetz für die formalen Entwicklungen bedeutet, zwar nicht in der Form, dass die Formgeschichte einer Sprache nur ein mechanisches, in jedem einzelnen Falle kongruentes Abbild der Veränderungen in der Materie der Begriffe darstellt, wohl aber so, dass die steten Neu- und Umbildungen der Begriffe nach ihrer materiellen Seite hin immer neue Anforderungen an die formale Sprachbildung stellen und so der jeder Form immanenten Neigung zum Konservativismus ein wirksames Motiv entgegensetzen. Um das Wesen einer Sprache – und damit das Wesen der Sprachbildung überhaupt – zu erfassen, bedarf es also nicht nur einer Untersuchung ihrer formalen Gesetze, sondern ebenso und fast noch mehr einer Darlegung der Gesetzmässigkeit, nach der die Fortbildung der Begriffsinhalte erfolgt. Wie in der formalen Sprachentwicklung die Entwicklung der Einzelformen nur im Zusammenhang der Formgruppen, denen sie angehören, erfasst werden kann, so kennt auch die Entwicklung der Begriffsinhalte keine Isolierung. Die beständige Wechselwirkung der Einzelbegriffe besteht nicht nur in gelegentlicher Berührung, Überschneidung und somit in gegenseitiger Beeinflussung ihrer Geltungsbereiche, sondern darin, dass diejenigen Begriffe, die auf Grund der geistigen Eigenart des Volkes, das die betreffende Sprache spricht, Zentralbegriffe sind, in einer Reihe von einzelnen Begriffen nach verschiedenen Seiten hin nuanciert werden. (In der Regel dürfte sowohl dem Zentralbegriff als auch seinen einzelnen Nuancen je ein sprachlicher Ausdruck entsprechen. Doch ist es auch denkbar, dass ein Zentralbegriff nur ideell in der Gesamtheit seiner Einzelnuancen existiert, ohne einen ihn völlig erschöpfenden sprachlichen Ausdruck gefunden zu haben.) Die Geistesgeschichte eines Volkes prägt sich erstens in der Zahl und in der Verteilung des Schwergewichtes innerhalb der Zentralbegriffe und zweitens in dem Grade und der Art der Nuancierung der einzelnen Zentralbegriffe aus. So pflegen sich rationalistisch gerichtete Zeitalter und Bestrebungen sowohl in einer starken Zunahme an Zentralbegriffen als auch in einer stärkeren Differenzierung innerhalb eines einzelnen Zentralbegriffes auszuwirken, während mystisch gestimmte Zeiten und Richtungen mit einer relativ geringen Zahl wenig differenzierter Zentralbegriffe auskommen. Darüber hinaus darf nicht vergessen werden, dass sowohl das Auftauchen und Verschwinden als auch die Verschiebung des Schwergewichtes innerhalb der jeweils geltenden Zentralbegriffe auch von äusseren Faktoren abhängig ist.

4 Von vornherein müssen alle die Stellen, in denen die weibliche Form חסידה [*ḥasidah*: Storch] als Name eines Vogels vorkommt, ausgeschaltet werden. Das Wort kommt in folgenden Zusammenhängen vor:

Das alttestamentliche Speisegesetz zählt die חסידה in einer Reihe von Vögeln auf, die man nicht essen darf (Lev. 11,19; Deut. 14,18) und setzt חסידה als bekannte, eindeutige Bezeichnung voraus. –

Jer. 8,7 erwähnt unter einer Reihe von Vögeln, die als Beispiel dafür herangezogen werden, dass auch die primitivsten Wesen ihr Gesetz zu halten wissen, während es Israel nicht tut, auch die חסידה. (Für diese Art typischer prophetischer Beweisführung vgl. Jes. 1,3; Jer. 18,14.) Eine besonders positiv zu bewertende Eigenschaft soll damit der חסידה durchaus nicht zugesprochen werden, im Gegenteil besteht das Entscheidende des Vergleichs gerade darin, dass eine relative Primitivität der als Vergleich herangezogenen Lebewesen vorausgesetzt wird. –

Sach. 5,9 wird die חסידה als Beispiel für einen Vogel, der besonders starke und grosse Flügel hat, mit denen er weit fliegen kann, genannt. –

Ps. 104,17 wird das Nisten der Vögel an einem Beispiele demonstriert. Als Beispiel wird das Nisten der חסידה auf den Zypressen angeführt. –

Hiob 39,13 bringt das Wort חסידה in schwer zu deutendem Zusammenhang. In den folgenden Versen ist vom Verhalten eines Vogels gegenüber seinen Eiern die Rede. Dies Verhalten dient als Beispiel dafür, wie unerforschlich die Gesetze sind, nach denen Gott seine Schöpfung eingerichtet hat (Vers 17). Der Name des Vogels ist nicht zu ermitteln. Das in Vers 13 vorkommende Wort חסידה könnte den Vogel dieses Namens bedeuten, aber nur, wenn man annimmt, dass die übrigen Worte des Halbverses nicht in Ordnung sind. Es müsste z. B. אברת חסידה [*'evrat ḥasidah*: Schwinge des Storches] heissen. Dieser Vogel kann aber nicht Subjekt des in den folgenden Versen geschilderten Verhaltens sein, denn es entspricht, wie Ps. 104,17 beweist, durchaus nicht den Gewohnheiten des חסידה genannten Vogels. Die חסידה kann nur als Gegenbeispiel angeführt sein. So wie jedoch der Zusammenhang im gegenwärtigen Texte ist, kann חסידה |12| nur Attribut zu אברת, also nur ein Adjektiv und kein Vogelname sein. Nun ist aber das Wort חסיד kein Adjektiv, es wird nur substantivisch gebraucht, sodass sich die Übersetzung „fromme Schwinge" (Steuernagel bei Kautsch [sic] z. St.) nicht halten lässt.[10] Eine befriedigende Deutung der Hiobstelle, aus der sich Schlüsse auf den Sinn des Wortes חסידה an dieser Stelle ziehen liessen, ist also nicht möglich. Aus den übrigen angeführten Stellen lässt sich eine besondere positive Bewertung des Vogels nicht ableiten. Er wird als Tier unter anderen aufgezählt: Lev. 11,19; Deut. 14,18;

[10] Der Theologe und Bibelkritiker Emil Kautzsch (1841–1910) hatte zwischen 1899 und 1911 in mehrfacher Auflage eine *Textbibel des Alten und Neuen Testaments* herausgegeben, an der u. a. auch der Theologe Carl Steuernagel (1869–1958) mitwirkte. *'Evrat ḥasidah* in Hiob 39,13 ist dort mit »fromme Schwinge« übersetzt. Der ganze Vers lautet in dieser Version: »Der Straußenhenne Fittich schlägt lustig; ist's fromme Schwinge und Feder?« Dagegen übersetzt die revidierte Einheitsübersetzung von 2016: »Fröhlich schlägt die Straußenhenne mit den Flügeln. Ist ihre Schwinge so wie die des Storches und Falken?«

|12| Einige dieser Stellen glaube ich ausschalten zu müssen, da bei ihnen eine Unsicherheit des Textes vorliegt und eine Untersuchung wie die von uns geplante grundsätzlich nur auf sicheren Texten aufgebaut werden darf. Bei den Stellen Deut. 33,8; Ps. 4,4; Ps. 12,2; Prov. 2,8 liegt eine Textverderbnis vor. Hier scheint חסיד irrtümlicherweise für eine Form von חסד [*ḥesed*: Gnade] eingesetzt worden zu sein. Für איש חסידך [*'ish ḥasidekha*: dein Frommer bzw. adjektivisch: dein frommer/treuer Gefolgsmann] in Deut. 33,8 dürfte איש חסדך [*'ish ḥasdekha*: ein Mann deiner Gnade] oder der Plural איש חסדיך [*'ish ḥasdeikha*: ein Mann von deinen Gnaden] zu lesen sein, in Ps. 4,4 ist חסיד לו [*ḥasid lo*: sein Frommer] wohl aus חסדו לי [*ḥasdo li*: seine Gnade für mich] verschrieben, da sonst der Zusammenhang keinen Sinn gibt. Prov. 2,8 dürfte in Parallele zu ארח משפט [*'oraḥ mishpaṭ*: Pfad des Rechts] für דרך חסיד [*derekh ḥasid*: Weg des Frommen] zu lesen sein: דרך חסד [*derekh ḥesed*: Weg der Gnade], entsprechend der sonst in der Bibel vorkommenden Wendung דרך אמת [*derekh 'emet*: Weg der Wahrheit]. In allen diesen Fällen handelt es sich um die in der Bibel häufige Verschreibung eines י.[12] Ps. 12,2a dürfte ebenfalls für חסיד in der

Jer. 8,7. Sein Körperbau wird als Vergleich herangezogen Sach. 5,9. Seine Lebensgewohnheiten werden als beliebig herausgegriffenes Beispiel angeführt: Ps. 104,17. Die Deutung des Namens als pia sc. avis bei Gesenius (Grammatik § 82 und Wörterbuch s. v.) entbehrt für das A. T. der Begründung.[11] Auch das klassische Altertum kennt den Storch, mit dem Gesenius die חסידה identifiziert, nicht als besonders vorbildlich in Bezug auf die Pflege seiner Jungen, wie Gesenius angibt, sondern in Bezug auf die Pietät der jungen Störche gegenüber den alten (vgl. die Beispiele, die H. O. Lenz, Zoologie der Griechen und Römer, Gotha 1856, S. 375 f. anführt). [BT] Ḥull[in] 63a erklärt den Namen חסידה damit, dass sie sich liebevoll gegen ihre Genossen verhält. Diese Erklärung ist als eine nachträgliche Volksetymologie zu betrachten (s. auch L. Lewysohn, Die Zoologie des Talmuds, Frankfurt/M. 1858, S. 171 f.). Wir müssen damit rechnen, dass das Wort חסידה nicht zur Sprachwurzel חסד gehört und möglicherweise überhaupt kein spezifisch hebräisches Wort ist.

---

[11] Gulkowitsch verweist auf Gesenius' *Handwörterbuch* (in Buhls Überarbeitung) und eine von Kautzsch überarbeitete Ausgabe der zuerst 1813 publizierten *Hebräischen Grammatik* von Gesenius. Emil Kautzsch, Wilhelm Gesenius' Hebräische Grammatik, 28., verb. und verm. Aufl., Leipzig 1909.

[12] Der hebräische Buchstabe *yud* ist einer der matres lectionis, d. h. eine der Lesehilfen, die bei der scriptio plena als Vokalbuchstaben Verwendung finden. Gulkowitsch hält das *yud* im Wort *ḥasid* (Frommer) in einigen Bibelversen für eine

Parallele zu אמונים [*'emunim*: Rechtschaffenheit, Treue][5] im 2. Halbvers חסד zu lesen sein. Dem Punktator[13] scheint Ps. 31,24 אהבו את י"י כל חסידיו אמונים נוצר י"י [*'ehevu 'et-YHWH kol-ḥasidaw 'emunim noẓer YHWH*: Liebt den Herrn, all seine Frommen! Seine Getreuen behütet der Herr.] vorgeschwebt zu haben. Dort handelt es sich aber nicht um einen Parallelismus, sondern der 2. Halbvers ist eine Begründung des |13| ersten. Weiterhin muss auch Jer. 3,12 aus der Untersuchung ausgeschaltet werden, da es sich hier m. E. um eine ganz junge Glosse handelt. Dies geht aus folgenden Erwägungen hervor. Vers 3,12 bildet den Schluss einer Jeremiarede,[6] die mit Vers 6 beginnt. Der Inhalt dieser Rede ist: Die Grösse der Sünde Judas wird dadurch hervorgehoben, dass sie mit derjenigen, für die Israel *bestraft* wurde, verglichen wird. Gemessen an der Sünde Judas ist die Sünde Israels so gering, dass Gott die Strafe rückgängig machen möchte. Die Rede schliesst mit der Aufforderung Jahwes an Israel, zu ihm zurückzukehren, wobei שׁובה משבה ישראל [*shuvah meshuvah Yisra'el*: kehre zurück, Israel, du Abtrünnige] nicht eine innere Umkehr, ein Bussetun Israels bedeutet, sondern eine äussere, faktische Rückkehr aus der durch ein ספר כריתות [*sefer keritut*: Scheidebrief, Jes. 50,1] als Strafe verhängten Trennung von

5 Über diesen Begriff s. Gulkowitsch, Die Bildung von Abstraktbegriffen in der hebräischen Sprachgeschichte, Leipzig 1931, S. 16.

6 Volz, Der Prophet Jeremia, Leipzig ^{2}1928, S. 43, rechnet dagegen die Verse 3,6–15bβ als ein Stück.

---

versehentlich in das Wort *ḥesed* (Gnade) gelangte mater lectionis und schlägt deshalb eine Lesart ohne diesen Buchstaben vor.

[13] Die Punktatoren waren Schriftgelehrte (7.–11. Jh.), die dem konsonantischen Bibeltext Vokalzeichen und einen textwissenschaftlichen Kommentar hinzufügten. Ihr Ziel war zum einen, den Buchstabenbestand der Bibel vor Änderungen, die aus der handschriftlichen Tradierung resultierten, zu bewahren. Zum anderen und noch wichtiger suchten sie, durch die Hinzufügung von Vokalen und Akzenten die richtige Lesung sicherzustellen. Diese Aufgabe war umso dringlicher geworden, als zu ihrer Zeit nur noch wenige Spezialisten die richtige Aussprache des Textes beherrschten. So wurde der Konsonantenbestand des berühmten *Kodex Aleppo* von Schlomo ben Buya'a geschrieben und von Aharon ben Ascher um 925 mit Vokalpunktierung, Kantillationszeichen und textkritischen Anmerkungen versehen. Das Manuskript, von dem heute nur drei Viertel erhalten sind, galt bereits im Mittelalter jüdischen Gelehrten als die zuverlässigste Quelle für den biblischen Text. Diese punktierte, kritische Textversion gilt heute als kanonisch und wird als Massora (hebr., Überlieferung) bezeichnet.

Jahwe. Die Verse 13 ff. behandeln ein anderes Thema, sie sind eine Mahnung zur Umkehr, aber nicht an Israel, sondern an *Juda* gerichtet. Der Schluss des ersten Stückes 3,6–12 כי חסיד אני נאם־י"י לא אטור לעולם [*ki ḥasid 'ani ne'um-YHWH lo 'eṭor le-'olam*: denn ich bin gütig – Spruch des Herrn – ich trage nicht ewig nach (Jer. 3,12)] deutet den Sinn bewusst um, damit ein Übergang zu den in den Versen 13 ff. ausgeführten Gedanken geschaffen wird. Dieser Schlusssatz führt die Rückkehr Israels auf ein Aufhören des Zornes Jahwes, also auf einen Gnadenakt, zurück. Es handelt sich aber nicht um eine Begnadigung, sondern um eine Kassation des Urteils, die darauf zurückzuführen ist, dass sich das Delikt nachträglich als zu gering erweist. Die Umdeutung des Sinnes ist erst in sehr später Zeit erfolgt; denn nach der Parallele לא אטור לעולם [*lo 'eṭor le-'olam*: ich trage nicht ewig nach] muss חסיד hier den Sinn von gnädig, nachgiebig oder ähnlichem haben, einen Sinn, der für das A. T. völlig singulär ist, worauf wir gegen Ende unserer Abhandlung nochmals zurückkommen werden.[7]

|14| Nach Ausschaltung der fraglichen Stellen können wir an die Untersuchung der sicheren Texte gehen. Zu diesem Zwecke dürfte sich zunächst eine Gruppierung des vorhandenen Materials empfehlen. Die nächstliegende Anordnung wäre die chronologische. Doch bereitet hier gerade

7 Glück [sic][14] in seiner Abhandlung „Das Wort: חֶסֶד [*ḥesed*] im alttestamentlichen Sprachgebrauche als menschliche und göttliche gemeinschaftsgemässe Verhaltungsweise" (Giessen 1927, S. 50) sieht den vorliegenden Fall folgendermassen an: „Jahwe wird als חסיד [*ḥasid*] geschildert, der dem treulosen von ihm mit dem Scheidebriefe entlassenen Israel nicht weiter zürnen will, falls es zu ihm in Erkenntnis seiner Sünden zurückkomme." In der Behauptung, dass die Rückkehr Israels an eine Bedingung geknüpft sei, liegt eine Verkennung des juristischen Sachverhalts, die auf der Verbindung der Stücke 6–12 und 13 ff. beruht. Damit erledigt sich auch die Schlussfolgerung, die Glück im Anschluss an Kretschmar [sic][15] (Die Bundesvorstellung im A. T., Marburg 1896, S. 151) zieht: „Jahwe war bereit … als חסיד die der Ehegemeinschaft entsprechende Verhaltungsweise חֶסֶד seinem zu ihm zurückgekehrten Volke zu erweisen." Die Fehlerquelle bei Glück ist der Nachteil aller rein systematischen Bearbeitung von Begriffen ohne Rücksicht auf die Ergebnisse der Literarkritik, der sich dann besonders auswirkt, wenn wie im A. T. das verarbeitete Quellenmaterial einem sehr grossen Zeitraum angehört.

---

[14] Der am Hebrew Union College (Cincinnati, Ohio) ordinierte amerikanisch-jüdische Rabbiner und Archäologe Nelson Glueck (1900–1971) hatte sich 1926 mit der von Gulkowitsch zitierten Arbeit an der Universität Jena promoviert.

[15] Richard Kraetzschmar (1867–1902) war ein protestantischer Theologe.

eine solche Anordnung grosse Schwierigkeiten, da es sich – abgesehen von Micha 7,2 – um Psalmen handelt, deren Datierung ausserordentlich schwierig ist. Eine chronologische Fixierung der einzelnen Psalmen ist auf verschiedenen Wegen versucht worden und hat zu sehr voneinander differierenden Ergebnissen geführt.[8]

8 Duhm in seinem Psalmenkommentar (Freiburg 1899, S. XVIII–XXVI)[16] wendet zwei verschiedene Methoden an, um die Psalmen zu datieren: Er geht 1) von der Voraussetzung aus, dass viele Psalmen politische Dichtung sind, und bestimmt ihr Alter nach den politischen Ereignissen und Zuständen, auf die sie anspielen könnten. Von den hier zu behandelnden Psalmen datiert Duhm auf diese Weise die Psalmen 4, 16, 18, 42/43, 52, 79, 85, 89, 132, 149. 2) konstatiert er in einer Reihe von Psalmen ihre *literarische* Abhängigkeit von älteren Dichtungen innerhalb und ausserhalb des Psalters und bestimmt dadurch ihre Entstehungszeit. Die auf diese Weise datierten Psalmen sind: 12, 31, 32, 37, 86, 116, 132, 145, 148. Die Psalmen 30, 50 und 97 bleiben undatiert. Auf Grund seiner beiden Datierungsmethoden kommt Duhm zu dem Ergebnis, dass kein einziger Psalm vorexilisch ist.

Kittel in seinem Buche über die Psalmen (Leipzig/Erlangen, 3.–4. Aufl., 1922, S. XXXIII ff.) wendet im Prinzip die historisch-politische Untersuchungsmethode Duhms an.[17] Von den hier in Betracht kommenden Psalmen datiert Kittel nur Ps. 37 auf Grund ideengeschichtlicher Erwägungen: Er hält ihn für jünger als das Buch Hiob, weil er eine Kritik am Vergeltungsdogma voraussetzte. Im Gegensatz zu Duhm aber kommt Kittel mit Hilfe von Nachrichten, die sich im A. T. ausserhalb des Psalters finden, zu dem Ergebnis, dass es auch vor dem Exil in Israel Psalmendichtungen gegeben haben muss.

Damit erweitert sich der in Frage kommende Zeitraum so, dass für viele Psalmen eine Datierung unmöglich wird. Von den in Frage kommenden Psalmen werden nur 16, 18, 79, 85, 89, 132, 145, 148, 149 datiert, während die Psalmen 4, 12, 30, 31, 32, 42/43, 50, 52, 86, 97, 116 nicht zeitlich fixiert werden können.

Bertholet (bei Kautzsch, Schriften des A. T., 4. Aufl., 1923, II 115 ff.)[18] schliesst sich ganz an die Methoden Duhms an. Er datiert die Psalmen 4, 18, 30, 32, 42/43, 52, 79, 145(?), 149 auf Grund politischer Ereignisse und Zustände, auf die sie an-

---

[16] Gulkowitsch bezieht sich auf Bernhard Duhm, Die Psalmen erklärt. Freiburg/Leipzig/Tübingen 1899. Duhm (1847–1928) war ein protestantischer Theologe.

[17] Rudolf Kittel (1853–1929) war ein aus der Schweiz stammender protestantischer Theologe. Rudolf Kittel, Die Psalmen (Kommentar zum Alten Testament, Bd. 13), 3. und 4. Aufl., Leipzig/Erlangen 1922.

[18] Alfred Bertholet (1868–1951) war ein reformierter Theologe. Emil Kautzsch, Die Heilige Schrift des Alten Testaments, 4., bearb. Aufl., hg. von Alfred Bertholet, 2 Bde., Tübingen 1922/1923.

spielen könnten, und die Psalmen 12, 31, 37, 86, 116, 148 auf Grund literarischer Abhängigkeit. Undatiert bleiben die Psalmen 16, 50, 85, 89, 97 und 132.

Die Methode Kittels, aus Nachrichten ausserhalb des Psalters Rückschlüsse auf die Entstehungszeit der Psalmen zu ziehen, lehnt Bertholet ab, weil sie nur das Alter des *Brauches*, beim Kult zu singen, nachweisen können, nicht aber das Alter der uns vorliegenden festen Formulierungen der kultischen Gesänge. Ebenso hält es Bertholet für unzulässig, aus dem Vorhandensein ägyptischer und babylonischer Psalmen auf ein höheres Alter der hebräischen Psalmen zu schliessen, weil „bei der um Jahrhunderte älteren Kultur der Babylonier wie der Ägypter die zeitlichen Vorbedingungen für die Entstehung einer Psalmenliteratur hüben und drüben gänzlich verschieden lagen".[19] Aus demselben Grunde lehnt er auch die Rückschlüsse ab, die Mowinckel aus dem Vergleich der alttestamentlichen Psalmen mit den babylonischen in Bezug auf ihren Inhalt und Zweck und damit auf ihre Entstehungszeit zieht.[20]

Die literaturgeschichtliche Forschung (vgl. besonders Gunkel[21] in seiner Einleitung in die Psalmen, Gött., 1928, S. 24 ff.) hat neue Wege für die Feststellung des Alters der Psalmen gewiesen. Bisher sind aber nur Richtlinien aufgestellt. Als Kriterium für die frühe Entstehungszeit eines Psalms sollen dienen: Kürze, Reinheit der Gattung, enge Bindung an den „Sitz im Leben", d. i. meistens den Kultus, und ähnl. Die historisch-politische Methode Duhms und seiner Nachfolger kann Gunkel deshalb nicht anwenden, weil er die Psalmen mit wenigen Ausnahmen für religiös-kultische, nicht für politische Dichtung hält. Mehr oder weniger politischen Charakter haben nach Gunkel vor allem die Königspsalmen: 2, 18, 20, 21, 45, 72, 101, 110, 132, 144,1–11.

Diese Auffassung von der Natur der Psalmenliteratur hat Mowinkel an Hand seiner Untersuchungen der Begriffe רשע, און [*resha*: Sünde, Bosheit; *ʾawon*: Sünde, Verstoß] usw. mit Hilfe ähnlicher Begriffe in den babylonischen Psalmen, die er zum Vergleich heranzieht, konsequent durchgeführt.

Gunkel hat allerdings die von ihm geforderten Methoden der Datierung selbst noch nicht angewendet, sondern datiert meistens noch nach den Duhmschen Prinzipien:

a) auf Grund politischer Zustände und Ereignisse: die Psalmen 18, 30, 42/43, 79, 81, 132, 149;

b) auf Grund literarischer Abhängigkeit: die Psalmen 86, 116, 145.

Psalm 37 datiert Gunkel wie Kittel auf Grund ideengeschichtlicher, Ps. 50 auf Grund religionsgeschichtlicher Erwägungen. Nur auf Ps. 32 wendet er die von

[19] Kautzsch, Die Heilige Schrift des Alten Testaments, Bd. 2, 117.

[20] Sigmund Mowinckel (1884–1965) war ein norwegischer protestantischer Theologe. Sigmund Mowinckel, Psalmenstudien, 6 Bde., Kristiania 1921–1924.

[21] Siehe Text 1, Fn. [273].

|15| Vergleicht man die Ergebnisse der einzelnen Forscher, so ergeben sich so weitgehende Differenzen, dass die Zuverlässigkeit der von ihnen angewandten Methoden überhaupt in Frage gestellt werden muss. Der Methode, die Psalmen auf Grund ihrer Beziehungen zur äusseren Geschichte des israelitisch-jüdi- |16| schen Volkes zu datieren, ist – selbst

ihm selbst aufgestellten methodischen Prinzipien an. Die Psalmen 4, 16, 31, 52, 85, 97 und 148 bleiben undatiert.

	Duhm	*Kittel*	*Bertholet*	*Gunkel*
Ps. 4	vormakkab. Priester	–	nachexil.	–
„ 12	jünger als Jes. 33	–	= Duhm	= Duhm
„ 16	griechische Zeit	1. nachexil. Periode	–	1. nachexil. Periode
„ 18	Alex[ander] Jannäus	Josia?	nachexil. Parteikämpfe	Josia?
„ 30	–	–	nachex[il]. Zeit	vormakk[ab].
„ 31	eines d[er] jüngst[en] Produkte des Psalters	–	spät	–
„ 32	verwandt mit Elihureden	–	nachexil. Parteigegensätze	relat[iv] spät
„ 37	ca. 100 vor Chr.	nach Hiob, wahrsch. Makk[abäer]	im Stile der Spruchweisheit	nach Hiob
„ 43	Onias III.	–	Onias III.	zwischen Zerstör[ung] der nordisr[aelitischen] Heiligtümer u. dem Exil
„ 50	–	–	epigonenhaft	nachex[il].
„ 53	Onias III.?	–	nachex[il].	–
„ 79	Antioch[us] Epipha-n[es] od. Alkim[us] (1. Makk. 7,17)	4. oder 2. Jahrh.	vor 165	Esra – Alex[ander] d. Gr[oße]
„ 85	Simon	kurz nach Ex[il]	–	Judentum
„ 86	sehr jung	–	jung	jung
„ 89	Alexander Jannäus (ca. 88 v. Chr.)	nachexil. (makk[ab]. od. älter)	–	nachexil. (s. aber S. 23, Anm. 3)[22]
„ 97	–	–	–	–
„ 116	sehr jung	–	jung	–
„ 132	nachex[il]. (Hasmon[äer])	vorexil.	–	vorex[il].
„ 145	sehr jung	nachex[il].	makk[ab].?	sehr spät
„ 148	jung	nachex[il].	vgl. Lobgesang der 3 Männer	vorex[il].?
„ 149	makk[ab].?	ca. 142 v. Chr.?	makk[ab].	nach d. Propheten

[22] Siehe unten, Fn. 20.

wenn ihre Voraussetzungen richtig sind – jede Möglichkeit zu sicheren Ergebnissen zu kommen dadurch abgeschnitten, dass kein Psalm im A. T. konkrete Angaben darüber enthält, auf welches bestimmte Ereignis er sich beziehen soll.

Die Methode, einzelne Psalmen auf Grund ihrer Abhängig- |17| keit von älteren Dichtungen zu datieren, ist deshalb nicht zuverlässig, weil – was vor allem die Gunkelschen Forschungen erwiesen haben – im Einzelfalle schwer festzustellen ist, ob eine direkte Abhängigkeit oder nur stilistische Verwandtschaft vorliegt, die auf die Zugehörigkeit zu ein und derselben literarischen Gattung zurückzuführen ist.

Zu einigermassen sicheren Ergebnissen, wenigstens für die relative Chronologie der Psalmen, zu führen, verspricht die literaturgeschichtliche Methode, wenn sie erst durchgebildet sein wird. In der von Joachim Begrich bearbeiteten Gunkelschen Einleitung in die Psalmen, Göttingen 1933, wird im Kapitel „Die Geschichte der Psalmendichtung", S. 415 ff.,[23] eine Möglichkeit dargelegt, mit Hilfe rein gattungsgeschichtlicher Methoden von der relativen Chronologie der Psalmen aus zu ihrer absoluten Datierung zu gelangen, indem nämlich die einzelnen Gattungen der Psalmen in Beziehung gebracht werden zu den entsprechenden Gattungen in der prophetischen Literatur, deren einzelne Teile in der Regel leichter zu datieren sind als die Psalmendichtung. Diese Methode arbeitet allerdings auch in weitem Masse mit Imponderabilien, bedarf also der Kontrolle, die durch sprach-, religions- und ideengeschichtliche Untersuchungen erfolgen müsste.

Da es also bisher keine zuverlässige Chronologie der Psalmen gibt, an der sich die Entwicklung des Sprachgebrauchs von חסיד ablesen liesse, muss die Untersuchung des Begriffs den umgekehrten Weg einschlagen, d. h., der Begriff muss zunächst nach systematischen Gesichtspunkten untersucht werden; dann erst können wir die sich eventuell ergebenden Verschiedenheiten der Bedeutung nach den allgemeinen Entwicklungsprinzipien der Sprachgeschichte zu einer Entwicklungsreihe verbinden. |18|

---

[23] Hermann Gunkel beschäftigte sich zeitlebens mit der Form- und Gattungsgeschichte der biblischen Schriften, insbesondere der Psalmen. 1904 veröffentlichte er mit *Ausgewählte Psalmen* seine erste Arbeit zu diesem Themenfeld, der 1926 sein großer Psalmenkommentar folgte. Ein Jahr später erschien der erste Teil von Gunkels *Einleitung in die Psalmen*, während der zweite Teil posthum 1933 von seinem Schüler Joachim Begrich (1900–1945) vervollständigt herausgegeben wurde. Hermann Gunkel, Einleitung in die Psalmen. Die Gattungen der religiösen Lyrik Israels. Zu Ende geführt von Joachim Begrich, Göttingen 1933.

A. Anwendung des Begriffes חסידי י"י auf eine Gemeinschaft

I. Die Anwendung des Begriffes auf eine fest umrissene, konkrete Gemeinschaft

Die am schärfsten umrissene Gemeinschaft, auf die im A. T. der Begriff חסידי י"י [*ḥasidei YHWH*: die Frommen des Herrn] angewendet wird, ist die konkrete Kultgemeinschaft im Tempel, und zwar in der speziellen Funktion des Chores, der in das Danklied eines einzelnen Beters einzustimmen aufgefordert wird. Darüber, dass der einzelne Israelit seinen Dank vor versammelter Gemeinde abzustatten und diese zum Einstimmen in seinen Lobpreis aufzufordern pflegte, berichtet uns vor allem der Schluss von Ps. 22 (V. 23 ff.). Bei dieser Aufforderung wurde die Gemeinde mit schmeichelhaften Epitheta verschiedenen Charakters angeredet, mit nationalen: זרע יעקב, זרע ישראל [*zera Ya'aqov, zera Yisra'el*: der Same Jakobs, der Same Israels] (Ps. 22,24), ethischen: צדיקים, ישרי־לב [*ẓaddiqim*: Gerechte, *yishrei-lev*: Menschen von aufrichtigem Herzen] (Ps. 32,11) oder religiösen: יראי י"י [*yirei YHWH*: die den Herrn fürchten/Gottesfürchtige] (Ps. 22,24), דורשי י"י [*dorshei YHWH*: die den Herrn suchen/Sucher Gottes] (Ps. 22,27). Eine solche schmeichelhafte Anrede ist auch חסידי י"י [*ḥasidei YHWH*: Fromme des Herrn] Ps. 30,5; 52,11; 182,9.16 = 2. Chr. 6,41. Mit diesen Epitheta wird der ganze קהל [*qahal*: Gemeinschaft, Versammlung] angeredet; denn es kommt ja gerade darauf an, möglichst viele Zeugen und Teilnehmer des Dankhymnus zu haben (Ps. 22,26). Es ist nirgendwo ein Anhaltspunkt dafür da, dass sich die Aufforderung nur an besondere Gruppen innerhalb der Gemeinde richte. Bezeichnungen wie זרע יעקב wären dazu viel zu allgemein. Dazu kommt, dass in Ps. 132 als Korrelativbegriff כהנים [*kohanim*: Priester (Pl.)] auftritt, d. h., die feiernde Gemeinde wird in ihre Hauptbestandteile: Klerus und Laienschaft getrennt angeredet [sic].

Der konkrete, präzise Sinn eines Begriffes pflegt der älteste zu sein.

Eine der genannten Stellen lässt sich auch mit einiger Wahrscheinlichkeit in die vorexilische Zeit, die der letzten Davididen, datieren. Es handelt sich um Ps. 132, einen der Königspsalmen (s. oben S. 15, Anm.),[24] also einen der wenigen Psalmen politi- |19| schen Einschlages. Zu der Zeit, als die Bücher der Chronik verfasst wurden, galt der Psalm schon

[24] Siehe oben, Fn. 8.

als alt; denn die Verse 8–10 werden dem Salomo in den Mund gelegt (2. Chr. 6,41).[9]

Dass mit den חסידי י"י die ganze Gemeinde gemeint ist, geht auch aus Ps. 42/43 hervor. Dort klagt ein Betender, der aus irgendeinem Grunde fern vom Tempel weilen muss (Ps. 42,5), dass er inmitten eines גוי לא־חסיד [*goi lo-ḥasid*: treuloses/unfrommes Volk, Ps. 43,1] lebt. Damit sind also Leute gemeint, die nicht zur Gemeinde Jahwes gehören. Einen Begriff, der das Gegenteil von חסיד wäre, gibt es nicht; denn חסיד ist keine menschliche Eigenschaft, sondern bezeichnet nur eine Zugehörigkeit, zu der es keine positive Antithese geben kann.[10]

II. Die Erweiterung und Vergeistigung des Begriffes

1) Die Anwendung auf eine fingierte Gemeinschaft

Ad II. betrachten wir die Erweiterung und Vergeistigung des Begriffes, und zwar noch immer unter dem Hauptgesichtspunkt, dass es sich um die Bezeichnung einer Gemeinschaft handelt. Unter dem vorliegenden Material befinden sich zwei Stellen, in denen das Wort חסידי י"י auf eine fingierte Gemeinschaft angewandt wird. Am Ende des aus verschiedenen Elementen zusammengesetzten Psalms 31 wird in Vers 24 im Rahmen einer תורה [*torah*: Lehre] eine Aufforderung an die חסידי י"י gerichtet. Es handelt sich aber um eine literarische Nachahmung, nicht um eine echte, für eine kultische Handlung bestimmte תורה. Dementsprechend ist auch die Aufforderung modifiziert. Der ganze Psalm ist stark rationalistisch, und da es vom rationalistischen Standpunkt aus gesehen sinnlos wäre, eine faktisch gar nicht vorhandene Gemeinde aufzufordern in den Dankeshymnus einzustimmen, ist die Aufforderung in: „liebet Jahwe!“ umgeändert worden. |20| In Psalm 145,10 werden innerhalb eines Akrostichons erstens die מעשי י"י [*ma'asei YHWH*: Werke des Herrn] und zweitens die חסידי י"י auf-

9 Gunkel, Einleitung in die Psalmen, S. 168, datiert den Psalm in die letzte Zeit vor dem Exil. Der Begriff חסיד, wie er in diesem Psalm gebraucht wird, lässt aber eher auf eine noch frühere Zeit schliessen. Doch ist es bei dem archaisierenden Charakter dieser Dichtung denkbar, dass auch der Begriff חסיד in archaisierendem Sinne gebraucht wird.

10 Gunkel, Einleitung in die Psalmen, S. 262 f., datiert den Psalm in die vorexilische Zeit, glaubt aber, die Kultusreform des Josia voraussetzen zu müssen. Verglichen mit anderen Psalmen gleicher Gattung hält Gunkel den Ps. 42/43 bereits für eine sekundäre Entwicklungsform der Gattung.

gefordert, Gott zu preisen. Die Werke Gottes zu seinem Lobpreis aufzufordern, scheint traditioneller Hymnenstil zu sein (Ps. 103,22). Als Parallele zu einem so allgemeinen Begriff wie מעשים [*ma'asim*: Werke] erwartet man einen ebenso allgemeinen, etwa אנשים [*'anashim*: Menschen]. Dann wäre stumme und beredte, vernünftige und vernunftlose Kreatur einander gegenübergestellt. Die eine – die menschliche – Seite wird dabei als Kultgemeinschaft *gedacht* und mit einer der im Kultus für die Aufforderung zum Lobpreis üblichen Bezeichnungen angeredet.[11]

2) Die Anwendung auf die ideelle Kultgemeinde, das gesamte Volk Gottes

a) Das Volk Gottes als reale Grösse

Eine andere Erweiterung des Begriffes חסיד in seiner Anwendung auf eine Gemeinschaft bedeutet seine Anwendung auf die ideelle Kultgemeinde, das gesamte Volk Gottes. Dies kann eine konkrete, realiter vorhandene Grösse sein, denn die Vorstellungen, die in Israel in Bezug auf das Verhältnis zwischen Gott und Volk lebendig waren, schliessen eine Möglichkeit ein, das *ganze* Volk als sakrale Gemeinde anzusehen: die des Krieges, der eo ipso heiliger Krieg ist. In diesem Falle kann das Volk auch mit den Bezeichnungen angeredet werden, die für die Gemeinde im Tempel üblich sind.

In Ps. 149 wird das Volk neben ישראל [*Yisra'el*: Israel] und בני ציון (V. 2) [*bnei Ẓiyyon*: Nachkommen Zions] einmal mit קהל חסידים (V. 1) [*qehal ḥasidim*: Gemeinschaft der Frommen] und zweimal mit חסידים (V. 5 u. 9) angeredet. Es handelt sich dabei um einen Hymnus, den das ausziehende Heer singt.[12]

Ps. 79,2 bildet dazu das Gegenstück: die Klage über die Gefallenen eines Krieges. Auch sie werden mit dem Ehrennamen der Gemeinde Gottes חסידי י"י genannt. Ihre persönlichen Eigenschaften spielen keine Rolle, die Zugehörigkeit zur Gemeinde, die |21| sie durch den Tod in ihrem Dienste besiegelt haben, qualifiziert sie allein als חסידי י"י.[13]

11 Gunkel, Einleitung in die Psalmen, S. 93, rechnet Ps. 145 zu den *jüngsten* Formen der Hymnendichtung.

12 Gunkel, Einleitung in die Psalmen, S. 82, weist auf die Verwandtschaft zwischen Ps. 149 und der prophetischen Dichtung hin.

13 Gunkel, Einleitung in die Psalmen, S. 139, hält den Ps. 79 zusammen mit allen Psalmen, die uns aus dieser Gattung („Volksklagelied") erhalten sind, für nach-

b) Das Volk als literarische Fiktion

Daneben begegnet uns aber auch das gesamte Volk als literarische Fiktion.

An 3 Stellen im A.T. wird das Volk neben den üblichen Bezeichnungen: עם י"י, בני ישראל, ישראל [*'am YHWH*: Volk des Herrn, *bnei Yisra'el*: Nachkommen Israels, *Yisra'el*: Israel] auch חסידי י"י genannt, und zwar in den Psalmen 50,5; 85,9 und 148,14.[14] In Ps. 148,14 tritt ausserdem עם קרובו [*'am qerovo*: das Volk, das ihm nahesteht] als Korrelatbegriff zu חסידי י"י auf. Ps. 50 enthält eine fingierte Gerichtsrede. Die Gemeinde wird, obwohl die Gottesrede einen scharfen Tadel enthält, als חסידי י"י bezeichnet.[15]

Ps. 148 ist ein Hymnus, der das ganze Weltall auffordert, י"י zu preisen, wegen der herrlichen Taten, die er an seinem Volke getan hat. Wenn der Hymnus, was allerdings wegen seines pedantischen Charakters unwahrscheinlich ist, für den Gebrauch im Tempel bestimmt war, so läge hier der Fall vor, dass sich die reale Tempelgemeinde als Repräsentantin des gesamten Volkes fühlte. Ps. 85,9–14 ist die Betrachtung eines einzelnen Frommen, die sich anscheinend mit der künftigen Heilszeit beschäftigt, in der das ganze Volk eine einzige Gemeinde Gottes sein wird. Hier hat der Begriff חסידי י"י *mehr* als in Ps. 50 einen religiös positiv bewertenden Sinn. |22|

III. Die auf Ethisierung beruhende Individualisierung des Begriffes

Die letztgenannten Stellen deuten bereits auf eine gewisse Auflösung des Bereiches, für den der Begriff gilt, hin; noch stärker tritt diese Auflösung in den folgenden Fällen in Erscheinung, in denen der Begriff ethisiert und damit individualisiert wird.

exilisch. Dies entspricht aber nicht dem חסיד-Begriff, wie er in diesem Psalm verwendet wird. Der חסיד-Begriff weist auf eine ältere Zeit hin.

14 Gunkel, Einleitung in die Psalmen, S. 93, rechnet Ps. 148 zu den *jüngsten* Formen der Hymnendichtung.

15 Gunkel, Einleitung in die Psalmen, § 9, behauptet, dass Ps. 50 unter dem Einfluss der vorexilischen Propheten stehe, und rechnet mit der Möglichkeit (S. 370), dass dieser Psalm im Kultus Verwendung gefunden habe. Falls diese Behauptung sich halten lässt, gehört der Begriff חסיד zur ersten Gruppe unserer Einteilung. Doch erscheint es sehr fraglich, dass die opferfeindliche Haltung des Psalms auf den Einfluss des prophetischen Ethos zurückzuführen ist. Der Psalm ist vielmehr Ausdruck einer religiösen Einstellung, der alles auf die Gesetzeserfüllung ankommt.

In den bisher behandelten Stellen ist חסידי י"י ein ausgesprochener Kollektivbegriff. Nicht seine persönlichen Qualitäten, sondern die blosse Zugehörigkeit zur Gemeinde macht den Einzelnen zum חסיד. Andererseits ist aber חסידי י"י nicht eine ganz neutrale Bezeichnung der Gemeinde, sondern der Begriff bedeutet eine positive religiöse Qualifikation. Er schliesst mindestens die Bedeutung der Zugehörigkeit zu Jahwe in sich. Je mehr sich nun die Auffassung durchsetzte, dass die Zugehörigkeit zu Jahwe ausser an die Zugehörigkeit zu seinem Volke auch noch an andere Bedingungen religiöser und ethischer Natur geknüpft war, um so mehr musste auch der Begriff חסידי י"י individualisiert werden. Das bedeutet, praktisch gesprochen, dass man auch damit rechnete, innerhalb der Gemeinde רשעים [*resha'im*: Sünder (Pl.)] zu haben. Die Begriffe בני ישראל und חסידי י"י sind nicht mehr kongruent. Der Begriff חסיד wird vielmehr dem Begriff צדיק [*ẓaddiq*: Gerechter][25] angenähert, der sich von vornherein auf ein individuelles Wohlverhalten bezieht. Nun kann der Begriff חסיד in Gegensatz zu רשע [*rasha*: Sünder (Sg.)] gestellt werden. Im Psalter tritt die Bezeichnung חסידי י"י für Menschen, die sich durch persönliches Wohlverhalten auszeichnen, zweimal auf: Ps. 97,10[16] und 37,28[17] In beiden Fällen wird רשעים als antithetische und צדיקים [*ẓaddiqim*: Gerechte (Pl.)] als synonyme Parallele gebraucht.

An 2 Stellen; Ps. 16,10 und 89,20 haben die Punktatoren[26] |23| den Singular gelesen, wohl weil ihnen der alte kollektive Sprachgebrauch von חסידי י"י unbekannt war. Beide Stellen reihen sich, wenn man den Plural

16 Die Tatsache, dass der Begriff חסיד in diesem Falle einen Sinn hat, der einem relativ späten Stadium in der Geschichte des Begriffes חסיד angehört, deckt sich mit der Feststellung Gunkels, Einleitung in die Psalmen, S. 99 f., dass Ps. 97 die Eschatologie Deuterojesajas voraussetzt, also ziemlich jungen Datums ist.

17 Der Ps. 37 gehört nach Gunkel, Einleitung in die Psalmen, S. 395, einem späteren Stadium der Weisheitsdichtung an. Doch macht hier Gunkel darauf aufmerksam, wie wenig diese Einordnung in die Geschichte der Gattung gerade in der Weisheitsliteratur für die absolute Datierung bedeutet.

---

[25] Seit dem späten 18. Jh. wurden charismatische chassidische Persönlichkeiten mit dieser Ehrenbezeichnung bedacht. Glenn Dynner, Zaddik, in: Diner (Hg.), EJGK, Bd. 6, 488–491; siehe auch Text 6, 533–540.

[26] Gulkowitsch spielt mit der Erwähnung der Punktatoren, d. h. den Schriftgelehrten, die dem rein konsonantischen biblischen Text Vokalzeichen hinzufügten, auf die massoretische Tradition an. Siehe oben, Fn. [13].

liest, zwanglos in die eben aufgestellten Kategorien ein: Ps. 16,10 gehört unter I.1,[18] Ps. 89,20 unter II.2.

In Ps. 16 spricht ein Einzelner Gott sein Vertrauen aus. Unter anderem weist er auch daraufhin, dass Gott seine Seele[19] nicht in die Scheol [Totenreich] schicken kann, da er ja zu den חסידי י"י, der Gemeinde Gottes, gehört, die Gott nicht verderben kann. Die Gemeinde ist wohl die reale Kultgemeinde im Tempel. Denn es handelt sich um eine Tefilla [Gebet], eine Gebetsgattung, von der wir wissen, dass sie im Kultus verwandt wurde. Derselbe Gedanke ist im Ps. 116,15 ausgedrückt, und zwar tritt der kollektive Charakter des Begriffes חסיד noch stärker dadurch hervor, dass hier zweifellos das Wort חסיד im Plural steht.

Ps. 89 schildert die gute alte Zeit unter König David und preist als einen ihrer Vorzüge, dass Gott damals zu seinen חסידים in Geschichten redete. Die Leute, zu denen Gott in Geschichten spricht, sind nun freilich die Propheten (die 6. Kolumne der Hexapla[27] übersetzt an dieser Stelle: *τοῖς προφήταις* [*toîs profētais*: die Propheten]). Aber wir haben keinen Beleg dafür, dass die נביאים [*nevi'im*: Propheten] jemals als חסידי י"י bezeichnet worden wären. Der Vers ergibt auch einen Sinn, wenn man unter den חסידי י"י das ganze Volk versteht. Schliesslich war es auch das Volk, zu dem Gott mit Hilfe der Propheten sprach,[20] es würde sich also um die obengenannte Erweiterung des Begriffs auf das gesamte Volk in literarischer Fiktion handeln. |24|

18 Nach Gunkel, Einleitung in die Psalmen, S. 255, gehört Ps. 16 zu den ältesten erhaltenen Beispielen seiner Gattung, des Vertrauensliedes.

19 Über die Beziehungen zwischen שאול [*she'ol* (Totenreich)] und נפש [*nefesh*: Seele] s. Johann Schwab, Der Begriff נפש in den heiligen Schriften des A. T., München 1924 [sic], S. 48 ff. – Über Äusserung und Entwicklung des Begriffes נפש s. Harry Holma, Die Namen der Körperteile im Assyrisch-Babylonischen, Leipzig 1911, S. 40 ff. und Lorenz Dürr, Hebräisch נפש = akk. napištu = Gurgel, Kehle in ZAW, N. F. 2 (1925), S. 262 ff.

20 Gunkel, Einleitung in die Psalmen, S. 90, hält den Ps. 89 für alt, und zwar für aus der Zeit der israelitischen Könige stammend (s. jedoch die Tabelle auf S. 16).[28]

---

[27] Die Hexapla (griech., »die Sechsfache«) ist eine von dem christlichen Gelehrten Origenes von Alexandria (185–254) angefertigte philologische Synopse der Hebräischen Bibel mit exakter griechischer Transliteration, die den hebräischen Text mit vier unterschiedlichen Übersetzungen, darunter der Septuaginta abgleicht. Clemens Schollen, Origines (AT) [2007], in: Wissenschaftliches Bibellexikon, <https://www.bibelwissenschaft.de/stichwort/29729> (7. Juni 2022).

[28] Siehe oben, 427.

B. Die Anwendung des Begriffes חסיד auf einen Einzelnen

An sich wäre der Begriff חסיד י"י [*ḥasid YHWH*] (Heiliger/Frommer Gottes) ohne jede Modifizierung auch auf den Einzelnen anwendbar. Wenn חסידי י"י die Gemeinde Gottes bezeichnet, so könnte der חסיד י"י ohne weiteres den einzelnen Angehörigen der Gemeinde bedeuten. Faktisch ist es aber so, dass – abgesehen vom Ps. 32,6 – alle Stellen, in denen das Wort חסיד im Singular gebraucht wird, den Begriff in einem mehr oder weniger ethisierten Sinne verwenden, also unter die Gruppe III des vorigen Abschnitts fallen, in der wir die Stellen zusammenfassten, in denen der Begriff durch Ethisierung individualisiert wurde.

Ps. 32,6 preist die Gnade Gottes und sieht in ihr den Grund, dass jeder חסיד, d. h. jedes Glied der Gemeinde Jahwes, Gott in Notzeiten anruft. Vielleicht ist der Vers auch als Aufforderung an die Gemeinde zu denken, es läge also eine Reminiszenz an den Stil der תודה [*todah*: Dankgebet] vor. Gunkel[21] rechnet den Psalm überhaupt zu den תודות [*todot*: Dankgebete] und betrachtet ihn als eine junge, von der Weisheitsdichtung beeinflusste Form dieser Gattung.

Am deutlichsten wird die Zugehörigkeit des Begriffes zur Gruppe III, d. h., zu der Gruppe, in der wir den ethisierten חסיד-Begriff behandelten, an Micha 7,2. Es handelt sich hier nicht um eine echte Michastelle. Sie stammt vielmehr vielleicht aus der Zeit des Maleachi, wahrscheinlich aber erst aus dem 2. Jahrhundert v. Chr., wie Marti, Dodekapropheton, Tübingen 1904, S. 262, ausgeführt hat. In Vers 7,2 klagt ein Unbekannter darüber, dass der חסיד aus dem Lande verschwunden sei. Das könnte nach dem im vorigen Abschnitt festgestellten Sinn bedeuten, dass die faktische Kultgemeinschaft aufgelöst sei. Da aber ישר [*yashar*] (geradlinig, anständig, aufrichtig) hier als Korrelatbegriff verwendet wird, muss der Begriff חסיד einen ethischen Einschlag haben. Die Klage bezieht sich also darauf, dass niemand mehr vorhanden ist, der würdig wäre, der Gemeinde Gottes anzugehören. Wenn hier aber *nur* von ethischen Qualitäten, ohne Beziehung zur Kultgemeinschaft, die Rede wäre, dann wäre ein anderer Begriff am Platze, etwa צדיק oder איש חסד [*'ish ḥesed*: ein Mann der Gnade/ein frommer Mann].

21 [Gunkel,] Einleitung in die Psalmen, S. 292.

In Ps. 86 begründet ein Beter seine Bitte, dass Gott seine Partei ergreifen solle, damit, dass er eine Reihe von Eigenschaften |25| aufzählt, die Gottes Wohlgefallen erregen sollen. Er spricht davon, dass er den ganzen Tag (Vers 3) und in allen Angelegenheiten (Vers 7) zu Gott ruft, dass seine Seele nach Gott verlangt (Vers 4). Er nennt sich einen עני ואביון [*ʿani we-ʾevyon*: Armer und Bedürftiger] (Vers 1), womit nicht nur der sozial und wirtschaftlich Schwache, sondern auch der im religiösen Sinn Demütige gemeint ist (s. Kittel, Psalmen, S. 288 ff.). Er bezeichnet sich weiter als עבד י"י [*ʿeved YHWH*: Knecht des Herrn], der auf Gott vertraut, und, in Parallele dazu, als חסיד (V. 2). Das חסיד-sein ist hier also – wie in Ps. 16,10 – ein Faktum, das Gottes Wohlgefallen erregt. Dort scheint es sich um die blosse Zugehörigkeit zur Gemeinde zu handeln, hier dagegen scheint sich der Begriff mehr auf die persönlichen Eigenschaften des Beters zu beziehen. Dazu stimmt auch, dass in V. 14 die עריצים [*ʿariẓim*: Gewalttätige, Tyrannen] und זדים [*zedim*: Böswillige] als Gegensätze auftreten. Ähnlich liegt der Fall in 1. Sam. 2,9.[22]

Ganz eigentümlich und in keine Gruppe einzureihen sind die Stellen Ps. 18,26 = 2. Sam. 22,26 und Ps. 145,17.

In Ps. 18,26 ff. und 2. Sam. 22,26 ff. wird eine Reihe von Menschentypen aufgezählt, mit denen Jahwe ganz entsprechend ihren Eigenschaften verfährt. Als Parallelbegriff zu חסיד tritt dabei תמים [*tamim*: tadellos, aufrichtig, schuldlos] auf, was auf einen ethischen Sinn des Begriffes חסיד schliessen lässt. Eine Beziehung zur Gemeinde Jahwes lässt sich nirgendwo herauslesen, hätte auch in diesem Zusammenhang keinen Sinn. Wahrscheinlich liegt hier eine künstliche Ableitung von חסד vor, genau wie bei dem Verbum התחסד [*hitḥassed*: sich barmherzig zeigen], das auch nur des Wortspiels wegen gebildet worden ist. Der Vers bedeutet also: wer חסד tut,

22 Es trägt für den Sinn nichts aus, ob man an dieser Stelle mit dem Ḳ[ere] den Plural oder mit dem K[etiv] den Singular liest (s. S. 27).[29]

[29] Die Begriffe *qere* und *ketiv* stammen aus der massoretischen Tradition, die im biblischen Text für einige Wörter eine Schrift- und eine Leseversion unterscheidet. Ein mit *qere* (lies!) bezeichnetes Wort soll nicht *ketiv* (geschrieben), d.h. dem Konsonantentext entsprechend, ausgesprochen werden. Es handelt sich folglich um eine Korrekturmethode der Massoreten, die beispielsweise fehlerhafte Schreibweisen kennzeichnet und nach bestem Wissen korrigiert. Emanuel Tov, Der Text der Hebräischen Bibel. Handbuch der Textkritik, Stuttgart/Berlin/Köln 1997, 46–52.

an dem tut auch Gott חסד. תמים war im älteren Sprachgebrauch ein Adjektiv und wurde deshalb mit dem Substantiv גבר [*gever*: Mann] verbunden. Der Vokalisator[30] kannte diesen Sprachgebrauch nicht mehr, sondern fasste תמים als Substantiv auf.[23]

In Ps. 18 verband er deshalb תמים mit der aramaisierenden Konstruktion גְּבַר [*gvar*: Mann; *gvar-tamim*: Aufrichtiger; Ps 18,26], 2. Sam. 22,26 deutete er dagegen גבר [*gavar*: stark sein] als גִּבֹּר [*gibbor*: Held, Starker], fasste es also als koordinierten Begriff zu חסיד und תמים auf, was um so eher möglich ist, als גִּבֹּר nicht nur den Starken, den |26| Kriegshelden, sondern allgemeiner eine abgesonderte, überlegene Klasse von Menschen bezeichnet: vgl. besonders Ps. 89,20 (s. Gulkowitsch, Die Bildung von Abstraktbegriffen …, S. 94).[31]

Eine ebenso künstliche Ableitung von חסד liegt in Ps. 145,17 vor, der einzigen Stelle im Psalter, wo חסיד von Gott gebraucht wird (vgl. S. 13).[32] Wenn חסיד nur die Zugehörigkeit zur Gemeinde bedeutet, kann es auf Gott gar nicht angewendet werden. Das übliche Wort wäre עשה חסד [*'asah ḥesed*: Gnade üben] gewesen (vgl. Ex. 20,6; Dt. 5,10; Ps. 8,51 u. a.). Dieses Wort wollte der Dichter nicht anwenden, 1) weil er das Verhältnis von Gott und Mensch nicht als auf einem Vertrage beruhend auffasste, welcher Begriff

23 Die Form *qaṭil* repräsentiert die allgemeine Art der Substantivierung von Personen wie von Sachen, die in morphologischer Hinsicht noch deutlich an den Typus des Adjektivs anknüpft; s. Gulkowitsch, Die Bildung von Abstraktbegriffen …, S. 42.

[30] Der Vokalisator gehört zu den massoretischen Punktatoren, die dem rein konsonantischen biblischen Text Vokalzeichen hinzufügten. Siehe oben, Fn. [13].

[31] Gulkowitsch erläutert an dieser Stelle die unterschiedliche Bedeutung von *gibbor* (Held) und *ḥazaq* (stark sein): »גִּבּוֹר (ein Femininum dazu kann nicht gebildet werden) unterscheidet sich von חָזָק [*ḥazaq*] dadurch, daß es eigentlich Substantivum ist, und zwar wie o. S. 18 dargelegt wurde, eine Klassenbezeichnung für dic waffenfähige Mannschaft, die zugleich wahrscheinlich die Klasse der Grundbesitzer darstellt. Daher auch die Bildung des Abstraktums גְּבוּרָה [*gevurah*: Heldenmut, Kraft], das im Talmud insbesondere von der sich manifestierenden Macht Gottes gebraucht wird (die Manifestationen = גְּבוּרוֹת). Die Wurzel גבר hat nichts mit Körperkraft zu tun, sondern hat inneren komparativischen Sinn: etwa ›Überlegenheit‹.«

[32] Siehe oben, 424.

mit חסד unbedingt verbunden ist,[24] und 2) weil עשה חסד mit ל [*le*: für, zu, nach (Präposition des Dativ)] verbunden werden muss, was er im Interesse des strengen Parallelismus vermeiden wollte. Abgesehen von Ps. 145,17 und der oben erwähnten Stelle Jer. 3,12 wird der Begriff חסיד weder im A. T. noch im Talmud und in der späteren Literatur auf Gott angewandt, was seiner ursprünglichen Bedeutung, von der sich der Sprachgebrauch nie ganz abstrahiert hat, entspricht. Wenn חסיד wirklich nur die Zugehörigkeit zu einer Gemeinschaft bedeutet, nicht aber eine Eigenschaft, dann ist es gar nicht auf Gott anwendbar. Falls es sich in Ps. 145,17 nicht um die eben als möglich hingestellte künstliche Ableitung von חסד [*ḥesed*: Gnade] handelt, liegt hier die eigentümliche Erscheinung vor, dass der Begriff des חסיד in den jüngsten Stücken der Bibel, wo seine *rein* soziologische Bedeutung zugunsten der religiös-ethischen abgeschwächt wurde, seine soziologische Bedeutung überhaupt verlieren konnte, was auf ein Schwanken des Begriffs in der Übergangszeit hindeutet. Die extreme Form des Bedeutungswandels hat sich aber bald wieder verloren, sodass sich der Begriff חסיד auf eine Bedeutung, die zwischen einer rein soziologischen und einer rein ethisch-religiösen die Mitte hält, konsolidiert.

In die Übergangszeit der Ideengeschichte des Begriffs |27| חסיד, die literarisch mit den jüngsten Stücken der Bibel zusammenfällt, gehört wohl auch die Glosse Jer. 3,12.

Bei der Aufzählung der 70 Namen Gottes (Midrasch *zōṯā* zu Cant. 1, Ausg. Buber, Wilna 1925, S. 6;[34] אותיות דר"ע[35] mit fast vollständiger Auf-

24 Vgl. N. Glück: Das Wort ḥesed im alttestamentlichen Sprachgebrauche, Giessen 1927 und W. F. Lofthouse: Ḥen and Ḥesed in the Old Testament, in: ZAW, N. F. 10 (1933), 29 ff. Da חסד zunächst nicht dem Worte „Gnade" entspricht, wäre die Wiedergabe von חסידים mit „die der Gnade Teilhaftigen" bei Ed. Meyer, Ursprung und Anfänge des Christentums II, Stuttgart/Berlin ³1921, S. 42, zu korrigieren. Interessant ist, dass Meyer den kollektiven Charakter von חסידי י"י erkannt hat, indem er die חסידים als die bezeichnet, die sich „als wahre Gemeinde Gottes fühlen".[33]

[33] Eduard Meyer (1855–1930) war Althistoriker und Altorientalist, bekannt vor allem für seine *Geschichte des Alterthums* (Stuttgart/Berlin 1884–1902).

[34] Salomon Buber (Hg.), Midrash Zuṭṭa ʿal Shir ha-Shirim, Rut, ʾEikhah we-Qohelet. We-ʿaleihem nilwah Yalqut Shimʿoni ʿal ʾEikhah [Midrasch Zutta zum Hohelied, Rut, Klagelieder und Prediger. Ihnen beigegeben ist Yalqut Shimʿoni zu Klagelieder], Wilna ²1925.

[35] *ʾOtiyyot de-Rabbi-ʿAqiva*: Das Alphabet des Rabbi Akiva, ein spätantiker narrativer Midrasch.

zählung <ER 4,18>; NR 14,12 erwähnt nur die Zahl), unter denen sich auch חסיד befindet, handelt es sich nur um eine mechanische Aufzählung der in der Bibel zu allen Zeiten auf Gott bezogenen Epitheta.[36] Der Begriff חסיד wird auf Grund von Jer. 3,12 in die Aufzählung aufgenommen. Die ohne Kritik statistisch zusammengestellten Epitheta lassen keinen Schluss darauf zu, dass der Begriff des חסיד als Epitheton Gottes zur Zeit der Zusammenstellung der Liste ein lebendiger Begriff war. Entsprechend der unbedingten Bindung an den Wortlaut der Bibel wird nach der Tradition dort von Gott als חסיד gesprochen, wo die beiden biblischen Stellen, die das Epitheton חסיד für Gott haben, verwendet werden (vgl. Tanḥ. zu Lev. 19,2, Ausg. Buber, S. 74).[37]

Aus dem Gesagten geht also hervor, dass der Begriff חסידים ursprünglich an die kultische Gemeinschaft gebunden ist. Auch wo ein einzelner חסיד genannt wird, erhält er diese Bezeichnung als Glied der Gemein-

---

[36] Saskia Dönitz hat darauf hingewiesen, dass der Abschnitt im *Alphabet des Rabbi Akiva* über die 70 Namen Gottes vermutlich eine Interpolation in den Text darstellt, die dem Ende des 3. Buch Henoch (§§ 71–80) entnommen ist. Die 70 Namen Gottes werden jedoch auch in anderen literarischen Kontexten angeführt, beispielsweise in dem von Gulkowitsch genannten *Midrash Zuṭṭa* zum Hohelied, in dem auch *ḥasidim* als ein Name genannt ist. Gulkowitsch führt zudem Midrasch Numeri Rabba (NR) an, wo in Kapitel 14,12 die »siebzig heiligen Namen von *bereshit*« erwähnt sind. Unklar ist die von Gulkowitsch verwendete Abkürzung ER. Die Midraschim *'Eikha Rabba*, *'Ester Rabba* oder *Exodus Rabba* führen die 70 Namen nicht auf. Sinnvollerweise müsste sich die Stellenangabe auf das vorgenannte *'Otiyyot de-Rabbi-'Aqiva* beziehen. Daher ist diese bibliografische Angabe wohl als Korruptele zu deuten, möglicherweise für ORA oder ARA, letzteres weil der Text in der Literatur auch *'Alfa-Bet de-Rabbi 'Aqiva* genannt wird. Als eine Gulkowitsch nachweislich bekannte Textausgabe (Text 3, 460) käme in Frage: Adolf Jellinek (Hg.), Bet ha-Midrasch. Sammlung kleiner Midraschim und vermischter Abhandlungen aus der älteren jüdischen Literatur, Bd. 3, Leipzig 1855, 12–49 (Version A); 50–64 (Version B). Im hebräischen Teil nennt Jellinek den Text eingangs »*Midrash Alfa Beita de-Rabbi Aqiva*«, in der deutschen Einleitung »Alfabet-Midrasch des R. Akiba« – was beides für eine Abkürzung ARA spräche. Allerdings muss dies spekulativ bleiben, zumal sich auch die Stellenangabe »4,18« nicht finden lässt. Saskia Dönitz, Das Alphabet des Rabbi Aqiva und sein literarisches Umfeld, in: Klaus Herrmann/Margarete Schlüter/Giuseppe Veltri (Hg.), Jewish Studies between the Disciplines/Judaistik zwischen den Disziplinen. Papers in Honor of Peter Schäfer on the Occasion of his 60th Birthday, Leiden 2003, 149–179.

[37] Salomon Buber (Hg.), Midrash Tanḥuma. Ha-qadum weha-yashan [Midrasch Tanchuma. Der alte und der neue], 3 Bde., Wilna 1885.

schaft. Der Begriff der Gemeinde Gottes kann freilich soweit vergeistigt und ethisiert sein, dass man als das Entscheidende für die Zugehörigkeit des einzelnen חסיד zur Gemeinschaft der חסידים seine religiösen und ethischen Qualitäten, nicht nur seine faktische Anwesenheit ansieht. Der aus unseren Quellen erschliessbare älteste Sinn des Begriffs חסיד = „Angehöriger der Kultgemeinschaft Jahwes" ist vielleicht noch nicht der ursprüngliche. Denn vergleicht man die Stellen, an denen חסיד im Singular vorkommt, mit denen, wo der Plural verwandt wird, so ergibt sich die Tatsache, dass der Plural stets, der Singular nie mit dem Zusatz י"י verbunden ist. Ausnahmen sind nur: Das Ḳere von Ps. 16,10 und 89,20, das Ḳeṯīḇ von 2. Sam. 2,9, in welchen Fällen also wohl der Plural zu lesen ist, und Ps. 149,5.9. Da der Plural, der stets in Verbindung mit י"י vorkommt, zweifellos der ältere und eigentliche Sprachgebrauch ist, muss angenommen werden, dass die Verbindung des Wortes חסיד mit י"י notwendig war, um den gewünschten Sinn: „Zugehörigkeit zur Kultgemeinschaft Jahwes" auszudrücken, dass also חסיד zunächst nicht unbedingt auf das Verhältnis eines Menschen zu Gott bezogen werden musste, sondern wie z. B. עבד [*ʿeved*: Knecht] auch noch |28| einen weiteren Sinn hatte, sodass sein speziell kultischer Sinn durch den Zusatz י"י ausgedrückt werden musste. Welcher Art der allgemeine Sinn des Begriffes חסיד war, lässt sich freilich nicht mehr ermitteln. Vielleicht bezeichnete er die Zugehörigkeit zu einer Gemeinschaft überhaupt. Von hier aus erklärt sich wohl auch das Fehlen des Zusatzes י"י in Ps. 149,5.9. Denn in V. 1 ist חסידים mit קהל [*qahal*: Gemeinschaft, Versammlung] verbunden, wodurch genügend deutlich gemacht wird, dass die hier genannten חסידים zur Gemeinde Gottes gehören. קהל bedeutet in den Psalmen die Kultgemeinde (Ps. 22,23.26; 35,18); in Verbindung mit קדושים [*qedoshim*: die Heiligen] (Ps. 89,6) bedeutet es die himmlische Kultgemeinde, die Jahwe Hymnen singt. Das Wort kann auch ironisch auf die Gemeinschaft derer angewandt werden, die fern von Jahwe sind: קהל מרעים [*qehal meraʿim*: Versammlung derer, die Böses/Unrecht tun] (Ps. 26,5) und קהל רפאים [*qehal refa'im*: Versammlung der Totengeister; Prov 21,16] (Ps. 21,16).

Da die Kultgemeinde Jahwes nicht nur identisch mit der Feiergemeinde im Tempel, sondern ebenso mit der Kampfgemeinschaft im Kriege ist, konnte sich auch das Heer des Judas Makkabäus[38] als חסידים bezeich-

[38] Judas Makkabäus (gest. 160 v. d. Z.) übernahm im Jahr 166 die militärische Führung im jüdischen Aufstand gegen die seleukidische Hellenisierungspolitik, nachdem zwei Jahre zuvor Jerusalem von den Seleukiden befreit und somit der Tempeldienst wieder eingeführt worden war.

nen. Dies war nicht ein spezieller Name für eine Partei *innerhalb* des Volkes, sondern eine etwas archaisierende, bewusst sakrale Bezeichnung für das Volksheer, das sich als Kämpfer für die Sache Gottes fühlt. Darum taucht die Bezeichnung חסידים in den Makkabäerbüchern an einer Stelle zum ersten Male auf, wo es sich um eine Angelegenheit handelt, über die nur die gesamte Gemeinde bestimmen kann: die zeitweilige Beschränkung der Sabbatheiligung (1. Makk. 2,42). Für unsere Auffassung spricht auch die Variante *'Ιουδαῖοι* [*'Ioudaîoi*: Juden] (s. Anm. bei Swete z. St.), worunter man nur das ganze Volk, nicht aber eine Partei verstehen kann.[39]
Als kennzeichnende Eigenschaften für die Gemeinde der חסידים werden an dieser Stelle genannt:

a) *ἰσχυρὰ δυνάμει* (Var. *ἰσχυροὶ*) [*ischyrà dynámei, ischyroí*: starke Kraft, stark], wofür man hebr. das oft im A. T. vorkommende גבורי חיל [*gibborei ḥayyil*: Helden, Männer der Tapferkeit/Tugend] (החילים oder חילים) [*ha-ḥayyalim* oder *ḥayyalim*: die Tapferkeiten/die Tugenden oder Tapferkeiten/Tugenden], einsetzen muss;
b) *ὁ ἑκουσιαζόμενος τῷ νόμῳ* [*ho hekousiaxómenos tôi nómōi*: der Herrscher der Ordnung] (hebr. etwa: שומרי ברית קדש [*shomrei brit qodesh*: Hüter des heiligen Bundes]).[25]

25 Da עזבי ברית קדש [*'ozvei brit qodesh*: die den heiligen Bund verlassen] Dan. 11,30 den חסידים entgegengesetzt sind (s. Zunz, Die gottesdienstlichen Vorträge der Juden, Frankfurt/M. ²1892, S. 38, Anm. a), so wäre שומרי ברית קדש als Epitheton für die *'Ασιδαῖοι*[40] zu erwarten. Danach allerdings ist die Übersetzung der LXX[41] zwar sinn-, aber nicht wortgemäss.

---

[39] *Ioudaioi*; griech., Judäa, im N. T. südlichster der vier Teile Palästinas, auch letzteres selbst. *Ioudaios*: der Jude, nach Art der Juden leben. Gulkowitsch verweist auf Henry Barclay Swete, The Old Testament in Greek According to the Septuagint, 3 Bde., Cambridge 1887–1894.

[40] *'Asidaîoi*; griech., Hasidäer bzw. Asidäer, auch *synagogē asidaîōn* (Gemeinschaft der Hasidäer). Der Begriff leitet sich in 1 Makk 2,42 von dem hebräischen *ḥasidim* (Fromme, Pl.) ab. Bei den Hasidäern handelt es sich um eine Gruppierung als fromm geltender Juden, die sich 167/166 v. d. Z. den Makkabäern anschlossen, um gegen die hellenistische Kultur zu rebellieren. Doris Lambers-Petry, Hasidäer [2007], in: Wissenschaftliches Bibellexikon, <https://www.bibelwissenschaft.de/stichwort/20629> (7. Juni 2022).

[41] Hier ist die Septuaginta (LXX) gemeint, die der Legende nach von siebzig Übersetzern hergestellt wurde. Sie enthält eine Sammlung früher Versionen der biblischen Bücher sowie einige außerkanonische Schriften, die Apokryphen, in griechischer Sprache. Die Arbeit an der Septuaginta begann im 3. Jh. v. d. Z. im

Das sind beides Eigenschaften, die sich auf die Gemeinde |29| beziehen können. גבורי חיל ist eine alte Bezeichnung für das israelitische Volksheer. Aus dem zweiten Epitheton, das auf die einzelnen Mitglieder der Gemeinde Bezug nimmt, geht hervor, dass man in jener Zeit die Zugehörigkeit zur Gemeinde von der Gesetzestreue abhängig machte.

Der allgemein rezipierten Ansicht,[26] dass die *Ἀσιδαῖοι* [*ʿAsidaîoi*: Hasidäer] eine Partei, und zwar die Kriegspartei in Israel, gewesen

26 Hamburger, Supplementa IV, S. 116,[42] unterscheidet solche ח"ם [Abkürzung für *ḥasidim*], die zu den Pharisäern[43] gehörten, und solche, die zu den Essäern[44] gingen und die Pharisäer bekämpften. Die ח"ם bildeten unter den Pharisäern eine extreme Richtung, der auch ʿAqīḇā[45] angehörte. Vgl. weiter: Jost, Geschichte des Judentums und seiner Secten 1, Leipzig 1857, S. 198 f.; Graetz, Geschichte der Juden VI, 2, Leipzig (1875), S. 273 u. ö.; E. Schürer, Geschichte des jüdischen Volkes im Zeitalter Jesu Christi, Leipzig ^{4}1901, Bd. I, S. 203, Anm. 44; Weber, Jüdische Theologie auf Grund des Talmud und verwandter Schriften, Leipzig 1897, S. 45; Wellhausen, Die Pharisäer und Sadducäer, Hannover ^{2}1924, S. 80 f.; Friedländer, Die religiösen Bewegungen innerhalb des Judentums im Zeitalter Jesu, Berlin 1905, S. 14; Bousset, Die Religion des Judentums …, hrsg. von Gressmann, Tübingen ^{3}1926, S. 184 und 457; R. H. Charles, The Apocrypha and Pseudepigrapha of the O. T., Oxford 1913, S. 73, Anm. 42; Herford, Die Pharisäer (deutsch von Fischel), Leipzig 1928, S. 25 und 27; Moore, Judaism I, Cambridge 1932, S. 59; Dubnow, Weltgeschichte des jüdischen Volkes II, S. 13 und Note 2 auf S. 571 ff.;

Auftrag der hellenistisch geprägten jüdischen Gemeinde Alexandrias. Die Übersetzung der hebräischen und aramäischen Traditionsliteratur sollte den liturgischen und möglicherweise auch juristischen Gebrauch durch die griechischsprachige Gemeinde erleichtern. Carsten Ziegert/Siegfried Kreuzer, Septuaginta (AT) [2012], in: Wissenschaftliches Bibellexikon, <https://www.bibelwissenschaft.de/stichwort/28417> (7. Juni 2022).

[42] Jakob Hamburger, Real-Encyclopädie des Judentums. Wörterbuch zum Handgebrauch für Bibelfreunde, Theologen, Juristen, Staatsmänner, Gemeinde- und Schulvorsteher, Lehrer, Schulinspektoren u. a. m., Abt. 3, Suppl. 4, Leipzig 1897.

[43] Siehe Text 1, Fn. [64].

[44] Die Essäer oder Essener waren eine esoterische Gemeinschaft im spätantiken-hellenistischen Judentum, die von endzeitlichen Erwartungen geprägt war und ein Leben nach strengen Reinheitsregeln forderte. Neueren Forschungen zufolge ist ihre Identität mit der monastischen Qumran-Gemeinschaft nicht mehr gesichert.

[45] Aqiva ben Joseph (Rabbi Akiva, ca. 50/55–135) war Schriftgelehrter und ein Tannait der 2. Generation.

seien, die später in den Sekten der Pharisäer, Zeloten und Essäer aufging, und im Gegensatz zu einer hellenistischen Partei gestanden hätten, aus der sich die Sadduzäer entwickelten, bereitet die Erwähnung der *Ἀσιδαῖοι* in 1. Makk. 7,12–14 deshalb Schwierigkeiten, weil diese hier auf einmal für den *Friedensschluss* mit den Syrern eintreten. Wenn man aber die *Ἀσιδαῖοι* als Bezeichnung für das ganze um religiöse Freiheit kämpfende Volk auffasst, so sieht man, dass dieses Volk kein Interesse mehr an der Fortsetzung dieses Kampfes hatte, sobald es schien, als ob die *religiöse* Freiheit nicht in Gefahr sei. Das griechische |30| *πρῶτοι* [*prōtoi*: erster] (V. 12) hat wahrscheinlich einem hebr. בראשונה [*ba-rishonah*: früher, als erstes] entsprochen. Dies heisst nicht: Als erste waren die *Ἀσιδαῖοι*, für den Frieden, dann schlossen sich ihnen auch andere an, sondern: Zunächst waren die *Ἀσιδαῖοι* für den Frieden, dann aber, als sich die Lage ganz anders entwickelte, als sie erwartet hatten, nahmen sie den Kampf wieder auf, wie die folgenden Verse beweisen.

Auf diese Wiederaufnahme des Kampfes bezieht sich der gehässige Bericht, den der entlassene Priester Alkimus[49] dem König Demetrius[50] erstattete: 2. Makk. 14,6 ff. Der Bericht beginnt: *Οἱ* λεγόμενοι τῶν *'Ιουδαιων*

Klausner, הסטוריה ישראלית, §§ 19–21;[46] Horodezky, המסתורין בישראל, Berlin/Tel-Aviv 1931, S. 98[47] und Encyclopaedia Judaica V, S. 357 ff.[48] hält die *Ἀσιδαῖοι* für eine Gruppe innerhalb der Partei der Essäer. – Bei allen diesen Auffassungen, denen man weitere hinzufügen könnte, handelt es sich – soweit sie talmudisches Material benutzen – wohl um eine nicht ohne weiteres mögliche Gleichsetzung des ethisch aufzufassenden, in eine idealisierte Vergangenheit hineinprojizierten Begriffes der חסידים ראשונים [*ḥasidim rishonim*: die ersten/ursprünglichen Frommen] u. ä. mit dem in jener Vergangenheit tatsächlich gültigen חסיד-Begriff, der – wie oben dargelegt – vor allem einen soziologischen Sinn hatte. Darauf beabsichtige ich in einer Bearbeitung des talmudischen Materials in Bezug auf den חסיד-Begriff ausführlich zurückzukommen.

---

[46] Joseph Klausner, Hisṭoryah yisra'elit. Shi'urim we-divrei yemei-Yisra'el [Israelitische Geschichte. Studien und Chronologie Israels], Odessa 1909.

[47] Samuel A. Horodezky, Ha-mistorin be-Yisra'el [Das Mysterium im alten Israel], Berlin/Tel Aviv 1931.

[48] Ders., Chassidäer, in: Encyclopaedia Judaica, hg. von Jakob Klatzkin/Ismar Elbogen, Bd. 5, Berlin 1930, 357–359, hier 358.

[49] Alkimus amtierte von 163/162–160/159 v. d. Z. als Hohepriester in Jerusalem.

[50] Demetrios I. (Soter, 185–150 v. d. Z.) war ein König des Seleukidenreichs.

Ἀσιδαῖοι.[51] Hier ist *Ἀσιδαῖοι* als Selbstbezeichnung der *nationalgesinnten* Juden, nicht als allgemein üblicher, offizieller Name einer Partei zu verstehen, wie es später die Bezeichnungen Pharisäer, Essäer usw. gewesen sind. Der Name חסידים verschwindet nicht deshalb aus der Geschichte, weil die Partei der חסידים in anderen Parteien aufging, sondern weil das Wort חסידים die kultische Gemeinde bezeichnet und daher aus der offiziellen Geschichte verschwindet, sobald diese Gemeinde aufhört, eine selbständige Rolle in der Politik zu spielen.

Der griechische Bericht hat die bewusst archaisierende Bezeichnung des makkabäischen Volksheeres als Eigennamen aufgefasst und darum nicht übersetzt.[27] Eine Übersetzung wäre auch kaum möglich gewesen, denn ein Äquivalent zum Begriffe חסיד hat das Griechische nicht. Bei der Übertragung der חסיד-Stellen im A. T. haben sich die LXX auf verschiedene Weise geholfen. An einer Stelle, die wir als korrupt unberücksichtigt gelassen haben: Prov. 2,8, und an zwei weiteren, sehr jungen Stellen: Micha 7,2 und Jer. 3,12, wo das Wort חסיד von seiner ursprünglichen Bedeutung abweichend einen ethisch-religiösen Qualitätsbegriff wiedergibt, haben die LXX paraphrasierend dem Sinne des Zusammenhangs entsprechend gearbeitet, also auf eine eigentliche Übersetzung verzichtet. Sie geben דרך חסידו [*derekh ḥasidaw*: Weg seiner Frommen] in Prov. 2,8 mit *ὁδὸς εὐλαβουμένων αὐτόν* [*hodòs ealabouménōn autón*], d. h. Weg derer, die ihn fürchten, |31| wieder, und erreichen damit einen einigermassen zur ersten Halbzeile passenden Parallelismus, da in dieser von einem ארח משפט [*'oraḥ mishpaṭ*: Pfad des Rechts] die Rede ist. Micha 7,2 sind die LXX durch

27 Würde חסידים der Name einer Partei oder einer Sekte bedeuten, die in irgendeiner Beziehung zu den Pharisäern oder Essäern gestanden hätte (darüber neuerdings Bévenot, Die beiden Makkabäerbücher, Bonn 1931, S. 61), so ist doch nicht einzusehen, warum Josephus, der sich mit den Sekten und Parteien eingehend beschäftigt (Antt. XIII, 5, 9; XIII, 10, 6; XIII, 16, 5; XVII, 2,4; XVIII, 1,3; Bell. II, 8, 14; Vita 2; – Antt. XV, 10, 5; XVIII, 1,5; Bell. II, 8, 2–13) der חסידים nirgends Erwähnung tut.[52]

[51] *Hoi legómenoi tōn 'Ioudaiōn 'Asidaîoi*; griech., »Es gibt unter den Juden Leute, die sich Hasidäer nennen.« (2 Makk 14,6).

[52] Flavius Josephus (37–100 d. Z.), geboren als Yosef ben Matityahu in Jerusalem, war ein römisch-jüdischer Gelehrter und Historiograf, der die jüdischen Aufstände gegen die römische Herrschaft in den Jahren 66–74 sowie die Zerstörung des Zweiten Tempels in seiner Autobiografie (= Vita) sowie in *Jüdischer Krieg* (= Bell.) und *Altertümer* (= Antt.) beschrieb.

den Korrelatbegriff ישר [*yashar*: rechtschaffen, aufrichtig] veranlasst worden, חסיד mit *εὐσεβής* [*eùsebēs*], d.h. fromm, gottesfürchtig, zu übersetzen.[28] In Jer. 3,12 endlich wird חסיד mit *ἐλεήμων* [*eleēmōn*] = barmherzig wiedergegeben, also mit derjenigen göttlichen Eigenschaft identifiziert, von der die Stelle, wenigstens ihrem gegenwärtigen Zusammenhange nach, Zeugnis ablegt.[29] 1. Sam. 2,9 haben die LXX das Wort חסיד einfach ignoriert. Dagegen bieten sie an drei Stellen: Ps. 89,20; 148,14; 2. Chr. 6,41 eine Übersetzung, die beweist, dass der ursprüngliche Sinn von חסיד י"י „Angehöriger der Gemeinschaft Gottes" doch noch gespürt wurde: Sie übersetzen חסידי י"י mit *υἱοί θεοῦ* [*hyioí theoū*], identifizieren also חסידי י"י mit בני י"י [*bnei YHWH*: Nachkommen des Herrn], was ja nur der bildhafte Ausdruck für dasselbe Faktum: „die Zugehörigkeit zur Gemeinde Jahwes" ist.[30] In allen übrigen, also den allermeisten, Fällen aber wird חסיד durch *ὅσιος* [*hósios*: fromm, geheiligt] wiedergegeben.[31] *ὅσιος* ist ein ziemlich

28 Aquila[53] und Symmachus[54] dagegen übersetzen mechanisch חסיד mit *ὅσιος* [*hósios*: fromm, geheiligt], Origenes schliesst sich den LXX an und übersetzt חסיד mit *εὐσεβής* oder *εὐλαβής* [*eùlabēs*: fromm].

29 Aquila und Symmachus: *ὅσιος*, Origenes wie LXX.

30 Ebenso übersetzt Origenes in Ps. 89,20. In 2. Chr. 6,41 schwanken die Handschriften der Hexapla zwischen *υἱοί* [*hyioi*: Nachkommen, Söhne] und *ὅσιοι* (vgl. Origenes, Hexaplorum quae supersunt … fragmenta, ed. Fridericus Field, Oxford 1875, z. St.).

31 Origenes in einigen Handschriften der Hexapla (Codd. 19, 82, 93, 108) übersetzte 2. Sam. 22,26a: *μετὰ ἐλεήμονος ἔλεον ποιήσεις* [*metá eleēmonos éleon poiēseis*: unter den Barmherzigen handelst du barmherzig] und gebrauchte *ὅσιος* für תמים in V. 26b.

In Ps. 12,2 übersetzt Aquila חסיד mit *ἁγνός* [*agnós*] (= נקי [*naqi*: rein, schuldlos]), welche Übersetzung der Codex Coislinianus[55] (9./10. Jahrh.) der Hexapla auch in Ps. 37,28; 50,5; 52,11; 79,2; 85,9; 86,2; 97,10; 114,15 anonym tradiert.

Ganz mechanisch übersetzt Hieronymus[56] den Begriff חסיד, indem er an allen Stellen חסיד mit „sanctus" wiedergibt; vgl. Biblia sacra latina Veteris Testamenti

---

[53] Aquila von Sinope (1./2. Jh.) war ein zum Judentum konvertierter Gelehrter und gilt als Revisor der Septuaginta.

[54] Symmachus der Ebionit (spätes 2. Jh.) war ein jüdischer Gelehrter, der die Bibel ins Griechische übersetzte. Origenes nahm Symmachus' Text in die Hexapla auf.

[55] Eine Handschrift der biblischen Bücher Genesis bis 1 Könige in griechischer Sprache aus dem 7. Jh.

[56] Der christliche Gelehrte Sophronius Eusebius Hieronymus (347–420) übertrug die biblischen Bücher ins Lateinische. Diese Übersetzung, die Vulgata, war lange Zeit die maßgebliche Bibelübersetzung der katholischen Kirche.

allgemeiner farbloser Begriff, der einen mehr formellen als ethisch qualifizierenden Sinn hat. *ὅσιος* heisst „dem Gesetze entsprechend“, – ob einem menschlich-moralischen oder einem göttlich-religiösen, ist zunächst nicht massgebend. Aber fromm, gottesfürchtig, oder |32| rechtschaffen, also eine inhaltlich bestimmte religiöse oder ethische Qualität, bedeutet *ὅσιος* nicht.[32]

Hieronymo interprete, ed. Heyse/Tischendorf, Leipzig 1873). Man sieht hier, wie weit Hieronymus in sprachlicher Hinsicht vom inneren Verständnis des hebräischen Textes entfernt ist. Über Einzelheiten der Auseinandersetzung der lateinischen Bibelsprache mit den Eigentümlichkeiten des hebräischen Textes s. Wilhelm Süss, Studien zur lateinischen Bibel I, Tartu 1932 (Acta et Commentationes Univ. Tartuensis <Dorpatensis> BXX1X$_4$), S. 103 ff.

32 In selbständigen Zusammenhängen bringt das N. T. das Wort *ὅσιος* nur 1. Tim. 2,8; Apk. [Offb] 15,4 und 16,5; Hebr. 7,26 und Tit. 1,8. In den Acta [Apg] (2,27; 13,34 und 13,35) handelt es sich um Zitate aus dem A. T., also um einen an die griechischen Übersetzungen anknüpfenden Sprachgebrauch. Der Verfasser des ersten Timotheusbriefes nennt die zum Gebet erhobenen Hände *ὁσίους χεῖρας* [*hosíous cheîras*: heilige/reine Hände], was zweifellos keine Übersetzung mit חסיד zulässt: denn ידים חסידות [*yadaim ḥasidot*: fromme Hände] ist eine im Hebräischen undenkbare Verbindung. Es kann nur von ידים טהורות [*yadaim ṭehorot*: reine Hände] oder ידים נקיות [*yadaim neqiyyot*: reine/schuldlose Hände] gesprochen werden, wie auch die Vulgata den Ausdruck mit „manus puras“ übersetzt. In Apk. 15,4 und 16,5 steht das Wort *ὅσιος* als Epitheton Gottes. Apk. 15,4 heisst es *ὅτι μόνος ὅσιος* [*hóti mónos hósios*: denn allein du bist heilig], was hebräisch mit כי קדוש הוא [*ki qadosh hu:* denn er ist heilig] wiedergegeben werden müsste. Apk. 16,5 entspricht *ὅσιος* ebenfalls dem hebräischen קדוש. Der Verfasser des Hebräerbriefes zählt *ὅσιος* unter den Eigenschaften des vollendeten, göttlichen *ἀρχιερεὺς* [*archiereùs*: Oberpriester] an erster Stelle auf. An sich wäre חסיד als Eigenschaft eines solchen sehr wohl denkbar, da aber auf die Bezeichnung des Hohepriesters als קדוש keinesfalls verzichtet werden kann und eine andere Eigenschaft, die dem hebräischen קדוש entspräche, nicht aufgezählt wird, muss *ὅσιος* hier wohl mit קדוש übersetzt werden, wozu auch seine Nennung an erster Stelle stimmt. In ähnlicher Weise kommt *ὅσιος* unter den Eigenschaften eines menschlichen Bischofs im Briefe an Titus (1,8) vor. Auch hier ist ein anderes Äquivalent für קדוש nicht vorhanden. Auffallend ist es aber, dass diese doch zweifellos sehr umfassende und wichtige Eigenschaft ganz beiläufig aufgezählt wird, nachdem schon eine ganze Reihe anderer Epitheta vorausgegangen ist. Dass die priesterlichen Eigenschaften hier in so nebensächlicher Weise aufgeführt werden, liegt an der Tendenz des Briefes, der nicht vom Wesen des Priestertums handelt, sondern allen Nachdruck auf die moralischen Forderungen legt, die man an den einzelnen Träger eines Priestertums als conditio sine qua non stellen muss. Der Titusbrief bietet also, zumal der Fall ganz singulär ist, auch keine Möglichkeit, den Begriff *ὅσιος* im N. T. mit חסיד zu identifizieren.

Einen diesem Bilde entsprechenden Anblick bietet eine Zusammenstellung der alttestamentlichen חסיד-Stellen in der Paraphrasierung des Targum.[33] Das Aramäische[59] des Targum kennt ebenfalls kein Äquivalent

33 Folgende Tabelle möge dies veranschaulichen (s. nächste Seite).[57]

Tabelle der Äquivalente für das Wort Ḥāsīd im Targum.

(Text nach de Lagarde <Leipzig 1872 und 1873>, abgesehen von Dt. 33,8, wo nach Berliner, Berlin 1884, zitiert wird.)[58]

Dt. 33,8	לאיש חסידך	לגבר דאשתכח חסיד קדמן
1. Sam. 2,9	רגלי חסידיו	גיוית עבדוהי צדיקיא
2. Sam. 22,26	עם חסיד תתחסד	אברהם דאישתכח חסיד קדמך
Jer. 3,12	כי חסיד אני	ארי מסגי למעבד טבוון אנא
Mi. 7,2	אבד חסיד	אבדו חסידיא
Ps. 4,4	כי־הפלה י' חסיד לו	ארום פריש י' זכאה ליה
Ps. 12,2	כי־גמר חסיד	מטול דגמירו טביא
Ps. 16,10	לא־תתן חסידך	לא תמסור זכאך
Ps. 18,26 f. = 2. Sam 22,26		
Ps. 30,5	זמרו לי' חסידיו	שבחו קדם י' חסידוי
Ps. 31,24	אהבו את־י' כל־חסידיו	רחומו ית י' כל חסידוי
Ps. 32,6	על־זאת יתפלל כל־חסיד	כל חסידא
Ps. 37,28	ולא־יעזב את־חסידיו	ולא ישבוק ית חסידוי
Ps. 43,1	גוי לא־חסיד	עמא דלא זכאי
Ps. 50,5	אספו־לי חסידי	כנושו לותי חסידי
Ps. 52,11	נגד חסידיך	קבל חסידייך
Ps. 79,2	בשׂר חסידיך	בסר חסידך
Ps. 85,9	אל־עמו ואל־חסידיו	לעמיה ולחסידוי
Ps. 86,2	כי־חסיד אני	ארום חסידא אני
Ps. 89,20	דברת בחזון לחסידיך	מלילתא בחזונא לחסידיך
Ps. 97,10	שׁמר נפשות חסידיו	נטיר נפשת חסידוי
Ps. 116,15	יקר בעיני י' המותה לחסידיו	יקיר קדם י' מיתותא דמשתלמא לחסידוי
Ps. 132,9	וחסידיך ירננו	וליואי חסידיך ישבחון
Ps. 132,16	וחסידיה רנן ירננו	וחסידהא משבחא ישבחון
Ps. 145,10	וחסידיך יברכוכה	וחסידיך יברכונך
Ps. 145,17	וחסיד בכל־מעשׂיו	וחסידא בכל עובדוי
Ps. 148,14	תהלה לכל־חסידיו	שבחא לכל חסידוי
Ps. 149,1	תהלתו בקהל חסידים	תושבחתיה בקהלא דחסידי
Ps. 149,5	יעלזו חסידים	יבועון חסידי
Ps. 149,9	הדר הוא לכל־חסידיו	שׁיבהודא הוא לכל חסידוי
Prov. 2,8	ודרך חסידו ישמר	ואורחתא דצדיקין ננטר
2. Chr. 6,41	וחסידיך ישׂמחו בטוב	וחסידיך יחדון בטבתא

[57] In der Tabelle vergleicht Gulkowitsch biblische Wendungen mit dem Begriff *ḥasid* (mittlere Spalte) mit entsprechenden Übersetzungen bzw. Varianten in der aramäischen Bibelübersetzung, dem Targum aus dem 1. Jh. v. d. Z. (rechte Spalte). Auf eine deutsche Übersetzung wurde hier wegen der beabsichtigten Mehrdeutigkeit des exegetischen Targums verzichtet.

[58] Paul de Lagarde (Hg.), Prophetae Chaldaice, Leipzig 1872 [Lat./Heb.]; ders. (Hg.), Hagiographa Chaldaice, Leipzig 1873 [Lat./Heb.]; Abraham Berliner (Hg.), Targum Onkelos, Berlin 1884 [Aram.].

[59] Aramäisch, eine mit dem Hebräischen eng verwandte semitische Sprache, war seit dem 6. Jh. v. d. Z. Lingua franca im Alten Orient und entwickelte sich zur

des hebräischen Wortes חסיד. Doch ist für den Targum infolge der engen Verwandtschaft der Sprachen ein Ausweg vorhanden, den es für die LXX nicht gab. Der Targum bedient sich des hebräischen Terminus, zuweilen in aramäischer Form, oft aber auch ohne Veränderung. In diesem Falle kann es sich nicht um das Bestreben handeln, sich in der Ausdrucksweise möglichst dem hebräischen Texte anzunähern. |33| Dass tatsächlich ein Äquivalent des Begriffes חסיד fehlt, geht daraus hervor, dass an den Stellen, an denen der Targum ein solches äquivalentes Wort zu haben glaubt, er dieses anwendet, |34| wie aus dem Folgenden hervorgeht. In Deut. 33,8;[34] 2. Sam. 22,26 = Ps. 18,26; Ps. 145,10; 50,5 und 79,2 bedient sich der Targum hebräischer Formen des Wortes חסיד.[35] In 2. Chr. 6,41 und den Psalmen 132,9 und 89,20 lässt es sich infolge der Gleichheit der Form in beiden Sprachen nicht entscheiden, ob eine hebräische oder aramäische Form vorliegt. In Ps. 32,6 heisst die Form aramäisch חסידא [*ḥasida*: Frommer], ebenso in Ps. 145,17. Eine aramäische Singularform des Wortes חסיד enthalten die Verse Ps. 52,11 und 86,2. Aramäische Pluralformen liegen vor in den Versen Ps. 30,5; 31,24; 37,28; 85,9; 97,10; 116,15; 132,16; 148,14; 149,1.5.9. In Micha 7,2 steht anstelle des hebräischen Singulars חסיד der aramäische Plural חסידיא [*ḥasidayya*: Fromme], was dem Sinn der Stelle fast näher kommt als die hebräische Form. 1. Sam. 2,9 und Prov. 2,8, wo auch die LXX anders als sonst übersetzen, gibt der Targum חסיד mit צדיקיא [*ẓadiqayya*: Gerechte (Pl.)] wieder. Ps. 16,10 und Ps. 4,4 überträgt der Targum חסיד mit Hilfe von זכאה [*zakka'ah*: rechtschaffen, würdig], ebenso umschreibt er לא־חסיד [*lo-ḥasid*: treulos, nicht fromm] in Ps. 43,1 mit לא זכאה [*lo zakka'ah*: nicht rechtschaffen, unwürdig]. In Ps. 12,2 endlich wird חסידים ganz allgemein mit טביא [*ṭavayya*: gute Dinge/gute Taten], wieder-

34 Zur Paraphrasierung des Targums an dieser Stelle s. S. B. Schefftel, Scholien zum Targum Onkelos, herausgegeben von Joseph Perles, München 1888, S. 282 und das Fragmententargum, herausgegeben von M. Ginsburger, Berlin 1899, S. 68.

35 Zur allgemeinen Charakterisierung des Aramäischen s. Bergsträsser, Einführung in die semitischen Sprachen. München 1928, S. 71.

---

wichtigsten Landes- und Umgangssprache auch im antiken Israel, seit dem 3. Jh. d. Z. zu ihrer ausschließlichen. Aus diesem Grund wurden verschiedene biblische Bücher ins Aramäische übersetzt und fanden unter dem Titel *Targum* Verbreitung. Zudem sind große Teile des Jerusalemer Talmud und vor allem des Babylonischen Talmud auf Aramäisch verfasst, weshalb die Sprache den Status einer heiligen Sprache, ähnlich dem des Hebräischen, erhielt. Yochanan Breuer, Aramäisch, in: Diner (Hg.), EJGK, Bd. 1, 134–138.

gegeben. Im Targum lässt sich also ein deutliches Schwanken in der Wiedergabe des חסיד-Begriffes konstatieren, das den Eindruck macht, als sei dem Targum der חסיד-Begriff nicht mehr recht lebendig. Die Tatsache freilich, dass das Wort חסיד auf Gott nicht anwendbar ist, scheint auch der Targum dem Worte noch abzuspüren, denn er umschreibt Jer. 3,12 das Verhalten Gottes unter Umgehung des Wortes חסיד mit ארי מסגי למעבד טבוון אנא [*'are masgei le-me'ebad ṭavwan 'ana*: doch ich werde zunehmend Gutes tun].

Auch das Syrische kennt kein dem Begriff חסיד kongruentes Wort. Die Pešiṭṭā[60] behilft sich mit verschiedenen Ausdrücken: Am häufigsten wird זדיקא [*zaddīqa*: der Gerechte] für חסיד eingesetzt (Ps. 31,24; 37,28; 52,11; 79,2; 85,9; 89,20; 97,10; 116,15; 132,9.16; 145,10; 148,14; 149,1.5.9 und 2. Chr. 6,41). Diese Stellen gehören den verschiedensten der von uns aufgestellten Bedeutungsgruppen an, sodass wir annehmen müssen, dass der Sinn des Wortes זדיקא ein ziemlich allgemeiner gewesen sein muss. Ebenso allgemein ist der Sinn des Wortes טבא [abgeleitet von *ṭāḇ*: Adv. gut; Subs. das Gute, gute Tat, gute Sache], das die Pešiṭṭā in Ps. 12,2; 86,2 |35| und Jer. 8,12 als Übersetzung von חסיד verwendet. In Ps. 145,17 dagegen wendet sie, was eigentlich auch Jer. 3,12 zu erwarten wäre, einen speziellen sinnentsprechenden Begriff an: מרחמן [*mraḥḥəmān*: gnädig, barmherzig]. Derselbe Ausdruck wird auch verwendet bei der Übersetzung von גוי לא־חסיד [*goi lo-ḥasid*: treuloses/unfrommes Volk] (Ps. 43,1): עמא דלא מרחמן [*ʕammā də-lā mraḥḥəmān*: ein/das Volk, das nicht gnädig ist]. Dies bedeutet eine Exegese des Verses, die seinem ursprünglichen Sinne nicht entspricht. Ps. 18,26 = 2. Sam. 22,26; 1. Sam. 2,9 und Micha 7,2, wo חסיד eine ethische individualistische Bedeutung hat, und in Ps. 16,10, welchen Vers die Pešiṭṭā offenbar im selben Sinne auffasst, gebraucht sie das Wort חסיא [*ḥasyyā*] für חסיד, was am besten mit „sanctus" wiedergegeben wird. חסיא steht für חסיד auch Deut. 33,8 und Prov. 2,8, also an Stellen, bei denen wahrscheinlich eine Textstörung vorliegt. In Ps. 30,5; 32,6 und 50,5, sowie in dem unsicheren Vers Ps. 4,4 ist חסיד mit einer Form von גבא [*gavā*: sammeln, wählen, auswählen] „auserwählen" über-

[60] Die Peschitta ist eine Übersetzung der Bibel ins Syrische, einer mit dem Aramäischen verwandten Sprache. Ihr Ursprung reicht ins 2. Jh. d. Z. zurück, erfolgte aber sukzessive durch verschiedene Übersetzer über mehrere Jahrhunderte hinweg. Die Forschung geht davon aus, dass ein großer Teil des Alten Testaments von syrischen Christen zunächst auf der Grundlage der Hebräischen Bibel und nicht aus der im frühen Christentum verbreiteten griechischen Septuaginta übertragen wurde. Burkard M. Zapf, Peschitta [2021], in: Wissenschaftliches Bibellexikon, <https://www.bibelwissenschaft.de/stichwort/30808> (7. Juni 2022).

setzt. Auch diese Stellen erscheinen als verschiedenen Bedeutungsgruppen angehörig.

Auf das Ganze gesehen bedeuten die Übersetzungen der Pešiṭṭā nur einen Notbehelf. Während die LXX *ὅσιος* als Äquivalent bringen und nur in den Fällen, wo ihnen dieses Wort dem Sinne nicht zu entsprechen scheint, eine andere Übersetzung wählen,[36] und der Targum das hebräische Wort meist beibehält, schwankt der Sprachgebrauch der Pešiṭṭā zwischen verschiedenen Termini allgemeinen und speziellen Inhalts. Die Pešiṭṭā übersetzt das Wort חסיד von Fall zu Fall, ohne dass sich ein Prinzip feststellen liesse, nach dem die Wahl der Übersetzung erfolgt, sodass man den Eindruck hat, als werde der eigentliche Sinn des Wortes חסיד nicht mehr gespürt und als sei das Wort lediglich als ein Terminus positiven religiös-ethischen Inhalts ohne nähere Spezifizierung bekannt. Wie wenig der Pešiṭṭā der Begriff חסיד lebendig war, zeigt ihre Übersetzung des Wortes *Ἀσιδαῖοι* (s. oben S. 28)[61] im 1. Makkabäerbuch (2,42) mit אסידיא [*'asidayya*: Hasidäer]. Sie |36| zeigt damit, dass sie den Zusammenhang dieses griechischen Wortes mit dem hebräischen חסידים nicht erkannt hat,[37] und dass sie *Ἀσιδαῖοι* deshalb nur als unübersetzbares nomen proprium auffasst.

Wenn wir nun rückblickend die Entwicklung des חסיד-Begriffes während der Zeit, über die uns das biblische Schrifttum berichtet, betrachten, so können wir drei Epochen feststellen. Die erste haben wir nur ganz hypothetisch aus ihren letzten Spuren erschliessen können. Die Tatsache, dass der Begriff חסיד zu seiner Einschränkung auf das sakrale Gebiet der Beifügung des Gottesnamens bedurfte, lässt vermuten, dass der ursprüng-

36 Die hier vorliegende Schwierigkeit ist typisch für die Wiedergabe zentraler Begriffe in einer anderen als der ursprünglichen Sprache. Sie ergibt sich z. B. auch bei der Wiedergabe des für das Judentum zentralen Begriffes קדוש [*qadosh*: heilig] in der Sprache des hellenistischen Judentums. J. Heinemann, Das Ideal der Heiligkeit im hellenistischen und rabbinischen Judentum in: Jeschurun, ed. Wohlgemuth, Jahrg. 8 (1921), S. 106, weist darauf hin, dass das Wort קדוש nicht mit dem zu erwartenden *ἱερός* [*hierós*: heilig, geweiht], sondern mit *ἅγιος* [*hāgios*: heilig, rein] übersetzt wird, da „der griechischen Wurzel (wenigstens im späteren Gebrauch) jeder numinose Klang abgeht".

37 Vgl. Gottfried Schmidt, Über die beiden syrischen Übersetzungen des 1. Maccabäerbuches. Phil. Diss., Göttingen 1896, S. 11.

[61] Siehe oben, 441.

liche Sinn des Wortes חסיד ein weiterer, auch profaner war. Wie עבד [*'eved*] den Knecht, den Sklaven im allgemeinen, עבד י"י [*'eved YHWH*: Knecht des Herrn] aber den Gottesknecht bezeichnete, so könnte auch חסיד den Anhänger einer Sache, den mit einer Sache Verbundenen, bezeichnet haben, während חסיד י"י speziell den Anhänger Gottes bezeichnet. Die Art der Verbundenheit dürfte entsprechend dem ursprünglichen Sinne des Wortes חֶסֶד [*ḥesed*: Gnade], das „Vertrag" zu heissen scheint,[62] die eines *Bundes* gewesen sein. Vielleicht lag in dem Wesen des ursprünglichen Begriffes חסיד von vornherein der Sinn einer Überlegenheit des *einen* Gliedes im Bunde, ohne dass doch dadurch die radikale Abhängigkeit zum Ausdruck gebracht worden wäre, die im Wesen des Begriffes עבד liegt.

Die zweite Epoche des Begriffes ist die in den älteren Stellen des A. T. literarisch fixierte: Hier gibt es nur mehr den sakralen Begriff des חסיד, der profane wird nicht mehr angewandt. Aber *gesagt* muss es noch werden, dass man den sakralen Begriff meint. Es liegt jedoch auf der Hand, dass, wenn der Begriff einmal auf das sakrale Gebiet beschränkt war, der ausdrückliche Hinweis auf seinen sakralen Charakter mit der Zeit überflüssig und damit hinfällig wurde.

Dieser formale Vorgang fällt aber bereits in die Übergangszeit zur dritten Epoche in der Geschichte des Begriffs. Eine innere Notwendigkeit dazu liegt freilich nicht vor. Aber faktisch fiel der formale Vorgang zeitlich mit einer inhaltlichen Veränderung zusammen; da der Begriff חסיד auf das sakrale Gebiet ein- |37| geschränkt war, musste er auch von der Geschichte dieses Gebietes beeinflusst werden. Die zunehmende Ethisierung der Religion brachte eine Ethisierung des zunächst kultisch aufzufassenden Begriffes חסיד י"י oder – wie es in dieser Epoche nun heisst – חסיד mit sich. Über diese Periode des Schwankens in der Bedeutung des Wortes חסיד geben uns die jüngsten Schriften des A. T. Auskunft. Vollendet ist die Ethisierung des Begriffes חסיד noch nicht. Dies zeigt die Haltung der LXX, die ja chronologisch betrachtet mit den jüngsten Schriften des A. T. fast zusammenfällt, und die des Targum, dessen Traditionen ebenfalls sehr alt sind.[39]

[38] Vgl. S. 26, Anm.[62]

[39] Vgl. Zunz, Die gottesdienstlichen Vorträge der Juden, ²1892, S. 9 und 65 ff.; Nöldeke, Die semitischen Sprachen, Leipzig 1898, S. 37 f.; Brockelmann, Grundriss der vergleichenden Grammatik der semitischen Sprachen I, Berlin 1908, S. 16 f. und Dalman, Die Worte Jesu, Leipzig ²1930, Einleitung.

[62] Siehe oben, Fn. 24.

Beide geben den Begriff *nicht* durch eines der Worte für „fromm" wieder, sofern dies nicht der Zusammenhang in besonderen Fällen fordert. Wenn wir dagegen die ältesten Quellen der rabbinischen *Tradition* prüfen, so zeigt sich, dass *hier* der ethisch-religiöse Sinn des Wortes חסיד der dominierende ist, während der alte sakral-soziologische und der vielleicht ursprünglich rein soziologische nur noch leise mitschwingen. (Dies zu untersuchen und zu erklären liegt ausserhalb der Aufgabe, die wir uns heute gestellt haben, und soll an anderer Stelle geschehen.)[63]

Als Abschluss unserer Erörterungen sollen die in der Einleitung behaupteten engen Beziehungen zwischen Wort und Begriff einerseits und Begriffsgeschichte und allgemeiner Kulturgeschichte andererseits an dem von uns gewählten Beispiel zusammenfassend demonstriert werden. Am Anfang der Epoche, mit der wir auf Grund der uns zur Verfügung stehenden literarischen Quellen unsere Untersuchung begonnen haben, gab es in Israel eine kultische Gemeinschaft, die sich auf völkischen Kriterien aufbaute;[64] wer Israelit war, gehörte ihr an. Die Zugehörigkeit wurde durch die Anwesenheit im Gottesdienste augenscheinlich, aber Angehöriger der Gemeinschaft war der Israelit auch in absentia. Der Begriffskomplex: „Angehöriger der Gemeinschaft Jahwes" auf Grund des Israelit*seins* wurde durch das Wort חסיד mit oder ohne die erklärende Ergänzung י"י [*YHWH*: Herr (Tetragramm)] ausgedrückt. Mit der zunehmenden Ethisierung der Religion in Israel nahm auch der Begriff חסיד eine ethische Nuance an. In dem Masse, als |38| die Identifikation von Volk und Kultgemeinschaft Jahwes durch die äussere historische Entwicklung beeinträchtigt wurde, ging der soziologische Sinn des Begriffes: „Angehöriger der Kultgemeinschaft Jahwes" auf Grund völkischer Zugehörigkeit zurück. Die ethische Nuance nahm überhand. Als die Kultgemeinschaft überhaupt zu existieren aufhörte, blieb das Wort חסיד an der sekundären ethischen Seite des Begriffes haften. חסיד bedeutete eine religiös-ethische Qualifikation, es konnte fast mit צדיק [*ẓaddiq*: Gerechter] identifiziert werden.[65] Aber die soziologische Nuance des alten חסיד-Begriffes blieb im Worte חסיד latent

[63] Siehe etwa Text 5, 518.

[64] Im letzten Drittel des 19. Jh. formierte sich in Deutschland eine breite »völkische Bewegung«, deren extrem nationalistische Anhänger die Etablierung eines ethnisch, kulturell und religiös homogenen Staats anstrebten. »Völkisch« war dabei im Sinne der von den Anhängern propagierten Sprachreinheit die Eindeutschung von »national«. Siehe auch Text 1, Fn. [44].

[65] Siehe Text 6, 533–540.

vorhanden. Wenn es auf ethische Qualifikation ankam, dann konnten חסיד und צדיק gleicherweise gebraucht werden. Wenn aber eine Differenzierung auf Grund der soziologischen Kategorien: Individuum oder Gemeinschaft stattfinden sollte, dann wurde das Wort חסיד auf Grund der alten soziologischen Bedeutung des Begriffes: „Angehöriger der Gemeinschaft Gottes" intuitiv herangezogen, um eine Gemeinschaft zu bezeichnen.

3. Die Bildung des Begriffes Ḥāsīd I [1. Teil]

Der hier abgedruckte Text wurde erstmals 1935 publiziert, der 104 Seiten umfassende Band erschien in der Schriftenreihe der Universität »Acta et Commentationes Universitatis Tartuensis (Dorpatensis)«, Nr. B XXXVII.6, und zugleich als zweiter Band der Reihe »Acta Seminarii Litterarum Judaearum Universitatis Tartuensis«. Die Herstellung übernahm die Buchdruckerei K. Mattiesen, Tartu. Die Schrift wird in Auszügen wiedergegeben (Originalpaginierung 1–34).

Bei dem hier präsentierten Text handelt es sich um den ersten Teil von Die Bildung des Begriffes Ḥāsīd in der Gattung der Maʿaśijjōt.[1] *Dessen zweiter Teil erschien 1940 (Text 4). Beide Arbeiten waren Bestandteil von Gulkowitschs umfassenden Untersuchungen zum Chassid-Begriff (siehe die Einleitung zu diesem Band, 46).*

Der hier wiedergegebene Band enthält auf Seite 5 die folgende Inhaltsübersicht (hier mit Originalpaginierung wiedergegeben):

[1] Nõmmik, Die Bibliographie von Lazar Gulkowitsch, 146, Fn. 34.

|3| Die Bildung des Begriffes Ḥāsīd in der Gattung der Ma'aśijjōt.[2] 1. Ḥāsīd und Wunder

[...][3]

|7| Vorwort

Auf Grund des auch in meiner Arbeit über „Die Bildung von Abstraktbegriffen in der hebräischen Sprachgeschichte"[1] vorausgesetzten Postulats, daß in Bezug auf die geistigen Phänomene, die den Begriff Judentum konstituieren, ein Kontinuum der Entwicklung von der Entstehung des Judentums an bis zum heutigen Tage existiert,[4] soll hier einer der für die Geistesgeschichte des Judentums zentralen Begriffe nach seiner *materiellen* Seite hin – in Parallele zu den *formalen* Untersuchungen in der Arbeit über die Abstraktbegriffe – untersucht werden. Die Untersuchung eines Begriffes auf das Wesen und die Entwicklung seines Inhalts hin kann nicht darauf ausgehen, alle Fälle zu registrieren, in denen sich der Begriff jeweils realisierte. Denn, gesetzt selbst den niemals erreichbaren Idealfall, daß für den Kulturkreis, innerhalb dessen die Bildung des Begriffs untersucht werden soll, ein lückenloses, restlos bearbeitetes und eindeutig geordnetes literarisches Material vorläge, so bedeuteten doch alle einzelnen Fälle, wo der Begriff vorkommt, ein von äußeren Faktoren abhängiges Ins-Dasein-Treten, dessen vollständige Registrierung nur eine Vorarbeit wäre, während die entscheidende Aufgabe für die Untersuchung des Begriffes darin besteht, daß aus den vorhandenen Einzelfällen das ihnen Gemeinsame herausgestellt wird. Es kommt also darauf an, ein Bild vom *Sosein* des Begriffes zu gewinnen, des Soseins, durch das alle seine einzelnen

1 Leipzig 1931, Einleitung.

[2] Das *ma'aseh* (hebr., Erzählung, Exemplum, Tat, Ereignis, Pl. *ma'asiyyot*) ist eine in der chassidischen Bewegung bedeutende narrative literarische Gattung, die ein moralisches Lehrstück enthält. Im Unterschied zu einer Fabel gibt ein solches Exemplum vor, sich tatsächlich ereignet zu haben. David Stern, Just Stories. Medieval Hebrew Narrative, in: Tikkun 5 (1990), H. 6, 41–43; 110–112.

[3] Auf Seite 5 befindet sich das oben wiedergegebene Inhaltsverzeichnis.

[4] Gulkowitsch, Die Bildung von Abstraktbegriffen, 7; siehe auch die Einleitung zu diesem Band, Abs. 2.1.

Daseinsformen im Prinzip bestimmt sind. Auf Grund dieser Auffassung unserer Aufgabe sind wir aber nicht unbedingt darauf angewiesen, daß uns ein lückenloses Material zur Verfügung steht, da wir doch annehmen können, daß, was einer größeren Anzahl von Einzel- |8| fällen gemeinsam ist, dem Sosein des Begriffes soweit entspricht, daß es auch in den vielen uns unbekannten Daseinsformen des Begriffes wirksam sein wird. Es liegt uns also nichts daran, eine lückenlose Geschichte der Daseinsformen, in denen sich das Sosein realisierte, zu schreiben, was auch gar nicht möglich und m. E. wenig fruchtbar wäre, sondern es kommt darauf an, das Prinzip aufzuzeigen, das in der Bildung des zu untersuchenden Begriffes wirksam war.

Als zu untersuchender Begriff ist der des Idealtypus gewählt worden, d. h., der Begriff des Typus, der alles in sich vereinigt, was einem Juden als bewunderns- und erstrebenswert erscheint.[5] Der vorwiegend religiös-ethischen geistigen Haltung des Judentums entsprechend ist der Idealtypus aber nicht der Held,[2] der Krieger, sondern der *Fromme*. Freilich soll auch dem vollkommenen Frommen die kriegerische Tugend der Tapferkeit nicht fehlen, ebenso wie der vollkommene Held ein frommer Mensch ist, aber es kommt hier auf die den Typus *konstituierende* Eigenschaft an. Das Wort, das in der jüdischen Tradition fast ausschließlich als Bezeichnung für den Idealtypus diente, ist Ḥāsīd. Diese Bezeichnung dominiert so,

2 Das deutsche Wort »Held«, das den »durch Tapferkeit und Kampfgewandtheit hervorragenden Krieger« bezeichnet, erweist sich insofern als Bezeichnung des Idealtypus, als es »sich auf einen, der in irgend einem Gebiete etwas Ausgezeichnetes, Hervorragendes leistet, überträgt, so im Guten und im Nützlichen und im Schlimmen« (vgl. Deutsches Wörterbuch von Jacob Grimm und Wilhelm Grimm, Band IV, 2, Leipzig 1877), und ferner insofern, als es in rein formalem Sinn als Bezeichnung des Mittelpunktes und der Hauptperson einer Dichtung gebraucht wird. – Die Tendenz, die Frömmigkeit als hervorragendste Eigenschaft des Idealtypus anzusehen, macht sich auch im Neuen Testament bemerkbar. Hier wird selbst an so ausgesprochenen Kriegshelden, wie Gideon, Barak, Simson, Jephtha und David, in erster Linie ihr Glaube, nicht ihr Heldentum gerühmt (Hebr. 11,32–35).

[5] Der Begriff des Idealtypus geht auf Max Webers verstehende Soziologie zurück. Damit ist kein abbildendes Verhältnis gegenüber der Wirklichkeit gemeint, sondern eine apriorische, geradezu normative Konstruktion mit einseitiger Steigerung bestimmter Gesichtspunkte.

daß die Geschichte des Wortes Ḥāsīd[3] mit der Geschichte des Idealtypus fast identisch ist, daß also beide praktisch gleichgesetzt werden können. Dagegen ergibt sich aus der Bibel der merkwürdige Tatbestand, daß hier dem Idealtypus sehr verschiedene Eigenschaften |9| zugeschrieben werden, die in folgenden Begriffen eine prägnante Formulierung gefunden haben[4]:

צדיק [*ẓaddiq*: Gerechter] (Noah: Gen. 6,9; 7,1),
ירא אלהים [*yere 'E lohim*: Gottesfürchtiger] (Abraham: Gen. 22,12),
ישר [*yashar*: aufrecht, rechtschaffen] (David: 1. Sam. 29,6),
תמים [*tamim*: tadellos, aufrichtig] (Noah: Gen. 6,9),
קדוש [*qadosh*: heilig] (Elisa: 2. Kön. 4,9),
טוב [*ṭov*: gut] (Saul: 1. Sam. 9,2),
ענו [*'anaw*: demütig] (Moses: Num. 12,3),
נבון דבר [*nevon davar*: wortgewandt; wörtl. verständig in Wörtern/ Dingen] (David: 1. Sam. 16,18)

etc., daß er aber nicht mit dem Namen Ḥāsīd belegt wird. Ḥāsīd dagegen ist im Alten Testament ein – abgesehen von drei unsicheren Stellen – nur in Psalmen vorkommender kultisch-soziologischer Begriff. Im Alten Testament sind nur Ansätze vorhanden, die zeigen, wie sich ein Bedeutungswandel, eine Verschiebung der Begriffssphäre vollziehen will.[5] Die große Lücke zwischen den biblischen und den tannaitischen[8] Quellen freilich verwehrt es uns, die einzelnen Phasen der Entwicklung zu verfolgen. Wir kennen nur ihr Ergebnis und können lediglich mit Hilfe des Ergebnisses die Lücke rückblickend konstruktiv auszufüllen versuchen.

3 Über den essentiellen Charakter des Wortes und seine unlösliche Verbindung mit dem Begriff, den es repräsentiert, eine Verbindung, aus der sich die Identität von Wort- und Begriffsgeschichte ergibt, vgl. Gulkowitsch, Die Entwicklung des Begriffes Ḥāsīd im Alten Testament (Acta Seminarii Universitatis Tartuensis Judaici, Nr. 1), S. 5 f.[6]

4 Neben diesen ausdrücklichen Formulierungen werden die als ideal empfundenen Persönlichkeiten der Vorzeit auch durch ihre in den Erzählungen dargestellte Handlungsweise charakterisiert. Doch ist uns nicht für jede ihrer so geschilderten Eigenschaften eine prägnante begriffliche Formulierung überliefert.

5 Vgl. Gulkowitsch, a. a. O., S. 36.[7]

[6] Text 2, 414–416.

[7] Ebd., 450 f.

[8] Text 1, Fn. [58].

Unsere literarischen Quellen bieten uns in der Hauptsache vier Möglichkeiten, die Entwicklung des Begriffes Ḥāsīd zu verfolgen:

1. Die einfachste ist, zusammenzustellen, was die Tradition an Definitionen des Begriffes enthält, was als Wesen eines Ḥāsīd, was als chassidischer Brauch, was als chassidgemässes Handeln ausdrücklich gekennzeichnet wird.
   Mit diesen direkten Hinweisen ist aber nur wenig getan, es muß vielmehr weiter gezeigt werden, wie
2. die Persönlichkeiten beschaffen sind, denen die Traditionen das Epitheton Ḥāsīd zuerkennt – angefangen von den als Ḥāsīd bezeichneten Autoritäten der Tannaitenzeit bis hinab zum Ba'al Šēm ṭōḇ[9] –, sodaß wir dann eine Prosopographie[10] der betreffenden Persönlich- |10| keiten erhalten. Dabei ergibt sich aus dem vorhandenen Material die Aufgabe, neben der Prosopographie historischer oder wenigstens im Kern historischer Persönlichkeiten, die den Beinamen Ḥāsīd erhalten haben, eine Prosopographie des eigenartigen rein ideellen Typus zu zeichnen, der unter dem Begriff der חסידים ראשונים [*ḥasidim rishonim*: erste/ursprüngliche Fromme] erfaßt wird. Diese חסידים ראשונים, deren Existenz in eine Vorzeit jenseits der Geschichte hineinprojiziert wird, stellen nur fingiert historische Persönlichkeiten dar. Sie sind die sachlich, nicht die zeitlich Ersten, die Ersten auf der Stufenleiter der

[9] Israel ben Elieser (ca. 1700–1760), genannt Ba'al Schem Tov (Meister des guten [göttlichen] Namens) oder, nach dem Akronym dieser Bezeichnung, Bescht, ist der Begründer des Chassidismus. Das Wissen um das Leben und Wirken des Bescht war lange Zeit ausschließlich von Legenden und Wundergeschichten geprägt, deren wichtigste traditionelle Sammlung, die *Shivḥei ha-Besht* (Lobpreisungen des Bescht), 1908 Martin Buber unter dem Titel *Die Legende des Baalschem* auszugsweise herausgab. Deren Erzählungen berichten von einem gottbegeisterten Ekstatiker, der als charismatischer Lehrer und aufgrund seiner Kenntnis wirkmächtiger Gottesnamen als Wunderheiler verehrt wurde. Erst in den letzten Dekaden führte die Öffnung von Archiven und die Berücksichtigung eines breiten Quellenmaterials zum vertieften Verständnis des Chassidismus als spiritueller Bewegung, die mit innovativen mystischen Vorstellungen nach traditionellen Antworten auf die Moderne suchte. Vgl. Glenn Dynner, Chassidismus, 489–492; Karl E. Grözinger, Jüdisches Denken. Theologie – Philosophie – Mystik, Bd. 2: Von der mittelalterlichen Kabbala zum Hasidismus, Frankfurt a. M./New York 2005, 710–807.

[10] Unter Prosopographie wird in der Geschichtswissenschaft die Erforschung eines bestimmten historischen Personenkreises verstanden.

ethisch-religiösen Vollkommenheit der Menschheit. Daß sie unter einer zeitlichen Kategorie in die Menschheit eingeordnet werden, beruht auf dem Unvermögen menschlichen Denkens, reale Gegebenheiten – und die חסידים ראשונים sind als durchaus reale Größen anzusehen – anders als unter zeitlichen Kategorien zu erfassen. Der Begriff des *ἔσχατον* [*éschaton*: die äußersten/letzten Dinge] – der eben wegen seines zeitlosen Inhalts mit dem Begriff des *πρῶτον* [*prōton*: zuerst] identisch ist – enthält unter seiner der Zeitkategorie entnommenen Form stets den Inhalt eines sachlich Letzten, einer idealen Gegebenheit, die am Anfang oder am Ende, was in diesem Falle nur behelfsmäßige Ausdrücke für ein und dieselbe Sache sind, der Wertskala steht. In dieser in Zeitkategorien erfaßten Zeitlosigkeit des *ἔσχατον* sind alle Lehren vom goldenen Zeitalter, vom Paradies und von einem künftigen Gottesreich, das zugleich gegenwärtig ist, verankert, und unter diesem Gesichtspunkte muß auch das Wesen der חסידים ראשונים begriffen werden.

Zu den allgemeinen Problemen, die im prosopographischen Teile zu behandeln sind, gehört auch das Problem, das dann entsteht, wenn, wie in Sōṭā IX,15 und Menāḥōt 10[11] (und in gewissem Sinne auch in dem auf S. 17[12] behandelten Falle des Jehūḏā ben Bāḇā und des Jehūḏā ben El'ai),[13] diese oder jene Persönlichkeit als der letzte Ḥāsīd bezeichnet wird, wenn man also den Begriff Ḥāsīd künstlich historisiert, um eine Persönlichkeit als seine absolut adäquate Ausprägung hinzustellen, ein Vorgang, dem die Auffassung zugrunde liegt, daß sich die Begriffe im Verlaufe ihrer Geschichte |11| explizieren,

[11] Gemeint ist Mischna Soṭa 9,15 (hier ist die Aufzählung einer Kausalkette von Tugenden enthalten). Es ist unklar, auf welche Stelle sich die Angabe des Traktats Menaḥot bezieht.

[12] Siehe unten, 468.

[13] Gulkowitsch bezieht sich hier auf BT, Soṭa 49ab, wo neben der Frömmigkeit noch einige andere Tugenden – z. B. Demut, Sündenscheu und Fleiß – der großen rabbinischen Lehrer aufgezählt werden. Diese rabbinischen Tugenden seien mit der Zerstörung des Zweiten Tempels durch die Römer im Jahre 70 d. Z. verloren gegangen. – Jehuda ben Baba (ca. 65–135) war ein tannaitischer Gelehrter, der wegen einer von den Römern verbotenen rabbinischen Ordination getötet wurde. Er zählt deshalb zu den Zehn Märtyrern der antiken jüdischen Traditionsliteratur. – Jehuda ben Ilai (2. Jh.) war einer der bedeutendsten Gelehrten und höchsten rabbinischen Autoritäten seiner Zeit, zudem galt er als außerordentlich fromm. Seine Ordination hatte er von Jehuda ben Baba erhalten.

bis sie in einer Persönlichkeit ihren vollendeten Ausdruck gefunden haben. Diejenigen Kreise, die eine solche Historisierung des Begriffes vornehmen, wollen damit den Begriff aus einer weiteren Entwicklung ausschließen, womit aber nicht gesagt ist, daß diese Kanonisierung jedes Mal gelingt. Im vorliegenden Falle hat sie sich nicht durchgesetzt.

Im prosopographischen Teile wird außerdem auf den Typus חסידי אומות העולם [*ḥasidei 'ummot ha-'olam*: Fromme/Gerechte unter den Völkern] einzugehen sein, d. h. auf den Typus des Ḥāsīd unter den Nichtjuden. Daß ein solcher Typus entstehen konnte, weist auf eine universalistische Strömung im Judentume hin, die naturgemäß auch einen so zentralen religiösen Begriff wie den des Ḥāsīd beeinflussen mußte. Die Tendenz ist aber relativ jung, sie findet sich in den von Jellinek[14] in בית המדרש III [*bet ha-midrash*: Lehrhaus] edierten Hēḵālōt (סדר גן עדן [*Seder Gan 'Eden*: die Ordnung des Gartens Eden])[15] und im Zōhar II, 168a, also in ausgesprochen mystischen Schriften, was der universalistischen Einstellung aller Mystik durchaus entspricht.[6] Wohl von hier ausgehend wurde der Begriff חסידי אומות העולם sehr populär. Der

6 Die universalistische Einstellung des Maimonides, die nicht auf einer mystischen Grundhaltung, sondern auf seiner Hochschätzung der geistigen Leistung anderer Völker, besonders der antiken, beruht, zeigt sich ebenfalls darin, daß er von חסידי אומות העולם sprechen kann.[16] Die Tradition, nach der neun in der Bibel genannte Proselytinnen als Ḥasīḏōṯ bezeichnet werden, wird bei anderer Gelegenheit behandelt werden.

---

[14] Adolf Jellinek (1820–1893) war ein Vertreter der Wissenschaft des Judentums und liberaler Rabbiner, der als Prediger in Leipzig und Wien wirkte. Er gehörte 1873 zu den Mitbegründern der Israelitischen Allianz zu Wien, die sich für die Verbreitung von Bildung und Emanzipation unter den Juden des Habsburgerreichs einsetzte.

[15] Adolf Jellinek (Hg.), Bet ha-Midrash. Sammlung kleiner Midraschim und vermischter Abhandlungen aus der älteren jüdischen Literatur, Bd. 3, Leipzig 1855 [Hebr.]. Bei der Hekhalot-Literatur (Literatur der himmlischen Paläste) handelt es sich um die Schriften einer mystisch-esoterischen Bewegung aus dem 2.–5. Jh. Ihre moderne Erforschung wurde erstmals von den Vertretern der Wissenschaft des Judentums betrieben.

[16] Maimonides schreibt u. a. in seinem Kommentar zur Mischna, Sanhedrin 10,2, über die »Frommen der Völker«, die im Gegensatz zu den »Sündern der Völker« Anteil an der kommenden Welt hätten.

Kommentator Bertinoro[17] zu Mišnā Sanhedrin X,2 setzt den Begriff als allgemein bekannt voraus. Er wurde schließlich mit Tōseftā Sanhedrin XIII,2 in Zusammenhang gebracht, was aber insofern inkorrekt ist, als an der betreffenden Stelle nur von צדיקי אומות העולם [*ẓaddiqei 'ummot ha-'olam*: Gerechte unter den Völkern] die Rede ist. חסידי אומות העולם ist in der Tōseftā nach dem kritischen Apparat von Zuckermandel (Pasewalk 1881) auch als einzelne Lesart nicht nachweisbar.[18] Es war also bei Angabe dieser Belegstelle nur beabsichtigt, auf eine dem Sinn nach entsprechende Stelle hinzuweisen, wobei deutlich wird, daß ein Unterschied zwischen Ḥāsīd und Ṣaddīḳ [Gerechter][19] nicht mehr gespürt wurde. Während die Belegstelle wohl zunächst nur ihres Sinnes wegen herangezogen wurde, hat man im Verlauf der weiteren Tra- |12| dition angenommen, daß der Ausdruck חסידי אומות העולם [*ḥasidei 'ummot ha-'olam*: Fromme/Gerechte unter den Völkern] an der betreffenden Stelle wirklich vorkomme. Dieser Fehler konnte deshalb entstehen und lange unkorrigiert bleiben, weil die Tōseftā, da sie doch nicht kanonisch war, sehr wenig gelesen wurde. Dagegen finden wir in einem speziellen Falle auch in der älteren Tradition (Bāḇā bāṯrā 15b),[20] daß auch ein Nichtjude als Ḥāsīd bezeichnet werden kann. Hiob, den eine Richtung, für die die Neigung charakteristisch ist, große Persönlichkeiten als geborene Nichtjuden hinzustellen (z. B. Šema'jā und

[17] Obadja ben Abraham Bertinoro (ca. 1450 – vor 1516) war ein italienischer Gelehrter. Er schuf mit seinem Mischna-Kommentar ein Standardwerk der jüdischen Kommentarliteratur, der seit dem Erstdruck (Venedig 1548/1549) in nahezu jeder Mischna-Edition enthalten ist. Abraham David, Bertinoro, Obadiah ben Abraham Yare, in: Skolnik/Berenbaum (Hg.), EJ, Bd. 3, 491 f.

[18] Moses Samuel Zuckermandel (1836–1917) war ein aus Mähren stammender Gelehrter und Philosoph, der als Oberrabbiner in Trier und Peschen wirkte. Gulkowitsch verweist auf Moses Samuel Zuckermandel, Tosefta. 'Al pi kitvei yad 'Erfurṭ u-Wien 'im mar'eh maqom we-ḥillufei girsa'ot u-mafteḥot [Tosefta. Nach den Handschriften Erfurt und Wien mit Stellenregister, Versionen und Indexen], Pasewalk 1881.

[19] Siehe Text 2, Fn. [25].

[20] In BT, Baba Batra 15b diskutieren die Rabbinen, ob Hiob ein Israelit war oder aus einem anderen Volk stammte. Die Frage bleibt offen, gleichwohl sind sich die Gelehrten darüber einig, dass Hiob trotzdem ein *ḥasid* gewesen sei. Diese Ausnahme bestätigt nach Gulkowitsch die Regel, der zufolge der Begriff *ḥasid* ursprünglich eng an die jüdische Gemeinschaft geknüpft war und erst später auch auf Nichtjuden angewendet wurde.

Abṯaljōn nach der Tradition in Giṭṭīn 57b und Sanhedrin 96b und Rabbi Mēʾīr,[21] der nach Giṭṭīn 56b und Parallelen als Nachkomme Neros gilt), als Heiden hinstellt, wird dennoch im selben Zusammenhange Ḥāsīd genannt. Die eigentümliche Tatsache, daß Hiob als Heide gilt, kann sich nur daraus erklären, daß die Strömung, die diese Ansicht vertrat, prinzipiell die Anschauung hatte, daß echtes Judentum nicht von der Geburt, sondern von der Erkenntnis abhängig sei, was eine sehr positive Stellung zu den missionarischen Bestrebungen zur Folge haben mußte, wenn man nicht überhaupt annimmt, daß der missionarische Gedanke hier der Ausgangspunkt war.[7] Daß der Heide Hiob Ḥāsīd genannt werden kann, zeigt ein Verschwinden des Empfindens dafür, daß mit dem Begriff Ḥāsīd, seiner ursprünglichen Bedeutung entsprechend (s. Gulkowitsch, Die Entwicklung des Begriffes Ḥāsīd im Alten Testament, Tartu 1934, S. 36 f.)[22] nur ein Jude, ein Glied der Gemeinde Jahwes, bezeichnet werden darf. In anderen Zusammenhängen ist das Gefühl dafür noch durchaus lebendig. Es heißt des Öfteren von bekehrten Heiden nur, daß sie Ṣaddīḳīm [Gerechte] wurden. Nissim nennt in seiner Schrift (s. unten S. 35)[23] den Proselyten Onkelos[24] zwar |13| Ḥāsīd, ist sich aber bewußt, daß er

7 Hier fällt die Ähnlichkeit mit der ideellen Grundlegung des christlichen Missionsgedankens auf. Es ist auch durchaus möglich, daß die Vertiefung der jüdischen Lehre nach dieser Richtung hin von christlichen Gedankengängen angeregt wurde. Der Anspruch, daß die Zugehörigkeit zur allein wahren Religion nicht von der Geburt abhängig sein kann, war für das Christentum schon im Augenblicke seines Auftretens eine Lebensfrage. Das mußte sich auch auf die gedankliche Fundierung des Judentums auswirken, für das diese Frage zwar nicht in demselben Maße zentral, aber doch immerhin von Bedeutung war.

[21] Die in den beiden Traktaten des BT erwähnten Rabbinen Schemaja und Avtaljon waren Proselyten oder Nachkommen von Proselyten. Die hochangesehenen Gelehrten lebten im 1. Jh. d. Z. Auch der mutmaßlich proselytische Rabbi Meir (2. Jh.) war ein Gelehrter, dem allerdings nach der Apostasie seines Lehrers Elischa ben Abuja die Nähe zu ebendiesem vorgehalten wurde.

[22] Text 2, 450–452.

[23] Hier nicht wiedergegeben.

[24] Der rabbinisch gelehrte und für seine Frömmigkeit bekannte Proselyt Onkelos übersetzte im 2. Jh. d. Z. die gesamte Tora nah am Text, fügte aber auch exegetische Varianten in die Übersetzung ein, die spätere Bibelausleger kontrovers diskutierten. Der Talmud berichtet von Onkelos als einem Sohn des Kalonymus,

damit von der üblichen Auffassung abweicht, er vertritt nämlich an dieser Stelle (Bl. 18a der Amsterdamer Ausgabe) die Ansicht, daß Frömmigkeit wichtiger ist als Geburt, indem er sagt, daß Onkelos nach Ps. 145,17 ein חסיד במעשיו [*ḥasid be-maʿasaw*: ein durch seine Taten Frommer], d. h., ein Mensch, dessen Taten als chassidhaft anzusehen sind, war. Die als Belegstelle für חסידי אומות העולם fälschlich herangezogene Stelle in der Tōseftā, Sanhedrin XIII,2 spricht ebenfalls von den צדיקי אומות העולם. Midraš Tehillīm zu Ps. 132,9, wo die כהני י"י [*kohanei YHWH*: Priester (Pl.) des Herrn] in Parallele zu den חסידי י"י [*ḥasidei YHWH*: Fromme des Herrn] genannt werden, versteht, wohl in Anlehnung an die Tradition (Bāḇā ḳammā 38a und Parallelen), nach der ein frommer Heide, wenn er Tōrā studiert, einem כהן גדול [*kohen gadol*: Hohepriester] gleichzusetzen ist, unter den כהני י"י die Heiden, während die חסידי י"י ausdrücklich als Juden bezeichnet werden. Da unter diesen Juden gerade die רשעי ישראל [*rishʿei Yisraʾel*: Frevler Israels] verstanden werden, so ist es deutlich, daß Ḥāsīd nicht deshalb nur auf Juden angewendet wird, weil es eine höhere Stufe der Frömmigkeit bezeichnet, die einem Heiden nicht erreichbar wäre, sondern daß diese Einschränkung des Begriffes mit seiner nicht rein ethisch-religiösen, vielmehr immer auch soziologischen Bedeutung zusammenhängt. Die oben konstatierte Anwendung des Begriffes Ḥāsīd auf den Heiden Hiob bedeutet also ein Abweichen von dieser Regel und weist darauf hin, daß hier der Begriff nicht mehr recht lebendig war. Es prägt sich das ja auch darin aus, daß man den Begriff einer Persönlichkeit der Vergangenheit als ständiges Epitheton zuzuweisen bemüht ist. In einer solchen Historisierung liegt immer das Bestreben zu kanonisieren, also von der historischen Weiterentwicklung auszuschließen.

---

der wiederum der Sohn der Schwester des römischen Kaisers Titus gewesen sei (BT, Giṭṭin 56b–57a). Der genannte Nissim ist der rabbinische Gelehrte Nissim ben Jakob (ca. 990–1062), der u. a. eine Anthologie über das Leben beispielhafter jüdischer Frommer, so über das des Onkelos, verfasste. Gulkowitsch zitiert einige Passagen aus diesem *Sefer Maʿasiyyot* (Buch der Erzählungen) in einem hier nicht wiedergegebenen Kapitel und analysiert darin die von Nissim ben Jakob verwendeten Begriffe »Frommer« und »Gerechter« in ihrem historischen Kontext. Lazar Gulkowitsch, Die Bildung des Begriffes Ḥāsīd I [1. Teil]. Die Bildung des Begriffes Ḥāsīd in der Gattung der Maʿaśijjōt. 1. Ḥāsīd und Wunder, Tartu 1935, 35–54.

3. Enthält die Tradition eine Reihe von Geschichten,[8] die der Exemplifizierung des Ḥāsīd-Begriffes dienen. Die |14|

8 Die Geschichten, die von Ḥāsīdim, von ihrem Schicksal, ihren Eigenschaften und ihren Handlungen berichten, haben in der großen Mehrzahl die typische Form der מעשיות [*ma'asiyyot*: Erzählungen, Exempla, Taten, Ereignisse] Der terminus מעשה [*ma'aseh*: Sg. von *ma'asiyyot*] als Bezeichnung einer Geschichte ist bereits tannaitisch. Im Alten Testament dagegen ist er nicht belegbar. מעשה ist Verbalabstraktum. Seine Bedeutung umfaßt sowohl die Handlung selbst als auch ihr Ergebnis, sie entspricht also ungefähr dem Bedeutungsgebiet des deutschen Wortes „Werk". In diesem Sinne ist מעשה auch anwendbar auf das Ergebnis der dichterischen Tätigkeit (Ps. 45,2). Doch |14| hat das Wort מעשה im Alten Testament niemals den Charakter eines terminus technicus auf literarischem Gebiete angenommen, wie etwa das griechische Wort *ποίημα* [*poiēma*: Werk, Handlung, Dichtung]. Als typischer Anfang für eine Erzählung, wie das Wort von talmudischer Zeit an gebraucht wird, ohne sich jemals auf diesen speziellen Gebrauch einzuengen, bedeutet ...מעשה ב [*ma'aseh be-*...] zunächst nur „Ereignis, das sich zugetragen hat mit ...". Doch wird der typische Anfang mehr und mehr zum terminus technicus der Gattung. Für diesen terminus wurde nun – in Unterscheidung von dem Worte מעשה im ursprünglichen konkreten Sinne – ein besonderer Abstraktplural: מעשיות gebildet. Diese Bildung, die einen terminus ante quem für die erstmalige Verwendung des Wortes מעשה als literarischer terminus technicus bedeutet, taucht im 12. Jahrh. auf. – Als literarische Erscheinung ist die מעשה nach Inhalt und Tendenz durchaus nicht auf die jüdische Literatur beschränkt. Die מעשה ist vielmehr eine im Mittelalter weit verbreitete Gattung und gehört zur Gruppe der sogenannten exempla. „Par le mot *exemplum,* on entendait, au sens large du terme, un récit ou une historiette, une fable ou une parabole, une moralité ou une description pouvant servir de preuve à l'appui d'un exposé doctrinal, religieux ou moral" (J.-Th. Welter, L'exemplum dans la littérature religieuse et didactique du moyen âge, Paris 1927, S. 1). Von den hier genannten Arten der exempla entspricht מעשה nur den beiden erstgenannten (récit, historiette), Gleichnisse und Fabeln dagegen bezeichnet die jüdische Literatur als משל [*mashal*: Gleichnis, Fabel]; vgl. Elieser ben Jehuda, Thesaurus totius hebraitatis VII, 3386 ff. Von den von André Jolles (Einfache Formen. Legende, Sage, Mythe, Rätsel, Spruch, Kasus, Memorabile, Märchen, Witz, Halle 1930) genannten „einfachen Formen" steht den מעשיות in ihrer ursprünglichen Form das „Memorabile" am nächsten. Auch die מעשיות berichten ein einmaliges Geschehen, nicht in Form rein formaler Berichte, sondern unter Angabe spezifischer Inhalte, die geeignet sind, den Sinn des einzelnen Geschehens zu deuten und es dem allgemeinen Geschehen einzugliedern. Doch beschränken sich – der religiös-ethischen Grundhaltung entsprechend – die מעשיות prinzipiell auf Geschehen religiöser Natur und wollen nicht nur berichten, sondern zugleich erbauen und zur Nachfolge auffordern. Sie

4. Möglichkeit ergibt sich aus der Tatsache, daß einerseits das Alte Testament einen von der Tradition abweichenden Ḥāsīd-Begriff hat und andererseits die Tradition das Alte Testament fortgesetzt heranzieht. Da nun die alttestamentlichen Stellen in den Schriften der Tradition nicht historisch-kritisch untersucht, sondern nach wechselnden Prinzipien gedeutet werden, so läßt sich an der wechselnden Deutung derjenigen Stellen im Alten Testament, die das Wort Ḥāsīd enthalten, die Geschichte des Begriffs ablesen.

|15| Bei der Untersuchung des Materials kommt es vor allem darauf an, festzustellen, welchen Veränderungen der Begriff Ḥāsīd und welchen Gesetzen diese Veränderungen unterliegen, ob sich aus dem Begriff ein exklusives oder ein weitherziges Frömmigkeitsideal erschließen läßt, ob der Ḥāsīd eine Sonderstellung gegenüber Gott einnimmt, in welchen Formen sich sein Verkehr mit Gott vollzieht, d. h., welche Bedeutung für ihn Gebet, Vision, Erscheinung von Gottesboten und ähnliches haben, in welcher Beziehung er zu der besonders greifbaren Manifestation gott-menschlicher Verbundenheit des Wunders steht, ob der Begriff des Ḥāsīd an Wertschätzung verliert und etwa gar in Mißkredit gerät, ob er einen mystischen oder rationalen, einen mehr ethischen oder mehr religiösen Typus bezeichnet, ob er außer seiner religiösen noch in eine andere Geltungssphäre, etwa seiner *ursprünglichen* Bedeutungssphäre entsprechend in die soziologische, hinüberreicht, oder ob er sich ganz auf das Gebiet der Religion unter Ausschluß aller anderen Ideale einschränkt. Die alte soziologische Bedeutung des Begriffes, die nie ganz verlorengegangen zu sein scheint, ist ihm zum Schicksal geworden, d. h., sie hat, und zwar durch ein konkretes, historisches Geschehen, das Wort Ḥāsīd aus seiner dominierenden Stellung in der Bezeichnung des Idealtypus verdrängt. Dadurch nämlich, daß die Anhänger des Juda Chassid[25] in der zweiten

sind „imitabilia", also insofern der Legende verwandt, während das „Memorabile" alles Bemerkenswerte berichtet, ohne Rücksicht auf das Lebensgebiet, in dem sich das Geschehen abspielt, und ohne Rücksicht darauf, ob dieses Geschehen nachahmenswert ist oder nicht.

[25] Juda he-Chasid (ca. 1660–1700) war ein charismatischer Prediger der sabbatianischen Bewegung in Polen. Er reiste durch die jüdischen Gemeinden und forderte Umkehr, Selbstkasteiung und Fasten, da das zweite Erscheinen des Sabbatai Zwi (1626–1676) und die messianische Zeit unmittelbar bevorstünden.

Hälfte des 17. Jahrhunderts und etwa hundert Jahre später die des Ba'al Šem ṭōḇ (ca. 1700–1760) das Epitheton Ḥasīḏīm für alle Anhänger ihrer Bewegung in Anspruch nahmen, hörte es auf, Ausdruck für einen rein geistigen Idealbegriff zu sein, sondern bezeichnete mehr und mehr nur die Mitgliedschaft. Die Chassidim selber wählten darum für ihre Führer, die Vertreter ihrer *Ideale*, nicht die zu allgemein gewordene Bezeichnung Ḥāsīd, sondern nannten sie Ṣaddīḳīm, und nichtchassidische oder gar antichassidische Kreise vermieden ebenfalls den vorbelasteten Begriff. Freilich ist das Wort Ḥāsīd nicht völlig seines Sinnes verlustig gegangen. Auch heute noch *kann* es den Idealtypus des Frommen bezeichnen, aber *daneben* treten doch wieder die alten Begriffe צדיק, ישר, תמים, קדוש, ענו [*zaddiq*; Gerechter, *yashar*: Rechtschaffener, *tamim*: Aufrichtiger, *qadosh*: Heiliger, *'anaw*: Demütiger] etc. in gleichem Maße und mit gleichem Geltungsanspruche auf.

Wenn wir die Bildung eines Begriffes an seiner Verwendung als Gegenstand von Erzählungen verfolgen wollen, so bieten sich uns als Material solche Geschichten dar, in denen ein |16| Menschen*typus* Held der geschilderten Ereignisse ist. Solche Erzählungen, in denen eine tatsächlich oder fingiert historische, mit Namen genannte Persönlichkeit im Mittelpunkt steht, kommen für eine derartige Untersuchung dann in Betracht, wenn der zu untersuchende Begriff als ständiger Beiname der Persönlichkeit auftritt, sodaß diese als Repräsentant eines Typus gelten kann.[9] Gaster[26] (Ma'aseh-Book, Philadelphia 1934, Einleitung, S. XVIII f.) betrachtet die an eine historische Persönlichkeit anknüpfenden Erzählungen als primäre Form der jüdischen Erzählungsliteratur. In Bezug auf die Literatur der Menschheit überhaupt werden wir diese Frage, die im Prinzip darauf hinausläuft, ob Sage oder Märchen die primäre Form erzählender Literatur sind, wohl niemals exakt beantworten können, da das uns überlieferte Material bereits eine lange Entwicklung voraussetzt und sowohl Märchen

9 Dieser Teil unserer Untersuchung zieht nur die erstgenannte Art von Erzählungen heran, während diejenigen, in denen eine historische Persönlichkeit als Ḥāsīd bezeichnet wird, dem prosopographischen Teil unserer Untersuchung vorbehalten bleiben sollen.

[26] Der aus Bukarest stammende Gelehrte und Volkskundler Moses Gaster (1856–1939) war von 1887 bis 1918 sephardischer Oberrabiner Großbritanniens.

als Sage in ausgebildeter Form enthält.[10] Für die erzählende Literatur der Juden hat es aber ganz den Anschein, als sei die Verknüpfung von Erzählungen mit einer historischen Persönlichkeit die primäre Form, auf jeden Fall ist sie zunächst die dominierende. Wenn wir trotzdem eine Reihe von Erzählungen vorfinden, die nicht von einer mit Namen genannten Persönlich- |17| keit, sondern von einem namenlosen Ḥāsīd, d. h. einem Typus, erzählen, so erhebt sich die Frage, ob diese Erzählungen zunächst auch mit dem Namen einer Persönlichkeit verknüpft waren, der im Verlauf der literarischen Tradition verlorenging, oder ob sie von vornherein von einem Ḥāsīd erzählt wurden. Beispiele für die erstgenannte Entwicklung lassen sich nachweisen. Deshalb wissen wir auch bei solchen Erzählungen, die nach den uns bekannten Quellen nur von einem Typus reden, nicht, ob sie nicht doch trotzdem in einer uns nicht mehr bekannten Urfassung einer historischen Persönlichkeit nachgesagt worden sind. Das Dominieren derjenigen Erzählungsform, die an eine historische Persönlichkeit anknüpft, innerhalb der jüdischen Literatur erklärt sich aus dem eminent historischen Charakter der jüdischen Religion, wozu noch der Einfluß kommt,

10 Mackensen[27] weist in seinem Artikel über das Alter des Märchens im Handwörterbuch des deutschen Märchens I, 50 f. darauf hin, daß die gegenwärtig übliche analytische Untersuchungsmethode, die sich vor allem mit den Motiven, d. h. dem Inhalt, der Märchen beschäftigt, in betreff der Fragen nach dem Alter und der Heimat nicht einzelner Märchen, sondern der Gattung Märchen überhaupt zu keinem Resultat führen könnte. Dagegen verspricht er sich von der Untersuchung der einzelnen Märchen*formen* eher Ergebnisse. Doch ist die Behauptung, auf die er sich stützt, daß nämlich die Form Märchen jünger ist als die einzelnen Motive, an Voraussetzungen gebunden, die zunächst erst einmal bewiesen werden müssen. Denn in diesem Falle müßten erstens die ältesten Märchenmotive aus fremden literarischen Gattungen übernommen worden sein und zweitens die Gattungen, aus denen nachweislich Motive in das Märchen übergegangen sind, so z. B. der Mythos, älter sein als die Form Märchen, was wir wahrscheinlich niemals werden beweisen können, da sich die ältesten auf uns gekommenen Gattungen in ihren ältesten Beispielen bereits als Produkte einer längeren literarischen Entwicklung erweisen. Darauf, daß wir gerade aus Indien, das für manche als Urheimat des Märchens gilt, nur Märchen von sehr entwickelter Form kennen, hat zuletzt Max Pieper, Das ägyptische Märchen, Leipzig 1935 (Morgenland, Heft 27), S. 80 f., hingewiesen.

---

[27] Lutz Mackensen (1901–1992) war ein deutscher Sprachforscher und Volkskundler, der sich 1922 mit einer Arbeit zur Märchenforschung an der Universität Heidelberg promoviert hatte.

den das wegen seiner kanonischen Geltung auch in formalen Dingen als vorbildlich empfundene Alte Testament ausübte.

Die Neigung, einer Erzählung durch Anknüpfung an den Namen einer historischen Persönlichkeit einen historischen Charakter zu verleihen, zeigt sich besonders auffällig in folgendem Vorgange: In Temūrā 15b und Bāḇā ḳammā 103b findet sich die Bemerkung, daß in allen Fällen, wo ein Ḥāsīd als Held einer מעשה [*ma'aseh*: Erzählung, Exemplum, Tat, Ereignis] auftritt, unter diesem namenlosen Ḥāsīd stets entweder R. Jehūḏā ben Bābā oder R. Jehūḏā ben El'ai zu verstehen seien. Es macht sich hier die Tendenz geltend, eine unerwünschte Popularisierung der Frömmigkeit zu verhindern. Nicht irgendein namenloses Glied des Volkes kann vorbildlich sein: Vorbilder sind nur die gelehrten Autoritäten. Wahrscheinlich kursierte eine Menge unkontrollierbares Erzählungsgut unter der Bezeichnung Ḥāsīd. Damit war vielleicht eine Verflachung, auf jeden Fall aber eine Entwicklung eingetreten, die den Autoritäten als gefährlich erschien. Sie wehrten sich gegen die Gefahr dadurch, daß sie zwei für ihre Zeit besonders überragende Persönlichkeiten als die allein vorbildlichen Ḥasīḏīm hinstellten. Vielleicht sollte damit nur der vorbildliche Typus des Ḥāsīd gekennzeichnet, nicht aber die Bezeichnung Ḥāsīd auf diese beiden eingeschränkt werden. Doch muß wohl unter dem Einfluß polemischer Radikalisierung der Gedanke in der Form mechanisiert worden sein, daß man tatsächlich nur diese beiden Autoritäten als Ḥasīḏīm anerkennen wollte. Deshalb mußte man dasjenige Material an Ḥāsīd-Geschichten, das |18| schon kanonisch war, auf sie beziehen. Dieses mechanische Verfahren führte natürlich zu Widersprüchen, auf die schon die Gemārā zu Temūrā 15b hinweist. Die Gemārā bringt die Tradition über die Ḥasīḏīm im Gegensatz zu einer Tradition, die die אשכולות [*'eshkolot*: Trauben][28] betrifft. Obwohl die Gemārā die kanonisch gewordene Ansicht über die Ḥasīḏīm nicht ablehnen kann, so spüren wir doch aus dem Umstande, daß sie die andere gegensätzliche Tradition um jeden Preis ohne Einschränkung zu retten sucht, heraus, wie die Gemārā sich hier nicht mit der Tra-

[28] Die frühe rabbinische Literatur verwendet diesen Begriff als eulogisierende Metapher für außergewöhnlich gelehrte und fromme Männer. BT, Temurah 15b berichtet über diese »Trauben«, sie hätten sich seit Moses bis zur Zeit des Rabbi Jose ben Joeser (2. Jh.) als fromme Gesetzesgelehrte hervorgetan. Es folgt die von Gulkowitsch erwähnte Geschichte von einem *ḥasid*, der unerlaubterweise eine Ziege hielt, um mit deren Milch seine gesundheitlichen Beschwerden zu lindern. Daran anschließend beschränken die Kommentatoren die Verwendung des Begriffs *ḥasid* auf die beiden Gelehrten Jehuda ben Baba und Jose ben Joeser.

dition identifiziert, die den Ḥāsīd-Begriff historisch einschränkt. Daß die Einschränkung des Begriffes gerade in Bezug auf jene beiden Autoritäten erfolgte, weist darauf hin, daß diese Tendenz in einer Zeit entstand, für die jene beiden Persönlichkeiten als besonders vorbildlich galten, in einer Zeit also, in der das Leben der beiden Autoritäten noch allgemein in der Erinnerung lebendig war. Das dürfte die Zeit nach der Unterdrückung des Bar-Kochba-Aufstandes[29] gewesen sein, die sich durch die Entstehung der genannten Tradition als eine Zeit eminent historisierender Tendenz erweist.

Wenn der Held einer Erzählung nur als Typus auftritt, sei es, daß der Name des Helden im Verlaufe der Tradition verlorenging, sei es, daß die Erzählung von vornherein nur an einen Typus anknüpfte, so gibt uns die Erzählung Auskunft darüber, was die Zeit und der Kulturkreis, die den Helden mit dem betreffenden Typus identifizierten, unter dem Begriff verstanden, der durch den Typus repräsentiert wird. Dies setzt aber voraus, daß der Begriff noch als ein lebendiger gefühlt wurde, d. h., daß noch durch den Begriff ein Komplex realer Vorstellungen zusammenfassend dargestellt wurde. In dem Maße, wie der Begriff formelhaft geworden ist, in dem Maße also, wie in unserem speziellen Falle unter Ḥāsīd nur noch eben ein frommer Mensch ohne spezifischen Charakter und ohne charakteristische Auswirkungen dieser seiner Frömmigkeit verstanden wurde, mußte sich auch seine Verwendung als Bezeichnung für den Helden einer Erzählung erweitern. So können wir also daraus, daß eine Zeit oder eine einzelne Schrift die Bezeichnung Ḥāsīd für die Helden der mannigfaltigsten Erzählungen gebraucht, schließen, daß in diesem Falle der Begriff Ḥāsīd an Lebendigkeit eingebüßt hat.

Aus dem Gesagten ergibt sich, daß wir bei der Unter- |19| suchung einer von einem Ḥāsīd handelnden Erzählung feststellen müssen, was in der Erzählung als typisch chassidhaftes Handeln und typisch chassidhafte Gesinnung gilt. Da es sich um einen religiösen Typus handelt, so liegt der Nachdruck in der Gesinnung des Ḥāsīd auf seinem Verhältnis zu Gott, was sogleich auch das Verhältnis Gottes zum Ḥāsīd einschließt. Die spezielle Form von Ḥāsīd-Geschichten, die wir zuerst behandeln wollen, die Wundererzählungen, deren Held ein Ḥāsīd ist, bringen das Verhältnis Gottes zum Ḥāsīd in sichtbarer Weise durch das Wunder zum Ausdruck, während

[29] Der 132–135 d. Z. von Simon bar Kochba (gest. 135) angeführte jüdische Aufstand gegen die römischen Besatzer. Aufgrund zwischenzeitlicher Siege wurde Simon bar Kochba als *nasi* (hebr., Prinz) bezeichnet, ein Epitheton, das eine messianische Konnotation transportierte.

wir in den übrigen Ḥāsīd-Geschichten die Haltung Gottes nur im Spiegel chassidischer Gesinnung und chassidischen Handelns betrachten können.

Da wir die *Bildung* des Begriffes Ḥāsīd, also ein Phänomen, das sich im Raume der Geschichte vollzieht, darstellen wollen, so ist die erste Arbeit, die wir an unserem Material zu leisten haben, seine Sichtung und Einordnung unter historischen Gesichtspunkten. Sowohl die Sammlung, die uns eine Erzählung überliefert, als die Einzelgeschichte selbst sind nach Zeit und Ort ihrer Entstehung einzugliedern. Um das Alter und die Heimat einer *Sammlung* von Erzählungen zu bestimmen, bedarf es, falls literarische Nachrichten darüber in anderen Quellen nicht vorliegen, was bei den hebräischen Sammlungen öfters der Fall zu sein pflegt, einer eingehenden Untersuchung des Kulturzustandes und der ideengeschichtlichen Situation, die sich sowohl in den Einzelerzählungen als in der Tendenz der Sammlung als ganzer spiegeln, und der Sprache, in der etwa vorhandene verbindende Texte verfaßt oder die Einzelerzählungen überarbeitet sind. Für unsere Untersuchung wichtig ist diese Feststellung aber nur dann, wenn die Sammlung mehrere Ḥāsīd-Erzählungen einheitlichen Charakters aufweist, denn nur dann dürfen wir annehmen, daß der in den Erzählungen wirksame Ḥāsīd-Begriff auch zur Zeit der Sammlung noch lebendig und gültig war. Wichtiger aber ist die historische Fixierung der Einzelerzählung. Eine Erzählung historisch zu fixieren bedeutet, ihre Entstehung, ihren Entwicklungsgang und die Gründe aufzudecken, die der Entwicklung gerade diese und keine andere Richtung gegeben haben. Wir müssen also aus den mannigfachen Variationen, denen eine Erzählung im Verlaufe ihrer Tradition unterworfen war, die ursprüngliche Fassung herausschälen. Wir müssen feststellen, welche Veränderungen in der kulturellen |20| und ideengeschichtlichen Situation dafür maßgebend waren, daß die Überlieferung zeitweilig oder für immer von der ursprünglichen Fassung abwich. Das bedeutet in der Sprache der Folklore, daß die Urform, die Normalform und die einzelnen Redaktionen einer Erzählung aufzuzeigen sind.[11]

11 Wir schließen uns mit der Methode, unser literarisches Material durch monographische Untersuchung historisch und geographisch einzugliedern, an die Methode an, die die finnische Schule[30] (s. den Artikel „Buchvariante" von Anderson

[30] Die Finnische Schule der Märchenforschung entstand im späten 19. Jh. in Reaktion auf romantische und mythologische Ansätze und versuchte mittels einer geografisch-historischen Methode Alter, Überlieferungswege und Verbreitung von Märchen zu rekonstruieren. Kathrin Pöge-Alder, Märchenforschung. Theorien, Methoden, Interpretationen, 3., überarb. und erw. Aufl., Tübingen 2016, 96–109.

Im Rahmen unserer Untersuchung ist besonderer Nachdruck auf die Feststellung zu legen, welchen Einfluß die Geschichte des zentralen Begriffes, dessen Bildung wir aus den Erzählungen, die den ihn repräsentierenden Typus zum Mittelpunkt haben, herauslesen wollen, auf den Entwicklungsgang der Erzählung ausgeübt hat. Solange ein Begriff lebendig ist, zieht er das Material an Geschichten, deren Inhalt dem Bedeutungsbereich des Begriffes entspricht, die aber entweder unter dem Namen einer historischen Persönlichkeit oder unter einem anderen Terminus für den Helden der Geschichte kursieren, in seinen Bereich. Ist eine Erzählung mit einem Begriff verbunden, sei es, daß sie dies von Anfang an war, sei es, daß sie in der eben geschilderten Weise nachträglich mit ihm verknüpft wurde, so übt der Begriff seinen doppelten Einfluß auf die weitere Entwicklung der Erzählung aus: Einmal wird sich die Erzählung der weiteren Entwicklung des Begriffes anpassen, vorausgesetzt nur, daß diese Entwicklung nicht unter äußeren, unberechenbaren Einflüssen einen allzu paradoxen Verlauf nimmt; zum anderen bedeutet die Verknüpfung einer |21| Erzählung mit einem Begriffe von klar umrissener, als lebendig empfundener Bedeutung eine Kontrolle für ihre weitere Entwicklung, indem sie eine Abweichung einzelner Redaktionen von der Normalfassung in wesentlichen Elementen der Erzählung verhindert. Erst wenn der durch den Helden der Erzählung repräsentierte Begriff erstarrt ist, wird einer Ver-

im Handwörterbuch des deutschen Märchens I, 347 ff.) für die Märchenforschung ausgebildet hat, da sich diese monographische Forschungsweise für unsere Zwecke am besten eignet und wohl auch – so berechtigt die Forderung Mackensens (s. Handwörterbuch des deutschen Märchens I, 51) nach einer synthetischen Methode der Märchenforschung an sich ist – dem gegenwärtigen Stande der Forschung entspricht, weil dieser zunächst eine kritische Sichtung und Ordnung des Materials verlangt, die als notwendige Voraussetzung für eine synthetische Betrachtungsweise anzusehen ist.

Da wir die Erzählungen für unsere Untersuchung der Entwicklung eines Begriffes fruchtbar machen wollen, so müssen wir besonderen Nachdruck auf solche Variationen legen, die ideengeschichtlich begründet sind, denn wie sich eine Erzählung sowohl historisch als geographisch akklimatisieren, d. h. dem jeweiligen Kulturkreise anpassen muß, so muß auch ihr Gedankengehalt von der jeweiligen geistesgeschichtlichen Situation beeinflußt werden, ein Gesichtspunkt, den die bisherige vergleichende Märchenforschung nicht in dem Maße berücksichtigt hat, wie es erforderlich wäre; s. den Artikel von Thompson im Handwörterbuch des deutschen Märchens II, 56 ff.

änderung der Erzählung durch Traditionsfehler kein wirksamer Widerstand mehr entgegengesetzt.[12] In diesem Falle hört die innere organische Selbstberichtigung der Erzählung auf; es bleibt nur die von Zufällen der Überlieferung abhängige äußere Selbstberichtigung durch das Mehrquellenprinzip übrig.

In Bezug auf die Feststellung der Heimat, des ursprünglichen und des gegenwärtigen Verbreitungsgebietes und der Verbreitungswege erfordern Erzählungen, die dem jüdischen Kulturkreise speziell angehören, eine von der Bearbeitung anderer international verbreiteter Geschichten verschiedene Behandlung. Denn da die jüdischen Erzählungen bei ihrer Verbreitung in die verschiedensten Länder weder in eine andere Sprache übertragen werden müssen noch in einen Kulturkreis hineingebracht werden, der von ihrem ursprünglichen wesentlich verschieden ist, so erleiden sie weit geringere Veränderungen als dies bei Erzählungen anderer Völker der Fall zu sein pflegt. Dazu kommt, daß viele Erzählungen im babylonischen Talmud überliefert und so durch ihren kanonischen Charakter gegen Veränderungen geschützt sind. Es kommt also innerhalb des Kreises jüdischer Erzählungen den Lokalredaktionen eine geringere Bedeutung zu. Von größerer Bedeutung sind die Fragen der Ver- |22| breitung einer Erzählung nur in den Fällen, in denen es sich um aus fremden Kulturen übernommenes Material handelt. Doch sind diese Fragen für unsere Untersuchung bloß dann aktuell, wenn die Judaisierung einer Erzählung nur mangelhaft vorgenommen wurde, sodaß sich die Eigenart der darin verarbeiteten Vorstellungen nur aus der außerjüdischen Herkunft der

12 Ein typisches Beispiel – zwar nicht in Bezug auf eine einzelne Erzählung, sondern in Bezug auf einen literarischen Gesamtkomplex – für diesen Einfluß der Lebendigkeit einer Tradition auf die literarische Entwicklung sind die Mišnā und der babylonische Talmud einerseits, die Tōseftā und der jerusalemische Talmud andererseits. Während der babylonische Talmud, der immer in Gültigkeit geblieben ist, stets ideengeschichtlichen Veränderungen ausgesetzt war, sodaß wir bei seinen Varianten immer nach inneren Gründen zu forschen haben, repräsentieren die Tōseftā und der jerusalemische Talmud eine weit ältere ideengeschichtliche Situation. Dies ist für die Erkenntnis der älteren jüdischen Geistesgeschichte von größter Bedeutung; für die textliche Überlieferung bedeutet das Beharren auf einer älteren, nicht mehr ohne weiteres verstandenen Stufe die Gefahr mechanischer, auf einfacher Unkenntnis beruhender Traditionsfehler, sodaß wir in der Tōseftā und im jerusalemischen Talmud viel mehr mit willkürlichen Veränderungen rechnen müssen als im babylonischen Talmud.

Erzählung verstehen läßt. Ebenso ist die eventuelle Weiterentwicklung einer Erzählung außerhalb des jüdischen Kulturkreises für unsere Untersuchung von geringem Belang.

Um das Material an Erzählungen, deren Held als Ḥāsīd bezeichnet wird, zu gruppieren, empfiehlt sich eine Einteilung nach sachlichen, dem Inhalt der Erzählung entnommenen Gesichtspunkten mehr als eine Gruppierung nach einzelnen Zeitstufen und nach den einzelnen literarischen Werken, in denen uns die Erzählung überliefert wird, denn eine solche Einteilung bedeutet, da es sich um die Untersuchung einer lebendigen Entwicklung handelt, eine Gruppierung nach heterogenen Gesichtspunkten, die fortlaufende Entwicklungslinien zerschneidet.

Die Untersuchung *eines* Begriffes auf seine Entwicklung hin bedeutet von vornherein eine Einseitigkeit, denn eine solche Untersuchung verlangt, daß eine Bewegung isoliert betrachtet wird, die zum Teil Resultante vieler Bewegungen ist, denn solange ein Begriff lebendig ist, steht er in fortgesetzter Wechselwirkung mit allen anderen Begriffen des geistigen Komplexes, dem er angehört. Wenn man aber ein überhaupt darstellbares Bild von der Entwicklung des einzelnen Begriffes gewinnen will, so ist es notwendig, darauf zu verzichten, alle Einwirkungen von außen her, die einen Begriff nuancieren, bis in ihre letzten Ursachen hinein zu verfolgen. Man muß sich damit begnügen, zu konstatieren, daß eine Nuancierung erfolgte, daß sie von außen her veranlaßt wurde und daß sie aus der und der Richtung kam. Man muß also etwas als statisch, als Gegebenheit setzen, was im Grunde ebenso dynamisch ist wie der Begriff, der gerade untersucht wird. Je zentraler nun ein Begriff ist, desto größer ist seine Wirkung auf den Gesamtkomplex der Begriffe, desto größer ist sein Wirkungsfeld. Das bedeutet aber zugleich eine größere Abhängigkeit von der Gesamtentwicklung, eine Verbreiterung der Angriffsfläche auch in passiver Hinsicht. So spiegelt sich also die Gesamtentwicklung um so mehr in der Entwicklung des Einzelbegriffes, je zentraler der Begriff ist. Nun |23| ist aber die Entwicklung eines Begriffes nicht *nur* Resultante von äußeren Einwirkungen. Wenn dem so wäre, läge gar kein Grund vor, die Entwicklung einzelner Begriffe zu verfolgen: Dann wäre es viel richtiger, die Entwicklung im Querschnitt zu betrachten, d. h., den jeweiligen Stand der Beziehungen zwischen den Einzelbegriffen zu untersuchen. Der Einfluß des Gesamtkomplexes auf den Einzelbegriff bedeutet aber nur eine Nuancierung des letzteren. Der Einzelbegriff ist in seiner Entwicklung nicht nur von außen her beeinflußt. Er ist zunächst selbst eine reale Gegebenheit, er hat sein eigenes Wesen, das eben so und nicht anders ist, das aller Nuancierung zum Trotz konstant bleiben muß, das ihn überhaupt erst als Begriff konstituiert, ihn überhaupt erst erfaßbar macht. Das Eigenleben eines Begriffes bringt es mit sich, daß er niemals ein allgemeingültiges Abbild der Wirklichkeit, die aus der Gesamtheit aller Begriffe besteht, bildet. Er bedeutet stets einen bestimmten Ausschnitt, nur eine Seite der geistigen Wirklichkeit. Wenn also ein Gesamtbild einer Geistesgeschichte gegeben werden soll, so läßt es sich nur aus der Gesamtheit der Einzelbegriffe, oder wenigstens aus einer Vielheit zentraler Begriffe, die mit der Gesamtheit praktisch identifiziert werden kann, gewinnen, aber nicht in der Form, daß man die einzelnen Entwicklungslinien nur nebeneinanderstellt: Es ist vielmehr nötig, die lebendige Wechselwirkung zwischen den Einzelentwicklungen darzulegen, denn nur so korrigiert sich die Einseitigkeit der Einzelbilder. Wenn man aber zwischen peripheren und zentralen Begriffen scheidet, d. h., wenn man den Einzelbegriffen eine größere oder geringere Bedeutung für das Wesen und die Entwicklung eines geistigen Phänomens zugesteht, so erhebt sich die Frage nach einem letzten, wirklich zentralen Begriff, der dem innersten Wesen eines geistigen Phänomens entspricht, der es vollständig erschöpft, an und in dem sich das wirklich Wesentliche der Gesamtentwicklung vollzieht. Das geistige Phänomen, das Gegenstand unserer Untersuchung ist, die Entwicklung einer Religion, kennt diesen letzten Zentralbegriff in der Tat: den Gottesbegriff. Aber dieser entzieht sich der Untersuchung, wie sich die Realität, die sich in diesem Begriff manifestiert, der direkten Schau des Frommen entzieht. Wir wissen nicht, was diese Gegebenheit an sich ist, wir können nur untersuchen, wie sich diese Realität in und an den Menschen auswirkte, die sie als Realität an- |24| erkannten. Wir können die Forderungen untersuchen, von denen die Bekenner dieses Gottes sagten, daß sie Gottes eigenstes Gesetz seien, wir können die Handlungsweise untersuchen, die einen Bekenner dieses Gottes auszeichnete, den Weg, den er ging, um zu seinem Gotte in Beziehung zu treten, die Erscheinungen, von denen er sagte, sie seien Manifestationen der Realität dieses Gottes, d. h., wir müssen die Einzelphänomene der Religion in den Begriffen, in denen sie konzipiert wurden, zu erfassen suchen, wir müssen – auf unseren Sonderfall bezogen – darlegen, was unter dem Gesetz, das von Gott ausging, was unter dem Gebet, das zu Gott führte, was unter dem Wunder, das Gott an dem Bekenner tat, verstanden wurde. Wir müssen dies zunächst daran untersuchen, wie sich dies alles im Leben auswirkte, d. h., wie der, den man als den wahren Bekenner empfand, das Gesetz erfüllte, wie er betete, und wie Gott sich zu ihm stellte.

Das Material, das uns die jüdische Tradition zur Verfügung stellt, wenn wir die Bildung eines Begriffes im Verlaufe der jüdischen Geistesgeschichte darlegen wollen, ist eben dadurch, daß es Tradition ist, d. h., einen lebendigen Zusammenhang darstellt, besonders geeignet, ein lebendiges Bild dieser Entwicklung zu liefern. Denn eine Tradition besteht nicht darin, daß eine bestimmte Masse von vornherein feststehenden Vorschriften und von Beispielen, die der praktischen Erläuterung der Vorschriften dienen, nur umgeschichtet und bestenfalls mehr ins einzelne gehend ausgestaltet wird. Eine Tradition bedeutet vielmehr, daß an Vergangenes anknüpfend immer neu gestaltet wird. Die letzten entscheidenden Prinzipien nur stehen von Anfang an fest und dienen der weiteren Entwicklung zur Richtschnur, wodurch sie davor bewahrt wird, ihre Eigenart aufzugeben und sich ins Uferlose zu erweitern. Die Grundprinzipien sind aber nur das gestaltende Moment. An Stoffen vermag eine Tradition immer Neues aufzunehmen und Abgestorbenes auszuscheiden. Nur das wird weiter tradiert, was noch lebendig, d. h., als gültige Forderung, als erfüllbares Gesetz empfunden wird. Damit ist freilich nur das Wesen einer idealen Tradition umschrieben. In der Praxis wird doch manches tote Material noch eine Zeitlang weiter tradiert, sei es aus Gründen der Pietät, sei es auf Grund des Trägheitsmomentes. Doch ist solch totes Material sehr wohl erkennbar an der Tatsache, daß es auf die weitere Gestaltung der Tradition keinen Einfluß mehr ausübt, daß seine |25| Problematik nicht mehr Gegenstand von Diskussionen ist, daß die Tradition Wege gehen kann, die den darin aufgestellten Forderungen nicht mehr entsprechen. So bildet die weite Verbreitung, das immer wieder Auftauchen eines Gedankens oder einer Erzählung ein Kriterium dafür, daß sie noch als lebendiges Glied der Tradition anzusehen sind. Für unsere Untersuchung wichtig ist es, daß wir dem Material, das wir benutzen, abzuspüren versuchen, wieweit es in den Entwicklungsgang der Tradition eingegliedert ist. Denn nur wenn der von uns untersuchte Begriff an solchem Material in seiner Bildung beobachtet wird, das wirklich zur Tradition, d. h., in eine lebendige Entwicklung hinein, gehört, können wir behaupten, daß die in diesem Falle aufgezeigte Nuancierung des Begriffes für seine Bildung von Bedeutung ist. Da das Material, an dem wir unsere Untersuchung vornehmen, seinem Charakter nach lebendige Tradition ist, so empfiehlt es sich, dieses Material nicht chronologisch, sondern sachlich anzuordnen, d. h., also Teiltraditionen durch ihre ganze Entwicklung hindurch zu verfolgen. Nachdem wir, wie oben angegeben, das Material zunächst nach formalen Gesichtspunkten in Definitionen, Erzählungen etc. gruppiert haben, ordnen wir die einzelnen Erzählungen nach ihrem Inhalt, d. h., nach den einzelnen Phänomenen des religiösen Lebens und Erlebens, die darin behandelt werden.

Wir beginnen unsere Untersuchung mit der Darstellung des Verhältnisses zwischen dem Ḥāsīd und einer der greifbarsten und eklatantesten Erscheinungen der Religion: dem Wunder.[13] |26|

Einleitung

Im Alten Testament wird unter Wunder fast ausschließlich eine Manifestation *Gottes* verstanden. Daneben treten nur ganz beiläufig Wunder auf, die auf menschliche Zauberkräfte, auf Magie, zurückzuführen sind. Die im Alten Testament an sich überwundene, bewußt verdrängte magische Stufe der Religion macht sich hier noch gelegentlich bemerkbar. Die oberste Aufgabe des Wunders im Alten Testament ist, die Überlegenheit Gottes über heidnische Götter zu erweisen.[14] Im Talmud |27| fehlen diese apologetischen Tendenzen, die Abwehrmaßnahmen gegen eine polytheistische

13 Die Anordnung des Stoffes erfolgt jeweils auf Grund des für den Charakter der Erzählung entscheidenden Motivs, d. h., es sollen in diesem Abschnitte nur diejenigen Erzählungen behandelt werden, in denen es für den Helden der Erzählung typisch ist, daß Gott für ihn ein Wunder geschehen läßt. Auf diejenigen Ḥāsīd-Geschichten, in denen zwar ein Wunder vorkommt, aber nur als Nebenmotiv, wird nur hingewiesen werden, während ihre eingehende Behandlung in dem Abschnitt erfolgen wird, der der Behandlung des entscheidenden Motivs gewidmet ist.

14 Im Neuen Testament liegt der Fall ähnlich. Dort dient das Wunder zur Manifestation der Göttlichkeit des Gottessohnes. In dieser ihrer Tendenz liegt der besondere Charakter der neutestamentlichen Wunder begründet, wie A. Schlatter[31] in „Das Wunder in der Synagoge“, Gütersloh 1912 (Beiträge zur Förderung christlicher Theologie XVI, 5) ausdrücklich betont (vgl. besonders S. 83). Damit wäre selbst bei absoluter Übereinstimmung der Wundergeschichten des N. T. mit denen der jüdischen Tradition in Bezug auf ihren Inhalt und ihre Form – eine Übereinstimmung, die de facto natürlich nicht vorhanden ist – der Sondercharakter der Wundergeschichten im N. T. von vornherein grundlegend bestimmt. Es trägt darum wenig aus, daß die inhaltliche Verwandtschaft auch der älteren rabbinischen Wundererzählungen mit denen des N. T. größer ist, als Schlatter annimmt. Denn Schlatter faßt den Begriff des Wundertäters zu eng. Wundertäter ist auch, wer die Kraft hat, durch sein Gebet Gott zum Eingreifen zu bewegen.

[31] Der Schweizer evangelische Theologe Adolf Schlatter (1852–1938) bekleidete Professuren an den Universitäten Greifswald, Berlin und Tübingen.

Heidenwelt, in der die monotheistische und vorher wenigstens monolatristische Anschauung einen Existenzkampf führt. Die Allmacht Gottes zu erweisen ist genuines Anliegen des Alten Testaments, aber nicht mehr der talmudisch-midraschischen Literatur, wenn auch hier natürlich das Wissen um die Allmacht und alleinige Existenz Gottes ein stetes, latentes Grundthema ist.

Da aber die Frage des göttlichen Eingreifens und damit die Frage des Wunders nicht mehr Existenzfrage der Religion ist, so unterliegt sie der theoretischen Betrachtung und damit der Kritik. Eine rationalistische Richtung, die das Wunder als *ἀδιάφορον* [*adiáforon*: indifferent] betrachtet,[15] gewinnt an Boden, אין סומכין על הנס [*'ein somkhin 'al ha-nes*: man sollte sich nicht auf ein Wunder verlassen] und לא בכל שעתא [מ]תרחיש ניסא[33] [*lo bekhol shatta mitreḥish nissa*: Wunder geschehen nicht zu jeder Stunde][16]

Das Wunder wird immer von der transzendenten Macht bewirkt. Der Wundertäter ist nur Vermittler. Wer aus eigener Machtvollkommenheit wirkt, ist nur ein Zauberer. Ḥōnī, der Kreiszieher,[32] ist durchaus als Wundertäter anzusehen (vgl. dagegen Schlatter a. a. O., S. 76). Wie stark die Vorstellung ist, daß der Wundertäter das von der transzendenten Macht gewirkte Wunder nur vermittelt, beweist die Tatsache, daß selbst die Evangelisten, die doch davon überzeugt sind, daß der für sie mit der transzendenten Macht identische Christus die Wunder von sich aus wirken kann, bei der Schilderung von Wundertaten gelegentlich doch wieder in die übliche Darstellungsweise verfallen, die das Wunder als durch den Wundertäter nicht selbst bewirkt, sondern nur erbeten darstellt (s. z. B. Joh. 11,41 f.; Matth. 17,21; Marc. 9,29). – Die Feststellung Schlatters, daß die prinzipielle Grundhaltung des N. T. eine Gleichsetzung seiner Wundererzählungen mit denen aus anderen Quellen ausschließt, weist nur auf ein typisches Beispiel für die allgemeine Erscheinung der Eigengesetzlichkeit aller Religionen hin. Was für eine oberflächliche Beobachtung als Parallele erscheint, erweist sich, sobald man die Erscheinungen in ihrem Wesen erfaßt, stets als abgewandelt, als aus dem inneren Leben der betreffenden Religion |27| her modifiziert, und zwar gerade im Wesentlichen modifiziert, sodaß sich die Parallelität lediglich auf inhaltliche und formale Einzelheiten, nicht aber auf das Phänomen in seiner Ganzheit bezieht.

15 Bis ins Groteske gesteigert kommt dies zum Ausdruck Bābā meṣī'ā 58 [?].

16 Die beiden Sätze weisen darauf hin, daß der Mensch mit dem Eintreffen eines Wunders nicht rechnen kann, daß er deshalb seine Handlungen so einrichten

[32] Siehe Text 4, Fn. [4].

[33] Die beiden geflügelten Worte haben ihren Ursprung in BT, Qiddushin 39b und BT, Megillah 7b.

werden zu oft propagierten Sätzen. Gott hat sich nach Ansicht dieser Richtung genügend manifestiert in der Thora. Studium, Erkenntnis führen zu Gott. Im Mittelalter hatte diese Richtung berühmte Vertreter wie Sa'adja Gā'ōn, Maimonides, Gersonides,[34] und noch heute ist sie wirksam. Daneben blieb aber stets eine andere Richtung der Frömmigkeit in Geltung – im Mittelalter besonders von der durch Raši[35] und die Tosafisten[36] repräsentierten Schule gepflegt. In der letzteren Richtung blieb der naive, schlichte, lebendige Glaube Seele der Frömmigkeit. Im *Leben* manifestiert sich Gott. Und eine solche Weltanschauung bedarf des Wunderglaubens, um sich allen Härten des Lebens, die nicht mit spitzfindigen Wendungen hinwegdisputiert werden können, wie es die Rationalisten tun, zum Trotze

muß, als ob es überhaupt keine Wunder gäbe. Während aber der zweite Satz nur eine Klugheitsregel darstellt, eine Warnung davor, sich auf etwas zu verlassen, was nur in den seltensten Fällen geschehen wird, bedeutet der erste Satz eine Verurteilung des Vertrauens auf ein Wunder vom ethischen Standpunkte aus. Überall, wo der Talmud diesen Standpunkt vertritt, deutet der Zusammenhang darauf hin, daß in diesem Satze das Verbot einer ethisch verwerflichen Handlung gefühlt wird.

---

[34] Saadja Gaon, Maimonides und Lewi ben Gerson (Gersonides, 1288–1344) sind im Mittelalter die bekanntesten jüdischen Vertreter einer rationalen Philosophie, die den traditionellen Begriff des Wunders als ein Eingreifen Gottes in das Weltgeschehen anzweifelten und allegorische Erklärungen dafür vorschlugen.

[35] Der in Nordfrankreich und im Rheinland wirkende Salomon ben Isaak, bekannt unter seinem Akronym Raschi (1040–1105), war der bedeutendste Bibel- und Talmudkommentator.

[36] Tosafisten (hebr. *ba'alei ha-tosafot*: die Hinzufüger) waren aschkenasische Gelehrte der Halacha (jüdisches Gesetz), die im 12. und 13. Jh. den talmudischen halachischen Lehrmeinungen ihre eigenen hinzufügten bzw. diese mit jenen zu harmonisieren suchten, was oft zu theoretischen Diskussionen führte. Gleichwohl hatte ihre Methode einen erheblichen Einfluss auf die halachische Diskussion bis ins frühe 19. Jh., als die Anhänger der jüdischen Aufklärung (Haskala) den Verfechtern dieser Methode leere kasuistische Spitzfindigkeit vorwarfen. Ephraim Urbach (1912–1991) war einer der ersten Forscher, der in seiner erweiterten Ausgabe von *Ba'alei ha-tosafot* (1980) auf die methodologischen Parallelen zwischen jüdischen und christlichen Rechtsgelehrten hingewiesen hat: Die kritische Lektüre eines Textes, der anschließende Abgleich mit anderen Gesetzestexten sowie das argumentative Hinterfragen scheint den Zeitgeist in den entsprechenden Kreisen widerzuspiegeln. Vgl. auch Ephraim Kanarfogel, The Intellectual History and Rabbinic Culture of Medieval Ashkenaz, Detroit, Mich., 2013, 84–110.

zu behaupten. Die Welt des Ḥāsīd ist nicht eine Welt der ratio, sondern einer im Leben sich |28| auswirkenden Frömmigkeit. So ist es begreiflich, daß vom Ḥāsīd wunderbare Geschichten erzählt werden. Es gibt freilich Hasīḏīm, von denen keine Wunder überliefert sind, wie es auch Wundergeschichten gibt, die sich nicht auf Hasīḏīm beziehen. Das Wunder ist nicht konstituierendes Element für das Wesen des Ḥāsīd, es ist nur ein Akzidens seines Seins, aber ein seinem Wesen entsprechendes Akzidens.[17]

17 Die Beziehung zwischen dem Typus des Ḥāsīd und dem Typus desjenigen Menschen, der als ein Wundergläubiger und als ein wunderbaren Geschehens Gewürdigter gilt, erklärt sich aus seiner Beziehung zur Welt mystischer Erkenntnis und mystischen Lebens. Der Ḥāsīd ist nicht ein rein mystischer Typus, wohl aber tendiert sein Wesen nach dieser Richtung. Es gehört wesenhaft zum Ḥāsīd-Sein, daß er die transzendente Macht nicht nur als vorhanden, sondern auch als in realen Beziehungen zu ihm stehend anerkennt. Aber nur in der höchsten Sublimierung des Ḥāsīd-Begriffes ist der Ḥāsīd identisch mit dem vollkommenen Typus des Mystikers, also ein Mensch, dessen einziges Ziel die Vereinigung mit dem Transzendenten ist und dessen Tätigkeit in der Welt nur darauf hinzielt, sich dieser Vereinigung würdig zu erweisen. (Der Typus des Mystikers wurde eingehend und mit intuitivem Verständnis dargestellt in: Evelyn Underhill, Mystik. Deutsch von Helene Meyer-Franke. München 1928.) Auf dieser extremen Stufe mystischen Lebens hat das Wunder keinen Platz mehr. Denn es setzt voraus, daß eine Schranke zwischen der diesseitigen und der jenseitigen Welt vorhanden ist, in deren jeweiliger Überwindung das Wesen des Wunders besteht. Für den vollkommenen Mystiker aber besteht diese Schranke nicht mehr. Er hat die diesseitige Welt bereits verlassen. Er bedarf also keines Wunders mehr. Soweit also der Ḥāsīd die letzte Stufe mystischer Vollkommenheit erreicht hat, gilt dies auch für ihn. Doch tritt uns dieser extreme Typus des Ḥāsīd nur selten entgegen. Denn der Ḥāsīd erscheint zunächst nicht als ein Genie der Frömmigkeit, sondern immer noch kongenial dem Alltagsmenschen, mit dem er lebt und dem er vorlebt, was den anderen auch erreichbar wäre. Diese Seite seines Wesens ist im Ḥāsīd-Begriff des ספר חסידים[37] überspitzt worden, sodaß er dort als ein Mensch erscheint, der sich von anderen nur in der Genauigkeit seiner Gesetzeserfüllung, also nur quantitativ, nicht qualitativ unterscheidet, sodaß der Begriff des Ḥāsīd hier fast

[37] *Sefer Ḥasidim* (Buch der Frommen) ist das Hauptwerk der mystisch-asketischen Bewegung *Ḥasidei 'Ashkenaz* (Fromme von Aschkenas), die seit der Mitte des 12. Jh. für etwa einhundert Jahre im Rheinland belegt und für ihr Frömmigkeitsideal bekannt ist. Die neuere Forschung geht davon aus, dass es sich dabei um keine Massenbewegung handelte, sondern um eher kleinere, esoterische Zirkel.

Der irrationale Zug bleibt |29| auch in denjenigen Wundergeschichten latent vorhanden, die infolge ihrer literarischen Entwicklung rationalistischen Einflüssen, Umdeutungen und Bearbeitungen unterlagen.

Zum Zwecke der Abgrenzung der Wundergeschichten von den übrigen Ḥāsīd-Geschichten muß zunächst der Begriff des Wunders definiert werden. Ohne im Einzelnen auf die Theorie des Wunders einzugehen, soll hier folgender Begriff des Wunders zugrunde gelegt werden: Ein Wunder ist ein von Gott zugunsten eines seiner Hilfe bedürftigen Menschen gewirktes Ereignis, das entweder durch völlige Durchbrechung oder durch eine besonders eigentümliche Konstellation der natürlichen Möglichkeiten[18]

als ein soziologisierender erscheint, d.h., der Ḥāsīd ist nur mehr Glied einer Gemeinschaft hervorragend Gesetzestreuer. Die Bedeutung der Gesetzeserfüllung für den Ḥāsīd wird in einem besonderen Abschnitt behandelt werden.[38]

Die enge Beziehung zwischen dem Ḥāsīd und der transzendenten Macht, also seine Gottesgemeinschaft, prägt sich in seiner gesamten Lebensführung so aus, daß alles, was er tut, aus dem Bewußtsein seiner Gottgebundenheit herausgetan wird. Die Kleinlichkeiten des Alltags werden entweder souverän ignoriert oder dadurch, daß auch sie unter dem Gesichtspunkte des Gehorsams gegen Gott betrachtet werden, entprofaniert. In dieser Lebensführung und in dieser Gesinnung manifestiert sich der Charakter des Ḥāsīd als eines Lieblings Gottes. Daß für ihn gelegentlich ein Wunder geschieht, ist zwar eine |29| für die Außenstehenden besonders augenfällige Auswirkung seiner Gemeinschaft mit Gott, aber objektiv nicht entscheidend dafür, daß er ein Liebling Gottes ist. Wenn J. Bergmann, Die Legenden der Juden, Berlin 1919, S. 17–30, unter der Überschrift „Die Lieblinge Gottes" eine Fülle von Wundern aufzählt, die Gott an seinen Frommen getan hat, so bedeutet dies eine Überschätzung des Wunders in seinem Charakter als konstituierendes Element in den Beziehungen Gottes zu seinen „Lieblingen".

18 Durch die gesamte Tradition geht der Gegensatz von mystischer und rationalistischer Wunderauffassung: Die einen sehen die Größe Gottes in der Freiheit, die ihn auch von dem von ihm selbst aufgestellten Naturgesetz unabhängig macht, die anderen betrachten gerade die unvergleichliche Geltung des gottgeschaffenen Naturgesetzes als Manifestation der göttlichen Macht. – Die verschiedenen Auffassungen des Wunders lassen sich an folgendem Beispiele besonders deutlich demonstrieren: [Midrasch] Genesis rabbā 30,9 berichtet als ein Wunder, daß ein Mann ein Kind, dessen Mutter gestorben war, mit der Milch seiner Brüste ernähren konnte, und zwar wird die Geschichte hier sekundär auf Mardechai und die Königin Esther als Kind angewandt. Der Midraš behauptet nun im Anschluß

[38] Hier nicht wiedergegeben. Gulkowitsch, Die Bildung des Begriffes Ḥāsīd I [1. Teil], 63 f.

aus dem Rahmen des nach menschlichem Ermessen zu Erwartenden herausfällt. Die Trennung der Wunder je nach |30| ihren Beziehungen zu den natürlichen Möglichkeiten ist eine durchaus relative, denn es richtet sich ganz nach dem Weltbilde einer Epoche und eines Kulturkreises, was als Durchbrechung der natürlichen Möglichkeiten gilt und was nicht. Verfasser und Hörer der Jōnā-Geschichte z. B. haben die Erlebnisse des Jōnā wohl als Konstellationswunder aufgefaßt, die ganz im Rahmen des natürlich Möglichen und der ratio Zugänglichen lagen. Die Heilungswunder Jesu können wir – da wir den Wirkungsbereich psychischer Heilmethoden gar nicht abschätzen können – mit Sicherheit weder in die eine noch in die andere Kategorie einordnen.[19]

an die Mišnā, daß die Milch eines זכר [*zakhar*: Mann] rein sei – dieser Fall käme zwar selten vor, sei aber innerhalb der Naturgesetze vorgesehen. Es würde sich nach dieser Auffassung um ein typisches Konstellationswunder handeln. Eine ältere Tradition (Šabbāṯ 53 [b]) berichtet den Fall ohne Anwendung auf eine bestimmte historische Persönlichkeit. Hier wird ohne weiteres vorausgesetzt, daß es sich um ein Wunder (נס [*nes*: Wunder]), eine Durchbrechung der Naturgesetze handelt. Während aber R. Joseph[39] die Frömmigkeit des Mannes bewundert, für den Gott sogar ein Wunder geschehen läßt, verdammt אביי[40] den Mann, für den Gott sogar ein Wunder geschehen lassen muß. Bei אביי liegt also eine höchst eigentümliche Auffassung des Wunders vor: Das irrationale Wesen des Wunders und die Möglichkeit seines Vorkommens wird zugegeben, sein Wert aber aus ethischen Gründen in Abrede gestellt. Dies ist in einer Auffassung begründet, die das Irrationale zwar nicht leugnet, aber das Rationale als das allein Wertvolle hingestellt wissen will.

19 Die katholischen Dogmatiker, für die die Möglichkeit des Wunders infolge der Tatsache, daß die Bibel Wunder berichtet, nicht zur Diskussion steht (vgl. den Satz aus dem Vaticanum: „s. q. d., miracula nulla fieri posse, proindeque omnes de iis narrationes, etiam in sacra Scriptura contentas, inter fabulas vel mythos ablegandas esse: aut miracula certo cognosci nunquam posse nec iis divinam religionis christianae originem rite probari; anathema sit.“ – Denzinger, Enchiridion symb., Nr. 1813),[41] für die es also lediglich darauf ankommt, das Wunder gegenüber

[39] Joseph bar Chijja (gest. 333) war ein amoräischer Gelehrter und u. a. Lehrer von Abaje.

[40] Abaje (278–338) war ein angesehener Amoräer, der die Akademie im babylonischen Pumbedita leitete.

[41] »Wer sagt, es könnten keine Wunder geschehen und daher seien alle Erzählungen darüber – auch die in der Heiligen Schrift enthaltenen – unter die Fabeln oder Mythen zu verweisen; oder Wunder könnten niemals sicher erkannt werden und

nicht wunderbaren Ereignissen abgrenzend zu definieren, pflegen das Wunder als opus sensibile [fühlbares Werk], insolitum [seltsam, ungewöhnlich], divinitus factum [göttliche Handlung] zu bezeichnen und geben damit in der Tat erschöpfend wieder, was das Wunder für den Wundergläubigen als solches konstituiert: das erkennbare, ungewöhnliche, unerwartete Eingreifen einer transzendenten Macht. Das Wunder ist *erkennbar*; ob es erkannt *wird*, ist für seinen Wundercharakter ohne Bedeutung. – Von einem anderen Aspekte aus wird für Stavenhagen[42] (Die Idee des religiösen Wunders, Zeitschrift für Theologie und Kirche 1928) die Frage nach der metaphysischen Möglichkeit des Wunders irrelevant, denn er sieht als das Entscheidende für den Wundercharakter eines Ereignisses nicht den Umstand an, ob die Gesetze der Natur durchbrochen werden oder nicht, sondern ob in ihm die direkte Bezogenheit auf einen transzendenten Urheber *erkannt* wird. Damit wird das Wunder als erkenntnismäßige, nicht als metaphysische Kategorie erfaßt, was für den Wundergläubigen zweifellos einen Abstrich an der Realität des Wunders bedeutet. – W. Hunzinger,[43] Das Wunder, Leipzig 1912, dagegen hält an dem objektiven Charakter des Wunders gegenüber aller Subjektivierung und Psychologisierung fest, indem er versucht, das Wunder dadurch dem „wissenschaftlichen Weltbild" einzugliedern, daß er das „Übernatürliche" in den Kreis des „natürlichen Kausalzusammenhanges" einbezieht, der ja, wie die Tatsache der Beeinflussung des „kausal-mechanischen Naturzusammenhanges"[44] durch den menschlichen Willen beweist, geistigen Motiven zugänglich ist. Während also Stavenhagen einen Abstrich an der Realität des Wunders macht, nimmt ihm Hunzinger seine Transzendenz. – Walter Künneth,[45] Das Wunder als apologetisch-theologisches Problem, Gütersloh 1931, versucht allen Nachdruck auf den transzendenten Charakter des Wunders, auf sein Gottgewirktsein zu legen, verzichtet aber trotzdem nicht auf seine Eingliederung in

durch sie werde der göttliche Ursprung der christlichen Religion nicht zurecht bewiesen: der sei mit dem Anathema belegt.« Zit. n. Felix Senn, Verantwortet glauben. Fundamentaltheologie, Zürich 2016, 276. Der Satz ist dem *Dei Filius* des Ersten Vatikanischen Konzils (1865) entnommen.

[42] Kurt Stavenhagen (1884–1951) war ein deutsch-lettischer Philosoph. 1921 zählte er zu den Mitgründern des Herder-Instituts in Riga.

[43] Der protestantische Theologe August Wilhelm Hunzinger (1871–1920) bekleidete Professuren in Leipzig und Erlangen.

[44] Gulkowitsch zitiert mit leichten Abweichungen aus August Wilhelm Hunzinger, Das Wunder. Eine dogmatisch-apologetische Studie, Leipzig 1912, 18 (»wissenschaftlichen Betrachtungsweise«), 26, 32 (»natürlichen Zusammenhang«), 102.

[45] Der protestantische Theologe Walter Künneth (1901–1997) habilitierte sich 1930, gehörte während des Nationalsozialismus der Bekennenden Kirche an und lehrte ab 1946 an der Universität Erlangen.

|31| Nach ihrer literarischen Form kann man die Wundergeschichten in zwei Gruppen einteilen: solche, die nur aus einem Motiv bestehen, und ausgeführte Geschichten, in denen neben dem Wunder als Hauptmotiv noch eine Reihe anderer Motive zur Ausschmückung der Erzählung vorhanden sind. Die im Talmud überlieferten Geschichten zeichnen sich durch Kürze und Präzision aus, während die länger ausgeführten meist aus dem Mittelalter stammen. Die weitere Ausgestaltung der Geschichten beruht vor allem auf der Verwendung von Materialien und technischen Kunstgriffen, die aus dem Märchen stammen.[20] |32| Dies wird an Hand

das wissenschaftliche Weltbild. Auch für ihn ist |31| das Wunder divinitus factum und insolitum: es ist eine „besondere Heraussetzung und Ausprägung des ursprünglichen Wundercharakters des Weltganzen", es würde nicht eintreten ohne die „spezielle Weltwirksamkeit Gottes". Aber diese Dynamik des „Wunderaktes" wirkt sich innerhalb des lückenlosen Kausalzusammenhanges durch immanente Faktoren aus, und dieses Geschehen kann und muß dem – nach Künneths Auffassung rein empirisch gewordenen – Naturgesetze, *dies* modifizierend, eingegliedert werden.[46] Die Auffassung Künneths enthält, abgesehen von dem Axiom der empirischen Entstehung einer wissenschaftlichen Weltanschauung, eine eingeschlichene Prämisse in der Trennung der transzendent verstandenen Dynamik des Wunderaktes von seinem gegenständlich gewordenen Niederschlag im Immanenten. Wichtiger und wesentlicher an den Ausführungen Künneths ist seine Auffassung des Wunderproblems als eines speziell theologischen Problems: Nur in Verbindung mit der Gottesfrage ist die Wunderfrage überhaupt diskutierbar.[47]

Die Frage, ob Wunder metaphysisch möglich und wie sie dies seien, ist wohl kaum wissenschaftlich lösbar, ihre Entscheidung für unsere Untersuchung auch nicht wesentlich, da der Kreis von Menschen, deren geistige Haltung hier dargestellt werden soll, das Vorhandensein von Wundern ohne weiteres voraussetzte, indem er solche von seinen Glaubenshelden berichtete; wichtig für uns ist lediglich, was wir bei der Auswahl des Stoffes als Wunder verstehen wollen, wobei es sich empfiehlt, sich der Definition der katholischen Dogmatiker anzuschließen.

20 Die Wundergeschichte ist nicht identisch mit dem Märchen, auch keine Untergruppe der Märchen, sondern aus ganz anderen Voraussetzungen hervorgegangen. Die Wundergeschichte behauptet, einmal „geschehen" zu sein, sich im Rahmen dieser irdischen Daseinsform zugetragen zu haben. Sie will „geglaubt" werden. Nicht so das Märchen. Seine Wirklichkeit hat ihr eigenes Gesetz. Es ist

[46] Walter Künneth, Das Wunder als apologetisch-theologisches Problem, Gütersloh 1931, 19, 15, 20.

[47] Ebd., 9.

nicht ein Ausschnitt aus der realen Welt, sondern eine Welt für sich, wie besonders Jolles (Einfache Formen …, S. 218 ff.) betont hat. Die eigentümliche Stellung des Märchens gegenüber der Welt beruht darauf, daß es ursprünglich Symbolcharakter hatte und zur metaphysischen Erklärung für Art und Wesen der Welt diente. Aber das Märchen blieb auch dann noch lebendig, als die Metaphysik andere Wege einschlug. Es entwickelte sich innerhalb seiner eigenen Gesetze weiter. Seine *Einzelzüge* verloren sehr oft den Symbolcharakter ganz. Eine gewisse symbo- |32| lische Bedeutung aber bleibt dem echten Märchen stets erhalten, wenn sie auch nur noch latent vorhanden ist. Was Kahlo[48] in seinem Artikel „Entstehung der Sagen- und Märchenmotive" (Handwörterbuch des deutschen Märchens I, 554 ff.) an der mythischen Deutung der Märchenmotive ablehnt, trifft nicht die Deutung an sich, sondern eine Methode, die sich erstens unberechtigterweise auf den germanischen Kulturkreis einschränkte und zweitens eine im Prinzip richtige Auffassung dadurch ad absurdum führte, daß sie diese nicht etwa auf das Märchen als Ganzes und den Gesamtcharakter seiner Motive anwendete, sondern jeden einzelnen Zug auf mythischen Ursprung zurückführte. Die Erweiterung der mythischen Märchendeutung über einen speziellen Kulturkreis hinaus, die identisch ist mit der Annahme, daß das Märchen in seinen Ursprüngen einer früheren Kulturstufe angehört, als die mythische Deutung annahm, führt zu einer Deutung des Märchenursprungs, die sich mit dem Hinweis Kahlos decken dürfte, daß das Märchen auf animistische Vorstellungen zurückgeht. Daß neben den normalen auch abnorme Seelenzustände wie Traum und Rausch sowohl bei der Entstehung der Märchenmotive mitgewirkt haben, zumal ja der „Primitive" zwischen normalen und anormalen Seelenzuständen nicht scheidet, als auch bei der Weiterentwicklung der Motive wirksam gewesen sind, worauf Kahlo hinweist, dürfte durchaus den Tatsachen entsprechen. Doch spürt man bei Kahlo die Neigung, das im Prinzip Zutreffende auf Einzelfälle anzuwenden, womit er in denselben Fehler verfällt, den er an den Vertretern der mythischen Deutung kritisiert. Die Definition des Märchens in den Anmerkungen zu den Kinder- und Hausmärchen der Brüder Grimm (neu bearbeitet von J. Bolte und G. Polívka, Band IV, Leipzig 1930, S. 4) bezieht sich einseitig auf die *in der Gegenwart dominierenden* Wesenszüge des Märchens: „Unter einem Märchen verstehen wir seit Herder und den Brüdern Grimm eine mit dichterischer Phantasie entworfene Erzählung besonders aus der Zauberwelt, eine nicht an die Bedingungen des wirklichen Lebens geknüpfte wunderbare Geschichte, die hoch und niedrig mit Vergnügen anhören, auch wenn sie diese unglaublich finden." Vergl. dagegen Baumgartner, Die Religion in Geschichte und Gegenwart², Band III, Sp. 1824 ff. (Artikel: Märchen, I. Allgemein).

[48] Gerhard Kahlo (1893–1974) war Sprachwissenschaftler und Schriftsteller.

der Einzelerzählungen noch dargelegt werden.[49] Die Trennung des Urbestandes einer Erzählung von novellistischen Ausschmückungen ist für unsere Untersuchung deshalb von Bedeutung, weil diese sekundären Erweiterungen für die Charakteristik des in der Erzählung geschilderten Ḥāsīd-Typus weniger maßgebend als die ursprüngliche Fassung sind, wenn wir auch annehmen können, daß sie, solange der Begriff noch lebendig ist, diesem nicht gerade widersprechen werden.

Die für unsere Untersuchung entscheidende Arbeit an dem vorliegenden Material wird darin bestehen müssen, daß wir jede einzelne Erzählung daraufhin analysieren, welches die darin vertretene Auffassung vom Wesen eines Ḥāsīd ist. Durch Ver- |33| gleichung der einzelnen Erzählungen kann daraufhin klargestellt werden, welches die überall vorhandene Grundbedeutung ist und worin die Abweichungen bestehen, die in den einzelnen Erzählungen hervortreten. Denn das Eigenleben eines Begriffes bedingt eine fest umgrenzte Bedeutungssphäre, da es einem radikalen Bedeutungswandel, d. h. einem Übergang in eine heterogene Bedeutungssphäre, den Widerstand einer lebendigen Individualität entgegensetzen muß. Andererseits ermöglicht die Lebendigkeit des Begriffes eine Beweglichkeit der Bedeutungsnuancen innerhalb der feststehenden Bedeutungssphäre in der Form, daß bald diese, bald jene Nuance überbetont wird.[21]

21 Wenn wir annehmen, daß das Gebiet, innerhalb dessen die Nuancen schwanken, so groß ist, daß es auch das Gegenteil des Begriffs mit umfaßt, so gelangen wir zur Theorie vom Sinn und Gegensinn (vgl. Carl Abel, Über den Gegensinn der Urworte, Leipzig 1884; E. Landau, Die gegensinnigen Wörter im Alt- und Neuhebräischen sprachvergleichend dargestellt, Berlin 1896 und Armin Blau, Über den Gegensinn der Worte im Hebräischen, in: Jüdische Studien (Festschrift für Wohlgemuth), Frankfurt 1928, S. 160 ff.).[50] Doch ist diese Theorie gerade in

[49] Hier nicht wiedergegeben. Vgl. Gulkowitsch, Die Bildung des Begriffes Ḥāsīd I [1. Teil], 47, 53 f., 72, 79.

[50] Arnim Blau knüpft bei seiner psychologischen Erklärung des Gegensinns von Wörtern an Sigmund Freuds These von den ambivalenten Gefühlsregungen an, der zufolge jede Seelenregung aus zwei entgegengesetzten, sich bekämpfenden Polen bestehe. Gegentriebe sieht er vor allem im Bereich des Moralisch-Religiösen. Die Auflistung der Gegenworte im Arabischen durch den Altphilologen Carl Abel (1837–1906) ergänzte Blau um eine Liste von hebräischen Substantiven, Verben und Adjektiven. Armin Blau, Über den Gegensinn der Worte im Hebräischen, in: Jüdische Studien. Joseph Wohlgemuth zu seinem sechzigsten Ge-

ihrer Anwendbarkeit auf das Hebräische sehr problematisch. Die aus dem Alten Testament angeführten Beispiele gestatten meistens auch eine andere Erklärung des Phänomens. So ist bei Farben die Subjektivität und Relativität der Farbempfindung zu berücksichtigen. Außerdem ist in vielen Fällen damit zu rechnen, daß ein Euphemismus vorliegt, so in dem Standardbeispiel, dem Gebrauch von חסד [*ḥesed*: Gnade] in Lev. 20,17[51] und Prov. 17,10[52]. Auf das Problem des Euphemismus ist die von Blau herangezogene Theorie Freuds von der Ambivalenz der Gefühle sehr wohl anwendbar.[53] Dies ist aber zunächst ein psychologisch bedingter religiös-kultischer Vorgang, der für die Sprachgeschichte erst dadurch bedeutsam wird, daß der euphemistische Gebrauch eines Wortes so überhandnehmen kann, daß er den eigentlichen Gebrauch überwuchert und sich damit seines euphemistischen Charakters entäußert. Das Ergebnis dieses Vorgangs bedeutet jedoch ein *Umschlagen* des Sinnes in den Gegensinn, nicht aber ein gleichzeitiges Erfassen von Sinn und Gegensinn. Die angeführten Verbalbeispiele den Sinn des Piʿēl[54] betreffend weisen auch nur auf ein verwandtes Problem hin: auf das Problem des Gegensinns einer *Aktionsart* gegenüber der anderen, sie betreffen demnach zunächst nicht den konträren Gebrauch eines Begriffes an sich. Wenn sich also auch die angeführten Fälle z. T. auf Grund anders gearteter Erwägungen erklären lassen, so liegt doch der Theorie von Sinn und Gegensinn die zweifellos richtige Einstellung zugrunde, daß die sprachlichen Phänomene von der psychologischen Seite her betrachtet werden müssen, wenn ihre Erklärung versucht werden soll, und daß rein sprachliche Methoden, die in den angeführten Fällen sich damit begnügen müssen, zufällig gleichlautende Wortstämme verschiedener Herkunft und Bedeutung anzunehmen, zu keiner befriedigenden Lösung führen können.

---

burtstage von Freunden und Schülern gewidmet, Frankfurt a. M. 1928, 160–176, bes. 166–168. Blau (1877–1946) war ein aus Ungarn gebürtiger, promovierter Oberlehrer an einer Hamburger Talmud-Tora-Realschule. Jürgen Sielemann, Quellen zur jüdischen Familiengeschichtsforschung im Staatsarchiv Hamburg. Ein Wegweiser für die Spurensuche, Hamburg 2015, 132–149.

[51] Dort wird jemand, der die Scham seiner Schwester sieht, als *ḥesed* – (fromm, tugendhaft) – bezeichnet, obwohl das Gegenteil gemeint ist.

[52] Die Stellenangabe ist fehlerhaft, da dieser Vers das Wort *ḥesed* nicht enthält. Vermutlich ist Prov 14,34 gemeint, wo es gleichfalls als »Schande« oder »Schmach« zu verstehen ist.

[53] Sigmund Freud, Über den Gegensinn der Urworte [1910], in: ders., Studienausgabe, Bd. 4: Psychologische Schriften, hg. von Alexander Mitscherlich/Angela Richards/James Strachey, Frankfurt a. M. 1970, 227–234.

[54] *Piʿel* ist die Bezeichnung einer hebräischen Konjugation, die resultativ bzw. faktitiv/sukzessiv verwendet wird.

|34| Unserem Einteilungsprinzip nach sachlichen Gesichtspunkten entsprechend werden auch die einzelnen Wundergeschichten nicht chronologisch geordnet werden, was schon deshalb schwierig wäre, weil das Alter der meisten Erzählungen ein Problem ist, das erst einer Behandlung nach inhaltlichen Kriterien bedarf. Wir werden deshalb die Erzählungen danach ordnen, welche Rolle das Wunder jeweils in ihnen spielt.

[...]

4. Die Bildung des Begriffes Ḥāsīd I [2. Teil]

Der hier abgedruckte Text erschien erstmals 1940 als 54 Seiten umfassender Band in der Schriftenreihe der Universität »Acta et Commentationes Universitatis Tartuensis (Dorpatensis)«, Nr. B XLVI.5, und bildet zugleich den neunten Band der Reihe »Acta Seminarii Litterarum Judaearum Universitatis Tartuensis«. Die Herstellung übernahm die Buchdruckerei K. Mattiesen, Tartu. Auf Seite 6 findet sich die Widmung »Dedicated to Paul Goodman«.[1] *Die Schrift wird in Auszügen wiedergegeben (Originalpaginierung 49–53).*

Bei dem hier präsentierten Text handelt es sich um den zweiten Teil von Die Bildung des Begriffes Ḥāsīd in der Gattung der Maʿaśijjōt.[2] *Der erste Teil erschien 1935 (Text 3). Beide Texte waren Bestandteil von Gulkowitschs umfassenden Untersuchungen zum Chassid-Begriff (siehe die Einleitung zu diesem Band, 46).*

Das hier nicht wiedergegebene Kapitel 1 von Text 4 ist eine Überarbeitung der 1939 erschienenen Studie Das Charisma des Gebetes um Regen nach der Talmudischen Tradition. Ein Beitrag zur Erfassung des religiösen Volkslebens in der Zeit Jesu *(Acta et Commentationes Universitatis Tartuensis (Dorpatensis) B XLVI.4/Acta Seminarii Litterarum Judaearum Universitatis Tartuensis 8).*

Der Band enthält auf Seite 54 die folgende Inhaltsübersicht (hier mit Originalpaginierung wiedergegeben):

[1] Paul Goodman (1875–1945) war ein in Dorpat geborener britischer Zionist und Historiker. Er gehörte einem englischen Unterstützungskomittee für die Gründung des Lehrstuhls für jüdische Studien in Tartu an, auf den Gulkowitsch Anfang 1934 berufen wurde. Põldsam, Lazar Gulkowitsch. Eine vergessene Stimme, 70.

[2] Nõmmik, Die Bibliographie von Lazar Gulkowitsch, 146, Fn. 34.

Die Bildung des Begriffes Ḥāsīd in der Gattung der Maʿaśijjōt.[3] [2.] Ḥāsīd und Gebet

[…]

Zusammenfassung

Wenn man das Material betrachtet, das sich für die Frage der Stellung des Ḥāsīd zum Gebet aus den Ḥāsīd-Geschichten ergibt, dann fällt zunächst auf, wie uneinheitlich und wie wenig typisch dieses Material ist. Es macht sich zwar eine Tendenz geltend, den Ḥāsīd mit dem charismatischen Beter zu identifizieren (vgl. die Ḥōnī-Erzählungen auf S. 9 f., und S. 16).[4] Aber durchgesetzt hat sich diese Tendenz nicht. Denn beide Geschichten werden auch unter dem Namen Ḥōnīs und unter dem seines Enkels Abbā Ḥilḳījjā[5] überliefert, und zwar ist die namentliche Überlieferung die jüngere. Es war hier also nicht so, daß alte, unter einem Namen überlieferte Geschichten schließlich unter einem Gattungsbegriff tradiert wurden, während der Name verloren ging, ein literarischer Vorgang also, wie er sich bei der von Nissim[6] ohne Namen überlieferten Geschichte, die ursprünglich von Abbā Jūdān[7] (Ḥāsīd und Wunder, S. 35. ff.) berichtet

[3] Siehe Text 3, Fn. [2].

[4] Hier nicht wiedergegeben. Von dem tannaitischen Gelehrten Ḥoni ha-Me'aggel (Choni der Kreiszieher; 1. Jh.) werden im Talmud Wundertaten überliefert, die spätere Autoren kommentierten und weiterentwickelten. So war er für seine Fähigkeit bekannt, Regen herbeirufen und sogar dessen Stärke beeinflussen zu können. Gulkowitsch verfolgt die Legenden um Ḥoni und dessen Familie durch die jüdische Traditionsliteratur und analysiert die Entwicklungen dieses „charismatischen Beters" im kulturhistorischen Kontext. Lazar Gulkowitsch, Die Bildung des Begriffes Ḥāsīd I [2. Teil]. Die Bildung des Begriffes Ḥāsīd in der Gattung der Maʿaśijjōt. [2.] Ḥāsīd und Gebet, Tartu 1940, 8–25.

[5] Abba Chilkija (1./2. Jh.) war ein tannaitischer Gelehrter. Wie seinem Großvater wurden ihm im Talmud magische Fähigkeiten, etwa das Herbeiführen von Regen durch ein Gebet, zugeschrieben.

[6] Zu Nissim ben Jakob siehe Text 3, Fn. [24]; Gulkowitsch, Die Bildung des Begriffes Ḥāsīd I [1. Teil], 35–54; ders., Die Bildung des Begriffes Ḥāsīd I [2. Teil], 41.

[7] Der Gelehrte Abba Judan (2. Jh.) aus Antiochien ging aufgrund einer Midrasch-Überlieferung (Levitikus Rabba 5) als *ḥasid* in die jüdische Traditionsliteratur ein. Vollkommen verarmt veräußerte er die Hälfte seines letzten Ackers, um den

wurde, abgespielt hat. Vielmehr hat sich hier eine Spezifizierung des Typus Ḥāsīd angebahnt, die aber nicht durchgeführt werden konnte, weil sie diesem Typus nicht entsprach. Denn die Verknüpfung des chassidischen Typus mit einem speziellen Charisma hätte mit der Zeit doch zur Bildung eines Standes von Hasīdīm geführt. Der Ḥāsīd ist eben Repräsentant des Volkes, nicht aber eines speziellen Standes. Aus demselben Grunde wurde die Erzählung von Ḥanīnā ben Dōsā und der Schlange[8] erst dann auf einen Ḥāsīd übertragen, als eine Verschiebung ihrer Tendenz eingetreten war (Ḥāsīd und Wunder, S. 64 ff.): Ursprünglich berichtete die Geschichte von einem Beter, der durch sein Gebet Wunder verrichten konnte, im Verlaufe ihrer Tradition wurde sie aber so modifiziert, daß sie nur noch von der Intensität des Gebetes handelte. Der Held der Erzählung ist nun ein Beter, dem nichts die כונה [*kawwanah*: Intention, Konzentration, Hingabe] zu rauben vermag oder auch – falls der Ḥāsīd die Schlange bemerkt hat – ein Beter, der keine der Dispensen, die das Gesetz für solche Notfälle vorsieht, für sich in Anspruch |50| nimmt. Der Ḥāsīd als charismatischer Fürbitter tritt auch in einer erst im מדרש עשרת הדברות [*Midrash 'Aseret ha-Dibbrot*: Midrasch der Zehn Gebote][9] – wenigstens in der *uns* bekannten

---

Rabbinen Geld für eine Kollekte zu geben. Letztere waren für die Großzügigkeit des Abba Judan dankbar und beteten für ihn. Dieser fand später auf dem Feld einen Schatz, der ihn zu einem reichen Mann machte. Für die Erörterung dieser Erzählung von der frühen rabbinischen Literatur bis hin zur mittelalterlichen Legendensammlung des Nissim ben Jakob vgl. Gulkowitsch, Die Bildung des Begriffes Ḥāsīd I [2. Teil], 35–68, bes. 37–41.

[8] Chanina ben Dosa (1. Jh.), ein Schüler des Tannaiten Jochanan ben Sakkai (ca. 30–90), wurde wegen seiner Wundertaten und seiner großen Frömmigkeit ins kollektive Gedächtnis des Judentums aufgenommen. Von letzterer zeugt die Legende, der zufolge Chanina ben Dosa sein Gebet auch dann nicht unterbrach, als er von einem Skorpion gestochen wurde – woraufhin nicht er, sondern der Skorpion starb (vgl. u. a. Tosefta, Berakhot 3,20; 5,1). Dem Jerusalemer Talmud (Soṭa 9,15) gemäß soll nach Chaninas Tod die Frömmigkeit aus der Welt verschwunden sein.

[9] Dieser narrative Midrasch wurde zwischen dem 7. und 11. Jh. kompiliert. Gulkowitsch beginnt das zweite Kapitel »Andere chassidische Gebetscharismata« gleichfalls mit der Diskussion der Erzählung von Chanina ben Dosa und der Schlange (Gulkowitsch, Die Bildung des Begriffes Ḥāsīd I [2. Teil], 26 f.). Anschließend führt er unterschiedliche Überlieferungen der Legende von Rabbi Reuven und dem Todesengel an; u. a. eine Variante des Midrasch der Zehn Gebote in der von Adolf Jellinek (Bet ha-Midrash. Sammlung kleiner Midraschim

Form – überlieferten Geschichte auf (s. oben S. 26 f.), in der Erzählung von R. Re'ūḇēn und seinem Sohne. Der Ḥāsīd-Charakter des R. Re'ūḇēn tritt aber im Verlaufe der Geschichte sehr zurück. Es wird auch merkwürdig wenig im Einzelnen von seinem Gebet berichtet. Er vermochte die harten Beschlüsse (גזרות [*gezerot*]) Gottes über Israel aufzuheben. Mehr wird nicht darüber gesagt. Die ganze Sache wurde nicht mehr recht verstanden, da sich der entsprechende Ḥāsīd-Begriff nicht durchgesetzt hat, und so in der Überlieferung der Geschichte mehr und mehr vernachlässigt. Der Typus des Ḥāsīd hat sich also nicht zu einem Typus entwickelt, für den ein besonderes Gebetscharisma charakteristisch ist, obwohl Tendenzen dieser Art in der älteren Zeit vorhanden waren. Wenn überhaupt, so zeichnet sich das chassidische Gebet nur durch seine Intensität aus. Der Ḥāsīd nimmt das Gebet so ernst, wie er *jede* religiöse Pflicht nimmt.

Bei der Erfüllung dieser Pflicht macht er aber von keiner Dispens Gebrauch. Er läßt sich durch keine Lebensgefahr abschrecken. Auch in solchen Fällen nicht, wo das Gesetz eine Unterbrechung des Gebetes ausdrücklich gestattet. Die Stellung des Ḥāsīd zum Gebet ist in dieser Hinsicht nur ein Sonderfall seiner Stellung zu den religiösen Pflichten überhaupt und muß daher in den größeren Zusammenhang einer Untersuchung der chassidischen Gesetzesauffassung gestellt werden.[10]

Die Überschreitung der Grenzen des unbedingt Gebotenen macht sich auch in Bezug auf den Inhalt und die äußere Ausgestaltung des chassidischen Gebetes bemerkbar. Gott für alle irdischen Güter zu danken ist nur eine Pflicht, aber der Ḥāsīd unterzieht sich dieser Pflicht mit besonderer Freude. Jeder bittet um Erlösung aus der Not, der Ḥāsīd aber bittet noch mehr für andere als für sich selbst. Außerdem bewertet er die innere, religiöse Not höher als jedes äußere Leiden. Der Ḥāsīd dankt Gott sogar dafür, daß er ihn arm gemacht hat. Der Inhalt dieser chassidischen Gebete ist kennzeichnend für die Stellung des Ḥāsīd zum Besitz. Der Ḥāsīd ist nicht Asket. Er entledigt sich nicht seines Besitzes, denn er betrachtet ihn als Gnadengeschenk Gottes. Aber eben nur als *Gnaden*geschenk, das Gott ebenso nehmen als geben kann.

---

und vermischter Abhandlungen aus der älteren jüdischen Literatur, Bd. 1, Leipzig 1853, 62–92 [Hebr.]) edierten Fassung. Darin konnte Rabbi Reuven durch seine Fürbitte seinen Sohn vor dem ihm vorbestimmten Tod bewahren.

[10] Vgl. die Entwürfe und Notizen unter dem Titel »Ḥāsīd und Gesetz«, die sich im Nachlass Gulkowitschs finden und zu dem umfangreichen Komplex »Die Bildung des Begriffes Ḥāsīd« gehören (HRUT 47/II/14, Bl. 398–415).

|51| In der Mehrzahl der Fälle ist das chassidische Gebet Pflichtgebet insofern, als es sich um die vorgeschriebenen Gebete handelt. Aber diese Pflicht wird in einer besonderen Weise erfüllt. Abgesehen von dem Sonderfall des Gebetscharismas tritt das spontane Gebet gegenüber dem Pflichtgebet ganz zurück. Das spontane Gebet tritt aber gegebenenfalls doch auf, z. B. als Bitte oder Fürbitte in besonderen Notfällen.

Das chassidische Gebet ist ursprüngliches, schlichtes und echtes Gebet, es ist nur Bittgebet oder Dankgebet. Nur einmal tritt das mehr lehrhafte, betrachtende Gebet auf und auch hier liegt eigentlich nur eine etwas ungeschickte Erzählungstechnik vor. Die Gedanken des Ḥāsīd könnten auch anders als in einem Gebete ausgesprochen sein. Diese Art contemplatio ist durchaus nicht mystischer Natur. Das Ich des Menschen wird nicht ausgeschaltet. Der Mensch redet, nicht Gott. Jede Mystik fehlt überhaupt in den Gebeten dieser Hasīdīm: Es handelt sich nicht um ein Hinaufbeten zu Gott, um ein Schweigen in Gott, oder wie die Mystiker sonst ihre Gebete zu umschreiben pflegen, sondern um das schlichte, zuweilen einen anthropomorphen Gottesbegriff voraussetzende Gebet einer praktischen Alltagsfrömmigkeit, die freilich trotzdem sehr echt und tief sein kann.

Wenn wir das soziale Milieu betrachten, das die Mehrzahl der Ḥāsīd-Geschichten voraussetzt, so fällt uns vor allen Dingen auf, daß der Ḥāsīd sehr häufig als arm geschildert wird. Das führt zu dem Problem, ob Ḥāsīd-Sein nicht überhaupt eine Religion der Stiefkinder des Lebens ist, ob das Ideal des Ḥāsīd nicht nur ein Trost in seiner Armut ist. Dieser Zusammenhang läßt sich nicht ganz ausschließen. Jede Religion ist doch immer irgendwie eine Religion der Armen. An sich ist im Lichte der Religion Besitz nur gleichgültig. Der Fromme kann ebenso gut arm wie reich sein. Aber die Entwertung des Besitzes wird auch immer notwendig dahin mißverstanden, daß sie dem Armen sein Los erleichtern soll. Die Entwertung des Besitzes ist zweifellos ein Trost für den Armen, und so ergibt es sich von selbst, daß gerade diese Trostbedürftigen in allen Religionen die eigentlichen Träger der Frömmigkeit sind.

Ferner müssen wir bedenken, daß der Ḥāsīd als Vertreter der *Volks*frömmigkeit normaler Weise in einem geschlossenen jüdischen Kreise lebt. Diese geschlossenen Kreise des jüdischen |52| Volkes sind aber von alters her immer eine Gemeinschaft gewesen, in der die Armen so zahlreich vorhanden waren, daß sie das soziologische Bild bestimmen. Das hängt vor allen Dingen mit den strengen Forderungen der jüdischen Religion zusammen, die den Frommen im Erwerbsleben fast konkurrenzunfähig macht. Die Forderung des Thorastudiums, die Festtage, das Speisegebot zwingen ihn, täglich und stündlich die religiösen Forderungen über alle anderen Forderungen des Tages zu stellen. Wenn also der Ḥāsīd typischer Vertreter eines Frommen aus dem Volke ist, so ist er in der Mehrzahl der Fälle automatisch Vertreter eines *armen* Volkes.[1]

Diese beiden Momente wirken bestimmend auf das soziologische Milieu der Ḥāsīd-Erzählungen ein. Entscheidend dürfte aber ein anderes Moment sein, das auf einer ganz anderen Ebene liegt. Es hängt nämlich mit der Technik der Erzählung zusammen. Das Ziel der Ḥāsīd-Erzählungen ist, den Typus Ḥāsīd in seinen charakteristischen Zügen darzustellen. Der Ḥāsīd ist aber einmal seinem Wesen nach traditionell ein Mensch, der sich durch eine besondere Bescheidenheit auszeichnet. Dieser Typus läßt sich dann besonders charakteristisch herausarbeiten, wenn das geschilderte Milieu ebenfalls einen schlichten Charakter trägt. Zum anderen gilt der Ḥāsīd als ein Mensch, der die Forderungen der Frömmigkeit über alle anderen stellt. Er muß also in Situationen geschildert werden, in denen an seine Frömmigkeit die allerhöchsten Anforderungen gestellt werden. In den Geschichten, die den Ḥāsīd im Gebete schildern, tritt dieser Zug weniger hervor. Dagegen bestimmt er die Komposition vieler Ḥāsīd-Wundergeschichten. Die Not, aus der schließlich nur noch ein Wunder retten kann, wird in der Mehrzahl der Fälle dadurch hervorgerufen, daß der Ḥāsīd bedingungslos die Forderungen der Religion erfüllt. Dies ist in einem Milieu der Armut besonders leicht darstellbar. Noch deutlicher tritt dies hervor, wenn man das Verhältnis des Ḥāsīd zur Forderung des Almosengebens betrachtet. Gerade, wenn der Ḥāsīd sein Letztes als Almosen hingibt, wird eine erzählungstechnische Basis geschaffen, von der aus eine

1 Eine Ausnahme macht in dieser Hinsicht das Milieu der Erzählungen bei Al-Nakawa. Diese Erzählungen stammen aus dem Milieu der spanischen Judenheit vor den großen Verfolgungen, also aus einem Milieu, in dem auch weitere Volkskreise relativ wohlhabend waren.[11]

---

[11] Der aus Toledo stammende Israel ben Joseph Al-Nakawa (gest. 1391) ist für seine ethischen und poetischen Schriften bekannt. In seinem umfangreichen ethischen Werk *Menorat ha-Ma'or* (Der lichtspendende Leuchter) sammelte er aggadisches, d. h. narratives, legendenhaftes, sowie halachisches Material, das sich mit Themen wie dem Gebet, der Wohltätigkeit, der Demut oder der Buße befasst. Gulkowitsch schöpft für seine Argumentation aus diesem Werk, dessen einzige vollständig überlieferte Fassung (Bodleian Library, Oxford, Ms. Opp. 146) von dem Rabbiner Hyman G. Enelow in vier Bänden von 1929–1932 herausgegeben wurde.

Handlung ge- |53| staltet werden kann, die die exemplarische Frömmigkeit des Ḥāsīd darstellt.[2]

Das Milieu der Ḥāsīd-Geschichten ist also ein Ergebnis erzählungstechnischer Notwendigkeit. Die Erzählungen wurden dadurch pointierter, daß sie in den Kreisen der Armen und Ärmsten spielten. Der Ḥāsīd als solcher ist aber nicht Repräsentant dieser Volksklassen, er ist Repräsentant des ganzen Volkes. So gibt es kein typisch chassidisches Milieu. Der Typus Ḥāsīd ist weder milieubildend noch Ergebnis des Milieus. Der Begriff des Ḥāsīd war von Anfang an zwar ein soziologischer Begriff, er war aber nicht ein klassen- oder standesbildender Begriff. Er war stets zugleich religiöser Begriff. Die jüdische Religion aber ist eine Volksreligion *κατ' ἐξοχήν* [*kat' exochēn*: schlechthin]. Der Repräsentant der jüdischen Religion ist zugleich Repräsentant des Volkes. Im Typus des Ḥāsīd schuf sich die jüdische Religion, und zwar die gelebte Religion und nicht die Theologie, ein Symbol ihres Seins. Der Ḥāsīd symbolisiert nicht eine einzelne Form, in der jüdische Religion Geschichte werden kann, er symbolisiert vielmehr die jüdische Religion, wie sie ihrer Idee nach ist. Der Ḥāsīd ist das Wunschbild des jüdischen Frommen. So möchte er sein und so sollte nach seiner Meinung ein frommer Mensch beschaffen sein. Der Ḥāsīd repräsentiert nicht irgendeine überspitzte religiöse Forderung. Der Geist, in dem dieser Typus geschaffen wurde, hält sich überhaupt sehr fern von Polemik. Der jüdische Fromme möchte und sollte nicht nur so sein wie ein Ḥāsīd, sondern er kann auch so sein. Der Begriff des Ḥāsīd tendiert also auch in religiöser Hinsicht nicht auf Absonderung einer Gruppe von Auserwählten, ebenso wenig wie er in soziologischer Hinsicht auf Ausbildung eines geschlossenen sozialen Kreises hin tendiert. Der Ḥāsīd ist durchaus Typus, und als solcher Symbol, nicht eine konkrete einzelne Gegebenheit. Er ist das religiöse Ideal eines Volkes, nicht einer Klasse und auch nicht das individuelle religiöse Ziel einzelner Frommen.

2 Die Forderung des Almosengebens ist eine so zentrale Forderung in der jüdischen Religion und entspricht so sehr dem Grundtypus chassidischer Frömmigkeit, die eine praktische Frömmigkeit ist, daß aus dieser religiösen Forderung und der Problematik, die sie enthält, ein ganzer Typus, von Ḥāsīd-Geschichten entstanden ist. Diese Ḥāsīd-Geschichten sollen in einer besonderen Studie behandelt werden.[12]

[12] Vermutlich meint Gulkowitsch hier seine unveröffentlicht gebliebene Untersuchung »Ḥāsīd und Ṣedāḳā« (HRUT 47/II/14; 487 Bl., Bl. 347–397).

5. Das kulturhistorische Bild des Chassidismus

Der hier abgedruckte Text wurde 1938 publiziert, der 104 Seiten umfassende Band erschien in der Schriftenreihe der Universität »Acta et Commentationes Universitatis Tartuensis (Dorpatensis)«, Nr. B XLIII.3, und bildet zugleich den siebten Band der Reihe »Acta Seminarii Litterarum Judaearum Universitatis Tartuensis«. Die Herstellung übernahm die Buchdruckerei K. Mattiesen, Tartu. Der Text wird hier in Auszügen wiedergegeben (Originalpaginierung 4–29 und 62–67).

Die Seiten 102–104 enthalten ein ausführliches Inhaltsverzeichnis, von dem hier nur die ersten beiden Überschriftenebenen mit der Originalpaginierung angeführt werden:

|4| Franz Boas. In Dankbarkeit und Verehrung zugeeignet[1]

|5| I. Das kulturelle Problem des Chassidismus

Wenn der Chassidismus unter einem kulturhistorischen Gesichtspunkte betrachtet werden soll, so setzen wir voraus, daß der Chassidismus den Prototyp des Phänomens, das wir mit dem Namen *Kultur* zu bezeichnen pflegen, aufzuzeigen vermag. Was aber ist die Kultur, in deren Geschichte der Chassidismus eine Phase darstellt? Der Begriff der Kultur wurde vor allem von einer romantisch eingestellten Philosophie aus dem Begriff der Natur zu entwickeln versucht. So wurde die Kultur aufgefaßt als die letzte Blüte der sich entfaltenden Natur, oder sie wurde dargestellt als Feind und Überwinder der Natur. Wenn wir das Verhältnis zwischen Natur und Kultur von der Natur aus betrachten, zeigt sich uns das eindeutige Bild einer vollkommenen Indifferenz. Natur fördert oder zerstört Kultur niemals

[1] Der deutsch-jüdische Ethnologe, Sprachwissenschaftler, Geograf und Anthropologe Franz Boas (1858–1942) gilt nicht zuletzt aufgrund seiner Feldforschungen, u.a. bei den Kwakiutl in Kanada als Wegbereiter der *Cultural Anthropology*. Nachdem er in Kiel promoviert (1881) und sich in Berlin (1885) habilitiert hatte, siedelte er 1886 in die Vereinigten Staaten über. John M. Efron, Anthropologie, in: Diner (Hg.), EJGK, Bd. 1, 116–120, hier 116f. Die Kontakte Gulkowitschs zu Boas sind offenbar über seine aus Lettland stammende Schülerin Dina Michelsohn (gest. 1941) entstanden, die zu Boas wegen eines Stipendiums in den Vereinigten Staaten Kontakt aufnahm. Über die Bekanntschaft zwischen Gulkowitsch und Boas, die mehrere Briefe miteinander wechselten, schreibt Anu Põldsam: »Boas erwähnt in seinem Brief von 1936, dass Frau Michelson [sic] ihm gut bekannt sei. Außerdem weiß man, dass Boas' Schwiegersohn Nicholas Michelson hieß. Ob es sich dabei um einen Verwandten von D. Michelsohn handelte, ist wegen der fehlenden Quellenmaterialien gewiss schwer zu sagen, doch irgendwelche Verbindungen zu Estland musste er haben, da er 1937 Tartu besuchte und dort auch Gulkowitsch traf.« Põldsam, Lazar Gulkowitsch. Eine vergessene Stimme, 80, Fn. 316. Im September 1937 wandte sich Gulkowitsch mit der dringenden Bitte an Franz Boas, seine Forschungen zu unterstützen (Text 7). Schließlich lud Boas Gulkowitsch für eine Vorlesungsreihe vom 1. Dezember 1938 bis zum 15. Februar 1939 an die Columbia University in New York. Offenbar auch als Ausdruck seiner Dankbarkeit widmete ihm Gulkowitsch *Das kulturhistorische Bild des Chassidismus*. Vgl. auch Põldsam, Lazar Gulkowitschs Streben nach dem Ideal der Wissenschaft des Judentums.

systematisch. Zerstörende Naturereignisse treffen rein zufällig die Stätten der Kultur, die schöpferischen Kräfte der Natur gehen rein zufällig zuweilen einen Weg, der die Kultur ihrem Ziele ein Stück näherbringt. Diese Indifferenz des einen Faktors macht die Ableitung des Begriffes Kultur aus der Beziehung zwischen Kultur und Natur schon im Ansatz unfruchtbar. Der Begriff der Kultur läßt sich nur herleiten aus dem Begriffe des Geistes, mag hier nun stärkerer Nachdruck auf die metaphysische Komponente gelegt werden (E. v. Hartmann, Eucken),[2] oder mag stärker das Moment des Wertes betont werden (Windelband, Logos I (1910/11), S. 186 ff.).[3] Die Kultur ist schöpferisches Erzeugnis des Geistes, Gestaltung eines Ungestalteten. Diese ungestaltete Materie kann man mit Natur bezeichnen. Sie ist wie jede Materie teils adäquat, teils spröde, aber doch gestaltbar, teils entzieht sie sich jeder Gestaltung.

Das Ergebnis der Gestaltung, eben die Kultur, weist in seiner Struktur eine Hierarchie der Formen auf. Die Betrachtung der Kultur auf ihre Struktur hin hat sich bisher auf diejenigen Formen beschränkt, die Gegenstand der Soziologie sind, d. h., sie hat diejenigen Formen untersucht, die den äußersten Rahmen |6| darstellen, die am weitesten von der gestaltenden Kraft entfernt sind. Diejenigen Formen, die der gestaltenden Kraft am nächsten stehen, die sich direkt aus ihr herausgestalten, sind die Begriffe und ihre Formen, die Sprache. Sowohl eine Untersuchung dessen, was Kultur im Prinzip ist, als auch die Untersuchung eines einzelnen kulturellen Phänomens kann darum nicht verzichten auf eine Untersuchung der sprachlichen Komponente, da in der Sprache – metaphysisch nicht historisch betrachtet – der Ausgangspunkt aller kulturellen Gestaltung liegt. Die Begriffe, die sich in der Sprache manifestieren, machen das Wesen der Kultur und das Wesen einer Kultur aus. Die soziologischen Formen sind nur Folgeerscheinungen, und zwar notwendige Folgeerscheinungen der inneren und geistigen Struktur, die in der Sprache ihren Ausdruck findet und der wir nur in der Sprache näherkommen. So ist die Begriffswelt des

---

[2] Eduard von Hartmann (1842–1906) verstand seine *Philosophie des Unbewußten* (Berlin 1869) ebenso als Metaphysik wie sich Rudolf Euckens Schriften nach der Jahrhundertwende entsprechend einordnen lassen (etwa *Der Sinn und Wert des Lebens*, Leipzig 1908).

[3] Der Philosoph Wilhelm Windelband (1848–1915) gilt als Begründer der Südwestdeutschen Schule des Neukantianismus. Wilhelm Windelband, Kulturphilosophie und transzendentaler Idealismus, in: Logos. Internationale Zeitschrift für Philosophie der Kultur 1 (1910/1911), 186–196.

Chassidismus *realiter* Ursache und Ausgangspunkt seiner soziologischen Formen, und ihre Erkenntnis ist die einzige Möglichkeit, das Wesen der soziologischen Formen zu erklären, in denen der Chassidismus Geschichte wurde. Der Bestand einer Kultur an Begriffen und die Geschichte dieser Begriffe machen Wesen und Geschichte der betreffenden Kultur aus. So ist die Geschichte einer Kultur immer Geistesgeschichte, und zwar die Geschichte eines spezifischen Geistes. Wenn wir den Chassidismus als kulturelles Problem untersuchen wollen, so können und müssen wir zwar von der soziologischen Gestalt des Chassidismus ausgehen und zu ihr zurückkehren, aber diese soziologische Gestalt erschließt sich unserem Verständnis nur dann, wenn wir sie aus der Begriffswelt verstehen, die ihr Wesen ausmacht, und nur so erschließt sich uns das Wesen des Chassidismus als Prototyp dessen, was wir Kultur nennen.

Rudolf Eisler,[4] Grundlagen der Philosophie des Geisteslebens, S. 166 f., betrachtet als ideale Kultur die harmonische Kultur ohne jede Einseitigkeit. Eine solche Kultur ist das Ziel der kulturellen Entwicklung und dieses Ziel wird nach Eisler dadurch erreicht, daß die Kultur jede Einseitigkeit von sich aus wieder reguliert. Eine solche harmonische Kultur mag als Idealbegriff der Kultur gelten. Die historisch vorhandenen Kulturen gestalten sich nach einem anderen Prinzip: Jede Kultur enthält ein prävalierendes Moment, das ihren Typus bestimmt. So gibt es Kulturen von religiösem, von wirtschaftlichem, von künstle- |7| rischem, von rechtlich-politischem Typus. Das prävalierende Moment wirkt sich erstens darin aus, daß das für die betreffende Kultur typische Lebensgebiet in besonders reicher, vielseitiger und intensiver Weise ausgestaltet wird. Zweitens zeigt sich das vorherrschende Moment darin, daß alle anderen Lebensgebiete von dieser Seite her aufgefaßt werden. Eine wissenschaftlich eingestellte Kultur wird Religion, Kunst, Politik, Recht, Wirtschaft, Strategie von der wissenschaft-

[4] Der österreichische Philosoph Rudolf Eisler (1873–1926) wirkte als Privatgelehrter, da ihm aufgrund seiner jüdischen Herkunft eine Professur verwehrt blieb. Sein begriffsgeschichtlich angelegtes *Wörterbuch der philosophischen Begriffe. Historisch-quellenmäßig bearbeitet* (Berlin 1899) erschien in mehreren Auflagen. Als Schüler Wilhelm Wundts vertrat Eisler eine psychologische und an naturwissenschaftlichen Gesetzen orientierte Sprachtheorie. Sein Wörterbuch beruhte auf einem zur Weltanschauung erweiterten Kritizismus. Das von Joachim Ritter initiierte *Historische Wörterbuch der Philosophie* (1971–2007) verstand sich in seinem Titel noch als Überarbeitung dieses Wörterbuchs. Eislers *Grundlagen der Philosophie des Geisteslebens* erschienen 1908 in der Reihe Philosophisch-soziologische Bücherei des Verlags von Dr. Werner Klinkhardt in Leipzig.

lichen Seite her anfassen. Entsprechend gestaltet eine religiöse Kultur alles unter religiösem Gesichtspunkt. Gelegentlich tritt eine Verfälschung des kulturellen Typus auf, indem das Ideal anderer Kulturen nachzuahmen versucht wird. Wenn eine Kultur von politischem Typus Auffälliges in der Geschichte erreicht, so kann dieser Typus zum Idealtypus einer ganzen Epoche werden; entsprechend verführen wirtschaftliche Erfolge einer Kultur zu einer allgemeinen Überschätzung der Wirtschaft und ihrer Bedeutung auch in Kulturen, die dazu nicht angelegt sind.

Das Judentum ist eine ausgesprochen religiös gerichtete Kultur. Es kann und darf, ohne sich selbst zu verlieren, nur unter religiöser Zielsetzung geschichtlich wirksam sein. Jede andere Zielsetzung führt aus dem Judentum heraus, führt zur kulturellen Heimatlosigkeit und damit zum Ende jeder Kultur. Politik um der Politik willen, um einer Zeitmode willen muß das echt Jüdische zerstören. Es ist die Stärke des Chassidismus, daß er das Gebiet der Religion nicht verließ. Seine Dynastien sind Dynastien geistlicher Autoritäten, nicht weltlicher Machthaber. Seine Zielsetzung war ein geistiges Israel. Ein historisch irdisches Israel kam für den Chassidismus nur als Mittel zur Verwirklichung dieses geistigen Israels überhaupt in Frage. Mit diesem geistigen Israel stand und fiel für den Chassidismus das Judentum.

Die historische Aufgabe des Chassidismus innerhalb der Entwicklung der jüdischen Kultur war, die Einheit von Gott und Welt in Lehre und Leben zu gestalten,[1] eine Aufgabe, die in monotheistischen Religionen von zentraler Bedeutung ist, da der Monotheismus immer Gefahr läuft, entweder in Pantheismus oder in Dualismus aufzugehen. Eine solche historische Auf- |8| gabe ist jeder Bewegung gestellt, sie ist das Ziel der Bewegung, der Wert, der in überwiegender, vielleicht sogar einseitiger Weise angestrebt wird. Dennoch ist dieser Wert nicht die causa prima und nicht das Agens der Bewegung. Causa prima und Agens jeder Bewegung ist ein Wille zur Kultur, zur „Erhöhung des Typus Mensch".[2] Diesen Willen können wir nur konstatieren, aber nicht in seinen Ursachen erklären. Auf die einzelnen Kulturen, in denen sich die Kultur realiter auslebt, angewandt, bedeutet dieser Wille zur Kultur den Willen zur Explikation aller in einer

1 Vgl. Lazar Gulkowitsch, Die Grundgedanken des Chassidismus als Quelle seines Schicksals (Acta Seminarii Litterarum Judaearum Universitatis Tartuensis 6 = Acta et Commentationes Universitatis Tartuensis B XLII. 1), 1937, S. 10.

2 Vgl. Rudolf Eisler, Grundlagen der Philosophie des Geisteslebens, S. 165.

Kultur gegebenen Begriffe. Im Grunde bleibt es ungeklärt, warum die Begriffe expliziert werden, warum also die einzelnen Kulturen eine Geschichte haben. Wir können nur konstatieren, daß eine solche Geschichte besteht, welches ihre Ergebnisse sind und nach welchem Gesetze die Entwicklung erfolgt. Aus welcher Ursache heraus die Bewegung des Baʿal Šēm ṭōḇ[5] entstand, entzieht sich letzten Endes unserer Erkenntnis. Wir können nur feststellen, was sie bewirkte und wie sie es bewirkte.

Eine Betrachtung des Chassidismus unter dem Gesichtspunkte kulturhistorischer Problemstellungen enthält die Aufgabe, das Phänomen des Chassidismus erstens in seiner Besonderheit, zweitens auf Grund seiner Verflechtung in den Verlauf der *jüdischen* Geistesgeschichte und drittens in seinen Beziehungen zur Geistesgeschichte überhaupt zu erfassen. Wir haben mit dieser Formulierung der Aufgabe zugleich ihre Voraussetzung konstatiert. Wir setzen voraus, daß es erstens eine jüdische Geistesgeschichte gibt, d. h., daß ein genuin jüdischer Komplex von Werten und Begriffen innerhalb einer kontinuierlichen Entwicklung zur Explikation gelangt ist, daß zweitens dieser Komplex, im Prinzip eigenständig, dennoch als Phänomen an sich den Gesetzen der allgemeinen Geistesgeschichte folgt und auch historisch betrachtet in beständiger lebendiger Wechselwirkung mit anderen Phänomenen der Geistesgeschichte steht, und daß drittens der Chassidismus eine der Formen darstellt, in denen sich diese genuin jüdischen Begriffe und Worte realisieren. Der Chassidismus ist auf dem Boden des Judentums entstanden und hat diesen niemals verlassen: So können wir, |9| vom Chassidismus ausgehend, mit einiger Sicherheit feststellen, was die genuin jüdischen Werte und Begriffe sind und worin die speziellen Nuancierungen bestehen, die den Begriffen und Worten gerade ihren jüdischen Charakter verleihen. Prinzipiell betrachtet kann uns jede Bewegung, für die dieselben Voraussetzungen: Entstehung, Auswirkung und Absterben innerhalb der jüdischen Geistesgeschichte selbst zutreffen, denselben Dienst leisten. Eine Betrachtung des Chassidismus unter diesem Gesichtspunkte verspricht aber ein besonders greifbares und verständliches Ergebnis, da der Chassidismus die letzte abgeschlossene Bewegung innerhalb der jüdischen Geschichte darstellt. Er steht uns zeitlich noch nahe genug, um uns in seiner spezifischen Eigenart noch verständlich zu sein, und bietet doch durch seine Abgeschlossenheit die Möglichkeit, als Ganzes erfaßt zu werden, während moderne, noch nicht abgeschlossene Bewegungen keine Gewähr dafür bieten, ob sie nicht noch einen überraschend anderen Verlauf nehmen werden, als wir heute

---

[5] Siehe Text 3, Fn. [9].

von ihnen erwarten können, und so den Beweis liefern werden, daß sie in ihrer Gesamtheit ganz anders beschaffen sind, als wir auf Grund ihrer bisherigen Entwicklung annehmen müssen.

Die Loslösung des Judentums von seinem Staatswesen, die dennoch keine Auflösung des jüdischen Volkes bedeutete, schuf eine so spezifische historische Situation, daß hier eine Kultur von besonderer Prägung entstehen mußte. Wenn auch alle Kulturen selbständig sind und ihren eigenen Gehalt an Begriffen haben, sodaß keine mit der anderen vergleichbar ist, so hat doch das Judentum eine über die übliche Verschiedenheit der Kulturen hinausgehende Eigenart. Die Loslösung aus dem Staatswesen, die eine freiere Stellung zur Geschichte bedingte, führte zu einer Auflockerung und Objektivierung der Begriffe im Judentum. Die Ideen konnten freier und reiner ausgestaltet werden, weil sie keine Bindung an konkrete historische Situationen relativierte. Die Begriffe treten im Judentum in Formen auf, die sich schärfer abgrenzen lassen als anderswo. Nicht nur die politischen Begriffe des Volkes, des Staates haben im Judentum durch dessen eigentümliche historische Situation eine besondere Nuance erfahren, sondern alle Begriffe im Judentum verraten diese Unabhängigkeit von einmaligen historischen Bindungen. Solange in der vorexilischen Zeit ein eigenes |10| jüdisches Staatswesen bestand, war auch im Judentum die Bindung der Begriffe an eine relative historische Situation stärker. Es besteht also ein Gegensatz zwischen dem Denken des vorexilischen Judentums und der Diaspora. Aber nur weil die relative Unabhängigkeit des Denkens im jüdischen Denken von vornherein vorhanden war, wurde es möglich, die Loslösung vom Staate ohne Verlust der nationalen Kultur zu überwinden. Wenn wir das Spezifische am Judentum in der stärkeren Objektivierung der Begriffe sehen, dann repräsentiert sich uns der Chassidismus als eine besonders konzentrierte Erscheinungsform des Judentums. Denn hier tritt die reine Darstellung der Begriffe besonders hervor. Der Chassidismus vermag in erhöhtem Maße die Geschichte metaphysisch zu deuten, weil er eine jüdische Bewegung ist und weil im Judentum mit besonderer Intensität erlebt wurde, daß die Geschichte sich nicht nur in ihren zeitlichen Formen vollzieht, sondern stets eine metaphysische Komponente hat. Daß es dem Judentum gelang, diese Komponente rein auszugestalten, rettete seinen Bestand und gab seinem Denken das besondere, auf Abstrahierung, auf reine Darstellung der Begriffe gerichtete Denken. Die reine Darstellung seiner Begriffe ist nicht etwa nur ein Merkmal und Kennzeichen des echten Judentums, sondern ein konstituierendes Moment. Wenn diese Freiheit von relativen Bindungen, die Tendenz auf das Absolute, das Verständnis historischer Phänomene von ihrem metaphysischen Sinn her, aufgegeben werden zugunsten einer Angleichung an das Denken und damit zugleich an das historische Wirken anderer Völker, so wird damit zwar wahrscheinlich eine „Gleichberechtigung“ des Judentums unter den Völkern erreicht, aber das Judentum verliert seinen spezifischen Gehalt, es wird wieder abhängig von historischen Zufälligkeiten, aus denen es sich durch die Tat, die die Legende unter dem Namen der Synode von Jab̲nē[6] zusammenfaßt, herausgelöst hatte.[3]

Der Chassidismus entstand in einer Welt, die seit Jahr- |11| hunderten eine eigene historische Entwicklung – geschieden von der umgebenden Kultur – genommen hatte. Die Ghettoatmosphäre bestimmt seinen Charakter in weitgehendem Maße. Die Gedankenwelt des Chassidismus ist nicht ohne weiteres in Parallele zu stellen mit den geistigen Strömungen seiner Zeit im westlichen Europa. Es muß vielmehr versucht werden, den Chassidismus aus sich heraus zu verstehen.

Daß eine solche Abgeschlossenheit zu einer Verengung der Begriffswelt führt, steht außer Zweifel. Dagegen bleibt es problematisch, ob diese Verengung zu einer Vertiefung des Gedankengutes oder zu seiner Erstarrung, Banalisierung und zum Aufgehen im Kleinkram geführt hat. Wohin das ständige Kreisen um einen Mittelpunkt, das Fehlen jeder Anregung von außen her führen kann, zeigt der Pilpulismus.[7] Im Chassidismus

3 Die Identität der Begriffsgestaltung mit der Sprachform bedingt unter diesem Gesichtspunkte, daß einer solchen Tendenz der Begriffsbildung zur Objektivierung auch die Entwicklung der Sprache entspricht, d. h. also, daß das Hebräische allmählich im Vergleich zu anderen Sprachen eine stärkere Fähigkeit erworben hat, objektive Begriffe darzustellen. Ferner müßte die Sprache des Chassidismus, wenn dieser eine besonders reine Form des Judentums ist, sich als eine Sprache von besonders lapidarem objektiven Charakter erweisen.

---

[6] Die südlich von Tel Aviv/Jaffa gelegene Stadt Javne entwickelte sich in der formativen Epoche des Judentums nach der Tempelzerstörung 70 d. Z. zu einem Zentrum des rabbinischen Judentums. Als »Synode von Jabne« wird das dortige Lehrhaus bezeichnet. Die versammelten Gelehrten des jüdischen Religionsgesetzes setzten einen Gerichtshof ein, der für die Belange des nun tempellosen Judentums eintrat. Alexander Dubrau, Jabne/Jabneel [2009], in: Wissenschaftliches Bibellexikon, <https://www.bibelwissenschaft.de/stichwort/22019> (7. Juni 2022).

[7] Die dialektisch-hermeneutische Methode des *pilpul*, (hebr., etwa: scharfes Durchdringen) zur Auslegung der in den rabbinischen Schriften formulierten religiösen Gesetze wurde von der Schule der Tosafisten (siehe Text 3, Fn. [36]) geprägt. Vgl. auch Kanarfogel, The Intellectual History, 84–110.

dagegen brechen zweifellos neue Quellen auf. Dieses Neue ist lebendig, großzügig und originell. Es erhebt sich nun die Frage, ob es der Macht des Ghettos gelang, diese neue Welt in seine engen Grenzen einzufangen oder ob die Welt des Chassidismus stärker war als diese einengenden Tendenzen. Daß überhaupt eine so lebendige Bewegung wie die chassidische entstehen konnte, beweist die Überlegenheit geistiger Faktoren über die äußeren Umstände der historischen Situation. Diese gewannen erst Gewalt über die geistige Bewegung, als der Geist des Chassidismus im Erlahmen begriffen war, als seine historische Sendung zu Ende ging. Es bedürfte einmal eingehender Studien, um nachzuweisen, welchen Einfluß das Ghetto auf den Niedergang des Chassidismus gehabt hat.[8] Die feste Umgrenzung des Chassidismus durch das Ghetto hat aber auch eine positive Seite: Der Chassidismus blieb rein und unverfälscht jüdisch. Es fehlten ihm zwar Anregungen von außen her, er mußte zwar abseits vom Strom der abendländischen Kulturentwicklung seinen Weg gehen, aber er war auch in der Lage, ohne Hemmungen von außen her sein eigenstes Gedankengut zu entwickeln.

Auch auf die innere Struktur des Chassidismus konnte das Ghetto nicht ohne Einfluß bleiben: Die Zersplitterung seiner Organisation, das äußere Abbild der Tatsache, daß der Chassidismus innerlich in die verschiedensten Unterströmungen geteilt war, ist hier begründet. So konnte es zu keinem einheitlichen Lehrsystem, zu keinem allgemein anerkannten Kanon kommen. Wenn der Chassidismus sich dennoch als eine Be- |12| wegung von typischer Eigenart repräsentiert, wenn seine Ideenwelt in den entscheidenden Grundzügen dennoch eine Einheit darstellt, so beweist dies die Macht seiner Idee, seine Überlegenheit über die Zufälligkeit der äußeren historischen Situation.

---

[8] Gulkowitsch vergleicht offenbar das mittelalterliche jüdische Ghetto mit dem jüdischen Schtetl-Leben im östlichen Europa des ausgehenden 19. Jh. Die Vorstellung vom *shtetl* (jidd., Dorf) als einem quasi ghettogleichen Ort war nicht zuletzt literarisch geprägt. Diesem Bild zufolge führten Juden im ländlichen Schtetl als Handwerker, Kleinkrämer, Musiker oder Gelehrte ein zurückgezogenes, gänzlich von einer traditionellen Lebensweise bestimmtes und von der nichtjüdischen Umwelt weitgehend abgeschottetes Leben. Die neuere Forschung hat jedoch gezeigt, dass das Leben im Schtetl und somit das der Anhänger des Chassidismus keineswegs abgeschieden oder frei von Außeneinflüssen war, sondern vielfältige berufliche, soziale und kulturelle Kontakte mit der nichtjüdischen Umwelt und vor allem mit von der Aufklärung beeinflussten Juden bestanden. Dan Miron, Schtetl, in: Diner (Hg.), EJGK, Bd. 5, 387–395.

Jede neue Bewegung fängt gleichsam von vorne an. „Zurück zur Natur" ist ihre Losung, eine Losung von symbolhafter Bedeutung. In der Tat wird der neue Standpunkt ganz außerhalb der Geschichte gewählt. Insofern gibt es keine Hereditát und keine Kontinuität der Kulturwerte. Aber dieser Standpunkt außerhalb der Geschichte ist nur ein Ansatz, ein Anfang. Von diesem Standpunkte aus erfolgt die Auseinandersetzung mit den bereits explizierten Begriffen der betreffenden Kultur. Damit ist eine gegenseitige Durchdringung in die Wege geleitet, die nicht etwa einen Rückzug des neuen Gedankens vor der Tradition bedeutet, sondern diese Durchdringung ist in der Art des Ansatzes von vorneherein gegeben, denn dieser Ansatz wurde vom Wesen der betreffenden Kultur her bestimmt. Jeder Ansatz ist an sich neu, sein Ergebnis aber stellt in der Tat eine Kontinuität in der Entwicklung einer Kultur dar. Die Hereditát ist in der Kultur wie in der Natur keine mechanische Fortwirkung in gerader Linie, sondern stets ein Zusammenwirken aus einem absolut neuen und einem traditionellen Momente.[4]

Dieser immer neue Ansatz ist gerade das entscheidende Moment in der Geschichte. Nach Rickert unterscheiden wir die Kulturwissenschaften dadurch von den Naturwissenschaften, daß wir als ihr Ziel die Erkenntnis des Spezifischen ansehen, während die Naturwissenschaften generalisierend verfahren und das mit Notwendigkeit immer Gleiche als den Gegenstand ihrer Forschung betrachten.[10] Es steht hier nicht zur Diskussion, wieweit das Gesetz für die modernen Naturwissenschaften tatsächlich alleiniges Forschungsziel ist. Dagegen ist es für unsere Fragestellung von Wichtigkeit, daß wir das immer neue Moment als Gegenstand der historischen Forschung erkennen, d. h., daß wir unsere Methode fähig machen, das Neue und Eigenständige aller kulturellen Erscheinungen zu erfassen und darzustellen.

|13| Der Chassidismus hat eine idealistische Geschichtsauffassung, und zwar eine echt idealistische. Die Geschichte wird nach der chassidischen Lehre von einer Idee her bestimmt, von der Idee einer zu Gott hin geschaffenen Welt. Das Ziel der Welt ist eine Welt, die ganz in Gott aufgeht. Diese

4 Der von C. Lloyd Morgan[9] eingeführte Begriff der *emergence* trifft hier den Kern der Dinge besser als der Begriff der kulturellen Hereditát, wie ihn Eisler, Grundlagen der Philosophie des Geisteslebens (Philosophisch-soziologische Bücherei, Band VI), Leipzig 1908, S. 169, gebraucht.

[9] Siehe Text 1, Fn. [23].

[10] Rickert, Kulturwissenschaft und Naturwissenschaft.

idealistische Geschichtsauffassung ist also kein idealistisch aufgemachter utilitaristischer Materialismus. Der Gedanke des Fortschritts ist ausgeschaltet. Es kommt nicht darauf an, materielle und geistige Kulturgüter zu größtmöglicher Höhe zu entwickeln, damit sie dem Wohle der *Menschheit* dienen. Es kommt vielmehr darauf an, die Welt Gott näherzuführen. Soweit die Kultur dazu dient, aus der dumpfen Triebhaftigkeit zum Bewußtsein des geistigen Zieles der Welt zu führen, ist sie nicht nur berechtigt, sondern sogar geboten und Gott wohlgefällig. Aber einen Selbstzweck hat die Kultur nicht. Der Chassidismus verwirft nicht nur den materiellen Utilitarismus, sondern auch den weit raffinierteren und darum gefährlichen geistigen Utilitarismus. Nicht die Kultur und ihre möglichst hohe Entwicklung ist der Zweck der Welt, sondern die gottgegebene Idee der Welt ist das Ziel der Geschichte. Die chassidische Stellung zur Kultur demonstriert nur, was überhaupt das Wesen des Chassidismus – wenigstens so wie er gedacht war – ausmacht: Der Chassidismus hat eine wirklich idealistische Metaphysik hervorgebracht. Eine solche ist nur möglich auf dem Boden der Religion. Nur die absolute transzendente Zielsetzung der Religion vermag eine idealistische Metaphysik davor zu bewahren, doch nur eine besonders raffinierte Form eines weltimmanenten Utilitarismus zu sein.

Die bewußte oder unbewußte Kampfhaltung gegen die materialistische Geschichtsauffassung hat dazu geführt, daß die idealistische Geschichtsauffassung allmählich geradezu zum guten Ton in der Philosophie und in der Geschichtsauffassung gehört.[11] Diese Geschichtsauffassung teilt aber mit der materialistischen einen Faktor in ihren Voraussetzungen. Die materialistische Geschichtsauffassung ist im Prinzip optimistisch, und sie darf das begründeterweise sein. Wenn nämlich die materielle Kultur als Grundlage jeder Entwicklung im Sinne eines Fortschritts angesehen wird, so spricht schon der Augenschein dafür, daß ein solcher Fortschritt wirklich stattfinden kann. Denn die materielle Kultur befindet sich – |14| wenigstens soweit wir die Entwicklung überschauen können – auf dem Wege zu immer größerer Vollendung. Es müßte freilich auch hier die Frage wenigstens gestellt werden, ob es sich hier nicht um eine Selbstauf-

---

[11] Materialistische Geschichtsauffassung bezeichnet ein, vor allem von dem Philosophen und sozialdemokratischen Theoretiker Karl Kautsky (1854–1938) popularisiertes, von Karl Marx (1818–1883) geprägtes Verständnis von Geschichte, das diese vornehmlich von ökonomischen Entwicklungen dominiert sieht. Die weniger terminologisierte idealistische Geschichtsauffassung nimmt dagegen ideelle Triebkräfte der Geschichte als bestimmend an.

lösung und Selbstzerstörung der materiellen Kultur handelt. Wenn aber eine Geschichtsauffassung im Prinzip idealistisch eingestellt ist, wenn sie also das geistige Moment als entscheidenden Faktor für den Gang der Geschichte ansieht, so wird aus dieser naiven, aber immerhin beweisbaren Voraussetzung eine eingeschlichene Prämisse. Für eine idealistische Geschichtsauffassung ist der Fortschritt eine höchst problematische Größe, ist die Frage durchaus akut, ob es in der Welt auf dem Gebiete des Geistes (und dieser allein entscheidet) überhaupt eine Entwicklung von einem geringeren zu einem größeren Grade der Vollendung gibt. Gerade idealistische Geschichtsauffassungen müssen mit dem Momente rechnen, daß die Geschichte nur ein Spiel des Geistes ist, der durch dieses Spiel in seiner Tiefe unberührt und in seinem Werte unangetastet bleibt. Dies ist eine Auffassung, auf die im Grunde auch Hegel hinstrebt.[12] Eisler[5] nimmt sie nicht ganz zu Recht als Beleg für den nicht ausdrücklich dargelegten, aber überall vorausgesetzten Optimismus seiner Geschichtsauffassung in Anspruch.

Es gibt aber auch idealistische Geschichtsauffassungen von ausgesprochen pessimistischem Typus. Sie begegnen uns vor allem auf dem Gebiete der Religion und tragen dort den Namen Eschatologie.[6] Nach solchen Auffassungen ist die Geschichte von Grund aus sündhaft, von Gott abgewandt, zum Untergang bestimmt und dem Untergang zueilend.

5 [Eisler,] Grundlagen der Philosophie des Geisteslebens, S. 253 f.

6 In neuester Zeit finden wir in den Gedankenführungen des Nikolai Berdjajev auch ein Beispiel dafür, daß eine idealistische, bewußt optimistische Geschichtsauffassung auf religiöser Basis nicht nur im Bereiche mystisch religiösen Denkens, sondern auch auf dem Gebiete der Religionsphilosophie angestrebt werden kann.[13]

[12] Georg Wilhelm Friedrich Hegel, Werke, Bd. 12: Vorlesungen über die Philosophie der Geschichte, hg. von Eva Moldenhauer/Karl Markus Michel, Frankfurt a. M. 1970, 75, wo es heißt: »Das Prinzip der *Entwicklung* enthält alles Weitere, daß eine innere Bestimmung […] zugrunde liege, die sich zur Existenz bringe. Diese formelle Bestimmung ist wesentlich der Geist, welcher die Weltgeschichte zu seinem Schauplatze, Eigentum und Felde seiner Verwirklichung hat. Er ist nicht ein solcher, der sich in dem äußerlichen Spiel von Zufälligkeiten herumtriebe, sondern er ist vielmehr das absolut Bestimmende und schlechthin feste gegen die Zufälligkeiten, die er zu seinem Gebrauch verwendet und beherrscht.« (Hervorhebung im Original)

[13] Siehe Text 1, Fn. [51], wo sich Gulkowitsch auf Berdjajev *Der Sinn der Geschichte* (Darmstadt 1925) bezieht.

Das Ende der Geschichte wird ein Sieg des Geistes sein, aber dies ist ein Sieg über die Geschichte, nicht mit Hilfe der Geschichte. Der Geist allein entscheidet. Aber er entscheidet gegen die Welt. Diese Form eines ausgesprochen pessimistischen Idealismus haben die Religionen in gut durchgebildeter, durchdachter und ungemein wirkungsvoller Weise ausgestaltet. So hat der Pessimismus von vornherein |15| den Stempel des tieferen und ethischer durchdachten Systems erhalten. Dies ist aber nicht sachlich notwendig, sondern nur Folge einer historischen Gegebenheit. Der Chassidismus stellt den Versuch dar, einen optimistischen Idealismus der Geschichtsauffassung auf Grund einer religiösen Metaphysik zu erweisen. Die Geschichte ist nach Ansicht des Chassidismus durchaus vom Geiste her bestimmt. Sie ist nicht antigeistig, sondern ihr ganzes Wesen ist darauf angelegt, dem Geiste und seinem Ziele zu dienen. Dieses Ziel ist die Rückkehr zu Gott, zu dem Geiste *κατ' ἐξοχήν* [*kat' exochēn*: schlechthin]. Das Ziel dieser Geschichte ist nicht Humanität, sondern Divinität.

Der Chassidismus ist auch in Hinsicht auf die Kultur eine ausgesprochen positiv eingestellte religiöse Bewegung.[7] Er bejaht die Kultur, da er die Welt bejaht und der Geschichte einen Sinn zuerkennt. Kulturbejahende Richtungen treten in der Philosophie immer wieder auf.[8] Es haftet ihnen aber eine gewisse Oberflächlichkeit, ein gewisser voreiliger Optimismus an. Im Rahmen der Philosophie ist diese Schwäche kulturbejahender Theorien nicht zu vermeiden, da die Philosophie der Kulturentwicklung schließlich doch kein ausreichendes Ziel zu geben vermag und den Triebkräften zur Kultur keinen letztlich befriedigenden ethischen Charakter verleihen kann. Durchdringung der Natur mit dem Geiste eines von der Vernunft geleiteten Willens, wie Eisler das Wesen der Kultur beschreibt, kann ohne religiöse Deutung letztlich nur den Ehrgeiz des Einzelnen oder bestenfalls der Mehrheit als Triebkraft enthalten. Die Religion dagegen

7 Zum „Positivismus" des Chassidismus s. Lazar Gulkowitsch, Die Grundgedanken des Chassidismus als Quelle seines Schicksals, S. 116 ff.[14]

8 So z. B. Eisler, Grundlagen der Philosophie des Geisteslebens, S. 167.

---

[14] Den Optimismus des Chassidismus hatte schon Dubnow betont. Simon Dubnow, Geschichte des Chassidismus, 2 Bde., übers. von Aaron Steinberg, Berlin 1931, hier Bd. 1, 95, 171. Gulkowitsch griff in den hier nicht wiedergegebenen Abschnitten sowie in seiner kulturphilosophischen Untersuchung des Chassidismus auf Dubnows Untersuchung zurück. Gulkowitsch, Das kulturhistorische Bild des Chassidismus, 30, 34, 41, 43; ders., Der Chassidismus als kulturphilosophisches Problem, 16, 59, 62, 64. Für die neuere Forschung vgl. Biale u. a., Hasidism, 82.

gibt auch der Kultur einen Sinn dadurch, daß sie die Welt als eine zu Gott hin geschaffene Welt ansieht. Das Ziel der Kultur wird damit transzendent. Der Wille zur Kultur wird zu einem Dienst im Sinne des transzendenten Zieles. Der Chassidismus ist ein besonders reiner Typus einer Religion, die den gottzugewandten Sinn der Welt in ihren Mittelpunkt stellt. Er ist „optimistisch". Aber dieser Optimismus ist nicht oberflächlich, sondern er hat durch seinen religiösen Charakter eine Sinngebung erhalten, er ist zum Ausdruck einer in wirklich absoluten Werten begründeten und damit hinreißenden Ethik geworden. Der Chassidismus zeigt, daß der Wille |16| zur Kultur nicht unbedingt die Verweltlichung einer Religion bedeutet, sondern daß er auch Ergebnis einer religiösen Auffassung sein kann, die tief genug verankert ist, um *jedes* Gebiet des Lebens ohne Gefahr für ihren Bestand zu umfassen.

Der umfassende lebensbejahende, weltbejahende Charakter mancher Religion gibt ihr eine so faszinierende Kraft, daß dieser Charakter zur Nachahmung reizt. In Zeiten, in denen die religiöse Kraft gering ist – dieses Absinken, das immer neue Ansätze notwendig macht, liegt im Wesen der Religion – pflegen die als Religionsersatz auftretenden geistigen Bewegungen gerade dieses Moment an der Religion aufzugreifen, da es einen sicheren Erfolg verbürgt. Es soll hier nicht die Rede sein von Bewegungen, die einen im Grunde antigeistigen Charakter durch eine idealistisch erscheinende Zielsetzung vertuschen wollen. Auch geistige Bewegungen von eigenem Wert bedienen sich dieses im Grunde religiösen Momentes. Es bleibt aber eben doch nur übernommenes Gut. Eine letzte Sinngebung der Welt ist doch eben nur der Religion möglich. Wo eine solche Sinngebung auf anderem Wege versucht wird, muß sie doch letztlich bei der Religion Anleihen machen.

Der Chassidismus galt in den Kreisen seiner Gegner als Ketzerei, als Abtrünnigkeit, als Aberglaube. Solange er lebendig und gefährlich war, bekämpfte man ihn mit allen geistigen Kräften und mit Hilfe aller zur Verfügung stehenden weltlichen Gewalt. Später hört diese Verfolgung auf, aber an ihre Stelle trat eine viel gefährlichere Einstellung: Der Chassidismus verfiel der Lächerlichkeit. Der erste, der es versuchte, den Chassidismus ernst zu nehmen, war E. Zweifel mit seiner Schrift שלום על ישראל [*Shalom 'al Yisra'el*: Friede sei über Israel] (i–4, Žitomir/Wilno 1868–1873).[15] Diese

[15] Elieser Zweifel (1815–1888) war einer der ersten Vertreter der jüdischen Aufklärung (Haskala), der eine positive Ansicht zum Chassidismus vertrat. Sein familiärer Hintergrund war von der chassidischen Chabad-Bewegung geprägt. Nach einer traditionellen Ausbildung wandte er sich aufklärerischen Strömungen und

Ehrenrettung ist sehr instruktiv für das Problem der Beurteilung des Chassidismus durch seine Zeitgenossen und durch die Geschichte. Der Chassidismus ist auch für Eli'ezer Zweifel ein Abweg. Er verteidigt diesen Abweg durch zwei Argumente: Erstens zeigt er, wieviel echt Jüdisches in dieser als ketzerisch verschrienen Lehre vorhanden ist, wieviel echte Frömmigkeit, wieviel ethisch-religiöse Qualität. Zweitens entwickelt er eine Geschichtstheorie, nach der Abweg und Irrweg in der Geschichte der Religion notwendig und gewollt sind, da sie belebend und bereichernd auf die Geschichte der Religion wirken. Eine solche positive Einstellung zum Chassidismus war für jene Zeit eine epochemachende Tat. Dennoch wird |17| auch E. Zweifel dem Chassidismus nicht gerecht. Der Chassidismus war keine Sekte, er war keine Konzentration jüdischen religiösen Lebens in einem Brennpunkte, von dem dann allerlei ausgefallene und wunderliche Lehren abgeleitet wurden, wie dies bei Sekten der Fall zu sein pflegt. Die Sekte ist echt und ehrlich in ihrem Anliegen, in ihrem religiösen Gefühl, aber sie steckt sich das Ziel irgendwie stets zu tief, sie zieht ihre Grenze zu eng, sie geht in der Ablehnung der Welt des Geistes, der Bildung immer zu weit. Sie hat die Welt nicht überwunden, sondern zieht sich eigentlich aus ihr zurück. Alles das ist das Gegenteil vom echten Chassidismus. Der Chassidismus erfaßt die Gesamtheit der jüdischen Religion. Er ist weltoffen und bildungsfreundlich. Den Chassidismus kennzeichnet eine innere Beziehung zur Kunst, vor allem zur Musik und Poesie. Zur Zeit seines Niederganges war seine Vorliebe für die Kunst freilich nichts anderes mehr als ein Ausdruck für sentimentale Gefühlsseligkeit. Aber der echte Chassidismus ist kunstliebend aus einem sicheren Instinkt für das Schöne in der Welt heraus. Der Chassidismus gewährt allen Freiheit, er predigt die Liebe zur Welt, die eine Welt Gottes ist. Er verfällt aber nicht dem seltsam engstirnigen Libertinismus vieler mystischer Konventikel. Der Chassidismus ist also schon deshalb keine Sekte, weil er seinem geistigen Habitus nach durchaus expansiv ist. Der Chassidismus ist auch in dem Sinne kein Abweg und Irrweg, daß er unjüdische Gedanken verträte. Er ist keine Ketzerei. Er ist nicht etwa wertvoll *trotz* abwegiger Gedankenführungen, sondern er ist wertvoll wegen seines genuin jüdischen Gedankengehaltes. Der Chassidis-

---

der Wissenschaft des Judentums zu. In seinem wichtigsten Werk *Shalom 'al Yisra'el* (Friede sei über Israel) verteidigte Zweifel den von der Aufklärung geschmähten Chassidismus als ein eigenständiges Ideengebäude, das durchaus Parallelen zur Philosophie Philos und Spinozas aufweise. Gulkowitsch diskutiert hier einige Positionen Zweifels. Yehuda Slutsky, Zweifel, Eliezer, in: Skolnik/ Berenbaum (Hg.), EJ, Bd. 21, 693–694; Biale u. a., Hasidism, 477, 489 f.

mus ist nicht nur ein Ausschnitt aus dem echten Judentum, wie ihn eine Sekte darstellen würde, sondern er umfaßt das echte Judentum in seiner Gesamtheit. Daraus entsteht das Problem, wie der Chassidismus unter diesen Umständen in einen solchen scharfen Gegensatz zum Rabbinismus[16] geraten konnte. Denn auch der Rabbinismus repräsentiert echtes Judentum. Diese beiden Richtungen stießen im Rahmen des Judentums aufeinander, nicht weil die eine oder die andere Richtung im Begriffe war, das Judentum zu verfälschen, sondern weil beide Richtungen verschiedene Wege zum selben Ziel gehen wollten. Echtes Judentum ist ethischer Monotheismus. Eine solche Religion verlangt bedingungslose Unterordnung alles religiösen Denkens und Tuns |18| unter die Idee des alleinigen Gottes. Sie verlangt ferner, daß diese Unterordnung in jedem Augenblick des Lebens durch das Verhalten des Frommen realisiert werde. Der Rabbinismus jener Zeit ging zu diesem Ziele den Weg des Esoterismus. Ein solcher Weg scheint immer verlockend. Es entspricht den Gegebenheiten des Lebens, daß die höchste Forderung nur an wenige gestellt wird. Andernfalls hat sie doch keine Aussicht darauf, jemals erfüllt zu werden. Aber ein solcher Esoterismus ist dennoch eine Verfälschung des Gedankens. Wenn die ethische Forderung im Wesen Gottes begründet ist, so richtet sie sich an alle. Für jeden Menschen gilt die Forderung, ob er sie erfüllen kann oder nicht. Der Chassidismus sieht die Forderung für jeden als erfüllbar an. Dieser Gedanke ist utopistisch, aber er ist echt religiös und konsequent. Eine Welt, die eine Welt Gottes ist, muß fähig sein, zu Gott zu gelangen. Von diesem Gedanken geht der Chassidismus aus. Jeder Mensch kann zu Gott gelangen. Es kommt weder auf den Grad noch auf die Art seiner religiösen Kraft an. Der Ṣaddīḳ [Gerechter][17] und der schlichte Fromme gelten vor Gott in gleicher Weise. Eine solche Auffassung rechnet weniger mit den Gegebenheiten des Lebens als mit der Gültigkeit der religiösen

[16] Gulkowitsch meint mit Rabbinismus den umfassenden Autoritätsanspruch der antiken jüdischen Gelehrten und nachfolgenden Rabbiner in sowohl religiösen wie auch weltlichen Fragen. Dieser Anspruch geht auf die hellenistische Zeit zurück, in der das Tempelritual bereits einen Bedeutungsverlust erfahren hatte und nach der Tempelzerstörung sein Ende fand. Mit dem gleichzeitigen Ende der priesterlichen Autorität gewannen die Gelehrten an Einfluss, insofern sie die heiligen Schriften auslegten und die alleinige Kenntnis zur Entscheidung über die aus ihnen abzuleitenden religiösen Gesetze (Halacha) beanspruchten. Wenngleich die jüdischen Aufklärer diesen Autoritätsanspruch in Frage stellten, wirkte er innerhalb der jüdischen Orthodoxie und im Chassidismus fort.

[17] Siehe Text 2, Fn. [25].

Wahrheiten. Der umfassende Charakter der chassidischen religiösen Auffassung brachte es mit sich, daß die rabbinische Richtung in den Augen der Ḥasīdīm [Frommen] arm und engstirnig erschien. Aber gerade diese Auffassung brachte den Chassidismus bei dem strengen rabbinischen Judentum in den Ruf, oberflächlich und weltlich zu sein. Beide Richtungen machten den Anspruch, echtes Judentum zu sein, und dieser Anspruch war berechtigt. Aber die strengen religiösen Anschauungen, die den Begriff der Relativität nicht kennen, hinderten beide Richtungen, diesen Tatbestand zu erkennen. Jede lebendige Religiosität ist intolerant, nicht so sehr de facto als prinzipiell. Der anders Denkende ist im Irrtum. Man kann ihn verfolgen, aber man kann ihn auch bemitleiden und zu überzeugen versuchen. Diese Einseitigkeit religiöser Überzeugungen mußte bei der Verschiedenheit des Weges, den beide Richtungen einschlugen, zu scharfen Gegensätzen führen, auch wenn nicht, wie es in Wirklichkeit der Fall war, die weltlichen Machtansprüche der beiden Richtungen in Konkurrenz geraten wären. Erst wenn eine religiöse Richtung teilweise oder ganz bereits der Geschichte angehört, wird es möglich, die relative |19| Richtigkeit ihrer Auffassung, die Mannigfaltigkeit der historischen Möglichkeiten in Betracht zu ziehen. Darum fand der Chassidismus erst dann Verteidiger in den Reihen der Gegner, als er schon nicht mehr lebendige Gegenwart war. Aber diese Gegner mußten sich erst von den Vorurteilen losringen, daß der Chassidismus eine Ketzerei, wenn auch eine Ketzerei von tief religiösem Charakter, gewesen sei.

Wieweit der Chassidismus davon entfernt war, dem Judentum ein fremdes Denken aufzuoktroyieren, zeigt ein Vergleich der chassidischen Ziele mit denen der Haśkālā.[18] Auch die Haśkālā war eine reformatorische

[18] Das hebräische Wort *haskalah* (abgeleitet von *sekhel*: Vernunft) bezeichnet die jüdische Aufklärung, die im letzten Viertel des 18. Jh. aufkam. Das Zentrum der frühen Aufklärer war Berlin, wo junge Männer die Reform des traditionellen jüdischen Bildungswesens durch Aufnahme säkularer Lerninhalte und das Ende der allumfassenden Autorität der Rabbiner in den jüdischen Gemeinden forderten. Die Maskilim (hebr., Aufklärer), die seit dem Ende der 1820er Jahre im östlichen Europa aktiv wurden, setzten sich zunächst für die wirtschaftliche Öffnung der jüdischen Bevölkerung gegenüber Handwerk und Landwirtschaft sowie die Teilnahme am staatlichen Schulwesen ein. Seit der Mitte des 19. Jh. gaben aufgeklärte Jüdinnen und Juden ihrem Streben nach gleichberechtigter Teilhabe an Bildung, Politik und Kultur der nichtjüdischen Umgebungsgesellschaften insbesondere auf dem Feld der jiddischen und hebräischen Literatur Ausdruck. Vor allem die Maskilim im östlichen Europa sahen sich zunehmend herausgefordert von der entstehenden jüdischen Orthodoxie und dem traditionalistischen

Bewegung, auch sie verlangte eine Rückkehr zur Bibel und vertrat eine Stellung zur Tradition, die von den rabbinischen Forderungen abwich. Aber die Haśkālā ging auf die Quellen des Judentums zurück, weil sie die bisherige Entwicklung als falsch ansah. Die Tradition hat nach Ansicht der Haśkālā die reine Lehre verfälscht. Der Maßstab, mit dem die Haśkālā mißt, um diese Verfälschung festzustellen, ist der Maßstab der Vernunft, der Vernunft im Sinne der Aufklärungsphilosophie. Der Maßstab ist also weder genuin jüdisch noch genuin religiös. So ist die Haśkālā nicht im eigentlichen Sinne eine Ketzerei. Der Ketzer ist immer religiös orientiert. Er vertritt nur zu oft eine stärkere und reinere Religiosität als die herrschende Orthodoxie. Die Haśkālā dagegen will nicht religiös sein, sie will einen philosophischen Maßstab als den allein gültigen Maßstab der Wahrheit anlegen. Dieser Tatbestand entspricht der Stellung der Haśkālā zur abendländischen Philosophie. Die Haśkālā knüpft bewußt und systematisch an die Philosophie ihrer Zeit an. Im Chassidismus mag dieser oder jener Gedanke aus den großen philosophischen Systemen seiner Zeit Verwendung gefunden haben. Aber es handelt sich kaum je um direkten Einfluß und niemals um bewußtes Übernehmen fremden Gedankengutes. Der Chassidismus erkennt die Autorität der Philosophie, und gar einer nichtjüdischen Philosophie, überhaupt nicht an. Für die Haśkālā dagegen ist die abendländische Philosophie Autorität. Das Judentum muß sich nach Ansicht der Haśkālā nicht nur deshalb dieser Philosophie anpassen, weil es sonst an der abendländischen Kultur keinen Anteil hätte, sondern das Judentum muß auf den Erkenntnissen dieser Philosophie seine Lehre aufbauen, weil diese Erkenntnisse allgemeingültige Erkenntnisse sind. Diese Erkenntnisse repräsen- |20| tieren die Wahrheit. Die jüdische Tradition dagegen, vor allem die Kabbala,[19] verdunkelt die Wahrheit. Die Haśkālā geht nicht so weit, die Tōrā ihrem Kriterium der Vernunft zu unterwerfen. Von der Tōrā wird angenommen, daß sie vernunftgemäß ist, denn sie stammt von Gott und kann darum nichts anderes als die Wahrheit sein. So bleibt auch in der Haśkālā ein echt jüdisches Moment übrig. Dies ist sehr charakteristisch für das Judentum des Ostens. Es war nicht möglich, eine reine Gegenwartskultur an die Stelle der überlieferten jüdischen Frömmigkeit zu setzen. Diese Frömmigkeit sollte reformiert

---

Chassidismus. Shmuel Feiner, Haskala, in: Diner (Hg.), EJGK, Bd. 2, 544–554; Tova Cohen, Maskila, in: ebd., Bd. 4, 68–73; Mordechai Zalkin, Maskilim, in: ebd., Bd. 4, 73–77.

[19] Siehe Text 1, Fn. [80].

werden, aber die Haśkālā konnte und wollte den religiösen Charakter des Judentums nicht aufheben. Die Haśkālā stellt einen Versuch dar, genuin Jüdisches, allerdings nur das Minimum an echtem Judentum, mit der modernen abendländischen Kultur zu vereinigen. Sie hat also ein Ziel, das dem Ziel der Mendelssohnschen Bewegung entspricht.[20] Aus dieser Tatsache ergibt sich das Problem, ob die Haśkālā nicht einfach eine Übersetzung Mendelssohnscher Bestrebungen in ostjüdische Verhältnisse bedeutete oder ob die Haśkālā, dort wo sie entstand, eine notwendige Folge der inneren Entwicklung des Judentums jener Zeit und jenes Landes gewesen sei. Wir müssen also fragen, ob die Haśkālā einem Bedürfnis entgegenkam, das in der östlichen Judenheit als notwendige Folge ihrer inneren Entwicklung entstand, oder ob hier nur ein Nachahmungstrieb wirksam war. Die Zeit, in der die Haśkālā entstand, war eine Zeit geistigen Abstieges. Der Chassidismus umfaßte nicht mehr alle Schichten der Bevölkerung und versuchte nicht mehr die Geistesgeschichte seiner Zeit zu repräsentieren. Der Rabbinismus hatte seine esoterische Stellung, die er schon in der Entstehungszeit des Chassidismus einnahm, nicht aufgegeben und war zudem noch durch seinen Kampf gegen den Chassidismus geschwächt. So bestand in der Tat ein Verlangen nach einer neuen Geistigkeit, nach einem neuen Ausdruck des jüdischen Kulturlebens. Die Haśkālā hat diese Lücke nicht ausgefüllt, aber sie konnte entstehen und Fuß fassen, weil diese Lücke vorhanden war. Die Haśkālā war zu wenig genuin jüdisch, um das Volk so zu erfassen, wie dies früher dem Chassidismus gelungen war. Aber die Haśkālā konnte doch Anhänger finden und ihren Einfluß auf die geistige Entwicklung des Judentums ausüben, weil eine stärkere Richtung in jener Zeit nicht vorhanden war. Die Haśkālā ist also nicht |21| eigentlich importiert worden, sie ist vielmehr auf dem Boden des östlichen Judentums erwachsen. Aber sie war zu wenig im echt jüdischen Wesen verwurzelt, um eine eigene Auffassung der Welt zu schaffen. Sie war auf Anleihen von außen her und auf Kompromisse angewiesen. Für den Chassidismus in seiner Blütezeit wäre die Haśkālā ein Gegner gewesen, den man nicht einmal hätte ernst zu nehmen brauchen. Für den Chassidismus in seiner Korruptionszeit war die Haśkālā ein gefährlicher Gegner. Gewiß war sie oberflächlich, aber sie vertrat doch immerhin eine freiere Auffassung, eine vernünftigere Einstellung zu den Problemen der Religion als der mehr und

---

[20] Der deutsch-jüdische Philosoph Moses Mendelssohn (1729–1786) gilt als Wegbereiter und wichtigster Ideengeber der jüdischen Aufklärung in Europa. Edward Breuer, Bi'ur, in: Diner (Hg.), EJGK, Bd. 1, 355–363.

mehr im Aberglauben versinkende Chassidismus. Sie hatte den geistig Interessierten etwas zu bieten. So primitiv das Denken der Haśkalisten manchmal sein mochte, so war es doch noch immer nicht so primitiv, wie der Aberglaube der Para-Ḥasīdīm. So war die Haśkālā möglich auf dem Boden des untergehenden Chassidismus, aber sie war nicht berufen, das Erbe des Chassidismus in der jüdischen Geistesgeschichte anzutreten. Der Chassidismus war eine Vollendung des Judentums nach einer seiner Seiten hin. Die Haśkālā war lediglich ein Versuch vom Judentum das zu retten, was man in Rücksicht auf das in seiner Bedeutung weit überschätzte neue Zeitalter der Vernunft retten konnte. Trotz ihrer Versuche, wenigstens den innersten Kern des Judentums zu retten, war die Haśkālā der jüdischen Vergangenheit feindlich gesinnt. Sie war wirklich ein Gegner des traditionellen Rabbinismus. Trotz dieses Tatbestandes ist die Haśkālā weniger leidenschaftlich bekämpft worden als früher der Chassidismus. Das mag daran liegen, daß der Rabbinismus zur Zeit der Haśkālā noch mehr geschwächt war als während seines Kampfes gegen den Chassidismus. Es liegt aber auch in der Natur der Dinge. Die Haśkālā bot dem Rabbinismus weniger Angriffsflächen als der Chassidismus, da sie im Grunde in einer ganz anderen Atmosphäre lebte, andere Methoden anwandte, andere Argumente anzuführen hatte und darum auch Volkskreise ergriff, die dem Rabbinismus sowieso entfremdet waren.

Der Chassidismus ist den Gefahren erlegen, die in der Freiheit und Weite seiner Auffassung lagen. Der reine Formalismus seiner Ethik, die Relativisierung chassidischen Rituals und chassidischen Tōrā-Studiums waren von einer tief religiösen Voraussetzung ausgegangen. Aber ohne diese tief religiöse |22| Auffassung sind die chassidischen Lehren ein Freibrief für allerlei Mißbräuche. Der Chassidismus wollte alle Strenge aus der Religion verbannen. Gott ist gut, und seine Welt ist der Anlage nach ebenfalls gut. So ist auch der Mensch seinem Wesen nach auf das Gute gerichtet. Er bedarf keines Zwanges. Wenn man dem Menschen nur die Freiheit seiner religiösen Entwicklung läßt, so muß er sich zu Gott hin entwickeln. In einer solchen Welt der Harmonie kann nichts als Freude herrschen. Der tiefe Sinn der chassidischen Freude, die aus einer Überwindung alles Übels kommen soll, ging allmählich verloren. Die Freiheit und Weite chassidischer Auffassung wurde schließlich zur Oberflächlichkeit. Dieser Entartungsform des Chassidismus trat der Musarismus[21]

[21] Gulkowitsch diskutiert im Folgenden die Musar-Bewegung in ihrem Verhältnis zu Chassidismus und Haskala. Als wichtigster Kopf und spiritueller Mentor dieser religiösen Erneuerungsbewegung gilt Israel Salanter (1810–1883), der hauptsäch-

entgegen.[9] Er wendet sich nicht gegen den rein jüdischen Charakter des Chassidismus, wie es die Haśkālā tat, er will auch nicht etwa westliche Bildung in die Judenheit des Ostens einführen. Er will vielmehr ein strenges und ernstes Judentum schaffen. Dennoch ist der Musarismus unjüdisch. Der Musarismus ist im Grunde ein Protest nicht nur gegen den Chassidismus, sondern gegen eine Geistesrichtung, die echt und unbedingt jüdisch ist. Das Judentum ist eine bejahende Religion. Es bejaht Gott, die Welt und den Menschen. Der Musarismus dagegen betrachtet die Welt und den Menschen als gefallen. Buße und Askese sind der einzige Weg zu Gott. Der Mensch muß loskommen von der Welt. Der Jude soll sich freimachen von dem weltbejahenden Optimismus des abendländischen Geistes jener Zeit. So wendet sich der Musarismus in gleicher Weise gegen die Haśkālā wie gegen den erstarrten Chassidismus. Aber der Musarismus ist keine Erneuerung der jüdischen Geister, wie es einmal der Chassidismus gewesen war. Er ist eine Degenerationserscheinung wie die Haśkālā und der sterbende Chassidismus. Er ist freilich ein Versuch, das Judentum neu zu gestalten, aber er greift in seinen Mitteln fehl. Er ist ebenso unjüdisch wie die Haśkālā. Aber sein unjüdischer Charakter ist gefährlicher für den Bestand des Judentums als der offene Synkretismus der Haśkālā. Der Musarismus wollte eine Vertiefung des jüdischen Geistes sein. Er wollte los von der |23| Verflachung durch die Aufklärung. Aber er gelangte, auf das Ganze gesehen, nicht zu dieser Vertiefung. Das Resultat des Musarismus war nur eine neue Verengung des jüdischen Geistes, wie sie sich auch in der Dekadenzform des Chassidismus zeigte. Der Musarismus hat eine gewisse Ähnlichkeit mit dem Protestantismus. Der Chassidismus ist bei aller Wahrung seines jüdischen Standpunktes weltoffen und durchaus nicht bildungsfeindlich. Er durchzieht alle sozialen Schichten und vermag

9 Der untergehende Chassidismus forderte zu einer musaristischen Gedankenrichtung geradezu heraus. Solche Gedanken tauchen seit Beginn des 19. Jahrhunderts hier und da auf. Sie werden aber erst durch R. Israel Salanter in den vierziger Jahren zusammengefaßt und aktiviert.

---

lich in Wilna (heute Vilnius, Litauen) wirkte und der die traditionelle jüdische Ethik (hebr.: *musar*) durch die Haskala und den traditionalistisch-heterodoxen Chassidismus bedroht sah. Salanter und seine Anhänger forderten eine strikt ethische Lebensführung, in deren Zentrum Frömmigkeit und Nächstenliebe standen. Zur Verbreitung ihrer Ideen gründeten sie Jeschiwot (Tora-Schulen), zu deren Curriculum das gemeinschaftliche Studium traditioneller Musar-Werke gehörte. Geoffrey Claussen, Musar, in: Diner (Hg.), EJGK, Bd. 4, 268–274.

infolge seiner bewußt angestrebten Mannigfaltigkeit allen Ansprüchen zu genügen. Er unterlag aber den Gefahren dieser großzügigen Haltung. Diese historische Situation hat eine gewisse Ähnlichkeit mit der Lage des Katholizismus zur Zeit der Reformation. Wie der Protestantismus als Reaktion auf diesen dekadenten Katholizismus entstand, so entstand der Musarismus als Reaktion gegen die Dekadenzerscheinungen des Chassidismus. Beide Bewegungen stellten den Ernst und die Strenge der Religion in den Mittelpunkt. Sie verlangten, daß die Religion nicht als ein schönes Spiel betrachtet werde. Um dieser echt religiösen Auffassung willen nahmen sie die Gefahr der Engstirnigkeit in Kauf. Es fehlt dem Musarismus wie dem Protestantismus an der Helle und Weite der Auffassung, an der echten Festfreude. Es fehlt ihnen außerdem eine gewisse innere Freiheit, ein Vertrauen auf die Kraft ihres Gedankens. Sie ziehen lieber Schranken, als daß sie sich der Gefahr aussetzen, durch fremde Elemente gefährdet zu werden. Solche Richtungen können immer dort auf Erfolg rechnen, wo überhaupt eine gewisse Enge der Lebenshaltung und eine Ängstlichkeit der geistigen Haltung besteht. Die kleinbürgerlichen Schichten, denen sowohl die Gleichgültigkeit der völlig Besitzlosen als auch die Überlegenheit der Besitzenden abgeht, neigen immer zu einer zwar engen und ängstlichen, aber auch ernsten und strengen religiösen Richtung. Sie wollen Gott auf jeden Fall versöhnen. Es fehlt hier an dem freien und bedingungslosen Vertrauen, das den alten Chassidismus zu einer so sympathischen Religion macht. So neigt der Musarismus seinem Wesen nach zum Sektierertum. Für den Musarismus ist die Sekte keine Entartungsform, sondern ein genuiner Lebenstypus. Der Musarismus *will* esoterisch sein. Der Chassidismus *mußte* es schließlich werden. Der Chassidismus hat vor allem die Allerärmsten ergriffen, aber auch alle anderen Schichten durchdrungen. Er |24| hat das Ghetto nicht etwa beseitigt, aber er hat seine Existenz bagatellisiert. Der Chassidismus ist auffällig freizügig, wozu ihn vor allem seine freie Stellung dem Besitze sowohl als auch der Besitzlosigkeit gegenüber befähigt. Der Musarismus bejaht das Ghetto. Die Nachteile des Ghettos macht er sich dienstbar. Er erhebt zur Forderung, was ein unvermeidliches Übel war. Der Musarismus war ein Versuch des Ghettogeistes, sich zu verabsolutieren, sich als echtes Judentum hinzustellen. Was der Chassidismus überwinden wollte, wird hier gerade Ziel.

Trotz seiner im Grunde unjüdischen Tendenz kann man dem Musarismus nicht absprechen, daß er ganz abgesehen von der Reinheit seiner Ziele positive Leistungen aufzuweisen hat. Er kam einer echt religiösen Sehnsucht entgegen. Diejenigen Volkskreise, die er ergriff, waren vorher religiös völlig verwaist. Der Rabbinismus war ausgesprochen esoterisch.

Er setzte eine Bildung und einen Bildungsgang voraus, die weiten Volkskreisen nicht zugänglich waren. Der Chassidismus in seiner Blütezeit hatte den Besitz bagatellisiert. In seiner Dekadenzzeit wirkte sich dies dahin aus, daß er zur Ideologie der ganz Besitzlosen geworden war. Dazu sah der Chassidismus jener Zeit in vielen Fällen wie Zynismus aus, und war es vielleicht sogar in manchen Fällen. Das mußte gerade ernste religiöse Gemüter abstoßen. Gerade im Judentum ist die kleinbürgerliche Schicht, der Kreis der Handwerker und kleinen Kaufleute, stets reich an Menschen von ernster Religiosität gewesen. Dieser echten Religiosität kommt der Musarismus entgegen. Seine historische Aufgabe im Judentum bestand darin, der Haśkālā das Gegengewicht zu halten. Die Haśkālā war eine große Gefahr für das echte Judentum. Vielem im Judentum kam der Musarismus entgegen. Das Judentum ist optimistisch und ist Vernunftreligion. Aber es ist dies in einer spezifisch religiösen Weise. Das übersah die Haśkālā. Die weltoffene und vernunftgemäße Richtung im Judentum ist nicht identisch mit den Prinzipien der Aufklärung. Aber diese Prinzipien haben äußerlich manches Verwandte mit jüdischen Gedanken. Dies führt leicht zu einer oberflächlichen Identifizierung. Dem trat der Musarismus entgegen. Obwohl der Musarismus im Prinzip unjüdisch ist, so bietet er doch eine nur geringe Gefahr für das Judentum. Denn die weltverneinende und düstere Bußreligion des Musarismus wird durch die weltbejahende Kraft des echten Judentums von selbst aufgehoben. |25| So hat der Musarismus nicht verfälschend auf das Judentum gewirkt. Er hat es vielmehr vor der Gefahr der Verflachung im allgemeinen Bildungsdünkel bewahrt. Im Zusammenhang derjenigen Strömungen, die ihn allmählich ablösten, erweist sich also der Chassidismus als die genuin jüdische und doch universalistische Richtung. Während die Haśkālā vom genuin jüdischen Denktypus ausgehend sich ein Ziel setzte, das eklatant und bewußt unjüdisch war, und während der Musarismus in der Absicht, ein echtes und tiefreligiöses Judentum zu gestalten, unjüdische Gedankengänge heranzog, ist es dem Chassidismus gelungen, mit einer echt jüdischen Voraussetzung und dem Streben nach einem echt jüdischen Ziel eine Vertiefung und Erweiterung der jüdischen Religion zu schaffen.

Die Bewegung des Ba'al Šēm ṭōḇ wählte zur Bezeichnung ihrer Mitglieder den Begriff des Ḥāsīd, einen uralten Terminus, der schon in der Bibel vertreten ist und der bis auf die Zeit des Ba'al Šēm ṭōḇ hin im Judentum lebendig blieb. Ein Begriff, der wie der Begriff Ḥāsīd niemals archaischen Charakter angenommen hat, kann nicht willkürlich zum Programmbegriff einer Bewegung gemacht werden. Wir müssen darum annehmen, daß einerseits im Begriffe des Ḥāsīd und andererseits in der

Bewegung des Chassidismus ein Moment vorhanden war, das diese Bezeichnung rechtfertigte.

Ich habe in meiner Arbeit „Die Entwicklung des Begriffes Ḥāsīd im Alten Testament" dargelegt, daß der Begriff Ḥāsīd am Anfang derjenigen Epoche, die im Alten Testament ihren literarischen Niederschlag gefunden hat, einen rein soziologischen Sinn hatte.[22] Am Anfang dieser Epoche gab es in Israel eine kultische Gemeinschaft, die sich auf völkischen[23] Kriterien aufbaute: wer Israelit war, gehörte ihr an. Die Zugehörigkeit wurde durch die Anwesenheit im Gottesdienste augenscheinlich, aber Angehöriger der Gemeinschaft war der Israelit auch in absentia. Der Begriffskomplex: „Angehöriger der Gemeinschaft Jahwes" auf Grund des Israelitseins wurde durch das Wort Ḥāsīd mit oder ohne die erklärende Ergänzung „Jahwe" ausgedrückt. Mit der zunehmenden Ethisierung der Religion in Israel nahm auch der Begriff Ḥāsīd eine ethische Nuance an. In dem Maße, als die Identifikation von Volk und Kultusgemeinschaft Jahwes durch die äußere historische Entwicklung beeinträchtigt wurde, ging der soziologische Sinn des Begriffes: „Ange- |26| höriger der Kultusgemeinschaft Jahwes auf Grund völkischer Zugehörigkeit" zurück. Die ethische Nuance nahm überhand. Als die Kultusgemeinschaft überhaupt zu existieren aufhörte, blieb das Wort Ḥāsīd an der sekundären ethischen Seite des Begriffes haften. Ḥāsīd bedeutete eine religiös-ethische Qualifikation, es konnte *fast* mit Ṣaddīḳ identifiziert werden, mit demjenigen Begriffe, der stets den Typus eines Auserwählten umfaßte. Aber die soziologische Nuance des alten Begriffes Ḥāsīd blieb im Worte Ḥāsīd latent vorhanden. Wenn es auf ethische Qualifikation ankam, dann konnte Ḥāsīd und Ṣaddīḳ gleicherweise gebraucht werden. Wenn aber die Differenzierung auf Grund der soziologischen Kategorien „Individuum" oder „Gemeinschaft" stattfinden sollte, dann wurde das Wort Ḥāsīd auf Grund der alten soziologischen Bedeutung des Begriffes „Angehöriger der Gemeinschaft Jahwes" intuitiv herangezogen, um eine Gemeinschaft zu bezeichnen.

In dem Maße, in dem der Begriff ethisiert wurde, konnte der Kreis der Ḥāsīdīm nicht mehr mit der Gemeinschaft aller als Juden Geborenen identisch sein. Es wurde zum Problem, worin das Kriterium für die wirkliche Zugehörigkeit zur Gemeinde bestand. Entsprechend der alten Bedeutung des Wortes Ḥāsīd als Glied der Gemeinde Gottes bezeichnet

---

[22] Siehe Text 2, 438. Für die weiteren Ausführungen dieses Absatzes siehe ebd., 438–453.

[23] Siehe Text 1, Fn. [44]; Text 2, Fn. [64].

in talmudischer und nachtalmudischer Zeit Ḥāsīd den *idealen* Vertreter des Typus eines Gliedes der jüdischen *Gemeinde*. Der Ḥāsīd verkörpert die Gemeinschaft. Nicht alle können und sollen Neḇi'īm [Propheten] sein. Aber Ḥāsīd sollte ein jeder sein. In den Ḥāsīd-Geschichten der talmudisch-midraschischen Literatur und der Ma'aśē-Literatur[24] des Mittelalters begegnet uns der Typus des Ḥāsīd als Vertreter einer schlichten, aber vorbildlichen volkstümlichen Frömmigkeit, die in gleicher Weise eine Frömmigkeit der Gesinnung wie eine Frömmigkeit der Tat ist. Der volkstümliche Charakter dieser Frömmigkeit bedingt, daß der Ḥāsīd seinem Wesen nach nicht der Typus des Gelehrten ist, wenn auch dieser oder jener Gelehrte als Ḥāsīd bezeichnet werden kann. Der Ḥāsīd ist Glied und Repräsentant einer Gemeinde, darum konnte sich auch der Begriff der Askese, besonders einer individualistischen oder gar egozentrischen Askese, niemals mit dem Begriff des Ḥāsīd zu einer unlösbaren Einheit verbinden, wenn auch hier und da Tendenzen der Art zu beobachten sind. Die durch Lurja und Mose Cordovero[25] eingetretene Popularisierung der kabbalistischen |27| Lehren im 16. Jahrhundert, die messianischen Bewegungen im 17. Jahrhundert hatten es mit sich gebracht, daß das Ideal der Askese eine engere Verbindung mit dem Ideal der Frömmigkeit überhaupt einging, als es je vorher und nachher im Judentum der Fall war. So sind auch die Tendenzen der Sekte des Jehūdā Ḥāsīd[26] (17. Jahrh.), deren Anhänger sich Ḥāsīdīm nannten, auf Askese gerichtet. Diese Ḥāsīdīm glaubten, durch Askese die Ankunft des Messias beschleunigen zu können. Doch wird die Wahl des Namens Ḥāsīdīm weniger von diesen asketischen Tendenzen bestimmt worden sein, als davon, daß im Namen Ḥāsīdīm der Sinn noch gespürt wurde, der diesen Namen besonders geeignet machte, eine Gemeinschaft wahrer Juden zu kennzeichnen, und als durch die Tatsache, daß mit Ḥāsīd derjenige Typus bezeichnet wird, der sich durch Echtheit

---

[24] Siehe Text 3, Fn. [2].

[25] Isaak ben Salomo Luria Aschkenasi (1534–1572) gründete in Safed (Galiläa) eine mystische Schule, die enormen Einfluss auf das europäische Judentum des 18. und 19. Jahrhunderts, insbesondere den Chassidismus ausübte. Luria war ein Schüler des wahrscheinlich aus Spanien stammenden Kabbalisten Moses ben Jakob Cordovero (1522–1570), der ebenfalls in Safed wirkte. Cordovero versuchte in seinem einflussreichen Opus magnum *Pardes Rimmonim* (Granatapfelgarten, 1548) eine Zusammenfassung unterschiedlicher Traditionen der spekulativen Kabbala vorzulegen. Ruth Lamdam, Safed, in: Diner (Hg.), EJGK, Bd. 5, 289–295.

[26] Jehuda he-Ḥasid (Jehuda der Fromme, ca. 1140/1150–1217) verfasste das *Sefer Ḥasidim* (Buch der Frommen), das Hauptwerk der *Ḥasidei 'Ashkenaz* (siehe Text 3, Fn. [37]).

und Tiefe seiner Frömmigkeit, nicht aber durch Sonderleistungen über und damit außerhalb der Gemeinde stellt.

Wie schon unter dem Begriffe Ḥāsīd ein solcher Typus erfaßt wird, so finden wir auch im Begriffe der Middat Ḥāsīdūṯ [Kennzeichen der Frömmigkeit/Maß des Frommen] dieses Ideal des Maßhaltens ausgedrückt, in dem sich das gemeinschaftsgebundene und gemeinschaftsbildende Ideal der Ḥāsīdūṯ verwirklicht. Diese Tendenz des Begriffes Ḥāsīdūṯ auf Harmonie macht ihn zu demselben Faktor auf dem Gebiete der Religion, den auf dem Gebiete ritterlicher Kultur der Begriff der mâze [mhd.: Maßhalten/maßvolles Handeln] darstellt.

Als der Ba'al Šēm ṭōḇ den Begriff Ḥāsīd für seine Bewegung in Anspruch nahm, wirkte sich hier der genuine Sinn des Begriffes Ḥāsīd in adäquater Weise aus. Der Ḥāsīd ist Repräsentant des echten frommen Judentums, das vollkommen in der Gemeinschaft verwurzelt und darum prinzipiell ethisch orientiert ist.

Der Begriff „Angehöriger einer Gemeinschaft wahrer Juden" ist der Grundsinn des Wortes Ḥāsīd, sein unverlierbarer genuiner Bestandteil. Die *Geschichte* des Begriffes bestand darin, daß dieser sein unverlierbarer Grundsinn durch jeweils aktuelle Nuancierungen bald in dieser bald in jener Richtung modifiziert wurde. Die Modifikation bestand in einer jeweiligen stärkeren oder schwächeren Betonung des ethischen, des kultischen, des praktischen Momentes in der Frömmigkeit. Nuancierungen im Sinne eines asketischen Ideals erwiesen sich als wenig lebenskräftig. Diese Geschichte des Begriffes Ḥāsīd ist nicht etwa |28| ein Sonderfall der Geistesgeschichte, sie ist nur ein Beispiel für das, was sich in der Geschichte der Begriffe stets abspielt: Ein kontinuierlicher Grundsinn wird durch periodisch auftretende aktuelle Nuancierungen in verschiedenen Richtungen modifiziert, ohne doch selbst verloren zu gehen. Selbst dann, wenn der Grundsinn durch eine aktuelle, ins Extreme gesteigerte Nuancierung äußerlich ganz verdeckt wird, bleibt er doch stets latent wirksam.

Die Unterscheidung zwischen einem kontinuierlichen Grundsinn des Begriffes und seinen verschiedenen aktuellen Nuancierungen ist wie alle Unterscheidungen innerhalb einer lebendigen Entwicklung nur im Extrem radikal. Zwischen Grundsinn und Nuancierung ist ein allmählicher Übergang vorhanden, sodaß die jeweiligen aktuellen Nuancierungen nicht ganz ohne Wirkungen auf die weitere Entwicklung des Begriffes bleiben. Je näher eine Nuance dem Grundsinn steht, desto größer ist ihre Wirkung. Eine solche Nuance stellt z. B. die Ethisierung des Begriffes Ḥāsīd dar, die, nachdem sie einmal eingetreten war, nicht wieder verloren ging, ohne doch den eigentümlich soziologischen Grundsinn verdrängen zu können.

Die Geschichte eines Begriffes ist in ihrem Wesen kontinuierlich, da der Grundsinn unverlierbar bleiben muß. Wesentlich anders dagegen ist das *Bild*, das wir unmittelbar von der Geschichte eines Begriffes erhalten. Wir vermögen niemals das eigentliche Kontinuum der Geschichte zu erfassen. Die Geschichte zerfällt für uns stets in einzelne Ereignisse. Für die Geschichte eines Begriffes gilt dies in besonderem Maße: Wir erkennen sie nur aus den sporadisch auftretenden, von Zufälligkeit abhängigen literarischen Niederschlägen. Wir haben nur eine Reihe von Querschnitten. Es gilt deshalb, aus diesen einzelnen Querschnitten einen kontinuierlichen Grundsinn von der jeweiligen aktuellen Nuancierung zu abstrahieren. Unter diesen Umständen ist es niemals von prinzipieller Bedeutung, wie groß der rein zeitliche Abstand zwischen zwei literarischen Quellen ist. Wichtig ist nur festzustellen, worin die kontinuierliche Entwicklungslinie im *Prinzip* besteht. Ein solches Kontinuum ist völlig unabhängig von zeitlichen Abständen. In diesem Sinne ist die Beziehung des Begriffes Ḥāsīd, wie ihn die Bewegung des Ba'al Šēm ṭōḇ realisiert, von dem ältesten biblischen Begriff Ḥāsīd nicht weiter entfernt als z. B. von den Nuancierungen |29| des Begriffes, die etwa für das ausgehende Mittelalter charakteristisch sind. Es ist keine Anmaßung, keine unberechtigte Propagandamaßnahme, wenn jede Bewegung im Judentum, der daran gelegen ist, eine genuin jüdische Bewegung zu sein, an die Tradition der Bibel anzuknüpfen versucht. Sie tut damit nur explizite, was implizite ohne weiteres gegeben ist. Das Kontinuum aller begrifflichen Entwicklung bedingt, daß alles Judentum letzten Endes biblisches Judentum ist, oder es ist eben kein Judentum.

[…]

|51| III. Metaphysik und Geschichte in der chassidischen Lehre

[…]

Der kabbalistische Gedanke eines rein geistigen symbolhaften Israels und seines Landes wird im Chassidismus greifbar gemacht und in das sittliche Streben einbezogen, das von jedem Israeliten gefordert wird. Überwindung der Natur, Rückführung der Welt zu Gott, ist zugleich Aufbau dieses geistigen Landes Israel. Dem Begriff des zukünftigen Landes und Staates Israel wird seine politische Aktivität genommen, er bleibt aber nicht im Symbolhaften hängen, sondern er erhält auf dem Gebiete des Sittlichen eine neue Aktivität. Die Begriffe Land, Volk, Staat im Chassidismus, besonders bei R. Naḥman aus Brazlaw,[27] stellen ein typisches Beispiel dafür dar, wie der Chassidismus alle genuin jüdischen Begriffe in seine Gedankenwelt einzubeziehen vermag, ohne einerseits die Begriffe ihrer für das Judentum charakteristischen Nuance zu entkleiden und ohne andererseits die typisch chassidische Auffassung zu verfälschen.

ארץ ישראל [*'ereẓ Yisra'el*: Land Israel] im vergeistigten Sinne des Chassidismus liegt außerhalb der Natur, direkt in der Sphäre Gottes. So versteht |63| es sich, daß das Hebräische, die Sprache dieses göttlichen Bezirkes, eine Sonderstellung in der Reihe der Sprachen einnimmt. Das Hebräische ist nicht eine von vielen Möglichkeiten, keine Daseinsform der Sprache, sondern das Sosein der Sprache selbst. Diese Auffassung der Sprache ist aber nicht eigentlich verknüpft mit der anfangs historischen, allmählich immer mehr ins Metaphysische übertragenen Lehre von Israel als dem Volke Gottes. Das Hebräische ist nicht nur deshalb anders als andere Sprachen, weil es sozusagen die Staatssprache im göttlichen Bezirke ist, weil es im Zusammenhang mit dem allmählichen Übergang des israelitischen Landes und Volkes in die Sphäre Gottes ebenfalls notwendig in diesen Bezirk übergehen muß, sondern es gehörte gerade seinem Wesen nach von vornherein in die Sphäre Gottes. Denn das Hebräische ist die Sprache der Tōrā, das Wort, durch das und in dem Gott die Welt schuf. Darum wohnt es jedem Begriffe, jedem Dinge, auch dem profansten, als sein eigentliches Wesen inne. Die hebräische Bezeichnung einer Sache ist gar nicht Bezeichnung, sondern die Sache selbst. Die übrigen Sprachen sind Verständigungsmittel, sind Konventionen. Das Hebräische ist die Form der Schöpfung. Rabbi Naḥman aus Brazlaw geht so weit, daß er sagt, der

[27] Nachman aus Bratzlaw (1772–1810), Urenkel des Ba'al Schem Tov (Bescht; siehe Text 3, Fn. [9]), wuchs in der chassidischen Atmosphäre des podolischen Międzybóż (heute Meschybisch, Ukraine) auf. Als charismatischer chassidischer Rebbe versammelte er einen kleinen Kreis von Jüngern um sich, die er zu einem gottgefälligen Leben anhielt. Er entwarf eine neue Zaddik-Lehre, der zufolge es nur einen einzigen, quasi-messianischen Zaddik geben könne – als den er sich selbst sah –, der sich und seine Anhänger in einen ekstatischen Zustand versetzen und daraus göttliche Energie schöpfen könne. Nachmans kurzzeitige Anwesenheit in Galiläa 1798/1799 beförderte die Niederlassung weiterer *ḥasidim* im Heiligen Land. Die meisten seiner Lehren wurden von seinen Schülern überliefert, so in Form homiletischer Abhandlungen unter dem Titel *Liqquṭei MOHaRaN* (Gesammelte Werke unseres Meisters, des Lehrers Nachman, ca. 1802–1808) oder allegorischer Erzählungen als *Sippurei Ma'asiyyot* (jidd. *Sipurey Mayses*; Erzählungen, 1815–1818).

Ṣaddīḳ als der Wissende könne einem unbekannten Dinge seinen Namen abspüren. Der Chassidismus teilt also die essentielle Sprachauffassung der jüdischen Lehre. Diese essentielle Sprachauffassung war in der Bibel vorbereitet, und da die Tōrā auf allen Lebensgebieten maßgeblich ist, so konnte und wollte sich die jüdische Tradition weder implizite noch explizite von dieser Theorie lossagen.

Die Tatsache, daß die Tōrā schriftlich fixierte Tōrā ist, gab aber dieser Sprachtheorie eine ganz eigentümliche Wendung. Nicht nur die Sprache ist essentiell, sondern auch die Schrift.[10] Die Buchstaben sind keine phonetischen Ideogramme, |64| sondern Ausdruck und Träger des Wortwesens. Die Elemente der Schrift, d. h. die Konsonanten, sind auch die Elemente des Seins und der Schöpfung. Sogar die Speisen schmecken nach der Auffassung des R. Naḥman aus Brazlaw entsprechend ihrem Konsonantenbestand und der Wissende schmeckt ihn heraus. Hier wird in absurder Form gesagt, was Quintessenz der jüdischen Sprachphilosophie von Anfang an war und was besonders in den mystischen Schriften des Judentums, mit dem Sēfer Jeṣīrā[28] beginnend, explizite formuliert worden

10 Daß man die schriftliche Fixierung der Tōrā als zu ihrem Wesen gehörig empfand, also nicht nur als eine Art Rückversicherung gegen Verfälschung oder Vergessenwerden ansah, und daß andererseits die immerhin absurde Lehre von der Essentialität der Schrift nicht eine Spielerei gelehrter Konventikel geblieben ist, sondern die genuin jüdische Mystik überall durchzieht, beweist, wie stark im Judentum das literarische Moment in der Kultur war, wie hier Sprache und speziell schriftlich fixierte Sprache als direkter und genuiner Ausdruck der Welt und ihres Wesens empfunden wurde. Die jüdische Kultur ist in diesem Sinne eine ausgesprochene Buchkultur. Auswüchse dieser Richtung, wie wir sie etwa im Pilpulismus und verwandten Methoden beobachten, werden von dieser Seite aus beleuchtet dem Verständnis zugänglicher und verlieren ihre Absurdität. Sie sind im Grunde keine sinnlose, sondern nur eine allzu überspitzte Auffassungsweise.

---

[28] Das *Sefer Yeẓirah* (Buch der Schöpfung) ist eine der einflussreichsten Schriften der frühen jüdischen Mystik, die gleichermaßen inspirierend auf Philosophen, Mystiker, Grammatiker, Astrologen und Mathematiker wirkte. Seine Entstehung wird im orientalischen Raum der Antike (2.–9. Jh.) vermutet, die genaue Datierung wird in der Forschung bis heute kontrovers diskutiert. Eine zentrale Komponente dieser kosmogonisch-kosmologischen Abhandlung, auf die Gulkowitsch hier anspielt, bildet die Idee, Gott habe den kreativen Akt der Schöpfung mittels der hebräischen Buchstaben vollzogen, die im *Sefer Yeẓirah* unter anderem nach ihren physikalischen und morphologischen Eigenschaften gruppiert sind.

ist.[11] Der Chassidismus erkennt also die kabbalistische und überhaupt spezifisch jüdische Lehre von der Essentialität der Buchstaben rückhaltlos an, so rückhaltlos, daß er sie gar nicht weiter zu erweisen sucht, sondern ihre Gültigkeit voraussetzt. Doch steht diese Lehre nicht eigentlich im Mittelpunkt des Chassidismus. Sie ist ihrem Wesen nach spekulativ und theoretisch und liegt abseits der ganz auf gelebte Frömmigkeit gerichteten Zielsetzung des Chassidismus. Bei Gelegenheit des Gebetes und der rezitierten Tōrā weist eine dem Ba'al Šēm ṭōḇ zugeschriebene Stelle (כתר שם טוב 3b)[30] darauf hin, daß die Buchstaben des Gebets und der Tōrā einesteils Gefäße sind, die erst mit der רוחניות [*ruḥaniyyut*: Geistigkeit], dem geistigen Prinzip in der Welt, gefüllt werden müssen, daß sie aber andererseits, wenn sie so gefüllt worden sind, die רוחניות zu Gott emporzutragen vermögen und so die wahre Einheit mit Gott herstellen. Der Buchstabe א [*alef*] gilt nach kabbalistischem Vorbild als der Urbuchstabe (כתר שם טוב 3b, 21a). Es ist Aufgabe des Ṣaddīḳ, die Buchstaben aneinanderzubringen und auf ihren Ursprung |65| zurückzuführen, d. h., es ist Aufgabe des Ṣaddīḳ, die Welt ihrer Wesenheit entgegenzuführen. Hier handelt es sich also darum, das Wesen und die Aufgabe des Ṣaddīḳ zu erklären. Die Lehre von den Buchstaben dient nur dazu, diese Aufgabe zu illustrieren. Sie steht nicht selbst zur Diskussion, wird aber implizite als unbedingt gültig vorausgesetzt.

In der Essentialität des Wortes und vor allen Dingen in der Essentialität der Worte in der Tōrā ist das Problem aufgelöst, das sonst stets

11 M. Dessoir, Vom Jenseits der Seele, S. 214, leitet eine Verwandtschaft zwischen mystischem Denken und Psychoanalyse u. a. auch aus der Rolle ab, die die Buchstaben und Zahlen in beiden Denkweisen spielen. Wenn die Psychoanalyse etwas mit dem mystischen Denken zu tun hat, dann nur so, daß die Psychoanalyse diejenigen seelischen Funktionen zum Gegenstand ihrer Untersuchung macht, die im mystischen Denken realiter Funktionen sind. In der Lehre der Psychoanalyse wird dem mystischen Denken als Forschungsgegenstand ein sehr breiter Raum zugewiesen: Es gibt kaum einen Vorgang im Denken, kaum eine Handlung, in der für die psychoanalytische Denkweise nicht mystische Einflüsse von entscheidender Bedeutung wären.[29]

---

[29] Vgl. dazu auch Léon Wurmser, Die Ideen- und Wertewelt des Judentums. Eine psychoanalytische Sicht, Göttingen 2001, bes. 122–142.

[30] *Keter Shem Ṭov* (Krone des guten Namens) ist der Titel eines Werks des Ba'al Schem Tov, das 1794 in Żółkiew (heute Schowkwa, Ukraine) über dreißig Jahre nach dessen Tod erstmals zum Druck gelangte.

besteht, wenn eine kodifizierte religiöse Vorschrift vorliegt. Diese Vorschrift müßte ohne den Begriff der Essentialität der Tōrā und aller ihrer einzelnen Vorschriften zu Konflikten zwischen der Vorschrift und dem Gewissen führen. Die essentielle Tōrā dagegen ist gar keine Vorschrift im eigentlichen Sinne, sondern das Idealbild der Welt, wie sie sein sollte, d. h., wie Gott sie haben will, und wie sie ihrem eigentlichen Wesen nach ist. Diese Tōrā wurde nicht etwa einmal gegeben, sondern sie wird immer gegeben. R. Mendel von Rymanow[31] sagt, daß er noch immer die Stimmen höre, wie zu jener Zeit, als die Tōrā der Welt verkündet wurde.[12] Die Tōrā wird also noch immer verkündet. Ihre Vorschriften sind durchaus Realitäten, nicht nur Anweisungen zum rechten Tun. In einer naiven, aber sehr charakteristischen Weise heißt es in der chassidischen Literatur, daß die Gebote der Tōrā für den Frommen einen Geschmack haben. Sie sind also von der denkbar größten Realität und sogar sinnlich wahrnehmbar. Wenn sie aber ganz realiter zur Welt gehören, so ist es möglich, daß sie das eigentliche Wesen dieser Welt ausmachen und ihr nicht als eine Forderung gegenüberstehen.

Das Hebräische als Sprache *κατ' ἐξοχήν* [kat' exochēn: schlechthin] ist also nicht nur die historisch gewordene Staatssprache des geistigen Israel, sondern seine wichtigste Verbindung mit dem Reich des Metaphysischen. Im Hebräischen ist die Tatsache des metaphysischen Israel greifbare Gestalt geworden. Dieses Hebräisch ist eine metaphysische Größe, keine Schöpfung und kein Forschungsgegenstand philologischer Spekulation. So ist es begreiflich, daß die Sprache jener Kreise, die das Hebräische so hochstellen, eine oft recht korrumpierte Form des Hebräischen darstellt.

Daß der Charakter des Hebräischen als Sprache *κατ' ἐξοχήν* |66| sakral aufzufassen ist, hat zur Folge, daß auch das Aramäische[33] als die Sprache

12 Vgl. Kamelhar, דור דעה, S. 203.[32]

---

[31] Menachem Mendel aus Rymanów (1745–1815) war ein chassidischer Rabbiner. Sein Tora-Kommentar *Menaḥem Ẓiyyon* (Tröster Zions) wurde posthum 1851 in Czernowitz (heute Tschernіwzi, Ukraine) publiziert.

[32] Jekutiel A. Kamelhar, Sefer dor de'ah (Ma'arakhah 'A:) 'Arba tequfot ḥasidut BeSHṬit bi-shnot 500–620. Seqirah kelalit 'al shiṭot nos'ei degel ha-ḥasidut [Buch der Generation des Wissens (Ausgabe A:) Vier Phasen des Bescht'schen Chassidismus von 1740–1860. Allgemeiner Überblick über die Methoden der chassidischen Schlüsselfiguren], Biłgoraj 1933.

[33] Siehe Text 2, Fn. [59].

der halbkanonischen Targūmīm[34] eine Sonderstellung unter den Sprachen einnimmt. Das Aramäische hat an beiden Welten der Sprache teil. Es gehört sowohl dem durch das Hebräische repräsentierten Sosein als auch dem Bereiche der konventionellen Daseinsformen der Sprache an. Die Worte des Aramäischen repräsentieren das Wesen der Dinge in getrübter Form. Nach dem Zohar vermochte R. Šim'ōn ben Jōḥai[35] als ein besonders Wissender auch diese ihre getrübte Wesensform den Dingen abzuspüren, ein Gedanke, den auch R. Naḥman aus Brazlaw aufgegriffen hat.

Aus der essentiellen Auffassung des Hebräischen erklärt sich auch die Bedeutung des Wortes, und zwar des ausgesprochenen Wortes, für das Gebet. Hier macht sich aber eine Vermischung zweier Begriffe der Sprache geltend. Gesprochenes Hebräisch und Aramäisch sind als solches essentielle Realisierung dessen, was gesprochen wird. Doch enthält das jeweils ausgesprochene Wort ein psychologisch irdisches Moment, das geringer oder größer ist, je nachdem ob, um die Extreme zu nennen, ein Wort unter vollem Bewußtsein seines Wesens durch einen Wissenden ausgesprochen oder sinnlos dahingeplappert ist. Hier liegt eine Gefahr der Profanierung vor, die dem Gedanken nicht anhaftet und die deshalb unter gewissen Umständen dazu führt, daß der aller Worte entkleidete Gedanke höher eingeschätzt wird als das Wort selbst, wobei man sich immer vor Augen halten muß, daß in solchen Zusammenhängen unter dem Worte nur seine vermeidbare, irdische Bindung, nicht sein eigentliches Wesen gemeint ist.

Alle menschlichen Tätigkeiten haben nach chassidischer Auffassung zwei Seiten: eine profane und eine der Tōrā zugewandte. Es gibt die der Welt zugewandte Vernunft und die Tōrā-Vernunft, es gibt die weltliche Sprache und die Tōrā-Sprache (vgl. S. 63 f.).[36] Diese weltliche Vernunft und diese weltliche Sprache wagen sich auch an die Erkenntnis der göttlichen Dinge heran, und es gelingt ihnen, etwas von diesen Dingen zu erfassen. Es ist freilich nur das Kleid, nicht das Wesen der Dinge selbst, was auf diese Weise begriffen wird. Zur Erkenntnis des Wesens bedarf es der der Tōrā zugewandten Seite menschlicher Fähigkeiten. Diese Fähigkeiten werden nicht erworben, sondern durch göttliche Erleuchtung geschenkt. Sie |67| sind erst die eigentlichen Fähigkeiten des Menschen. Die auf die Welt gerichtete Vernunft ist nur Schale, der eigentliche Inhalt ist die auf die Tōrā gerichtete Vernunft. Ebenso ist es mit der Sprache. Der weltliche

[34] Siehe ebd.

[35] Der offenbar mystisch erfüllte tannaitische Gelehrte Schimon bar Jochai galt irrtümlich lange Zeit als Autor des *Zohar*.

[36] Siehe oben, 523 f.

Verstand, die weltliche Sprache können und sollen sich allerdings mit den religiösen Problemen und den Dokumenten der Religion beschäftigen.

Die Midrāschīm und die Talmūdīm gehören in den Geltungsbereich der einfachen irdischen Vernunft. Nur die Tōrā entzieht sich der Erkenntnis ohne besondere Erleuchtung. Denn sie ist mehr als ein Dokument der Religion, sie ist wesenhaft göttlich. Die weltliche Vernunft ist also durchaus notwendig, sie ist fähig, Arbeit von entscheidender Bedeutung zu leisten. Die Arbeit der weltlichen Vernunft beschränkt sich nicht auf diese Aufgabe. Ihre Aufgabe ist auch eine formal bestimmte: Die weltliche Vernunft dient dazu, Fragen zu stellen, wozu die in sich selbst ruhende Tōrā-Vernunft gar nicht fähig ist. Auch hier tritt das überall implizit vorhandene Grundprinzip des chassidischen Denkens hervor. Dieses Grundprinzip ist der schöpferische Antagonismus: Die Welt muß sein, damit Gott aktiv sein kann, die weltliche Vernunft mit ihrer ganzen Problematik muß sein, damit die Tōrā-Vernunft sich in der Lösung dieser Probleme manifestieren kann. Die Tōrā besteht ohne ihr Studium, dennoch tritt sie dadurch erst in Aktion, daß man sie studiert, in Probleme auflöst und wieder zu ihr zurückfindet. Gebote gelten, ohne daß sie je befolgt werden, aber erst dadurch, daß sie befolgt werden, gewinnen sie aktives Leben. Gott bedarf des Gebetes nicht, denn seine Beziehung zum Menschen besteht auch, wenn sie vom Menschen aus nicht hergestellt wird. Aber er bedarf des Gebetes, damit diese Beziehung in der Welt wirksam werde.

Soweit das Hebräische Umgangssprache ist, ist es freilich eine Sprache wie alle anderen auch. Es enthält nur die Potenz, heilige Sprache der Tōrā zu sein, und damit die Potenz, die wesenhafte Sprache, den eigentlichen Namen der Dinge, darzustellen. Sie ist nur die Form, das Gefäß, das mit dem Inhalt der Tōrā gefüllt werden kann.[13]

13 Diese Auffassung von der Potenz der hebräischen Sprache, wesenhafte Sprache der Tōrā zu sein, ist im Chassidismus noch heute lebendig, wie die Ausführungen des Lubawitscher Rabbi,[37] gesprochen am Tōrāfest 1930 in New York (veröffentlicht u. d. T. לקוט. לקוטי דבורים, 2. Aufl., Warschau 1937), zeigen.[38]

[37] Joseph Isaak Schneersohn (1880–1950) war Rabbiner und 6. Lubawitscher Zaddik.

[38] Joseph Isaak Schneersohn, Liqquṭ. Liqquṭei dibburim [Sammlung. Gesammelte Reden], Warschau ²1937.

6. Der Chassidismus als kulturphilosophisches Problem

Der hier abgedruckte Text wurde 1940 publiziert, der 118 Seiten umfassende Band erschien in der Schriftenreihe der Universität »Acta et Commentationes Universitatis Tartuensis (Dorpatensis)«, Nr. B XLVI.6, und bildet zugleich den zehnten Band der Reihe »Acta Seminarii Litterarum Judaearum Universitatis Tartuensis«. Die Herstellung übernahm die Buchdruckerei K. Mattiesen, Tartu. Auf Seite 3 findet sich die Widmung »Meinem Freund Nicholas Michelson«.[1] *Der Text wird in Auszügen wiedergegeben (Originalpaginierung 7–10 und 51–57).*

Die Seiten 5f. enthalten ein ausführliches Inhaltsverzeichnis, von dem hier nur die ersten drei Überschriftenebenen mit der Originalpaginierung angeführt werden:

---

[1] Siehe Text 7, Fn. [1].

|7| Einleitung

Wenn der Chassidismus als ein kulturphilosophisches Problem behandelt werden soll, so ist damit die Frage gestellt: Was lehrt uns die Tatsache des Chassidismus in Bezug auf das Wesen der Kultur? Es steht damit zur Diskussion, sowohl was Kultur eigentlich ist als auch, welcher Art die einzelnen Phänomene sein können, in denen sich die Kultur historisch realisiert. Auch wenn der Chassidismus für die Geschichte der Kultur nichts geleistet hätte, auch wenn er Kultur zerstört hätte, so wäre doch das Problem vorhanden, warum er nichts leisten konnte oder weshalb er schädlich wirkte. Der Chassidismus speziell als religiöse Bewegung stellt weiter die Frage in den Mittelpunkt, wieweit Religion und Kultur in Beziehung stehen. Wir haben dabei nicht nur zu behandeln, welche theoretische Begründung der Chassidismus seiner Stellung gegenüber der Kultur gegeben und wie er zur Kultur praktisch Stellung genommen hat, sondern vor allem auch, was er für die Kultur bedeutet hat. Als religiöse Richtung muß der Chassidismus eine transzendente Zielsetzung haben und damit erhebt sich die Frage, wieweit sich diese transzendente Zielsetzung mit der weltimmanenten Zielsetzung der Kultur vereinigen läßt. Da der Chassidismus stets jüdische Bewegung geblieben ist, so bedeutet er weiterhin ein Beispiel für die Auswirkung einer nationalen Bindung der Kultur. Es handelt sich nicht darum, spezifisch Jüdisches zu subtrahieren, sodaß allgemein Kulturelles übrigbleibt. Denn die Geschichte kennt nur die geschlossenen Kulturkreise. Kultur an sich ist nur der allgemeine Wert, der sich in einzelnen Kulturen von verschiedener Färbung realisiert. So enthält jede einzelne Kultur ein Moment, an dem sich demonstrieren läßt, was Kultur an sich ist. Sie enthält aber zugleich auch ein anderes Moment, das die spezifische Modifikation ausmacht. Das Spezifische am Chassidismus ist sein religiöser Charakter, seine Bindung an das Judentum und diejenigen Eigentümlichkeiten, die sich aus der Besonderheit |8| seiner Zeit ergeben. All das addiert macht aber noch nicht das Wesen des Chassidismus aus. Es kommt noch ein gewisses Moment dazu, das den Chassidismus eben zum Chassidismus macht. Aber auch dieses besondere Moment gehört in das Phänomen Kultur hinein. Gerade dieses Besondere vermag die Spannweite zu illustrieren, zu der Kultur fähig ist. Wir haben also an den Chassidismus folgende Fragen zu stellen: Welche neue Gestalt gab er der Kultur? Welche Wesensseite der Kultur wurde damit durch ein historisches Beispiel klargestellt? Vermochte der Chassidismus diese neue Wesensseite der Kultur, die ihn zu einer Bewegung eigener Prägung stempelte, rein darzustellen? Erfüllte er also seine historische Aufgabe, und wie erfüllte er sie?

An jede Kultur und an jede Bewegung innerhalb der Kulturen muß die Frage gestellt werden, welcher Art ihre Träger sind. Die wichtigste Seite dieses Problems ist die Frage, ob die Masse oder ob einzelne Individuen Träger der Kultur sind. Diese Frage ist nicht ohne weiteres identisch mit der Feststellung, wie groß die Anzahl der Kulturträger ist. Die Frage entscheidet sich vielmehr daran, ob das Ziel der betreffenden Kultur oder der betreffenden Bewegung dem Begriffsvermögen und den Zielsetzungen der Masse entspricht. Ein Ziel, das Massen zu faszinieren vermag, muß nicht notwendig ethisch wertlos oder gar verwerflich sein. Massen können auch für gute Ziele begeistert werden. Freilich verführt der äußerliche Charakter des Masseninstinktes immer wieder dazu, diesen Instinkt auf ethisch verwerfliche Ziele zu richten. Das ist aber keineswegs notwendig. Jedes Individuum hat mehr oder weniger am Masseninstinkt Teil. Dieser Instinkt kann angeregt werden und fortreißend wirken. Dabei wird es irrelevant, ob das Ziel, das angestrebt wird, den persönlichen Idealen des Individuums entspricht oder nicht. Wissen und Gewissen werden ausgeschaltet.

Die Erkenntnis, die zur Entstehung einer Soziologie geführt hat, daß nämlich das Individuum nicht nur als Einzelnes existiert und als Einzelnes gar nicht existieren könnte, enthält das Problem, ob auch im historischen Sinne, nicht nur im metaphysischen, ein überindividueller Geist, ein objektiver Geist[1] besteht. Der Kernpunkt des Problems ist, ob dieses über-

1 Vgl. R. Eisler, Grundlagen der Philosophie des Geisteslebens, Leipzig 1908, S. 19 ff.

individuelle |9| „geistige“ Moment, dessen Existenz evident ist, so geartet ist, daß es mit Recht die gleiche Bezeichnung trägt wie der individuelle Geist. Zweifellos ist der sogenannte überindividuelle Geist keine Substanz, sondern eine Funktion. Jede Funktion ist aber eine Funktion von Etwas. Der überindividuelle „Geist“ ist eine Funktion des individuellen Geistes. Jedes Individuum ist dazu angelegt, der Ausgangspunkt dieser Funktion zu sein, das eine mehr, das andere weniger, aber die Funktion, die wir im Zusammenklingen mit der entsprechenden Funktion anderer Individuen als Gemeinschaftsgeist bezeichnen, macht niemals den Gesamtgehalt des geistigen Lebens eines Individuums aus. Der Grad der Gemeinschaft ist nicht nur nach Individuen verschieden, sondern auch auf Grund desjenigen Moments, das eine Gemeinschaft konstituiert. Die wirtschaftliche Gemeinschaft erfährt die Erfüllung ihres Wesens am stärksten dadurch, daß das individuelle Moment möglichst zurücktritt. Ziel und Interesse der Gemeinschaft müssen identisch sein mit dem Ziel und Interesse jedes Einzelnen. Jedes Betonen des Individuellen zersprengt hier die Gemeinschaft. Das andere Extrem wird durch religiöse Gemeinschaft dargestellt. Hier ist dem individuellen Charakter der Frömmigkeit der breiteste Raum gegeben. Gerade in dieser Freiheit des Einzelnen gewinnt die religiöse Gemeinschaft ihre größte Tiefe. Innerhalb religiöser Gemeinschaften ist das individuelle Moment dann am stärksten, wenn es sich um eine Religion mystischer Grundrichtung handelt. Im Wesen der Ratio liegt immer das Prinzip einer Allgemeingültigkeit. Die Logik macht immer den Anspruch, daß es nur eine Logik geben kann. Das mystische Denken dagegen ist ein ausgesprochen individuelles Denken. Der andere kann immer nur ertasten, was ungefähr gemeint ist und versteht nur insoweit, als Verwandtes in ihm anklingt.

Der Chassidismus ist als mystische religiöse Bewegung also von vornherein darauf angewiesen, dem Individuum seine Freiheit weitgehend zu lassen. Hier ist die Bedeutung des unbekannten Frommen im Chassidismus begründet. Im Prinzip ist jeder Chassid ein schöpferischer Gestalter chassidischer Frömmigkeit. Er ist immer noch etwas anders als sein Lehrer, als die Mitglieder des Kreises, dem er angehört.

Der Chassidismus war eine der reichsten und lebendigsten Bewegungen im Judentum. Er stellte eine Renaissance echt |10| jüdischen Wesens dar. Nachdem er so weit in die Vergangenheit gerückt worden ist, daß seine Entartung als solche erkannt werden konnte, erscheint seine Blütezeit als ein Idealbild und Vorbild jüdischer Frömmigkeit. Die natürliche Folge davon ist der Versuch, chassidisches Wesen neu zu beleben, um dem Judentum neue Kraft und neue Inhalte zu geben. Indessen bildete der Chassidismus zwar nicht das Ergebnis einer äußerlichen historischen Situation, wohl aber den Ausdruck einer Phase der Geistesgeschichte, die nur in diesem historischen Augenblick so gestaltet werden konnte. So wenig wie sich die geistesgeschichtliche Situation, in welcher der Chassidismus entstand, wiederholen läßt, so wenig läßt sich der Chassidismus wiederholen. Was vom Chassidismus gelernt werden kann, ist nur etwas Formales: Der Chassidismus ist ein sinnfälliges Beispiel für die Spontaneität und Freiheit religiöser Bewegungen. Der Chassidismus kam von innen heraus, er ist niemals bewußt gemacht worden. Die älteren Chassidim verstanden noch nicht einmal die Einheit ihrer Bewegung. Der Meseritscher Maggīd[2] und R. Naḥman aus Brazlaw[3] begannen bewußt von neuem. Sie wollten keine chassidischen Traditionen fortsetzen. Diese bestanden zwar und waren überall lebendig, auch in den Lehren und in dem Leben dieser beiden Ṣaddīḳīm [Gerechte (Pl.)]. Aber sie waren noch nicht als solche bewußt. So bestand gerade in der Blütezeit des Chassidismus ein unbewußtes chassidisches Leben und in diesem Unbewußtsein liegt die Kraft der Religion beschlossen. Es gehört zum Wesen des religiösen Genies, daß es nicht weiß und nicht zu wissen begehrt, was es tut. Wenn das heutige Judentum eine dem Chassidismus entsprechende Renaissance jüdischen Wesens hervorbringen sollte, so kann dies nur aus dem Leben des Judentums heraus ohne bewußtes Programm geschehen. Was so entstehen kann, wird und kann kein Chassidismus und kein Neochassidismus sein, denn die historische Aufgabe des Chassidismus ist erfüllt. Der Chassidismus hat sich überlebt und ausgelebt wie kaum je eine Bewegung. Eine neue Bewegung im Judentum muß eine neue geistesgeschichtliche Aufgabe ergreifen und lösen.

[...]

---

[2] Dov Bär Friedmann aus Mesritsch (1704–1772), der »Maggid [Prediger] aus Mesritsch« (heute Welyki Meschyritschi, Ukraine) war der herausragendste Schüler und Nachfolger des Ba'al Schem Tov (Bescht; siehe Text 3, Fn. [9]). Er transformierte den esoterischen Zirkel seines Lehrers in eine religiöse Massenbewegung, indem er systematisch Schüler um sich scharte und sie zur Verbreitung seiner Botschaft und der des Bescht aussandte, um neue chassidische Zirkel zu gründen. Dov Bärs Lehren wurden ausschließlich durch Mitschriften seiner Predigten überliefert. Dynner, Chassidismus, 491; Grözinger, Jüdisches Denken, Bd. 2, 810 f.

[3] Siehe Text 5, Fn. [27].

|51| 2. Die Geschichte des Begriffes Ṣaddīḳ

Der Begriff des Ṣaddīḳ [Gerechter][4] stand von jeher stets in einer besonders engen Beziehung zum Begriff des Gesetzes. Im Alten Testament wurzelt der Begriff des Ṣaddīḳ letztlich in einem dualistischen Weltbild. Die Ṣaddīḳīm gehören in die Welt des Lichts, des Göttlichen, die Bösewichter in die Welt der Finsternis, des Dämonischen. Diese Stufe ist aber im Alten Testament nur noch rudimentär nachweisbar. Der Begriff des Ṣaddīḳ, wie er der Geisteshaltung der alttestamentlichen Frömmigkeit entspricht, gehört ins gesellschaftliche, zuweilen ins juristische Gebiet. Er bezeichnet den vorbildlichen Bürger und denjenigen, der im Gerichtsverfahren sich als der „Gerechte", d. h. als der Unschuldige, der Freigesprochene, erweist. Die ethisch-religiöse Grundhaltung der im Alten Testament wiedergegebenen Anschauungen auch in Bezug auf die Fragen des profanen Lebens bedingt aber, daß ein solcher soziologischer Begriff eine ethisch-religiöse Note haben *muß*. Doch bleibt der Begriff, auch da, wo er religiös gefärbt ist, zunächst weltimmanent, da er eben in diese praktische Sphäre gehört.

Als sich aber die Eschatologie des Judentums aus einer kollektiv-nationalen zu einer individuell-ethischen zu entwickeln begann, wurde der Begriff Ṣaddīḳ zu einer transzendentalen[5] Größe. Dem Ṣaddīḳ wird das Reich der Zukunft gehören. Im Alten Testament (Jes. 60,21; Ps. 97,11) ist dies Reich des Ṣaddīḳ wohl nur ein besseres Diesseits. Das Reich der Zukunft hat nur Ṣaddīḳīm als Bürger (Jes. 60,21). In der Apokalyptik ist dieses Reich nicht mehr nur ein besseres Diesseits, sondern absolut Jenseits. Der Ṣaddīḳ wird seiner teilhaftig als Lohn für sein Verhalten im Diesseits.[2] Der Begriff wird ein ausgesprochen religiöser. Diese Einschränkung auf das Gebiet der Religion und der Ethik, die ja im Jüdischen unlöslich mit der Religion verbunden ist, ist in der Tradition vollzogen.

|52| In der Tradition erscheint der Begriff einerseits eingeschränkt: Ṣaddīḳ ist man nur in Bezug auf Gott, einen profanen Sinn von Ṣaddīḳ gibt es nicht mehr, andererseits hat innerhalb des Begriffes Ṣaddīḳ eine Akzentverschiebung stattgefunden: Im Alten Testament ist für den Ṣaddīḳ sein Verhalten konstituierend; daß er für sein Verhalten belohnt wird, ist eine sekundäre Angelegenheit. In der Tradition sind die Ṣaddīḳīm diejenigen,

2 Vgl. Bousset, Die Religion des Judentums im späthellenist. Zeitalter, ^{3}1926, S. 275.

---

[4] Siehe Text 2, Fn. [25].

[5] Gemeint ist hier und im Folgenden vermutlich: »transzendenten«.

die der zukünftigen Welt, des ewigen Lebens oder wie diese transzendentale Größe noch genannt werden mag, teilhaftig sind. Natürlich ist dieses Teilhaben an die Bedingung des Wohlverhaltens geknüpft. Aber in dem Maße konstituierend wie im Alten Testament ist dieser Faktor für den Begriff des Ṣaddīḳ nicht mehr. Es fragt sich nun, wie es zu dieser Bedeutungsverschiebung gekommen ist. Direkte Quellen dafür fehlen uns. Wir können nur einiges aus einem Seitenzweig der literarischen und religiösen Entwicklung, der Apokalyptik, ablesen. Die Entwicklung des Begriffs Ṣaddīḳ steht in engerer Verbindung mit der Entwicklung der jüdischen Religion überhaupt. In dem Maße, in dem sich die eschatologischen Vorstellungen vom National-Kollektiven loslösten und ethische Begriffe in sich aufnahmen, ging auch der Begriff Ṣaddīḳ eine Verbindung mit der eschatologischen Gedankenwelt ein. Die Ṣaddīḳīm werden die Bürger des zukünftigen Reiches sein (Jes. 60,21). Dies ist zunächst nur eine Aussage über den Charakter des Zukunftsreiches und hat mit dem Lohngedanken nichts zu tun. Das Reich ist ja ein rein diesseitiges, das irgendwann einmal eintreten wird, wenn die Ungerechten ausgestorben sind. Der Begriff des Reiches, das aus Ṣaddīḳīm bestehen wird, hat sich aber grundsätzlich gewandelt. Das Reich hört auf, ein irdisches Idealreich in näherer oder fernerer Zukunft zu sein. Es wird zu einer transzendenten Größe, indem es den Begriff des „ewigen Lebens" in sich aufnimmt. Die Ṣaddīḳīm, die das Idealreich bilden, sind die, die zum Lohn für ihr Wohlverhalten des ewigen Lebens nach dem Tode teilhaftig geworden sind.[3] Als der Lohngedanke sinnvoller geworden ist, kann er auch eine ganz andere Rolle für den Ṣaddīḳ spielen. Denn daß unter irdischen Verhältnissen der Ṣaddīḳ seinen Lohn empfängt, wird ja durch die tägliche Erfahrung in keiner Weise bestätigt. Diese Verbindung des Begriffes Ṣaddīḳ mit dem ewigen Leben, also der Sphäre Gottes, kann auch der Anlaß dazu |53| gewesen sein, daß der Begriff von seiner profanen Natur völlig losgelöst wurde und einen rein religiösen Charakter erhielt. Zugleich liegen hier auch Möglichkeiten, den Begriff immer mehr zu vergeistigen und zu vertiefen.

Der alttestamentliche Sinn des Begriffes Ṣaddīḳ als Repräsentant des „Gerechten" blieb zwar gewahrt, wird aber in der Tradition entsprechend den immer mehr gesteigerten Ansprüchen an den Frommen und der damit gegebenen pessimistischeren Einstellung gegenüber der Welt dem täglichen Leben mehr und mehr entrückt. Im Talmud ist der Ṣaddīḳ derjenige, der das „ewige Leben" deshalb erhält, weil er exemplarisch fromm

3 Vgl. Bousset, Die Religion des Judentums, S. 276 f.

ist, die ganze Tōrā oder doch den größten Teil der Tōrā erfüllt. Die Verbundenheit des Begriffes Ṣaddīḳ mit dem Gesetz, dem profanen Gesetz in biblischer Zeit, der hypostasierten Tōrā in talmudischer Zeit, bringt Abraham ibn Ezrā[6] in seinem Kommentar zu Ex. 20,6 in klassischer Weise zum Ausdruck, indem er die Ṣaddīḳīm als diejenigen bezeichnet, die das *Gesetz* lieben (ולשמרי מצותי: הם הצדיקים [*ule-shomrei mizwotai: hem ha-zaddiqim*: Und denen, die meine Gesetze bewahren: das sind die Gerechten]) im Gegensatz zu den Ḥasīdīm, die *Gott* lieben (ולאהבי: הם החסידים [*ule-'ohavai: hem ha-ḥasidim*: Und denen, die mich lieben: das sind die Frommen]), wobei keine wertmäßige Abstufung zwischen den beiden Gruppen, sondern nur die Verschiedenartigkeit ihres Weges charakterisiert werden soll.

Der Ṣaddīḳ gilt in der talmudischen Zeit als der vorbildliche Mensch und Führer. Um seinetwillen erhält die Welt erst ihren Sinn. Seine Aufgabe in der Welt ist darum nicht nur Verdienste zu erwerben, sondern auch die anderen zu lehren, ein Leben zu führen, das sie der künftigen Welt teilhaftig macht. Darum wird ihm auch die Aufgabe zugewiesen, im Endgericht Recht zu sprechen und das Urteil zu vollstrecken.

Hier ist bereits der Begriff des Ṣaddīḳ als des beispielgebenden Führers vorgebildet, der dann im Chassidismus seine volle Ausprägung fand. Der Zohar[7] hat vor allem den Gedanken einer ausgesprochenen Heiligkeit des Ṣaddīḳ betont. Diese Heiligkeit gewinnt der Ṣaddīḳ durch sein Tōrāstudium, das seine vollkommene Verbundenheit mit der Tōrā und damit die Reinheit seiner Ideale und Auffassungen zur Folge hat.

In der neueren Ḳabbālā (16. Jahrhundert) wird betont, daß der Ṣaddīḳ nur dann die Stufe der Heiligkeit erreicht, wenn er „seinen Bund in Heiligkeit bewahrt", also die Tōrā nicht nur studiert, sondern sie zugleich lebt. Er hat, wenn er diesen Bund be- |54| wahrt, vollkommene Gemeinschaft mit Gott. So kann er zum Fürsprecher des Menschen bei Gott, zum Mittler zwischen Gott und Israel werden. Damit ist eine Stufe in der Entwicklung des Begriffes Ṣaddīḳ erreicht, die sich im Chassidismus praktisch auswir-

---

[6] Der spanische Philosoph, Astronom, Grammatiker, Übersetzer und Poet Abraham ibn Esra (ca. 1092 – ca. 1167) war einer der kreativsten Bibelkommentatoren des jüdischen Mittelalters. Gulkowitsch nimmt hier Bezug auf Ibn Esras Exodus-Kommentar zu Vers 20,6 (*we-'oseh ḥesed la-'alafim le-'ohavai, ule-shomrei mizwotai*: doch ich erweise Tausenden meine Gnade unter denen, die mich lieben und meine Gebote bewahren), wo er zwischen Frommen und Gerechten unterscheidet.

[7] Siehe Text 1, Fn. [80].

ken konnte. Der Ṣaddīḳ bedarf für seine Rolle, wie Dōḇ-Bär,[8] der Nachfolger des Baʿal Šēm ṭōḇ,[9] ausführte, ebenso sehr des Volkes, wie das Volk seiner: Zwischen ihm und dem Volke besteht eine Wechselwirkung wie zwischen Seele und Körper. Er ist einerseits göttlicher Abstammung (חלק אלה ממעלה [*ḥeleq ʾeloha mi-maʿalah*: der göttliche Teil von oben]), andererseits menschlicher Abstammung (טפה סרוחה [*ṭippah seruḥah*: ein stinkender Tropfen]) und beider muß er sich stets bewußt sein. Hier zeigt sich die spezifische Nuance, die der Chassidismus dem Begriffe gegeben hat. Während der Ṣaddīḳ im Talmud noch eine aristokratische Persönlichkeit ist, über das Volk gestellt, ist er im Chassidismus ganz demokratisch gedacht, so mit dem Volke verbunden, daß dessen Wesen gewissermaßen durch ihn hindurchströmt und von ihm geläutert und vor Gott gebracht wird. Ṣaddīḳ und Volk gehören so untrennbar zusammen, daß weder die äußere Entfernung noch der Tod den Ṣaddīḳ von dem Volke trennen oder auch nur diese Zusammengehörigkeit schwächen kann. Charakteristisch für diesen Gedanken sind das Schreiben des Mendel aus Witebsk aus Palästina[10] an seine Gemeinschaft in Weißrußland und die Worte des Naḥman Brazlaw an seine Anhänger, in denen dieser sie dessen versichert, daß er sie nach dem Tode aufsuchen würde, und sie bittet, an sein Grab zu kommen, um die Gemeinschaft mit ihm aufrecht zu erhalten.[11] Der Ṣaddīḳ stirbt nicht. Es wäre Sünde, das zu meinen. Baʿal Šēm ṭōḇ und andere leben alle und werden als solche weiter verehrt.

Die Wirksamkeit des Ṣaddīḳ beruht darauf, daß er die Göttlichkeit, die allen Wesen der Natur innewohnt, mit Gott verbindet, indem er Gottes Willen vollzieht und die Menschen jene Göttlichkeit erkennen lehrt. Bei

---

[8] Siehe oben, Fn. [2].

[9] Siehe Text 3, Fn. [9].

[10] Menachem Mendel aus Witebsk (heute Wizebsk, Belarus; ca. 1730–1788) war ein Schüler des Maggid von Mesritsch. Nach dessen Tod wurde er zum Kopf der chassidischen Bewegung in Polen-Litauen. 1877 brach er mit einem Teil seiner Schüler ins osmanische Palästina auf, wo sie sich zunächst in Safed und später in Tiberias niederließen. Er sandte mehrere Briefe, darunter *Iggeret ha-Qodesh* (Brief der Heiligkeit; Żółkiew 1894) an die an seinen früheren Wirkungsorten gebliebenen Schüler, in denen er vom Heiligen Land berichtete und sie zur Übersiedlung in selbiges aufforderte. Moshe Halamish, The Teachings of R. Menahem Mendel of Vitebsk, in: Ada Rapoport-Albert (Hg.), Hasidism Reappraised, Oxford/Portland, Oreg., 1996, 268–287.

[11] Vgl. dazu Arthur Green, Tormented Master. The Life and Spiritual Quest of Rabbi Nahman of Bratslav, Woodstock, Verm., 1992.

einigen ist stärker das belehrende, bei anderen das tätige Element vorherrschend. Damit ist zugleich die Brücke zum praktischen Ṣaddīḳismus geschlagen, der von den Schülern Dōḇ-Bärs konsequent durchgeführt wurde.

Dieser praktische Ṣaddīḳismus besagt: Um das Volk läutern und emporziehen zu können, muß der Ṣaddīḳ das wirkliche Leben des Volkes und seine Bedürfnisse, Nöte und Wünsche genau kennen, da er ja sonst überhaupt nicht richtig und wirksam für das Volk leben kann. Er muß also in dem Volk und mit ihm leben und |55| alle Genüsse, Leiden und Freuden dieser Welt selbst erfahren haben. Er selbst ist durch seine Heiligkeit vor aller Sünde geschützt; man ging stellenweise sogar so weit, eine Art Beichte durch den Ṣaddīḳ abnehmen zu lassen.

Wie sich der Ṣaddīḳ mit dem Volk beschäftigen muß, so muß sich andererseits das Volk mit dem Ṣaddīḳ befassen. Daher entwickelte sich die Legendenliteratur über die Taten der Ṣaddīḳīm immer reicher. Wenn der Ṣaddīḳ von dem Begründer des praktischen Ṣaddīḳsmus, 'Elīmeleḵ aus Lisensk,[12] einem Schüler Dōḇ-Bärs, „rōš haḥasīdīm" [Anführer der Frommen] genannt wird, so ist darin schon der Begriff der Führerpersönlichkeit enthalten. Aber hier ist die Führerpersönlichkeit so gemeint, daß der Führer nicht als ein Außenstehender, als ein bloßer Lehrer gedacht ist, sondern als diejenige Kraft aus dem Wesen des Volkes, die läutert und emporzieht, was schon in dem Wesen des Volkes liegt. Denn der Ṣaddīḳ ist ja die lebendige, in der Mitte des Volkes wandelnde Tōrā, daher muß man sich zu ihm begeben und mit ihm leben; um sich ihm anzunähern, bedarf man der richtigen Einstellung („tiḳḳūn" [Reparatur, Verbesserung]), das exoterische Moment im Chassidismus, das in der Bezeichnung Ḥāsīd seinen sichtbaren Ausdruck fand, geht also in einer so esoterischen Gedankenrichtung wie der Lehre vom Ṣaddīḳismus nicht ganz verloren. Eine Angleichung des gewöhnlichen Menschen an den Auserwählten bleibt möglich und wird gefordert.

Der Ṣaddīḳ im Chassidismus ist ein Typus, wie ihn nur die Diaspora hervorbringen konnte. Er bedeutet nämlich eine Loslösung des messianischen Prinzips aus der Geschichte, also einen weiteren Schritt auf dem Wege, den die Diaspora mit Notwendigkeit gehen muß: der Umdeutung der historischen Kategorien in metaphysische. Der Begriff des Ṣaddīḳ ist seit talmudischer Zeit (s. S. 53)[13] bereits mit der Eschatologie eng ver-

---

[12] Der Rabbiner Elimelech aus Lyschansk (heute Leżajsk, Polen; 1717–1787) war einer Begründer des Chassidismus in Galizien.

[13] Siehe oben, 534 f.

bunden. Diese Tradition erhält sich durch das ganze Mittelalter, z. B. wird der Messias Sabbatai Ṣebī[14] von seinen Anhängern als Ṣaddīḳ bezeichnet.[4] Wenn nun ein Typus, der jetzt und hier sein Amt als Mittler und Vorbild ausübt, den Namen Ṣaddīḳ trägt, so tritt damit das eigentlich Eschatologische am Messiasbegriff zurück. Der Ṣaddīḳ führt keine selige Endzeit herbei. Er ist kein Erlöser des Judenturms im historischen Sinne und kein Welterlöser. Er steht ganz |56| außerhalb solcher historischer Beziehungen. Dennoch trägt der Ṣaddīḳ deutlich messianische Züge. Ṣaddīḳ ist kein Epitheton, kein Titel. Der Ṣaddīḳ ist Ṣaddīḳ, auch wenn niemand ihn als solchen anerkennen würde. Wenn er *völlig* unbekannt bliebe, wäre er dennoch Ṣaddīḳ. Seine Stellung zu allen Kategorien des Religiösen ist wesenhaft. So studiert und erfüllt er nicht nur das Gesetz, sondern er ist selbst Gesetz. Was er tut, ist unfehlbar, denn hier handelt im Grunde nicht ein Mensch, sondern eine Repräsentation Gottes. Gott schuf ihn aus seinem eigenen Lichte. So ist das Menschliche am Ṣaddīḳ im Grunde irrelevant. Es tritt ganz zurück gegenüber dem Charisma, das dieser Mensch besitzt und das ihn über das Menschliche hinaushebt. Er bedeutet ein Hineinragen metaphysischer Kategorien in die Geschichte. Er gibt dieser Geschichte ihren Sinn, ohne, wie der eschatologische Messianismus, die Geschichte aufzulösen.

Dieser Ṣaddīḳ ist kein Phantasiegebilde, kein Traum von einem besseren Zeitalter, sondern eine historische Gegebenheit. Er steht in der historischen Gemeinschaft und ist entscheidend für die Struktur der Gemeinschaft. Es handelt sich also um eine metaphysische Kategorie inner-

4 M[artin] Buber (Deutung des Chassidismus, S. 21) sieht mit Recht in dieser Tatsache das konstituierende Moment für das Wesen des Ṣaddīḳ.

[14] Der selbsternannte Messias Sabbatai Zwi (1626–1676) aus Smyrna (heute Izmir, Türkei) löste Mitte des 17. Jh. eine Welle der messianischen Erregung in den jüdischen Gemeinden des Osmanischen Reichs sowie weiten Teilen Europas aus, die, trotz seiner Ablehnung durch die Rabbiner, erst nach seiner Konversion zum Islam im Jahr 1666 und seinem offensichtlichen Pseudomessiastum verebbte. Gleichwohl hingen bis zur Mitte des 18. Jh. einzelne Personen sowie kleinere Gruppen insgeheim sabbatianisch-häretischen Vorstellungen an. Zu Unrecht wurden dem entstehenden Chassidismus sabbatianische Tendenzen unterstellt, auch wenn einige chassidische Lehren messianische Ideen vertraten. Vgl. Barnai, Smyrna; Gershom Scholem, Sabbatai Zwi. Der mystische Messias, übers. von Angelika Schweikhart, Frankfurt a. M. 1992 (zuerst London 1973).

halb des Soziologischen, eine Synthese, die typisch ist. Das Judentum ist zweifellos eine Religion, aus der die Geschichte nicht ausgeschaltet werden kann (selbst die Mystik, die ahistorischste aller religiösen Formen, muß im Judentum historischen Charakter annehmen), aber diese Geschichte wird immer wieder von der Metaphysik her gedeutet, und zwar nicht nur in der Theorie, sondern durch die gelebten Formen der jüdischen Religion. Für diese Synthese ist der Ṣaddīḳ eine der typischsten Auswirkungen.

Der Ṣaddīḳ ist so sehr Kategorie, so sehr wesenhaft Ṣaddīḳ, das Ṣaddīḳsein kann so wenig erworben werden, ist so wenig Ergebnis von Studium und Gesetzeserfüllung, ist so wenig überhaupt Ergebnis, daß ein Gedanke entstehen konnte, den das Judentum in dieser Reinheit noch nie aufgestellt hat: der Gedanke der Erblichkeit des Charismas. So entstanden Dynastien, die zweifellos am meisten angegriffene Erscheinung im Chassidismus. Die Ṣaddīḳdynastien sind in der Tat eine starke Veräußerlichung des Ṣaddīḳprinzips und bieten darum der Polemik Angriffsflächen. Sie sind aber Ausdruck eines echt chassidischen und echt jüdischen Prinzips und da, wo der Ṣaddīḳ dieses Prinzip rein verkörpert, hat die Polemik auch keine Angriffsflächen gefunden. |57| Es liegt hier eine der Zuspitzungen eines Prinzips vor, die nur für einen historischen Augenblick das Prinzip rein darzustellen vermag, dann aber notwendig der Korruption verfallen ist, weil sie die Grenzen des Menschen überschreitet und die menschliche Unzulänglichkeit übersieht.[5]

Der Ṣaddīḳ ist als Träger eines Charismas (eines erblichen oder eines individuellen) Lehrautorität. Er setzt die lebendige, gültige Tradition fort. Im Prinzip sind seine Entscheidungen und Lehren ebenso gültig wie die etwa eines Tannaiten.[16] Dem einzelnen Chassid, der nicht Träger dieses Charismas ist, ist zwar gestattet, sich mit den Grundlehren des Judentums auch theoretisch zu beschäftigen, aber er hat sich nur rezeptiv zu verhalten, er hat kein Recht, von sich aus Schlüsse zu ziehen, neue Anwendungsmöglichkeiten der traditionellen Lehren und Gesetze klarzu-

5 Die Kritik Minkins am Ṣaddīḳismus übersieht diese Seite des Phänomens und setzt als Ursache für den Niedergang des Chassidismus ein Faktum, das nur eine Folge des Niedergangs war.[15]

[15] Jacob Samuel Minkin (1885–1962) war ein am New Yorker Jewish Theological Seminary ordinierter Rabbiner des Conservative Judaism. Jacob S. Minkin, The Romance of Hasidism, New York 1935.

[16] Siehe Text 1, Fn. [58].

stellen oder etwa vergleichend das System der Lehren abzurunden.[6] Eine solche Lehrautorität ist nicht nur Vermittlerin eines Wissens, ist nicht nur danach zu bewerten, ob sie das traditionelle Wissen in verständlicher Form übermitteln kann. Eine solche Persönlichkeit ist vielmehr zugleich Meister, ein Gegenstand der Ehrfurcht und darum zu vorbildlichem Leben verpflichtet.

[…]

6 Vgl. התמים, Heft 3, Warschau 1936, S. 71 f.[17]

[17] Avraham Moshe Gelibter, Divrei yemei ha-ḥasidim. Me-'ish 'eḥad she-ḥai mi-geza ha-ḥasidim [Die Geschichte der Chassidim. Über einen Mann aus chassidischer Dynastie], in: Ha-Tamim [Die Aufrichtigen] 2 (1936), H. 3, 67–82.

7. Forschungsprogramm

Das hier abgedruckte zweiseitige Typoskript mit dem Titel »Forschungsprogramm« bildet den Anhang eines zweiseitigen maschinenschriftlichen Briefs von Lazar Gulkowitsch an den Anthropologen Franz Boas vom 22. September 1937, in dem Gulkowitsch das Forschungsprogramm ankündigt. Beide Dokumente wurden auf dem gleichen Briefpapier und augenscheinlich mit derselben Schreibmaschine verfasst.

Der Brief enthält einen handschriftlichen Zusatz von Nicholas Michelson, dem Schwiegersohn von Franz Boas. Als zweiten Anhang hatte Gulkowitsch seinem Brief die Kopie eines vierseitigen Schreibens vom Vorsitzenden der Gesellschaft zur Förderung der jüdischen Wissenschaft, Jakob Blumenfeld, an den Gesamteuropadirektor des American Jewish Joint Distribution Committee, Bernard Kahn, sowie offenbar einige seiner eigenen Publikationen beigefügt. Das Forschungsprogramm, Blumenfelds Schreiben sowie die hier nicht zu rekonstruierenden Publikationen machten Gulkowitschs Brief zu einer Art Bewerbungsmappe zwecks Anstellung an einer amerikanischen Forschungsinstitution. Das Schreiben Blumenfelds wird hier nicht abgedruckt. Der jeweils auf der Vorderseite des Briefbogens gedruckte Briefkopf wird nur für das erste Blatt wiedergegeben.

Alle drei genannten Dokumente sind verwahrt in den Franz Boas Papers der American Philosophical Society Library in Philadelphia (Correspondents E–G, Mss.B.B61). Für Abbildungen von Gulkowitschs Brief und Forschungsprogramm vgl. Põldsam, Lazar Gulkowitsch. Eine vergessene Stimme, 255–258.

In Gulkowitschs Nachlass (HRUT 47/II/11) findet sich zudem eine maschinengeschriebene, zweite Fassung des Forschungsprogramms (3 Bl.). Sie trägt kein Datum, lässt sich jedoch aufgrund der dort erwähnten Veröffentlichungen Gulkowitschs in die Zeit zwischen Ende 1940 und Juli 1941 datieren. Die Abweichungen dieser Fassung (F 2) werden in den Fußnoten angezeigt.

Dr. Lazar Gulkowitsch Tartu, {22.IX.1937}
O. Prof. a. d. Univ. Tartu (Dorpat) Kuperjanovi 5a

Hochgeehrter Herr Professor,

In diesen Tagen hatte ich die Freude, Ihren Schwiegersohn Herrn Dr. Michelson kennenzulernen.[1] Ich fand bei Herrn Dr. Michelson weitgehend Verständnis für meine Arbeit und ihre Ziele, sodass ich ihm auch die Schwierigkeiten andeuten konnte, unter denen meine Forschung leidet. Herr Dr. M. ermutigte mich zu einem Schritte, den ich schon oft erwogen, aber noch nie gewagt habe. Das gütige Interesse, dass Sie, hochverehrter Herr Professor, meiner letzten Arbeit entgegengebracht haben,[2] veranlasst mich, ihnen eingehender von meinen Zielen zu berichten und sie zugleich zu bitten, auch den Nöten meiner wissenschaftlichen Arbeit Ihr Interesse zuzuwenden. Das Programm meiner Arbeit, das ich anliegend Ihnen übersende, zeigt Ihnen, wie sehr ich gegenwärtig eines gründlichen Quellenstudiums bedarf, um die methodischen Erwägungen, die ich publiziert habe, nun auch selbst in wissenschaftlicher Arbeit praktisch anzuwenden. Hier in Tartu (Dorpat) ist dazu nur beschränkte Möglichkeit. Die Handschriften und Drucke zur Geschichte des Judentums, speziell zur Geschichte des Chassidismus, sind überall in Bibliotheken und Archiven zerstreut. Die Dotierung meines Lehrstuhls durch das „American Joint Distribution Committee",[3] europäischer Leiter Dr. Kahn,[4] gewährt mir

---

[1] Nicholas (auch: Nikolai) Michelson (1897–1987) war Arzt und Schriftsteller. Von 1928 bis 1942 war er mit Franz Boas' Tochter Marie Franziska (1902–1988) verheiratet. In New York erschienen in deutscher Sprache seine Gedichtbände *Früchte, Blöcke, Schnitte* (1925), *Westwind* (1937) und die Novelle *Abba* (1937), in Tartu das Drama *Esther* (1939).

[2] Hier ist die 1937 erschienene *Grundlegung einer begriffsgeschichtlichen Methode* (Text 1) gemeint.

[3] Das 1914 in New York gegründete American Jewish Joint Distribution Committee (JDC) entwickelte sich in der Zwischenkriegszeit zur größten jüdischen humanitären Organisation. Es unterstützte vor allem den wirtschaftlichen, kulturellen und religiösen Wiederaufbau in Ostmittel- und Mitteleuropa. Genady Estraikh, Joint Distribution Committee, in: Diner (Hg.), EJGK, Bd. 3, 211–214.

[4] Bernard Kahn (1876–1955) war seit 1921 Direktor der Flüchtlingsabteilung des JDC, dessen europäische Hauptniederlassung sich in Paris befand, und ab 1924 Gesamteuropadirektor des JDC. Er hatte diese Ämter bis 1939 inne. Mit Beginn des Zweiten Weltkriegs emigrierte Kahn in die Vereinigten Staaten. Hillel Halkin, Kahn, Bernard, in: Skolnik/Berenbaum (Hg.), EJ, Bd. 11, 719.

bei ganz bescheidenen Ansprüchen ein Existenzminimum hier in Estland, wo der Lebensstandard sehr gering ist. Ich bin also nicht in der Lage, ausserhalb Estlands Studien zu treiben~~e~~, ohne die meine Arbeit der soliden wissenschaftlichen Grundlage entbehrt. Meine Bitte an Sie, hochverehrter Herr Professor, ist, mir durch Ihren Rat und durch Ihre Hilfe einen Weg zu weisen, der es mir ermöglicht, die notwendigen Studienreisen zu unternehmen. Dass meine Bitte einem ehrlichen wissenschaftlichen Wollen entspringt, bedarf vor dem Forum Ihres Urteils wohl kaum eines anderen Beweises als der Tatsachen, die das beigefügte Programm darlegt. Ich entbehre ja zur Zeit ganz der Hilfe, die mir in Deutschland wiederholt durch die Notgemeinschaft der deutschen Wissenschaft gewährt worden ist.[5] Ich bin mir bewusst, dass in einer Zeit, in der viele Gelehrte nicht einmal das Nötigste für ihre materielle Lebenshaltung zur Verfügung haben, die Erfüllung meiner Bitte auf grosse Schwierigkeiten stossen muss. Doch bedarf es vor Ihnen nicht der Versicherung, dass in der Wissenschaft ein kaufmännisches Abwägen zwischen geistigen und materiellen Nöten nicht möglich ist.

Gestatten Sie mir, hochverehrter Herr Professor, Ihnen auch über den Teil meiner Arbeit zu berichten, der nicht zu sehr der Forschung selbst als vielmehr dem gegenseitigen Gedankenaustausch in der internationalen Gemeinschaft der Wissenschaft dient. Ich habe versucht, durch Vorträge in wissenschaftlichen Kreisen Anregungen zu geben und zu finden. Ich habe mehrere Einladungen aus mehreren Universitäten erhalten, doch stösst die Annahme der [|2|] Einladungen natürlich auf finanzielle Schwierigkeiten. Das Interesse an meiner Arbeit wurde mir nicht nur durch diese Einladungen, sondern auch dadurch bestätigt, dass die Themata meiner letzten Schrift zu Vortrags- und Diskussionsthemen in Prag (*Pražský linguistický* [sic] *kroužek* und *Historische Gesellschaft*)[6] gewählt worden

---

[5] Die Notgemeinschaft der deutschen Wissenschaft (NDW), die Vorgängerorganisation der Deutschen Forschungsgemeinschaft (DFG), wurde 1920 von universitären und außeruniverstitären Forschungseinrichtungen gegründet, die damit auf die schwierigen akademischen Bedingungen infolge des Ersten Weltkriegs reagierten. Mit Vorschlägen zur finanziellen Förderung wandte sie sich an Reichsregierung, Landesregierungen und die Wirtschaft. Notker Hammerstein, Die Deutsche Forschungsgemeinschaft in der Weimarer Republik und im Dritten Reich. Wissenschaftspolitik in Republik und Diktatur 1920–1945, München 1999, 32–87.

[6] Zum Prager linguistischen Kreis (Pražský lingvistický kroužek) siehe Einleitung, Abs. 3.4. Bei der Historischen Gesellschaft könnte es sich um die 1925 gegründete Russische Historische Gesellschaft, Prag, handeln, die eine rege Vortragstätigkeit

sind. Auch hieran möchte ich eine Bitte anknüpfen. Ein Vortragszyklus in den U.S.A. würde mich dem Ziele meiner Arbeit in der Öffentlichkeit sehr viel näherbringen.[7] Wenn Sie, hochverehrter Herr Professor, mir beim Arrangement einer solchen Vortragsreihe Ihren Einfluss geltend machen wollten, wäre ich Ihnen zu grossem Danke verpflichtet.

Mit der Bitte, mein Schreiben als den Ausdruck einer zutief{st} empfundenen wissenschaftlichen Not ansehen und darum die Inanspruchnahme Ihres Einflusses entschuldigen zu wollen, zeichne ich

In dankbar und ergebener Verehrung
{Lazar Gulkowitsch}

{Riga, d. 22. Sept. 1937

Lieber Papa,

ich freute mich sehr, Prof. Gulkowitsch persönlich kennenzulernen. Ich glaube nicht, dass die U.S.A. einen Pädagogen und Gelehrten auf dem Gebiete der jüdischen Geisteswissenschaften haben, wie Prof. Gulkowitsch [es] ist. Wir sind Freunde geworden. Mündlich mehr. –

Auf Wiedersehen,

Dein Nikolai.

P.S. Prof. Gulkowitsch ist 39 Jahre alt.

Beiliegend:
Forschungsprogramm
Bericht der Gesellschaft[8]
Mit gleicher Post Publikationen.}

---

unterhielt. Aleksandr F. Izjumov, Nachruf für Professor E. Smurlo, in: Jahrbücher für Kultur und Geschichte der Slaven 10 (1934), H. 1/2, 222–226, hier 222.

[7] Obwohl Boas sich, zum Beispiel bei dem Orientalisten und Rektor des Jewish Theological Seminary of America (New York), Cyrus Adler, für Gulkowitsch einsetzte, kam eine Vortragsreise in die Vereinigten Staaten erst Ende 1938 zustande. Põldsam, Lazar Gulkowitsch. Eine vergessene Stimme, 88.

[8] Es handelt sich um die Kopie eines undatierten Briefes des Vorsitzenden der 1930 in Tartu gegründeten Gesellschaft zur Förderung der jüdischen Wissenschaft, Jakob Blumenfeld (1891–1954), an Bernard Kahn (JDC). Er enthält einen ausführlichen Bericht der Aktivitäten des Seminars für jüdische Wissenschaft und des Lehrstuhls von Gulkowitsch für das Jahr 1937.

Forschungsprogramm

Meine Forschungsarbeit geht von der Sprache aus. Diese wird aber nicht nur als Form, als Ausdruck bewertet und erforscht, sondern zugleich als Ausdruck von Etwas, als Einheit von Inhalt und Form. Beide Komponenten müssen in ihren Wechselbeziehungen erfasst[9] werden, wenn sie ihrem Wesen gemäss[10] dargestellt werden sollen. Der Inhalt einer Sprache ist die Kultur, die in der betreffenden Sprache ihren adäquaten Ausdruck findet. So wird eine Sprache nur im Zusammenhang mit der ihre entsprechenden Kultur verstanden. Andererseits ist eine Sprache ein unbedingt zuverlässiges Quellenmaterial für die Erforschung einer[11] Kultur, ihrer spezifischen Eigenart,[12] ihrer Entwicklung, ihrer sowohl in ihrem Wesen[13] begründeten als auch ihrer im Verlaufe der Geschichte zufällig eingetretenen Beziehungen zu anderen Kulturen. Eine solche Forschungsarbeit bedingt einerseits eine prinzipielle Grundlegung, andererseits eine Erforschung konkreten historischen Geschehens an Hand der Prinzipien, die durch die systematische Grundlegung gefunden wurden. Eine solche Forschungsarbeit muss sich auf einen bestimmten Kulturkreis richten,[14] nicht nur aus Gründen der technisch notwendigen Beschränkung[15] des Materials, sondern wegen der Beschaffenheit dieses Materials selbst, da ja jede Kultur eigenständig und mit anderen nicht vergleichbar ist, da aber auch zugleich jede Kultur eine Verwirklichung des Phänomens Sprache überhaupt darstellt.[16] Ich habe als spezielles Forschungsgebiet die semitischen Sprachen, und unter diesen die Sprachen der jüdischen Kultur gewählt. Ich habe darzustellen versucht, wie die Geschichte der hebräischen Sprache entsprechend der Geschichte der jüdischen Kultur eine kontinuierliche

[9] In der zweiten Fassung von 1940/1941 (im Folgenden: F 2): »erfaßt« statt »erfasst«.

[10] F 2: »gemäß« statt »gemäss«.

[11] F 2: »der« statt »einer«.

[12] F 2: »Bedingungen« statt »Eigenart«.

[13] F 2: »Charakter« statt »Wesen«.

[14] F 2: »Kulturbezirk konzentrieren« statt »Kulturkreis richten«.

[15] F 2: »Spezialisierung und Beschränkung« statt »Beschränkung«.

[16] F 2: »da ja die Bedingungen einer jeden Kultur, zumal in den früheren Entwicklungsstadien, unklar konturiert und deshalb schwer mit anderen vergleichbar sind. Diese Beschränkung ist aber auch deshalb möglich, da man gerade durch das sorgfältige Studium der Einzelerscheinungen auch zu grundsätzlichen Erkenntnissen über Sprache und Kultur gelangen kann« statt »da ja jede Kultur eigenständig und mit anderen nicht vergleichbar ist, da aber auch zugleich jede Kultur eine Verwirklichung des Phänomens Sprache überhaupt darstellt«.

Entwicklung aufweist.[17] Die formal sprachliche Seite dieser Entwicklung, ihre Gesetze und ihre Ergebnisse legte ich in meiner Arbeit:[18] „Die Bildung von Abstraktbegriffen in der hebräischen Sprachgeschichte" (Leipzig 1931)[19] dar. Zur Darstellung der inhaltlich kulturellen Seite wählte ich als Beispiel die Geschichte des Begriffes Hasid,[20] zwei[21] Studien zur Geschichte des Begriffes veröffentlichte ich u. d. T. „Die Entwicklung des Begriffes Hasid im Alten Testament" (1935)[22] und „Die Bildung des Begriffes Hasid in der Gattung der Ma'asijjot" (1935).[23] In Vorbereitung habe ich eine grössere Untersuchung des Chassidismus als des Phänomens, in dem sich die Geschichte dieses Begriffes vollendete.[24] Der Begriff Hasid

---

[17] F 2: ergänzter Satzteil: »aufweist, in welcher jeweils die früheren Stufen in den späteren nach den Gesetzen der Dialektik aufgehoben sind«.

[18] F 2: kein Doppelpunkt.

[19] F 2: in der Klammer: »Staatliche Forschungsinstitute bei der Universität Leipzig. Forschungsinstitut für Orientalistik, assyriologische Abteilung« statt »Leipzig 1931«.

[20] F 2: »Hasid« in Anführungszeichen.

[21] F 2: »›Hasid‹. 4« statt »Hasid, zwei«.

[22] Text 2. – F 2: »[|2|] AT‹ (Acta Seminarii Litterarum Judaearum Universitatis Tartuensis, Heft 1, 1934)« statt »Alten Testament‹ (1935)«. – Das korrekte Publikationsjahr ist 1934.

[23] Texte 3 und 4. – F 2: »Ma'asijjot. Hasid und Wunder‹ (Acta Seminarii …, Heft 2, 1935), ›Die Bildung des Begriffes Hasid in der Gattung der Ma'asijjot. Hasid und Gebet‹ (Acta Seminarii …, Heft 9), ›Das Charisma des Gebetes um Regen nach der talmudischen Tradition‹ (Vorlesungen und Übungen, gehalten an der Universität Uppsala, 24.–31. Oktober 1938). Ähnliche begriffsgeschichtliche und folkloristische Studien liegen u. d. T. in Mnkr. [Manuskript] vor: ›Hasid und Gesetz‹, ›Hasid und Frau‹, ›Hasid und Elia‹, ›Hasid und Sedaka‹, ›Hasid und Prophet‹, ›Hasid und übernatürliche Welt‹« statt »Ma'asijjot‹ (1935)«. – Zu den Manuskripten siehe die Einleitung, 46. – Das in F 2 als Manuskripttitel verwendete hebräische Wort Sedaka (*ẓedaqah*: Gerechtigkeit, Verdienst, Heil) leitet sich aus derselben Wurzel wie das Wort *ẓaddiq* (vgl. *ẓedeq*: Gerechtigkeit) ab und bezeichnet seit der Spätantike Armenfürsorge und Wohltätigkeit. Alyssa M. Gray, Ẓedaka, in: Diner (Hg.), EJGK, Bd. 6, 503–507.

[24] F 2: »In 3 Studien (1. ›Die Grundgedanken des Chassidismus als Quelle seines Schicksals. Ein Beitrag zum Problem Idee und Leben‹, 2. ›Das kulturhistorische Bild des Chassidismus‹, 3. ›Der Chassidismus als kulturphilosophisches Problem‹ – alle 3 Studien erschienen in: ›Acta Seminarii …, H. 6, 7, 10‹) habe ich eine größere Untersuchung des Chassidismus als des Phänomens, in dem sich die dialektische Bewegung dieses Begriffes vollendete, unternommen.« statt »In Vorbereitung habe ich […] die Geschichte dieses Begriffes vollendete.«

als zentraler Begriff des Judentums[25] erscheint mir in besonderem Masse geeignet, das Kulturphänomen Judentum in seinem Wesen zu erhellen, denn dieser Begriff umfasst[26] in besonders demonstrativer Weise alle Seite [sic] der Kultur.[27] Sein ausgesprochen soziologischer Grundsinn führt zum Verst- [|2|] ändnis der soziologischen[28] Struktur des Judentums überhaupt und damit zugleich zum Problem der Bedeutung gesellschaftlicher Phänomene für die Geschichte der Kultur. Damit hoffe ich ein Bild zu gewinnen, das als Prototyp für das Bild der Geschichte überhaupt dienen kann: Es gilt, die organische[29] Einheit von Volk, Kultur und Sprache darzulegen.[30] Das Prinzipielle über die Frage dieser Einheit habe ich in meiner Schrift: „Zur Grundlegung einer begriffsgeschichtlichen Methode in der Sprachwissenschaft" (1937)[31] in seiner Problematik darzulegen versucht. Entsprechend der notwendigen gegenseitigen Ergänzung von prinzipieller Ueberlegung[32] und exakter Forschung erscheint es mir als notwendig, auf Grund der in dieser Arbeit dargelegten Prinzipien, meine Einzelforschungen zu ergänzen und zu vertiefen. Da der Chassidismus das Judentum in einer besonders typischen Form repräsentiert, und da er ein historisches Phänomen von relativer Geschlossenheit darstellt, so scheint mir seine Erforschung besonders geeignet zu sein, um an einem Beispiel zu demonstrieren, was die Kultur im allgemeinen und die jüdische Kultur im besonderen ihrem Wesen nach sind.[33] Abgesehen von diesen in der Sache begründeten Er- [|3|][34] wägungen, die mir durchaus primär waren, liess[35] ich mich in zweiter Linie auch bei der Auswahl meines Stoffes von der Ueberlegung[36] leiten, dass[37] einerseits der Chassidismus noch

[25] F 2: »der jüdischen Kultur« statt »des Judentums«.

[26] F 2: »umfaßt« statt »umfasst«.

[27] F 2: »alle Seiten des jüdischen gesellschaftlichen Geschehens« statt »alle Seite der Kultur«.

[28] F 2: »gesellschaftlichen« statt »soziologischen«. – Die wiederkehrende Ersetzung des Begriffs Soziologie durch Gesellschaftslehre könnte ein Zeichen dafür sein, dass der Adressat dieser Fassung eine sowjetische Institution war.

[29] F 2: »### unzertrennliche« statt »organische«.

[30] F 2: »darzustellen« statt »darzulegen«.

[31] Text 1. F 2: »Acta Seminarii …, Heft 5, 1937« statt »1937«.

[32] F 2: »Überlegung« statt »Ueberlegung«.

[33] F 2: »ihrem Charakter nach darstellen« statt »ihrem Wesen nach sind«.

[34] Seitenumbruch in F 2.

[35] F 2: »ließ« statt »liess«.

[36] Wie Fn. [32].

[37] F 2: »daß« statt »dass«.

der wissenschaftlichen Deutung als historisches Phänomen bedarf,[38] und dass[39] andererseits seine [sic] Bearbeitung des Phänomens Judentum vom sprachphilosophischen Standpunkte aus[40] noch vollkommen aussteht. Verwandte Bearbeitungen einer Kultur stellen Karl Vosslers[41] Studien auf dem Gebiete der französischen Kultur und Sprache[42] und die Arbeiten H. Ammanns[43] dar, der bei seinen Forschungen[44] von der deutschen Sprache ausgeht. In ähnlicher Weise versucht O. Jespersen die Grammatik des Englischen aufzulockern und organisch[45] zu gestalten.[46] (Er geht allerdings von einer Auffassung der Sprache aus, die sich von der in meinen Arbeiten vorausgesetzten prinzipiell unterscheidet). Verglichen mit der Methode und den prinzipiellen Voraussetzungen bei Ammann und Vossler glaube ich,[47] noch weit stärkeren Nachdruck auf die gesellschaftliche Seite des Phänomens legen zu müssen, da Sprache doch eben gesprochene[48] Sprache ist. Mein Forschungsgebiet umfasst[49] also im Wesentlichen die Gebiete, die als Material der Sprachwissenschaft

---

[38] Simon Dubnow hatte 1931 eine zweibändige Geschichte des Chassidismus vorgelegt, die auf Untersuchungen beruhte, die zuerst in den Jahren 1888 bis 1893 in der russischsprachigen Monatsschrift *Voskhod* (Sonnenaufgang) erschienen waren. Gulkowitsch griff in seinen Studien zum Chassidismus mehrfach auf Dubnows Werk zurück. Siehe Text 5, Fn. [14].

[39] Wie Fn. [37].

[40] F 2: »Standpunkt der allgemeinen Linguistik« statt »sprachphilosophischen Standpunkte«.

[41] F 2: »Voßler« statt »Vossler« (ebenso im weiteren Text). – Die Namen Karl Voßler, H. Ammann, O. Jepersen sowie Nikolai Marr sind dort jeweils durch maschinenschriftliche Unterstreichung hervorgehoben.

[42] Siehe Text 1, Fn. [71]. Gulkowitsch meint wahrscheinlich die auch in *Zur Grundlegung der begriffsgeschichtlichen Methode* zitierte Schrift Vosslers *Frankreichs Kultur und Sprache. Geschichte der französischen Schriftsprache von den Anfängen bis zur Gegenwart* (1929).

[43] Hermann Ammann. Siehe Text 1, Fn. [1]. Dort referiert Gulkowitsch ausführlich Ammanns zweibändiges Werk *Die menschliche Rede* (1925/1928).

[44] F 2: »Bearbeitungen« statt »Forschungen«.

[45] F 2: »neu« statt »organisch«.

[46] Otto Jespersen. Siehe Text 1, Fn. [179] und die dort genannten Arbeiten Jespersens zur englischen Grammatik.

[47] F 2: Einschub: »in Einklang mit Nikolai Marr und seine [sic] Schule« – Zu Marr siehe Text 10, 585 und 592–594 sowie Fn. [19].

[48] F 2: »gesprochne« statt »gesprochene«.

[49] F 2: »umfaßt« statt »umfasst«.

und der Soziologie[50] gelten, das Ziel ist das Verständnis der historischen Phänomene aus den prinzipiellen Gegebenheiten, die sie realisieren, und der prinzipiellen Grundlagen des Phänomens Kultur aus seinen Auswirkungen in der Geschichte. Es kommt mir also wesentlich auf die Synthese an, auf die Synthese von Historischem und Prinzipiellem, von Sprache und Kultur, von Sprachwissenschaft und Soziologie.[51]

---

[50] F 2: »Gesellschaftslehre« statt »Soziologie«.

[51] F 2: »Linguistik und Gesellschaftslehre« statt »Sprachwissenschaft und Soziologie«. Es folgt ergänzt: »Meine Forschungsarbeit unterscheidet sich demnach von Nikolai Marr und seiner Schule nicht grundsätzlich, sondern nur durch die speziellere Problemstellung, da meine Forschungsarbeit von der einmaligen historischen Erscheinung der semitischen Sprachen und Kultur ausgehend, ihre Eigenart klarzustellen sucht und so nur eine spezielle Seite dessen ins Auge faßt, was Marr und seine Schule in Bezug auf seine Gesamtheit erforschen und begründen.«

8. Die Anwendung der Begriffsgeschichte auf die Sprachwissenschaft

Bei dem hier abgedruckten Text handelt es sich um ein 12-seitiges Typoskript mit maschinenschriftlichen Korrekturen und Unterstreichungen sowie handschriftlichen Ergänzungen auf Deutsch und Hebräisch. Zwei Lakunen für handschriftliche hebräische Ergänzungen wurden nicht ausgefüllt. Der Namenszug am oberen Rand von Seite 1 stammt nicht von Gulkowitsch selbst, wie ein Vergleich mit anderen handschriftlichen Dokumenten zeigt.

Es gibt keine konkreten Hinweise, wann Gulkowitsch diesen Text verfasst hat und ob es sich um den Entwurf eines Vortrags oder Aufsatzes handelt. Da er sich auf das Erscheinen seiner Monografie zur Begriffsgeschichte (Text 1) bezieht, kann der Text erst ab 1937 entstanden sein. Das Typoskript wiederholt, sprachlich variierend, Positionen der Grundlegung einer begriffsgeschichtlichen Methode, *geht aber in der Anwendung auf die hebräische Sprache über diese Schrift hinaus. Die Beispiele aus der Sprachwissenschaft beziehen sich auf das Hebräische und es ist zu vermuteten, dass es sich bei den Adressaten um Sprachwissenschaftler bzw. eine sprachwissenschaftliche Institution handelte, die sowohl Interesse an Sprachtheorie als auch Kenntnisse des Hebräischen bzw. orientalischer Sprachen hatten.*

Das Typoskript befindet sich in Lazar Gulkowitschs Nachlass (HRUT 47/II/6, 12 Bl.).

{Gulkowitsch, Lazar}

Das Leben des Geistes ist eben, weil es Leben ist, ständig im Fluß begriffen. Es ist ein Spiel von Kräften, ein ständiges Hin und Her von Ursache, Wirkung und Wechselwirkung. Die Begriffe, die Struktureinheiten des geistigen Lebens, sind zunächst einmal Funktionen, sie sind Geschehen nicht Gestalt. Wenn wir dennoch das Leben des Geistes erfassen und darstellen können, so verdanken wir das der Sprache. Wir tragen aber nicht etwa die Sprache als~~r~~ ein gegebenes Gefäß oder etwa als ein festes Koordinatensystem an die Welt der Begriffe heran, um nachträglich in eine Gestalt zu faßen, was von sich aus keine Gestalt hat, um nachträglich in ein System einzuordnen, was von sich aus systemlos wäre. Die Sprache erst ist vielmehr gerade das Produkt des Geistes selbst. In der Sprache schafft sich der Geist Gestalt. In der Sprache macht der Geist seine innere Struktur nach außen hin sichtbar. Wie die Struktureinheit des Geistes der Begriff ist, so ist die Struktureinheit der Sprache das Wort. Das Wort ist kein Etikett, das man nachträglich an den Begriff angeklebt hat. In der Gestalt des Wortes tritt vielmehr der Begriff von vornherein aus dem Sosein ins Dasein. In der Gestalt des Wortes wird der Begriff bewußt, in dieser Gestalt macht er Geschichte. So ist die Sprache das eigentliche kulturbildende Moment am Wesen des Begriffes. Spracheinheit bedeutet immer Kultureinheit und umgekehrt. Der Individualität der Sprache entspricht die Individualität der Kultur. Es gibt keine Ursprache im historischen Sinne, aber es gibt die Sprache als Phänomen, das alle einzelnen Sprachen umfaßt. So wie die Menschheit immer aus Menschen besteht, so besteht die Sprache an sich immer aus einzelnen Sprachen. Aber es gibt ein allgemeines Gesetz des Seins und der Entwicklung, das Sprache |2| immer erst zur Sprache macht und das in den einzelnen Sprachen immer lebendig ist. Die einzelnen Sprachen sind das Prinzip des Werdenden, des immer Neuen, die Sprache an sich ist das Prinzip des immer Gleichen, der Identität des Seins mit sich selbst. Karl Voßler[1] in seine Buche „Geist und Kultur in der Sprache" bezeichnet die Sprache als etwas Werdendes, nie ganz Wirkliches, als das atmende Hin und Her zwischen dem Wirklichen und dem Jenseitigen. Damit ist der Charakter der Sprachen treffend charakterisiert. Die Sprache an sich, die einheitliche absolute Aussprache bezeichnet er als ein religiöses Gebilde. Damit ist gesagt, daß auch die Sprache ihrem Wesen nach metaphysisch fundiert ist. Sie ist mehr als ein Verständigungsmittel, sie gehört völlig ~~un~~ {und} wesentlich in den Bereich des Geistes. Von hier aus versteht sich die Hilflosigkeit aller Versuche, künstlich Sprachen zu schaffen. Dies geschieht etwa im Interesse der kosmopolitischen Verständigung. So entstand das Esperanto.[2] {O}der es wird Sprache geschaffen im Interesse einer ~~eigentlichen~~ philosophischen Terminologie. Hierher gehören die sogenannten Begriffsspr{a}chen von Delgano [sic] und Wilkins.[3] Diese Probleme gehören heute wohl der Vergangenheit an. Das heute akute Problem der Sprache ist die Ausbildung von Literatursprachen dort, wo bisher nur eine Volkssprache vorhanden war. Das ist das Problem des Neuhebräischen, des Estnische‹n›, des Finnischen und der baltoslavischen [sic] Sprachen. Hier handelt es sich nicht um ein von vornherein aussichtloses Unternehmen. Es gilt nur, den richtigen Ansatzpunkt zu finden. Eine Sprache kann immer dann ausgestaltet werden, wenn man von dem ihr

---

[1] Siehe Text 1, Fn. [71].

[2] Siehe ebd., Fn. [9].

[3] George Dalgarno, John Wilkins. Siehe Text 1, 248.

eigenen Geist ausgeht. Eine Sprache muß immer aus sich selbst heraus geschaffen oder erneuert werden. Es geht nicht an, die Anforderungen des Tages als das |3| Primäre anzusehen. Es kommt nicht darauf an, daß alles und jedes nun gleich einen Namen bekommt. Das Geltungsgebiet und die Ausdrucksmöglichkeit einer Sprache müssen von innen heraus erweiter{t} werden, sodaß sie alle – auch die neuen – Kulturgebiete umfassen kann. Das Hebräische ist hierbei in der Lage, auf eine Sprachgeschichte zurückgreifen zu können, die schon durch alle Phasen der Kultur hindurchgegangen ist. Die Fülle der Möglichkeiten ist freilich auch eine Gefahr. Man kann nicht wahllos Altes und Neues durcheinanderwerfen. Davon, ob es gelingt, die neuen Sprachen aus ihrem wesenseigenen Geiste heraus zu gestalte‹n›, hängt es ab, ob wirklich Sprache geschaffen wird oder nur ein fiktives Schema, mit dessen Hilfe man sich einigermassen verständigen kann.

Was für die praktische Sprachwissenschaft von Bedeu~~tu~~tung ist, gilt ebenso für die theoretische. Sprache kann nur geschaffen werden aus dem Geiste der Sprache heraus. Sprache kann nur <u>verstanden</u> werden, wenn wir vom Geiste <u>der</u> Sprache und vom Geiste <u>einer</u> Sprache ausgehen. Innerhalb der Geschichte des Geistes, die identisch mit dem Phänomen Geschichte überhaupt ist, kommt der Sprache die Aufgabe zu, Gestalt, Form zu schaffen, wo ohne sie nur eine Dynamik des Werdens vorhanden wäre. Das Wort löst den Begriff als faßbare Einheit aus dem dynamischen System heraus. Die einzelne Sprache gibt dem für eine Kultur typischen Begriffssystem faßbaren Ausdruck. Die Sprache, aus dem Begriffssy~~s~~stem heraus als dessen genuine Form gestaltet, ist mit diesem unlösbar verbunden. Sie ist sein adäquater Ausdruck, in keiner ihrer Formen zufällig und willkürlich, sondern immer Formprinzip eines dynamischen Lebensvorgangs, der so Ausdruck findet und nur so Ausdruck finden kann. Aus |4| dieser Verbindung mit der Geschichte des Geistes resultiert die Einmaligkeit und Besonderheit der einzelnen Sprachen und ihrer Geschichte. Gerade in der Einmaligkeit und Besonderheit der einzelnen Sprache ist das schöpferische Moment an ihrer Erscheinung beschlossen.

H. Paul[4] sah die Aufgabe der Sprachwissenschaft darin, die immer gleichbleibenden Faktoren aus der Vielfältigkeit der sprachlichen Erscheinungen herauszulösen.[5] Ammann[6] in seinem Buche "Die menschliche Rede" weist mit Recht darauf hin, daß gerade auch die Vielfältigkeit zum

[4] Hermann Paul. Siehe Text 1, Fn. [98].

[5] Hermann Paul, Prinzipien der Sprachgeschichte, 3., erw. Aufl., Halle 1998, 1.

[6] Hermann Ammann. Siehe Text 1, Fn. [1].

Wesen der Sprache gehört.[7] Es gilt gerade, dieses immer Neue zu erfassen. Die gleichbleibenden {Faktoren} der Sprache sind in gewissem Sinne Eigentum der Sprache selbst. Ihre Vielfältigkeit aber garantiert ihre ewige Wechselwirkung mit dem Leben der Kultur. Nur in innerem Zusammenhang mit dem vielgestaltigen Leben des Geistes kann die Sprache verstanden werden. Für unsere Methode bedeutet dies, daß wir ein sprachliches Phänomen immer zugleich auf dem Hintergrunde der Kultur betrachten müssen. Daß eine Sprache etwas~~so~~ so und nicht anders gestaltet, ist immer begründet im Wesen derjenigen Kultur, deren adäquater Ausdruck die Sprache ist. Wenn Sprache und Kultur sich gegenseitig bedingen, so muß Sprachwissenschaft immer zugleich auch Kulturwissenschaft {sein}. Zugleich vermag aber die Sprache Aufschluß über kulturelle Erscheinungen zu geben. Die Sprache ist ein unbestechlicher Spiegel der Kultur. Sprachliche Phänomene gestatten Rückschlüsse auf kulturelle Vorgänge, die sich sonst dem Auge entziehen, und gerade diese verborgenen Vorgänge sind das eigentliche gestaltende Moment in der Kultur. Was sofort äußerlich auffällt, sind immer nur Ergebnisse, letzte Auswirkungen. Mit Hilfe sprachlicher Erscheinungen gelangen |5| wir in tiefere Schichten des Geschehens, kommen wir den Ursachen näher.

Daß die Sprachwissenschaft, so wie sie geschrieben ~~ist~~ wird, nicht weiterkommt, ist ein immer wieder diskutierter Mißstand. Es wird immer wieder gesagt, daß die Grammatik als Wissenschaft versagt. Diese Tatsache wird kaum noch diskutiert. Schwieriger ist es, Wege zu einer neueren Sprachwissenschaft zu finden, die dem Wesen der Sprache besser gerecht wird. Es sind in dieser Richtung verschiedene Versuche gemacht worden, ohne daß eine entscheidende Reform der Methode herbeigeführt worden wäre. Ries,[8] Ammann und Marty[9] seien hier genannt. Am weitesten fortgeschritten auf dem Wege einer Erneuerung der Sprachwissenschaft vom Wesen der Sprache, scheinen mir die Forschungen von Ammann zu sein.

|6| Das wesentliche und eigentliche Problem in der Neugestaltung der Grammatik ist die Frage, wie das Wort und sein Sinn zur Grundlage des grammatikalischen Systems werden könne. Da Wort und Begriff nicht getrennt sind, kann eine lebensvolle Grammatik nicht die begriffliche Seite der Sprache ignorieren. Sie muß den Begriff im Wort vielmehr gerade zur

[7] Ammann, Die menschliche Rede, Bd. 1, 16 f.

[8] Zu John Ries siehe Text 1, Fn. [197].

[9] Zu Anton Marty siehe ebd., Fn. [119].

Grundlage ihres Systems machen. Eine solche Grammatik, die die Form nicht vom Inhalt abstrahiert, wird die Wortbildungslehre in den Mittelpunkt ihres Systems stellen. Es gilt zunächst, die allgemeinen Prinzipien zu finden, nach denen <u>ein</u> Wort so, ~~###~~ ein anderes aber anders konstruiert wird. Wir sprechen heute von Deklinationen und Konjugationen. Diese sind nummeriert und ihre Ausnahmen werden registriert. Jedes Wort wird derjenigen Formklasse zugeordnet, die seiner Bildung am meisten entspricht. Ordnendes Prinzip ist also das rein Formale, der Inhalt wird ignoriert. Gelegentlich repräsentiert eine Formklasse in so auffälliger Weise eine Sinnklasse, daß dies der Aufmerksamkeit nicht entgehen kann. Auf solche Fälle wird stets hingewiesen, ohne daß doch dieser Hinweis über die Bedeutung einer Gedächtnisstütze hinausgeht. Was gelegentlich auffällig ist und was in solchen Fällen auch längst bekannt ist, muß aber zur Grundlage des grammatikalischen Systems werden. Grundlage des Systems müssen die Sinnklassen [sein]. Damit ist aber von vornherein eine andere Frage entschieden, nämlich die Frage der Möglichkeit eines allgemeinen grammatikalischen Schemas, das für alle Sprachen gilt. Ein grammatikalisches Schema, das ~~f~~ von dem Sinn der Worte ausgeht, kann immer nur für <u>eine</u> Sprache gelten. Es muß immer neu gefunden werden. Ich habe in meiner Schrift über „Die Bildung von Abstraktbegriffen in der hebräischen Sprachgeschichte"[10] einen ersten Versuch gemacht, |7| das Hebräische von diesem Gesichtspunkt her zu verstehen. Was für die Abstrakta gilt, gilt ganz allgemein: Die Worte lassen sich ihrem Sinne nach zu Gruppen zusammen~~zu~~stellen, die auch formal eine einheitliche Bildung aufweisen. So hat das Hebräische für die Bezeichnung von Gebrechen die ~~B~~ Bildungsweise ḳiṭṭil[11] (‹ ›).[12] Entsprechend bildet das Akkadische die

[10] Zu dieser Arbeit Gulkowitschs siehe die Einleitung, Abs. 2.1.

[11] Die Punktierung wurde handschriftlich im Typoskript ergänzt. – *Qiṭṭil* ist eine Wortbildungsform von Substantiven, die – wie Gulkowitsch hier bemerkt – im Zusammenhang mit körperlichen Behinderungen oft zum Einsatz kommt. Dasselbe gilt für die akkadische Nominalform *quṭṭulu*, die im folgenden Satz angeführt ist. Harri Holma, Die assyrisch-babylonischen Personennamen der Form *quṭṭulu* mit besonderer Berücksichtigung der Wörter für Körperfehler, Helsingfors 1914, 19–21. Vgl. auch Stefan Schorch, Behinderung (AT) [2008], in: Wissenschaftliches Bibellexikon, <https://www.bibelwissenschaft.de/stichwort/14828> (7. Juni 2022).

[12] Die Klammern sind von Gulkowitsch nicht wie an anderen Stellen weiter unten handschriftlich ausgefüllt worden.

Worte, die Gebrechen bezeichnen, nach dem Schema ḳuṭṭulu[13] (‹ ›).[14] Wenn man sich vor Augen stellt, welche zentrale Rolle die Lehre vom Wesen der Krankheit in der babylonischen Theologie und in der Bibel spielt, so gewinnen wie [sic] auch einen Einblick in die Tatsache, daß das Vorhandensein einer Sinnklasse durchaus nicht zufällig ist. Die hebräische Grammatik hat bisher die grammatikalischen Klassen nach rein phonetischen Gesichtspunkten zusammengestellt. So lassen sich in der Tat Klassen bilden. Aber unt‹er›[15] rein phonetischen Gesichtspunkten bleibt die Frage der Zuordnung eines Wortes zu dieser oder einer anderen Klasse völlig offen. Das scheint zunächst für das grammatikalische System ohne Belang zu sein, ist es in der Tat aber nicht. So haben wir unter rein phonetischen Gesichtspunkten z. B. keine Möglichkeit die Zugehörigkeit eines Wortes zu den kitl- oder katlformen[16] zu bestimmen. Wir sind darauf angewiesen, daß uns die Texte eine entsprechende Form überliefern. Wo diese fehlt, sind wir auf Vermutungen angewiesen, ganz abgesehen davon, daß uns jedes Kriterium gegenüber der Richtigkeit masoretischer Punktation[17] fehlt. Es wäre also von Bedeutung zu untersuchen, welcher gemeinsame Sinnzusammenhang die Worte verbindet, die nach der Form katl ~~bil~~ gebildet werden.

|8| So wie die Bildung nach einem bestimmten Schema Sinngruppen zusammenschließt, schließt auch die Zugehörigkeit zum selben Thema (zur selben Wurzel) ein Wort in eine Sinngruppe ein. So ist auch ein Wort durch sein Thema und ~~auf~~ durch seine Bildungsweise wie in einem Koordinatensystem schon an einen festen Ort im System der Sprache gestellt. Ich habe in meinem sprachwissenschaftlichen Buche[18] darauf hingewiesen, daß die Zugehörigkeit zum selben Thema unbedingt einen Sinnzusammenhang voraussetzt.[19] Wo dieser nicht ohne weiteres zu er-

[13] Die Punktierung wurde handschriftlich im Typoskript ergänzt.

[14] Die Klammern sind von Gulkowitsch nicht wie an anderen Stellen weiter unten handschriftlich ausgefüllt worden.

[15] Lakune am Zeilenende.

[16] Qaṭl-, qiṭl- oder quṭl-Formen von Substantiven gibt es in der Gruppe der Segolata. Bei einem Segolatum ist statt der letzten die vorletzte Silbe betont. Der unbetonte zweite Sprossvokal ist in den meisten Fällen ein durch das *segol* dargestellter e-Laut. Wenn diese Substantive suffigiert werden, ändert sich die Vokalisierung nach dem Muster der qaṭl-, qiṭl- oder quṭl-Formen.

[17] Siehe Text 2, Fn. [13].

[18] *Zur Grundlegung einer begriffsgeschichtlichen Methode in der Sprachwissenschaft* (1937; Text 1).

[19] Siehe ebd., 263–265.

sehen ist, liegt lediglich eine Lücke in unserer Kenntnis des Sachverhaltes vor. Über diese Feststellungen hinaus möchte ich aber auch behaupten, daß zwischen den verschiedenen Stammthemen noch geordnete Sinnbeziehungen bestehen. Wir kennen Stammthemen von besonderer Bildung wie die Stammthemen nach der Form {קום} [*qum*: aufstehen, sich erheben][20] und {סבב} [*savav*: kreisen, herumgehen].[21] Für diese beiden Arten des Stammthemas möchte ich behaupten, daß alle Verben, die zu dieser Themengruppe gehören, etwas Spezielles bedeuten. So scheinen alle Stammthemen von der Art {קום}, also die sogenannten hohlen Wurzeln, den unvermittelten Übergang aus einem Zustand in sein Gegenteil zu bedeuten. Die Stammthemen nach der Form {סבב} dagegen enthalten alle das Moment des allmählichen Fortschreitens von einem Zustand zum anderen. Für weitere besondere Formen der Stammbildung fehlen mir bisher noch exakte Beobachtungen. Ehe ich das Material nicht noch weiter überprüft habe, kann ich darüber im Einzelnen nichts aussagen. Ich möchte nur noch eine prinzipielle Frage aufwerfen: Meine Beobachtungen stützen sich zunächst auf Sonderfälle, nicht auf den generellen Fall des sogenannten starken Verbums. Es ist nun die Frage, ob solche Bildungen wie {קום} und {סבב} und etwa die Wurzeln {ל"ה} [*lamed“he*][22] und ähnliches |9| nur Sonderformen darstellen, die etwas zum Ausdruck bringen sollen, was sich innerhalb der Ausdrucksmöglichkeiten des starken Verbums nicht ausdrücken läßt, oder ob auch das starke Verbum eine Sondernuance neben den anderen ausdrückt. Mit anderen Worten: Sind die Formen des starken Verbums die generelle Form der Konjugation im Hebräischen, die übrigen Formen aber nur Sonderformen für Spezialfälle? Oder stehen alle Arten der Wurzeln gleichgeordnet nebeneinander? Im letzteren Falle müßten wir dann die Frage stellen, welche Sondernuance durch das sogenannte starke Verbum zum Ausdruck kommt.

Ich habe schon bei der Erwähnung der Nominalformen im Hebräischen darauf hingewiesen, daß wir ohne Berück~~si~~sichtigung des Sinnes zu keiner lebendigen Systemgestaltung gelangen können. Dies gilt auch in verstärktem Maße für das Verbum. Wir wissen, daß das Scheme [sic] der

[20] Gemeint sind schwache Verben aus der Gruppe der Verba mediae u/i/o, deren mittlerer Konsonant ein *waw* ist und die nach einem von starken Verbformen abweichenden Vokalisierungsmuster konjugiert werden.

[21] Das Wort *savav* gehört zur Gruppe der Verba mediae geminatae, die sich durch die Verdoppelung des zweiten Radikals auszeichnen.

[22] Gemeint ist ein Verb mit einem *he* als letztem Wurzelkonsonant.

Stammformen {קל, נפעל, פעֵל, פֻּעַל, הפעיל, הָפְעל, התפעל}[23] ein reines *Schema* ist, d. h.: kein Verbum fühlt[24] das ganze Schema aus. Die Tatsache wird durch jedes Lexikon ausgewiesen und ist natürlich eine Binsenwahrheit. Dagegen ist die Frage sehr wichtig für die Erkenntnis der Sprachstruktur des Hebräischen, nach welchem Gesetze ein Verbum nur diese, ein anderes andere Stammformen bildet. Dieses Gesetz kann nur im Sinne der Worte gesucht werden. Die eine Art von Verben wie {הכה} [*hikkah*] (schlagen) drückt die Stärke ihres kausatives [sic] Sinnes dadurch aus, daß sie nur im הפעיל [*hif'il*][25] vorkommen. Andere Verben sind von sich aus kausativ, obwohl sie nur im {קל} [*qal*][26] vorkommen. Ebenso ist es mit den Inten#####sivbildungen. Die einen Verben gebrauchen sie, die anderen nicht. Weiterhin gibt es Verben, die sich einem kausatives [sic] Sinne überhaupt entziehen, weil sie etwas durchaus Passives ausdrücken. Ebenso solche, die eine Intensivierung |10| nicht dulden, weil sie gerade das Oberflächliche des Geschehens ausdrücken. Wenn wir solche Gruppen zusammenstellen, können wir hoffen, ein Gesetz innerhalb der scheinbaren Zufälligkeit zu entdecken, nach dem die Bildung und Nichtbildung der Stammformen sich zu vollziehen scheint.

Die Stammformen des Hebräischen stellen uns vor ein weiteres Problem: die Konkurrenz zwischen {פעל} [*pi'el*] und {הפעיל} [*hif'il*]. Diese ist weder dialektisch noch historisch ### bedingt. ### Denn {פעל} und {הפעיל} gehen in allen Entwicklungsphasen des Hebräischen nebeneinanderher. Demnach können beide zum Ausdruck bringen, ### daß ein Geschehen wesentlich von eine‹m›[27] handelnden Subjekt an einem leidenden Objekt vollzogen wird. Es ist sowohl Aufgabe von {הפעיל}-Formen als auch von {פעל}-Formen, diesen Gegensatz von Subjekt und Objekt als wesentlich zu betonen. Nach welchem Gesetze {הפעיל} oder {פעל} gewählt werden, entzieht sich bisher meiner Kenntnis. Doch muß auch dieses Gesetz im Zusammenhang mit dem Wortsinn der betreffenden Verben gesucht werden. |11| Wenn wir den Wortsinn zur Lösung der sogenannten grammatikalischen Probleme heranziehen, so bleiben wir zunächst im Gebiete der

---

[23] *Qal, nif'al, pi'el, pu'al, hif'il, hof'al, hitpa'el* (unvollständige Punktierung im Original). Es handelt sich um Konjugationsstämme, nach deren Muster hebräische Verbalstämme modifiziert werden, um unterschiedliche Bedeutungsnuancen auszudrücken.

[24] Wahrscheinlich: »führt« oder »füllt«.

[25] Siehe Text 1, Fn. [216] und [217].

[26] Die Grundkonjugation bzw. der Grundstamm.

[27] Lakune am Zeilenende.

reinen Formenlehre und der Lexikographie. Auf diesen Gebieten vermag eine Betrachtungsweise, die von der Identität von Wort und Begriff ausgeht, wertvolle neue Ergebnisse zu liefern. Damit ist aber die Aufgabe einer Betrachtung grammatikalischer Probleme unter dem Gesichtspunkt des Begriffes noch durchaus nicht erschöpft. Eine solche Betrachtungsweise ist vielmehr vor allem auch da geboten, wo es gilt, die Besonderheit einer Sprache, ihre innere Struktur zu erkennen. So ist in jeder Sprache ein anderes Moment vorherrschend und für ihren Charakter grundlegend. Die semitischen Sprachen haben eien [sic] ausgesprochen verbozentrischen Charakter.[28] Dieser ist gerade für die klassischen Stadien semitischer Sprachen ausschlaggebend. Das Arabische und das Hebräische sind durchaus verbozentrisch. Der verbozentrische Charakter des Hebräischen tritt immer dann besonders hervor, wo sich das Hebräische rein und unverfälscht gestaltet. Wo fremde Spracheinflüsse vorliegen, tritt gerade dieser wesentlich hebräische Zug zurück. Dementsprechend haben auch solche semitischen Sprachen, die in eine fremde Kultursphäre eingetreten sind, wie das Syrische oder Äthiopische, keinen in dem Maße verbozentrischen Charakter. Dieser Charakter des Hebräischen manifestiert sich sowohl in der Wortbildung als auch in der Syntax. Der klassische hebräische Satz wird vom Verbum her aufgebaut. Das Verbum steht immer im Zentrum der Bedeutungsgruppen eines Stammthemas. Unsere Lexika gehen darum weitgehend ganz einfach vom Verbalstamm aus und betrachten die Nomina als Derivate. Dies trifft, wenn es mechanisch gehandhabt wird, durchaus nicht immer das Richtige. Aber in der Tat fallen sehr oft Grundwort des Stammthemas und Verbum |12| zusammen. Der verbozentrische Charakter des Hebräischen ist zu auffällig, als daß er nicht selbstverständlich das Schema unserer Grammatiken und Lexika bestimmt hätte. Es ist aber noch eine Aufgabe der Forschung, die eigentlichen Ursachen dieses Sprachcharakters aufzuzeigen. Solche Ursachen liegen aber nicht in der Sprache selbst. Diese ist ja, so isoliert betrachtet, überhaupt nur eine Fiktion. Die Ursachen liegen ~~a~~ im Denken, das ja de facto identisch ist mi‹t›[29] der Sprache. Der verbozentrische Charakter des hebräischen Denkens bedingt eine außerordentliche Biegsamkeit, die Tendenz zur Erfassung der Ganzheit, der Relationen, des dynamischen Elementes. In einem solchen Denken und einer solchen Sprache wird nichts isoliert gesehen, sondern immer in seinen Beziehungen zum Ganzen. Eine Sprache, bei der das Nomen im Zentrum steht, legt allen Nachdruck auf die einzelne Gegeben-

[28] Siehe Text 1, 277 f.

[29] Lakune am Zeilenende.

heit, das Ruhende, das in seiner Individualität Faßbar‹e›.[30] Ich habe schon darauf hingewiesen, daß das Hebräische diesen rein verbozentrischen Charakter nicht in allen Entwicklungsphasen in gleicher Weise beibehalten hat. Es dürften sogar in der biblischen Sprache Unterschiede zwischen einzelnen Entwicklungsphasen und zwischen Dialekten bestehen. Es wäre interessant einmal zu untersuchen, ob der Sondercharakter des Elohisten[31] innerhalb des Hexateuchs sich nicht auch auf den Grad der Verbozentrizität seiner Sprache bezieht. Es wäre damit ein neues Kriterium für die sogenannte Quellenscheidung gegeben, ein Kriterium, das relativ unabhängig von willkürlichen Redaktionen ist. Beim Zusammenarbeiten verschiedener Quellen wird gewiß kein Redakteur so fein arbeiten, daß er selbst solche Unterschiede verwischen könnte.

---

[30] Lakune am Zeilenende.

[31] Der protestantische Alttestamentler Julius Wellhausen unterschied in seinen literarkritischen Untersuchungen zwischen vier Quellenschichten des Pentateuch – jener des Jahwisten (J), des Elohisten (E), des Deuteronomisten (D) sowie der Priesterschrift (P). Wellhausen zufolge enthält auch das Buch Josua noch Anteile von J, E und P, weshalb in der Bibelkritik auch vom »Hexateuch« (sechs Bücher Genesis bis Josua) gesprochen wird. Christian Wiese, Bibelkritik, in: Diner (Hg.), EJGK, Bd. 1, 306–310, hier 307.

9. History as the History of Ideas with Special Reference to O.T. and Jewish History

Der hier abgedruckte Text wurde 1939 in einer 12 Seiten umfassenden Broschüre publiziert. Er beruht auf einem im gleichen Jahr an der Universität Cambridge gehaltenen Gastvortrag. Die Veröffentlichung erfolgte als Heft 2 der Schriftenreihe »A New Series of Studies in Old Testament and Jewish Subjects«. Die Herstellung übernahmen Shapiro, Vallentine & Co., London. Leider lässt sich bislang nicht rekonstruieren, wer die Einladung an Gulkowitsch aussprach und wann genau und vor welcher Zuhörerschaft Gulkowitsch referierte. Offen ist auch, ob er den vermutlich auf Englisch gehaltenen Vortrag in englischer Sprache verfasste oder eine andere Person den deutschen Text übersetzte.

◊◊◊[1]

[I.] History as the History of Concepts

History means happening, but everything that happens is not history. A happening is historical only when it forms part of the sequence of cause and effect which is the essence of history. To this chain of cause and effect we give the name of development. Development is a particular phenomenon within causality. It is an unfolding of something which has existed before. Yet each unfolding is singular and new. We call this type of development evolution. Although the term evolution derives not from a historian but from the biologist Darwin, in whose doctrines it was popularised, the concept is an eminently historical one. Darwin applied the term evolution to nature, thus maintaining that nature too has a history. Evolution implies that there is something to be evolved. Our problem therefore is:

What, after all, constitutes the substratum the evolution of which gives us history?

The visible substratum of history is culture. The material of history, however, is not a universal culture of mankind but in the first instance

[1] Druck des zur Schriftenreihe gehörenden Emblems in Form eines spitzen Ovals mit der Aufschrift in Majuskeln »Lectiones in vetere testamento et in rebus judaicus« (Untersuchungen zum Alten Testament und zu jüdischen Themen).

a series of single cultures. Spengler has popularised the view that each culture forms a separate organism, suffering the fate which overtakes every organism, namely birth and death.[2] This at least recognises the important fact that each culture is something separate, a unity in itself, which can never be repeated. Spengler treats this theory as an axiom;[3] in reality it serves him as a lighting effect to show up the peculiar characteristics of actual cultures. We may question some details of his conclusions; but this is |2| irrelevant to our present point of view. Our problem is why each culture has its specific character, why such things as different cultures exist, why they are perishable. We are enquiring into the cause of the phenomenon; it is not now our business to apply this principle to one or other of these separate cultures. What is it that gives its special character to a culture? Why is it that we see the Christian culture of the Middle Ages, the Greek culture, the Roman culture, the Phoenician, the Chinese and the Japanese cultures, as unities bearing each its own mark? Each of these cultures has realised one of the various possible ways of translating itself into the world of historical fact. Each of these cultures was directed towards a certain ideal. Each bears within itself from the beginning that which it assumes consciously or unconsciously to be the end of its development. Each culture only realised that which it had been implicitly from the beginning. Some instances of this are: the varying transcendental[4] aims of religious cultures; the Greek concept of harmony; the subordination of the individual to the community in Chinese culture. The men who realise a culture make this implicit thing their goal. In this way it becomes more concrete and more effective. This inner motive is always and in all cultures a concept, or rather a system of concepts. From these concepts a culture is formed. This system of concepts is therefore a power and moreover a force in itself, a *causa prima* within history and therefore a factor the cause of which lies beyond history in metaphysics. The system of concepts therefore which underlies the culture possesses its own dynamic within history. For this reason, the system of concepts enters into history. The beginnings of all cultures are hidden from us. We never know why some new thing arises at some particular time and place, to develop according to its own laws.

---

[2] Oswald Spengler, Der Untergang des Abendlandes, 2 Bde., München 1918/1922. Siehe auch Text 1, Fn. [17].

[3] »Kulturen sind Organismen.« Ebd., Bd. 1, 140.

[4] Gemeint ist hier vermutlich: »transcendent«.

This beginning and this further development are a perfect unity. They only seem separate to our capacity for representation because we have to see all events under the aspect of time. Time is for us not only the conventional form of intuition but a necessary form of our intuition without which no intuition at all would be possible for us. No statement about the relations between things is possible unless we take the category of time into our statement. All we can say is that the concept of time is only a fiction; but we cannot do without it in our conceptions of the world. Time is only a system of coordinates in which our statements must necessarily be arranged. If beginning and further development are ultimately the same, then an important factor within historical development becomes apparent too. Every development is continuous. We have accustomed ourselves to divide history into periods, horizontally by chronological lines, vertically by subjects. |3| These are our indispensable lines of construction. They show us from various angles what is really a single unity and whole.

What is this concept which, as a central dynamic force, brings about the cultural development? As such a force it transcends history. Its existence is independent of its entry into history. Whether it becomes active or not does not affect its essential being. Nor does it matter, metaphysically speaking, whether the concept in entering into existence unfolds all its essential possibilities. Every concept is an independent quantity; but in actualising themselves the concepts are only functions and not static quantities. What we see is the existence of the concepts, not their essence. What we see is history and not the transcendent metaphysical being. What we see is a game of forces, a system of functions. These changing functions of unchanging forces are what constitute history. Here we have the metaphysical reason for the fact that something unchanging evolves in changing forms. Here is the reason for the fact that history is evolution.

We must ask ourselves now whether this kind of history, the play of spiritual forces, constitutes the essence of history. If we do not refer to the history of the spirit only but to all the other aspects of life which go to make history, the question arises, what connexion is there between the history of ideas and other aspects of history? We have characterised the concept as a central force, thus reaching the view that the history of concepts has a dynamic of its own. The history of ideas is self-sufficient; but the problem is whether it exists in and for itself alone. We must ask ourselves whether the play of forces has any effects beyond the limit of pure conceptions in the visible world of history. We must raise the problem whether, after all, history is necessarily determined by the history of the spirit.

If we look at it from the point of view of the essence of concepts, that is from a metaphysical point of view, we are obliged to say yes. For though the concept can remain in its pure essence, it tends by nature to actualise itself and it can only actualise itself in history. The substratum in which it actualises itself is history taken as a whole. It comprises all aspects of life; for the distinction between these various aspects are quite arbitrary ones. Art, learning, religion, politics, and economics are inseparable in fact. The substratum may lend itself more or less easily to the idea. Art is certainly more nearly related to the world of concepts than are economics. But these are differences in degree not in kind. The substratum is nothing but substratum; it has no independent existence; it entirely depends on an outside force.

|4| This is the metaphysical aspect of the problem. If we start from the historical the result is the same. History implies a progression of phases. Each phase proceeds from a new standard, judged by which the former phase fails to satisfy. The motive force of history is discontent. This discontent drives men to establish a new order, not only of being but also of what ought to be. The ought is always in the foreground. It is the motive compelling that which exists to renew and fulfil itself. The grossest materialism cannot dispense with spiritual standards, even if it erects unworthy ones. We find this fiction of a spiritual standard whenever people try to "make history." Whether it is really possible to "make history" with sham standards is a different question.

We return to our starting point. From the point of view both of metaphysics and of history, the central motive and life of history is spiritual. History is always and everywhere the history of the spirit. The structure of history is therefore formed by the structural unities of the spirit, namely the unfolding concepts. When we speak of an unfolding of concepts, we do not mean that the concepts depend on the historical "then and now." We do not mean to say that every historical situation creates its ideological superstructure. We maintain, on the contrary, that no history exists, apart from the history of concepts. Every historical happening is the necessary consequence of a certain state in the evolution of concepts. The fact that history is determined by concepts, gives us a proof of their reality. They are no mere reflections of reality, no convenient fictions.

We find the idea of God, for instance, understood differently in different religions and that is what differentiates them. But in each case, it is the idea of God. The concept itself, which is one and single, is hidden from us. We only see one or other of its actualisations. What is, from the metaphysical point of view, the unity of a conception, is historically the unity of a culture.

History may be taken as an adventure of the spirit, a mere play in which this hidden force proves again and again, as though for its own satisfaction, the fact that it exists.

II. Jewish History as the History of Jewish Concepts

There are as many methods of historiography as there are historians. All endeavour to comprehend history, to interpret those events which constitute its material, to seek out its underlying, basic laws, and to acquire knowledge of the motive forces of history. |5| History has so many facets that it can provide any theory – even the most absurd one – with proofs, or pseudo-proofs. However, the fact that an event confirms a given theory does not mean that the hypothesis is either correct or should be used as a reliable instrument. Only a theory which views history as a totality, and at the same time represents a unified approach, will help us to come nearer to the phenomenon which is history.

Even if some historical events do not fit into the pattern of such a broad, unified approach – that is to say, when the given theory of history is not able to explain some events – the value of the hypothesis remains unaffected. Historical occurrences are so manifold that some of them must remain incomprehensible. But in all circumstances, we must hold to our task of discovering the major lines of development in history. We have to formulate the questions pertaining to historical evolution, the questions: "Whence?" and "Whither?". We must inquire into the meaning and significance of events.

We are undertaking the consideration of the phenomenon presented by Jewish History.

As a working hypothesis I maintain that this history may be treated by studying the evolution and elucidation of Jewish ideas. By this I mean that all the events of Jewish History subserve the primary purpose of developing Jewish thought, Jewish piety, Jewish literature, art, and politics – in a word, the substance of Judaism.

In every culture there exist latent potentialities for certain intellectual developments and for certain concepts which comprise the essence of that culture. The working out of these potentialities is the history of a culture. There are, of course, a number of concepts which prevail everywhere, and the development of which always follows the same course. These concepts we do not intend to discuss here. Only the central, essential concepts of a culture, those concepts which stamp the culture as individual, are of significance for our approach. It is these concepts which make every culture unique, and once lost, irretrievable. Of such a nature is the Judaic conception of God. This concept is the fundamental and central concept in Jewish culture which is, and always has been, determined by religion, whether it be the orthodoxy of the ghetto, or the freer currents outside the pale.[5] All the concepts of Jewish culture radiate back to the idea of God. Law, justice, wisdom, liberty, power, honour, beauty and human dignity, always, and in all circumstances, refer back to the same concept of divinity. All Jewish movements, whatever their aim, can only be really Jewish when, in the final analysis, their goal lies, consciously or unconsciously, in the religious sphere.

|6| All Jewish spiritual movements were of religious nature, such as: prophetism,[6] pharisaism,[7] rabbinism,[8] the many-sided philosophic trends of the Middle Ages,[9] Jewish mysticism,[10] the messianic currents, and, finally, the chassidism.[11] There does not exist an atheistic Jewish philosophy. Even the consciously accentuated scepticism of Chasdai Crescas[12] emanated from a religious urge. The philosophy of Moses

[5] Nur im Ansiedlungsrayon (engl. pale of settlement), einem Gebiet an der Westgrenze des Russischen Reiches, war Juden des Zarenreiches der ständige Aufenthalt erlaubt. Er wurde erst mit der Februarrevolution 1917 aufgelöst. Eugene M. Avrutin, Ansiedlungsrayon, in: Diner (Hg.), EJGK, Bd. 1, 109–113.

[6] Die Wahrheit der biblischen prophetischen Verkündigungen und die überragende Bedeutung des Propheten Mose, der wie alle Propheten als von Gott gesandt wahrgenommen wurde, sind grundlegende Prinzipien des Judentums. Mit dem Wirken des letzten, eschatologisch geprägten Propheten Maleachi kam die Prophetie an ihr Ende. Die mittelalterlichen jüdischen Philosophen betrachteten die Prophetie als Aspekt der Beziehung zwischen Mensch und Gott und erörterten, ob die Prophetie in die natürliche Ordnung der Welt eingebettet sei oder durch Gottes unmittelbares Eingreifen zustande komme. Haim Kreisel, Prophetie, in: ebd., Bd. 5, 32–36.

[7] Siehe Text 1, Fn. [64].

[8] Siehe Text 5, Fn. [16].

[9] Vgl. Paul Mendes-Flohr, Philosophie, in: Diner (Hg.), EJGK, Bd. 4, 532–542, hier 533 f.

[10] Vgl. Morlok, Mystik.

[11] Zum Chassidismus, der im östlichen Europa im 18. Jh. entstandenen populären Form der jüdischen Mystik, siehe Texte 5 und 6 sowie unten 570–573.

[12] Siehe Text 1, Fn. [65].

Mendelssohn,[13] though it arose in a most atheistic epoch, is, in spite of its contemporary character, a philosophy of a pious Jew.

In stating that Jewish culture is essentially a religious culture, we have only outlined the periphery of its substance. There are other cultures which also are dominated by religion; for example, the culture of the Hindus. However, the specific substance of the Jewish culture is its fierce monism and monotheism which obtain their driving force mainly from the ethic factor. The unfolding of the thought that everything in existence constitutes a unity, and an ethic entity is found wherever the live Jewish spirit manifests itself. The world, as a unity, possesses an inner meaning. It is a cosmos, it is, as the Greeks said, an embellishment; however, in Jewish thought this unity is not determined as in Greek teaching by the laws of beauty and harmony, but by the idea: "good," in that sense in which the creation was called "good." —

The world exists on the basis of the concept: "good." The world obtains its content and unity from this purpose. This is the essence of Jewish thinking. From a purely theoretical aspect the aim of all search in Judaism is to define the totality of this world concept, to elucidate it and to comprehend it. The practical application of the mind aims at the activation of this comprehension; and the activation must assert itself in the life of every Jew, in all circumstances, and permanently so.

The more a Jewish movement tends in the direction of this goal, the greater is its importance for the Jewish history, the more genuine is its Jewish character. In the past of Judaism, it was the mission of the prophets to combine within pure monotheism the origin and ultimate aim of Jewish piety. The unfolding of the monotheistic concept was not only a task which the era of the prophets offered to them for fulfilment and which they carried out with ideal excellence; rather was it this deed as such which constitutes the phenomenon which is prophecy – a deed to be considered as one of the greatest achievements in the history of the mind.

This task created the prophetic movement; the prophets lived for it. They were privileged to realize and to complete their mission. After the prophetic era[14] there was no relapse into atheism |7| and polytheism in

---

[13] Siehe Text 5, Fn. [20].

[14] Das Vorhandensein von Prophetinnen und Propheten als Seher, politische Ratgeber und Verkünder einer göttlichen Botschaft lässt sich für die gesamte historische Zeit der Bibel festmachen. Sie sind der vorstaatlichen Epoche (ca. 1200 – ca. 1000 v.d.Z.; z.B. Debora), der Zeit des Königtums (ca. 1000 – ca. 600; z.B. Nathan, Jesaja, Jeremia, Hulda), dem babylonischen Exil (587–538; z.B. Ezechiel)

Judaism. After this act was accomplished prophetism's historical efficaciousness was ended. There was no recurrence of such a movement. Its revival was not attempted even. The prophetic teaching of the one single God is singular because this God is also the God of history. God is in the world; he lives in history, namely in the concrete history of the people. The world has a history, and its final aim is God. The people of Israel have a history with an analogous final goal. The life of every Jew is concentrated on the same goal. There is no history which is not included in the history of God. The prophets taught that the world was not as yet a world of God, but that it might and should become His world. This principle was their axiom. There is one God, one world, and this world is directed towards God.

After that axiom was formulated as the decisive theme of Jewish history – and it was done so with classic one-sidedness and validity – the history of the Jewish mind had found its task as well as its mission. Ever since, the Judaic history of the mind is preoccupied with the furtherance of this concept.

The Jewish tradition charged itself with the duty to emphasize and to cling to the historic factor within the conceptualization of God. This tendency can be recognized mainly among those traditional forces which manifested themselves in the Talmud. The historical factors: people and nation, their underlying basic idea; the concepts: God, law, and justice were developed in the Talmudic epoch and were all referred back to the concept of God.

The scholars of the Talmudic era completed what had already been worked on by the Pharisees and Sadducees:[15] they enabled the Jewish religion to exert its effect in two historical media, namely, in space and time – more specifically, in the present, and in this world. To repeat, the prophets had prepared for the view that God is the God of History, and that history is the history of God. People and state may and must be determined by religion. At that period the Jewish concept of the people found its symbol in the figure of the Messiah.[16] He represents the people in the metaphysical sphere, in the sphere of God. The Messiah guarantees the existence of the people, an existence not dependent on the external

sowie der Zeit der persischen (539–333; z. B. Maleachi) und der hellenistischen Herrschaft (333–63 v. d. Z.; z. B. Daniel) zuzuordnen. Aaron Schart, Prophetie (AT) [2014], in: Wissenschaftliches Bibellexikon, <https://www.bibelwissenschaft.de/stichwort/31372> (7. Juni 2022).

[15] Siehe Text 1, Fn. [64].

[16] Vgl. Löwy, Messianismus, 141 f.

historical occurrences. The Messiah belongs simultaneously to the present and the future. This conceptualization of the people became a secure property during the time when the Jewish State broke down. Nothing except such a concept could preserve the existence of the people dissociated from an external state structure. The Jewish people considers itself as a real people existing without the confinements of any state organization. The metaphysically grounded concept of a people was not a mere make-shift concept intended |8| as a substitute for the destroyed state. This concept was already alive at the time when the state was destroyed. During the destruction of the Temple that central concept was not only part and parcel of Jewish theology but constituted the way of thinking of the pious Jew.

Especially Esra[17] expounded the concept of the people in the already mentioned religious sense. The Pharisees and the Rabbis fulfilled their mission.

According to a certain interpretation of Jewish history the year 70 A. D.[18] is considered as the end of Jewish history. This theory has two causes, an external as well as an internal. The external one is rooted in the method of historical research. The early history of the Jewish people was made an object of study in relation to Christianity. This study was done with care and competence. However, the interest in Jewish theology terminates there where the specific history of Christianity begins.

The inner reason is derived from the tendency to identify the essence of history with the history of states.

Even where the history of culture is a subject of devout study, state history is used as a basis of approach and evaluation. Only when we fully realize that history is the history of concepts can we comprehend the phenomenon which is Jewish history. The history of the Jewish people was for centuries a history without a state. Nevertheless, it never ceased to be

---

[17] Der Priester Esra kam Mitte des 5. Jh. v. d. Z. mit politischer Macht und Geld ausgestattet aus dem babylonischen Exil nach Jerusalem. Um der Kultusgemeinde in Jerusalem eine neue Ordnung zu geben, führte er die Tora als festgeschriebene Rechtsordnung ein und ließ sie öffentlich im Tempel und in den Versammlungsräumen der jüdischen Bevölkerung verlesen. Seine herausragende historische Leistung lag also in der Etablierung eines für alle Juden geltenden Gesetzes und in der Verankerung der Tora im Zentrum der Öffentlichkeit sowie im Bewusstsein der jüdischen Gemeinden. Thomas Hieke, Esra [2005], in: Wissenschaftliches Bibellexikon, <https://www.bibelwissenschaft.de/stichwort/10823> (7. Juni 2022). Siehe auch Text 1, Fn. [58].

[18] 70 d. Z. wurde der Zweite Tempel in Jerusalem zerstört und die Epoche der antiken jüdischen Staatlichkeit endete. Siehe Text 1, Fn. [37].

history. It never stagnated, and in spite of the onslaught of the everchanging outer influences it was never submerged in the history of the various states. Jewish history pursued its own road without deviating from its path.

If we judge Jewish history as a history of ideas, then the events of that history take on another aspect. It ceases to be a history of martyrdom.[19] It is no longer an epic of persecutions and defense. It is rather an expression of a methodic unfolding of specific spiritual values.

The metaphysical and simultaneously historical concept of the Jewish people is the qualitative premise of its organization, mode of life, and legislation. The principles of such a legislation must be rooted in religion and not merely referred to religious symbols. Thus, it becomes apparent how intimately the Jewish ethical destination is interwoven with the people's character. To emphasize it again: God and serving the deity are realizations within history and through history. Every hour in the life of the Jewish nation and every hour in the life of the individual Jew is an actual manifestation of that history which cannot be anything else but God's history. This was typical of the rabbinical world view; hence is derived the concept of the law among the rabbis and the total significance of the |9| law in Jewish religion. Already the oldest sources of Jewish history have the stigmata of law. In later periods, when the character of the Jewish religion had finally established itself, the more ancient scriptures may have been altered by additions or re-interpretations; but all this constitutes a mere shading of the original.

The conscious dissociation of the Israelitic religion from the animistic religions and the emphatic inclusion of the historical premise into the prophets' conception of the Jewish faith, must have placed the law in

---

[19] Erstaunlich ist Gulkowitschs Verwendung des Begriffs »Martyrium«. Vor dem Hintergrund, dass das jüdische Martyrium (hebr. *qiddush ha-Shem*: Heiligung des [göttlichen] Namens) eine halachisch definierte Handlung ist, die nur unter bestimmten historischen Bedingungen als solche anerkannt ist, wäre hier eher der Begriff »*suffering*« zu erwarten. Dies entspräche der seinerzeit ebenso verbreiteten wie Simon Dubnows Kritik daran ignorierenden Konzeption der jüdischen Geschichte in der Diaspora als Leidensgeschichte (siehe auch Text 1, Fn. [272]), die auf den Historiker Heinrich Graetz zurückgeht. Der »achtzehnhundertjährige Zeitraum der Zerstreuung« der Judenheiten sei »eine *Leidensgeschichte*, wie sie kein Volk in diesem gesteigerten Grade, in dieser unübersehbaren Ausdehnung erlitten« habe. Heinrich Graetz, Geschichte der Juden von den ältesten Zeiten bis auf die Gegenwart. Aus den Quellen neu bearbeitet, Bd. 4: Geschichte der Juden vom Untergang des jüdischen Staates bis zum Abschluß des Talmud, Leipzig 1853, 1 (Hervorhebung im Original).

a central position. This place and function of the law constitutes the rabbinical identification of the law with Judaism's main characteristic: the rabbi deepened and broadened that view in all directions. Since the era of the prophets, the monotheism of the Jewish religion had become evident; since the epoch of the rabbi the Jewish religion has been permeated with the aspect of law.

There did not exist a movement in Jewish religion which did not represent, express, and expound a genuine Jewish spirit. Inimical currents could not prevail. Occasionally there branched off ways of thinking which went beyond the Jewish basis and turned into heresy. Karaic[20] history is not synonymous with Jewish history because it excludes some really Jewish spiritual and intellectual values. Therefore, the Karaic influence on the development of Judaism hit a snag. Yet, the Karaites, too, fulfilled a mission: they focussed the attention of their period on Judaism and induced it clearly to formulate Jewish thinking. It is irrelevant to the history of Jewish thought whether one of its movements affected it in a positive or in a negative sense. Only the fact that an influence had been exerted on it, is of importance.

If we view the inner and peripheral events of Jewish history from such a point of view, then the historical picture of Judaism attains different proportions. Many aspects have to be studied in detail even if they do not strike us, because they are hidden, as it were, in the background of the historical picture.

The chassidic movement is one of the examples of events that need re-evaluation. Thus, a historian like Graetz[21] just mentions it as if it had had no intrinsic importance. Such a view is not due to lack of knowledge,

---

[20] Siehe Text 1, Fn. [68].

[21] Heinrich Graetz widmete im elften Band seiner *Geschichte der Juden von den ältesten Zeiten bis auf die Gegenwart. Aus den Quellen neu bearbeitet* (Berlin 1853–1875) in dem kurzen Abschnitt »Das neue Chassidäertum« dem Chassidismus eine erste historische Abhandlung. Die Kritik an Graetz' monumentalen Geschichtswerk entzündete sich immer wieder – und so auch von Seiten Gulkowitschs – an dessen positiver Darstellung des Rationalismus von Maimonides bis hin zur jüdischen Aufklärung. Mystische Strömungen innerhalb der jüdischen Geistesgeschichte hielt er dagegen für Auswüchse von Aberglauben und geistigem Niedergang. Da Graetz im Chassidismus in erster Linie eine Fortsetzung des von der lurianischen Kabbala geprägten Sabbatianismus sah, war seine Bewertung der noch jungen Bewegung dementsprechend negativ. Graetz, Geschichte der Juden, Bd. 11, 95–118.

nor to the writer's yielding to the path of least resistance. If one applies the same measuring rod to Jewish history as Graetz did, the chassidic movement must be rated as devoid of significance. But if we recognize in history the vehicle for the unfolding of concepts and accept Jewish history as the realization of Jewish concepts, chassidism must be acclaimed as one of the spiritual milestones on the road of Judaism.

|10| The monotheism of the Jewish faith contains one significant element: the invisible God does not submit himself to a ritual of purely practical character. Therefore, it could not be used as a starting point for practical atheism. Atheism in the sense of separation from the Jewish community is more typical of the Jew than is a complete denial of God. The transcendental deity of Judaism can be conceived by the pious as completely dissociated from our earth. With such a world view law and ritual may become superfluous. The history of the Jewish religion is a drama, and the conflict is between the transcendental idea of God, on the one hand, and the intracosmic, on the other. The rabbi of the Talmudic era linked the transcendency and immanence of the Jewish God by means of the concept that there was a people of God living the laws of God. Chassidism set for itself the same task. However, for chassidism the accent is on the mode of life of the single pious individual. Chassidism is the religion of the Chassidim, namely, the many, nameless devout.

The term "chassid" is very old. We find it already in the Bible,[22] and it is found in certain specific views of the Jewish religion. The concept "chassid" remained alive in spite of its ancient origin. It was not accidental that by Ba'al Shem Tob[23] identified it with a movement bearing all the marks of a program. The content of the concept "chassid" was still sensed and known, and it coincided with the tendency of that movement. The concept can be traced back to the epoch in which appear the first written documents of Jewish spiritual life. Primarily, this concept had a sociologic aspect. It served to describe a commonwealth. It is not as yet linked with religion in the strict sense; and when such a purpose was intended then God's name had to be added to it. Thus, the cultural Israelitic community is called: "The chassidim of God."[24] Its members are, in the first place, those who partake in the ritual of the Temple. In a broader sense, everybody belonging to the people [of] Israel is called a chassid. Gradually, the concept becomes more circumscribed and confined to the religious

---

[22] Siehe Text 2.

[23] Siehe Text 3, Fn. [9].

[24] Siehe Text 2, [429].

sphere. The expression "chassidim" simply becomes synonymous with the religious community of Israel.

The more recent scriptures forming a part of the Bible already omit in this connection God's name because the religious implication of that concept is taken for granted. The slow development of the ethical aspect of Jewish religion caused an alteration in the usage of the word "chassid": Not any Jew is called a "chassid" as was customary in previous times; only a pious Jew is designated as a "chassid." Temporarily this concept could coincide with the concept "Tsaddik,"[25] the righteous one.[26] But the sociologic character |11| implied by the former word never vanished. Every member of the pious community continues to see in the concept "chassid" the ideal prototype. Not everybody has to be a נביא [*navi*: Prophet]. The Tsaddik is already a representative of the pious man favoured with the grace of God. But to become a chassid was tantamount to striving towards a goal which was the aim of everybody. The mediaeval legends[27] glorify the chassid as a simple individual whose piety sets an example to all; this type does not deviate from the general popular sentiment. This piety asserts itself through the medium of conviction as well as action, and there is complete unison between both of them. A national type conforming to public opinion and to the premise of popularity could not possibly represent the outspoken scholar, though many a chassid deserves the title of a scholar. The chassid is the ideal prototype of the pious *within* the commonwealth. Individualistic achievements in the sense of the German term "singuläre Eigentümlichkeiten" or "Sonderleistungen" do not strictly conform to the concept: "chassid". Thus, for example, asceticism really does not fit into the picture of the chassid. To repeat: he typifies the ideal concept of the pious Jew, and genuine Judaism has no room for the ideal of asceticism which would separate the pious from "life" and lead him out of the general bounds of the community.

Chassidism is a movement in which all central concepts of Judaism are crystallized with special purity and clarity. All tendencies which had permeated Jewish spiritual history contributed towards this end. But chassidism does not build up a system in the same sense as philosophy. Chassidism has a *central teaching,* which deals with the relationship existing between God and the world. Chassidism transposes it into the reality

---

[25] Siehe ebd., Fn. [25].

[26] Siehe Text 5, 533–540.

[27] Texte 3 und 4.

of life; it transfers intuition and comprehension (Erkenntnis) into the will, it transforms receptive inertia into dynamic activity. The emanation of God radiates into all things living. These rays of God are not mere paths leading to the contemplation and understanding of the deity; they are, at the same time, the medium through which one comes nearer to the divinity by means of deeds. Thus, ethics enters the centre of religion in the genuinely Jewish way. The absolute value of good actions and the necessity of an active life in the service of God are taught by chassidism on a mystical basis. Activity is the essence of God and of the world which he created. The world is always on its way towards God. The deity is omnipresent. He is even in idols, sinners, and heretics.

But the chassid must be a member and a representative of Judaism. It is the Jew's task to convert the spark of God which abides in the whole world into a divine flame. That means, Israel |12| is charged with the duty to realize God in the world and to realize also the metaphysical attributes of Israel in the world, namely a land and a people who are conceived as one and the same goal of history.

Though the people and the land of Israel are spiritual quantities they must be led towards fulfilment within history.

Here, indeed, we recognize the significance of chassidism from the historical point of view. It linked the Zionistic ideal with the one and only land of Israel.[28] It activated Jewish piety. It took its impetus from within, from an idea, and led it into the reality of history.

Jewish history did not build itself up in seclusion; it grew as a part of the general stream of historical events. The laws of Jewish history could not absolutely contradict the occurrences within mankind's total history. But Jewish history is characterized by one special quality: it is most decidedly a history of spiritual values. It furnishes the proof that history can be a history of concepts; and besides such a history the human drama of external brutalities wanes and withers away and becomes a pathetic phantom and shadow. These external, "real" forces *do not reach the actual development of humanity which is its inner destination.*

L. GULKOWITSCH

[28] Das Verhältnis der chassidischen Bewegung zum Zionismus war durchaus ambivalent. Gerade die chassidischen Oberhäupter im östlichen Europa lehnten seine säkulare Orientierung ab, wenngleich Vertreter der 1912 gegründeten, dem Chassidismus nahestehenden Partei *Agudat Yisra'el* (Verband Israels) die Besiedlung Palästinas tolerierten und im britischen Mandatsgebiet auch Koalitionsabsprachen mit den Zionisten trafen. Dynner, Chassidismus, 495.

10. Über die Systematisierung der Grammatik auf Grundlage der begriffsgeschichtlichen Methode

Bei diesem Text handelt es sich um ein 28-seitiges russischsprachiges Typoskript aus Gulkowitschs Nachlass (HRUT 47/II/15), das zunächst in annotierter Übersetzung und anschließend im russischen Original wiedergegeben wird. Es entstand vermutlich Ende 1940 bzw. Anfang 1941. Im August 1940 hatte Estland seine Unabhängigkeit eingebüßt und war von der Sowjetunion de facto annektiert worden. Im Januar 1941 hatten die sowjetischen Behörden Gulkowitschs Lehrstuhl für jüdische Studien an der Universität Tartu liquidiert. Insofern diente der Text wahrscheinlich dem Zweck, im sowjetischen Wissenschaftsbetrieb Fuß zu fassen. Wie dem Typoskript selbst zu entnehmen ist, geht es auf zwei Vorträge zurück, ohne dass sich klären ließe, wann oder wo Gulkowitsch sie hielt.

Der gesamte Text enthält Lakunen, die Gulkowitsch für spätere, nichtkyrillische Ergänzungen vorsah. Lediglich auf den ersten vier Seiten hat er diese Ergänzungen vorgenommen, in einem Fall durch einen handschriftlichen griechischen Zusatz, sonst mittels einer zweiten Schreibmaschine auf Deutsch. Für den Abdruck in diesem Band konnten die Lakunen, abgesehen von wenigen Ausnahmen, auf der Grundlage anderer Schriften rekonstruiert werden.

Das Typoskript weist zudem maschinenschriftliche Sofortkorrekturen auf sowie wenige handschriftliche russische Korrekturen, die wahrscheinlich von Gulkowitsch stammen.

Bei einer Passage auf den Seiten 18–21 (Originalpaginierung) handelt es sich um eine nahezu wörtliche Übertragung von Teilen des Typoskripts Die Anwendung der Begriffsgeschichte auf die Sprachwissenschaft *aus dem Jahr 1940 (Text 8, 554–557).*

Um die Lesbarkeit zu erleichtern, wurden zusätzliche Absatzumbrüche eingefügt. Die Übersetzung ins Deutsche stammt von Igor Polianski und wurde von Alexandra Ivanova überarbeitet.

Zu Beginn einer Studie, die sich mit der systematischen Grundlegung der Grammatik befasst, ist es zweckmäßig zunächst zu klären, was wir unter Grammatik verstehen. Als Grammatik bezeichnen wir jenes Abbild der Sprachstruktur, welches sich aus der für diese Sprache spezifischen, einem bestimmten methodologischen Prinzip folgenden Anordnung der einzelnen Elemente oder Gruppen von Elementen ergibt. Der Zweck dieses Abbildes ist eine möglichst genaue Widerspiegelung der Struktur der Sprache, die wiederum mit der Lebenswirklichkeit der Sprache übereinstimmt. Es ist vor diesem Hintergrund offenkundig, wie wichtig die richtige Wahl von methodologischen Ordnungsprinzipien ist, auf denen eine Grammatik aufgebaut werden soll. Gesichtspunkte, die hierfür herangezogen werden, dürfen keine logischen, mnemonischen oder psychologischen sein, sondern nur genuin sprachliche. Auf dem Gebiet der Schulgrammatik mögen die erstgenannten Standpunkte durchaus sinnvoll sein. In der systematischen Grammatik dürfen sie hingegen keinen Platz haben. Diese Abgrenzung mag als etwas Selbstverständliches erscheinen. Trotzdem vermengt man in der Praxis der Schulgrammatik die genannten methodologischen Ansätze miteinander, ohne nach einem bestimmten Prinzip zu verfahren. Eine systematische Grundlegung der Grammatik muss aber auf einem einheitlichen Ordnungsprinzip aufbauen, welches in der Sprache selbst seinen Grund hat. Da also gilt, dass das grundlegende und maßgebende Prinzip der Grammatik in der Sprache selbst verwurzelt sein muss, wollen wir uns zunächst über den Begriff der Sprache verständigen. Die Frage nach dem Wesen der Sprache ist so alt wie das menschliche Denken. Sie beschäftigt die Menschheit seit den frühen Anfängen des mythischen Denkens und ist eines der ältesten Probleme der Philosophie.

Als der älteste überlieferte Mythos, der das Phänomen Sprache zum Thema hat, gilt jener vom Turmbau zu Babel. Dieser Mythos hat sich im Schrifttum des Volkes Israel erhalten, sein Handlungsort ist aber Babylon. Das assyrisch-babylonische Schrifttum zeugt ebenfalls von einem großen Interesse für das Problem der Sprache. Die Frage nach der Entstehung der Sprache bildet die Zentralachse des genannten Mythos, und zwar in einer historischen Perspektive, wie dies für das spezifische Kulturverständnis semitischer Völker charakteristisch ist. Die damalige griechische Philosophie der Sprache kreiste hauptsächlich um das ontologische Problem des Wirklichkeits- und Wahrheitsgehalts der Sprache ¦(Wirklichkeits- und Wahrheitsgehalt der Sprache)¦. Diese ontologische Ausrichtung hat sich in der Philosophie westlicher Völker bis ans Ende des 19. Jahrhunderts bewahrt. In ihrem Fokus stehen dementsprechend die Wechselbeziehungen zwischen Wort und Begriff, Sprache und Denken. Heraklit hielt konsequent an seiner These zur Identität von Sprache und Denken fest. Die Existenz von |2| Gegensatzpaaren aus Wörtern schien sein dialektisches Weltbild zu bestätigen. Sogar Platon schrieb Wörtern eine gewisse aktive, wenn auch nur sekundäre, Rolle beim Vorgang der Begriffsbildung zu.

Auch wenn sich die Kultur der Antike von verschiedensten Standpunkten aus der Problematik näherte, so liefen sämtliche Auseinandersetzungen letztendlich darauf hinaus, ihrer Grundtendenz zum synthetischen Generalisieren gemäß, ein enges dialektisches Verhältnis zwischen Sprechen und Denken zu postulieren.

In der Philosophie westeuropäischer Völker waren es Leibniz und Descartes, die als erste die Bedeutung der lebendigen Wechselbeziehungen zwischen Sprache und Denken energisch hervorhoben. Die englischen Empiristen kritisierten die Vorstellung einer schöpferischen Kraft der Sprache und ihre Bedeutung für das Denken. So lehnte Locke, einer der Hauptprotagonisten des philosophischen Empirismus, das eigenständige Sein der Ideenwelt gänzlich ab und war der Überzeugung, dass die Elemente des Denkens, ¦(Elemente des Denkens, „einfache Ideen")¦, als Ergebnis unserer Sinnestätigkeit entstünden. Die Denktätigkeit war für ihn eine Operation der Anordnung dieser ¦„einfachen Ideen"¦ nach Gesetzen, welche wiederum durch unsere Wahrnehmung ¦(Wahrnehmung)¦ gegeben sind. Allgemeine Ideen würden entsprechend gebildet, indem wir aus den einfachen Ideen ¦(„einfache Ideen")¦ unserer Wahrnehmungen ¦(Wahrnehmungen)¦ ihre wesentlichen Übereinstimmungen abstrahieren.[1] In diesem Modell kommt der Sprache kein Eigengewicht zu. Wörter, die für einfache Ideen stehen, stellen lediglich ihre konventionellen Namen (bedingte Zeichen) dar. Allgemeine Ausdrücke entstehen durch die Übertragung des konventionellen Zeichens eines bestimmten Objekts auf die allgemeine Idee, indem das konventionelle Zeichen, das der Name dieses Objekts ist, zur Bezeichnung der allgemeinen Idee verwendet wird.[2] Auf diese Weise stellen Abstraktbegriffe gleichsam Abbilder des Konkreten. In Anbetracht des Sekundärcharakters von Abstraktionen geht Berkeley sogar so weit zu behaupten, aus primären Vorstellungen ¦(einfache Ideen)¦ könne überhaupt kein „Allgemeines" abstrahiert werden, da sie es gar nicht erst enthalten. Vielmehr werde dieses Allgemeine durch die Sprache selbst zum Leben erweckt, worauf sich allerdings nicht begründen lasse, dass die Sprache Objektivität oder Wahrheit in sich trage. Mehr noch: Die Sprache ist Berkeley zufolge der Urquell für äußerst irreführende Vorstellungen, da sie ob ihrer Abstraktionen Elemente enthält, die in der realen Welt keine Entsprechungen haben. Daraus zieht er den

[1] John Locke, Versuch über den menschlichen Verstand, 2 Bde., übers. von Carl Winckler, 4., durchges. Aufl., Hamburg 1981 (zuerst London 1690), hier Bd. 1: Buch I und II, Kap. 2: Über einfache Ideen, und Kap. 12: Über komplexe Ideen.

[2] Ebd., Bd. 2: Buch III und IV, Kap. 1: Über Wörter oder die Sprache im allgemeinen.

methodologischen Schluss, unsere Erkenntnistätigkeit müsse auf der kategorischen Ablehnung aller sprachlich aufgezwungenen irrigen Prämissen basieren.[3]

Unter den neueren Sprachphilosophen sind ¦Leroy und Dauzat¦ der Auffassung, |3| die Sprache sei lediglich ein unzulängliches Werkzeug des Denkens.[4] Diesem Urteil über das Phänomen der Sprache steht jene Hochschätzung ihrer Rolle gegenüber, die ihr die deutsche Sprachphilosophie zollte. Auf diese Haltung treffen wir zunächst bei Hamann,[5] der das Problem der Sprache mystisch zu lösen sucht: Die Sprache sei das Produkt göttlicher Schöpferkraft, in dem sich das göttliche Wesen offenbare, wie es sich in der Natur als Schöpfung Gottes entfalte.[6] Ausgehend von diesem synthetischen Verständnis der Sprache und in Verbindung mit der Leibniz'schen Vorstellung von der Sprache als Ausdrucks- und Bildungsmedium distinkter Begriffe, schuf Herder seine Sprachtheorie: Alle Erkenntnis ist Herder zufolge ein Wiedererkennen des schon Bekannten, alle Erkenntnis ist in Worte gegossene Verfestigung dieser Wiedererinnerung.[7] Im Erinnerungsvorgang werde ein Phänomen als etwas Einheitliches, Synthetisches erkannt. Wörter könnten allerdings lediglich Einzelelemente fixieren. Auf diese Weise bringe die Sprache wahrhaftig distinkte Begriffe hervor. Die deutschen Romantiker, allen voran Friedrich Schlegel und Schelling, haben die von Herder bereits implizit mitgedachte

---

[3] George Berkeley, Abhandlung über die Prinzipien der menschlichen Erkenntnis, übers. u. hg. von Friedrich Ueberweg, Hamburg ^{4}1917 (zuerst Dublin 1710), Einleitung, §§ 6–20.

[4] Die Nachnamen von Albert Dauzat und Maurice Leroy sind im Original in lateinischer Schrift ergänzt. Zu beiden siehe Text 1, Fn. [26].

[5] Johann Georg Hamann. Siehe ebd., 196.

[6] Johann Georg Hamann, Aesthetica in nuce [1762], in: ders., Sämtliche Werke, Bd. 2: Schriften über Philosophie/Philologie/Kritik 1758–1763, hg. von Josef Nadler, Wien 1950, 195–216.

[7] Hier wie in anderen Fällen (siehe Text 1, 196 f.) beruft sich Gulkowitsch auf Johann Gottlieb Herders *Abhandlung über den Ursprung der Sprache*: »Käme er also auch nie in den Fall, einem andern Geschöpf diese Idee zu geben, und also dies Merkmal der Besinnung ihm mit den Lippen vorblöken zu wollen oder zu können, seine Seele hat gleichsam in ihrem Inwendigen geblökt, da sie diesen Schall zum Erinnerungszeichen wählte, und wiedergeblökt, da sie ihn daran erkannte – *die Sprache ist erfunden! ebenso natürlich und dem Menschen notwendig erfunden, als der Mensch ein Mensch war.*« Herder, Abhandlung über den Ursprung der Sprache, 34 (Hervorhebung im Original).

Vorstellung von Sprache als Organismus weiterentwickelt.[8] Diese Vorstellung rückt das Verhältnis des Ganzen und seiner Teile in ein neues Licht und verwirft die Theorie von der Ursprache als historischem Phänomen. Das Wesen der Sprache sei nicht von den Einzelsprachen oder bestimmten Sprachelementen durch das Auffinden eines gemeinsamen Nenners ableitbar. Das Wesen der Sprache komme hingegen in der Totalität aller ihrer Elemente zum Ausdruck. Diese Einsichten der Philosophie des deutschen Idealismus kulminieren bei Humboldt. Für ihn ist die Sprache ein formgebendes Momentum, eine {ἐνέργεια} [*enérgeia*: Tätigkeit].[9] Allein die Sprache regelt, gliedert und formt die Objektwelt, in der an und für sich Chaos herrsche.

Die radikalen Ansichten Berkeleys einerseits, und Humboldts andererseits wurden nicht weitergebildet, weil damals neu auftretende Fragestellungen sie verdrängten. Das 19. Jahrhundert stellte die Forscher vor die Notwendigkeit, diese Problematik von naturalistischen Positionen aus zu denken, deren Leitsätze schon Schleicher auf das Phänomen der Sprache übertragen hatte.[10] Dieser exakt-wissenschaftliche Ansatz der Sprachtheorie geht nicht mehr von der Sprache im Allgemeinen aus. Stattdessen konzentriert sich die Forschung auf die Einzelsprachen als konkrete, individuell und historisch zu betrachtende Erscheinungen. Damit erklärt sich, warum in der Sprachphilosophie nun auch der Philologe mitreden darf.

Obwohl die Geschichtsschreibung der Sprachtheorie seit jeher existiert, blieb ihr Einfluss auf das grammatikalische System lange Zeit gering. |4| Den Sieg trugen stets der Formalismus und Schematismus der Grammatikforscher davon. Von der ganzheitlichen Herangehensweise, wie sie bei den arabischen und jüdischen Grammatikkundlern einst aufkeimte, blieb mit Ausnahme einiger Schemata, welche die westeuropäische Wissenschaft übernommen hat, kaum etwas übrig. Ein charakteristisches Beispiel wäre das Prinzip der dreikonsonantischen [Wort-]Wurzel ¦(Dreiradikaligkeit)¦.[11] In der semitischen Sprachwissenschaft traten die Philologen erst zu Beginn unseres Jahrhunderts an die Klärung dieses Problems heran. Zu nennen sind Sprachtheorien, die mit solchen Namen

---

[8] Siehe Text 1, 197.

[9] Siehe ebd., 198 f.

[10] Zu August Schleicher siehe Text 1, 174 f.

[11] In der hebräischen Grammatik wird von der Dreiradikaligkeit der Verben gesprochen, d. h., ein Verb besteht (in den meisten Fällen) aus drei Wurzelkonsonanten, die in unterschiedlichen Kombinationen mit Präfixen, Infixen und Suffixen verschiedene Bedeutungen annehmen.

wie A. Marty,[12] A. Meillet,[13] W. Wundt,[14] Ferdinand de Saussure,[15] Karl Vossler,[16] O. Jespersen,[17] H. Ammann[18] und insbesondere Nikolai Marr und seiner Schule verbunden sind.[19] So unterschiedlich diese Theorien auch sind, so lassen sie doch eine Gemeinsamkeit erkennen: Sie alle sind bestrebt, auf dem Wege reinen Formalismus möglichst tief in das objektive Sein der Sprache einzudringen. Dazu wird die psychologische Betrachtungsweise herangezogen – allerdings nicht als pädagogischer Kunstgriff,

---

[12] Anton Marty. Siehe Text 1, Fn. [119]. – Auf alle im Folgenden genannten Autoren bezieht sich Gulkowitsch in unterschiedlichem Umfang in *Zur Grundlegung einer begriffsgeschichtlichen Methode in der Sprachwissenschaft.*

[13] Wegen der kyrillischen Schreibweise ist die Transkription nicht eindeutig, aber mit hoher Wahrscheinlichkeit ist der auch andernorts in diesen Zusammenhängen genannte französische Sprachwissenschaftler Antoine Meillet gemeint. Siehe Text 1, Fn. [113].

[14] Wilhelm Wundt. Siehe ebd., Fn. [99].

[15] Siehe ebd., Fn. [70].

[16] Siehe ebd., Fn. [71].

[17] Otto Jespersen. Siehe ebd., Fn. [179].

[18] Hermann Ammann. Siehe ebd., Fn. [1].

[19] Auf der Grundlage des Prinzips der Dreiradikaligkeit hatte auch Nikolai Marr die Verwandtschaft zwischen dem Georgischen (später den Japhetitischen Sprachen, benannt nach Japhet, dem dritten Sohn Noahs) und den semitischen Sprachen zu beweisen gesucht. Die von ihm begründete »Neue Lehre der Sprache« war von marxistischen Theorien des Klassenkampfs und dem dialektischen Materialismus beeinflusst. Umgekehrt lag Marrs Ansatz für lange Zeit der sowjetischen Sprachpolitik zugrunde. Stalin hatte seinen georgischen Landsmann jahrelang unterstützt und sich erst 1950 mit panslawistischen Argumenten gegen dessen Sprachtheorie gewandt. Marr vertrat die Ansicht, der soziale Fortschritt beruhe auf Klassenkampf. Die Sprache sei als Überbauphänomen abhängig von der jeweiligen materiellen Basis einer Gesellschaft. Marrs Ziel war eine gemeinsame übernationale, globale Sprache, die sich nach dem weltweiten Sieg des Kommunismus durchsetzen werde. – Gulkowitschs Bezug auf Marr ist ungewöhnlich, weil sich in seinen veröffentlichten Schriften ansonsten keine Hinweise auf ihn oder überhaupt auf kommunistische oder sozialistische Theorien finden. Die starke Anknüpfung an Marr, die sich allerdings auch in dem 1940/1941 verfassten Forschungsprogramm findet (Text 7, Fn. [51]), könnte damit zusammenhängen, dass Gulkowitsch in seinen letzten Lebensjahren auf eine Stelle in Leningrad hoffte. Põldsam, Lazar Gulkowitsch. Eine vergessene Stimme, 92–94. Allerdings gab es zu Marr durchaus sachliche Anknüpfungspunkte, etwa das Interesse am Zusammenhang zwischen Sprache, Denken, Gesellschaft und Kultur sowie an der Wortgeschichte.

um die Grammatik leichter erlernbar zu machen. Ziel ist es, diejenigen psychologischen Phänomene aufzudecken, die dem Prozess des Sprechens zugrunde liegen. In Anbetracht dieser Untersuchungen erwächst das Bedürfnis, die Beziehungen zwischen Sprache und Sprechvorgang aufzuklären, da gerade im Rahmen der Sprachpsychologie eine unzulässige Gleichsetzung beider Begriffe stark verbreitet ist. Wenn Jespersen etwa die Entwicklung des Kindes zum sprechenden Subjekt zum Leitfaden seiner Sprachtheorie erhebt,[20] betreibt er genau diese Gleichsetzung. Aber auch der Phänomenologe A. Marty misst dem Sprechen in Bezug auf Sprache eine übermäßig große Bedeutung bei, indem er unter Sprache in erster Linie ein Mittel versteht, Gedanken auszudrücken.[1] Doch die Sprache existiert unabhängig vom Sprechvorgang. Sie ist ebenso unabhängig vom Sprechvorgang, wie eine Symphonie unabhängig von der Tatsache und der Anzahl ihrer Aufführungen ist. Wie jedoch jede neue Aufführung dieser Symphonie sie bereichert, vertieft und mit Leben erfüllt, so verleiht auch jedes artikulierte Wort der Sprache eine reichere und tiefere Realität. Die Sprache manifestiert, expliziert sich im Vorgang des Sprechens. Während also die der Sprache zugrunde liegenden psychologischen Prozesse für das Wesen der Sprache zweifellos eine große Rolle spielen, erschöpft sich dieses Wesen in solchen Prozessen keineswegs. Um tiefere Einblicke in diese Sphäre zu gewinnen, ist es für unsere Untersuchung notwendig, nicht allein auf die Sprech- und Denkvorgänge zu schauen, sondern auch und in erster Linie den Gehalt der Sprache und des Denkens selbst ins Auge zu fassen. Der von Marty vertretene semantische Ansatz geht weit über seine psychologische Methode hinaus. Zwar weist das Werk von Marty dieselben Mängel auf, wie sie die Phänomenologie generell kennzeichnen, gleichwohl ist es bestens geeignet, |5| um konventionelle Inkonsequenzen und Unsinnigkeiten sichtbar zu machen. Marty stellt klar, dass Definitionen von Wortgruppen ‹ ›[22] z. B. voller Widersprüche sind.

1 [Anton Marty,] ¦Untersuchungen zur Grundlegung der allgemeinen Grammatik und Sprachphilosophie I, Halle 1908, S. 53.¦[21]

[20] Jespersen, Language, 161–188.

[21] Mit anderer Schreibmaschine auf Deutsch eingefügt.

[22] Hier beabsichtigte Gulkowitsch möglicherweise – wie auch weiter oben –, die deutsche Übersetzung (»Wortgruppe«) einzufügen. Für ein ausführliches Beispiel zur Bildung von semantischen Wortgruppen im Hebräischen siehe Text 1, 263.

In ‹ ›[23] ist er in der Lage, diejenigen Ebenen von Klassifikationen zu identifizieren, zu welchen bestimmte Sprachbilder nicht gehören oder besser gesagt nicht gehören können. Er kann sogar Ebenen benennen, auf denen die eine oder andere konkrete Klassifikation möglich ist, vermag aber nicht, konstitutive Momente herauszufinden, die für die von ihm vorausgesetzten Einteilungen erforderlich wären. Dieses Hindernis in methodischen Grundfragen, sobald es nicht um Abgrenzung, sondern um Konstruktion geht, ist kein charakteristisches Merkmal von Martys Arbeitsweise, sondern ein die phänomenologische Methode insgesamt kennzeichnendes Problem.[24] Deswegen ist es nötig, sich bei einer streng wissenschaftlichen Auseinandersetzung mit der Inhalts- und Bedeutungsebene des Wortes rechtzeitig darüber klar zu werden, welches Hindernis von der phänomenologischen Methode ausgeht.

Eine gelungene Fortsetzung der Forschungsarbeit auf dem Gebiet der Wortbedeutungen ist auch von einer ganz anderen Forschungsrichtung unternommen worden. Hier dienten als Untersuchungsmaterial die frühesten Entwicklungsstadien der Sprache, da die relativ einfache Struktur der archaischen, klassenlosen Gesellschaft und der relativ begrenzte Wortschatz früher Entwicklungsstufen es erlauben, relativ eindeutige Ergebnisse zu erzielen. Diese knappen Hinweise dürften zeigen, dass die Rede hier von der frühen Entwicklungsphase der Sprache ist, die mit der Komplexität und dem Reichtum der Sprache der Gegenwart wenig gemein hat. Eben um diese frühe Phase geht es Nikolai Marr, der die Sprachentwicklung im Zusammenhang mit gesellschaftlichen Veränderungen und der Herausbildung von Klassenkonturen betrachtet. Wollen wir die Sprachentwicklung in ihrem Wesen erhellen, treffen wir zuerst auf eine solche Gesellschaftsstruktur.

Mit unserer Themenstellung ist die These formuliert, dass die systematische Grundlegung der Grammatik von der Geschichte der Begriffe ausgehen kann. Diese Behauptung enthält bereits als Prämisse, dass Begriffe und Sprache in einem engen und gesetzmäßigen Zusammenhang stehen. Das ist ganz offensichtlich, da die Sprache immer ein Ausdruck

---

[23] Hier beabsichtigte Gulkowitsch vermutlich, den Titel der schon oben (Fn. 1) zitierten Abhandlung Martys zu ergänzen (*Untersuchungen zur Grundlegung der allgemeinen Grammatik und Sprachphilosophie*).

[24] Gulkowitsch setzte einen maschinenschriftlichen Fußnotenverweis im Fließtext an dieser Stelle (»1)«), ergänzte jedoch keinen Fußnotentext am Seitenende (im Folgenden: Fußnotenverweis Gulkowitschs ohne Text). Wahrscheinlich galt der Verweis Marty, Untersuchungen zur Grundlegung.

von Etwas ist. Dieses „Etwas“, das mittels der Sprache zum Ausdruck kommt, kann nicht etwas Allgemeines, Unbestimmtes oder Formloses sein. Ein solches „Etwas“ hätte einen gleichermaßen formlosen, amorphen Ausdruck. Die artikulierte, geordnete, fein nuancierte Struktur der Sprache erfordert zweifellos eine gleichermaßen komplexe Aufgliederung dessen, was sie ausdrückt. Dieses Ausgedrückte ist nichts |6| anderes als die Welt der Begriffe, die gleichermaßen geordnet ist. Die oben genannten Sprachtheorien tragen der Existenz dieses Verhältnisses in verschiedenem Maße Rechnung. Die Geschichte der Philosophie war immer auch ein Ringen um die Klärung des Verhältnisses zwischen Wort und Begriff. Unter sämtlichen Theoretikern besteht ein Konsens, dass sich dieses Verhältnis nicht in einer simplen, rein formalen Relation erschöpft. ‹ ›[25] ist bestrebt, diesem Verhältnis zwischen Wort und Begriff mit dem Konzept des Symbols beizukommen. Leibniz geht einen Schritt weiter, indem er nicht bloß den Einfluss des Denkens auf die Gestaltung der Sprachen anerkennt, sondern die eigene Formkraft des Denkens hervorhebt. Dies betont er insbesondere im Hinblick auf sein Projekt der Idealsprache der Philosophie.[26] Um die Möglichkeit einer solchen Sprache überhaupt in Erwägung ziehen zu können, muss er voraussetzen, dass das Verhältnis zwischen Sprache und Denken auf einer verborgenen Dialektik fußt. Die enge Wechselbeziehung zwischen Sprache und Denken setzt eine viel organischere und bedeutsamere Verbindung voraus als die zwischen Symbol und bezeichneter Sache. Ein jedes Objekt und ein jedes Phänomen vermag es, ein entsprechendes Symbol hervorzubringen. Obwohl das Symbol und die bezeichnete Sache eine unzertrennliche Einheit sind und das Symbol erst durch die symbolisierte Sache existiert, kommt ihm im Wesentlichen keine eigenständige Bedeutung zu. Die Entstehung des Symbols stellt einen willkürlichen Vorgang dar und erst sekundär findet die Durchdringung des Symbols durch das Symbolisierte statt. Wort und Begriff sind aber nicht nur mittels des Symbols miteinander verbunden, sondern stellen eine organische Einheit dar. Beide sind zwei Seiten ein und desselben. Wörter sind nur das Baumaterial, aus welchem das mit Sinn erfüllte Sprachgebäude errichtet wird. Gleichwohl kommt im eben Gesagten lediglich das statische Moment zum Tragen. Dieses statische Bild ist gleichsam eine Momentaufnahme der Sprache. Soll aber die Sprache

[25] Es ist nicht zu rekonstruieren, den Namen welcher (offenbar Leibniz vorausgehenden) Person Gulkowitsch in der Lakune zu ergänzen beabsichtigte.

[26] Volker Peckhaus, Universalsprache, in: Ritter/Gründer (Hg.), HWPh, Bd. 11, 208–211, hier 210.

in all ihren Facetten ergründet werden, dann ist zu berücksichtigen, dass sie sich in ständigem Wandel befindet, in der Zeit entfaltet und ihre eigene Geschichte schreibt. Das heißt, Wörter sind als lebendiges Material zu betrachten, den Zellen eines lebenden Organismus gleich. Gilt es aber, neben Wörtern auch Begriffe als Zellen aufzufassen, dann sind auch die Begriffe vom Entwicklungsprozess gleichermaßen erfasst. Die Geschichte der Sprache ist also gleichzeitig eine Geschichte der Begriffe. Daraus folgt, dass die Sprachtheorie mit Begriffstheorie gleichzusetzen ist. Wollen wir also die einzelnen historischen Formen der Spracherscheinungen verstehen, müssen wir diese historischen Formen in ihrer Identität |7| mit der Geschichte der Begriffe nachverfolgen. Wenden wir dabei die Methoden der Sprachphilosophie an, dann haben wir zu beachten, dass wir es mit Phänomenen nicht bloß sprachlicher Natur zu tun haben, sondern mit solchen, die Teil der allgemeinen Geistesgeschichte sind.

Wenn Nikolai Marr das Wesen der Sprache aus gesellschaftlichen Formen herleitet und die Sprache für dermaßen eng verwoben mit der Gesellschaft hält, dass unter Sprache im engeren Sinn erst die Sprache einer bereits klassenmäßig ausdifferenzierten Gesellschaft zu verstehen sei, dann fügt unser Standpunkt in diese Deduktion von Marr ein Zwischenglied zwischen Gesellschaft und die sie konstituierenden Kräfte einerseits, und die Sprache andererseits ein: Dieses Zwischenglied ist die Begriffswelt. Diese Begriffswelt steht zu den beiden genannten Seiten in einem dialektischen Verhältnis, d. h., sie befindet sich in einer schöpferischen Wechselwirkung sowohl mit der Gesellschaft als auch mit der Sprache. Mit dieser Zwischenwelt der Begriffe wird allerdings kein neuer Faktor eingeführt. Denn die Begriffswelt umfasst Wissenschaft, Kunst, Politik, kurz die gesamte Geisteskultur der Menschheit. Indem wir also die Begriffsgeschichte mit der Sprachgeschichte gleichsetzen, setzen wir die Kulturgeschichte mit der Sprachgeschichte ebenfalls gleich. Daraus folgt, dass die Beziehung zwischen Sprachgeschichte und wissenschaftlichen Errungenschaften in der Geschichte der Begriffsentwicklung auf die Formel einer Relation zwischen Sprachgeschichte und wissenschaftlichen Errungenschaften der Kulturgeschichte gebracht werden darf. Mit der Zielsetzung einer systematischen Grammatik einer bestimmten Sprache, die methodisch in der Geschichte der Begriffsentwicklung fundiert ist, verbindet sich daher die Forderung, die Sprache in ihrer Beziehung zur ihr entsprechenden Kultur zu untersuchen, da nur ein solcher kulturhistorischer Forschungsansatz es erlaubt, zu einem klaren Verständnis der wahren Struktur der Sprache zu gelangen, jener Struktur, von der das grammatikalische System auszugehen hat.

Die Welt der Geisteskultur, d. h. die Begriffswelt, führt zu einer hohen Komplexität der Wechselbeziehungen zwischen der Geschichte realer Geschehnisse und der Sprache. Unter diesen Bedingungen darf die Sprache nicht auf eine einfache mechanische Widerspiegelung sozialer Verhältnisse und Phänomene reduziert werden.[27] Die Strukturgesetze der Gesellschaft spiegeln sich zweifellos auch in der Sprache wider. Scharfe Interessengegensätze in der Gesellschaft übersetzen sich in sprachliche Formen, wobei das Prinzip der Gegensatzpaare aus Wörtern eine wesentliche Rolle spielt. Die Sprache besitzt auch eine gewisse Tendenz zur Bildung von Wort- und Begriffstriaden ‹ ›.[28] Damit spiegelt sie eine soziologische Struktur wider, |8| die nicht auf dem Gegensatzprinzip fußt. Die reale Welt der Wissenschaften, die der Begriffswelt zugrunde liegt, umfasst vielfältige Gegensätze: natürliche, und zwar: belebt und unbelebt, Mensch – Tier, die Polarität der Geschlechter. Soziologische Gegensätze, d. h. klassenmäßige, zwischen herrschenden und unterdrückten Völkern sowie zwischen verschiedenen Berufen. Wenn wir in der Sprache auf einen bestimmten Gegensatz treffen, können wir nicht ohne Weiteres beurteilen, um welchen der Gegensätze es sich dabei handelt. Natürliche Gegensätze spielen eine relativ geringe Rolle. Die Unterteilung der Substantive in Geschlechter steht nur in seltensten Fällen mit der Differenzierung der Menschen nach den Geschlechtsmerkmalen in einem Zusammenhang. Die Genese der Sprache vollzog sich beim Menschen parallel zur Gesellschaftsentwicklung. Deswegen spiegelt die Sprache mehr soziologische als natürliche Gegensätze wider. So hat sich die Phase einer rasanten Spaltung der Gesellschaft in Zugehörige verschiedener Klassen selbstverständlich in der Sprache niedergeschlagen. Aber auch dort, wo die Klassendifferenzen sich wieder auflösen, existiert die Sprache natürlich weiter, obwohl ihr Charakter sich verändert und sich im Vergleich zur Sprache der Klassenkampfperiode mit neuen Inhalten füllt. Die Gegensätze innerhalb des Sprachsystems reduzieren sich nicht auf die Sphäre des Klassenwiderspruchs. Als typisches Beispiel kann die Sprache des mittelalterlichen Ju-

---

[27] Die Abbild- oder Widerspiegelungstheorie bildete das Zentrum der materialistischen Erkenntnistheorie marxistisch-leninistischer Prägung. 1936 hatte der bulgarische Philosoph Todor Pavlov (1890–1977) mit seinem Buch *Die Widerspiegelungstheorie* eine naturwissenschaftliche Grundlegung dieses Ansatzes unternommen.

[28] Hier ist der Inhalt der Lakune nicht zu rekonstruieren. Für nähere Erläuterungen Gulkowitschs zu Begriffs- und Worttriaden siehe unten, 585 f.

dentums dienen. Hier zeigt sich der Widerspruch zwischen Herrschenden und Beherrschten außerordentlich deutlich. Die ökonomischen oder sozialen Gegensätze sind hingegen kaum erkennbar, weil das extreme Elend des jüdischen Volkes allgemein ihre Entstehung verhinderte.

Diese Vorüberlegungen können uns nun als Grundlage dienen, um die Theorie von Marr zu bewerten. Marrs Verdienst besteht darin, dass er die Idee vom engen Verhältnis zwischen Gesellschaftsstruktur und Sprachstruktur klar erkannt und konsequent verfolgt hat. Wenn wir nun beabsichtigen, die Grundsätze Marrs weiterzuentwickeln, stehen wir zuerst vor der Aufgabe, seine Theorien durch ihre Implementierung, Erweiterung und Vertiefung zu überprüfen. Zu Beginn halte ich es für notwendig, die von Marr definierten Entsprechungen von Sprachbildern und den sie hervorbringenden gesellschaftsstrukturellen Phänomenen auf den Prüfstand zu stellen: ob sich hier möglicherweise auch zweifelhafte Entsprechungen beigemengt haben und ob tatsächlich alle denkbaren Beziehungen zwischen allen sprachlichen und gesellschaftlichen Phänomenen berücksichtigt wurden. Marr[29] bezieht die drei Steigerungsgrade von Adjektiven auf die gesellschaftliche Gliederungsstruktur in drei Klassen, was in jedem Fall ein treffender Gedanke ist.[30] Die Kernfrage besteht allerdings darin, ob sich eine solche klassenmäßige Dreiteilung auch in einem Volk herausbilden könnte, |9| in dessen Sprache diese Steigerungsformen fehlen, oder mit anderen Worten, ob für die gesellschaftliche Gliederungsstruktur in drei Klassen alternative sprachliche Ausdrucksformen möglich wären. Die Frage kann man auch umgekehrt stellen: Sind die Steigerungsformen auf die klassenmäßige Dreiteilung der Gesellschaft in jedem Fall zurückzuführen? Könnten sich hier vielleicht auch andere triadische soziale Muster manifestiert haben? Die nach dem Triadenprinzip gegliederten Spracherscheinungen gehen nicht selten sekundär aus einer Kombination von

[29] Fußnotenverweis Gulkowitschs ohne Text. Siehe die folgende Fn.

[30] Nikolai Marrs Theorie der Steigerungsformen ist in seiner Broschüre *K semanticheskoj paleontologii v yazykakh neyafeticheskikh sistem* (Über die semantische Paläontologie der Sprachen in nicht-japhetitischen Systemen, 1931) dargelegt. Vgl. den Abdruck in Nikolai Marr, Izbrannye raboty [Ausgewählte Werke], 5 Bde., Moskau/Leningrad 1933–1937, hier Bd. 2: Osnovnyye voprosy yazykoznaniya [Hauptfragen der Linguistik], 246–288. Die Steigerungsstufen spielen dort nur eine geringe Rolle und sind ein Fallbeispiel für die Theorie der stadialen Entwicklung der Sprache, die nach Marr anstelle jener der Sprachfamilien treten sollte. Evgeny Dobrenko, Late Stalinism. The Aesthetics of Politics, New Haven, Conn., 2020, 7 und 349–391.

zwei Gegensatzpaaren hervor. Die Existenz von drei grammatikalischen Genera könnte beispielsweise auf einer Kreuzung zweier polarer Prinzipien beruhen. Für diese Möglichkeit spricht etwa der Umstand, dass in jenen indogermanischen Sprachen, in denen sich drei grammatikalische Geschlechter erhalten haben, die Beziehung zwischen Maskulinum und Neutrum eine ganz andersartige ist als die zwischen Maskulinum und Femininum, sodass die Position der Einzelglieder dieser Trias nicht eindeutig ist. Die Möglichkeit solcher Kreuzungen führt uns zur Annahme, dass sich die Entwicklung von Sprachformen nach einem bestimmten, sprachimmanenten Bildungsgesetz vollzieht.[31] Neben der vertikalen Struktur, die sich ausgehend von einer materiellen Basis über die Begriffe hin zur Sprache entfaltet, existiert gleichzeitig eine horizontale, die auf den Beziehungen der Sprachbestandteile untereinander beruht. Es sei hier noch auf weitere innersprachliche Erscheinungen hingewiesen, etwa die Angleichung kongruenter Formen oder die Ausweitung von Paradigmen auch auf Phänomene, die der Vermischung verschiedener Sprachen untereinander entspringen. Solche dialektischen Relationen gilt es stets in all ihren Dimensionen in Erinnerung zu rufen, um nicht in einen Schematismus zu verfallen.

Jedes sprachliche Phänomen ist nach allen Richtungen zu prüfen, wenn wir sein Wesen ergründen wollen. Das verpflichtet uns vor allem, die Einzelsprachen in ihren jeweiligen Eigenheiten und ihre kulturellen Voraussetzungen zu berücksichtigen, ohne dabei das Gemeinsame der menschlichen Sprache und Gesellschaft insgesamt aus den Augen zu verlieren.

Die Sprache spiegelt auf die ihr eigene Art die soziale Wirklichkeit wider. Je mehr sich in der Sprache die Natur der gesellschaftlichen Ordnung artikuliert, desto größer ist der Einfluss der Naturgesetze. Der Gegensatz naturgegebener Geschlechter, spielt, wie erwähnt, keine große Rolle mehr; bei den sogenannten primitiven Entwicklungsstufen der Sprache dürfte diesem Aspekt aber eine größere Bedeutung zukommen als dies bei kultivierteren Sprachen der Fall ist. Doch selbst dort ist das Verhältnis zwi-

---

[31] Gulkowitschs Bemerkung zu den drei Genusklassen in manchen indoeuropäischen Sprachen hat eine reale Basis in deren Geschichte, weil sich in der Trias Maskulinum – Femininum – Neutrum zwei grammatikalisierte Oppositionen überschneiden, nämlich die männlich/weiblich und Person/Sache. Letztere ist noch in der Opposition wer/was lebendig, in der der Gegensatz männlich/weiblich gelöscht ist; »wer« ist neutral in Bezug auf den Gegensatz männlich/weiblich.

schen Natur und Sprache sozial vermittelt: über die Erscheinungsformen magischer Phänomene. Grammatikalische Genera bilden |10| sich in den primitiven Sprachen nicht nach naturgegebenen Geschlechterordnungen aus, sondern entsprechend dem magischen Polaritätsprinzip. Das Vertauschen von Genusendungen zählt zu den wesentlichsten Momenten, die die Sprache magischer Zeremonien kennzeichnen. Das Magische ist ein grundlegender Bestandteil der primitiven Sprache, insofern diese auf bestimmten Entwicklungsstufen noch gänzlich im Magischen aufgeht und der Alltagssprache zweifellos eine besondere Prägung verleiht. Das magische Vertauschen der Genusendungen stellt ein Merkmal vieler früher Sprachformen dar. Das Austauschprinzip stellt aber keineswegs ein sprachliches Prinzip dar und steht sogar im direkten Widerspruch zum Ordnungsprinzip der Sprache. Die Unvereinbarkeit dieser zwei Prinzipien hat vielfältige Konsequenzen. Im Somali beispielsweise gewinnt das Austauschprinzip gewissermaßen die Oberhand. Mit der Ausnahme solcher Pluralformen, die mittels Reduplikation gebildet sind, tragen sämtliche ‹ ›[32] Maskulina im Plural Endungen des Femininums 1, und umgekehrt haben Feminina ‹ › männliche Endungen. Obwohl diese Regel für alle Substantive gilt, bleibt das Ordnungsprinzip in Kraft. In der Magie stellt dieser zufällige Austausch ein besonderes Mittel der Ausweitung der Macht dar. Das Austauschprinzip hat sich in derart radikaler Form allerdings nur in wenigen Fällen durchgesetzt, um sich letztendlich selbst aufzuheben.

Die meisten Sprachen behalten zwar die Spuren des Polaritätsprinzips bei, das Ordnungsprinzip überwiegt aber zunehmend. So hat im Hebräischen beispielsweise das Polaritätsprinzip im Rechnen seine Spuren hinterlassen: Männliche Substantive werden mit weiblichen Zahlwörtern und Feminina mit männlichen Zahlwörtern kombiniert. Das Geschlecht eines Begriffs wird von dem Substantiv als solchem bestimmt, nicht von dem [davon abhängigen] Zahlwort.

Die Auswirkungen des Austauschprinzips sind auf diese Weise gleichsam aufgehoben. Das formale Prinzip bleibt zwar weiterhin in Kraft. Feminina ‹ ›,[33] die aus Maskulina zufällig hervorgegangen sind, sind in der hebräischen Sprache aber ganz anderen Ursprungs. Hier hat man es

[32] Hier und in der nächsten Lakune beabsichtigte Gulkowitsch vermutlich, die Begriffe auf Somali zu ergänzen.

[33] Gulkowitsch meint hier wahrscheinlich die *nomina communia*, d. h. Substantive, die im Singular Femininformen und im Plural Maskulinformen aufweisen.

offenbar mit dem Prinzip künstlicher und natürlicher ‹ ›[34] zu tun, auf welches weiter unten noch zurückzukommen sein wird.[35] Das klassische Hebräisch ist allgemein die Sprache eines Volkes, das der Magie wenig zugeneigt ist und das sich gegen jede Magie, die von außen herangetragen wird, widersetzt. Dieser Charakter hat sich fast bis ans Ende des Mittelalters erhalten. Der Kleidertausch etwa blieb selbst dann noch strengstens verboten, als sich |11| dieser Brauch unter den Juden längst in eine harmlose Maskerade verwandelt hatte. Man sollte also die Bedeutung magischer Elemente nicht überschätzen, obwohl ihre Spuren in der Sprache durchaus noch zu finden sind. Der Einfluss der Magie auf hamitische Sprachen ist laut Carl Meinhof so stark, dass das Prinzip der magischen Vertauschung zu ihren wesentlichsten Merkmalen zählt.[36] Für die Grammatik semitischer Sprachen stellt das Prinzip der magischen Vertauschung hingegen kein zentrales Strukturmoment dar. Während es hier als ein Aspekt angesehen werden kann, der eine Überschneidung von Hauptlinien der Sprachstruktur bewirkt, darf es innerhalb der hamitischen Sprachen als eine der tragenden Säulen des grammatikalischen Systems gelten.

Das natürliche Material eines grammatikalischen Systems ist stets die betreffende Sprache. Dafür gibt es allerdings lediglich untersuchungstechnische Gründe. In der Regel wird in der Form der sogenannten vergleichenden Grammatik ein Überbau über die Einzelsprachen errichtet, der diese in einer gemeinsamen Sprachgruppe vereint. Die jeweilige Beschaffenheit der Sprachen behandeln wiederum Spezialgrammatiken. Denkbar wäre aber auch eine Allgemeine Grammatik, die sowohl das Allgemeine als auch das Besondere umfasste. Hierfür könnte jede beliebige Sprachgruppe als Beispiel dienen, etwa die romanische. Ein einzelner Forscher vermag es aber nicht, diese vereinheitlichende Arbeit zu unternehmen. Es ist also möglich, gewisse Abstufungen innerhalb der Sprachstruktur

[34] Hier setzt sich Gulkowitsch mit dem natürlichen und künstlichen Plural femininer und maskuliner Substantive auseinander, einem Phänomen, auf das er in *Zur Grundlegung einer begriffsgeschichtlichen Methode in der Sprachwissenschaft* näher eingeht. Text 1, 266.

[35] Siehe unten, 605 f.

[36] Carl Friedrich Michael Meinhof (1857–1944) war protestantischer Pastor und Afrikanist und arbeitete zur vergleichenden Sprachwissenschaft und Systematik afrikanischer Sprachen. Er hatte an der Universität Hamburg seit 1909 den ersten Lehrstuhl für Afrikanistik in Deutschland inne. Meinhof formulierte die heute als unwissenschaftlich geltende Hamitentheorie weiter aus, die die Überlegenheit einer in Nordafrika verorteten »hamitischen Rasse« über die »negroide« afrikanische Bevölkerung behauptete.

festzustellen, und zwar: die Sprache als Ganzes, einzelne Sprachgruppen und Sprachfamilien sowie die Einzelsprachen. Damit ist die Aufschlüsselung der Sprachen aber noch nicht am Ende. Die jeweiligen Sprachen lassen sich weiter auffächern. So unterscheiden wir innerhalb einer jeden Sprache die Literatur- und Volkssprache. Die letztere zerfällt in Dialekte. Der Unterschied zwischen Literatur- und Volkssprache kann in manchen Fällen so erheblich sein, dass beide sich im Laufe der Zeit zu eigenen Sprachen verselbständigen, wie es im Fall des Vulgärarabischen und des Vulgärlateins geschehen ist. Aber selbst dort, wo dieser Unterschied weniger offensichtlich ist, findet sich folgendes Strukturgesetz: Die Literatursprache hat eine Tendenz zur Uniformierung und die Volkssprache neigt zur Vielfalt. Solange es sich um eine noch lebende Sprache handelt, stehen diese beiden Formen in einem dialektischen Verhältnis. Neben dieser Unterteilung stellen wir weitere Aufgliederungen bei verschiedenen Sprachen fest, wie etwa nach Berufen und Ständen. Und damit nähern wir uns dem Wesen der Strukturprinzipien der Sprache. Die Sprachstruktur entspricht der soziologischen Struktur der Gesellschaft, die diese Sprache spricht. Es war unser Ausgangspunkt, |12| dass in jeder lebenden Sprache ein wechselseitiger Austausch von Strukturelementen stattfindet. Nun können wir dies konkretisieren. Solange solche Sprachelemente von vitalen Teilen der Gesellschaft getragen werden, bleibt die Sprache lebendig und das dialektische Verhältnis auf beiden Strukturebenen garantiert.

Zu Beginn unserer Untersuchung haben wir die Forderung formuliert, dass die Struktur der Grammatik mit der Struktur der Sprache übereinstimmen soll. Zu beachten sind hierbei die erwähnten Arrangements innerhalb der jeweiligen Sprachen. Damit ist aber nicht gesagt, dass es spezieller Grammatiken für Dialekte oder Berufssprachen bedürfe. Sie wären zwar als Vorarbeiten durchaus interessant, sind aber für unsere Fragestellung irrelevant. Auch verlangen wir nicht, dass ein grammatikalisches System seine Aufmerksamkeit auf die wesentlichen Besonderheiten der Struktur einer Gesellschaft konzentriert, die diese Sprache spricht.[37] Die Grammatik einer klassenlosen Gesellschaft wird ganz andere Anordnungen und Charaktere aufweisen müssen als zum Beispiel eine Grammatik der feudalen oder kapitalistischen Gesellschaft. Auch weitergehende Differenzierungen soziologischer Formen, die sich in der Sprache manifestieren, müssen in der Grammatik Beachtung finden. So beobachten wir im klassischen Hebräisch die Entstehung verschiedener Berufsgruppen, die

[37] Der offensichtliche Widerspruch der letzten beiden Sätze zu den weiteren Ausführungen muss hier ungeklärt bleiben.

eine Auflösung von Haushaltsformen der Sklavenhaltergesellschaft und die Herausbildung des Handwerkerstandes überzeugend dokumentieren. In meiner Arbeit ‹ ›[38] habe ich darauf hingewiesen, welch komplexes Niveau der gesellschaftlichen Entwicklung die Bezeichnungen für Handwerker und für Handwerksberufe in der Geschichte der hebräischen und aramäischen Sprache zum Ausdruck bringen. Im Hebräisch des 6. Jahrhunderts vor der Zeit treffen wir erstmals auf das Wort ‹ ›,[39] das zur Bezeichnung eines Standes diente, der vermutlich eine Mittelstellung zwischen den freien, vollberechtigten Bürgern und Sklaven einnahm. Die Geschichte der hebräischen Sprache kannte einen solchen Stand bis dahin noch nicht, während er in Babylonien schon früher existierte.[40] Das hebräische Wort ‹ ›[41] ist der akkadischen Sprache entlehnt worden. Die Anleihen des Aramäischen aus dem Akkadischen verdeutlichen, dass sich die Herausbildung dieses Standes bei den aramäischsprachigen Völkern später vollzog als in Babylonien. Das Wort ‹ ›[42] verschwand in der talmudischen Periode wieder aus dem Hebräischen und Aramäischen, |13| da in dieser Epoche die entsprechende Gesellschaftsstruktur, die die Phase des Niedergangs der Sklavenhaltergesellschaft und ihrer ökonomischen Ordnung charakterisierte, bereits überwunden war. In der nachtalmudischen Zeit taucht das Wort ‹ ›[43] wieder auf, allerdings in einer neuen Bedeutung. Hier ist es nichts mehr als ein Synonym, ein weiteres Wort, das den Begriff Armut und Unterjochung ausdrückt und die Lage der Juden innerhalb der aufkommenden feudalen Gesellschaft widerspiegelt.

Solche Struktureigenschaften der Gesellschaft betreffen den Wortschatz nicht nur in dem Sinne, dass ein neu aufkeimender Stand eine neue Bezeichnung erhält. Stattdessen werden die grammatikalischen Bildungs-

---

[38] Gulkowitsch verweist auf seine Studie *Die Bildung von Abstraktbegriffen in der hebräischen Sprachgeschichte*, in der er insbesondere im zweiten und dritten Kapitel des Hauptteils (»Sozialklassen« und »Berufsklassen«) seine Beobachtungen zum Verhältnis von Grammatik und Gesellschaft ausführt. Gulkowitsch, Die Bildung von Abstraktbegriffen, 30–34.

[39] Hier sollte wahrscheinlich מִסְכֵּנֻת (*miskenut*: Armut) ergänzt werden. In *Die Bildung von Abstraktbegriffen* heißt es, der Begriff bezeichne eine »Klasse von Menschen, die etwa eine Mittelstellung zwischen den freien Vollbürgern und den Sklaven eingenommen haben«. Ebd., 32.

[40] Fußnotenverweis Gulkowitschs ohne Text (vermutlich für einen Verweis auf *Die Bildung von Abstraktbegriffen*).

[41] מִסְכֵּנֻת. Gulkowitsch, Die Bildung von Abstraktbegriffen, 32, Fn. 1.

[42] מִסְכֵּנֻת. Ebd., 32.

[43] מִסְכֵּנֻת. Ebd.

gesetze von bestimmten sozialen Strukturen insgesamt beeinflusst; so entsprechen zum Beispiel bestimmte Arten von Wortbildungen bestimmten sozialen Strukturen. In der Phase der Herausbildung und Entwicklung der Stände und Berufe innerhalb der jüdischen Gemeinschaft genossen etwa die Wortformen für Abstraktbegriffe auf ‹ ›[44] den Vorzug, während die in patriarchale Sippen gegliederte Sklavenhaltergesellschaft dazu neigte, abstrakte Begriffe mit der Pluralendung ‹ ›[45] zu bilden. Beide Wortbildungsmechanismen stehen für verschiedene Beziehungsmuster zwischen Individuum und Kollektiv. Aus dieser Form der Wortbildung entwickelte sich im Hebräischen allmählich der Brauch, Berufe, Stände und Klassen mittels der Wortendung ‹ ›[46] selbst dann zu bezeichnen, wenn jenes spezifische Verhältnis zwischen Individuum und Gesellschaft nicht mehr gegeben war. Sogar die Gruppierungen nach Alter ‹ ›[47] werden mithilfe des abstrakten Plurals bezeichnet, obwohl ihre spezifische soziale Bedeutung innerhalb der Sklavenhaltergesellschaft bereits verloren gegangen ist. Jede neue Umgestaltung der Sozialstruktur schafft adäquate Formen der Wortbildung. Aber das ist nur ein willkürlich gewähltes Beispiel. Soziale Strukturen bestimmen ferner die Gebrauchsformen grammatikalischer Kategorien, wie etwa den Gebrauch der Verben und die Art und Weise, wie die syntaktischen Verbindungen innerhalb einer Sprache beschaffen sind. So werden bei einem durch militärische Strukturen geprägten Volk

---

[44] Hier sollte wahrscheinlich »-*ūt*« ergänzt werden. Ebd., 16–27. Gulkowitsch entwickelt dort seine Thesen zur Herausbildung und Entwicklung von substantivischen Abstraktbildungen auf Grundlage von Sprachzeugnissen aus unterschiedlichen Perioden und Genres. Er berücksichtigt biblische, talmudische, aber auch philosophische Texte, um zu zeigen, wie sich aus der gewöhnlichen Pluralendung des Substantivs (und des Verbs) beispielsweise zur Bezeichnung einer Gruppe im Laufe der Zeit die Abstraktbegriffe mit der Endung »-*ūt*« herausbildeten.

[45] Hier sollte wahrscheinlich die Pluralendung »-*īm*« ergänzt werden.

[46] Hier sollte wahrscheinlich »-*ūt*« ergänzt werden. Zur Wortendung -*ūt* im Zusammenhang mit Berufsbezeichnungen vgl. ebd., 33 f. Dort deutet Gulkowitsch die These an, die Loslösung der Bedeutung dieser grammatikalischen Form sei ein Ausdruck sozialer Verhältnisse im Kontext von Berufsbezeichnungen.

[47] Für diese Aussage vgl. ebd., 27–29. Dort zeigt Gulkowitsch anhand biblischer und talmudischer Sprachformen, wie das pluralische Bildungsschema »qeṭulim« – beispielsweise *zequnim* für das in der Bibel auftretende Wort »Greisenalter« – in der talmudischen und nachtalmudischen Zeit die abstrakten -*ūt*-Formen ersetzte. Aus *zequnim* wurde nun *ziqnut*. Es ist gut möglich, dass Gulkowitsch die Leerstelle mit hebräischen Beispielen zu füllen beabsichtigte, wie etwa den Formen ילדים (*yeladim*) und ילדות (*yaldut*) für »Kinder« und »Kindheit«.

andere syntaktische Verbindungen vorherrschen als bei einem Volk, das vorwiegend vom Handel lebt. In dieser Hinsicht wäre es zum Beispiel aufschlussreich, die assyrische und phönizische Sprache miteinander zu vergleichen.

Wir haben soeben einige Beispiele dafür angeführt, wie sprachliche Gebilde direkt aus bestimmten sozialen Strukturen hervorgehen. Es ging dabei um die Bezeichnungen für soziale Gruppen. In derartigen Fällen sind es bloß einfache Beziehungen ohne Mittelglieder. |14| Das ist aber nicht immer der Fall. Die Sprache der Wissenschaft, der Kunst und des religiösen Kults enthält zahlreiche Begriffe, Vorstellungen, Bilder und Symbole. Marr hat darauf aufmerksam gemacht, wie groß der Einfluss der Magie, der Begriffswelt der Zauberer, auf die Sprachenentwicklung ist.[48] Die Struktur der Ursprache ist durch besondere magische Täuschungstechniken bestimmt. Die Genese von schwerverständlichen Beziehungsformen sogar bei solch basalen Bezeichnungen wie Vater, Mutter, Ehefrau usw. kann damit erklärt werden. Auf gleiche Weise schlägt sich in der Sprache die eigentümliche Symbolik des Totemismus nieder. Damit läßt sich eine Vielzahl von Phänomenen erklären, die die vergleichende Sprachwissenschaft untersucht. Eine ganze Reihe von Problemen wartet allerdings noch auf ihre Klärung und einige von ihnen werden unserem Verstand wohl für immer unzugänglich bleiben. Für unsere Fragestellung ist hier jedenfalls die Erkenntnis wesentlich, dass eine isolierte Betrachtung der Spracherscheinungen unzweckmäßig ist. Alles, was im Hinblick auf die Welt frühen Denkens, die Welt der Magie und Symbole gilt, spielt auch im Hinblick auf begriffliches Denken eine Rolle. Die Gestalt unserer wissenschaftlichen Erkenntnis auf allen Feldern bestimmt die Gestalt unserer Sprache. In Zeiten vorwiegend philosophischen Denkens hat die Sprache einen anderen Charakter gehabt als in Zeiten vorwiegend historischen oder naturwissenschaftlichen Denkens. Es lassen sich überdies Differenzen beobachten, die nicht so sehr zeitlich, sondern geografisch bedingt sind. Bei manchen Völkern herrscht philosophisches oder historisches Denken vor, und manche Völker werden sich aus den Fesseln des magischen Denkens nie befreien können. All diese Umstände finden in der Sprachgeschichte und in der Vielfalt der Einzelsprachen ihren Ausdruck.

Mit unseren Ausführungen wollen wir die Notwendigkeit der Überwindung und den Weg zur Überwindung des Schematismus in der Gram-

---

[48] Vgl. etwa Nikolai Marr, Die japhetitische Theorie. Allgemeiner Kurs der Lehre von der Sprache [1927], in: Tasso Borbé, Kritik der marxistischen Sprachtheorie N. Ja. Marr's, Kronberg im Taunus 1974, 67–255, hier 141.

matik vor Augen führen, indem wir unter Grammatik eine Disziplin verstehen, die sich mit Formen der Sprache befasst. Es versteht sich von selbst, dass die Philosophie aller Epochen die Betrachtung der Spracherscheinungen nicht ignorieren konnte. Nichtsdestotrotz blieb der Einfluss philosophischer Theorien auf die Grammatik relativ gering, wenngleich es nie möglich war, ihn ganz auszuschalten. Selbst ein extremer Schematismus konnte sich nicht ganz von zeitgenössischen Denkweisen abschotten. Bezeichnenderweise steht selbst bei Untersuchungen, die sich mit äußeren Sprachformen befassen, das Bestreben im Mittelpunkt, Einblick in das Wesen der Sprache zu gewinnen. Nachdem auch die Philologie diesen Ansatz erkannt hatte, setzte sich trotz aller Unterschiede in Forschungsmethoden und Methodenlehren eine ganz bestimmte Ausrichtung durch: In allen Fällen kam es nunmehr darauf an, die Form der Sprache |15| aus ihrem Inhalt heraus zu verstehen.

Wir haben versucht, kursorisch zu zeigen, um welchen Inhalt es dabei ging. Diesen Inhalt bilden all jene sozialen Verhältnisse, die sich vermittelt durch die Denktätigkeit des Menschen in sprachlichen Formen ausdrücken. Unser weiteres Ziel wird nun sein, anhand von Fallbeispielen zu zeigen, wie dieser Prozess verläuft und wie wir die Struktur der Sprachformen – der Grammatik – beschreiben können, sodass diese Formen ihren sprachlichen Hintergrund lebensecht widerspiegeln.[49]

Mein erster Vortrag war ein Versuch, eine allgemeine Übersicht über Fragen zu geben, deren Lösung für die Gestaltung eines lebensnahen grammatikalischen Systems erforderlich ist. Es stellte sich heraus, dass man von der Inhalts- und Bedeutungsebene der Sprache auszugehen hat, um zum Verständnis dieser Sprache zu gelangen. Die Gestalt eines grammatikalischen Systems leitet sich ausschließlich vom Inhalt der betreffenden Sprache ab. Der Inhalt einer Sprache sind ihre Begriffe. Aber die Begriffe selbst haben wiederum einen bestimmten Inhalt. Dieser Inhalt ist die Lebenswirklichkeit der Gesellschaft, die eine bestimmte Sprache spricht. Das ist der Grund, weshalb diese beiden Aspekte zur Deutung der Sprache heranzuziehen sind. Das Ziel meiner heutigen Ausführungen ist es nun, an konkreten Beispielen zu zeigen, wie die beschriebenen Verhältnisse sich in den Phänomenen der Grammatik widerspiegeln.

[49] Hier hat Gulkowitsch einen größeren Abstand eingefügt, wohl um das Ende des ersten Vortrags zu kennzeichnen.

Wer sich mit der Problematik der Grammatik befasst, stößt sofort auf die Frage, welche Bedeutung den Einzelsprachen im Hinblick auf die Sprache im Allgemein zukommt. Dazu müssen drei Dinge vorausgesetzt werden: Die Existenz von Einzelsprachen, das Vorhandensein von bestimmten Gesetzmäßigkeiten in ihren Beziehungen untereinander und die Unzulänglichkeit von Schemata, die man auf diesem Feld bislang gebraucht hat. Marr hat sowohl den vorherrschenden Begriff der Sprachfamilie als auch die insbesondere im Hinblick auf die indogermanischen Sprachen vorherrschende Klassifikation überwunden. Vor diesem Hintergrund stellt sich die Frage, welche Ordnungsprinzipien für die Gruppierung von Einzelsprachen nun gelten sollen. Marr hat hierfür zwei Wege vorgezeichnet: das Konzept des Sprachsystems, demzufolge alle Sprachen Entwicklungsstadien durchlaufen, und die japhetitische Theorie, mit welcher er ein neues Prinzip einführt, um dem Problem des Verhältnisses der Einzelsprachen untereinander beizukommen.[50]

Für unser Problem bleibt also die Tatsache gültig, dass die Einzelsprache als solche ein wesentlicher Faktor ist. Es muss also eruiert werden, welchen Platz einzelne Sprachen in den Stadien der Sprachentwicklung einnehmen. Das ist wiederum nur möglich, |16| wenn es gelingt, die soziologischen Verhältnisse und die ideologische Ausrichtung der Sprache aufeinander zu beziehen. Das gilt nicht nur im Hinblick auf die sogenannte Sprachverwandtschaft, sondern für die gesamte Sprachforschung und folglich gleichermaßen für das Problem der Grammatik.

Die Frage nach dem Verbum stellt ein zentrales Problem der Grammatik dar. Diese Wortart definiert sich über ihren Bezug zum Zeitbegriff. Der Unterschied semitischer Sprachen von anderen, zum Beispiel westeuropäischen Sprachen, zeigt sich bei Verben ganz besonders deutlich. Semitische Sprachen kennen keine Tempora, wie es sie in westeuropäischen Sprachen gibt. Die Bildung der Verbalformen erfolgt hier nicht nach dem Schema Vergangenheit, Gegenwart, Zukunft. Der Schwerpunkt liegt hin-

[50] Marrs japhetitische Theorie lässt sich als ein Gegenentwurf zur dominanten indogermanischen Theorie in den zeitgenössischen Sprachwissenschaften verstehen. War Marr zunächst von einem Zusammenhang zwischen georgischer Sprache und semitischen Sprachen ausgegangen und hatte die japhetitische Sprachfamilie sprachmorphologisch zu erklären versucht, so behauptete er später die Identität ihrer gesellschaftlichen Bedingungen. Elke Hentschel, Die Sprachursprungstheorie N. J. Marrs, in: Joachim Gessinger/Wolfert von Rahden (Hg.), Theorien vom Ursprung der Sprache, Bd. 1, Berlin/New York 1989, 627–647; Marr, Die japhetitische Theorie.

gegen auf sogenannten Aspekten. Die Kategorie der Zeit bestimmt sich hier also nicht vom subjektiven Standpunkt aus. Ganz im Gegenteil, die Tätigkeit selbst wird zeitlich verankert. Die sich hier manifestierende Objektivität des Denkens, die Verdrängung des individuellen Moments, setzt eine ganz bestimmte gesellschaftliche Basis voraus. Eine solche Sprache kann weder die Sprache der Herrscherklasse noch die Sprache von extrem Unterdrückten sein. Sie bedingt umgekehrt ein gewisses Gleichgewicht sozialer Verhältnisse, d. h., entweder den Klassenkampf im Frühstadium oder eine Phase des temporären Kräftegleichgewichts.

Der Aspekt ist ein Mittel, mit dessen Hilfe semitische Sprachen mit dem Zeitbegriff umgehen. Und noch ein weiteres Moment ist für semitische Verben charakteristisch: die sogenannten Verbalarten. Mit ihrer Hilfe ist eine präzise und differenzierte Unterscheidung zwischen verschiedenen Tätigkeitsformen gegeben, d. h. die Hervorhebung des qualitativen Moments. Die Sprache drückt nicht nur aus, was geschieht, sondern auch, wie es geschieht. Darin kommt der hohe Stellenwert der Wirklichkeit zum Ausdruck, eine Zurückdrängung der Person zugunsten der Handlung. Der Akkadologe B. Landsberger[51] weist darauf hin, dass das hebräische Verb noch eine weitere Dimension der Tätigkeit ausdrücken kann. Er unterscheidet drei Tätigkeitstypen: den erzählenden, den beschreibenden und den konstatierenden Typus. Die Ausdrucksform im Hebräischen umfasst also stets eines der folgenden Momente des Geschehens: entweder ein dynamisches Geschehen, ein statisches Moment des Geschehens oder ein normatives Moment. Dabei ist eine strenge Abgrenzung zwischen Subjekt und Objekt sowie zwischen verschiedenen Objektivitätsarten zu beobachten. Solche differenzierten Ausdrucksformen im Hebräischen sind der Tatsache geschuldet, |17| dass es eine eindeutig verbozentrische Sprache ist. Damit berühren wir eine außerordentlich wichtige Frage. Dieser verbozentrische Charakter, der nicht nur die hebräische, sondern alle semitischen Sprachen auszeichnet, lässt den Schluss zu, dass alle semitischen Sprachen verbalen Ursprungs sind. Die hebräischen Urworte bezeichneten also nicht Gegenstände, sondern Tätigkeiten. Vor diesem Hintergrund stellt sich die Frage nach dem Verhältnis zwischen semitischen Sprachen und den sogenannten japhetitischen Sprachen. Der verbozentrische Charakter semitischer Sprachen zeugt zweifellos von einem aktiven,

---

[51] Gulkowitsch bezieht sich auch in anderen Schriften auf sprachwissenschaftliche Abhandlungen des Assyriologen Benno Landsberger (Text 1, Fn. [220]). Hier könnte er verweisen auf Landsberger, Die Eigenbegrifflichkeit der babylonischen Welt, bes. 359–364.

dynamischen Momentum. Die Tendenz des semitischen Denkens zur Objektivierung, die sich in der Eigenart des semitischen Verbs offenbart, verweist keineswegs auf eine gewisse Trägheit, Passivität und Nivellierung von totem Material. Ganz im Gegenteil zeugt diese Objektivierungstendenz von einer kolossalen Tatkraft. Statt das Geschehen unbeteiligt über sich ergehen zu lassen, wird es hier gewissermaßen beherrscht.

Wenn also feststeht, dass semitische Sprachen im beschriebenen Sinne verbozentrisch sind, dann dürfen wir annehmen, dass das Substantiv von Anfang an eine zweitrangige Rolle spielte. Unter den Wortgruppen, die sich von einer gemeinsamen Wortwurzel herleiten, nimmt das Verb bekanntlich die dominierende Position ein. Die meisten hebräischen Substantive sind verbalen Ursprungs.

Nicht verbal sind nur echte Primärwörter wie Vater, Mutter, Sohn.[52] Sie stammen zweifellos von den Grundelementen der Sprache ab und sind formalen Bildungsgesetzen der semitischen Kultur vorausgegangen. Neben der Wortbildung zeigt sich der verbozentrische Charakter semitischer Sprachen an ihren Flexionen: Die Beugung der Substantive und Adjektive ist nicht so variationsreich wie die der Verben. Es gibt hier zwar die Kasusdeklination. Das Beispiel des Hebräischen belegt allerdings, dass semitische Sprachen ohne Fälle auskommen können. Bemerkenswert ist auch der Einfluss des verbozentrischen Charakters auf die Syntax. Die sogenannten Komposita mittels des Status constructus[53] im Hebräischen weisen eine gewisse Unterordnung des Objekts unter das Subjekt auf. Der Eigentümer und nicht das Eigentum, der Handelnde und nicht die Handlung oder ihr Resultat gewinnen in der Syntax die Oberhand. Bei nominalen Komposita wird die für Verben typische klare Differenzierung zwischen Subjekt und Objekt beibehalten.

Im Hinblick auf die Grundlegung des grammatischen Systems einer semitischen Sprache bedeutet das eben gesagte, dass erstens vom Verbum auszugehen ist und zweitens, dass insbesondere im Bereich der Nomina |18| die Wortbildung im Mittelpunkt zu stehen hat. Denn gerade in der Wortbildung dokumentiert sich die für semitische Nomina typische Verbalabhängigkeit, die auch die Flexionsklassen bestimmt. In Einzelfällen wird die Wortbildung vom Bedeutungsgehalt des Wortes bestimmt. Bei diesen grundlegenden, allgemeinen Fragen der Grammatik wird die Be-

---

[52] Fußnotenverweis Gulkowitschs ohne Text.

[53] Mit dem *status constructus* wird das Genitivverhältnis eines Substantivs bezeichnet.

deutung des semantischen Ansatzes im Gegensatz zu der rein formalen Betrachtungsweise deutlich sichtbar.

Wollen[54] wir ein grammatikalisches System errichten, dann gilt es, nicht von einem Schema, sondern von der lebendigen Sprachwirklichkeit selbst auszugehen. Hier haben Morphologie und Syntax keinen Platz mehr. Die Grundlage bilden stattdessen das Wort und sein Sinn. Zuerst gilt es, die Grundsätze zu finden, nach denen die Wörter gebildet werden. Die gewöhnliche Vorgehensweise ist hier, Konjugationen und Deklinationen zu unterscheiden, sie zu nummerieren und die Ausnahmen aufzulisten. Jedes Wort wird derjenigen formalen Klasse zugeordnet, die seiner Form am besten entspricht, wobei das Ordnungsprinzip rein formalen Charakter hat, während der Inhalt kaum Beachtung findet. Es gibt zwar Fälle, wo eine Formklasse sich so deutlich als eine Sinnklasse präsentiert, dass dies nicht unbemerkt bleiben kann und die betreffenden Grammatiken darauf hinweisen. Solche Hinweise bleiben jedoch rein mnemotechnisch motiviert. Es gilt aber, gerade solche zufälligen Übereinstimmungen, die leicht ins Auge fallen und seit langem bekannt sind, dem grammatikalischen System zugrunde zu legen. Als Basis für ein solches System sollen die Sinnklassen dienen.

Damit findet eine weitere Frage eine Lösung, nämlich die Frage nach der Möglichkeit eines allgemeinen grammatikalischen Schemas für alle Sprachen. Ein auf dem Wortsinn beruhendes grammatikalisches Schema kann nur für eine bestimmte Einzelsprache gelten. Es muss für jede Einzelsprache neu gebildet werden. In meiner Arbeit „Die Bildung von Abstraktbegriffen in der hebräischen Sprachgeschichte“ habe ich den ersten Versuch unternommen, das Wesen des Hebräischen von diesem Standpunkt her zu ergründen. Was für die Abstraktbegriffe gilt, gilt auch allgemein. Wörter lassen sich nach ihrem Sinngehalt in Gruppen unterteilen, die formal einen einheitlichen Typus bilden. So werden im Hebräischen für die Bezeichnung körperlicher Gebrechen die Wortformen entsprechend dem formalen Typus „kittil“ gebildet.[55] Entsprechend bildet die akkadische Sprache Wörter für die Bezeichnung körperlicher Gebrechen nach

[54] Die folgenden vier Absätze weisen große Ähnlichkeiten mit Passagen des Typoskripts *Die Anwendung der Begriffsgeschichte auf die Sprachwissenschaft* (Text 8, 554–557) auf. Zum Teil handelt es sich um direkte Übersetzungen ins Russische. Auf dieser Grundlage wurden im Folgenden auch die von Gulkowitsch belassenen Lakunen ergänzt.

[55] Siehe Text 8, Fn. [11].

dem Schema ‹ ›.[56] Da wir uns darüber im Klaren sind, welch herausragende Rolle die babylonische Weltsicht und das klassische jüdische |19| Schrifttum der Krankheitslehre beigemessen haben, wird deutlich, dass die Existenz von Sinnklassen nicht zufällig ist. Bislang hat die hebräische Grammatik diese Gruppen nach rein phonetischen Kriterien definiert. So lassen sich in der Tat Klassen bilden. Aber aus rein phonetischer Perspektive bleibt die Frage der Zuordnung der Wörter in die jeweilige Klasse offen. Auf den ersten Blick mag es scheinen, dass dieser Umstand für die systematische Grundlegung der Grammatik ohne Bedeutung wäre. Dem ist nicht so. Es ist nicht möglich, allein mithilfe des phonetischen Prinzips die Zugehörigkeit eines Wortes zu den Formen ‹ ›[57] oder ‹ ›[58] zu bestimmen. Wir sind darauf angewiesen, dass uns die Texte eine entsprechende grammatikalische Form überliefern. Fehlt eine solche, sind wir auf Vermutungen zurückgeworfen, und dies umso mehr, als wir über keine Kriterien verfügen, um die traditionelle Punktierung[59] zu rekonstruieren. Man könnte also untersuchen, welcher Sinnzusammenhang die Wörter verbindet, die nach der Form ‹ ›[60] gebildet sind.

Die Wortbildung schließt nicht nur Sinngruppen nach einem bestimmten Schema zusammen, sondern auch aufgrund der Zugehörigkeit der Wörter zum gleichen Thema (zur gleichen Wurzel). Ein Wort nimmt mittels seines Stammthemas wie in einem Koordinatensystem eine bestimmte Stelle im System der Sprache ein. In meiner Arbeit über die Sprachwissenschaft[61] habe ich gezeigt, dass die Zugehörigkeit der Wörter zum gleichen Stammthema notwendig mit einem Sinnzusammenhang einhergehen muss. Wo diese Verbindung sich nicht unmittelbar offenbart, liegt das lediglich an unseren Wissenslücken bezüglich bestimmter Sachverhalte. Ich möchte darüber hinaus unterstreichen, dass zwischen verschiedenen Stammthemen geordnete Sinnbeziehungen bestehen. Wir kennen Stammthemen von besonderer Bildung, etwa nach der Form ‹ ›.[62] Was diese beiden Arten des Stammthemas anbelangt, so behaupte

---

[56] In Text 8: *quṭṭulu.*

[57] Ebd.: *qiṭl.*

[58] Ebd.: *qaṭl.* Siehe Text 8, Fn. [16].

[59] Siehe Text 2, Fn. [13].

[60] In Text 8: *qaṭl.*

[61] *Zur Grundlegung einer begriffsgeschichtlichen Methode in der Sprachwissenschaft* (1937). Siehe Text 1, 263–265.

[62] In Text 8: קום [*qum*: aufstehen, sich erheben] und סבב [*savav*: kreisen, herumgehen]. Siehe Text 8, Fn. [20] und [21].

ich, dass sämtliche Verben, die dieser Themengruppe angehören, etwas Spezielles bedeuten. Alle Stammthemen der Art ‹ ›,[63] d.h. sogenannte hohle Wurzeln ‹ ›,[64] bezeichnen offensichtlich den Prozess eines unmittelbaren Übergangs von einem Zustand in sein Gegenteil. Die Stammthemen der Art ‹ ›[65] enthalten ihrerseits das Moment allmählicher Zustandsänderung. Weitere besondere Formen der Stammbildung sind von mir noch nicht genügend untersucht worden. Bevor ich das Untersuchungsmaterial gründlich geprüft habe, bin ich nicht imstande, genaue Aussagen zu treffen. Hierbei soll eine prinzipielle Frage gelöst werden. Meine Beobachtungen beruhen hauptsächlich auf Sonderfällen, nicht auf der generellen Form der sogenannten |20| starken Verben. Die Frage ist nun, ob Bildungen wie ‹ ›[66] und etwa die Wurzeln ‹ ›[67] und ähnliches lediglich Sonderformen darstellen, die etwas zum Ausdruck bringen sollen, was mit den Möglichkeiten des starken Verbs nicht ausgedrückt werden kann, oder ob das starke Verb neben allen sonstigen Formen auch besondere Nuancen ausdrücken kann? Mit anderen Worten geht es um die Frage, ob die Formen des starken Verbs die generelle Form der Konjugation im Hebräischen darstellen, während die übrigen Formen lediglich Sonderformen für spezielle Fälle sind, oder alle Arten der Wurzel sich auf gleicher Ebene befinden und gleichberechtigt sind. Sind sie gleichberechtigt, dann schließt sich die Frage an, welche besondere Nuance sich mittels des starken Verbs ausdrückt.

Im Zusammenhang mit den Nominalformen im Hebräischen habe ich bereits erwähnt, dass die Berücksichtigung des Sinns unerlässlich ist, um ein lebendiges System errichten zu können. Das gilt in noch größerem Maße für das Verbum. Wir wissen, dass das Schema der Stammformen ‹ ›[68] lediglich ein reines Schema ist, und dass kein Verb das Ganze des Schemas umfassen kann. Diese Tatsache findet in jedem beliebigen Wörterbuch ihre Bestätigung und ist allgemein bekannt. Um die Sprachstruktur des Hebräischen zu begreifen, ist hingegen ein anderer Sachverhalt von großer Bedeutung, und zwar die Frage, nach welchem Bildungsgesetz ein Verb genau diese und nicht eine andere Stammform bildet. Der Auf-

[63] Ebd.: קום.

[64] Hier sind die Verba mediae u/i/o gemeint. Siehe ebd., Fn. [20].

[65] In Text 8: סבב.

[66] Ebd.: קום und סבב.

[67] Ebd.: ל"ה [*lamed"he*]. Siehe ebd., Fn. [22].

[68] Ebd.: קַל, נִפְעַל, פִּעֵל, פֻּעַל, הִפְעִיל, הָפְעַל, הִתְפַּעֵל (*qal, nif'al, pi'el, pu'al, hif'il, hof'al, hitpa'el*). Siehe ebd., Fn. [23].

schluss darüber kann nur aus dem Sinngehalt der Wörter selbst gewonnen werden. Die Art von Verben wie ‹ ›[69] (schlagen) drückt die Stärke ihres kausativen Sinnes dadurch aus, dass sie ausschließlich im ‹ ›[70] vorkommen, während andere Verben an sich kausativ sind, obwohl sie nur im ‹ ›[71] vorkommen. Gleiche Verhältnisse findet man bei Intensivbildungen. Es gibt Verben, die solche Tätigkeitsformen verwenden und solche, die sie nicht verwenden. Es gibt außerdem Verben, die sich einem kausativen Sinn überhaupt entziehen, weil sie stets etwas Passives ausdrücken. Auch existieren Verben, denen jede Intensivierung fehlt, da sie ihrem Charakter entsprechend nur oberflächliche Vorgänge wiedergeben beziehungsweise sie nur auf oberflächliche Weise vermitteln. Indem wir im Hinblick auf solche Phänomene Gruppierungen vornehmen, dürfen wir hoffen, auf diesem Wege hinter scheinbaren Zufälligkeiten jenes Gesetz aufzudecken, was die Bildung oder Nichtbildung der Stammformen von Verben bestimmt.

Die Stammformen der hebräischen Sprache stellen uns vor ein weiteres Problem: Es ist die Konkurrenz zwischen ‹ ›[72] und ‹ ›.[73] Diese Konkurrenz ist weder dialektisch noch historisch bedingt, da beide Formen, ‹ ›[74] und ‹ ›,[75] in allen Entwicklungsphasen des Hebräischen nebeneinander existieren. Beide Formen können ausdrücken, |21| dass die Handlung hauptsächlich durch ein handelndes Subjekt vollzogen wird, während das Objekt die Handlung passiv erleidet. Die Funktion von ‹ ›-Formen[76] wie ‹ ›-Formen[77] ist es, vor allem den Gegensatz zwischen Subjekt und Objekt hervorzuheben. Es ist mir allerdings noch nicht gelungen, herauszufinden, welchem Gesetz die Verwendung von ‹ ›- Form[78] oder ‹ ›-Form[79] unterliegt. Wie dem auch sei, auch diese Gesetzmäßigkeit muss im Zusammenhang mit dem Wortsinn der Verben gesucht werden.

---

[69] Ebd.: הכה [*hikkah*: schlagen].

[70] Ebd.: הפעיל [*hif'il*]. Siehe Text 1, Fn. [216] und [217].

[71] Ebd.: קל [*qal*]. Siehe Text 8, Fn. [25].

[72] Ebd.: פעל.

[73] Ebd.: הפעיל.

[74] Ebd.: פעל.

[75] Ebd.: הפעיל.

[76] Ebd.: הפעיל.

[77] Ebd.: פעל.

[78] Ebd.: הפעיל.

[79] Ebd.: פעל.

Der verbozentrische Charakter semitischer Sprache als Ausdruck eines bestimmten geistigen Gehalts und Resultat einer bestimmten sozialen Struktur schwächt sich natürlicherweise allmählich ab, sobald sich die gesellschaftlichen Voraussetzungen ändern. Die syrische Sprache als die Sprache einer christlichen Glaubensgemeinschaft beispielsweise hat diesen verbozentrischen Charakter weitgehend verloren. Ein weiteres Beispiel wäre die äthiopische Sprache, die in völlig anderen kulturellen Verhältnissen gründet als die semitischen Sprachen. Der Wandel in der Geschichte des jüdischen Volkes hat Veränderungen hinsichtlich des verbozentrischen Charakters der hebräischen Sprache hervorgerufen. Der verbozentrische Charakter des Hebräischen war während der klassischen Periode stark ausgeprägt, weil damals eine von innen geeinte und nach außen geschlossene Gemeinschaft Hebräisch sprach, die Einflüsse von außen nicht zuließ, und deren städtische Kultur sich bewusst von der bäuerlichen Kultur ihrer Umgebung abschottete. Dabei schwankte der Grad des verbozentrischen Charakters von Dialekt zu Dialekt. So war der nordisraelische Dialekt, die Sprache der Quellenschriften des sogenannten ELOHISTEN,[80] kein Dialekt rein hebräischen Typs, was vor allen Dingen zur Folge hatte, dass er weniger verbozentrisch war als der südliche Dialekt der hebräischen Mythen, Sagen und Geschichtsbücher des sogenannten Jahwisten. Dementsprechend weist die Gattung der Sagen des ELOHIM wesentlich mehr fremde Einflüsse auf. Denn dieser Dialekt ist in einer weniger geschlossenen Gemeinschaft entstanden. Wenn wir die Erforschung der hebräischen Sprache weiter vertiefen, finden wir eine Zunahme der nominalen Elemente vor, und zwar insbesondere während der Blütezeit der jüdischen Philosophie.[81] Diese nominalen Elemente finden sich am häufigsten bei Abstraktbegriffen. Sie waren erforderlich, um die philosophischen Ideen aufzuarbeiten, die, vermittelt durch die Araber, von den Griechen übernommen wurden. Die griechische Philosophie ist eine typische Philosophie der nominalzentrierten Sprache. Das bewirkte eine gewisse Akzentverschiebung zwischen Verben und |22| Nomina zugunsten der Nomina im Hebräischen. Im Übrigen hat jede philosophische Sprache ihrem Wesen nach nominalen Charakter, da hier Begriffe im eigentlichen, engeren Sinne im Mittelpunkt stehen. Die verbozentrische

---

[80] Siehe Text 8, Fn. [31].

[81] Angeregt von der Auseinandersetzung der islamischen Kultur mit der griechischen Philosophie im 9. und 10. Jh. setzte mit Saadja Gaon (siehe Text 1, Fn. [15]) die Blütezeit der jüdischen Philosophie ein und fand ihren Höhepunkt im Denken von Maimonides (siehe Text 1, Fn. [36]).

Sprache ist nicht die Sprache eines philosophierenden Volkes, sondern die Sprache eines im hohen Maße durch historisches Denken geprägten Volkes. Das vergängliche historische Geschehen kommt am besten mittels des Verbums zum Ausdruck. Mithilfe des Verbums hebräischen Typs lassen sich Vorgänge in einer vom Beobachter abstrahierten Form am besten ausdrücken. Die Hochachtung des Faktischen, die wir bereits als wesentlichen Charakterzug des Verbums herausgestellt haben, stellt ein Zeugnis äußerst ausgeprägten historischen Denkens dar. Während unter den benachbarten Völkern der Juden höchstens Annalen und Chroniken entstanden, das historische Moment dagegen bestenfalls in ihren Sagen schlummerte, schuf das vorexilische Judentum umfassende Beschreibungen des historischen Wandels, Beschreibungen, die ein ausgeprägtes Streben nach Objektivität und Aufdeckung der inneren Zusammenhänge von Ereignissen dokumentieren. Die Zuverlässigkeit dieser Schilderungen lässt sich mithilfe zeitgenössischer Zeugnisse, etwa solchen aus dem babylonischen Kulturkreis, zunehmend bestätigen. Die verbozentrische Sprache war einerseits ein vorzügliches Instrument für solche Beschreibungen, anderseits hat der Hang des frühen Judentums zur objektiven Geschichtsschreibung diese ausgesprochen historische Sprache umgebildet und perfektioniert.

Der verbozentrische Charakter des Hebräischen, insbesondere des klassischen Hebräisch, zeigt sich noch in einem weiteren syntaktischen Sachverhalt, nämlich im Gebrauch des Artikels. Der Artikel ist den semitischen Sprachen nicht fremd, es bestehen allerdings Unterschiede in seinen Formen und Verwendungsarten. Das ist nicht verwunderlich, da der Artikel zu den am wenigsten beständigen Erscheinungen der Sprachgeschichte zählt. Umso mehr fällt der streng regelmäßige Gebrauch des Artikels im klassischen Hebräisch ins Auge. Im Mittelhebräischen, d. h. in der Sprache der Mischna, des Talmuds und der Midraschim, findet sich ein wesentlich lockererer Umgang mit dem Artikel. Je mehr der verbozentrische Charakter der hebräischen Sprache abnimmt, desto lockerer wird der Gebrauch des Artikels. Das klassische Hebräisch rückt das Verbum stark in den Vordergrund, und zwar schon auf phonetischer Ebene: Der Akzent des Satzes liegt auf dem Verb. Das Verb stellt die Zentralachse des Satzes dar. Die hebräische Sprache hat einen absteigenden Satzrhythmus. Eine hohe Reglementierung des Artikelgebrauchs |23| lässt sich als ein Ausgleich einer zu starken Verdrängung der Nomina durch das Verb interpretieren. Die Nomina als solche besitzen in der Sprache kein ausreichendes Eigengewicht, ihre Betonung bedarf einer besonderen Akzentuierung mithilfe des Artikels. Mit der abnehmenden Hegemonie des Verbums geht aber auch das Bedürfnis, die Nomina permanent zu akzentuieren, zurück.

Die Akzentuierung der Nomina mithilfe des Artikels in einem Verbalsatz überträgt sich auch auf das Attribut. Da das Attribut auf das Substantiv folgt, wird es aufgrund der absteigenden Akzentuierung des Satzes noch stärker [als das Substantiv] in den Hintergrund gedrängt und benötigt deswegen eine besondere Hervorhebung. In einem Nominalsatz, wo ganz andere Akzentuierungsregeln herrschen und die Adjektive eine prädikative Verwendung finden, entfällt die Wiederholung des Artikels beim Attribut.

Der Artikel muss also im Hebräischen als eine rein sprachliche Erscheinung betrachtet werden, die sich aus den Sprachgesetzen selbst erklärt. Einen ganz anderen Charakter weist der Artikel im Aramäischen auf. Ursprünglich gab es im Aramäischen keine Artikel. In den wenigen Überlieferungen der sogenannten biblisch-aramäischen Sprache findet sich das Element, aus dem sich der spätere Artikel herleitet, lediglich bei drei Wörtern: Gott, Himmel und Erde ‹ ›.[82] Diese mythologische Triade entspricht dem babylonischen Weltbild. Gerade in jenen Zeugnissen, die sich der Repatriierung der Exilierten widmen, darf der babylonische Einfluss erwartet werden. Ich bin geneigt anzunehmen, dass der Artikel hier eine Art Attribut darstellt, um mit den Sprachmitteln des Aramäischen die babylonischen Ideogramme nachzuahmen. Vermutlich wurden die mythologischen Grundbegriffe aus babylonischen Dokumenten, die eine Vielfalt von mythischen Formeln transportierten, in die aramäische Sprache übernommen. Aus den mythischen Grundbegriffen vermochte das Artikelelement in die aramäische Umgangssprache einzudringen, da sich die Grenzen zwischen der religiösen und der profanen Welt und dementsprechend zwischen deren Sprachen allmählich verwischten. Diese Verwischung der Grenzen hatte damit zu tun, dass der religiöse Kult im hebräischsprachigen Volk gegenüber Ritualen des täglichen Lebens immer mehr zurücktrat. Der nachgestellte Artikel der aramäischen Sprache hatte auf die hebräische Sprache keinen Einfluss. Er war dem Hebräischen allzu fremd. Aufgrund seiner weiten Verbreitung konnte das Aramäische keine puristische Sprache sein und war für Fremdeinflüsse offen. Unser obiges Beispiel bestätigt das: Das der aramäischen Sprache eigentlich fremde Element |24| konnte allmählich ihr ganzes Gefüge durchdringen. Das Hebräische blieb hingegen immer eine äußerst puristische Sprache, und

[82] Die aramäischen Wörter, die Gulkowitsch offenbar hier zu ergänzen beabsichtigte, sind אֱלָהָא (*'Elaha*: der Gott), אַרְעָא (*'ar'a*: die Erde) und שְׁמַיָּא (*shemayya*: der Himmel). Der hebräische Artikel *ha-* ist kein selbstständiges Wort, sondern als Präfix mit dem Substantiv verbunden. Im Aramäischen erscheint der Artikel als Suffix *-a*.

zwar nicht nur als Sprache des kultischen Ritus. Auch als die Sprache der profanen Erzählliteratur konnte es seinen rein jüdischen Charakter immer bewahren.

Indem wir den Umstand festhalten, dass Ding, Begriff und Bedeutung unauflöslich verbunden sind, beziehen wir hier in der umstrittenen grammatikalischen Frage, was ursprünglicher ist, Singular oder Plural, klar Stellung. Im grammatikalischen Schema gehen wir vom Primat des Singulars aus und fassen ‹ ›[83] als Einzelfälle auf. Es versteht sich von selbst, dass es sich lediglich um einen grammatikalischen Kunstgriff handelt, der mit der historischen oder logischen Priorität nichts zu tun hat.

Bevor wir mit der Klärung des Begriffs Plural beginnen, soll die Frage der historischen oder logischen Priorität geklärt werden. In einer jeden Sprache fügen sich bestimmte Wörter in gewisse Gruppen zusammen. Der Repräsentant[84] einer Sinngruppe ist eine Familie verwandter Wörter. Der Repräsentant einer formalen Wortgruppe ist ein Stamm [bzw.] eine Wurzel und ein Thema. In diesem Fall agiert die Sprache als wohlgeordneter Organismus nicht willkürlich. Formale Wortgruppen stellen gleichzeitig Sinngruppen dar. Der gemeinsame Nenner einer Sinngruppe wird mittels logischer Verallgemeinerung gewonnen. Und in der Praxis läßt jede Sinngruppe tatsächlich eine solche logische Verallgemeinerung zu. In manchen Fällen stellt diese Verallgemeinerung lediglich eine sekundäre logische Abstraktion dar. In solchen Fällen hat eine derartige Verallgemeinerung natürlich nichts mit dem Urwort der Gruppe zu tun. Der Sachverhalt wird aber dann komplizierter, wenn die Sinngruppe selbst ihren zentralen Begriff erzeugt. Kann aber unter diesen Umständen der gemeinsame Nenner der Sinngruppe eine sekundäre Abstraktion darstellen? Träfe dies zu, dann könnte die ganze Sinngruppe eine Ableitung dieses vereinenden Begriffs sein. Da sich nun in der hebräischen Sprache das vereinende Element einer Sinngruppe in einem Verb ausdrückt, müssten wir für eine solche verbozentrische Sprache vor diesem Hintergrund annehmen, dass historische und logische Priorität identisch sind.

Es ist erforderlich, jede betreffende Sinngruppe einer besonderen Prüfung zu unterziehen, um ihren historischen Ausgangspunkt herauszuarbeiten. Eine Sinngruppe ist immer auch eine formale Gruppe, da sie ein gemeinsames Element mit allen Mitgliedern der Gruppe teilt. Dies formale Element definieren wir gewöhnlich als Wurzel oder Stammthema.

---

[83] Möglicherweise sollte hier der hebräische Begriff für Plural לשון רבים (*leshon rabbim*) handschriftlich ergänzt werden.

[84] Wörtl.: Vertreter.

Wurzeln sind in semitischen Sprachen |25| konsonantische Elemente. Auch im Fall der sogenannten indogermanischen Sprachen handelt es sich bei Konsonanten offenbar um das synthetische Element, während die Vokale vorwiegend das differenzierte Element darstellen. Folglich herrscht bei den Wurzeln das konsonantische Element vor. Es versteht sich von selbst, dass solche Wurzeln nicht aussprechbar sind. Niemand würde ernsthaft behaupten, dass die Menschheit jemals mit Wurzeln gesprochen hat. Die Wurzel ist in erster Linie ein logisches Grundelement. Es ist aber durchaus denkbar, dass man in bestimmten Frühstadien der Sprachentwicklung von diesem Grundelement weniger entfernt war als auf späteren Entwicklungsstufen höheren Formenreichtums der Sprache, sodass das historische Urelement der Sprachform ihrem logischen Urelement in bestimmten Fällen nahestand. Zwar bedürfte dies in jedem Einzelfall einer besonderen Klärung. Wir dürfen dennoch festhalten, dass die Priorität des Historischen und die des Logischen zusammenfallen können.

Daraus folgt, dass die Polemik zwischen Befürwortern der sogenannten historisch-psychologischen Richtung und denjenigen der logischen oder „scholastischen" Richtung fruchtlos verlaufen muss. Wollen wir nun von diesen Prämissen ausgehend über die Frage nach dem Primat der pluralen und singulären Wortformen entscheiden, so sollten wir von Anfang an allzu weite Verallgemeinerungen vermeiden. Die Tatsache, dass wir immer wieder auf ‹ ›[85] stoßen, zeugt von der Existenz von Wörtern, deren Plural ihre normale Lebensform ist. Diese Wörter bilden nicht einmal sekundär ein Singular. Neben diesen ‹ ›[86] gibt es auch eine ganze Reihe von Wörtern, für die der Plural ebenfalls ihre natürliche Form ist, da sie ihrer Natur nach gewöhnlich nicht einzeln vorkommen. Diese Dinge und Begriffe erlauben allerdings die Bildung des Singulars, da sie sich mittels Abstraktion in separate, gleichartige Bestandteile zerlegen lassen. Zu einer dritten Kategorie zählen schließlich solche Wörter, die ursprünglich im Singular vorkommen, während ihr Plural eine Sekundärerscheinung ist. In der hebräischen Sprache sind die primären natürlichen Plurale von sekundären künstlichen Pluralen schon anhand ihrer Form klar unter-

---

[85] Möglicherweise sollte hier der hebräische Begriff für Plural לשון רבים (*leshon rabbim*) ergänzt werden. Gulkowitsch spielt hier auf das grammatikalische Phänomen des Pluraletantum im Hebräischen an. Dabei handelt es sich um Wörter, die ausschließlich im Plural vorkommen, wie beispielsweise *maim* (Wasser), *panim* (Gesicht), *shamaim* (Himmel) oder *zequnim* (Alter).

[86] לשון רבים (*leshon rabbim*: Plural).

scheidbar. Die natürlichen enden auf ‹ ›.[87] Als Beispiel kann hier ‹ ›,[88] Männer, dienen: ein Kollektiv der Landesverteidiger, politisches oder Arbeitskollektiv, d. h. im Wesentlichen natürliche Mengen, die sich in Einheiten zusammenfügen. Im Gegensatz dazu wird aus dem Wort ‹ ›,[89] Vater, der Plural ‹ ›[90] gebildet. Hier handelt es sich bei der Mehrzahl um eine abstrakte Zusammenfügung des individuell |26| Gegebenen. In ähnlicher Weise findet man bei Tieren, die in Herden, Rudeln oder Schwärmen vorkommen, im Hebräischen den natürlichen Plural auf ‹ ›[91] vor. Neben dem Prinzip des natürlichen und künstlichen Plurals setzt sich in der hebräischen Sprache das Prinzip des Gebrauchs der Endung ‹ ›[92] für das männliche und ‹ ›[93] für das weibliche Geschlecht allmählich durch. Dieses Prinzip hat sich aber nur für die Neubildungen schrittweise etabliert. Ältere Wortbildungen haben männliche Singulare mit pseudoweiblichen Pluralen und umgekehrt bewahrt. Natürlich fand hierbei eine gewisse Schematisierung statt. Auch generell spielt die Schematisierung eine wesentliche Rolle. Hat sich in irgendeiner Sprache das Gesetz der Bildung künstlicher Plurale einmal etabliert, führt das zur Tendenz, für jedes Substantiv den Plural zu bilden. Häufig handelt es sich bei der Möglichkeit, für das eine oder andere Wort den Plural zu bilden, lediglich um eine Stilfrage. Mit diesem ästhetischen Prinzip verbindet und artikuliert sich das Bewusstsein, dass hinter jeder grammatikalischen Form reale Gegebenheiten stehen müssen und sich infolgedessen mechanische Schematisierungen verbieten. Auch bei Sprachen, die im Gegensatz zum Hebräischen entsprechende Mechanismen nicht herausgebildet haben, führen uns die Erkenntnisse über das künstliche und natürliche Bildungsprinzip des Plurals wesentlich weiter als die Frage, ob dem Plural oder Singular die absolute Priorität zukommt.

Die angeführten Beispiele zur Beschaffenheit der Sprachstruktur wurden hauptsächlich dem Hebräischen entnommen. Die hebräische Sprache – das dürfen wir in Anbetracht des oben Gesagten festhalten – ist eine im hohen Grade puristische Sprache. Es ist im Rahmen dieser

---

[87] ות- (*-ot*) für das Femininum und ים- (*-im*) für Maskulinum.

[88] גברים (*gevarim*).

[89] אב (*'av*).

[90] אבות (*'avot*: Väter). Das maskuline Wort *'avot* ist ein Beispiel für eine Anzahl von Maskulina, die ihren Plural nach femininem Muster auf *-ot* bilden.

[91] Wahrscheinlich sollte hier ים- (*-im*) nachgetragen werden.

[92] ים- (*-im*).

[93] ות- (*-ot*).

Untersuchung nicht möglich zu klären, ob der puristische Charakter des Hebräischen auf seine natürlichen Strukturbesonderheiten zurückzuführen ist, die es gegenüber Fremdeinflüssen verschließt, oder auf bestimmte soziologische Gegebenheiten. Vermutlich spielen beide Momente eine Rolle. Die hebräische Sprache gehört in jedem Fall zu den Sprachen, deren Struktur auf einem einzigen leitenden Bildungsprinzip basiert. Das Hebräische ist in jeder Hinsicht verbozentrisch. Das Verb bestimmt das syntaktische Gerüst des Satzes und dessen Einzelelemente. Das richtige Verständnis der jeweiligen Sinngruppen und formalen Wortklassen lässt sich nur ausgehend vom Verb gewinnen. |27| Der verbozentrische Charakter des Hebräischen tritt so deutlich zutage, dass er nicht unbemerkt bleiben kann. Sobald bei der Erstellung der Wörterbücher die Themata in den Mittelpunkt gestellt werden – und andere Vorgehensweisen schließen sich im Fall der hebräischen Sprache sowieso aus –, rückt zwangsläufig sofort das Verbum in den Vordergrund, während dem Substantiv lediglich die Rolle eines Derivats bleibt. In der Grammatik nimmt das Verbum ebenfalls einen beträchtlichen Raum ein, allerdings in quantitativer und nicht systematischer Hinsicht. Manche Begriffe aus der Verblehre tauchen in der Nominalformlehre auf. Aber ungeachtet des verbozentrischen Charakters hält die Grammatik an ihrer alten Ordnung fest: Pronomen gefolgt von Substantiv, Adjektiv, Zahlwort, Verbum und ‹ ›.[94]

Wenn wir die Einteilung der Nominalklassen genau betrachten, fällt sofort ins Auge, woran die Schwierigkeit ihrer Klassifikation liegt. Eine isolierte Klassifikation der Nomina ist im Hebräischen überhaupt nicht möglich, da sie stets in Verbindung mit bestimmten Verbalklassen zu betrachten sind. Die Verben sollen ihrerseits in Sinngruppen gegliedert werden, welche, wie schon dargelegt, zugleich formale Wortgruppen darstellen. Diesen verbbasierten Sinn- und Formgruppen sind die Nomina unterzuordnen. Dann lassen sich auch die sogenannten Segolata[95] in bestimmte Sinngruppen einteilen. Das beseitigt Schwierigkeiten, die uns aufgrund unseres heutigen Wissensstandes diese umfassende und vielgestaltige formale Klasse bereitet, und wir erhalten die Möglichkeit, sie aufgrund des verbozentrischen Charakters zu organisieren. Die daraus

[94] Es fehlen noch die Partikel, unter die etwa in der hebräischen Sprachlehre von Wilhelm Gesenius Adverbien, Präpositionen, Konjunktionen und Interjektionen fallen. Wilhelm Gesenius, Ausführliches grammatisch-kritisches Lehrgebäude der hebräischen Sprache mit Vergleichung der verwandten Dialekte, Leipzig 1817, §§ 147–158.

[95] Siehe Text 8, Fn. [16].

resultierenden Sinngruppen erlauben eine positive Problemlösung, während das bisher gebräuchliche Prinzip, sich an traditionellen Vokalelementen zu orientieren, obwohl sie in der hebräischen Sprache lediglich eine zweitrangige Rolle spielen, dazu nicht in der Lage war.

Die Einordnung in Sinngruppen führt vor Augen, dass es in der Grammatik auf die verbindende Dimension des Sinngehalts ankommt. Daraus leiten sich allgemeine Grundlinien der Sprachstruktur ab. Erscheinungen im Inneren der Sprache lassen sich auf dieser Basis ebenfalls interpretieren. Für die hebräische Sprache kann ‹ ›[96] als Beispiel dienen. Die Existenz solcher Sprachelemente ist unbestreitbar. Dieses horizontale Strukturelement hat allerdings einen sekundären Charakter. Für den historischen Werdegang einer Sprache und damit für die Struktur des grammatikalischen Systems sind dagegen die vertikalen Elemente ausschlaggebend: Sie bilden die reale Basis der Sprache, d.h. ihre historisch-soziologische Leistung und ihr geistiges Wesen, oder: das Leben der Kultur.

|28| Die Grundlegung eines grammatikalischen Systems sollte unserer Auffassung nach vom Sinngehalt der Wörter ausgehen. Die Frage nach der Wortbedeutung macht damit das Wesen unserer Arbeit aus. Diese Wortbedeutung leitet sich wiederum stets aus der Beziehung zwischen einem gegebenen Wort und anderen Wörtern her. Es ist nicht bloß ein heuristisches Prinzip, wonach wir die Bedeutungen unbekannter Wörter aus den vorliegenden Angaben rekonstruieren. Erst das jeweilige Beziehungsgeflecht des einzelnen Wortes füllt seine Bedeutung mit Leben. Diese Beziehung ist eine doppelte: Erstens steht ein Wort in einem sachlichen Bezug zur Gesellschaft und ihrem Denken. Zweitens besteht eine sprachliche Verbindung zu anderen Wörtern. Die Tatsache, dass sich die Bedeutung eines Wortes erst innerhalb einer Wortgruppe, eines Satzes oder einer Redewendung ergibt, stellt uns vor die Frage, ob nicht die Syntax, die Lehre von den Wortbeziehungen, überhaupt an den Anfang der Grammatik zu stellen wäre. Diese hauptsächlich von den deutschen Philo-

---

[96] Gulkowitsch beabsichtigte hier offenbar, ein Beispiel für ein horizontales Strukturelement der hebräischen Sprache zu ergänzen. Sprache wird in der Linguistik grundsätzlich linear gedacht, d. h. jeder geschriebene bzw. gesprochene Satz bildet eine horizontale Linie. Auf dieser Horizontalen – oder auch syntagmatischen Ebene – befinden sich verschiedene Sprachelemente, die in einem grammatikalischen Verhältnis zueinanderstehen. Die vertikale Sprachebene wird von der Paradigmatik bestimmt. Dazu gehören solche Bestandteile, die zu einem Element der syntagmatischen Ebene in einer Austauschrelation stehen. Welches Beispiel Gulkowitsch im Sinn hatte, muss offenbleiben.

sophen – Sprachwissenschaftlern und Grammatikforschern – ausgegangene Forderung wurde bislang nicht realisiert. Wollen wir die Struktur der Grammatik als lebensechte Widerspiegelung der Sprachstruktur erhellen, dann gilt es, Spracherscheinungen nicht isoliert, sondern synthetisch zu betrachten. Eine gegebene Erscheinung ist erst in ihrem Zusammenhang mit dem Ganzen erkennbar. Ob nun aber die Syntax am Beginn oder am Ende eines grammatischen Systems steht, ist eine methodologisch zweitrangige Frage. Zwar kann das System selbstverständlich heuristischen Prinzipien folgen. Aber auch in diesem Fall gilt es, die komplexe Arbeit des Forschens von der Arbeit des Darstellens zu scheiden. Während die Forschungsarbeit stets vom Ganzen auszugehen hat, darf die Darstellung der Sprachstruktur bei den Einzelelementen beginnen, aus denen sich allmählich der gesamte Sprachorganismus zusammenfügt. Das Verhältnis zwischen dem Ganzen und seinen Bestandteilen darf hierbei nicht verzerrt zur Darstellung kommen. Die Ergebnisse unserer Forschungsarbeit erlauben uns gegenwärtig noch nicht, ein vollendetes grammatikalisches System zu konstruieren, das alle sachlichen Beziehungen der Sprache berücksichtigt. Momentan befassen wir uns mit der Erforschung bestimmter Einzelbeziehungen. Aber selbst bei diesen Fallstudien gilt es sich stets daran zu erinnern, dass deren Resultate künftig nur dann einen wertvollen Beitrag zum Gesamtbild der Sprachstruktur bilden können, wenn sie in ihrem Zusammenhang mit dem Ganzen betrachtet werden.

К систематизации грамматики на основе метода »истории развития понятий«

Приступая к исследованию тех основ, на которых должна формироваться грамматика в систематическом отношении, является целесообразным определить то понятие о грамматике, из которого [мы] исходим. Грамматикой мы называем картину структуры языка, получающуюся в результате расположения по одному определенному методическому принципу отдельных свойственных данному языку элементов и их групп. Целью этой картины является возможно точное отражение структуры языка, соответствующее действительной жизни языка. Из этого ясно следует, насколько важен правильный выбор объединяющих[97] методических принципов, на которых грамматика строится. Эти точки зрения не могут быть ни формально логическими, ни мнемоническими, ни психологическими, а должны быть чисто языковыми. Для школьной грамматики, конечно, первые точки зрения необходимы, но им не место в систематической грамматике. На первый взгляд это подразделение кажется очевидным, но в действительности школьная грамматика смешивает все названные методические подходы, не руководствуясь каким-нибудь одним принципом. В основу систематизации грамматики следует положить единый принцип упорядочивания извлеченный из самого языка. Так как основной и определяющий принцип грамматики должен вытекать из самого языка, то прежде всего нам необходимо выяснить само понятие языка. Проблема сущности языка так же стара, как и человеческое мышление. Вопрос этот занимает человечество уже на заре мифологического мышления и является одной из самых ранних проблем философии.

Самым ранним из дошедших до нас мифов о языке следует считать миф о так называемой «вавилонской башне». Этот миф сохранился в письменности израильского народа, но местом его действия является Вавилон. Данные ассиро-вавилонской письменности также свидетельствуют о значительном интересе к вопросам языка. Центральной осью мифа является вопрос возникновения языка, причем при постановке этого вопроса, соответственно особенностям

[97] Der Text wurde auf einer Schreibmaschine geschrieben, die nicht über das Härtezeichen »ъ« verfügte oder deren entsprechende Type defekt war. Gulkowitsch hat deshalb durchgängig ein Komma als Platzhalter verwendet. Zur besseren Lesbarkeit geben wir das Härtezeichen wieder.

культуропонимания семитских народов, характерен исторический подход к познанию мира; греческая же лингвистическая философия того времени занимается преимущественно онтологической проблемой степени соответствия языка действительности и истине ¦(Wirklichkeitsgehalt und Wahrheitsgehalt der Sprache)¦. Это онтологическое направление сохранилось в философии западныхнародов до конца 19-го века. Центральным вопросом этого направления является соотношение слова и понятия, языка и мышления. Гераклит неуклонно придерживался мнения об идентичности языка и мышления. Гераклит в каждой паре |2| взаимно противоположных слов в языке видит подтверждение своего диалектического воззрения на развитие мира. Даже Платон признавал за словом некоторую активную роль в образовании понятия, хотя и вторичную. Античная культура приступала к рассмотрению этой проблемы с различных точек зрения, но в итоге все же, соответственно ее тенденции к синтетическому обобщению, она утверждает тесное диалектическое соотношение между языком и мышлением.

В философии западно-европейских народов впервые Лейбниц и Декарт настоятельно подчеркивают живое, существенно важное и взаимно обусловливающее соотношение между языком и мышлением. Критика творческой силы языка и его соответствия мышлению исходит от английских эмпиристов. Так например по мнению одного из главных представителей эмпиристической философии Локка идеи не обладают самостоятельным бытьем, а элементы мышления ¦(Elemente des Denkens, „einfache Ideen“)¦ возникают в результате работы наших органов чувств. Мышление для него является процессом упорядочения ¦„einfache Ideen“¦ по принципам, которые опять таки диктуются самим восприятием ¦(Wahrnehmung)¦. При извлечении из этих простых идей ¦(„einfache Ideen“)¦ соответствующих нашим восприятиям ¦(Wahrnehmungen)¦ свойственного им всем общего образуются общие идеи. В этой системе язык не имеет никакого значения. Слова только конвенциональные имена (условные знаки) простых идей. Слова общего значения возникают перенесением условного знака конкретного предмета таким способом, что условный знак [!] конкретного предмета, являющийся его именем, переносится на общую идею как обозначение ее собственного названия. Таким образом отвлеченные понятия представляют собой как бы отображение конкретного. В отношении к вторичному характеру абстракций Беркли идет еще дальше, утверждая, что «общее» никак не может быть абстрагировано из первичных представлений ¦(einfache Ideen)¦, так как оно в них вовсе не содержится. Это общее живет в самом языке, но оно не доказывает законности и истинности языка. Больше того: язык является, по его мнению, источником крайне ошибочных представлений о мире, включая в себя элемент, а именно «общее», не соответствующий тому, что представляет собой реальный мир. Отсюда Беркли выводит методологическое следствие необходимости положения категорического отказа от ошибочных предпосылок, к которым принуждает язык, в основу познания.

Из новейших философов-языковедов ¦Leroy и Dauzat¦ рассматри- |3| вают язык как инструмент мышления и к тому же мало пригодный. Этой оценке языка противостоит высокая оценка его в немецкой языковой философии 18-го века. Эту высокую оценку мы впервые встречаем у Гамана, мистически разрешающего проблему языка как создание божества, в котором выявляется божественная суть, подобно тому, как ее выявляет созданная божеством природа. Исходя из этого определенного синтетического взгляда на язык и соединяя его со взглядом Лейбница о языке как средстве выражения и образования дистинктных (различительных) понятий, создал Гердер свою теорию языка: всякое познавание для Гердера только узнавание когда-то знаемого, всякое познавание в форму слов отлитое только закрепление этого воспоминания. При воспоминании феномен узнается как нечто целое, синтетическое, но в словах могут закрепляться только его отдельные элементы: так язык по истине творит дистинктные понятия. Немецкие романтики, прежде всего ¦Friedrich Schlegel¦ и Шеллинг, развивали подразумеваемое у Гердера понятие языка как организма. Это определение, освещающее по-новому соотношение цело и части, опровергает понимание праязыка как исторического феномена. Сущности языка нельзя вывести из отдельных языков или отдельных языковых элементов посредством нахождения общего знаменателя. Сущность языка выражается в тотальности всех элементов языка. Взгляды немецкой идеалистической философии достигают кульминационного пункта в воззрении Гумбольдта. Для него язык является Формирующим моментом, {ἐνέργεια}. Только язык упорядочивает, группирует и формирует мир объектов, который сам по себе находится в хаотическом состоянии.

Крайние формулировки Беркли с одной стороны и Гумбольдта с другой стороны не получили дальнейшего развития, так как новые проблемы, возникшие в то время, оттеснили прежние на задний план. 19. век заставил ученых рассматривать проблемы языка с новой точки зрения, соответствующей направлению натуральной философии того времени, принципы которой стали применяться к языку, начиная уже со Шлейхера. Соответственно экзактному характеру естественных наук в основу языковых теорий не кладется язык как общий феномен, но центром исследования становится каждый язык в отдельности, конкретное, историческое единичное явление. Этим объясняется то обстоятельство, что и филолог имеет свое слово в философии языка.

Несмотря на издавна развивающуюся историю языковых теорий, их влияние на систему грамматики оставалось долгое время незначитель- |4| ным. Но победа всегда оставалась за формализмом и схематизмом грамматиковедов. От зачатков всестороннего исследования языка арабскими и еврейскими грамматиковедами остались в действии в западно-европейской наукеке только схемы, характерным примером чего может послужить принцип трехконсонантности корня ¦(Dreiradikaligkeit)¦. В семитских языках лишь в начале настоящего столетия сами филологи приступили к разрешению этой проблемы. Как бы ни отличались друг от друга теории, связанные с именами А. Марти, А. Мейе, В. Вундт, Фердинанд де Сос{у}р, Карла Фосл{е}ра, О. Есперсена, Г. Амманна и в особенности Николая Марра и его школы, им все же свойственен общий принцип, а именно: они стараются глубже проникнуть в объективное бытие языка, отталкиваясь от чистого формализма. Психологический момент вводится не как педагогический прием – сделать грамматику легко запоминаемой – по сцелью исследования тех психологических явлений, которые лежат в основе процесса речи. На этой почве немедленно возникает необходимость выяснить соотношение между языком и процессом речи, так как именно в психологии языка имеется на лицо недопустимое отождествление обоих понятий. Когда Есперсен главным принципом своей языковой теории берет развитие ребенка в говорящего человека, то в основе этой теории лежит именно такая индентификация [!]. Но и фенемеполог [!] А. Марти приписывает понятию речи по отношению к языку слишком важное значение, понимая язык прежде всего как способ выражения мыслей.[2] {Я}зык существует независимо от процесса речи. Он также не зависит от процесса речи, как симфония сама по себе независима от факта и числа ее исполнений. Но также как каждое исполнение симфоний придает ей более богатую и глубокую жизненность, так и язык с каж-

2 [Marty, Anton,] ¦Untersuchungen zur Grundlegung der allgemeinen Grammatik und Sprachphilosophie I, Halle 1908, S. 53.¦

дым произнесенным словом приобретает более богатую и глубокую реальность. Язык выявляется (эксплицируется) в процессе речи. Таким образом психологические процессы, лежащие в основе речи, несомненно имеют значение для сущности языка, но они еще не исчерпывают этой сущности. Нам следует более глубоко вникнуть в эту область и привлечь для нашего исследования не только процессы языка и лежащие в его основе процессы мышления, но прежде всего содержание языка и соответствующее ему содержание мышления. Понятие Марти о семантическом подходе рассмотрения языка идет гораздо дальше его психологических методов. Эта работа Марти страдает недостатком, свойственным феноменологам вообще, но она совершенна в отношении разграниче- |5| ния и раскрытия конвенциональных непоследовательностей и бессмыслиц. Марти ясно показывает, что дефиниции словесных групп ‹ › например полны противоречий. Он в ‹ › состоянии определить плоскости классификации, которым определяемые словесные образы не относятся или, вернее, не могут относиться, по его мнению. Он даже называет те плоскости, в которых возможна конкретная классификация, но он не в состоянии установить точно конституированных моментов для этих предполагаемых им подразделений. Это препятствие в методических вводных вопросах, как только дело касается не разграничения, а построения, не является характерной особенностью именно метода работы Марти, но это общее явление познавательного метода феноменологов.[98] Поэтому, подходя строго научно к исследованию содержания и значения слова, необходимо заранее устранить препятствие, выдвигаемое феноменологическим методом.

Удачное продолжение этой работы по исследованию значений слов было предпринято совсем с другой стороны. Материалом для исследования послужили начальные фазы развития языка, так как сравнительно несложная структура первобытного, бесклассого общества, относительно небольшой запас слов на ранних ступенях развития могут дать достаточно отчетливые результаты. Из этого краткого указания ясно, что здесь идет речь о раннем периоде развития языка, мало имеющего общего с усложненным и обогащенным жизнью языком данного времени. Об этом раннем периоде развития

[98] Gulkowitsch setzte einen Fußnotenverweis an dieser Stelle (»1)«), ergänzte jedoch keinen Fußnotentext am Seitenende (im Folgenden: Fußnotenverweis Gulkowitschs ohne Text).

языка и говорит Николай Марр, для которого это развитие совпадает с развитием общества с только намечающимися контурами классов. С такой структурой общества мы встречаемся, желая постичь суть развивающегося языка.

Нашей темой выдвигается утверждение, что систематизация грамматики может исходить из истории понятий. Это утверждение уже заключает в себе предпосылку, что понятия и язык находятся в тесном и закономерном соотношении. Что такое соотношение существует, совершенно очевидно ‹ ›, так как язык всегда есть выражение чего-то. Это «нечто», выражаемое при помощи языка, не может быть чем-то общим, неопределенным и бесформенным. Такое явление могло бы иметь только бесформенное, нечленораздельное выражение. Структура языка, членоразделенная [членораздельная], упорядоченная, нюансированная до тонкости, несомненно, предполагает в такой же мере дифицильное расчленение, выражаемого им. Это выражаемое есть ни- |6| что иное, как мир понятий, в такой же степени упорядоченный. В ранее приведенных языковых теориях факт такого соотношения отражается в разнообразнейших формах то в большей, то в меньшей степени. История философии борется за то, чтобы уяснить внутреннее соотношение между понятием и словом. Все теории сходятся в одном, что это соотношение не исчерпывается простым, чисто формальным соответствием. ‹ › старается определить понятием символа соотношение между словом и понятием. Еще дальше идет Лейбниц, который допускает не только влияние мышления на образование языка, но подчёркивает и формирующую силу мышления. Это онпредполагает прежде всего по отношению к задуманному им идеальному языку философии. Считая существование такого языка возможным, он должен предположить, что в основе отношения между языком и мышлением лежит внутренняя диалектика. Тесно взаимно обусловленное соотношение между мышлением и языком предполагает гораздо более органическую и значительную связь, чем та, которая существует между предметом и выражающим его символом. Нет предмета или явления, которые не в состоянии были бы породить соответствующие символы. Хотя символ и символизированное не отделимы друг от друга и символ получает свою жизнь от символизированного, но сам он по своей сути никакого значения не имеет. Символ возникает произвольно и только секундарно проникается символизированным. Слово и понятие соединены между собой взаимным соответствием не только посредством символа, а представляют собой органическое единство. Они только две стороны одного и того же. Слова только строительный материал, из которого строится исполненное смысла здание языка. Но здесь дан только статический момент. Эта статическая картина является как бы моментальным снимком языка. Желая постичь язык во всех его измерениях необходимо учитывать, что в языке совершается непрерывное развитие, что он подлежит категории времени, что язык вершит свою историю. Итак мы должны рассматривать слова как живой материал, как клеточки живого организма. Если же эти клетки являются не только словами, но в одно и то же время и понятиями, то эти понятия также проделывают то же самое развитие. Таким образом одновременно совершается не только история языка, но и история понятий. Отсюда вытекает, что теория языка идентична с теорией понятий. Итак, если мы желаем объяснить себе отдельные исторические формы явлений языка, то мы должны проследить эти исторические формы явлений в их иден- |7| тичности с историей понятий. Применяя методы философии языка, необходимо иметь в виду, что перед нами феномены не только чисто языковые, но и феномены, относящиеся к истории развития духа вообще. Результаты же науки о языке при таких условиях свидетельствуют не только о языковых феноменах, но одновременно и об истории понятий вообще.

Если Николай Марр выводит сущность языка из Форм общества, если он считает соотношения между обществом и языком настолько тесными, что признает языком в узком смысле слова лишь язык общества уже диференцированного [!] на классы, то наше воззрение включает в дедукцию Марра промежуточное звено между обществом и силами его созидающими с одной стороны и языком с другой: это промежуточное звено есть мир понятий. Этот мир понятий стоит по отношению к обеим сторонам диалектически, т.е. находится в созидающем взаимодействии как с обществом, так и с языком. Этим промежуточным миром понятий мы не ввели нового фактора. В этот мир понятий входят наука, искусство, политика, словом духовная культура человечества. Таким образом отождествляя историю понятий с историей языка, мы этим самым отождествляем также историю культуры с историей языка. Отсюда вытекает, что взаимоотношение научных достижений истории развития понятий и истории языка можно заменить иной формулой соотношения между научными достижениями истории культуры и истории языка. При постановке задачи систематизирования грамматики какого-либо языка на основе метода исторического развития понятий, тем самым [!]

выдвигается требование необходимости познавания языка в связи с соответствующей культурой, так как только результатами такого научного культурно-исторического подхода может последовать ясное понимание подлинной языковой структуры, той структуры, из которой должна исходить система грамматики.

Мир духовной культуры, т. е. мир понятий, чрезвычайно осложняет отношение между историей реальностей и языком. При таком положении язык никак не может быть механическим отражением общественных отношений и явлений. Несомненно, что сами принципы структуры общества также отражаются в языке. Острые противоречия в обществе передаются в языковых формах, в которых принцип попарно противоположных слов играет весьма существенную роль. Язык, обладающий определенной тенденцией к построению тройственных слов, понятий ‹ ›, отражает социологическую структуру, построен- |8| ную не на принципе противоположностей. Мир реальный [!] науки, лежащий в основе мира понятий, включает в себя разнообразные противоположения: природные, а именно: одушевленное и неодушевленное, человек и животное, полярность полов: противоположения социологические, т. е. классовые, противоположения народов господствующих угнетенным, противоположения различных профессий. Когда мы встречаем [встречаемся] в языке с противоположностями, мы еще не можем судить, которое из противоположений здесь имеется налицо. Природные противоположения играют сравнительно незначительную роль. Разделение имен существительных по родам только в редчайших случаях стоит в зависимости с разделением человечества на признаки пола. Процесс возникновения языка у человека параллелен возникновению и росту общества; поэтому язык отражает в гораздо большей степени социологические, чем природные противоположности. Период резкого распадения на классы естественно отражается и в языке. Но и тогда, когда стираются границы классовых различий, он, конечно, продолжает существовать, хотя характер этого языка подвергается изменениям, наполняясь иным содержанием, по сравнению с языком периода классовой борьбы. Противоположения в языковой системе не сводятся исключительно к области классовых противоречий. Классическим примером служит язык средневекового еврейства. Этот язык ярко отражает противоположения между угнетателями и угнетенными, но экономические и социальные противоречия почти не отражены, так как их возникновению препятствовало общее крайне бедственное положение еврейского народа.

Этими предпосылками мною создается почва для оценки теории Марра. Заслуга Марра заключается в том, что он отчетливо видел и последовательно проводил идею соотношения между структурой общества и структурой языка. Если мы имеем намерение развивать дальше положение Марра, то между нами встанет задача подтверждения его теории путем применения, расширения и углубления ее. Приступая к этому, я считаю необходимым пересмотреть установленные Марром соответствия между языковыми образами и явлениями общественной структуры, их порождающими: нет ли сомнительных соотношений и учтены ли все возможные связи каждого языкового и общественного явлений. Сопоставление трех степеней сравнения имен прилагательных с тройной структурой классов, предпринятое Марром,[99] является метким в том или другом случае. Но сущность проблемы заключается в том, возможна ли тройная структура классов и у того народа, |9| язык которого не имеет трех степеней сравнения, т. е. не может ли это тройное наслоение общества быть выражено какой-либо иной языковой формой. Наоборот, вопрос можно осветить и с другой стороны: возникают ли оформившиеся степени сравнения во всех случаях из тройной структуры общества или здесь, может быть, отражена другая социальная тройственность. Кроме того языковое явление, в котором господствует тройственность, очень часто бывает лишь вторичной комбинацией двух противоположных пар. Так, например, наличие трех грамматических родов могло быть перекрещиванием двух противоположных принципов. О том, что это возможно, свидетельствует тот факт, что в тех индоевропейских языках, в которых сохранилось три грамматических рода, отношение между мужским и средним родом совсем другого порядка, чем противоположность между мужским и женским родом, так что в этой тройственности нет однозначности его членов. Допуская такие перекрещивания, тем самым мы признаем в развитии форм языка наличие определенного, только им свойственного закона. Существует не только вертикальная структура, исходящая из материальной основы и ведущая через понятия к языку, но одновременно и горизонтальная структура, основанная на отношении отдельных языковых элементов друг к другу. Здесь следует указать и на другие внутренне-языковые явления как отождествление подобных друг другу форм, заполнение парадигм и на те явления, которые возникают из смешения разных

[99] Fußnotenverweis Gulkowitschs ohne Text.

языков. При восстановлении в памяти этих диалектических отношений во всех измерениях, мы находим в них предупреждение от всякой схематичности.

Каждое языковое явление должно быть проверено по всем направлениям, если мы хотим постичь его суть. Прежде всего это обязывает нас, пока мы рассматриваем отдельные языки, считаться с особенностьями этих языков и с их культурными предпосылками, не упуская при этом из виду и того, что является общим для всей человеческой речи и всего человеческого общества.

Язык в преобразованной форме отражает жизнь общества. Чем ближе к природе формы общественной жизни, тем сильнее действуют в языке натуралистические принципы. Противоположение данных природой родов, как мы только что указали, не имеет большого влияния на язык, но на так называемых примитивных ступенях развития языка оно должно быть более значительным, чем в определившихся культурных языках. Но и здесь между природой и языком выдвигается социальный фактор: проявление действия магической сферы. Образование |10| родов в примитивных языках происходит обыкновенно не соответственно данной природы противоположности родов, но по принципу магического поляритета. Замена родовых окончаний принадлежит к существенным особенностям в языке магического церемониала. Магический язык является настолько существенной частью примитивного языка – на примитивной ступени развития он может быть даже единственным языком, – что он безусловно налегает свою печать и на обыкновенную речь. Итак принцип магической замены родовых окончаний является признаком многих ранних языковых форм. Но принцип замены никак не является языковым принципом. Он даже находится в прямом противоречии с принципом упорядочения языка. Непримиримость этих двух принципов ведет к различным результатам. Так, например, в языке сомали до известной степени берет верх принцип замены. Все слова ‹ › маскулина, за исключением плюралов, образованных посредством редупликации, имеют плюралы с окончанием феминина 1 и наоборот, феминина ‹ › имеют плюралы с окончанием маскулина. Но с расширением этого принципа в правило, обязательное для всех имен существительных, все же остается в силе принцип упорядочения языка. Для магии эта случайная замена представляет собой характерный источник расширения власти. Только в этих немногих случаях принцип замены утвердился в такой радикальной форме, аннулируя в конце концов самого себя.

Большинство языков еще сохраняет следы принципа поляритета, в то время когда в языке обыкновенно утверждается принцип упорядочения. Так, например, в еврейском языке сохранился принцип поляритета в счете: имена существительные маскулина сочетаются с именами числительными женского рода, а имена существительные феминина с формами числительных мужского рода. Понятие как таковое определяет свой род по именам существительным, а не по именам числительным.

Действие замены таким образом сводится к нулю. Сохраняется в силе лишь формальный принцип тогда, когда случайные феминина ‹ › возникшие из маскулина в еврейском языке скорее всего совершенно другого происхождения. Здесь, очевидно, мы имеем дело с принципом естественных и искусственных ‹ › о которых у нас еще будет речь в специальном отделе. Классический древне-еврейский язык вообще, это есть язык народа, проявляющего мало склонности к магии и всегда боровшегося против влияния магии, проникающей извне. Эта тенденция сохранилась почти до конца средних веков. Обмен одежды запрещался строжайшим образом даже тогда, ког- |11| да этот обычай обмена в еврейской среде давно уже стал маскарадным развлечением. Итак, в языке мы не должны искать слишком сильного влияния магических элементов, хотя некоторые следы его еще наблюдаются. По исследованиям К. Мейнгофа хамитские языки в такой мере находятся под влиянием магии, что принцип магической замены является одной из самых существенных черт этих языков. Но в грамматике семитских языков не следует считать принцип магической замены одним из основных структурных принципов. Здесь его следует отнести к тем моментам, которые производят перекрещивание основных линий языковой структуры, в то время как в хамитских языках именно принцип замены следует считать одним из основных принципов грамматической системы.

Отдельный язык является естественным материалом для грамматической системы. Но это обуславливается только научной техникой. Мы обычно воздвигаем надстройку в виде так называемой сравнительной грамматики над отдельными языками, соединяющимися в одну языковую группу. Описание особенностей каждого языка мы даем в отдельной его грамматике. Но сама по себе мыслима и обобщающая грамматика, содержащая как общее так и частности. Для примера можно привести любую группу языков, хотя бы романскую. Но один ученый не в состоянии продолжать такой объединительной работы. Таким образом мы можем установить известные ступени в структуре самого языка, а именно: язык как целое, отдельные языковые группы, семейства языков и отдельные языки. Но этим группировка языков еще неисчерпана. И отдельные языки имеют свои структурные подразделения: так мы различаем в каждом языке литературный и народный языки. Последний делится на наречия. Иногда различие между литературным и народным языками так велико, что оба со временем становятся совершенно разными языками, как, например, вульгарно-арабский и вульгарно-латинский языки. И даже там, где это различие не так очевидно, наблюдается следующий принцип структуры: литературный язык, имеющий тенденцию к единообразию, и народный язык, содержащий в себе разнообразные особенности. Пока язык еще жив, соотношение между обоими диалектическое. Помимо этого подразделения, мы констатируем еще дальнейшие группировки среди различных языков, а именно группировки по профессиям и сословиям. Здесь мы уже приближаемся к сущности этих структурных принципов. Структура языка соответствует социологической структуре общества, говорящего на этом языке. Если мы раньше исходили |12| из того, что в каждом живом языке имеется взаимно обусловленный обмен между отдельными структурными единицами, то мы теперь в состоянии выразить это более конкретно. Пока за этими языковыми единицами стоят живые единицы общественной структуры, язык остается живым, и диалектическое соотношение между обеими структурными единицами гарантировано.

В начале нашего исследования мы выставили требование необходимости соответствия между структурой грамматики и структурой языка. При этом следует принять во внимание и упомянутые группировки в отдельных языках. Это требование не означает еще, что нам нужно составлять грамматики диалектов или же профессиональных языков. Последние имеют значение в качестве подготовительных работ, но нашей проблемы они еще не касаются. Мы не требуем, чтобы грамматическая система сосредоточивала свое внимание на существенных особенностях структуры общества, говорящего на этом языке. Грамматика бесклассового общества должна иметь совершенно иные построения и характер, чем, например, грамматика феодального или капиталистического общества. Также и последующие дифференцировки социологических форм, выраженные в языке, должны учитываться грамматикой. Так, например, в классическом древне-еврейском языке мы наблюдаем возникновение новых наименований разных профессиональных групп, которые убедительно свидетельствует об отходе от домашнего хозяйственного уклада рабовладельческого общества и о нарождении сословия ремесленников. В моей работе я указал на то, какую сложную ступень социального развития выражают эти наименования ремесел и ремесленников в истории еврейского и арамейского языков. Мы можем проследить в древне-еврейском языке, какой сложный путь прошло развитие сословий в еврейском народе. В древне-еврейском языке 6-го столетия до нашей эры мы впервые встречаем слово ‹ ›, служащее наименованием для сословия, которое вероятно занимало среднее положение между свободными полноправными гражданами и раб¦а¦ми. До, тех пор история древне-еврейского языка такого сословия не знала, но в Вавилонии оно имелось уже ранее.[100] Это древне-еврейское слово ‹ › заимствовано из аккадского языка. И из того, что арамейский язык заимствует аккадское слово, следует, что развитие этого сословия у говорящих по-арамейски народов также произошло позднее, чем в Вавилонии. Слово ‹ › исчезло из древне-еврейского и арамейского |13| языков в эпоху талмуда, так как эта эпоха уже потеряла ту структуру общества, о которой мы говорили и которая характерна лишь для периода распадения рабовладельческого хозяйства. В период, следующий за периодом талмуда, слово ‹ › вновь появляется, но здесь оно приобрело уже другое значение. Здесь оно ничто иное как синоним, одно из многочисленных слов, выражающих понятие бедности и угнетенности и вполне отражающих положение евреев в развивающемся феодальном обществе.

Эти особенности структуры общества охватывают не только словарный запас в том смысле, что новое возникающее сословие должно получить и новое наименование, но более того, социальная структура оказывает влияние на грамматические законы языка в целом; так, например, группы словообразований, известные социальные структуры предпочитают определенные виды словообразований. Так, во время возникновения и развития сословий и профессий древне-еврейского общества предпочитались словесные формы отвлеченных понятий на ‹ ›, в то время как рабовладельческое общество, делящееся на патриархальные семьи, предпочитает образование отвлеченных понятий во множественном числе ‹ ›. Оба способа словообразования выражают два различных отношения индивидуума к коллективу. Из этого вида словообразования постепенно развивается в еврейском языке обычай обозначать

[100] Fußnotenverweis Gulkowitschs ohne Text.

профессии, сословия и классы посредством окончания ‹ › даже тогда, когда специфических отношений между индивидуумом и обществом уже не существовало. Даже группировки по возрастам ‹ › обозначаются при помощи отвлеченного плюрала, когда они уже не имеют специфического социального значения в рабовладельческом обществе. Каждое новое преобразование социальной структуры создает адэкватные [!] ему виды словообразования. Но это лишь случайный пример. Социальная структура определяет также и способ пользования грамматическими категориями, хотя бы глагола, и формирования синтаксических отношений в языке. Например, у народа с преобладающей милитаристической структурой синтаксические отношения в языке будут иными, чем у народа, занимающегося торговлей. В этом отношении интересно было бы сопоставить хотя бы финикийский язык ассирийским.

Мы только что привели несколько примеров того, как языковые образования возникают непосредственно из социальной структуры. Это были примеры наименований социальных категорий. В этих случаях отношение совсем несложно и не имеет промежуточных звень- |14| ев. Но это не всегда так. В языке науки, искусства и религиозного культа имеют место всевозможные понятия, представления, образы и символы. На весьма существенное влияние магии, мира понятий знахарей, на развитие языка указал прежде всего Марр. Своеобразные приемы магии с целью ввести в заблуждение, определяют структуру первоязыка. Возникновение трудно понятных родов отношений даже в основных наименованиях, как отец, мать, жена и т.д., объясняется именно этим. Таким же образом обрисовывается в языке своеобразная символика тотемизма. Множество явлений, которые поддаются объяснению при помощи сравнительного языковедения, находят здесь свое объяснение. Многие из этих проблем еще ждут разъяснения, а некоторые, вообще, останутся недоступными для нашего разума. Существенным для нашей проблемы является опять-таки то утверждение, что из{о}ляция языковых явлений немыслима. То, что действительно по отношению к миру раннего мышления, к миру магии и символов, имеет также значение для мышления в понятиях. Вид наших научных познаваний на всех поприщах определяет вид нашего языка. Во времена преимущественно философского мышления язык имеет иной характер, чем в периоды, когда преобладает историческое или естественно-научное мышление. К тому же мы наблюдаем дифференции, обусловленные не только временем, но и географически. Есть народы, у которых мышление преимущественно философское или преимущественно историческое, и есть народы, которые никогда не освобождаются от пут магического мышления. Все эти обстоятельства выражаются в истории языка и в разнообразии отдельных языков.

Нашими выводами мы хотим подчеркнуть необходимость преодоления и способ преодоления схематизма в грамматике. В грамматике, т.е. в дисциплине, рассматривающей формы языка. Мы видим, что философия всех времен не могла не затрагивать явления языка как такового. Несмотря на это, влияние философских теорий на грамматику осталось сравнительно незначительным, хотя совсем устранить его было невозможно. Даже крайний схематизм, разумеется, не мог быть совершенно абстрагированным от образа мышления своего времени. Но существенно то, что познание сущности языка сознательно берется за исходный пункт даже для исследований, относящихся к внешним формам языка. Как только этот принцип был признан и филологией, то в ней, несмотря на все различие [!] исследовательских методов и методологических теорий, появилось определенное направление: во всех случаях речь идет о том, что постичь формы языка можно |15| лишь исходя из их содержания.

Мы старались конспективно изобразить, каково может быть это содержание. Это содержание есть те социальные отношения, которые проходят путь мышления, выражаются в языковых формах. Нашей дальнейшей задачей будет указать в отдельных случаях, как этот процесс протекает и каким образом мы можем описать структуру языковых форм, т.е. грамматики, так, чтобы эти формы отражали их языковый фон с жизненной правдивостью.[101]

В своем первом докладе я пытаюсь дать общий обзор тех проблем, разрешение которых необходимо для построения близкой к жизни грамматической системы. При этом выясняется, что для понимания любого языка следует исходить во всяком случае из его содержания и что только из этого содержания вытекает построение грамматической системы. Этим содержанием языка являются понятия. Но эти понятия имеют в свою очередь определенное содержание; а именно жизнь общества, говорящего на данном языке. Вот почему, для того

[101] Hier hat Gulkowitsch einen größeren Abstand eingefügt, wohl um das Ende des ersten Vortrags zu kennzeichnen.

чтобы постичь язык, мы должны толковать его, учитывая эти два момента. Сегодня я хотел бы показать на отдельных конкретных примерах, каким образом указанные соотношения отражаются на грамматических явлениях.

Затрагивая проблему грамматики, мы сейчас же наталкиваемся на вопрос о значении отдельных языков в языке вообще. Мы можем выставить три следующих предпосылки: существование отдельных языков, наличие закономерных отношений между ними и непригодность употребительных в этой области схем. Марр упразднил как господствующее понятие семейства языков, так и господствующую классификацию, в особенности по отношению к индоевропейским языкам. Здесь возникает проблема, каковы же принципы упорядочения, с помощью которых мы можем распределить отдельные языки. Марр указывает для этого два пути: во-первых, понятие языковой системы, т.е. понятие стадий, проходимых языками, а во-вторых, понятие яфетизма, в котором он видит новый принцип, при помощи которого можно разрешить проблему отношений отдельных языков друг к другу.

Следовательно для нашей проблемы остается в силе тот факт, что отдельный язык как таковой представляет собой существенный фактор. Итак, следует установить, какое место в стадиях развития языков занимает отдельный язык. Это установимо [!] только в том случае, |16| если возможно привести в связь идеологическую установку языка с социологической ситуацией. Это действительно не только для так называемого языкового родства, но и для всей исследовательской работы в области языка, следовательно, и для нашей грамматической проблемы.

В центре грамматических проблем стоит вопрос о глаголе. Его категория определяется его отношением к понятию времени. Именно в области глагола заключается существенное своеобразие семитских языков по сравнению с другими, хотя бы западно-европейскими языками. Времен в смысле западно-европейских языков семитские языки вообще не знают, т. е. распределение форм глагола происходит не по схеме прошедшего, настоящего и будущего времени. Центр тяжести лежит в так называемых аспектах. Это значит, что категория времени не определяется с субъективной точки зрения. Наоборот, само действие связуется с категорией времени. Эта явно выраженная объективность мышления, это исключение индивидуального момента предполагает вполне определенную социальную основу. Такой язык не является языком господствующего класса, а также не языком до крайности угнетенного класса. Наоборот он предполагает известное равновесие социальных отношений, т.е. либо первостадию развития классовой борьбы, либо фазу временного равновесия в распределении сил.

Аспект – это такой прием, при помощи которого семитские языки подходят к понятию времени. Но для семитского глагола характерен еще другой момент: так называемые виды глагола ‹ ›. Тем самым дано особенно тщательное и дифференцированное различие между разными образами действия, т.е. подчеркивание квалитативного момента. Язык выражает не только то, что совершается, но и как совершается. В этом заключается особенная оценка действительности, оттеснения личности на задний план по отношению к действию. Аккадовед Б. Ландсбергер указывает на то, что древне-еврейский глагол способен выразить еще другую сторону действия. Он различает три типа действия: повествовательный, описательный и утвердительный. Итак, способ выражения в древне-еврейском языке всегда имеет в виду следующие моменты – события: или динамическое событие, или статический момент события, или нормативный его момент. И здесь наблюдается строгое разграничение между субъектом и объектом и, кроме того, между разными видами объективного. Дифференцированные способы выражения в древне-еврейском языке обусловлены |17| тем, что древне-еврейский язык определенно глаголоцентричен. В данном случае мы приступаем к рассмотрению весьма важного вопроса: глаголоцентричность как характерный признак не только древне-еврейского, но и всех семитских языков вообще, позволяет сделать тот вывод, что все семитские язык и глагольного происхождения, таким образом древне-еврейские первослова обозначают не предметы, а действия. Тем самым ставится центральный вопрос об отношении семитских языков к так называемому яфетическому. Глаголоцентричность семитских языков содержит определенно активный, динамический момент. Объективность семитического мышления, выведенная из своеобразия семитского глагола, не означает еще, что это является результатом известной инертности, пассивности и нивелировки мертвого материала. В этой объективности содержится колоссальная дееспособность. Она не подчиняется событиям бездейственно, но, известным образом, господствует над ними.

В таком случае, если семитские языки являются глаголоцентричными в указанном смысле, то мы вправе предположить, что имя существительное с самого начала играло второстепенную роль.

Как известно, среди словесных групп, образованных из одной и той же корне-темы, глагол занимает господствующее положение. Большинство древне-еврейских имен существительных глагольного происхождения.

Не девербиальны только настоящие первичные слова, такие как отец, мать, сын.[102] Эти слова, несомненно, происходят из основных элементов языка вообще и первоначальнее тех формальных принципов, по которым формировалась семитская культура. Помимо словообразования вербальный характер семитских языков выражается и во флексиях: флексия имен существительных и прилагательных далеко не так разнообразна, как флексия глаголов. Падежи, правда, имеются, но пример древне-еврейского языка доказывает, что семитские языки могут обойтись без падежных форм. Интересно отметить также влияние глаголоцентричности на синтаксис: так называемые сочетания статус конструктус в древне-еврейском показывают определенное подчинение объекта субъекту. Имущий, а не имущество, действующий, а не действие или эффект, берет верх в синтаксисе. Также и в номинальных сочетаниях сохраняется типичное для глагола ясное разграничение между субъектом и объектом.

Для упорядочения грамматической системы какого-либо семитского языка только что высказанное означает, что, во-первых, следует исходить от глагола и, во-вторых, что в области номина надо |18| словообразование ставить на первый план. Ибо в словообразовании документируется характерная для семитских номина зависимость от глагола, чем и определяются классы флексий. Словообразование в отдельных случаях определяется содержанием слова. Итак в этих вводных, предварительных вопросах грамматики обнаруживается значение семантического подхода в отличие от чисто формального.

Если мы хотим установить систему грамматики, нам не следует исходить из схемы, но только из самого живого языка. Здесь уже не может быть речи о морфологии и синтаксисе, но в основу кладутся словосочетания. Первоночально [!] следует найти те общие принципы, по которым одно слово образуется так, другое же иначе. Мы говорим обыкновенно о склонениях и спряжениях, обозначаем их номерами, а исключения регистрируем. Каждое слово причисляется к тому формальному классу, который наиболее соответствует его форме, причем принцип упорядочения носит чисто формальный

[102] Fußnotenverweis Gulkowitschs ohne Text.

характер, а содержание почти игнорируется. Иногда формальный класс так ярко представляет смысловую группу, что это не может остаться незамеченным. Такие случаи хотя и указываются в грамматиках, но эти указания никак не выходят из границ мнемонического характера. Основой грамматической системы должны стать именно те случайные совпадения, которые явно бросаются в глаза, и которые уже издавна известны. Основой системы должны служить смысловые группы.

Тем самым разрешается и другой вопрос, а именно вопрос о возможности общей грамматической схемы для всех языков. Грамматическая схема, исходящая из смысла слов, имеет силу только по отношению к одному языку. Для каждого языка ее надо вырабатывать снова. В своей работе «Образование отвлеченных понятий в истории древне-еврейского языка» я сделал первую попытку постичь сущность древне-еврейского языка с этой точки зрения. То, что действительно по отношению к абстрактным понятиям, действительно и вообще. Слова, соответственно их смыслу, можно распределить по группам, которые формально выряжают единый тип образования. Так, древне-еврейский язык для обозначения физических недостатков строит словообразования по формальному типу «киттил». Соответственно этому аккадский язык образует слова, обозначающие физические недостатки, при помощи схемы ‹ ›. Отдавая себе отчет в том, какую важную роль играет учение о болезни в вавилонском мировоззрении и в классической др{ев}не-еврейской |19| письменности, мы постигаем, что наличие смысловых групп не является случайностью. До сих пор др{ев}не-еврейская грамматика устанавливала эти группы с чисто фонетической точки зрения. И на самом деле такие классы можно образовать. Исходя из чисто фонетической точки зрения, мы никак не можем разрешить вопроса о принадлежности слова к тому или иному классу. На первый взгляд может показаться, что это обстоятельство не имеет значения для грамматической системы, но на деле это не так. Так например, мы не лишены возможности только по фонетическому принципу определит принадлежность слова к типу „‹ ›“ или „‹ ›“. Для этого нам необходимо, чтобы тексты передавали соответствующую грамматическую форму. Там, где таковая отсутствует, мы должны основываться на предположения, тем более, что у нас нет никаких критериев правильно определить традиционную пунктуацию. Итак, важно было бы исследовать, какая смысловая связь соединяет слова, образованные по типу ‹ ›.

Также как словообразование по известной схеме объединяет смы‹с›ловые группы, так и принадлежность к одной и той же теме (к одному и тому же корню) включает слово в смысловую группу. Так и слово посредством своей темы, как в системе координатов, занимает определенное место в системе языка. В своей работе по языковедению я указал на то, что принадлежность к одной и той же теме непременно предполагает смысловую связь. Там, где такая связь не ясна сама по себе, там обнаруживается пробел лишь в нашем знании соотношении фактов. Кроме того, я хочу еще подчеркнуть, что между различными корнетемами имеются и упорядоченные символы соотношения. Нам известны корнетемы особенного формирования, как корнетемы по образцу ‹ ›. Что касается этих двух групп корнетем, я утверждаю, что все глаголы, принадлежащие к тематике этих груп имеют свое специальное значение. Все корнетемы образца ‹ ›, т. е. так называемые недостаточные корни ‹ ›, очевидно означают непосредственный переход из одного состояния в противоположное ему. Корнетемы образца ‹ › в свою очередь содержат моменты постепенного движения от одного состояния к другому. Что касается других особенностей форм корнеобразования, то этот материал мною еще не вполне исследован. Прежде чем материал окончательно проверен, я не в состоянии высказаться подробнее. При этом важно разрешить один принципиальный вопрос. Мои наблюдения основываются, главным образом, на особых случаях, а не на о̊бщих формах так назы- |20| ваемого полного глагола. Вопрос заключается в том, представляют ли собой формы образца ‹ › и до известной степени и подобные им, только особые формы, выражающие то, что в границах полного глагола никак не может быть выражено, или же полный глагол выражает тоже особые оттенки наряду с другими формами? Иными словами, представляют ли собой формы полного глагола общую форму спряжения в древне-еврейском языке, в то время как остальные формы являются лишь особыми формами для специальных случаев, или же все виды корней расположены на одном уровне и равноправны между собой? В том случае, если они равноправны, возникает вопрос, какой особенный оттенок выражается посредством так называемого полного глагола.

Упоминая именные формы в древне-еврейском, я уже указал на то, что без постижения смысла мы никак не можем создать живой системы. В еще большей степени это касается глагола. Мы знаем, что схема корневых форм ‹ › есть только чистая схема, т. е. ни один глагол не охватывает всей схемы. Этот факт доказывается каждым словарем и, разумеется, всем известен. Зато для постижения языковой структуры древне-еврейского языка очень важен вопрос, по какому закону один глагол образует только такие формы, а другие только иные. Объяснение этого закона следует искать в самом смысле слов. Один род глаголов, как например, ‹ › (бить), выражает силу своей каузативности тем, что он встречается только в ‹ ›. Другие глаголы каузативны сами по себе, хотя встречаются только в ‹ ›. Так же дело обстоит с интенсивными видами действия. Одни глаголы пользуются этими видами действия, другие же нет. Кроме того, есть глаголы, никогда не имеющие каузативного смысла, так как они всегда выражают нечто пассивное. Имеются и такие глаголы, которые лишены всякой интенсивности, потому что по своему характеру они отражают события лишь поверхностно или же передают только поверхностные события. Составляя такие группы, мы можем надеяться открыть закон в границах кажущихся случайностей, по которому определяется способность и неспособность глагола образовать основные формы.

Корневые формы древне-еврейского языка воздвигают перед нами еще одну новую проблему: соревнование между ‹ › и ‹ ›. Это соревнование не обусловлено ни диалектически, ни исторически. Ибо эти формы ‹ › и ‹ › при всех развитиях древне-еврейского языка являются параллельными друг другу. Итак обе формы могут вы- |21| ражать, что действие совершает, главным образом, действующий субъект, причем объект имеет страдательное пассивное значение. Задачей как форм образца ‹ › так и образца ‹ › является подчеркнуть прежде всего противоположность между субъектом и объектом. Каким законом следует руководиться при употреблении форм ‹ › или ‹ ›, до сих пор еще не удалось исследовать. Но как бы то ни было, и этот закон должен быть найден лишь в связи со смысловым значением данных глаголов.

Этот глаголоцентричный характер семитских языков как выражение определенного духовного содержания и как следствие известной социальной структуры, естественным образом, постепенно утрачивается, как только изменяются специальные условия для этого: например, сирийский язык, как язык христианской вероисповедальной общины, в сильной степени утратил этот глаголоцентричный характер. Как пример можно указать еще и на эфиопский язык, построенный на совсем иных культурных основах, чем семитские языки. Изменчивые условия в истории еврейского народа обуславливают также изменения в глаголоцентричности древне-еврейского языка. В течение классического периода, когда на древне-еврейском языке говорило общество, сплоченное извнутри [!] и ограниченное извне, городская культуре которого сознательно отмежевывалась от крестьянской культуры окружающей среды, тогда древне-еврейский язык был явно глаголоцентричен, так как влияние извне в него проникало. При этом степень глаголоцентричности колебалась в границах диалектов. Северно-израильский диалект так называемых саг источника ЭЛОХИМ не является вполне диалектом чисто древне-еврейского типа, и это означает прежде всего то, что он менее глаголоцентричен, чем южный диалект иудейских мифов, саг и исторических книг так называемого яхвиста. Соответственно этому мир представлений саг источника ЭЛОХИМ высказывает гораздо больше чуждого влияния и возник в той среде, где говорящее по древне-еврейски общество было гораздо менее сплочено. Продолжал исследование древне-еврейского языка мы отмечаем рост номинальных элементов особенно во времена расцвета еврейской философии. Эти номинальные элементы обнаруживаются, прежде всего, в отвлеченных понятиях. Эти элементы были необходимы для перерабатываения философских мыслей, перенятых у греков через посредство арабов. Греческая философия есть философия типичного номинального языка. Уже это обуславливало известную перестановку акцентирования между глаголом и |22| номина даже в древне-еврейском языке в пользу номина. Но и кроме того язык философии вообще номинален по существу, так как здесь речь идет о понятиях в самом точном, узком смысле слова. Глаголоцентричный язык не есть язык философствующего народа, но язык народа, мыслящего в высшей степени исторически. Преходящее, историческое совершающееся лучше всего выражается посредством глагола. Посредством глагола типа древне-еврейского языка можно лучше всего выразить совершающееся в абстрагированной [!] от наблюдателя виде. Уважение перед фактом, отмеченное нам выше, как характерная черта древне-еврейского глагола, является как раз выражением крайне исторического мышления. В то время, когда среди окружающих народностей возникают только анналы и хроники и когда исторический момент жил только в сагах, тогда доэксильное еврейство создавало обширные описания хода исторических событий, описания, выявляющие явное стремление к объективности и к познанию внутренней связи явлений. Достоверность этих описаний все более подтверждается документами современников, хотя бы вавилонских культурных кругов. Глаголоцентричный язык, с одной стороны, являлся прекрасным инструментом для таких описаний, а с другой стороны, эта ранняя наклонность еврейства к объективной, исторической письменности преобразовала и отшлифовала этот крайне исторический язык.

Глаголоцентричный характер древне-еврейского, в особенности классического древне-еврейского, обнаруживается в следующем синтаксическом явлении, а именно: в употреблении артикель [артиклей].[103] Артикель не чужд семитским языкам, но он не везде имеет одну и ту же форму и не всегда употребляется по одному и тому же правилу. В этом нет ничего удивительного, так как артикель вообще принадлежит к весьма неустойчивым явлениям в истории языков. Тем более бросается в глаза строго равномерное употребление его в классическом древне-еврейском языке. В средне-еврейском языке, т.е. в языке мишны, талмуда и мидрама, обнаруживается гораздо более вольное употребление артикель [артиклей]. По мере постепенной утраты глаголоцентричного характера древне-еврейского языка происходит нарастание вольного пользования артиклем. Классический древне-еврейский язык в сильной степени выдвигает глагол на первый план уже чисто фонетически: акцентирование предложения лежит на глаголе. Глагол является центральной осью предложения, и ритм предложения в древне-еврейском языке нисходящий. Тщательную разработку артикель [артиклей] |23| следует понимать как корректив слишком сильного оттеснения номена со стороны глагола. Номена, как таковые, не имеют в языке по себе достаточного веса, и для того, чтобы выделиться, они нуждаются в особенном акцентирования при помощи артикель. По мере уменьшения гегемонии глагола отпадает необходимость постоянного акцентирования номена. Акцентирование номина при помощи артикель [артиклей] в вербальном предложении распространяется и на аттрибут [!]. Так как аттрибут следует за номина, то вследствие нисходящего акцентирозачия в предложении он еще более оттесняется на задний план и поэтому еще более нуждается в особом подчеркивании. В номинальном предложении, где правила акцентирования совсем иные, и где прилагательное употребляется как предик¦а¦тив, артикель при аттрибуте не повторяется.

---

[103] Die von Gulkowitsch verwendete Schreibweise артикель (statt korrekt: артикль) wurde im Weiteren belassen, grammatische Fehler jedoch in eckigen Klammern korrigiert.

Итак, артикель в древне-еврейском языке надо рассматривать как чисто языковое явление, которое объясняется законами языка. Совсем иной характер носит артикель в арамейском языке. Арамейский язык первоначально не имел артикель [артиклей]. В немногих документах т. наз. библейско-арамейского языка элемент, развившийся впоследствии в артикель [артикли], встречается только в трех словах: бог, небо и земля. ‹ ›. Эта мифологическая троица соответствует вавилонскому представлению о мире. Именно в этих документах, касающихся репатриации изгнанников, следует ожидать вавилонское влияние. Я склонен предположить, что артикель является здесь своего рода аттрибутом, подражанием вавилонским идеограммам с языковыми средствами арамейского. Мифологические основные понятия проникли в арамейский язык, вероятно, путем вавилонских документов, которые сохранили в себе разнообразнейший материал мифологических формул. Исходя из мифологических основных понятий, элемент артикель проник в арамейский разговорный язык постольку, поскольку стирались границы между религиозным и светским миром и, следовательно, между их языками. Постепенное утрачивание границ является следствием того, что в говорящем на древне-еврейском языке народе элемент религиозного культа все более отступал на задний план перед повседневным ритуалом. Этот постпозитивный артикель арамейского языка не повлиял на древне-еврейский язык. Древне-еврейскому языку он был слишком чужд. Арамейский язык, благодаря широкому распространению, не мог быть пуристичным языком и имел склонность к восприятию чуждых влияний. Приведенный нами пример подтверждает этот факт: чуждый, в сущности, арамейскому языку эле- |24| мент, проник постепенно во весь строй языка. Древнееврейский же язык был всегда крайне пуристичным языком, и таковым он был не только в качестве языка культа, но даже и язык светской повествовательной литературы сохранял всегда свой чисто-еврейский характер.

Фиксируя тот факт, что вещь, понятие и значимость не отделимы друг от друга, мы занимаем этим твердую позицию для разрешения известного спорного грамматического вопроса первичности единственного или множественного числа. В грамматической схеме мы предполагаем, что единственное число первично и регистрируем ‹ › как отдельные случаи. Само собою разумеется, что это только грамматический прием, не имеющий никакого отношения к историческому либо логическому приоритету.

Прежде чем приступить к выяснению самого понятия множественного числа, следует разрешит вопрос исторического и логического приоритетов. В каждом языке определенные слова образуют известные группы. Представитель смысловой группы – это семья родственных слов, а представитель формальной группы – это остов, корень и тема. В этом случае язык, являясь упорядоченным организмом, поступает не произвольно. Формальные группы одновременно и смысловые. Общий знаменатель смысловой группы извлекается посредством логического обобщения. Но и во всех случаях смысловая группа в действительности дает возможность этого логического обобщения ‹ ›. В некоторых случаях это обобщение представляет собою лишь секундарную логическую абстракцию. В этом случае естественно, что такое обобщение не имеет никакого отношения к первослову группы. Но вопрос гораздо сложнее в тех случаях, когда смысловая группа сама оформирует свое центральное понятие: каким же образом может быть общий знаменатель смысловой группы секундарной абстракцией? Если это было бы так, то и вся смысловая группа могла бы быть производным этого объединяющего понятия. Если в древне-еврейском языке объединяющий элемент смысловой группы выражен глаголом, то в таком глаголоцентричном языке мы должны предполагать в таком случае идентичность исторического и логического приористов.

Но необходимо пересматривать каждый определенный случай смысловой группы для установления исторической исходной точки данной группы. Каждая смысловая грыппа [!] является одновременно и формальной группой, обладая формальным элементо свойственным всем членам группы. Этот формальный элемент, мы, обычно, называем корнем или темой. Эти корни в семитских язы- |25| ках представляют консонатный [!] элемент. И в так называемых индо-европейских языках согласные, очевидно, преимущественно образуют синтетический элемент, а гласные преимущественно дифференцированный элемент, итак в корнях преобладает консонантный элемент. Разумеется, такие корни не произносимы и никто не может серьезно утверждать, что человечество когда-либо говорило корнями. Корень прежде всего есть логический основной элемент. Возможно, что ранние стадии развития языка были менее отдалены от этого основного элемента, чем обогащенные формами поздние стадии, т. е. что исторический первоэлемент в области языковой формы в некоторых случаях был близок к логическому первоэлементу. Но и это в каждом случае должно быть отдельно устанавливаемо. Таким образом исторический и логический приоритеты могут совпасть. Но они не обязательно совпадают во всех конкретных случаях.

Отсюда полемика между учеными так называемого исторически-психологического направления и учеными направления логического или «схоластического» с самого начала осуждена на бесплодность. Если мы, исходя из этих предпосылок, пытаемся разрешить вопрос приоритета плюральных или сингулярных словесных форм, то мы с самого начала должны избегать широких обобщений. Тот факт, что мы постоянно снова наталкиваемся на ‹ ›, указывает на существование таких слов, для которых множественное число представляет нормальную жизненную форму. Эти слова не образуют единственного числа даже и вторично. Кроме этих ‹ › имеется целый ряд слов, для которых множественное число является также естественной формой, так как они означают то, что по своей природе, обыкновенно, не встречаются [!] единично. Но эти последние вещи и понятия дают возможность образования единственного числа, так как при помощи абстракции их можно разделить на отдельные однородные составные части. К третьей группе относится [!] такие слова, которые представлены в единственном числе, а множественное число для них явление секундарное. В древне-еврейском языке мы можем уже по форме сразу отличить первичные естественные плюралы от секундарных искусственных. Окончание естественных ‹ ›. Примером может нам служить ‹ › мужчины: коллектив защитников страны, политический или рабочий коллективы суть естественные множества, связанные в единства. В противоположность этому, от слова ‹ › отец, образуется искусственный плюрал ‹ ›. Здесь множественное число является абстрактным объединением индивиду- |26| альных данностей. Равным образом животные, представленные стадами, стаями или толпами, как например голуби ‹ ›, имеют в древне-еврейском естественный плюрал на ‹ ›. Слову «зерно» также свойствен естественный плюрал: ‹ ›. Наряду искусственного плюрала в древне-еврейском языке постепенно получает применение принцип употребления окончания ‹ › для мужского и ‹ › для женского рода. Этот утвердился мало-по-малу, но только для новообразований. Для более старых образований остались в силе мужские сингуляры с мниможенскими плюралами, и наоборот. Естественным образом здесь нашла место также известная схематизация. Схематизация играет здесь вообще существенную роль. Если в каком-нибудь языке уже выдвинулся принцип образования искусственного плюрала, то это ведет к возникновению тенденции образования множественного числа от любого имени существительного. Часто возможность образования множественного числа от того или другого слова сводится лишь к вопросу стиля. В этом эстетическом принципе дольше всего ударживается [!] сознание того, что за каждой грамматической формой всегда должны стоять реальные данности и что, следовательно, нельзя схематизировать механически. Понятие естественного и искусственного образования множественного числа также в языках, где в противоположность древне-еврейскому не выработалось двух различных форм для того и другого приема, должно быть плодотворнее, чем вопрос об исключительном приоритете единственного или множественного числа.

Представленные мною примеры особенностей языковых структур заимствованы мною, главным образом, из древне-еврейского. Древне-еврейский язык в большой степени, как мы уже можем заключить из предыдущего, пуристичен. В рамках нашего исследования невозможно установить, является ли пуристичность древне-еврейского языка природным свойством его структуры, не оставляющим места для внешних влияний, или же причина лежит в особенностях социологических условий. Вероятнее всего в данном случае действовали оба момента. Во всяком случае древне-еврейский язык относится к языкам, в основе структуры которых лежит один превалирующий момент образования. Древне-еврейский язык во всех отношениях глаголоцентричен. Глагол определяет синтаксический строй предложения и его отдельные элементы, и только исходя из глагола мы можем понять смысловые группы языка и формальные классообразования [!] |27| слов. Глаголоцентричность древне-еврейского языка выступает настолько явно, что это не может остаться незамеченным. Как только при составлении словарей исходят из тем – а в древне-еврейском языке иные подходы быть и не могут –, то сразу явственно воздвигается на первый план глагол, а номен является только дериватом. Также и в грамматике глагол занимает обширное место, но он преобладает лишь количественно, не систематически. Некоторые понятия из учения о глаголе появляются иногда и в учении о номен. Но несмотря на глаголоцентричность языка в грамматиках остается в силе старый распорядок: местоимение, имя существительное, имя прилагательное, числительное, глагол и ‹ ›.

Если мы присмотримся внимательнее [к] распределению номинальных классов, то нам сразу бросается в глаза их трудность для классифицирования. Самостоятельное классифицирование номина в древне-еврейском вообще невозможно, они должны рассматриваться только в связи с классами глагола. Глаголы должны распределяться по смысловым группам, которые, как уже говорилось, являются и формальными группами. Этим исходящим из глагола смысловым и формальным группам и должны быть подчинены номина. Тогда, например, так называемые сеголата также войдут в известные смысловые группы. Этим мы преодолеваем трудность, которую доставляет нам на уровне наших теперешних знаний о сеголатах, этот многообъемлющий и разнообразный формальный класс, и у нас является возможность упорядочивания его по принципу глаголоцентричности. Образующиеся при этом смысловые группы дают положительное разрешение проблемы, в то время как употребляемый до сих пор принцип традиционных вокальных элементов, долженствующий играть в древне-еврейском языке только второстепенную роль, не был в состоянии это сделать.

Распределение по смысловым группам показывает, что в грамматике решающим является соединение, смысловой момент. Отсюда уже вытекают общие основные направления в языковой структуре. На этом базисе легко объяснимы и внутренне-языковые явления. Примером таких явлений в древне-еврейском языке может служить ‹ ›. Также языковые элементы и их взаимное влияние несомненно существует. Но этот горизонтальный структурный элемент является секундарным. Для исторического же становления языка, а следовательно и для строя грамматической системы существенны вертикальные образующие элементы: это реальная основа языка, т. е. его исторически-социологическое вершение и духовный компонент, т. е. жизнь культуры.

|28| Строительство грамматической системы исходит, по нашим предположениям, из смысла слов. Итак, в основе нашей работы вопрос о значении слов вообще. Это значение всегда вытекает из соотношения между данным словом и другими словами. Но это не только хойристический принцип, которым мы реконстрируем значение незнакомых нам слов по имеющимся у нас данным. Значение слова живет вообще только лишь в его соотношениях. Это соотношение двоякого рода: слово имеет вещественное отношение к обществу и его мышлению, во-вторых это слово имеет языковую связь с другими словами. Тот факт, что свойственной [!] слову смысл выявляется группой слов, предложением, периодом речи, выдвигает перед нами вопрос: не должны ли мы вообще уже в самом начале грамматики поместить синтаксис – учение о словосоотношениях. Это требование, главным образом, исходило от немецких фило-

софов-языковедов и грамматиковедов, но до сих пор оно не получило удовлетворения. Стараясь постичь структуру грамматики как жизненно-правдивое отражение языковой структуры, мы должны брать все языковые явления не изолированно, а синтетически. Каждое отдельное явление постигается в своей связанности с целым. Занимает ли синтаксис место в начале или в конце грамматической системы, этот методологический вопрос имеет только лишь второстепенное значение. Мы можем, конечно, построить систему хойристически, но даже и при этом следует отмежевывать сложную работу исследователя от работы изложения. Тогда как работа исследователя должна исходить всегда из целого, изложение структуры языка может начинаться с отдельных клеток, из которых уже постепенно отстраивается целый языковый организм. При этом не должно нарушаться отношение между целым и его составляющими частями. Результаты нашей исследовательской работы в настоящее время еще не позволяют нам построить на основаниях всех вещественных отношений языка достаточно полную грамматическую систему. В данное время мы находимся в стадии исследования лишь отдельных вещественных отношений. Но и при этих отдельных исследованиях необходимо всегда иметь в виду, что их результаты впоследствии будут присоединены к общей картине языковой структуры и только в этом случае, в связанности с целым, получат реальную ценность.

Bibliografie

Die Bibliografie umfasst vier Abschnitte. Den Beginn bildet eine Aufstellung aller von Lazar Gulkowitsch publizierten Schriften in chronologischer Reihenfolge (1). Der zweite Abschnitt bietet eine Liste aller von Gulkowitsch selbst in den Texten dieser Edition erwähnten bzw. zitierten Werke in alphabetischer Reihenfolge (2). Danach findet sich eine Bibliografie der in der Einleitung und den editorischen Kommentaren des Herausgebers und der Mitherausgeberin zitierten Schriften. Diese ist nochmals unterteilt in eine Übersicht der benutzten Enzyklopädien und Lexika (3) und eine Aufstellung aller Monografien, Beiträge in Sammelbänden und Zeitschriften (4). Es wurden keine Titel doppelt aufgenommen: Wenn also in der Einleitung ein Werk Gulkowitschs zitiert wird, wurde es nicht noch einmal in (4) angeführt.

1. Publizierte Schriften von Lazar Gulkowitsch

Wesen und Entstehung der Kabbala (Philosophie, Jahrgang 1922, Nr. 42) [Auszug]. in: Jahrbuch der Philosophischen Fakultät der Albertus-Universität zu Königsberg/Preußen 2 (1922/1923), 87 f.

[zusammen mit Dr. Hans Lullies:] Der Druck in den Arterien des Augeninnern, in: Hans Lullies/Lazar Gulkowitsch, Beiträge zur Lehre vom Flüssigkeitswechsel des Auges, vorgelegt von Otto Weiß (Schriften der Königsberger Gelehrten Gesellschaft, Naturwissenschaftliche Klasse, H. 2), Berlin 1924, 105–112.

Das Wesen des Talmud, in: Zeitschrift der Deutschen Morgenländischen Gesellschaft 78/N. F. 3 (1924), 111–120.

Der kleine Talmudtraktat über die Samariter, übersetzt und erklärt, in: *ΑΓΓΕΛΟΣ*. Archiv für neutestamentliche Zeitgeschichte und Kulturkunde 1 (1925), 48–56.

Der kleine Talmudtraktat über die Sklaven, übersetzt und erklärt, in: *ΑΓΓΕΛΟΣ*. Archiv für neutestamentliche Zeitgeschichte und Kulturkunde 1 (1925), 87–95.

Die Qabbala als rationales System, in: Der Morgen 2 (1926), H. 3, 272–280.

Ein jüdisches Sprichwort in der 1001 Nacht, in: Islamica. Zeitschrift für die Erforschung der Sprachen und Kulturen des Islam 2 (1926), H. 3, 474 f.

Wesen und Entstehung der Qabbala, in: Archiv für Geschichte der Philosophie und Soziologie 38 (1927), H. 1–4, 66–91.

Der Ḥasidismus religionswissenschaftlich untersucht (Veröffentlichungen des Forschungsinstituts für vergleichende Religionsgeschichte an der Universität Leipzig, II. Reihe, H. 6), Leipzig 1927.

Der Toseftatraktat Berakhoth, in: *ΑΓΓΕΛΟΣ*. Archiv für neutestamentliche Zeitgeschichte und Kulturkunde 3 (1930), 129–163.

Die Bildung von Abstraktbegriffen in der hebräischen Sprachgeschichte, Leipzig 1931.
Die Entwicklung des Begriffes Ḥāsīd im Alten Testament, Tartu 1934.
Die Bildung des Begriffes Ḥāsīd I. Der Begriff Ḥāsīd in der Gattung der Maʿaśijjōt. 1. Ḥāsīd und Wunder, Tartu 1935.
Rationale und mystische Elemente in der jüdischen Lehre, Tartu 1935.
Das Wesen der maimonideischen Lehre, Tartu 1935.
Maimonides'e elu ja töö mõistmiseks. (Tema 800. Sünnipäeva puhul) [Zum Verständnis von Leben und Werk des Maimonides (anlässlich seines 800. Geburtstags)], in: Eesti Arst [Der estnische Arzt] 14 (1935), H. 8, 618–633.
Zur Grundlegung einer begriffsgeschichtlichen Methode in der Sprachwissenschaft, Tartu 1937.
Das kulturhistorische Bild des Chassidismus, Tartu 1938.
Die Grundgedanken des Chassidismus als Quelle seines Schicksals. Ein Beitrag zum Problem Idee und Leben, Tartu 1938.
Bönens väsen enligt judisk tradition [Das Wesen des Gebets nach der jüdischen Tradition], in: Judisk tidskrift [Jüdische Zeitschrift] 12 (1939), H. 1, 17–20.
History as the History of Ideas, with Special Reference to O. T. and Jewish History, London 1939.
Das Charisma des Gebetes um Regen nach der talmudischen Tradition. Ein Beitrag zur Erfassung des religiösen Volkslebens in der Zeit Jesu (Vorlesungen und Übungen, gehalten an der Universität Uppsala, 24.–31. Oktober 1938), Tartu 1939.
Der Chassidismus als kulturphilosophisches Problem, Tartu 1940.
Die Bildung des Begriffes Ḥāsīd I. Der Begriff Ḥāsīd in der Gattung der Maʿaśijjōt. [2.] Ḥāsīd und Gebet, Tartu 1940.
Zaddik-typen inom chassidismen [Der Typus des Zaddik im Chassidismus], in: Judisk Tidskrift [Jüdische Zeitschrift] 13 (1940), H. 4, 111–116.

2. Von Gulkowitsch verwendete Literatur

Abel, Carl, Über den Gegensinn der Urworte, Leipzig 1884.
Ahlman, Erik, Das normative Moment im Bedeutungsbegriff, Helsingfors 1926.
Ammann, Hermann, Die menschliche Rede. Sprachphilosophische Untersuchungen, 2 Bde., Lahr i. B. 1925/1928.
–, Vom Ursprung der Sprache, Lahr i. B. 1929.
Anderson, Walter, Buchvariante, in: Lutz Mackensen/Johannes Bolte (Hg.), Handwörterbuch des deutschen Märchens, Bd. 1, Berlin/Leipzig 1930/1933, 347–349.
Avinery, Isaak, Milon ḥiddushei Ḥ. N. Byaliq [Wörterbuch der Neologismen Ch. N. Bialiks], Tel Aviv 1935.
Bauer, Hans, Semitische Sprachprobleme, in: Zeitschrift der Deutschen Morgenländischen Gesellschaft 69 (1915), H. 4, 561–563.

– /Leander, Pontus, Historische Grammatik der hebräischen Sprache des Alten Testaments, Bd. 1: Einleitung. Schriftlehre. Laut- und Formenlehre, Halle 1918.

Baumann, Gustav, Ursprung und Wachstum der Sprache, München/Berlin 1913.

Baumgartner, Walter, Märchen, I. Allgemein, in: Die Religion in Geschichte und Gegenwart, 2. Aufl., Bd. 3, Tübingen 1929, 1824–1828.

Behaghel, Otto, Von deutscher Sprache. Aufsätze, Vorträge und Plaudereien, Lahr i. B. 1927.

Ben-Yehuda, Eli'ezer, Thesaurus totius hebraitatis et veteris et recentioris [Gesamtwörterbuch der alt- und neuhebräischen Sprache], Bd. 7, Berlin-Schöneberg 1908.

Bénevot, Hugo (Hg.), Die beiden Makkabäerbücher, Bonn 1931.

Berdjajev, Nikolai, Smysl istorii. Opyt filosofii chelovecheskoj sud'by [Der Sinn der Geschichte. Eine philosophische Untersuchung des menschlichen Schicksals], Berlin 1923.

Bergmann, Judah, Die Legenden der Juden, Berlin 1919.

Bergsträßer, Gotthelf, Hebräische Grammatik. Mit Benutzung der von E. Kautzsch bearbeiteten 28. Auflage von Wilhelm Gesenius' hebräischer Grammatik, Bd. 1: Einleitung, Schrift- und Lautlehre, Leipzig 1918.

–, Einführung in die semitischen Sprachen. Sprachproben und grammatische Skizzen, München 1928.

Berkeley, George, Abhandlung über die Prinzipien der menschlichen Erkenntnis, übers. und hg. von Friedrich Ueberweg, Hamburg [4]1917 (zuerst Dublin 1710).

Berliner, Abraham (Hg.), Targum Onkelos, Bd. 1, Berlin 1884 [Aram.].

Blau, Armin, Über den Gegensinn der Worte im Hebräischen, in: Jüdische Studien. Joseph Wohlgemuth zu seinem sechzigsten Geburtstage von Freunden und Schülern gewidmet, Frankfurt. a. M. 1928, 160–176.

Bogoroditskij, Vasilij, Lektsii po obshchemu yazykovedeniyu [Vorlesungen zur Allgemeinen Sprachwissenschaft], Kasan 1913.

Bolte, Johannes/Polívka, Jiří (Hg.), Anmerkungen zu den Kinder- und Hausmärchen der Brüder Grimm. Unter Mitw. von Elisabeth Kutzer/Bernhard Heller, Bd. 4: Zur Geschichte der Märchen 1–80, Leipzig 1930.

Bousset, Wilhelm, Die Religion des Judentums im späthellenistischen Zeitalter, 3. verb. Auflage hg. von Hugo Gressmann, Tübingen 1926.

Brentano, Franz, Von der Evidenz (Die »clara et distincta perceptio« bei Descartes; Sigwarts Lehre von der Evidenz und seine »Postulate« (1889)), in: ders., Wahrheit und Evidenz. Erkenntnistheoretische Abhandlungen und Briefe, ausgewählt, erläut. und eingel. von Oskar Kraus, Leipzig 1930, 61–69.

–, Grammatikalische Abstrakta als sprachliche Fiktionen (Aus einem Briefe an Anton Marty vom März 1901), in: ders., Wahrheit und Evidenz. Erkenntnistheoretische Abhandlungen und Briefe, ausgewählt, erläut. und eingel. von Oskar Kraus, Leipzig 1930, 73–75.

–, Wahrheit und Evidenz. Erkenntnistheoretische Abhandlungen und Briefe, ausgew., erläut. und eingel. von Oskar Kraus, Leipzig 1930.

Brockelmann, Carl, Grundriß der vergleichenden Grammatik der semitischen Sprachen, Bd. 1: Laut- und Formenlehre, Berlin 1908.
Buber, Martin, Deutung des Chassidismus. Drei Versuche, Berlin 1935.
Bücher, Karl, Arbeit und Rhythmus, 5., verb. Aufl., Leipzig 1919.
Budde, Karl (Hg.), Das Buch Hiob, 2., neubearb. Aufl., Göttingen 1913.
Cassirer, Ernst, Philosophie der symbolischen Formen, 3 Bde., Berlin 1923–1929.
Charles, Robert H., The Apocrypha and Pseudepigrapha of the Old Testament in English. With Introduction and Critical and Explanatory Notes to the Several Books, Oxford 1913.
Dalman, Gustav, Die Worte Jesu. Mit Berücksichtigung des nachkanonischen jüdischen Schrifttums und der aramäischen Sprache, Bd. 1: Einleitung und wichtige Begriffe. Mit Anhang: Das Vaterunser, B. Nachträge und Berichtigungen, Leipzig ²1930.
Dauzat, Albert, La Philosophie du langage, Paris ²1927.
Denziger, Heinrich, Enchiridion symbolorum definitionum et declarationum de rebus fidei et morum [Handbuch der Definitionen und Erklärungen zu Fragen des Glaubens und der Moral], 11. Aufl., bearb. von Clemens Bannwart, Freiburg i. B. 1911.
Dessoir, Max, Vom Jenseits der Seele. Die Geheimwissenschaften in kritischer Betrachtung, Stuttgart 1917.
Diez, Max, Sprechen, Denken und Erkennen. Grundprobleme der Philosophie, hg. von Gerhard Lehmann, Berlin/Leipzig 1934.
Dov Bär Ratner, Ahavat Ẓiyyon wi-Yerushalaim [Liebe zu Zion und Jerusalem], Bd. 4: Sheqalim, Ḥagiga, Mo'ed Qaṭan [Schekel, Festfeier, Halbfeiertage], Wilna 1914.
Driesch, Hans, Logische Studien über Entwicklung, Heidelberg 1918.
Dubnow, Simon, Weltgeschichte des jüdischen Volkes, übers. von Aaron Steinberg, 10 Bde., Berlin 1925–1929.
Dürr, Lorenz, Hebr. נֶפֶשׁ = akk. napištu = Gurgel, Kehle, in: Zeitschrift für die alttestamentliche Wissenschaft 34 (1925), H. 1, 262–269.
Duhm, Bernhard, Die Psalmen, Freiburg i. B./Leipzig/Tübingen 1899.
Eisler, Rudolf, Grundlagen der Philosophie des Geisteslebens, Leipzig 1908.
Erdmann, Karl Otto, Die Bedeutung des Wortes. Aufsätze aus dem Grenzgebiet der Sprachpsychologie und Logik, Leipzig ²1910.
Feist, Sigmund, Indogermanen und Germanen. Ein Beitrag zur europäischen Urgeschichtsforschung, 3., verm. Aufl., Halle 1924.
Field, Fridericus (Hg.), Origenis Hexaplorum quae supersunt; sive, Veterum interpretum Graecorum in totum Vetus Testamentum fragmenta [Origines' Hexapla, die sich erhalten haben; oder: Die Fragmente der alten griechischen Übersetzer zum gesamten Alten Testament], Oxford 1875.
Finck, Franz Nikolaus, Die Haupttypen des Sprachbaus, Leipzig 1910.
Flavius Josephus, Jüdische Altertümer, übers. und eingel. von Heinrich Clementz, 2 Bde., Halle 1899.

–, Jüdischer Krieg, übers. von Philipp Kohout, Linz 1901.
–, Das Leben des Flavius Josephus, zusammengest. und übers. von Emanuel Bin Gorion, Berlin 1934.
Flügel, Gustav (Hg.), Corani textus arabicus, Leipzig 1881.
Forrer, Emil, Die Inschriften und Sprachen des Ḫatti-Reiches, in: Zeitschrift der Deutschen Morgenländischen Gesellschaft 76/N. F. 1 (1922), 174–269.
Frankl, Theodor, Arabisch مِعْدَةٌ – Magen und hebräisch מְאֹד – sehr, in: Orientalistische Literaturzeitung 32 (1929), H. 7, 529–533.
Freyer, Hans, Die Systeme der weltgeschichtlichen Betrachtung, in: Walter Goetz (Hg.), Propyläen Weltgeschichte, Bd. 1: Das Erwachen der Menschheit, Berlin 1931, 3–30.
Friedländer, Moritz, Die religiösen Bewegungen innerhalb des Judentums im Zeitalter Jesu, Berlin 1905.
Funke, Otto, Anton Martys Sprachphilosophie und die neuere Sprachforschung, in: Anton Marty, Satz und Wort. Eine kritische Auseinandersetzung mit der üblichen grammatischen Lehre und ihren Begriffsbestimmungen, a. d. Nachlaß hg. von Otto Funke, Reichenberg 1925, 76–88.
Gabelentz, Georg von der, Die Sprachwissenschaft, ihre Aufgaben, Methoden und bisherigen Ergebnisse, 2., verm. und verb. Aufl., Leipzig 1901.
Gaster, Moses, Ma'aseh-Book. Book of Jewish Tales and Legends translated from the Judeo-German, 2 Bde., Philadelphia, Penn., 1934.
Gelibter, Avraham Moshe, Divrei yemei ha-ḥasidim. Me-'ish 'eḥad she-ḥai mi-geza ha-ḥasidim [Die Geschichte der Chassidim. Über einen Mann aus chassidischer Dynastie], in: Ha-Tamim [Die Aufrichtigen] 2 (1936), H. 3, 67–82.
Gesenius, Wilhelm, Hebräisches und Aramäisches Handwörterbuch über das Alte Testament, 16. Aufl., hg. von Frants Buhl, Leipzig 1915.
Ginsburger, Moses (Hg.), Das Fragmententhargum. Thargum jerushalmi zum Pentateuch, Berlin 1899 [Aram.].
Glueck, Nelson, Das Wort ḥesed im alttestamentlichen Sprachgebrauche als menschliche Verhaltungsweise in profaner und religiöser Bedeutung, Gießen 1927.
Götze, Albrecht, Kleinasien, in: ders./Albrecht Alt/Arthur Christensen/Adolf Grohmann/Hermann Kees/Benno Landsberger (Hg.): Kulturgeschichte des alten Orients, 3. Abschnitt, 1. Lieferung (Handbuch der Altertumswissenschaft, hg. von Walter Otto), München 1933, 1–199.
Graetz, Heinrich, Geschichte der Juden von den ältesten Zeiten bis auf die Gegenwart. Aus den Quellen neu bearbeitet, 11 Bde., Berlin 1853–1875.
Grimm, Jacob/Grimm, Wilhelm, Deutsches Wörterbuch, Bd. 4.2, Leipzig 1877.
Güntert, Hermann, Grundfragen der Sprachwissenschaft, Leipzig 1925.
Gunkel, Hermann, Einleitung in die Psalmen. Die Gattungen der religiösen Lyrik Israels, Göttingen 1928.
–, Einleitung in die Psalmen. Die Gattungen der religiösen Lyrik Israels. Zu Ende geführt von Joachim Begrich, Göttingen 1933.
Guttmann, Julius, Die Philosophie des Judentums, München 1933.

Hamburger, Jakob, Real-Encyclopädie des Judentums. Wörterbuch zum Handgebrauch für Bibelfreunde, Theologen, Juristen, Staatsmänner, Gemeinde- und Schulvorsteher, Lehrer, Schulinspektoren u. a. m., Abt. 3, Suppl. 4, Leipzig 1897.

Heinemann, Isaak, Das Ideal der Heiligkeit im hellenistischen und rabbinischen Judentum, in: Jeschurun. Monatsschrift für Lehre und Leben im Judentum 8 (1921), H. 3/4, 99–120.

Herford, Robert T., Die Pharisäer, übers. von Walter Fischel, Leipzig 1928 (zuerst New York 1924).

Heyse, Theodor/Tischendorf, Constantin von (Hg.), Biblia sacra latina Veteris Testamenti. Hieronymo interprete ex antiquissima auctoritate in stichos descripta [Die heilige lateinische Bibel des Alten Testaments. In Versen verfasst von Hieronymus, dem Übersetzer höchster Autorität], Leipzig 1873.

Hoffmann, Ernst, Die Sprache und die archaische Logik, Tübingen 1925.

Holma, Harry, Die Namen der Körperteile im assyrisch-babylonischen. Eine lexikalisch-etymologische Studie, Leipzig 1911.

–, Die assyrisch-babylonischen Personennamen der Form quttulu mit besonderer Berücksichtigung der Wörter für Körperfehler, Helsingfors 1914.

Horodezky, Samuel A., Chassidäer, in: Encyclopaedia Judaica, hg. von Jakob Klatzkin/Ismar Elbogen, Bd. 5, Berlin 1930, 357–359.

–, Ha-mistorin be-Yisra'el [Das Mysterium im alten Israel], Berlin/Tel Aviv 1931.

Hunzinger, August Wilhelm, Das Wunder. Eine dogmatisch-apologetische Studie, Leipzig 1912.

Husserl, Edmund, Logische Untersuchungen, Bd. 2., 1. Teil: Untersuchungen zur Phänomenologie und Theorie der Erkenntnis, unveränd. Abdruck der 2., umgearb. Aufl., Halle ^{4}1928.

Jellinek, Adolf, (Bet ha-Midrash. Sammlung kleiner Midraschim und vermischter Abhandlungen aus der älteren jüdischen Literatur, Bd. 1, Leipzig 1853 [Hebr.].

– (Hg.), Bet ha-Midrash. Sammlung kleiner Midraschim und vermischter Abhandlungen aus der älteren jüdischen Literatur, Bd. 3, Leipzig 1855 [Hebr.].

Jespersen, Otto, Die Sprache. Ihre Natur, Entwicklung und Entstehung, übers. von Rudolf Hittmair/Karl Waibel, Heidelberg 1925 (zuerst London/New York 1922).

–, The Philosophy of Grammar, London/New York 1924.

–, Eine internationale Sprache, übers. von Siegfried Auerbach, Heidelberg 1928 (zuerst New York 1928).

Jolles, André, Einfache Formen. Legende, Sage, Mythe, Rätsel, Spruch, Kasus, Memorabile, Märchen, Witz, Halle 1930.

Jordan, Leopold, Die Kunst des begrifflichen Denkens, München 1921.

Jost, Isaak Markus, Geschichte des Judentums und seiner Secten, 3 Bde., Leipzig 1857.

Jung, Carl Gustav, Psychologische Typen, Zürich 1921.

Kahlo, Gerhard, Entstehung der Sagen- und Märchenmotive, in: Lutz Mackensen/Johannes Bolte (Hg.), Handwörterbuch des deutschen Märchens, Bd. 1, Berlin/Leipzig 1930/1933, 554–560.

Kamelhar, Jekutiel A., Sefer dor de'ah (Ma'arakhah 'A:) 'Arba tequfot ḥasidut BeSHṬit bi-shnot 500–620. Seqirah kelalit 'al shiṭot nos'ei degel ha-ḥasidut [Buch der Generation des Wissens (Ausgabe A:) Vier Phasen des Bescht'schen Chassidismus von 1740–1860. Allgemeiner Überblick über die Methoden der chassidischen Schlüsselfiguren], Biłgoraj 1933.

Kautzsch, Emil, Die Heilige Schrift des Alten Testaments, 4., bearb. Aufl., hg. von Alfred Bertholet, 2 Bde., Tübingen 1922/1923.

–, Wilhelm Gesenius' hebräische Grammatik, 28., verb. und verm. Aufl., Leipzig 1909.

Kieckers, Ernst, Die Sprachstämme der Erde. Mit einer Anzahl grammatischer Skizzen, Heidelberg 1931.

–, Einführung in die indogermanische Sprachwissenschaft, Bd. 1: Lautlehre, München 1933.

Kittel, Rudolf, Die Psalmen (Kommentar zum Alten Testament, Bd. 13), 3. und 4. Aufl., Leipzig/Erlangen 1922.

Klatzkin, Jakob, Thesaurus philosophicus linguae Hebraicae et veteris et recentioris [Philosophisches Wörterbuch der alten und modernen hebräischen Sprache], 2 Bde., Berlin 1928/1933 [Heb.].

Klausner, Joseph, Hisṭoryah yisra'elit. Shi'urim we-divrei yemei-Yisra'el [Israelitische Geschichte. Studien und Chronologie Israels], Odessa 1909.

–, Ḥush ha-lashon shel Byaliq [Das Sprachgefühl Bialiks], in: Leshonenu [Unsere Sprache] 7 (1936), H. 1, 3–10.

Koschmieder, Erwin, Zeitbezug und Sprache. Ein Beitrag zur Aspekt- und Tempusfrage, Leipzig/Berlin 1929.

Kraetzschmar, Richard, Die Bundesvorstellung im Alten Testament in ihrer geschichtlichen Entwicklung, Marburg 1896.

Krauss, Samuel, Griechische und lateinische Lehnwörter im Talmud, Midrasch und Targum, 2 Bde., Berlin 1898.

Künneth, Walter, Das Wunder als apologetisch-theologisches Problem, Gütersloh 1931.

Lagarde, Paul de (Hg.), Prophetae Chaldaice, Leipzig 1872 [Lat./Heb.].

–, (Hg.), Hagiographa Chaldaice, Leipzig 1873 [Lat./Heb.].

Lampe, Margarete, Zur Anwendung einer begriffsgeschichtlichen Methode auf die Formgeschichte des Alten Testaments, in: Orientalistische Literaturzeitung 39 (1936), H. 6, 345–349.

Landau, Elisaeus, Die gegensinnigen Wörter im Alt- und Neuhebräischen sprachvergleichend dargestellt, Berlin 1896.

Landsberger, Benno, Die Eigenbegrifflichkeit der babylonischen Welt, in: Islamica 2 (1926), 355–396.

–, Marcel Cohen, Le système verbal sémitique et l'expression du temps, Paris 1924 [Rezension], in: Orientalistische Literaturzeitung 30 (1927), H. 6, 504–507.

Lenz, Harald Othmar, Zoologie der Griechen und Römer, deutsch in Auszügen aus deren Schriften, nebst Anmerkungen, Gotha 1856.

Lewysohn, Ludwig, Die Zoologie des Talmuds. Eine umfassende Darstellung der rabbinischen Zoologie, unter steter Vergleichung der Forschungen älterer und neuerer Schriftsteller, Frankfurt a. M. 1858.

Litt, Theodor, Individuum und Gemeinschaft. Grundlegung der Kulturphilosophie, 2., vollst. neu bearb. Aufl., Leipzig/Berlin 1924.

Locke, John, Versuch über den menschlichen Verstand, 2 Bde., übers. von Carl Winckler, 4., durchges. Aufl., Hamburg 1981 (zuerst London 1690).

Lofthouse, William F., Ḥen and Ḥesed in the Old Testament, in: Zeitschrift für alttestamentliche Wissenschaft 51 (1933), 29–35.

Mackensen, Lutz, Alter des Märchens, in: ders./Johannes Bolte (Hg.), Handwörterbuch des deutschen Märchens, Bd. 1, Berlin/Leipzig 1930/1933, 50–52.

Marti, Karl, Das Dodekapropheton, Tübingen 1904.

Marty, Anton, Untersuchungen zur Grundlegung der allgemeinen Grammatik und Sprachphilosophie, Bd. 1, Halle 1908.

–, Satz und Wort. Eine kritische Auseinandersetzung mit der üblichen grammatischen Lehre und ihren Begriffsbestimmungen, a. d. Nachlass hg. von Otto Funke, Reichenberg 1925.

Matthes, Paula, Das umschreibende ›do‹ in Spenser's Faerie Queene, Dissertation, Universität Tübingen 1921.

–, Sprachform, Wort- und Bedeutungskategorie und Begriff. Philosophische Untersuchungen im Anschluss an das Kategorienproblem in der neueren Sprachwissenschaft, Halle 1926.

Mauthner, Fritz, Die Sprache, Frankfurt a. M. 1907.

Meillet, Antoine, Linguistique, in: Benjamin Baillaud u. a. (Hg.), De la méthode dans les sciences. Deuxième série, Paris 1911, 265–314.

–, La méthode comparative en linguistique historique, Oslo u. a. 1925.

–, Linguistique historique et linguistique générale, Paris ^{2}1926.

– /Cohen, Marcel, Les langues du monde, Paris 1924.

Meinhof, Carl, Die moderne Sprachforschung in Afrika. Hamburgische Vorträge, Berlin 1910.

Meyer, Eduard, Ursprung und Anfänge des Christentums, 3 Bde., Stuttgart/Berlin 1921–1923.

Moore, George F., Judaism in the First Centuries of the Christian Era. The Age of the Tannaim, 3 Bde., Cambridge, Mass., 1927.

Morgan, C. Lloyd, Emergent Evolution. The Gifford Lectures, London 1923.

Müller, August, Dr. C. P. Caspari's arabische Grammatik, 5. Aufl., Halle 1887.

Nöldeke, Theodor, Die semitischen Sprachen. Eine Skizze, Leipzig ^{2}1899.

Otto, Ernst, Zur Grundlegung der Sprachwissenschaft, Leipzig 1919.

Paget, Richard, Human Speech. Some Observations, Experiments, and Conclusions as to the Nature, Origin, Purpose, and Possible Improvement of Human Speech, London 1930.

Paul, Hermann, Principien der Sprachgeschichte, Halle 1880.

Pieper, Max, Das ägyptische Märchen, Leipzig ^{2}1935.

Pogodin, Aleksander, Yazyk kak tvorchestvo. Psikhologichestkie i sotsial'nyye osnovy tvorchestva rechi. Proiskhozhdenie yazyka [Sprache als Kreativität. Psychologische und soziale Grundlagen der Sprachkreativität. Der Ursprung der Sprache], Charkow 1913.

Porat, Efraim, Die Passivbildung des Grundstammes im Semitischen, in: Monatsschrift für Geschichte und Wissenschaft des Judentums 70 (1926), H. 5/6, 180–193; H. 7/8, 250–260.

Rickert, Heinrich, Kulturwissenschaft und Naturwissenschaft, 3., verb. Aufl., Tübingen 1915.

Ries, John, Was ist Syntax? Ein kritischer Versuch, 2., verm. Aufl., Prag 1927.

–, Beiträge zur Grundlegung der Syntax, 3 Bde., Prag 1927–1931.

Rosenzweig, Franz, Neuhebräisch?, in: ders., Zweistromland. Kleinere Schriften zur Religion und Philosophie, Berlin 1926, 111–121.

Rozwadowski, Jan von, Wortbildung und Wortbedeutung. Eine Untersuchung ihrer Grundgesetze, Heidelberg 1904.

Saussure, Ferdinand de, Grundfragen der allgemeinen Sprachwissenschaft, übers. von Hermann Lommel, hg. von Charles Bally/Albert Sechehaye, Berlin/Leipzig 1931 (zuerst Paris 1916).

Schefftel, Simon B., Biure Onkelos. Scholien zum Targum Onkelos. Nach dem Tod des Verf. hg. von Joseph Perles, München 1888 [Aram.].

Schlatter, Adolf, Das Wunder in der Synagoge, Gütersloh 1912.

Schmidt, Gottfried, Über die beiden syrischen Übersetzungen des 1. Maccabäerbuches, Inaugural-Dissertation, Göttingen 1896.

Schneersohn, Joseph Isaac, Liqquṭ. Liqquṭei dibburim [Sammlung. Gesammelte Reden], Warschau ²1937.

Schürer, Emil, Geschichte des jüdischen Volkes im Zeitalter Jesu Christi, 3 Bde., 3. und 4. Aufl., Leipzig 1901.

Schürr, Friedrich, Sprachwissenschaft und Zeitgeist. Eine sprachphilosophische Studie, 2., verm. Aufl., Marburg 1925.

Schwab, Johann, Der Begriff nefeš in den heiligen Schriften des Alten Testaments. Ein Beitrag zur altjüdischen Religionsgeschichte, Inaugural-Dissertation, München 1913.

Segal, Moshe H., Leshon ha-Mishnah. Moẓa'ah we-toldoteiha [Die Sprache der Mischna. Ihr Ursprung und ihre Geschichte], in: Mada'ei ha-yahadut [Jüdische Studien] 1 (1926), 30–44.

Simmel, Georg, Das Problem der historischen Zeit (1916), in: ders., Zur Philosophie der Kunst. Philosophische und kunstphilosophische Aufsätze, Potsdam 1922, 152–169.

–, Die Probleme der Geschichtsphilosophie, 4., erw. Aufl., München/Leipzig 1922.

Sperber, Hans, Einführung in die Bedeutungslehre, Bonn/Leipzig ²1930.

Stavenhagen, Kurt, Die Idee des religiösen Wunders (2. Teil), in: Zeitschrift für Theologie und Kirche 36/N. F. 9 (1928), H. 2, 130–139.

Stender-Petersen, Adolf, Slavisch-germanische Lehnwortkunde. Eine Studie über die

ältesten germanischen Lehnwörter im Slavischen in sprach- und kulturhistorischer Beleuchtung, Göteborg 1927.
Süss, Wilhelm, Studien zur lateinischen Bibel, Bd. 1: Augustins Locutiones und das Problem der lateinischen Bibelsprache, Tartu 1932.
Swete, Henry Barclay, The Old Testament in Greek According to the Septuagint, 3 Bde., Cambridge 1887–1894.
Teichmüller, Gustav, Studien zur Geschichte der Begriffe, Berlin 1874.
–, Neue Studien zur Geschichte der Begriffe, 3 Bde., Gotha 1876–1879.
Thompson, Stith, Fassung (Variante), in: Lutz Mackensen/Johannes Bolte (Hg.), Handwörterbuch des deutschen Märchens, Bd. 2, Berlin/Leipzig 1934, 56–63.
Thomson, Arthur, The Influence of Darwinism on Thought and Life, in: Francis Sydney Marvin (Hg.), Science and Civilization, Oxford 1923, 203–220.
Torczyner, Harry, Logisch-scholastische oder historisch-psychologische Sprachwissenschaft, in: Altorientalische Gesellschaft Berlin (Hg.), Altorientalische Studien, Bd. 2: Bruno Meissner zum sechzigsten Geburtstag, gewidmet von Freunden, Kollegen und Schülern, Leipzig 1929, 204–211.
–, Hebräische Sprache, in: Jakob Klatzkin (Hg.), Encyclopaedia Judaica. Das Judentum in Geschichte und Gegenwart, Bd. 7, Berlin 1931, 1031–1093.
– (Naftali Herz Tur-Sinai), ʿAvodat madda be-ʾoẓar ha-lashon ha-ʿivrit [Eine wissenschaftliche Studie zum hebräischen Wortschatz], Jerusalem 1934.
Underhill, Evelyn, Mystik. Eine Studie über die Natur und Entwicklung des religiösen Bewusstseins im Menschen, übers. von Helene Meyer-Franke, München 1928 (zuerst London 1911).
Ungnad, Arthur, Das Wesen des Ursemitischen. Eine sprachgeschichtlich-psychologische Untersuchung, Leipzig 1925.
Vaihinger, Hans, Die Philosophie des Als Ob. System der theoretischen, praktischen und religiösen Fiktionen der Menschheit auf Grund eines idealistischen Positivismus. Mit einem Anhang über Kant und Nietzsche, 7. und 8. Aufl., Leipzig 1922.
Volkelt, Johannes, Phänomenologie und Metaphysik der Zeit, München 1925.
Volz, Paul, Der Prophet Jeremia, Leipzig ^{2}1928.
Vossler, Karl, Gesammelte Aufsätze zur Sprachphilosophie, München 1923.
–, Geist und Kultur in der Sprache, Heidelberg 1925.
–, Frankreichs Kultur und Sprache. Geschichte der französischen Schriftsprache von den Anfängen bis zur Gegenwart, 2., neubearb. Aufl., Heidelberg 1929.
Wackernagel, Jacob, Vorlesungen über Syntax mit besonderer Berücksichtigung von Griechisch, Lateinisch und Deutsch, 1. Reihe, Basel 1920.
Weber, Ferdinand W., Jüdische Theologie auf Grund des Talmud und verwandter Schriften, 2., verb. Aufl. hg. von Franz Delitzsch/Georg H. Schnedermann, Leipzig 1897.
Weimer, Hermann, Psychologie der Fehler, Leipzig 1925.
Wellhausen, Julius, Die Pharisäer und die Sadducäer. Eine Untersuchung zur inneren jüdischen Geschichte, Hannover ^{2}1924.
Welter, Jean Thiebaut, L'exemplum dans la littérature religieuse et didactique du moyen âge, Paris 1927.

Whitehead, Alfred N., Process and Reality. An Essay in Cosmology. Gifford Lectures Delivered in the University of Edinburgh during the Session 1927–28, Cambridge 1929.
Wiedemann, Ferdinand Johann, Was kann man über die Völker lernen aus ihren Sprachen? Festrede am 20. December 1851 gehalten in dem Gymnasium zu Reval, Dorpat 1852.
Windelband, Wilhelm, Kulturphilosophie und transzendentaler Idealismus, in: Logos. Internationale Zeitschrift für Philosophie der Kultur 1 (1910/1911), 186–196.
Wundt, Wilhelm, Völkerpsychologie. Eine Untersuchung der Entwicklungsgesetze von Sprache, Mythus und Sitte, 10 Bde., Leipzig 1900–1920.
–, Probleme der Völkerpsychologie, Leipzig 1911.
Zimmern, Heinrich, Akkadische Fremdwörter als Beweis für babylonischen Kultureinfluß, 2., verm. Aufl., Leipzig 1917.
Zuckermandel, Moses Samuel, Tosefta. ʿAl pi kitvei yad ʿErfurṭ u-Wien ʿim mar'eh maqom we-ḥillufei girsa'ot u-mafteḥot [Tosefta. Nach den Handschriften Erfurt und Wien mit Stellenregister, Versionen und Indexen], Pasewalk 1881.
Zunz, Leopold, Die gottesdienstlichen Vorträge der Juden, historisch entwickelt. Ein Beitrag zur Alterthumskunde und biblischen Kritik, zur Literatur- und Religionsgeschichte, 2., verm. Aufl., Frankfurt a. M. 1892.
Zweifel, Elieser, Shalom ʿal Yisra'el [Friede sei über Israel], Zhitomir/Wilna 1868–1873.

3. Von Herausgeber und Mitherausgeberin in Kommentaren und Einleitung verwendete Enzyklopädien und Lexika

Das wissenschaftliche Bibellexikon im Internet (WiBiLex). Alttestamentlicher Teil, hg. von Michaela Bauks/Klaus Koenen/Michael Pietsch, <https://www.bibelwissenschaft.de/wibilex/> (7. Juni 2022).
Encyclopaedia Judaica, 2. Aufl., hg. von Fred Skolnik/Michael Berenbaum, 22 Bde., Detroit, Mich., 2007.
Enzyklopädie jüdischer Geschichte und Kultur. Im Auftrag der Sächsischen Akademie der Wissenschaften zu Leipzig hg. von Dan Diner, 7 Bde., Weimar/Stuttgart 2011–2017.
Historisches Wörterbuch der Philosophie, hg. von Joachim Ritter/Karlfried Gründer, 13 Bde., Basel 1971–2007.

4. Weitere in Kommentaren und Einleitung verwendete Literatur

Anonym, Bücherschau, in: Monatsschrift der Berliner Logen U.O.B.B. 7 (1927), H. 9, 178–180.

Basile, Giambattista, Pentameron des Basile, in: Jacob Grimm/Wilhelm Grimm, Kinder- und Hausmärchen, Bd. 3, 2., verm. und verb. Aufl., Berlin 1822, 276–369.

Bauer, Wilhelm, Die öffentliche Meinung und ihre geschichtlichen Grundlagen. Ein Versuch, Tübingen 1914.

–, Das Schlagwort als sozialpsychologische und geistesgeschichtliche Erscheinung, in: Historische Zeitschrift 122 (1920), 189–240.

Beer, Georg, Gulkowitsch, Dr. phil. Lazar, Der Ḥasidismus religionswissenschaftlich untersucht [Rezension], in: Theologische Literaturzeitung, 3. März 1928, 100 f.

Berdjajev, Nikolai, Der Sinn der Geschichte. Versuch einer Philosophie des Menschengeschickes, Darmstadt 1925.

Bergson, Henri, L'Évolution créatrice, Paris 1907.

–, Essai sur les données immédiates de la conscience, Paris ^{6}1908.

Biale, David/Assaf, David/Brown, Benjamin/Gellman, Uriel/Heilman, Samuel/Rosman, Moshe/Sagiv, Gadi/Wodziński, Marcin, Hasidism. A New History, Princeton, NJ/Oxford 2018.

Bietenhard, Hans (Hg.), Der tannaitische Midrasch Sifre Deuteronomium, Bern 1984.

Brenner, Michael, Jüdische Kultur in der Weimarer Republik, übers. von Holger Fliessbach, München 2000 (zuerst New Haven, Conn./London 1996).

Brentano, Franz, Über den Begriff der Wahrheit (Vortrag gehalten in der Wiener Philosophischen Gesellschaft am 27.III.1889), in: ders., Wahrheit und Evidenz. Erkenntnistheoretische Abhandlungen und Briefe, ausgew., erläut. und eingel. von Oskar Kraus, Leipzig 1930, 3–29.

Brisman, Shimeon, History and Guide to Judaic Dictionaries and Concordances, Hoboken, NJ, 2000.

Brunner, Otto, Land und Herrschaft. Grundfragen der territorialen Verfassungsgeschichte Südostdeutschlands im Mittelalter, Brünn/München/Wien ^{2}1942.

– /Conze, Werner/Koselleck, Reinhart (Hg.), Geschichtliche Grundbegriffe. Historisches Lexikon zur politisch-sozialen Sprache in Deutschland, 8 Bde., Stuttgart 1972–1997.

Buber, Martin, Jüdische Renaissance, in: Ost und West 1 (1901), H. 1, 7–10.

–, Jüdische Wissenschaft (II), in: Die Welt, 25. Oktober 1901, 1 f.

–, Die Legende des Baalschem, Frankfurt a. M. 1908.

–, Mein Weg zum Chassidismus [1918], in: Martin Buber Werkausgabe, Bd. 17: Chassidismus II: Theoretische Schriften, hg. von Susanne Talabardon, Gütersloh 2016, 41–52.

–, Drei Sätze eines religiösen Sozialismus, in: Neue Wege 22 (1928), H. 7/8, 327–329.

–, Der Chassidismus und der abendländische Mensch [1956], in: Martin Buber

Werkausgabe, Bd. 17: Chassidismus II: Theoretische Schriften, hg. von Susanne Talabardon, Gütersloh 2016, 304–314.

Buber, Salomon (Hg.), Midrash Tanḥuma. Ha-qadum weha-yashan [Midrasch Tanchuma. Der alte und der neue], 3 Bde., Wilna 1885.

– (Hg.), Midrash Leqaḥ Ṭov ha-mekhuneh Pesiqta Zuṭarta [Peschitta Leqah Tov, genannt Peschitta Zutarta], Wilna 1894.

– (Hg.), Midrash Zuṭṭa ʿal Shir ha-Shirim, Rut, ʾEikhah we-Qohelet. We-ʿaleihem nilwah Yalqut Shimʿoni ʿal ʾEikhah [Midrasch Zutta zum Hohelied, Rut, Klagelieder und Prediger. Ihnen beigegeben ist Yalqut Shimʾoni zu Klagelieder], Wilna ²1925.

C., G., Dr. Lazar Gulkowitsch, Der Hassidismus religionswissenschaftlich untersucht [Rezension], in: Gemeindeblatt der Israelitischen Religionsgemeinde Leipzig, 23. Dezember 1927, 7.

Cancik-Kirschbaum, Eva/Gertzen, Thomas L., Der Babel-Bibel-Streit und die Wissenschaft des Judentums. Beiträge einer internationalen Konferenz vom 4. bis 6. November 2019 in Berlin, Münster 2021.

Carnap, Rudolf, Überwindung der Metaphysik durch logische Analyse der Sprache, in: Erkenntnis 2 (1931), 219–241.

Cassirer, Ernst, Gesammelte Werke, Bd. 11: Philosophie der symbolischen Formen, 1. Teil: Die Sprache, hg. von Birgit Recki, Hamburg 2001 (zuerst Berlin 1923).

–, Gesammelte Werke, Bd. 12: Philosophie der symbolischen Formen, 2. Teil: Das mythische Denken, hg. von Birgit Recki, Hamburg 2002 (zuerst Berlin 1925).

Cohnheim, Julius Friedrich, Gesammelte Abhandlungen von Julius Cohnheim, hg. von Ernst Wagner, Berlin 1885.

Descartes, René, Meditationes de prima philosophia. Lateinisch – Deutsch, aufgrund d. Ausg. von Artur Buchenau neu hg. von Lüder Gäbe, durchges. von Hans Günter Zekl, Hamburg 1977.

Dienemann, Max, Von allerlei Büchern, in: Der Morgen 5 (1929), H. 3, 294–305.

Dinkler, Erich, Bibelautorität und Bibelkritik, in: Zeitschrift für Theologie und Kirche 47 (1950), H. 1, 70–93.

Diogenes Laertius, Leben und Meinungen berühmter Philosophen, übers. von Otto Apelt, hg. von Klaus Reich, Hamburg 2015.

Dobrenko, Evgeny, Late Stalinism. The Aesthetics of Politics, New Haven, Conn., 2020.

Dönitz, Saskia, Das Alphabet des Rabbi Aqiva und sein literarisches Umfeld, in: Klaus Herrmann/Margarete Schlüter/Giuseppe Veltri (Hg.), Jewish Studies between the Disciplines/Judaistik zwischen den Disziplinen. Papers in Honor of Peter Schäfer on the Occasion of his 60th Birthday, Leiden 2003, 149–179.

Dubnow, Simon, Geschichte des Chassidismus, 2 Bde., übers. von Aaron Steinberg, Berlin 1931.

Durkheim, Émile, Les formes élémentaires de la vie religieuse. Le système totémique en Australie, Paris 1912.

Efros, Israel, Philosophical Terms in the Moreh Nebukim, New York 1924.

Ehlers, Klaas-Hinrich, Strukturalismus in der deutschen Sprachwissenschaft. Die Rezeption der Prager Schule zwischen 1926 und 1945, Berlin/New York 2005.

Eisler, Rudolf, Wörterbuch der philosophischen Begriffe. Historisch-quellenmäßig bearbeitet, Berlin 1899.

Espig, Christian, Religionswissenschaft, in: Ulrich von Hehl (Hg.), Geschichte der Universität Leipzig 1409–2009, Bd. 4: Fakultäten, Institute, Zentrale Einrichtungen, 1. Halbbd., Leipzig 2009, 458–480.

Eucken, Rudolf, Geschichte der philosophischen Terminologie. Im Umriß dargestellt, Hildesheim 1964 (zuerst Leipzig 1879).

–, Der Sinn und Wert des Lebens, Leipzig 1908.

Finkelstein, Louis, (Hg.), Siphre ad Deuteronomium, New York 1969 (zuerst Berlin 1939) [Heb.].

Fleck, Ludwik, Entstehung und Entwicklung einer wissenschaftlichen Tatsache. Einführung in die Lehre vom Denkstil und Denkkollektiv, hg. von Lothar Schäfer/Thomas Schnelle, Frankfurt a. M. 1980 (zuerst Basel 1935).

Frank, Adolph, Die Kabbala oder die Religionsphilosophie der Hebräer, übers. von Adolf Jellinek, Leipzig 1844 (zuerst Paris 1843).

Frege, Gottlob, Die Grundlagen der Arithmetik. Eine logisch mathematische Untersuchung über den Begriff der Zahl, Breslau 1884.

Freud, Sigmund, Zur Psychopathologie des Alltagslebens. Über Vergessen, Versprechen, Vergreifen, Aberglaube und Irrtum. Mit einer Einl. von Ricardo Steiner, Frankfurt a. M. 2009 (zuerst Berlin 1904).

–, Über den Gegensinn der Urworte [1910], in: ders., Studienausgabe, Bd. 4: Psychologische Schriften, hg. von Alexander Mitscherlich/Angela Richards/James Strachey, Frankfurt a. M. 1970, 227–234.

–, Der Mann Moses und die monotheistische Religion. Drei Abhandlungen, Amsterdam 1939.

G., (Dr.), L. Gulkowitsch, Der Chassidismus [Rezension], in: Die Wahrheit. Jüdische Wochenschrift, 4. Mai 1928, 12.

Gabriel, Gottfried, Erkenntnis, Berlin/Boston, Mass., 2015.

Gadamer, Hans-Georg, Gesammelte Werke, Bd. 1: Hermeneutik I. Wahrheit und Methode. Grundzüge einer philosophischen Hermeneutik, Tübingen ^{6}1990 (zuerst 1960).

Gesenius, Wilhelm, Ausführliches grammatisch-kritisches Lehrgebäude der hebräischen Sprache mit Vergleichung der verwandten Dialekte, Leipzig 1817.

Gierke, Edgar von, Cohnheim, Julius, in: Allgemeine Deutsche Biographie 55 (1910), 729–733, <https://www.deutsche-biographie.de/sfz48939.html> (7. Juni 2022).

Gipper, Helmut/Schwarz, Hans (Hg.), Bibliographisches Handbuch zur Sprachinhaltsforschung, Teil 1: Schrifttum zur Sprachinhaltsforschung in alphabetischer Folge nach Verfassern mit Besprechungen und Inhaltshinweisen, Bd. 1, Köln 1966.

Goldscheid, Rudolf, Entwicklungswerttheorie, Entwicklungsökonomie, Menschenökonomie. Eine Programmschrift, Leipzig 1908.

–, Höherentwicklung und Menschenökonomie. Grundlegung der Sozialbiologie, Leipzig 1911.
Gordon, Alfred, Dr. Lazar Gulkowitsch, Der Hassidismus [Rezension], in: Jüdisch-liberale Zeitung, 10. Februar 1928, 4.
Green, Arthur, Tormented Master. The Life and Spiritual Quest of Rabbi Nahman of Bratslav, Woodstock, Verm., 1992.
Grözinger, Karl E., Jüdisches Denken. Theologie – Philosophie – Mystik, Bd. 2: Von der mittelalterlichen Kabbala zum Hasidismus, Frankfurt a. M./New York 2005.
Güntert, Hermann, Der arische Weltkönig und Heiland. Bedeutungsgeschichtliche Untersuchungen zur indo-iranischen Religionsgeschichte und Altertumskunde, Halle 1923.
Haeckel, Ernst, Generelle Morphologie, 2 Bde., Berlin 1866.
Halamish, Moshe, The Teachings of R. Menahem Mendel of Vitebsk, in: Ada Rapoport-Albert (Hg.), Hasidism Reappraised, Oxford/Portland, Oreg., 1996, 268–287.
Hallig, Rudolf, Anton Marty, Satz und Wort und Über Wert und Methode einer allgemeinen beschreibenden Bedeutungslehre [Rezension], in: Zeitschrift für romanische Philologie 73 (1957), H. 1/2, 160–164.
Hamann, Johann Georg, Kreuzzüge des Philologen, Königsberg 1762.
–, Aesthetica in nuce [1762], in: ders., Sämtliche Werke, Bd. 2: Schriften über Philosophie/Philologie/Kritik 1758–1763, hg. von Josef Nadler, Wien 1950, 195–216.
Hammerstein, Notker, Die Deutsche Forschungsgemeinschaft in der Weimarer Republik und im Dritten Reich. Wissenschaftspolitik in Republik und Diktatur 1920–1945, München 1999.
Harshav, Benjamin, Hebräisch. Sprache in Zeiten der Revolution, übers. von Christian Wiese, Frankfurt a. M. 1995 (zuerst Los Angeles, Calif./Berkeley, Calif., 1993).
Hartmann, Eduard von, Philosophie des Unbewußten, Berlin 1869.
Hartmann, Nicolai, Zur Methode der Philosophiegeschichte, in: Kant-Studien 15 (1910), H. 4, 459–485.
Hegel, Georg Wilhelm Friedrich, Werke, Bd. 12: Vorlesungen über die Philosophie der Geschichte, hg. von Eva Moldenhauer/Karl Markus Michel, Frankfurt a. M. 1970.
–, Werke, Bd. 18: Vorlesungen über die Geschichte der Philosophie I, hg. von Eva Moldenhauer/Karl Markus Michel, Frankfurt a. M. 1979.
Hehl, Ulrich von, In den Umbrüchen der ersten Hälfte des 20. Jahrhunderts. Die Universität Leipzig vom Vorabend des Ersten bis zum Ende des Zweiten Weltkrieges 1909 bis 1945, in: ders./Günther Heydemann/Klaus Fitschen/Fritz König (Hg.), Geschichte der Universität Leipzig 1409–2009, Bd. 3: Das zwanzigste Jahrhundert 1909–2009, Leipzig 2010, 17–329.
Heinisch, Paul, Gulkowitsch, Lazar, Der Hassidismus [Rezension], in: Theologische Revue 27 (1928), H. 12, 445 f.
Heller, Bernhard, Lazar Gulkowitsch, Die Entwicklung des Begriffes Ḥāsīd im Alten Testament [Rezension], in: Monatsschrift für Geschichte und Wissenschaft des Judentums 78 (1934), H. 5, 532 f.

–, Neue Schriften zum Maasse-Buch [Sammelrezension], in: Monatsschrift für Geschichte und Wissenschaft des Judentums 80 (1936), H. 2, 128–141.
Hengel, Martin/Neusner, Jacob/Schäfer, Peter (Hg.), Seder Moed, Traktat 5: Sheqalim, übers. von Frowald G. Hüttenmeister, Tübingen 1990.
Hentschel, Elke, Die Sprachursprungstheorie N. J. Marrs, in: Joachim Gessinger/Wolfert von Rahden (Hg.), Theorien vom Ursprung der Sprache, Bd. 1, Berlin/New York 1989, 627–647.
Herder, Johann Gottlieb, Abhandlung über den Ursprung der Sprache, hg. von Hans Dietrich Irmscher, Stuttgart 2001 (zuerst Berlin 1772).
Herrmann, Konrad, Leopold Silberstein. Slawist und Philosoph, Berlin 2015.
Herrmann-Silberstein, Jenny, Ueber »Begriffsgeschichte«, Wissenssoziologie und Semantik, in: Prager Presse, 21. Januar 1937, 8.
Hoyer, Siegfried, Lazar Gulkowitsch an den Universitäten in Leipzig und Dorpat (Tartu), in: Ephraim-Carlebach-Stiftung (Hg.), Judaica Lipsiensia. Zur Geschichte der Juden in Leipzig, Leipzig 1994, 123–131.
Humboldt, Wilhelm von, Ueber die Verschiedenheit des menschlichen Sprachbaues und ihren Einfluss auf die geistige Entwicklung des Menschengeschlechts [1836], in: ders., Werke, Bd. 3: Schriften zur Sprachphilosophie, hg. von Andreas Flitner/Klaus Giel, Darmstadt 1963, 368–756.
Husserl, Edmund, Logische Untersuchungen, Bd. 2: Untersuchungen zur Phänomenologie und Theorie der Erkenntnis, 1. Teil, Tübingen 1968 (zuerst Halle 1901).
–, Gesammelte Schriften, Bd. 8: Cartesianische Meditationen. Eine Einleitung in die Phänomenologie, hg. von Elisabeth Ströker, Hamburg 1992 (zuerst Paris 1931).
–, Erfahrung und Urteil. Untersuchungen zur Genealogie der Logik, redig. und hg. von Ludwig Landgrebe, Hamburg 1948.
Israel ben Joseph Al-Nakawa, Sefer Menorat ha-Ma'or [Buch des lichtspendenden Leuchters], 4 Bde., hg. von Hyman G. Enelow, New York 1929–1932.
Izjumov, Aleksandr F., Nachruf für Professor E. Smurlo, in: Jahrbücher für Kultur und Geschichte der Slaven 10 (1934), H. 1/2, 222–226.
Jespersen, Otto, Growth and Structure of the English Language, Leipzig 1905.
–, A Modern English Grammar, 7 Bde., London 1909–1949.
–, Language. Its Nature, Development and Origin, London 1922.
Junginger, Horst, Die Verwissenschaftlichung der »Judenfrage« im Nationalsozialismus, Darmstadt 2011.
Kanarfogel, Ephraim, The Intellectual History and Rabbinic Culture of Medieval Ashkenaz, Detroit, Mich., 2013.
Kant, Immanuel, Kritik der reinen Vernunft. Nach der ersten und zweiten Originalausgabe hg. von Jens Timmermann, Hamburg 1998 (zuerst Riga 1781/1787).
Kautzsch, Emil (Hg.), Textbibel des Alten und Neuen Testaments in Verbindung mit zahlreichen Fachgelehrten, Freiburg i. B./Leipzig/Tübingen 1899.
Knobloch, Clemens, Geschichte der psychologischen Sprachauffassung in Deutschland von 1850 bis 1920, Tübingen 1988.
–, Begriffspolitik und Wissenschaftsrhetorik bei Leo Weisgerber, in: Klaus D. Dutz

(Hg.), Interpretation und Re-Interpretation. Aus Anlaß des 100. Geburtstages von Johann Leo Weisgerber (1899–1985). Mit einem historiographischen Anhang und dem Schriftenverzeichnis Weisgerbers, Münster 2000, 145–174.

–, »Volkhafte Sprachforschung«. Studien zum Umbau der Sprachwissenschaft in Deutschland zwischen 1918 und 1945, Tübingen 2005.

Koebner, Richard, Geschichte, Geschichtsbewußtsein und Zeitwende. Vorträge und Schriften aus dem Nachlaß, hg. vom Institut für deutsche Geschichte der Universität Tel Aviv in Zusammenarbeit mit dem Richard-Koebner-Lehrstuhl für deutsche Geschichte an der Hebräischen Universität Jerusalem und Helmut Dan Schmidt, Gerlingen 1990.

Kondratieff, Nikolai D., Die langen Wellen der Konjunktur, in: Archiv für Sozialwissenschaft und Sozialpolitik 56 (1926), 573–609.

Koselleck, Reinhart, Die Geschichte der Begriffe und Begriffe der Geschichte, in: Carsten Dutt (Hg.), Herausforderungen der Begriffsgeschichte, Heidelberg 2003, 3–16.

Krauss, Samuel, Talmudische Archäologie, 3 Bde., Leipzig 1910–1912.

Lamprecht, Karl, Was ist Kulturgeschichte? Beitrag zu einer empirischen Historik, in: Deutsche Zeitschrift für Geschichtswissenschaft, N. F. 1 (1896/1897), 75–150.

Levin, Isidor, Jüdische Wissenschaft in Estland. Vortrag in Tel Aviv am 10. April 2014 auf Einladung der dortigen Botschaft der Republik Estland, <https://muuseum.jewish.ee/history/Gulk.pdf> (7. Juni 2022).

Linné, Carl von, System Naturæ, Leiden 1735.

Lipphardt, Veronika, Biologie der Juden. Jüdische Wissenschaftler über »Rasse« und Vererbung 1900–1935, Göttingen 2008.

Lombroso, Cesare, Genio e follia [Genie und Irrsinn], Mailand 1872.

Lovejoy, Arthur Oncken, The Great Chain of Being. A Study of the History of an Idea, Cambridge, Mass., 1936.

Maas, Utz, Husserl, Edmund Gustav Albrecht, in: ders., Verfolgung und Auswanderung deutschsprachiger Sprachforscher, Bd. 1: Dokumentation, Tübingen 2010, 339–342.

–, Jordan, Leo(pold) Hermann, in: ders., Verfolgung und Auswanderung deutschsprachiger Sprachforscher, Bd. 1: Dokumentation, Tübingen 2010, 353–359.

–, Landsberger, Benno, in: ders., Verfolgung und Auswanderung deutschsprachiger Sprachforscher, Bd. 1: Dokumentation, Tübingen 2010, 423–428.

–, Sprachforschung in der Zeit des Nationalsozialismus. Verfolgung, Vertreibung, Politisierung und die inhaltliche Neuausrichtung der Sprachwissenschaft, Berlin/Boston, Mass., 2016.

Mackensen, Lutz/Bolte, Johannes (Hg.), Handwörterbuch des deutschen Märchens, Bd. 1, Berlin/Leipzig 1930/1933.

Mann, Thomas, Enttäuschung, in: ders., Der kleine Herr Friedemann, Berlin 1898, 108–114.

Mannheim, Karl, Ideologie und Utopie, Bonn ^{2}1930.

Marr, Nikolai, Die japhetitische Theorie. Allgemeiner Kurs der Lehre von der Sprache

[1927], in: Tasso Borbé, Kritik der marxistischen Sprachtheorie N. Ja. Marr's, Kronberg im Taunus 1974, 67–255.
–, K semanticheskoj paleontologii v yazykakh neyafeticheskikh sistem [Über die semantische Paläontologie der Sprachen in nicht-japhetitischen Systemen], in: ders., Izbrannye raboty [Ausgewählte Werke], Bd. 2: Osnovnyye voprosy yazykoznaniya [Hauptfragen der Linguistik], Leningrad 1936, 246–288.
Marti, Karl, Kurzgefasste Grammatik der biblisch-aramäischen Sprache. Litteratur, Paradigmen, kritisch berichtigte Texte und Glossar, Berlin/London/New York 1896.
Matt, Daniel C. (Hg.), The Zohar. Pritzker Edition, Bd. 5, übers. und komm. von Daniel C. Matt, Stanford, Calif., 2009.
Mauthner, Fritz, Beiträge zu einer Kritik der Sprache, 3 Bde., Stuttgart 1901/1902.
–, Wörterbuch der Philosophie. Neue Beiträge zu einer Kritik der Sprache, 2 Bde., Leipzig 1910.
Meinong, Alexius, Über Gegenstandstheorie, in: ders., Untersuchungen zur Gegenstandstheorie und Psychologie, Leipzig 1904, 1–50.
Meyer, Rudolf, Hebräische Grammatik, 4 Bde., 2., völlig neu bearb. Aufl., Berlin 1952–1955 (1. Aufl. von Georg Beer, Berlin/Leipzig 1915).
Minkin, Jacob S., The Romance of Hasidism, New York 1935.
Mowinckel, Sigmund, Psalmenstudien, 6 Bde., Kristiania 1921–1924.
Müller, Ernst, Latenz und Explikation. Lazar Gulkowitsch und seine Begriffsgeschichte des jüdischen Geistes, in: Jahrbuch des Simon-Dubnow-Instituts/Simon Dubnow Institute Yearbook 17 (2018), 517–536.
– /Schmieder, Falko, Begriffsgeschichte und historische Semantik. Ein kritisches Kompendium, Berlin 2016.
Niewöhner, Friedrich, Vorüberlegungen zu einem Stichwort: »Philosophie, jüdische«, in: Archiv für Begriffsgeschichte 24 (1980), H. 2, 195–220.
Noire, Ludwig, Das Werkzeug und seine Bedeutung für die Entwickelungsgeschichte der Menschheit, Mainz 1880.
Nõmmik, Urmas, Lazar Gulkowitsch und das Seminar für jüdische Wissenschaft an der Universität Tartu (Dorpat) (Teil I), in: Judaica. Beiträge zum Verstehen des Judentums 61 (2005), H. 4, 351–372.
–, Lazar Gulkowitsch und das Seminar für jüdische Wissenschaft (Teil II), in: Judaica. Beiträge zum Verstehen des Judentums 62 (2006), H. 1, 1–42.
–, Lazar Gulkowitschi mõistelooline meetod [Lazar Gulkowitschs begriffsgeschichtliche Methode], in: Usuteaduslik Ajakiri [Theologische Zeitschrift] 58 (2009), H. 1, 111–120.
–, Die Bibliographie von Lazar Gulkowitsch, in: Randar Tasmuth (Hg.), Töid algkristliku mõtlemise kujunemise alalt/Studies in the Formation of the Early Christian Way of Thinking, Tallinn 2009, 141–151.
–, Mõiste saddiq/arengust. Katse rakendada Lazar Gulkowitschi mõisteloolist meetodit algkristluse uurimisel [Das Konzept Zaddik/Entwicklung. Ein Versuch, die begriffsgeschichtliche Methode von Lazar Gulkowitsch auf die Erforschung

des frühen Christentums anzuwenden], in: Usuteaduslik Ajakiri [Theologische Zeitschrift] 58 (2009), H. 1, 121–137.

Oelsner, Joachim, Der Altorientalist Benno Landsberger (1880–1968). Wissenstransfer Leipzig–Chicago via Ankara, in: Stephan Wendehorst (Hg.), Bausteine einer jüdischen Geschichte der Universität Leipzig, Leipzig 2006, 269–285.

Oexle, Otto Gerhard, Begriffsgeschichte. Eine noch nicht begriffene Geschichte, in: Philosophisches Jahrbuch 116 (2009), H. 2, 381–400.

Otto, Rudolf, Das Heilige, 4., erg. Aufl., Breslau 1920.

Palonen, Kari, Die Entzauberung der Begriffe. Das Umschreiben der politischen Begriffe bei Quentin Skinner und Reinhart Koselleck, Münster/Hamburg/London 2004.

Pavlov, Todor, Teoriya otrazheniya. Ocherki teoriia poznaniia dialekticheskogo materializma [Die Widerspiegelungstheorie. Aufsätze zur Erkenntnistheorie des dialektischen Materialismus], Moskau 1936.

Petersen, Heidemarie, H. Wassermann. False Start. Jewish Studies at German Universities during the Weimar Republic. Amherst, NY, 2003 [Rezension], in: H-Soz-Kult, 27. Februar 2004, <http://www.hsozkult.de/publicationreview/id/rezbuecher-2887> (7. Juni 2022).

Philippi, Friedrich, Wesen und Ursprung des Status constructus im Hebräischen. Ein Beitrag zur Nominalflexion im Semitischen überhaupt, Weimar 1871.

Pöge-Alder, Kathrin, Märchenforschung. Theorien, Methoden, Interpretationen, 3., überarb. und erw. Aufl., Tübingen 2016.

Põldsam, Anu, Lazar Gulkowitschs Streben nach dem Ideal der Wissenschaft des Judentums (geschichtlich betrachtet im Licht seines Briefwechsels mit Franz Boas und Martin Buber), in: Judaica. Beiträge zum Verstehen des Judentums 66 (2010), H. 4, 348–365.

–, Lazar Gulkowitsch. Eine vergessene Stimme der Wissenschaft des Judentums, Dissertation, Universität Tartu 2011.

–, Von Leipzig nach Dorpat. Lazar Gulkowitsch und die deutschsprachige Wissenschaft des Judentums, in: Arndt Engelhardt/Susanne Zepp (Hg.), Sprache, Erkenntnis und Bedeutung. Deutsch in der jüdischen Wissenstradition, Leipzig 2015, 87–102.

Porat, Efraim, Leshon ha-ḥakhamim. Le-fi mesorot bavliyyot shebe-kitvei yad yeshanim [Die Sprache der Rabbinen. Nach babylonischen Überlieferungen in alten Handschriften], Jerusalem 1938.

Przywara, Erich, Handbuch der Philosophie, 3. Lieferung (Abt. II, Beitr. E): Religionsphilosophie katholischer Theologie, München/Berlin 1927.

Putschke, Wolfgang, Die Arbeiten der Junggrammatiker und ihr Beitrag zur Sprachgeschichtsforschung, in: Werner Besch/Anne Betten/Oskar Reichmann/Stefan Sonderegger (Hg.), Sprachgeschichte. Ein Handbuch zur Geschichte der deutschen Sprache und ihrer Erforschung. 1. Teilbd., 2., vollst. neu bearb. Aufl., Berlin/New York 1998, 474–494.

Resina, Joan Ramon, Aufgeschobene Nachkriegszeit. Die Latenz der Vergangenheit in der spanischen Demokratie, in: Hans Ulrich Gumbrecht/Florian Klinger (Hg.), Latenz. Blinde Passagiere in den Geisteswissenschaften, Göttingen 2011, 173–190.

Rosenzweig, Franz, Zeit ists … [1917], in: ders., Der Mensch und sein Werk. Gesammelte Schriften, Bd. 3: Zweistromland. Kleinere Schriften zu Glauben und Denken, hg. von Reinhold Mayer/Annemarie Mayer, Dordrecht/Boston, Mass./Lancaster 1984, 461–481.

–, Bildung und kein Ende [1920], in: ders., Der Mensch und sein Werk. Gesammelte Schriften, Bd. 3: Zweistromland. Kleinere Schriften zu Glauben und Denken, hg. von Reinhold Mayer/Annemarie Mayer, Dordrecht/Boston, Mass./Lancaster 1984, 491–503.

–, Neues Lernen [1920], in: ders., Der Mensch und sein Werk. Gesammelte Schriften, Bd. 3: Zweistromland. Kleinere Schriften zu Glauben und Denken, hg. von Reinhold Mayer/Annemarie Mayer, Dordrecht/Boston, Mass./Lancaster 1984, 505–510.

–, Der Stern der Erlösung, Frankfurt a. M. 1921.

Rousseau, Jean-Jacques, Du contrat social ou principes du droit politique, Amsterdam 1762.

–, Essai sur l'origine des langues, où il est parlé de la mélodie, et de l'imitation musicale, hg. von Pierre-Alexandre Du Peyrou, Paris 1781.

Rudolph, Kurt, Leipzig und die Religionswissenschaft, in: Numen 9 (1962), H. 1, 53–68.

S., Dr. Lazar Gulkowitsch, »Der Hasidismus« religionswissenschaftlich untersucht [Rezension], in: Israelitisches Familienblatt. Ausgabe für Frankfurt a. M. und Umgebung, 12. Oktober 1927, 12.

Saussure, Ferdinand de, Grundfragen der allgemeinen Sprachwissenschaft, übers. von Hermann Lommel, hg. von Charles Bally/Albert Sechehaye, 3., erw. Aufl., Berlin 2001 (zuerst Paris 1916).

Schleicher, August, Compendium der vergleichenden Grammatik der indogermanischen Sprachen, Bd. 1, Weimar 1861.

Schmieder, Falko, Entwicklung/Evolution, in: Christian Bermes/Ulrich Dierse/Annika Hand (Hg.), Schlüsselbegriffe der Philosophie des 19. Jahrhunderts, Hamburg 2015, 165–190.

Scholem, Gershom, Überlegungen zur Wissenschaft vom Judentum [1944], in: ders., Judaica 6: Die Wissenschaft vom Judentum, hg. und übers. von Peter Schäfer, Frankfurt a. M. 1997, 7–52.

–, Die jüdische Mystik in ihren Hauptströmungen, Frankfurt a. M. 1980 (zuerst Frankfurt a. M./Zürich 1957).

–, Von der mystischen Gestalt der Gottheit. Studien zu Grundbegriffen der Kabbala, Frankfurt a. M. [4]1995 (zuerst Zürich 1962).

–, Sabbatai Zwi. Der mystische Messias, übers. von Angelika Schweikhart, Frankfurt a. M. 1992 (zuerst London 1973).

Schopenhauer, Arthur, Sämtliche Werke, Bd. 2: Die Welt als Wille und Vorstellung II, hg. von Wolfgang Freiherr von Löhneysen, Frankfurt a. M. 1986 (zuerst Leipzig 1844).

Schor, Tatyana, Magistranty professora Lazarya Gul'kovicha v Tartuskom universitete [Die Magistranden Professor Lazar Gulkowitschs an der Universität Tartu], ohne Jahr, <https://muuseum.jewish.ee/Culture/Magistranden3.pdf> (7. Juni 2022).

–, Lazar Gulkowitsch, in: Karl Siilivask (Hg.), Eesti teaduse biograafiline leksikon [Biografisches Lexikon der estnischen Wissenschaft], Bd. 1, Tallinn 2000, 317 f.

Schorr, Moses, Gulkowitsch, Lazar, Die Bildung der Abstraktbegriffe in der hebräischen Sprachgeschichte [Rezension], in: Orientalistische Literaturzeitung 36 (1933), H. 5, 309–311.

Schulte, Christoph, Zimzum. Gott und Weltursprung, Berlin 2014.

Senn, Felix, Verantwortet glauben. Fundamentaltheologie, Zürich 2016.

Sielemann, Jürgen (Hg.), Quellen zur jüdischen Familiengeschichtsforschung im Staatsarchiv Hamburg. Ein Wegweiser für die Spurensuche, Hamburg 2015.

Sigwart, Christoph, Logik, Bd. 1: Die Lehre vom Urteil, vom Begriff und vom Schluss, 3., durchges. Aufl., Tübingen 1904.

Silberstein, Leopold, Linguistik und Phänomenologie, in: Prager Presse, 22. November 1935, 8.

–, Lazar Gulkowitsch's judaistische Aufbauarbeit, Jüdische Revue 1 (1936), H. 3, 36–38.

Simmel, Georg, Die Probleme der Geschichtsphilosophie, in: ders., Gesamtausgabe, Bd. 9: Kant. Die Probleme der Geschichtsphilosophie (Zweite Fassung 1905/1907), hg. von Guy Oakes/Kurt Röttgers/Otthein Rammstedt, Berlin 2017, 227–419.

Spengler, Oswald, Der Untergang des Abendlandes, 2 Bde., München 1918/1922.

Spinoza, Baruch de, Sämtliche Werke, Bd. 4: Descartes' Prinzipien der Philosophie in geometrischer Weise dargestellt mit einem Anhang, enthaltend Gedanken zur Metaphysik (1663), hg. von Wolfgang Bartuschat, Hamburg 2005.

Staerk, Willy, Gulkowitsch, Dr. Lazar, Der Hasidismus religionswissenschaftlich untersucht [Rezension], in: Orientalistische Literaturzeitung 31 (1928), H. 5, 387.

Stender-Petersen, Adolf, Geschichte der russischen Literatur, übers. von Wilhelm Krämer/Finn Harboe Rasmussen, München 1957 (zuerst Kopenhagen 1913).

Stern, David, Just Stories. Medieval Hebrew Narrative, in: Tikkun 5 (1990), H. 6, 41–43; 110–112.

Sütterlin, Ludwig, Die deutsche Sprache der Gegenwart. Ihre Laute, Wörter, Wortformen und Sätze. Ein Handbuch für Lehrer und Studierende auf sprachwissenschaftlicher Grundlage zusammengestellt, 4., verb. Aufl., Leipzig 1918.

Toepfer, Georg/Michelini, Francesca (Hg.), Organismus. Die Erklärung der Lebendigkeit, Freiburg 2016.

Tov, Emanuel, Der Text der Hebräischen Bibel. Handbuch der Textkritik, Stuttgart/Berlin/Köln 1997.

Tylor, Edward B., Primitive Culture. Research into the Development of Mythology, Philosophy, Religion, Art, and Custom, 2 Bde., London 1871.

Üner, Elfriede, Die Emanzipation des Volkes. Zum Volksbegriff der Leipziger Schule vor 1933. Ein Werkstattbericht, in: Reiner Mackensen/Jürgen Reulecke (Hg.), Das

Konstrukt »Bevölkerung« vor, im und nach dem »Dritten Reich«, Wiesbaden 2005, 288–313.

Urbach, Ephraim, Ba'alei ha-tosafot [Die Tosafisten], 2 Bde., 4., erw. Aufl., Jerusalem 1980.

Vico, Giambattista, Principj d'una scienza nuova d'intorno alla comune natura delle nazioni [Die neue Wissenschaft über die gemeinschaftliche Natur der Völker], Neapel 1725.

Volmar, Fritz, Löhr, Max, in: Neue Deutsche Biographie 15 (1987), 46 f., <https://www.deutsche-biographie.de/pnd117200476.html#ndbcontent> (7. Juni 2022).

Vossler, Karl, Positivismus und Idealismus in der Sprachwissenschaft. Eine sprachphilosophische Untersuchung, Heidelberg 1904.

–, Das System der Grammatik, in ders., Gesammelte Aufsätze zur Sprachphilosophie, München 1923, 63–96.

–, Die Nationalsprachen als Stile, in: Jahrbuch für Philologie 1 (1925), 1–23.

W., Der Lehrstuhl für jüdische Wissenschaft an der Universität Tartu (Dorpat), in: Jüdisches Gemeindeblatt für den Verband der Kultusgemeinden in Bayern und die Kultusgemeinden München, Augsburg, Bamberg, Würzburg, 15. September 1938, 272 f.

Wassermann, Henry, False Start. Jewish Studies at German Universities during the Weimar Republic, Amherst, NY, 2003.

–, Fehlstart. Die »Wissenschaft vom späten Judentum« an der Universität Leipzig (1912–1941), in: Stephan Wendehorst (Hg.), Bausteine einer jüdischen Geschichte der Universität Leipzig, Leipzig 2006, 321–343.

Weiss, Yfaat, Schicksalsgemeinschaft im Wandel. Jüdische Erziehung im nationalsozialistischen Deutschland 1933–1938, Hamburg 1991.

Wellhausen, Julius, Die Kleinen Propheten übersetzt und erklärt, Berlin [3]1898.

Wiedemann, Ferdinand Johann, Estnisch-deutsches Wörterbuch, St. Petersburg 1869.

Wiltsche, Harald A., »… wie es eigentlich geworden ist.« Ein wissenschaftsphilosophischer Blick auf den Methodenstreit um Karl Lamprechts Kulturgeschichte, in: Archiv für Kulturgeschichte 87 (2005), H. 2, 251–285.

Wurmser, Léon, Die Ideen- und Wertewelt des Judentums. Eine psychoanalytische Sicht, Göttingen 2001.

Register

Personenregister

Ortsregister

Sachregister

Stellenregister

Hebräische Bibel

Neues Testament

Apokryphen

Tosefta

Babylonischer Talmud

Palästinischer Talmud

Midrasch-Literatur

Kabbalistische Literatur